D.B.Info

강의자료를 이용한
3D CAD 무료
강의 동영상

① www.kocw.net
입장 후 검색란 찾기
② '3D CAD' 입력하여
무료 동영상 보기

CATIA 프로그램을 이용해 쉽게 따라하는

3D 스마트 설계

CATIA 3D SMART DESIGN

김기주 · 김태국 공저

PREFACE

1886년 독일의 칼 벤츠와 다임러에 의해서 개발된 자동차는 120여 년의 짧은 역사에도 불구하고, 비약적인 발전을 거듭하여 인간 삶의 패러다임을 변화시켰다. 이렇듯 최근에 이르러 과학 기술은 놀랄 만큼 급속도로 발전을 거듭하고 있으며, 내용에 있어 질적인 변화도 눈부시다. 우주개발 기술이라든가 해양 기술, 로봇 기술, 자동차 설계 기술 등 과거에는 꿈에도 생각하지 못했던 여러 가지 기술이 현실로 전개되고 있는데, 그 저변에 바로 컴퓨터응용설계(CAD, Computer Aided Engineering)가 활용되고 있다.

CAD는 과거 순수한 공학의 대상으로 삼아온 정의에서 벗어나 자동차, 로봇, 조선 해양, 금속, 전기, 화학, 건설 분야 등 모든 산업에 있어서 이용되고 있다. 또한 물품 제작이 현실적으로 대부분 CAD에 의해서 이루어지고 있다는 사실에서, CAD가 과학 기술의 발전과 더불어 진화되는 생명력을 지니고 있다 해도 과언이 아닐 것이다.

본 도서는 제4차 산업혁명시대에 맞추어 3차원 CAD의 주요 프로그램 중 하나인 CATIA에 관하여 단시간에 그 기본과 응용을 익힐 모든 분들께 가장 적절한 교과서가 될 것으로 믿는다. 뿐만 아니라 미리 CAD 전반의 활용법을 알고자 하는 공학도에게는 안내서로서, 관련 계통에 종사하는 현장기술자에게는 CATIA 입문 및 참고지침서로서 적절하리라 생각한다. 광범위한 3차원 CAD 중 CATIA의 내용을 한정된 지면에 축소하여 기술한 만큼, 보다 깊은 내용은 각 장에 제시되고 있는 예제 따라하기들을 참고하여 직접 그려보며 설명된 내용을 익히기 바란다.

끝으로 본 도서가 책이 컴퓨터응용설계 기술의 발전에 다소나마 기여할 수 있기를 기원하면서, 뜻하지 않은 오류가 있으면 독자 여러분들의 기탄없는 질책과 조언을 받아 수정해나갈 것을 약속한다. 아울러 다양한 따라하기를 제공해준 최권우, 이마룬 학생과, 본 도서의 출간 및 편집을 위해 수고해주신 복두출판사 임직원 여러분께 감사드린다.

저자 드림

목 차

1장 CATIA 기초

1.1 CATIA V5 소개 2
1.2 CATIA 화면구성과 Interface 4
1.3 CATIA V5 설정 7
1.4 CATIA Option 12

2장 Sketcher Workbench

2.1 Sketcher 시작하기 20
2.2 Sketch ToolbarLine 21
2.3 Sketch Analysis 56
2.4 Sketch 따라하기 59
2.5 Exercise(예제 도면) 69

3장 Part Design Workbench

3.1 Part Design 시작하기 72
3.2 Part Design Toolbar 74
3.3 Part Design 따라하기 144
3.4 Exercise(예제도면) 269

4장 Wireframe & Surface Design Workbench

4.1 Wireframe & Surface Design 268
4.2 Wireframe & Surface Design Toolbar 269
4.3 Wireframe & Surface Design 따라하기 340

5장 Assembly Design Workbench

5.1 Assembly Design 시작하기 416
5.2 Assembly Design Toolbar 416
5.3 Assembly Design 따라하기 421

6장 Digital Mockup

6.1 DMU Kinematics 시작하기 440
6.2 DMU Kinematics Simulation 따라하기 441

7장 CAE 응용 및 구조해석[Analysis]

7.1 유한요소해석 개요 456
7.2 1-D Problem(Beam Design) 468
7.3 2-D Element Shell 해석 - 샤워의자 489
7.4 3-D Element 해석(Cantilevered Beam) 511

8장 CATIA 국제공인 자격증(다쏘시스템) 기출문제 531

1장

CATIA 기초

1.1 CATIA V5 소개

가. 개요

프랑스 항공기 제조사인 Dassault Aviation에서 대화식 그래픽 프로그램을 최초로 개발하였고, 1975년에는 Dassault Aviation사가 미국의 Lockheed 항공기 제조사로부터 CAD/CAM의 소유권을 사들인 후 1977년에 CAD/CAM 3D 소프트웨어인 AMD(Avions Marcel Dassault)를 개발하였는데, 이것이 오늘날 CATIA의 이전 이름이다. 이후 BMW, Mercedes Benz, Honda, Ford Co. 등과 협력 관계를 체결하여 세계적인 자동차 분야의 설계 프로그램으로 위치를 넓혀갔다.

1982년에는 3D 디자인, Surface Modelling, NC Programing 기능을 추가하여 CATIA V1을 출시하였으며, 1984년에는 2D와 3D를 통합한 CATIA V2를 출시하여 기계, 자동차, 항공기 설계 분야의 사용 소프트웨어로 사용되었고, 1986년에는 미국 Boeing사가 CATIA를 도입하였다. 1998년에는 CATIA V5를 Window용 프로그램으로 출시하여 산업현장에서 더욱 이용범위가 넓어지고 기능도 확장되어 현재는 CAD/CAM/CAE를 포함하는 종합 설계프로그램으로 활용되고 있다.

국내에서는 1992년에 현대자동차가 CATIA를 최초로 도입하여 자동차 설계에 활용하였다. 또한 자동차, 중공업, 항공 및 가전업체를 중심으로 하여 대기업에서 중소기업까지 점차 그 사용범위는 급속히 확산됨에 따라 저변 기술개발의 필요성과 많은 기술 인력의 양성이 필요하게 되었다.

CATIA는 Computer Aided Three dimensional Interactive Application의 약자이다. CATIA는 전 세계 십만여 개 업체에서 거의 모든 산업분야에서 가장 각광을 받고 있는 CAD/CAM/CAE 통합 솔루션으로, 복잡한 기계 부품들의 디자인, 설계, 도면추출, 해석 및 NC 데이터의 생성이 용이하여 제품의 개념설계 단계부터 제작 및 생산관리까지 작업이 가능한 제조산업에 적합하다. CATIA는 3차원 형상 모델링이 뛰어나 전체적인 제품개발 기간을 단축할 수 있다. 또한 Engineering Data Base 및 Network 상에서의 Communication 관리를 위한 특별한 Module을 추가하여 통합된 CAD/CAM 시스템 구축이 가능하다.

나. 주요기능

1) Part & Assembly Design

Part & Assembly Design(부품 디자인)은 단품 설계에서 복잡한 구조의 어셈블리 형상까지 모든 설계과정을 지원한다. Part Design은 Solid 및 Surface 형상이 통합된 방법으로 설계할 수 있으며, 유연한 포스트 디자인 Parametric 기법을 이용하여 원하는 형상에만 필요한 구속 조건을 부여할 수 있으므로 설계 변경이 용이하다. Assembly Design은 제품의 조립 구조에서 Part 설계를 수행하는 방법과 반대로 Part를 조립하여 제품을 완성하는 방법이 모두 가능하다. 이를 통해 제품설계에 참여하는 여러 분야의 설계인원이 Part 설계와 Assembly 설계를 동시에 진행하는 동시공학(Concurrent Engineering)이 가능하다. 결과는 *.CATPart의 형식으로 저장된다.

2) Generative Drafting

Generative Drafting(도면 생성)은 3차원으로 설계된 단품 및 조립 설계된 제품에서 2차원 도면을 자동으로 생성한다. 3차원 형상과 연관되어 있어 모델을 수정한 후 도면을 Update하면 3차원 형상에 이 변경사항이 적용이 된다. 또한 1각법, 3각법 및 ISO, ANSI, JIS와 같은 여러 표준들을 지원해 사용자가 원하는 형식의 도면을 쉽게 만들 수 있으며 하나의 파일에 여러 개의 도면을 모아서 저장할 수 있다. 이러한 도면정보 파일(*.CATDrawing)로 저장되며 A0에서 B5용지까지 지원한다.

3) Smart Shape Designer

Smart Shape Designer(지능형 형상 디자이너)는 고품질의 Surface를 생성하고 수정할 수 있는 모듈로 원하는 형상대로 수정하는 기능을 제공한다. 또 작업 중 실시간으로 원하는 곡선이나 Surface의 곡률, 반사곡선 등을 확인할 수 있다.

4) DMU Navigator

DMU Navigator는 Part Design 작업을 통해 설계된 3차원 모델을 CATIA 시스템 안에서 가상으로 조립한 Digital Mock-up을 이용하여 외형검사(DMU Navigator), 조립성 검사(DMU Fitting), 간섭검사 및 단면 검사(DMU Space Analysis), 운동성 검사(DMU kinematics)를 수행하여 설계 품질을 향상하고 실제의 Mock-up을 제작하지 않고 필요한 검사를 수행하여 설계비용과 개발기간을 단축할 수 있다.

5) Knowledge Advisor

Knowledge Advisor(지식 데이터 뱅크)는 설계자의 지식이나 기술을 데이터화한다. 이를 위해 설계에 필요한 파라미터나 수식을 저장하며, 간단한 스크립트로 만들어진 규칙을 저장하거나 적용할 수가 있다. 이를 통해 설계를 처음 시작하는 사람도 이미 정의된 규칙과 매개변수를 이용하여 복잡한 설계를 수행할 수 있으며 설계오류를 자동으로 정정하고 이를 반영할 수 있다.

6) Generative Part Structural Analysis

Generative Part Structural Analysis(부품 구조 해석)는 설계자가 3차원으로 설계한 부품의

내부응력, 변위 등을 쉽게 계산할 수 있는 모듈로 설계자가 설계한 단품에 대해 필요한 단품에 대해 필요한 간단한 해석을 직접 수행하여 설계 정밀도를 높일 수 있다. 설계가 완성된 단품에 재질을 부여하고 Mesh를 생성하고 여기서 경계조건과 하중을 면이나 모서리에 부여한 후 계산이 가능하다. 해석 결과는 *.CATAnalysis의 형식으로 저장이 된다. 따라서 구조의 강도가 중요한 제품 설계 시 생산성을 향상할 수 있다.

1.2 CATIA 화면구성과 Interface

CATIA에 New 버튼을 클릭하면 아래와 같은 화면이 나타난다. 화면에서 Pull Down Menu의 경우 윈도우 창으로 구성되어 각 메뉴를 클릭 시 다양한 명령들을 실행시킬 수 있다.

가. Pull Down Menu 이용하여 들어가기

CATIA 시작 화면의 상단에는 Pull Down Menu Bar가 존재한다. 여기에는 Start, ENOVIA V5, File, Edit, View, Insert, Tools, Window, Help 등의 메뉴가 있다. 작업을 위해 Workbench로 들어가기 위해서는 Start → Mechanical Design → 해당 Workbench 순서로 들어간다. 여기에는 다양한 Workbench가 있으므로 수행하려는 작업에 맞게 찾아들어가야 한다.

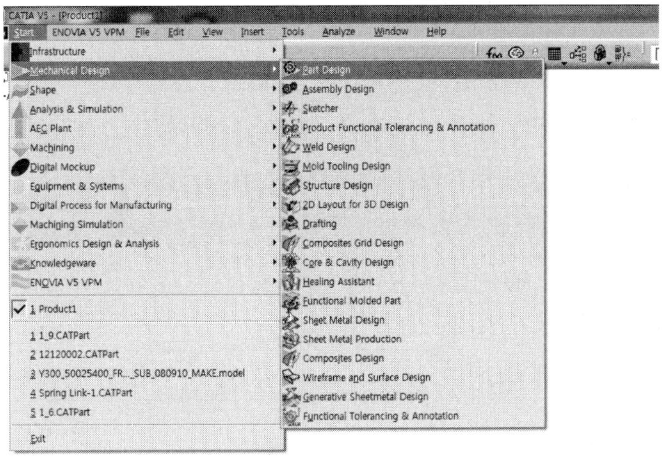

나. Standard Menu Bar에서 들어가기

Window 화면에 제공하는 Standard Menu Bar에는 어느 프로그램이나 New Icon이 있는데 이것을 이용하여 Workbench로 쉽게 들어갈 수 있다. 메뉴에는 New를 클릭하면 새로운 창이 열리면서 들어가려는 Workbench를 선택하도록 요구한다. 이 창에서 원하는 Workbench를 선택하고 OK 버튼을 클릭해주면 된다.

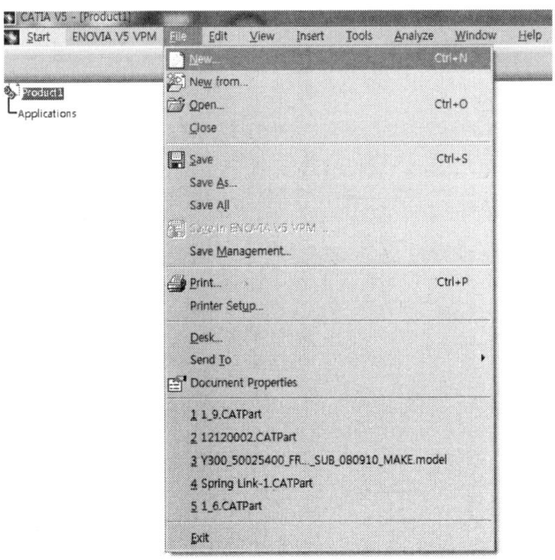

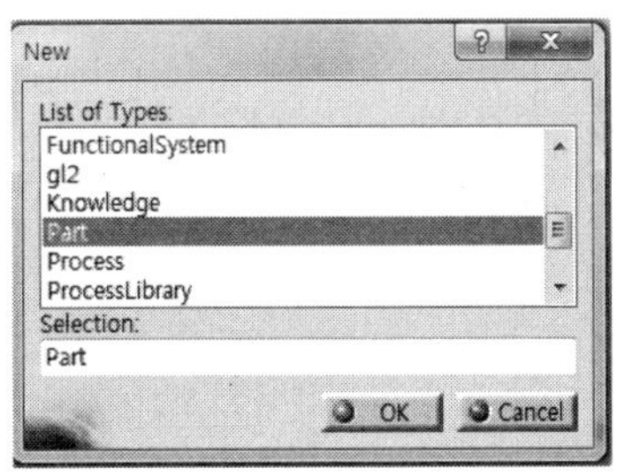

다. 저장하기

CATIA 파일 저장은 File → Save를 이용하거나 Standard Tool Bar의 저장 아이콘을 클릭한다. 저장파일의 확장자는 어떤 작업의 저장인지에 따라서 다르게 저장된다.

Workbench	File Name
Part Design, Sketcher, Wireframe and Surface Design	CATPart
Assembly Design	CATProduct
Drafting	CATDrawing

Part Design Workbench에서의 저장은 기본적으로(Default) CATPart로 저장되지만 stl, igs, model, stp, vps 등의 확장자로도 저장할 수 있다. 특히 요즘 유행하는 3-D Printer 핸들링 파일인 stl 파일로 내보내기(export)가 가능하다. Model 파일의 경우 CATIA V4 버전의 확장자 면으로 저장할 때 사용한다.

라. 종료하기

CATIA 종료는 File → Exit 또는 Window 창의 우측 상단 Full Down Menu에 있는 Window 종료 아이콘을 클릭하여 종료할 수 있다.

1.3 CATIA V5 설정

가. CATIA V5 초기메뉴 설정

Pull Down Menu → Tools → Customize로 들어가면 새로운 창이 열리며 여기서 Start Menu를 선택하면 초기에 열릴 Workbench 아이콘을 더하거나 삭제할 수 있다.

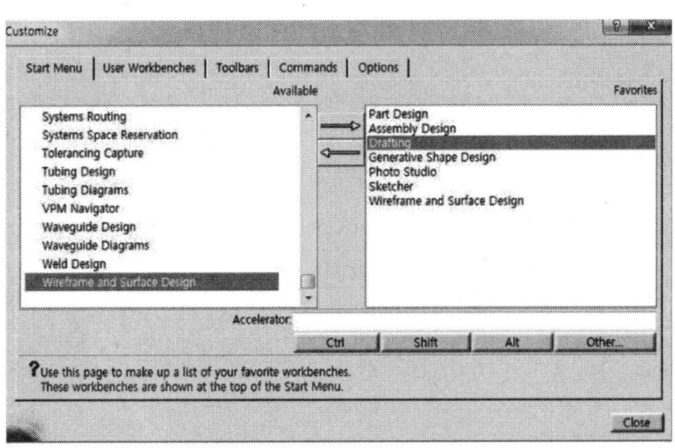

방법 1) 마우스 오른쪽 버튼 → Customize 클릭

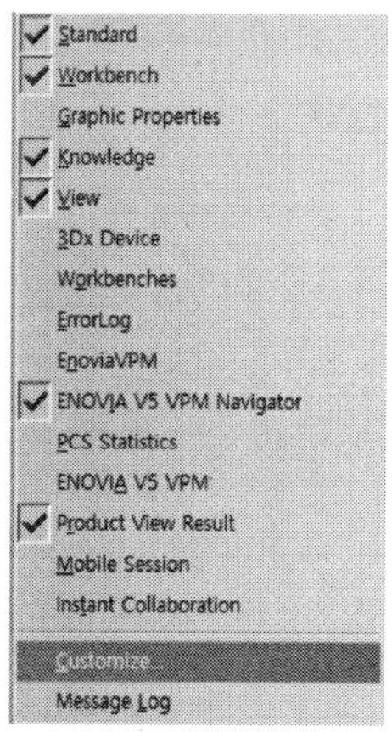

방법 2) Tools → Customize 클릭

Start Menu 설정이 가능하며 이를 통하여 자주 사용하는 워크벤치 설정이 가능하다.

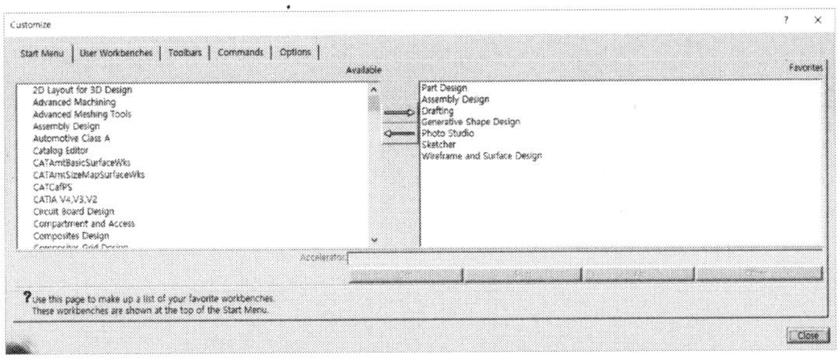

파트 디자인을 화살표를 통해 Favorites 목록으로 이동, Accelerator에서 단축키 설정하면 단축키로 빠르게 워크벤치를 불러오거나 만들 수 있다.

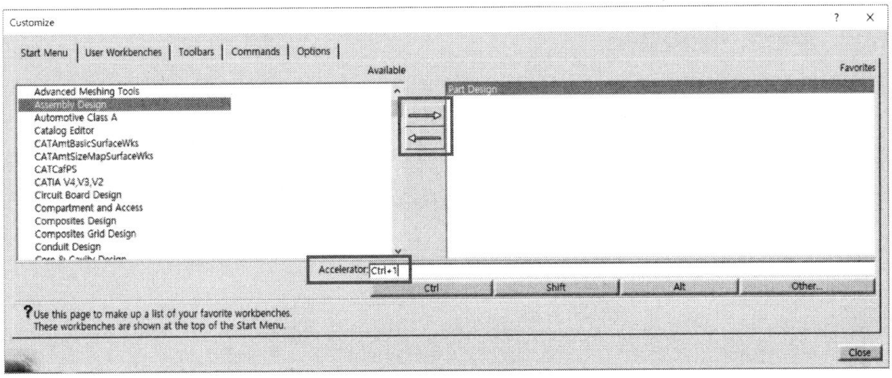

설정한 빠른 워크벤치는 Start 메뉴에서 가장 위 단축키와 함께 나타나 있다.

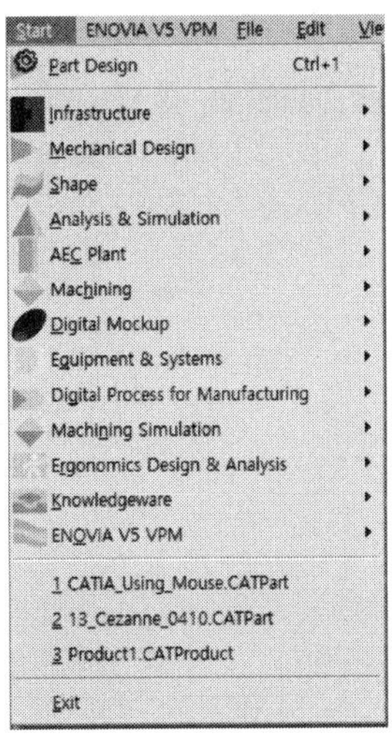

3) Customize 설정의 다른 예 : 마우스 오른쪽 버튼 클릭 → 나오는 Menu에서 Customize

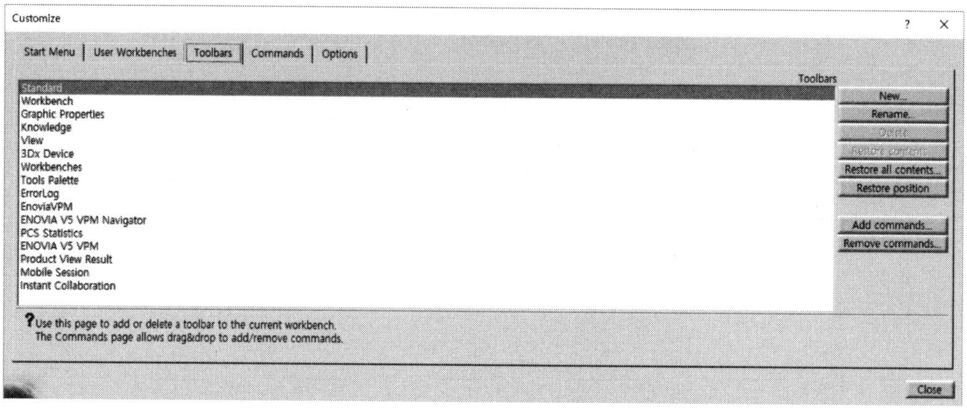

Toolbars Tap에서는 툴바를 관리할 수 있으며, Restore All Position을 클릭 시 모든 툴바의 위치가 초기 상태로 되돌아간다.

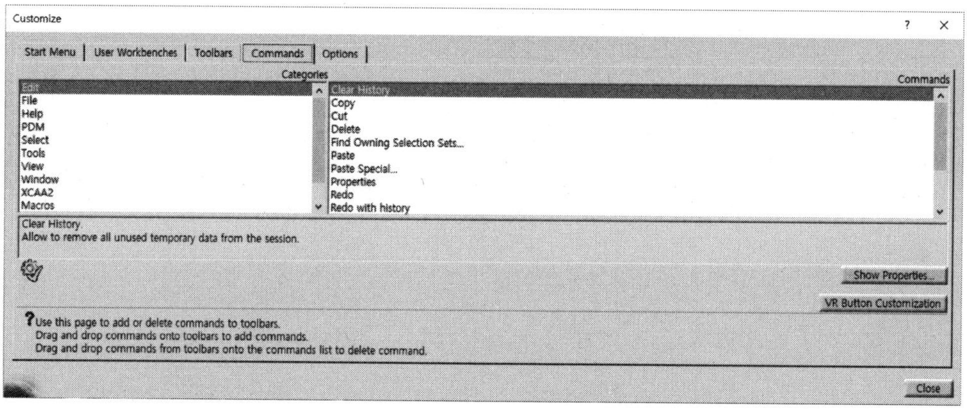

Commands Tap에서는 Command의 기능과 특성, 아이콘과 설정이 가능하다.

나. CATIA Workbench Concept

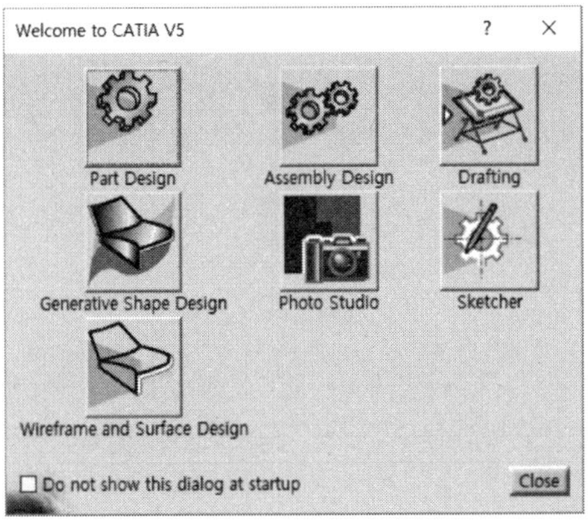

- Workbench : 하나의 대상을 작업하기위해 여러 개의 작업공간을 이동할 때의 작업 공간.
- Part Design : 3차원 Solid형상을 만드는 데 사용하는 워크벤치. 솔리드 기반으로 형상을 모델링하며, 제품 디자인에 있어서 가장 기초적인 기반이 되는 워크벤치.
- Assembly Design : CATIA의 여러 파트의 Document 또는 Sub-Assembly들을 하나의 product로 조립하게 해주는 워크벤치. 어셈블리 디자인 워크벤치를 기반으로 DMU나 Analysis와 같은 수준의 작업을 하는 워크벤치이다.
- Drafting : CATIA의 3차원 Solid를 2차원 도면으로 생성하는 워크벤치. Part Document, Product Document와 연계하게 도면을 빠르고 손쉽게 그릴 수 있다.
- Generative Shape Design : 대상을 생산적이고 효율적이게 형성할 수 있는 워크벤치. 곡선 등 3차원을 형성하는 데 매우 효율적이다.
- Photo Studio : 3차원 모델에 입힌 재질의 Rendering 속성과 여러 종류의 Rendering 변수를 이용하여 고품질 이미지를 손쉽게 생성할 수 있도록 도와주는 워크벤치.
- Sketcher : 2차원 단면 프로파일 또는 가이드 형상을 그리는 워크벤치. 3차원의 Solid 또는 Surface형상을 만드는 데 사용되며, 2차원 형상만으로 사용하는 경우는 거의 없다.
- Wireframe and Surface Design : Part Design 작업을 더욱 풍요롭게 해주는 워크벤치. 솔리드 형사에 비해 표현능력이 우수하며, 일반적으로 Surface 또는 Wireframe으로 만들어진 형상을 사용하기도 한다.

1.4 CATIA Option

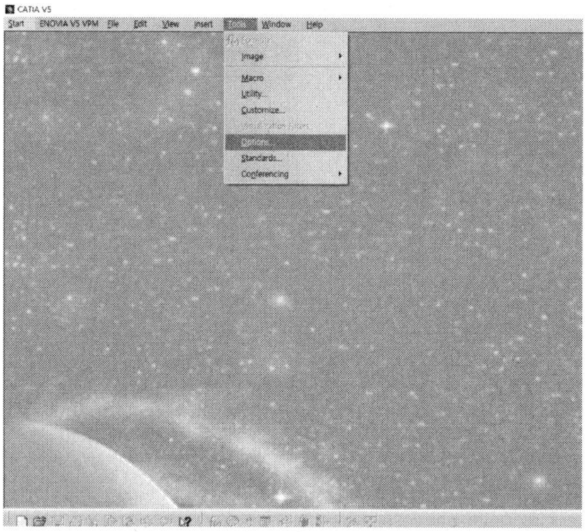

Tools → Option 클릭하면 아래 화면이 나타나며 각종 메뉴 설정이 가능하다.

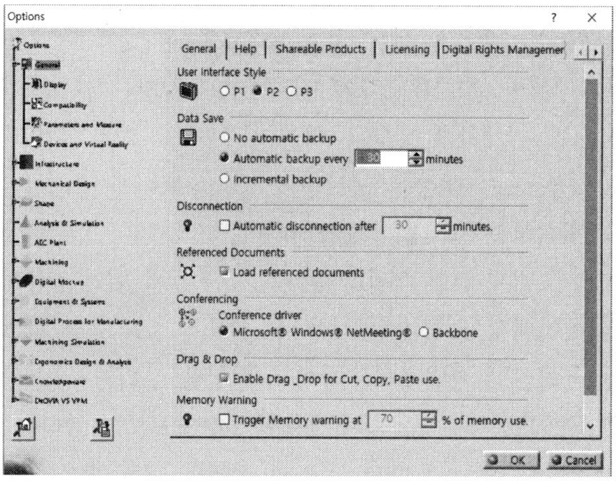

Display → Performance에서는 곡선 감도 등을 설정할 수 있다.

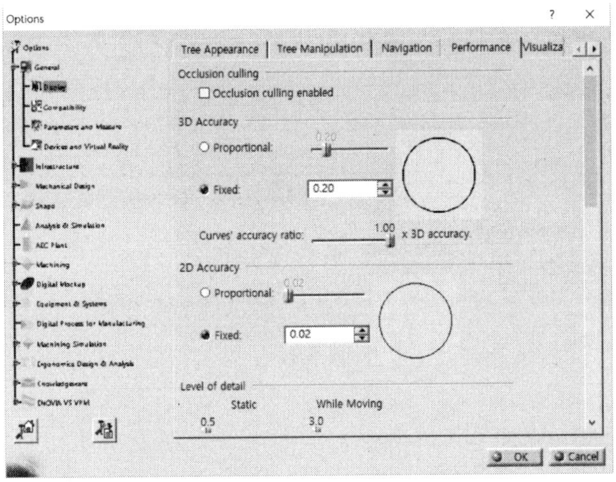

CATIA Option4_Parameters and Measure → Units 단위의 크기를 변경할 수 있다.

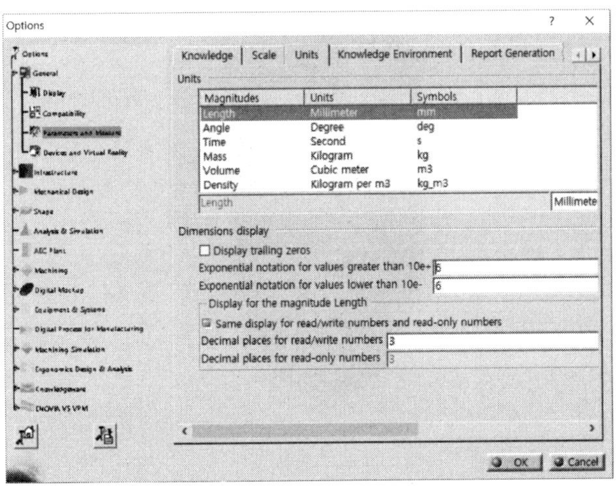

가. 메뉴 언어 설정

CATIA는 사용자에 따라 메뉴의 언어를 설정할 수 있게 하였으며 한국어로도 변경이 가능하다. 그러나 메뉴를 한국어로 번역한 내용이 쉽게 이해되지 않는 경우가 많아 이 서적에서는 영문 메뉴를 사용하였다.

Tools → Customize → Options → English 토글 버튼을 클릭하여 Korean으로 변경할 수 있다. 변경 완료 후에는 CATIA 프로그램을 종료하고 다시 열어야 언어변경이 가능하다.

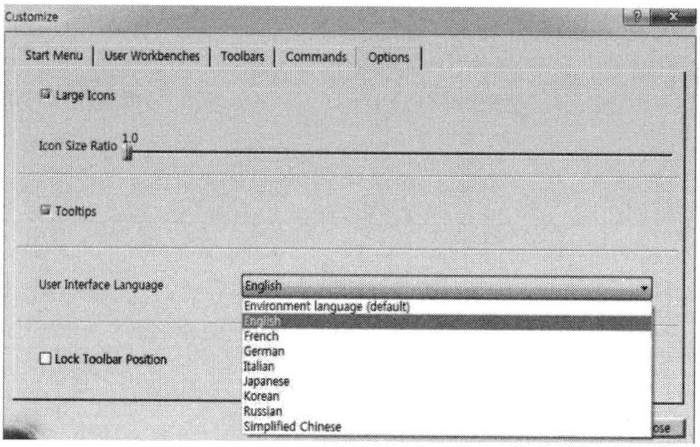

나. CATIA Mouse 사용법

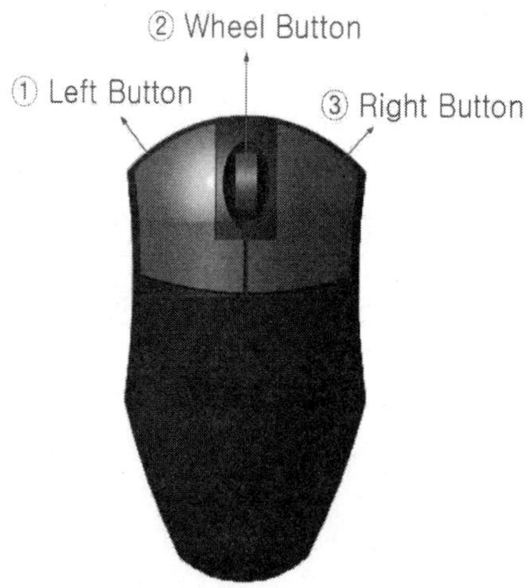

- 객체 선택, 명령 선택, 드래그, 더블 클릭은 1번 버튼을 이용하여 사용
- 대상 이동(Pan) : 이동은 가운데 2번 버튼을 누른 상태에서 드래그
- 대상 회전 : 회전은 2번 3번을 누른 상태에서 드래그
- 대상 확대 및 축소 : Ctrl 누른 상태에서 2번 버튼 누른 후 드래그, 혹은 Shift 누른 상태에서 2번 버튼 누른 후 드래그하면 원하는 면적만큼 확대 및 회전
- 스펙트리 확대 및 축소 : 2번 휠 움직이면 축소 및 확대가 가능하다.
- 3번 버튼 : Pop up Menu를 표시한다.

다. View Tool Bar

작업자는 필요에 따라서 사물을 확대 및 축소하거나 회전시키며 작업을 진행할 수 있는데, View Tool bar가 바로 이런 기능을 포함하고 있는 메뉴이다.

1)  Fly Mode : 공간 좌표에서 물체를 관찰할 때 사용하는 아이콘

2)  Fit Al In : 작업하고 있는 모든 요소가 Window에서 보일 수 있도록 하는 기능으로 확대와 축소 등을 통해 작업요소가 갑자기 보이지 않을 때 사용하는 기능

3)  Pan : 작업요소를 화면상에서 이동시키는 기능

4)  Rotate : 작업요소를 회전시켜서 보여주는 기능

5)  Zoom : 요소를 확대 및 축소시켜 볼 수 있는 기능

6)  Normal View : 3차원 물체의 선택 면을 정면으로 볼 수 있는 기능으로 작업 시 편리하게 사용 가능. 정면으로 보고 싶은 평면 또는 물체의 면을 선택하고 아이콘을 클릭하면 수직화면으로 변경.

다음은 자동차용 Connecting Rod의 화살표 부분을 선택해준 경우로 Normal View아이콘을 클릭하고 Connecting Rod의 상부면을 선택한 결과 선택 면을 정면으로 볼 수 있다.

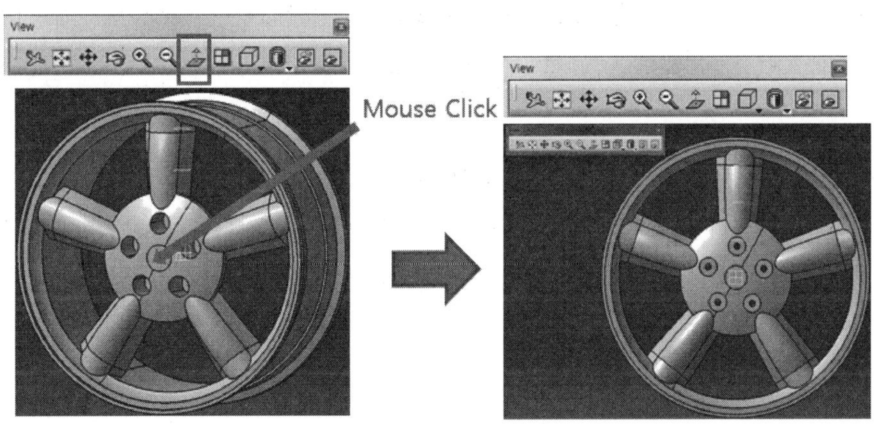

7) Create Multi View : 3차원 요소를 3각법에 따라 정면도, 평면도, 측면도, 등각도 (iso-View)로 분리하여 나타내는 기능

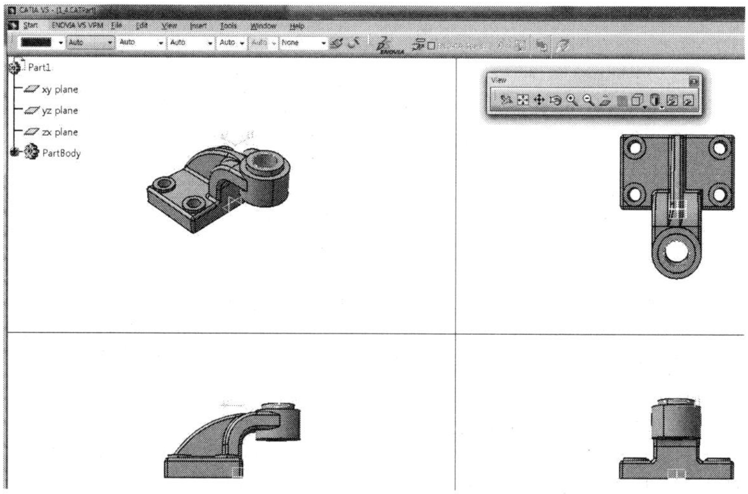

8) Quick View Tool Bar : 요소의 투상을 선택에 따라 나타내는 기능으로 여기에는 Iso-metric View, Front View, Back View, Left View, Right View, Top view, Bottom View, Named Views 등의 세부 기능이 있다.

9) View Mode Tool Bar : 3차원 Solid Model을 여러 가지 방법으로 나타내는 기능으로 여기에는 Shading, Shading with Edges, Shading with Edges without Smooth Edges, Shading with Edges with Hidden Edges, Shading with Material, Wireframe, Customize View Parameters 등의 세부 기능이 있다.

10) Hide/Show : 원하는 요소를 보이게 하거나 숨기는 기능. 도면 작업에 안내 또는 참조 역할을 하는 Construction Line, Plane, Surface 등을 보이지 않게 감추는 역할을 하는 아이콘이다.

11) Swap Visible Space : 보이는 공간과 보이지 않는 공간을 교차하여 주는 아이콘으로 이 아이콘을 클릭하면 보이다가 보이지 않게 된다(CATIA 프로그램 상에서 직접 클릭해보면 기능 간단히 알 수 있다).

라. 3D Compass

Compass는 작업창의 우측 상단에 기본적으로 표시되며 작업요소의 회전, 이동 등의 기능을 가지고 있고 Compass에 표시되는 xyz 축은 절대좌표축과 같다.

- Free Rotation Handle : z축의 머리 부분으로 작업요소를 회전시킬 수 있다.
- Compass Manipulation Handle : 사각형 부분을 마우스로 끌어서 Compass를 이동시킬 수 있다.

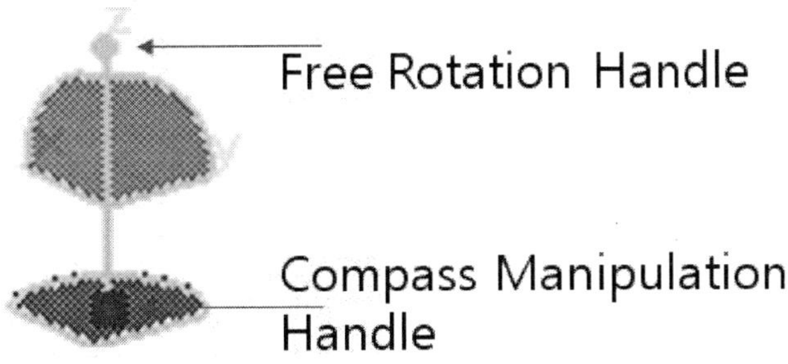

2장

Sketcher Workbench

2.1 Sketcher 시작하기

작업창인 Sketcher Workbench로 입장하는 방법은 다음 두 가지 방법이 있다.

방법 1) 스케치 아이콘 1 클릭 혹은 Full Down Menu에서 Start → Mechanical Design → Sketcher 클릭 후 스케치를 시작할 수 있다.

방법 2) 스케치 아이콘 2 클릭하면 아래 화면에서 원하는 평면(xy, yz, zx 평면 중 택 1)을 선택해 준다. 선택된 화면은 주황색으로 바뀐다.

①번에서 스케치하고자 하는 평면 선택 후, ②번의 스케치 버튼 클릭하면 아래 화면으로 들어가기가 가능하다. 다음은 Sketcher Workbench로 입장하였을 때 나오는 화면이다.

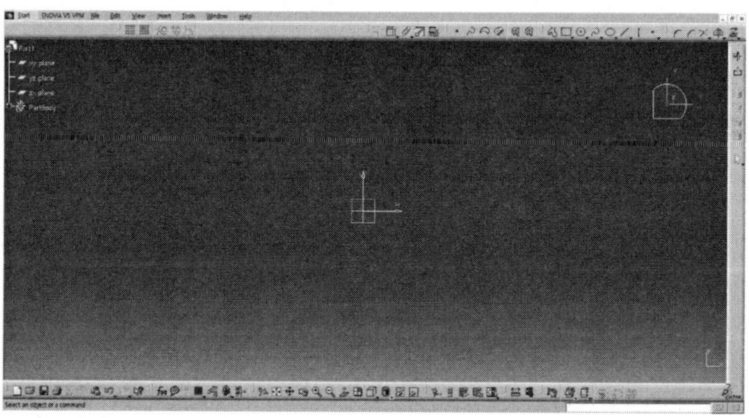

2.2 Sketcher ToolbarLine

가. Sketch Tools

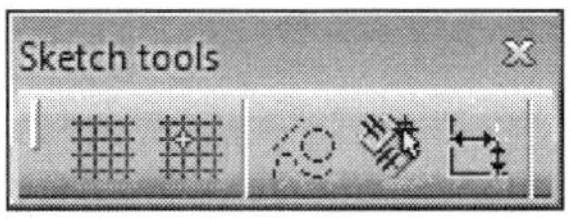

1) 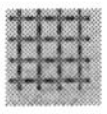 Grid

다음 그림처럼 모눈종이와 같은 격자를 나타낼 때 사용하는 기능이다. 이곳을 다시 클릭하면 다음과 같이 Grid off 상태가 된다.

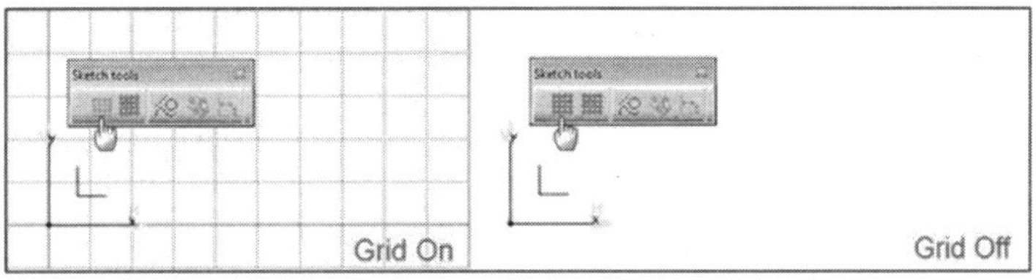

2) 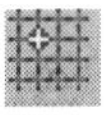 Snap to Point

다음 그림처럼 모눈종이와 같은 격자를 따라서 그리고자 할 때 사용하는 기능이다. 이것을 On했을 때와 Off했을 때의 차이를 다음에 나타내었다.

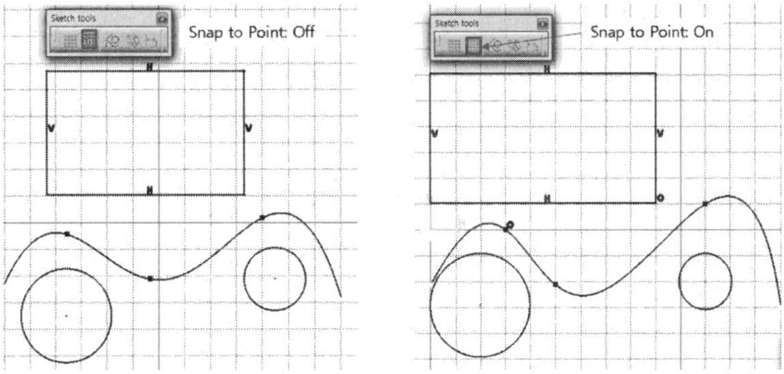

3) Construction/Standard Element

Sketcher에서 제도한 Geometry를 Standard Element 또는 Construction Element로 변경해주는 작업을 수행하는 기능이다.

- Standard Element : 일반적인 2차원 스케치 Geometry 요소로 Sketcher 워크벤치에서 작업을 마치고 3차원 작업 워크벤치로 이동해도 그 요소를 도면 요소로 사용할 수 있는 형상
- Construction Element : Standard Element와 달리 Sketcher 워크벤치에서만 그 기능을 다하고 3차원 워크벤치로 이동하게 되면 화면에 나타나지 않으며 그 요소를 도면요소로 사용할 수 없는 형상. 즉, Sketcher 워크벤치에서 제도작업을 하는데 필요한 보조 도구 역할을 하는 기능이며 이를 다음 예시 자료에 나타내어 비교하였다.

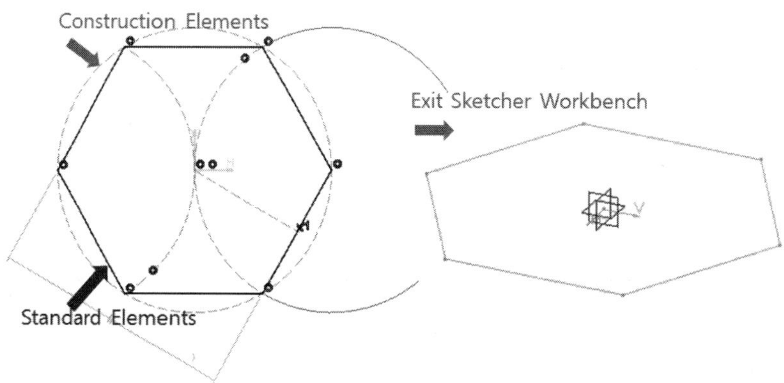

4) Geometrical Constraints

Sketcher에서 문자화된 구속을 활성화하는 명령이다. 이 명령이 해제되면 문자구속이 바르게 정의되지 않으므로 항상 On 상태로 둔다.

5) Dimensional Constraints

Sketcher에서 수치화된 구속을 활성하하는 명령이다. 이 명령이 해제되면 문자구속이 바르게 정의되지 않으므로 항상 On 상태로 둔다.

나. Sketcher Profile

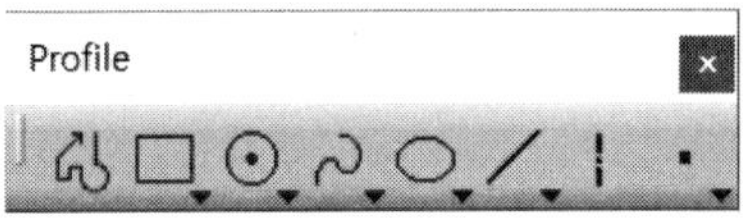

스케치 프로파일 툴바는 총 8개의 아이콘 명령어로 구성된다.

1)  profile

profile 버튼을 클릭하고 순서대로 클릭해보자.

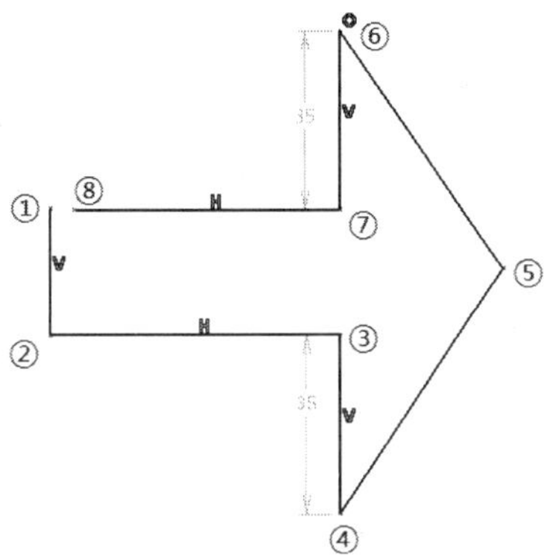

-  버튼 클릭 후 순서대로 클릭하면 다음과 같은 스케치 도구 명령어들이 나타난다.

-  이 아이콘을 클릭하면 다음 그림과 같은 접선 호(Tangent Arc)를 그릴 수 있다.

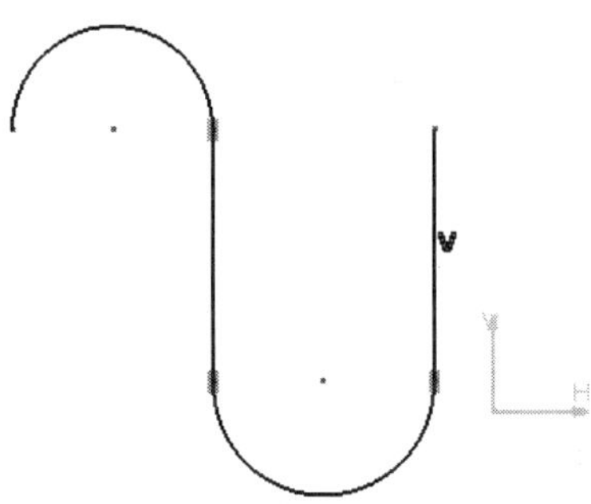

- 접선 호를 그리면 녹색 평행선 2개가 직선과 서로 만나는 부위에 생성된다. 이 형상은 일종의 Constraint 표시 마크(위치구속 표시)이다.

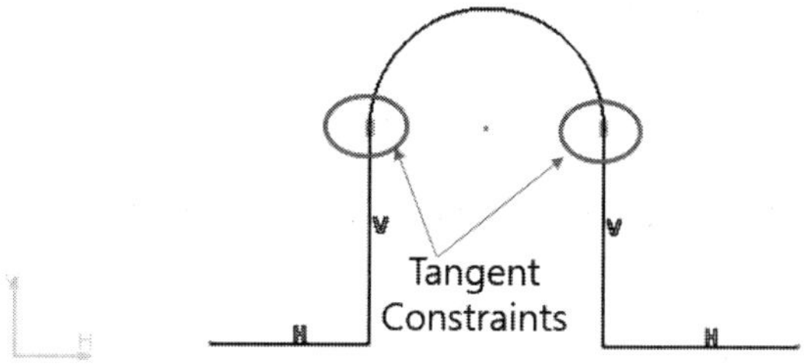

-  버튼 클릭하면 다음 그림과 같이 3포인트 호(Three Point Arc)를 그릴 수 있다.

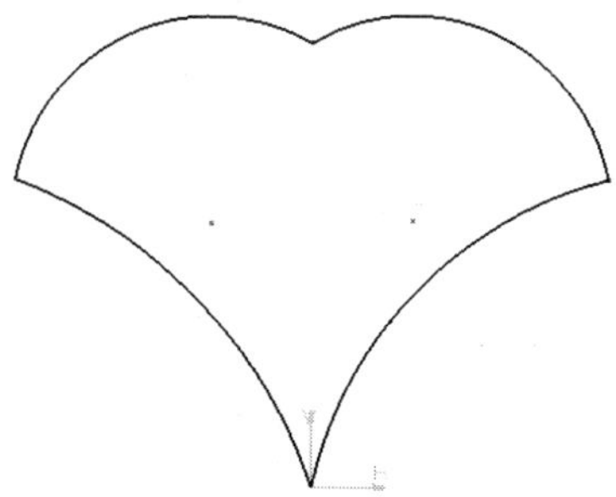

2) Predefined Profile Sub Toolbar

-  Rectangle을 클릭하면 다음과 같이 사각형을 그릴 수 있다. 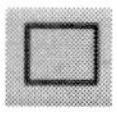 버튼을 클릭하고 순서대로 클릭하면 사각박스가 그려진다.

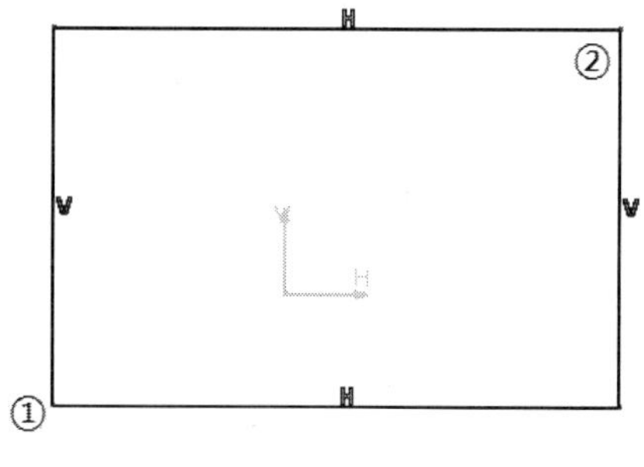

- Oriented Rectangles : 임의의 기준방향을 가진 직각 사각형이다. 순서대로 클릭하면 다음 그림이 그려진다.

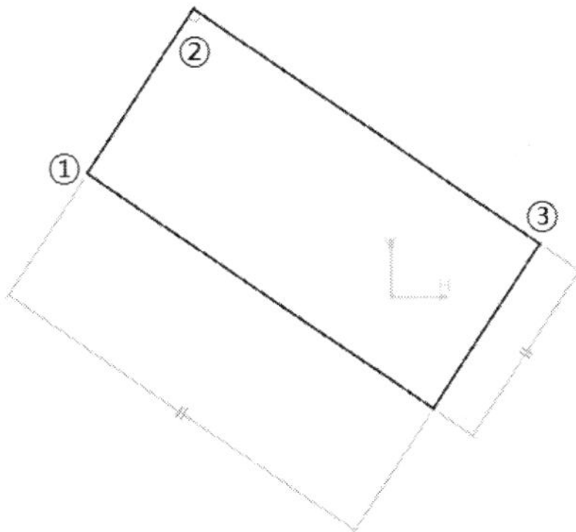

- Elongated Hole은 돼지코 모양과 유사하며 시작점-끝점-반경 순서대로 그린다. 또한 녹색으로 표기되는 반경 치수를 클릭하면 원하는 반경으로 수정이 가능하다.

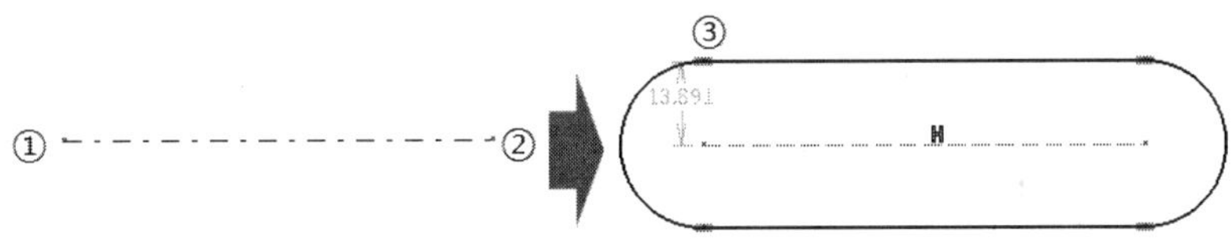

- Keyhole Profile : 열쇠 구멍 형상과 유사하며 시작점과 끝점을 클릭하며 그린다. 탄젠트한 작은 반경 클릭하면 아래 그림이 나타나 수정이 가능하다.

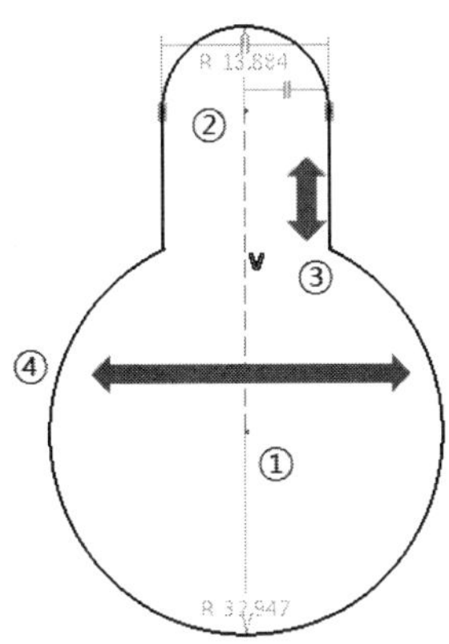

- Hexagon : 정육각형을 그릴 때 사용하며 중심 클릭 후 원의 반경(끝점)을 클릭한다.

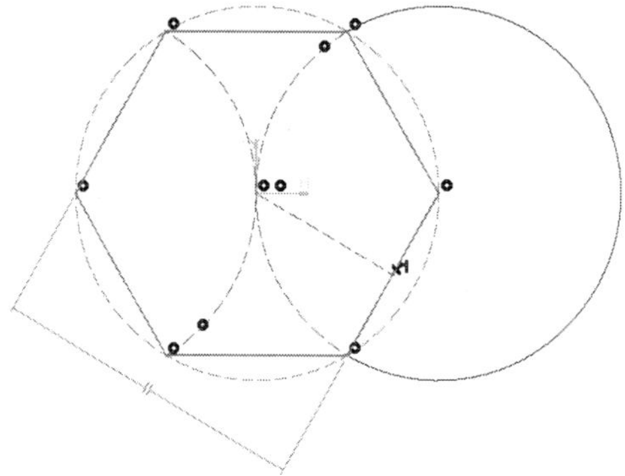

3) Circle Sub Toolbar

- Circle : 원을 그릴 때 사용하는 아이콘이다. 원의 원점을 다음과 같이 클릭하면 원이 그려지며 반경을 클릭하면 반경값을 입력할 수 있다.
다음과 같이 원이 생성된다.

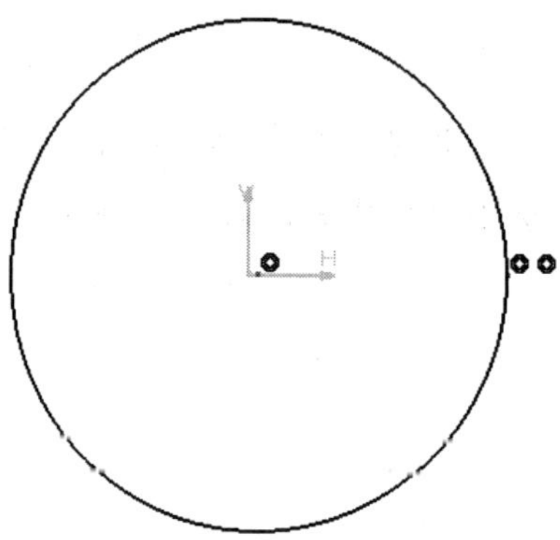

-  Three Point Circle : 세 점을 이용하여 원을 그릴 때 사용하는 아이콘이다. 순서대로 3포인트를 클릭하면 다음의 그림을 그릴 수 있다.

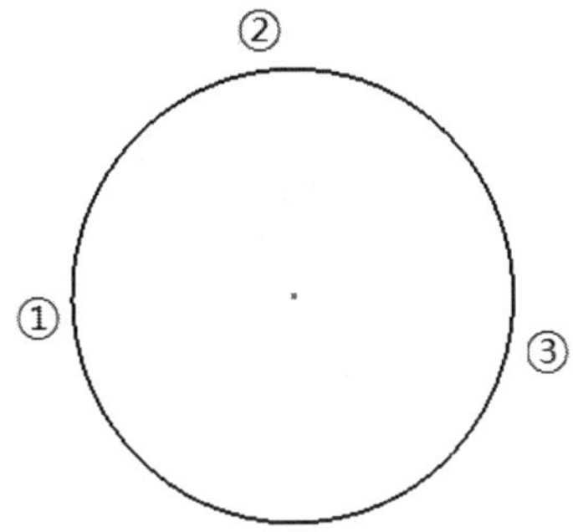

-  Circle Using Coordinates : 원의 중심좌표와 반지름을 이용하여 원을 그리는 방법이다.

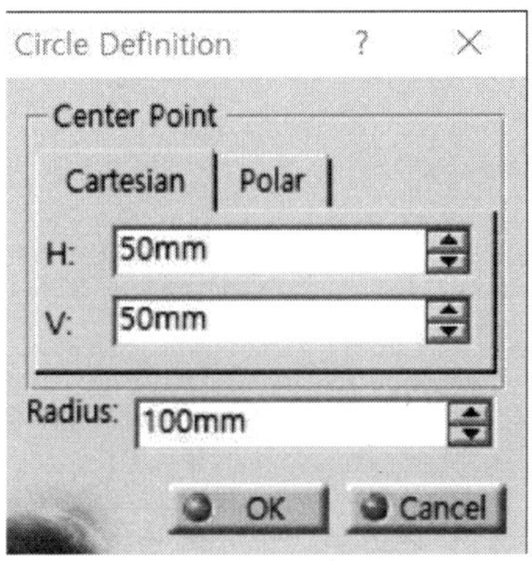

여기서 H는 수직좌표, V는 수평좌표이며, Radius는 원의 반지름을 입력하는 정의 창(definition)이다. 위의 값을 각각 입력하면 다음과 같이 원을 그릴 수 있다.

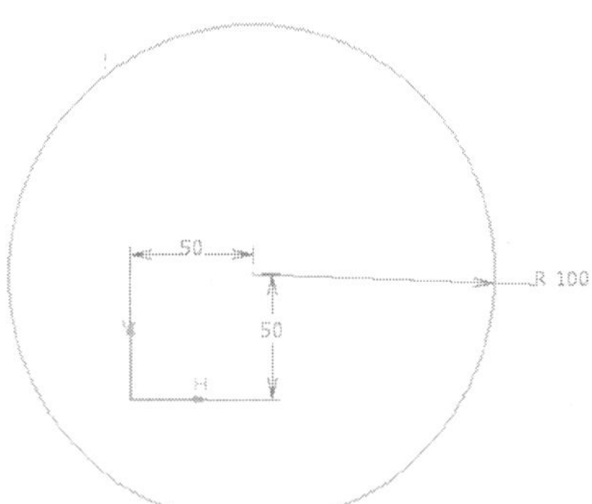

- 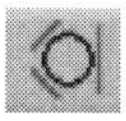 Tri-Tangent Circle은 세 개의 접선을 이용하여 원을 그리는 방법이다. 다음과 같이 선 3개를 이용하면 그 선에 접하는 원을 그릴 수 있다.

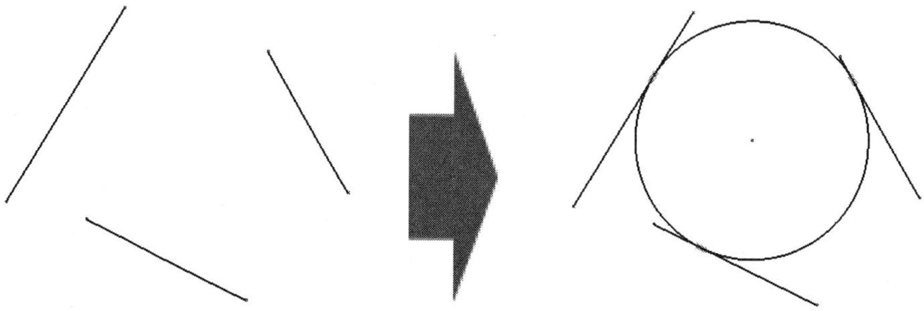

- 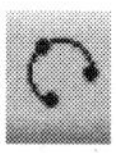 Three Point Arc : 세 개의 점을 이용하여 호를 그릴 때 사용하는 명령어이다. 아래와 같이 순서대로 클릭하고

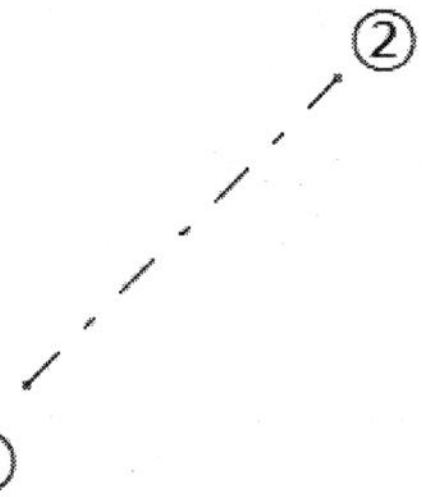

3번째 포인트를 클릭하면 다음의 결과를 얻을 수 있다.

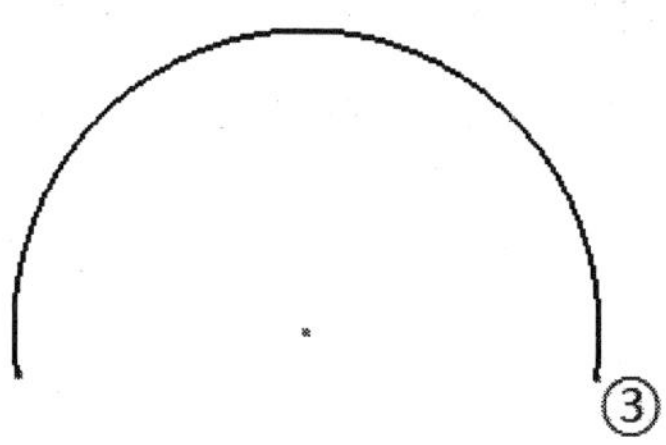

- Arc : 원점과 반경을 이용해 호를 그리는 명령어이다. 먼저 원점을 클릭하고 호의 시작점을 다음과 같이 클릭한다. 다음과 같이 호의 시작점을 클릭한 후 호의 끝점을 클릭한다.

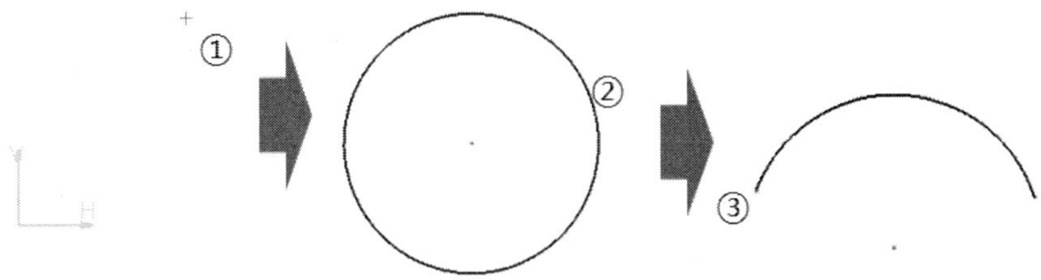

4) 스플라인 버튼

화살표를 클릭하면 확장한 스플라인 아이콘이 나타난다. 스플라인을 그리기 위해 다음의 순서대로 클릭하면 그릴 수 있다.

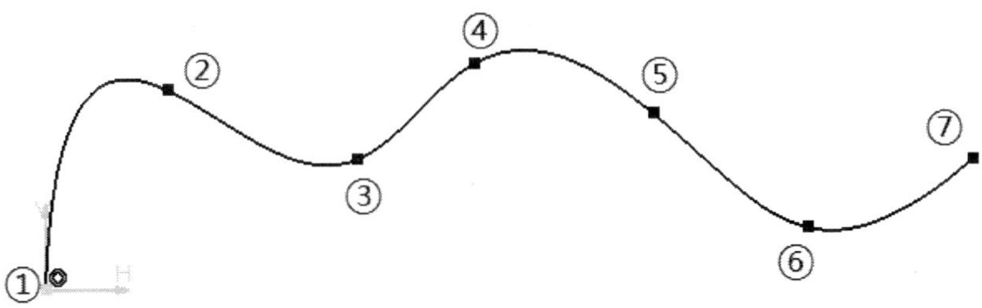

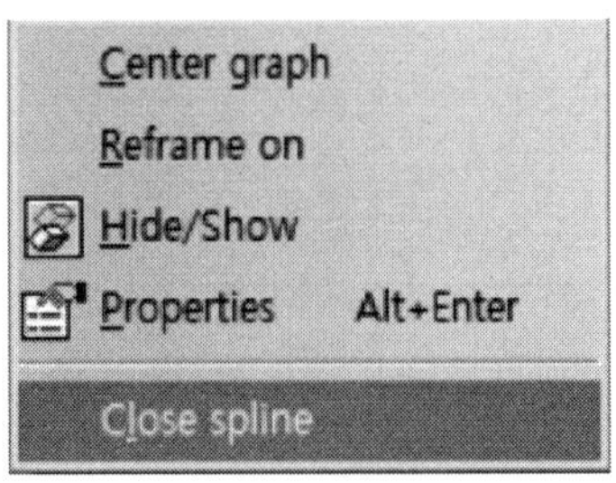

스플라인을 닫는 방법은 아래의 총 3가지 방법이 있다.

① 마우스 오른쪽 버튼 → close spline

② esc 버튼 두 번

③ 같은 곳 두 번 클릭

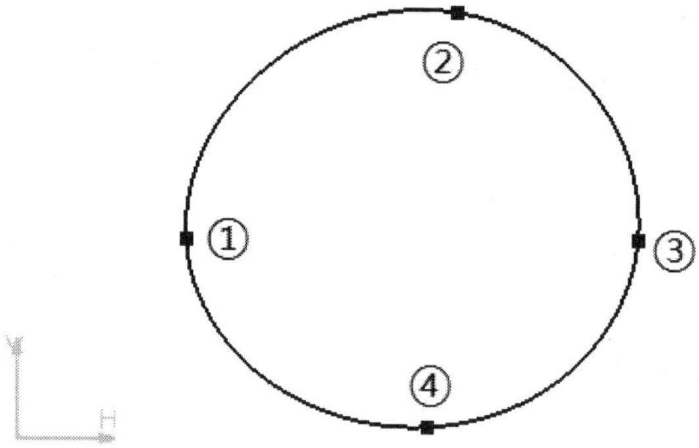

1-4번까지 클릭 후 마우스 오른쪽 버튼 → Close spline 클릭하면 닫힌다.

스플라인 수정 방법은 스플라인을 두 번 클릭하면 다음의 수정창이 나타난다.

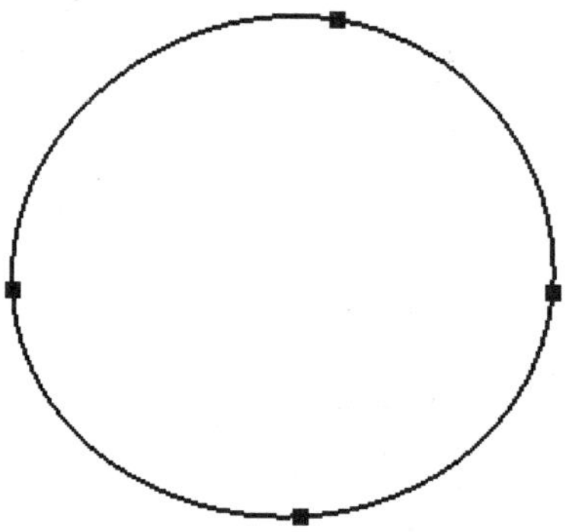

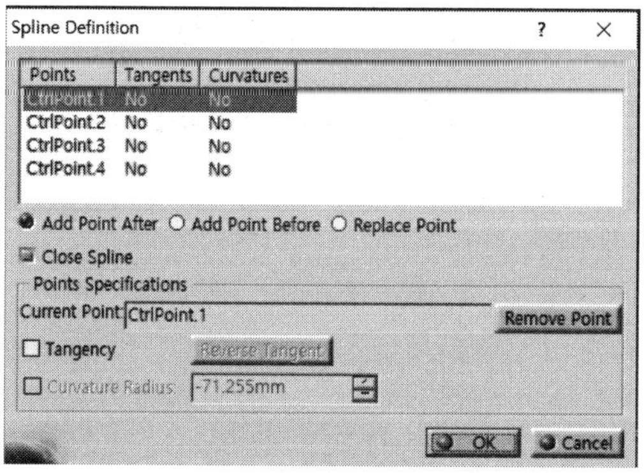

이때 Add Point After 혹은 Add Point Before를 선택하면 스플라인 포인트를 추가하며 수정할 수 있다.

- 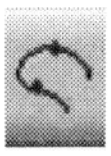 Connect : 두 커브 요소 간을 서로 이어주는 명령어이다(스플라인 중 두 번째 기능).

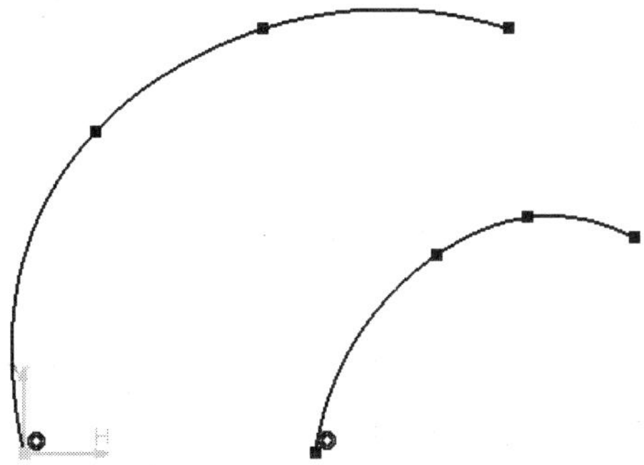

임의의 선 두 개를 준비한 상태에서 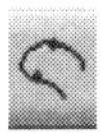 이 아이콘을 클릭하면 스케치 도구에 다음의 도구창이 나타난다.

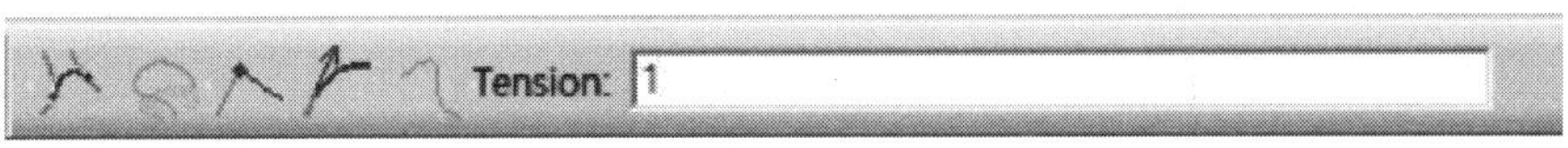

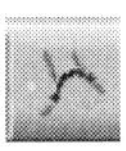 첫 번째 기능 클릭 후 연결하였을 때 다음과 같이 수정된다.

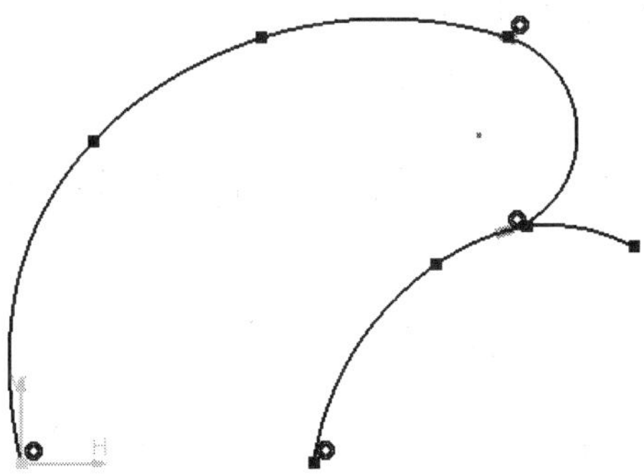

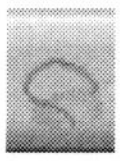 두 번째 기능 클릭 후 연결하였을 때 다음과 같이 수정된다.

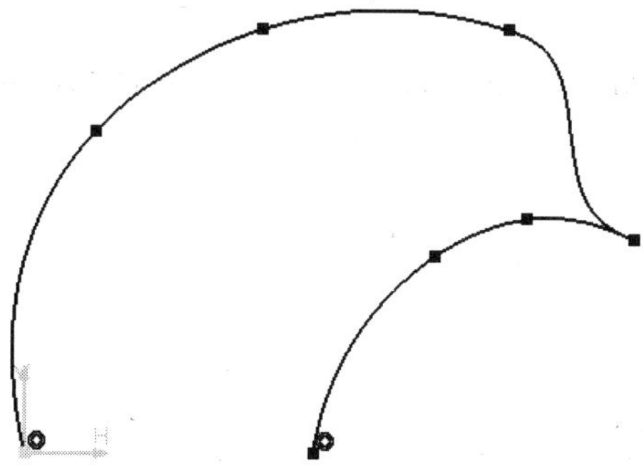

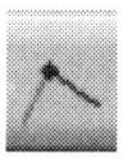 세 번째 클릭 후 연결하였을 때 다음과 같이 수정된다.

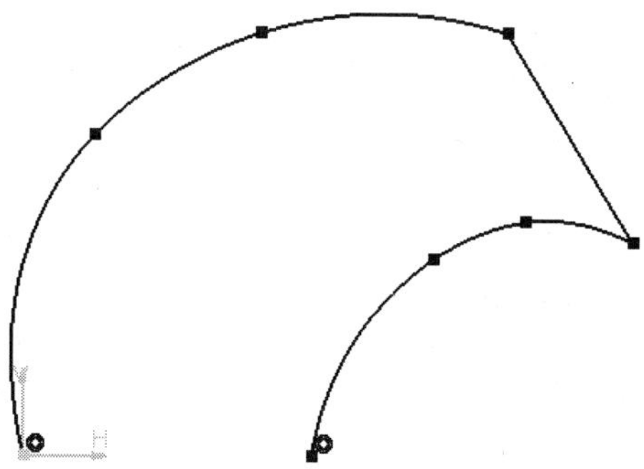

5)  Conic Sub Toolbar

- 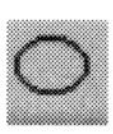 Ellipse : 타원형상을 그릴 때 사용한다. 먼저 다음과 같이 중점을 클릭한다.

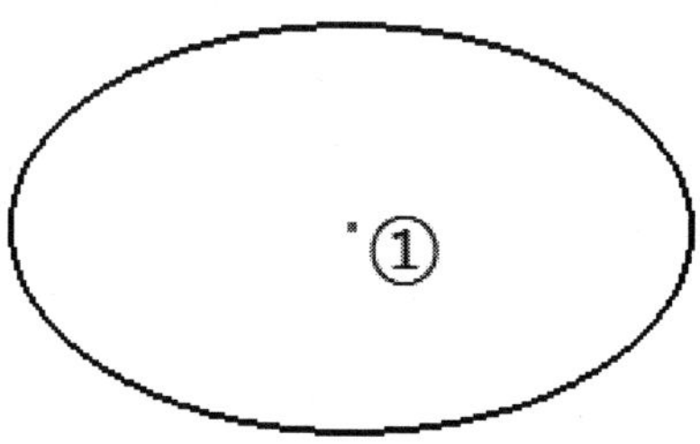

① 단축(장축) - 장축(단축)을 클릭하고 보조선을 각도를 주어 선택하면 다음과 같이 타원을 그릴 수 있다.

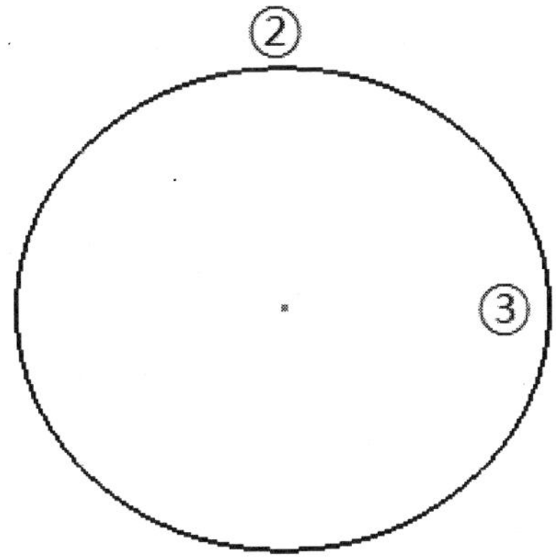

- Parabola by Focus : 포물선을 그릴 때 사용하는 명령어이며 다음과 같이 ① 초점과 ② 정점을 입력하여 그린다.

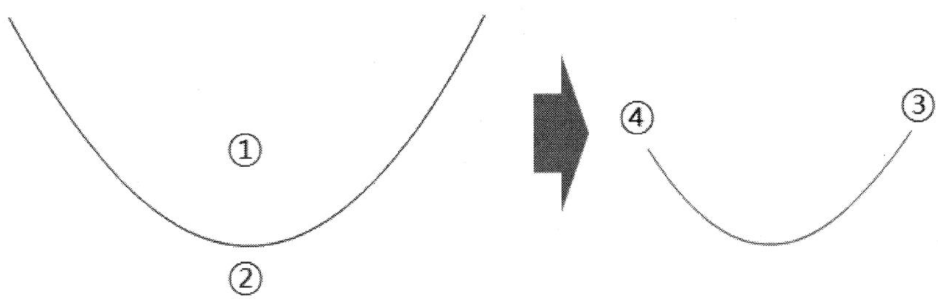

③ 오른쪽 끝점을 입력한다. ④ 반대편 끝점을 클릭한다.

6) Line

-  line

프로파일 툴바에서 6번째 아이콘을 클릭한다. 1번과 2번을 순서대로 클릭하면 라인이 생성된다.

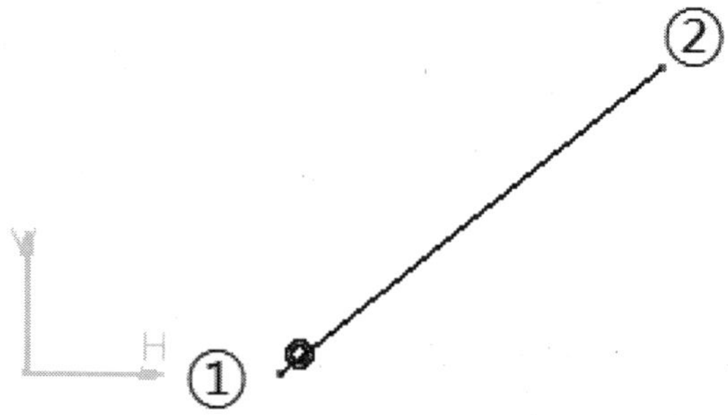

라인 버튼을 더블 클릭하면 여러 개의 라인을 연속으로 그릴 수 있다.

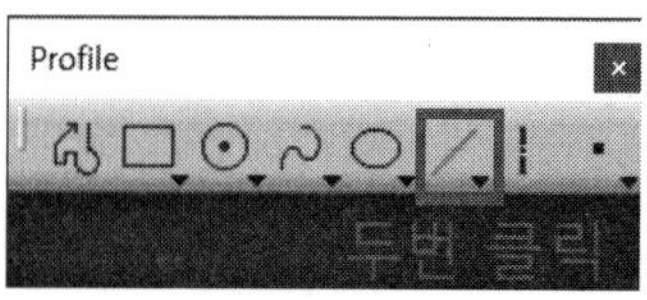

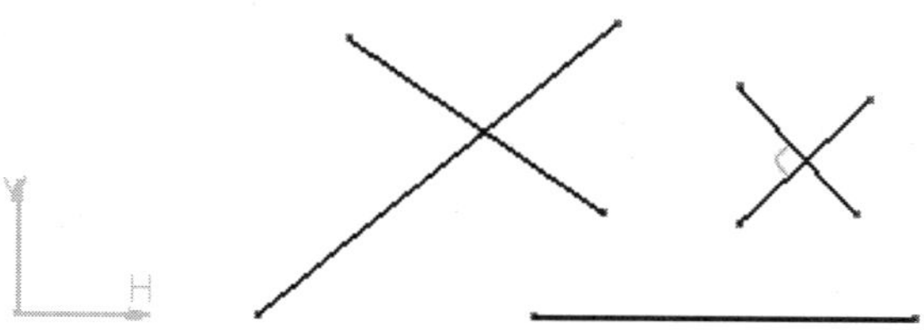

-  Bi-tangent Line : 두 개의 형상 요소 사이에 접하는 라인을 그릴 때 사용하는 명령어 이다. 다음과 같이 두 개의 원이 있을 때,

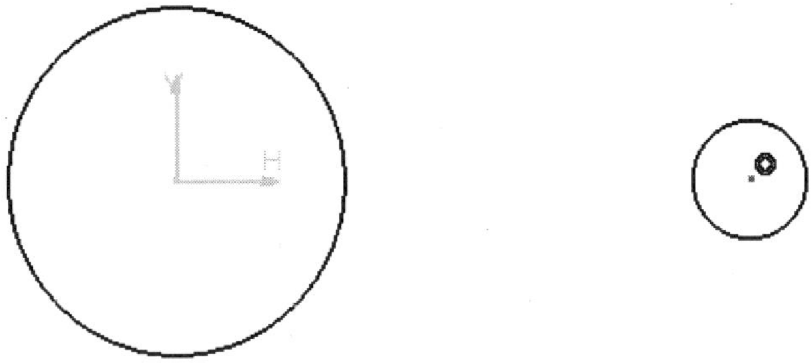

순서에 상관없이 접하고자 하는 원 2개를 다음과 같이 클릭한다.

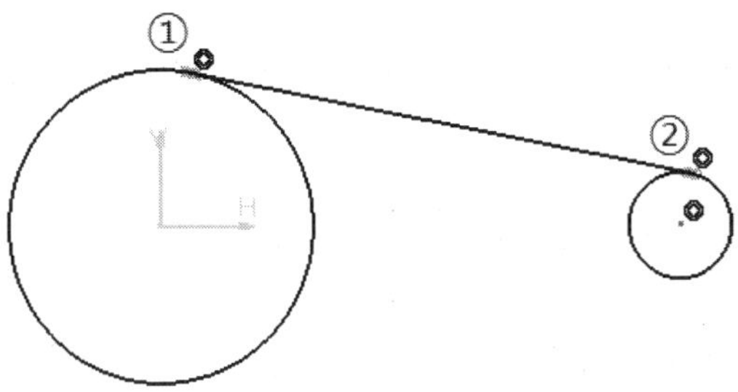

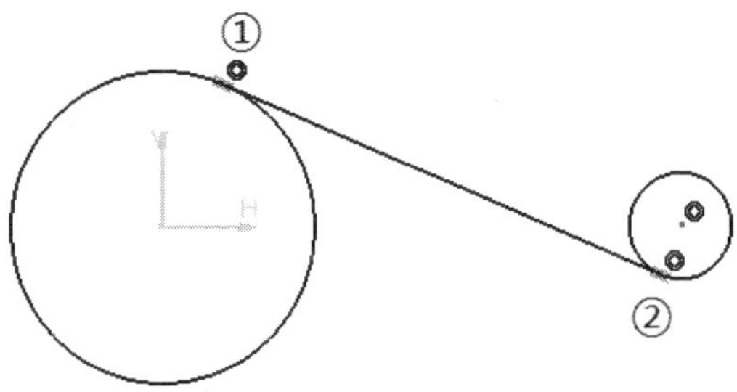

원의 위/아래를 선택하느냐에 따라 접하는 방향이 달라진다.

- 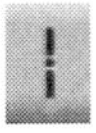 Axis : 2차원에서만 존재하여 3차원에서는 보이지 않는 선으로 직접적으로 도면에 삽입되는 선은 아니고 주로 참조축(Reference Axis) 역할을 할 때 사용한다.

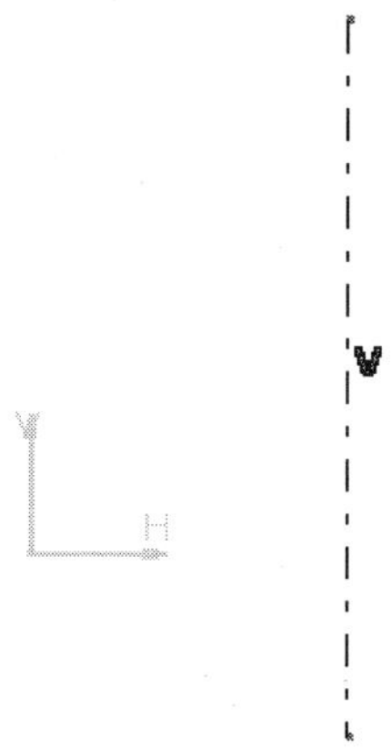

직선을 그리는 것과 동일하게 원하는 포인트를 클릭하여 축을 형성한다.

7) 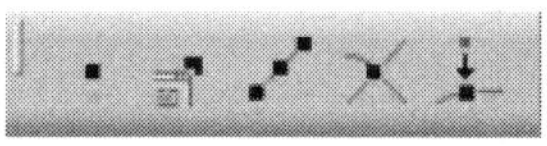 Point Sub Toolbar

- 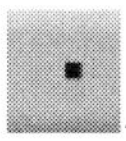 Point by Clicking : 버튼 클릭 후 원하는 지점을 클릭 시 점이 생긴다.

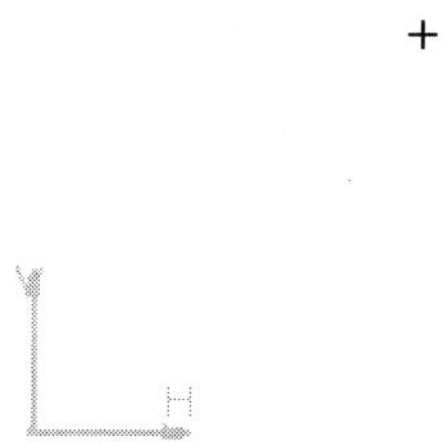

- 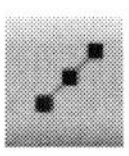 Equidistant Point : 형상 요소에 등 간격으로 포인트를 생성할 때 사용한다. 다음과 같은 형상요소를 그려보자.

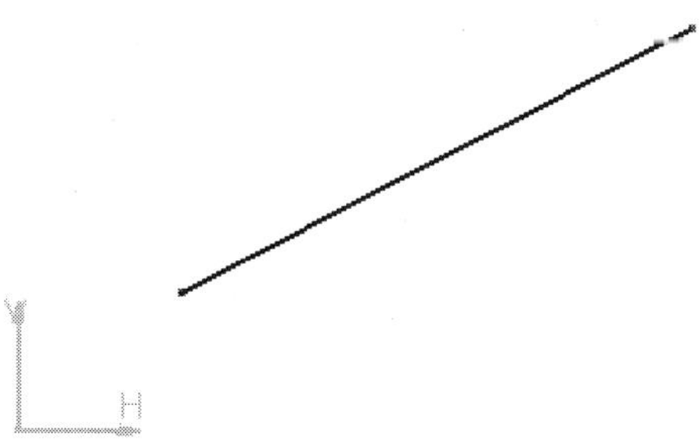

다음과 같이 New Points, 즉 포인트의 개수를 10개로 설정한다.

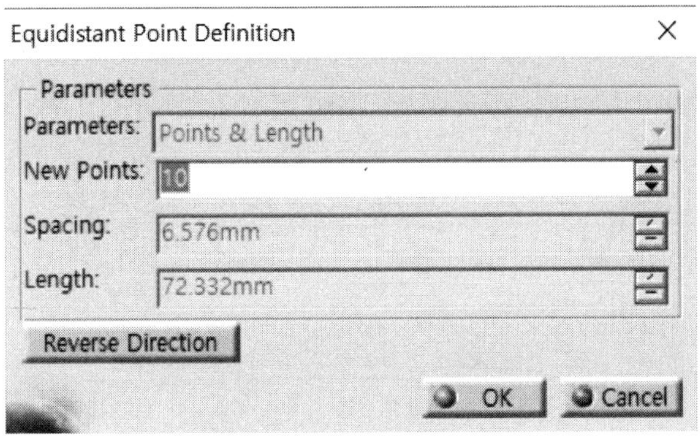

다음 그림에 나타난 것과 같이 라인 안에 10개의 설정 포인트가 생성됨을 알 수 있으며 설정한 값과 그에 따른 미리보기 정의 창(definition)은 다음과 같다.

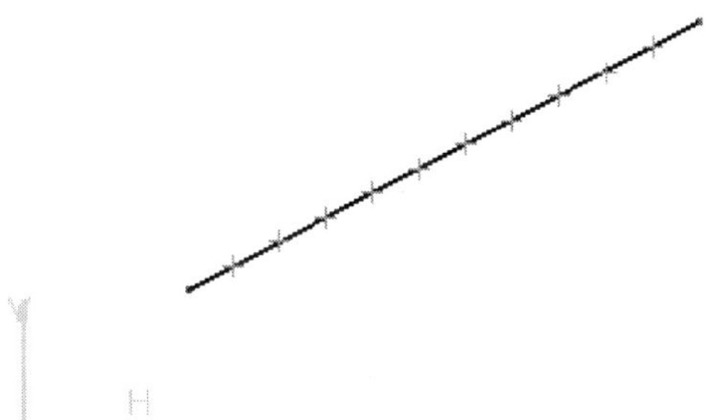

-  Intersection Point : 교차되는 지점에 점을 생성시킬 때 사용한다. 교차되는 두 개의 형상 혹은 라인을 그린 후, 선을 클릭 시 점들이 생성된다.

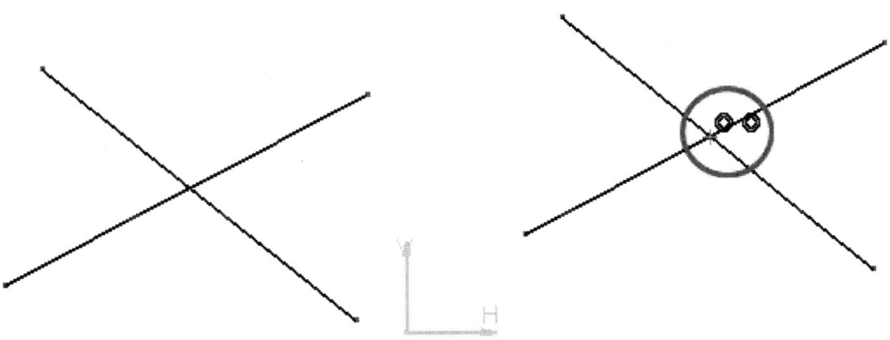

다음과 같이 교차하는 두 개의 형상에 를 클릭하여 포인트를 생성시킬 수도 있다.

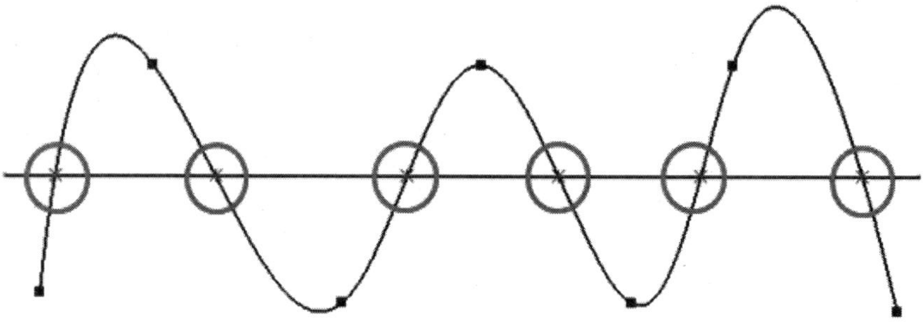

다. Operation

Operation 툴바는 다음 그림과 같다.

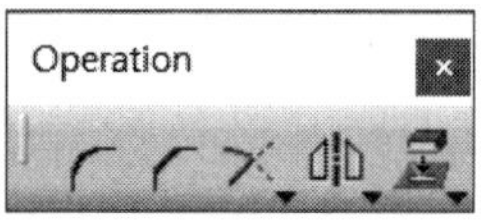

-  Corner : 두 개의 직각 라인을 클릭하여 라운드 처리할 때 사용하는 메뉴이다. 다음과 같이 라운드 처리되고자 하는 부분과 이어진 양쪽 형상을 클릭한다.

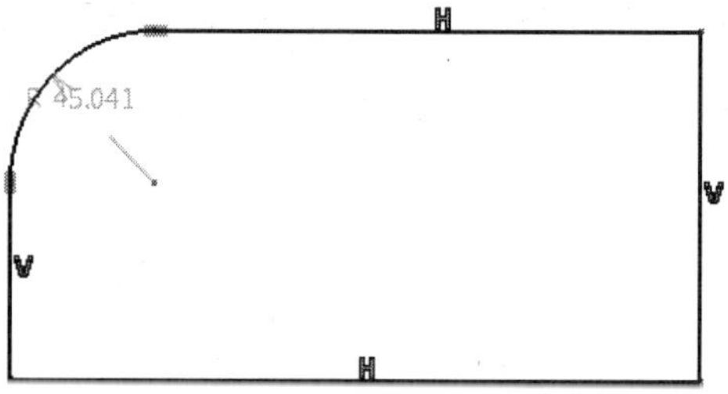

치수 표시를 더블 클릭하여 원의 반지름을 변경할 수 있다.

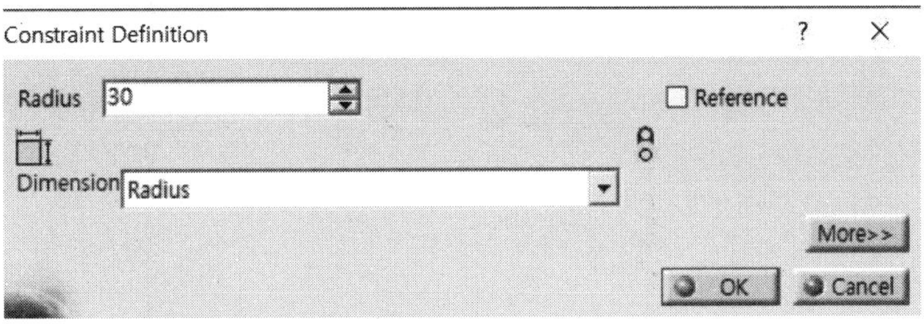

다음 그림과 같이 곡선부의 치수가 변경된 것을 확인할 수 있다.

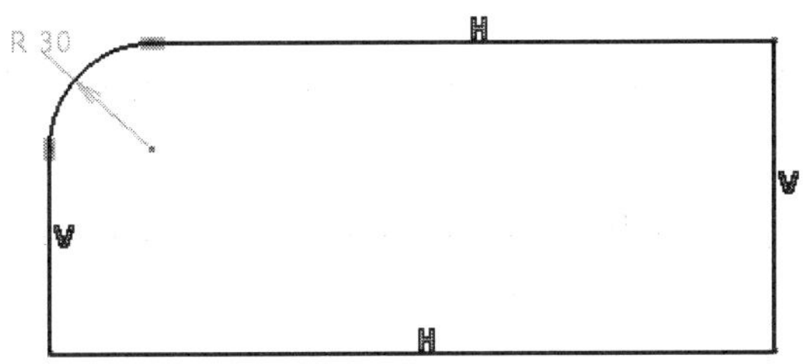

-  Trim First Elements : 첫 번째 선택 모서리만 Trim 작업을 하고 다른 모서리 그대로 유지할 때 사용하는 기능이다.

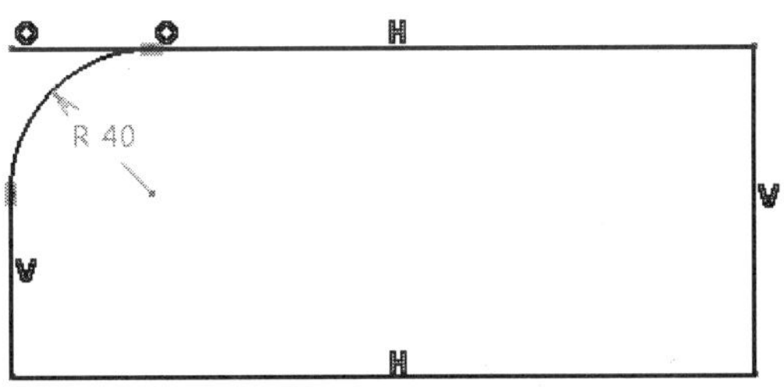

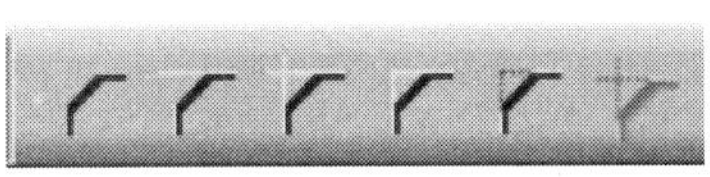

모따기는 코너와 똑같이 6개의 기능들이 있으며, 그 사용 방법은 동일하다.

- 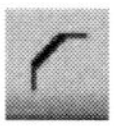 Chamfer : 모따기할 때 사용하는 기능이다. 다음과 같이 라운드와 비슷하게 모따기하고자 하는 라인들을 클릭한 후 거리 혹은 각도를 조절하면 된다.

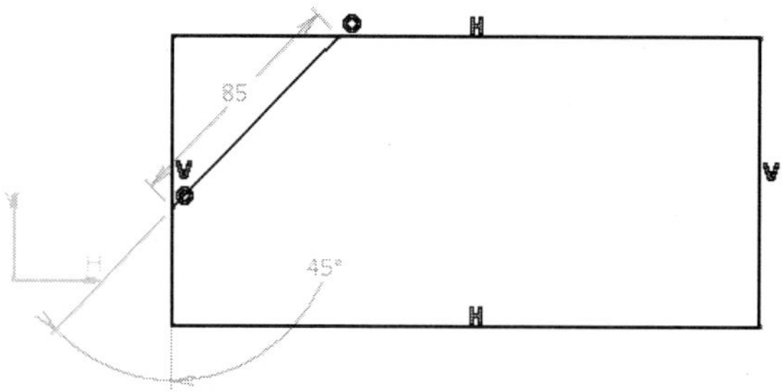

-  no trim : 양쪽 모서리 모두 그대로 유지할 때 사용하는 기능이다.

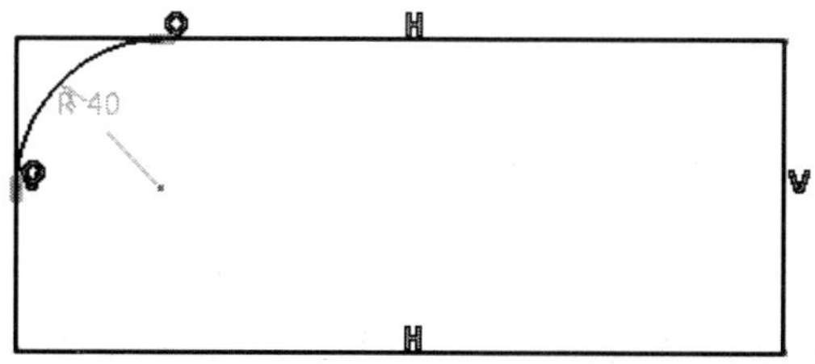

모따기는 다음과 같이 총 3가지 치수 기입법이 있다.

1) 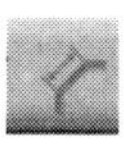 Angle and Hypotenuse

대각선의 길이와 첫 번째 요소가 이루는 각도에 치수를 주는 방법이다.

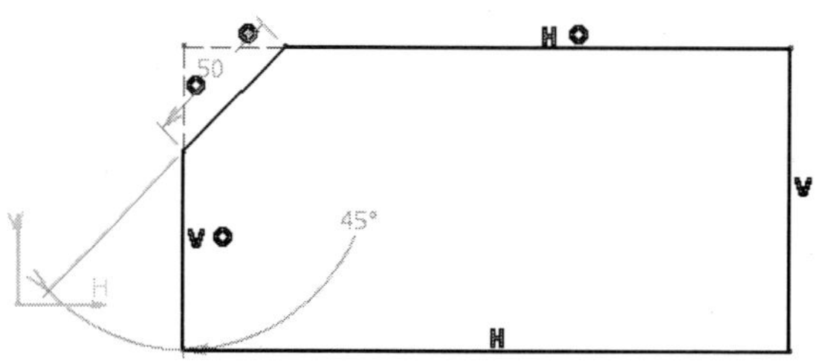

2) 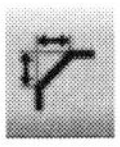 Angle and First Length

잘려나간 길이의 가로세로 길이에 치수를 주는 방법이다.

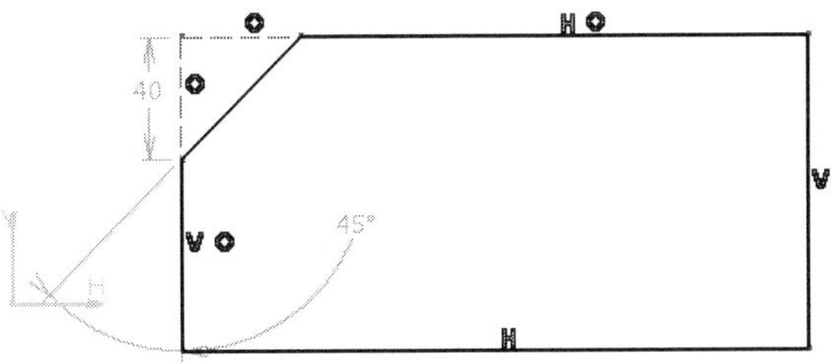

3) 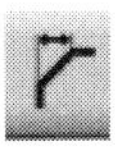 First and Second Length

트림되어 잘려나간 길이와 각도에 치수를 주는 방법이다.

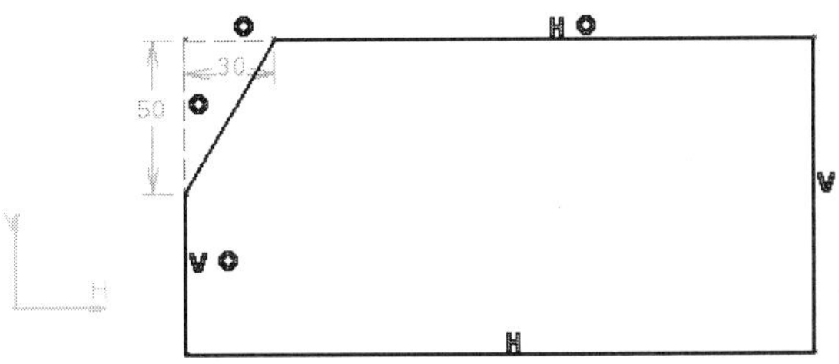

-  Relimitations Sub Toolbar

1)  Trim

형상요소를 잘라낼 때 사용한다. 다음의 라인이 교차하고 있을 때 커팅하고 싶지 않은 부분을 클릭하여 트리밍한다.

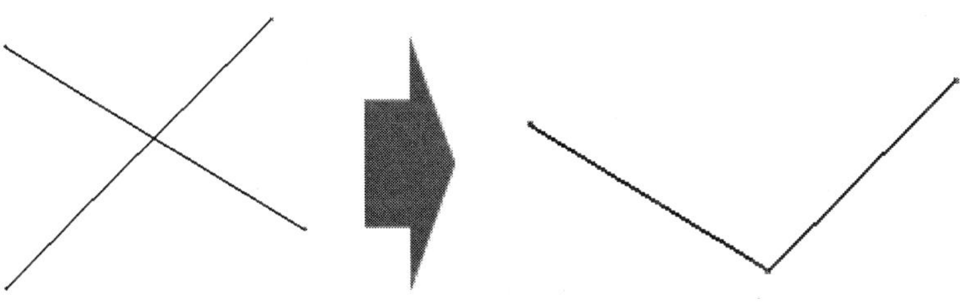

다음과 같이 옵션 중 Trim first element 를 사용하면 선택한 한 가지의 요소만 선택해준다.

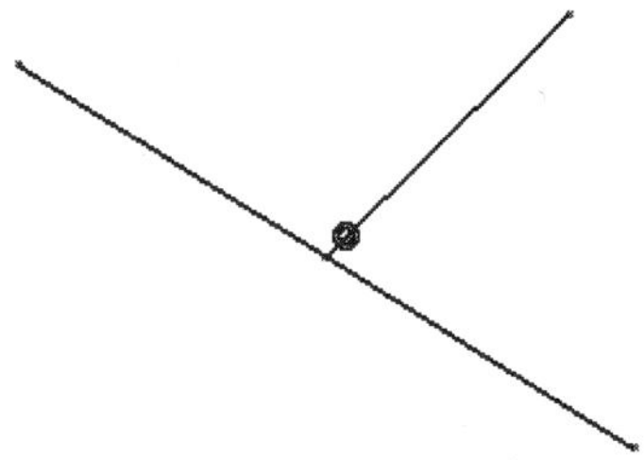

2) Break

선과 같은 형상을 분할하는 역할을 한다. 분할할 대상을 다음과 같이 선택해준다.

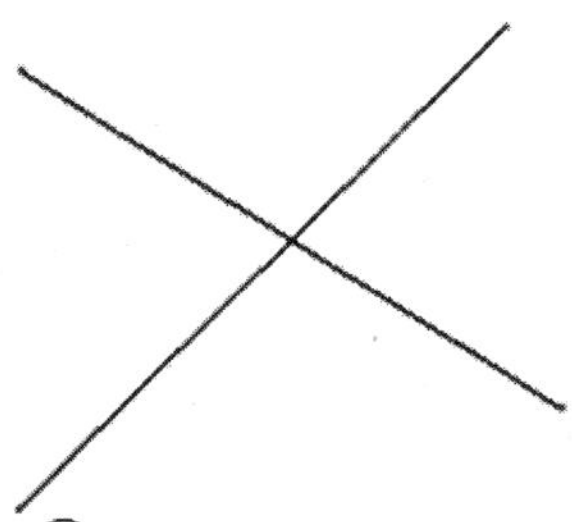

①

- 분할할 기준선을 다음과 같이 클릭하면 그림처럼 분할선을 지울 수 있다.

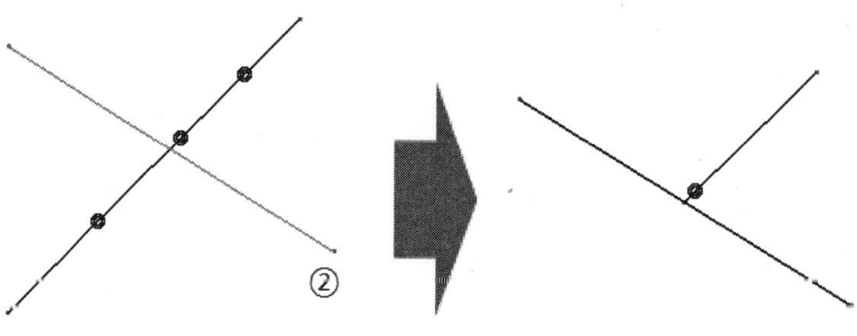

3) Quick Trim

지우개처럼 빠르게 불필요한 부분을 Trim할 때 사용한다. 먼저 지우고자 하는 선을 클릭하면 교차지점까지 지워진다.

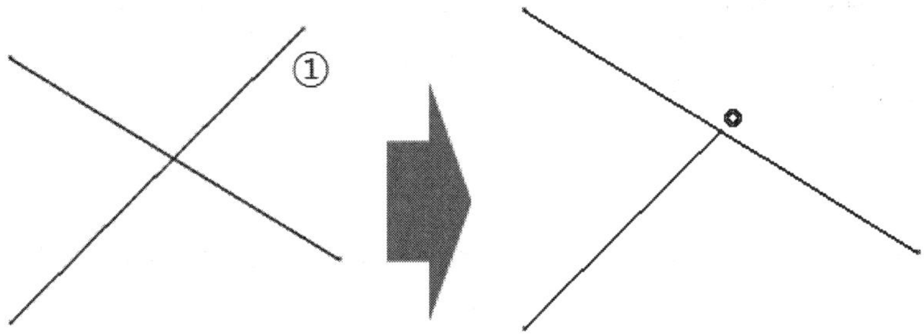

- mirror : 대칭형상을 만들기 위해 사용하는 명령어이다. 다음과 같이 대칭하고자 하는 프로파일 선택한다.

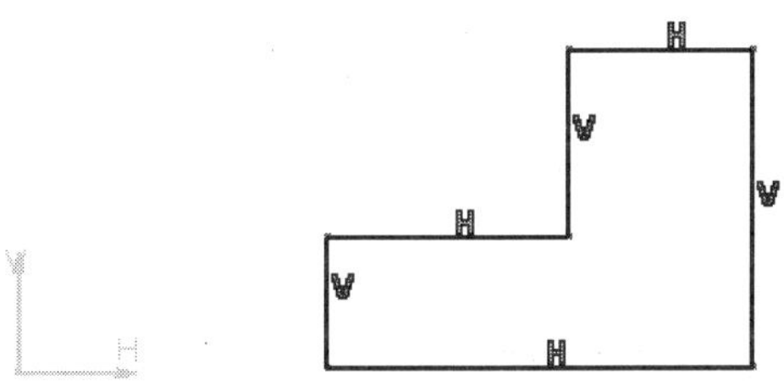

① 버튼 클릭 후 대칭선을 선택해 준다.

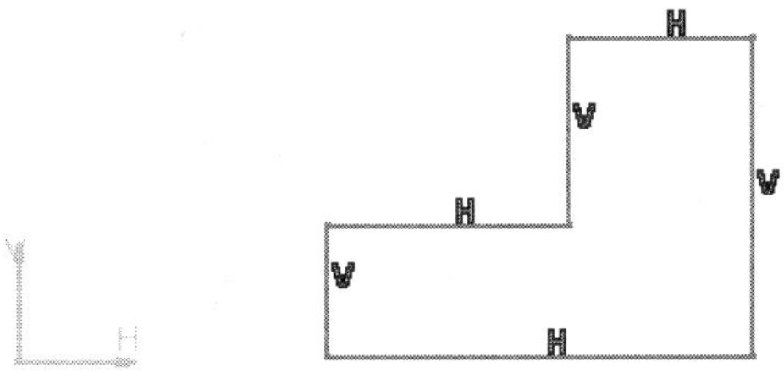

② 대칭할 축(여기선 V축)을 선택해주면 V축 반대편에 대칭 형상이 생성된다.

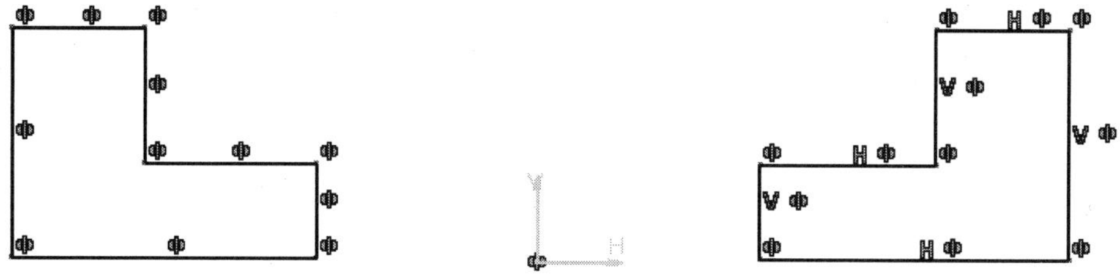

-  Symmetry : 이동시킬 때 사용하는 기능이다. 먼저 대칭하고자 하는 프로파일을 선택한다.

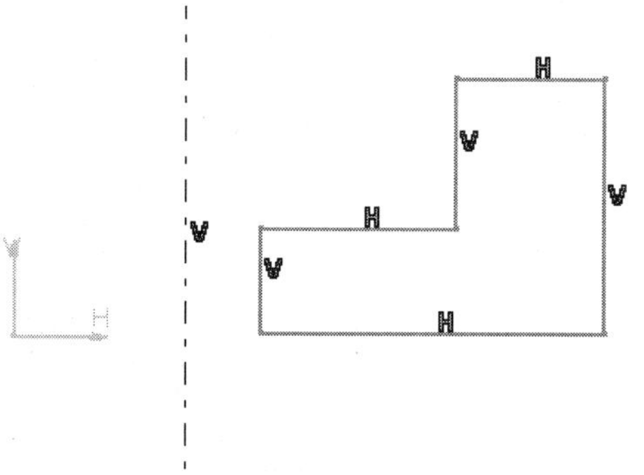

기준선(혹은 축)을 다음과 같이 클릭한다.

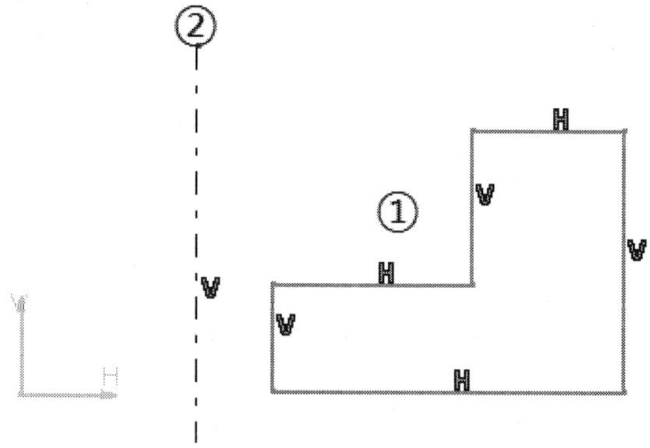

Mirror와는 다르게 Symmetry는 대칭하면서 이동하는 기능이다.

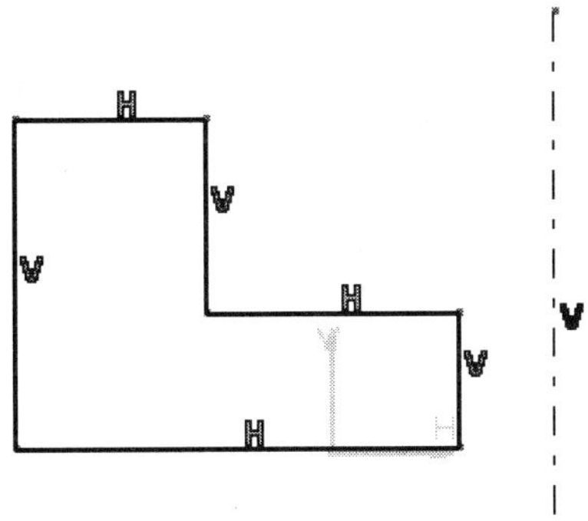

- translate : 대상 이동 및 여러 개를 복사할 때 사용하는 기능이다. 다음의 설정 정의 창(definition)이 나타나면 Instance(S)에 몇 개를 복사할지 숫자를 기입한다.

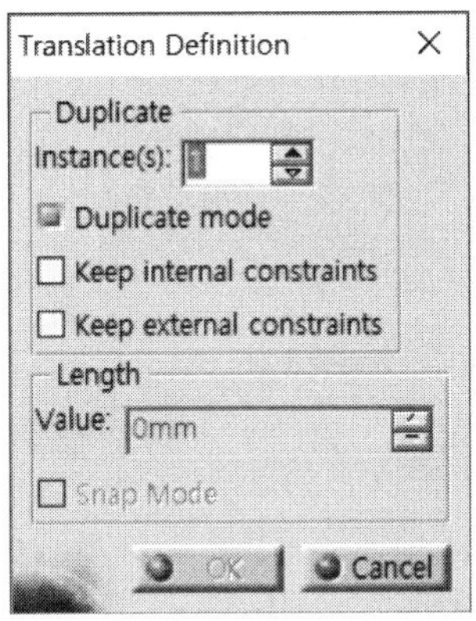

버튼 선택 후 대상 선택 또는 대상 선택 후 버튼을 클릭한다.

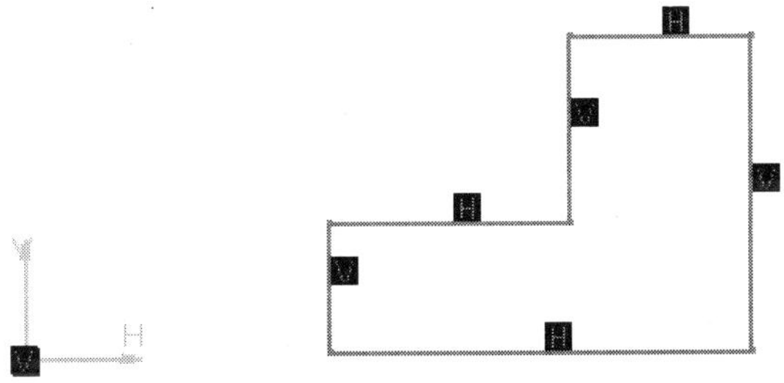

이동 기준점을 선택한다.

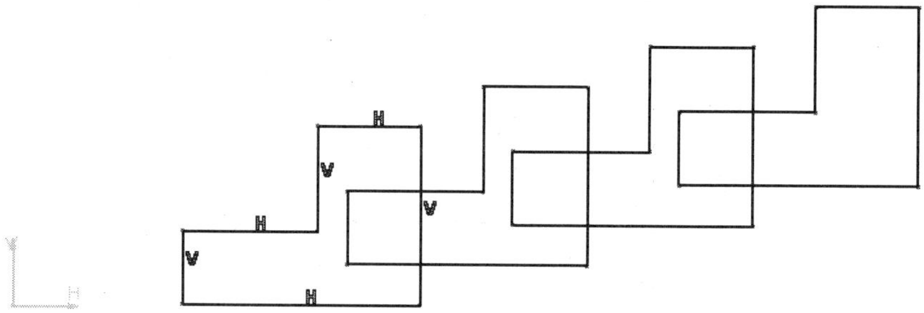

다음의 명령어 정의 창(definition)을 설명해 보자.

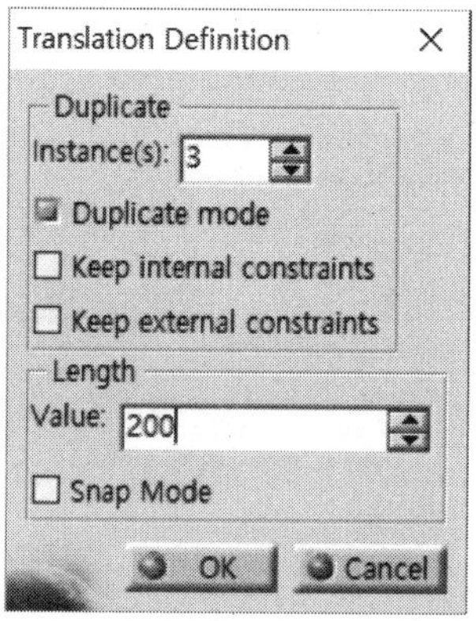

- Value 활성화, 등간격 거리 입력
- Duplicate mode : 체크 시 평행 복사, 해제 시 평행 이동
- Keep internal Constraints : 구속조건 복제
- Keep External Constraints : 외부 대상들과의 구속조건을 함께 가져감

-  Rotate : 원본 형상을 회전 및 이동시키는 기능이다. 다음의 형상이 있다고 가정할 때 대상을 클릭 후, Rotate를 클릭 후 대상을 클릭해 보자.

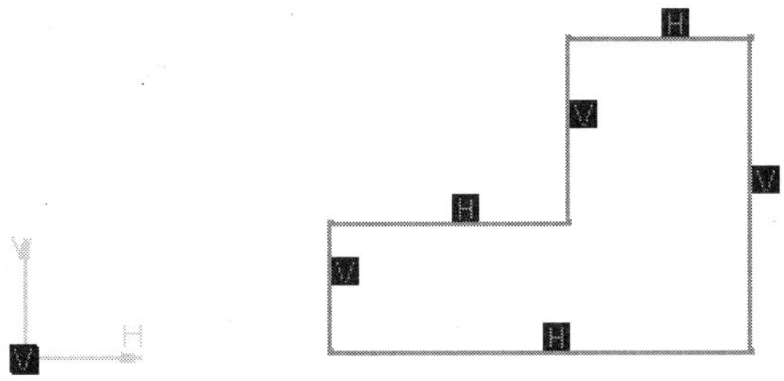

- 설정창에 다음의 각도 입력 정의 창(definition)이 나타난다.

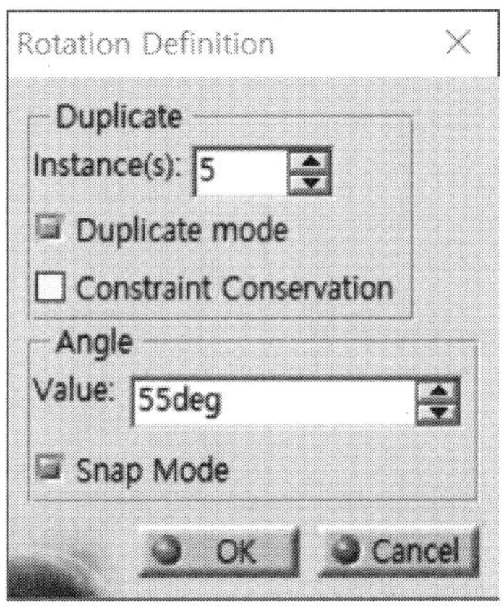

기준점을 클릭한 후 각도를 입력하면 다음 결과를 얻을 수 있다.

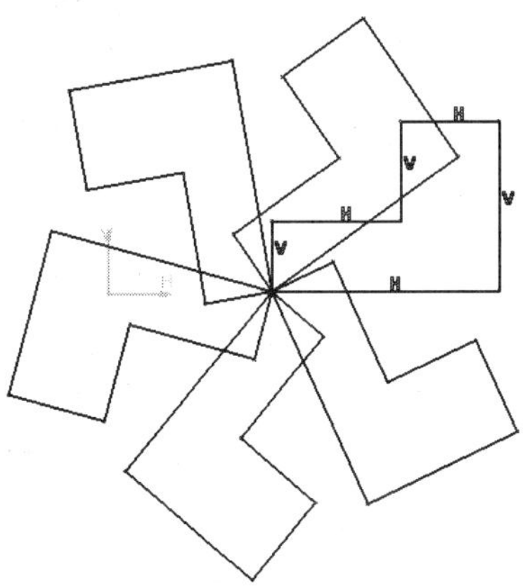

여기서 Duplicate mode 해제 시 복사가 아니라 이동된다.

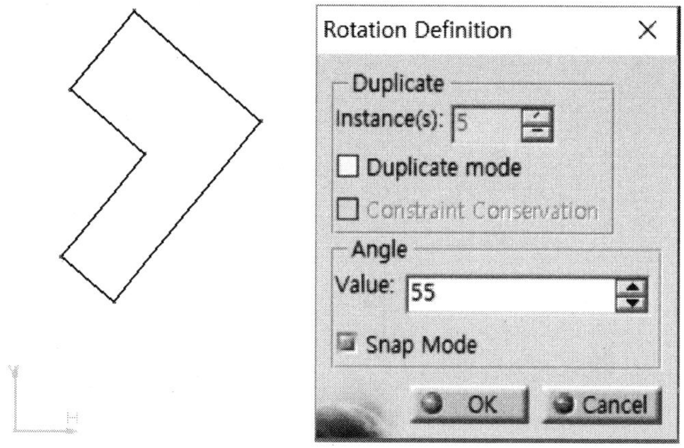

다음과 같이 구속조건이 부여된 형상이 있을 때,

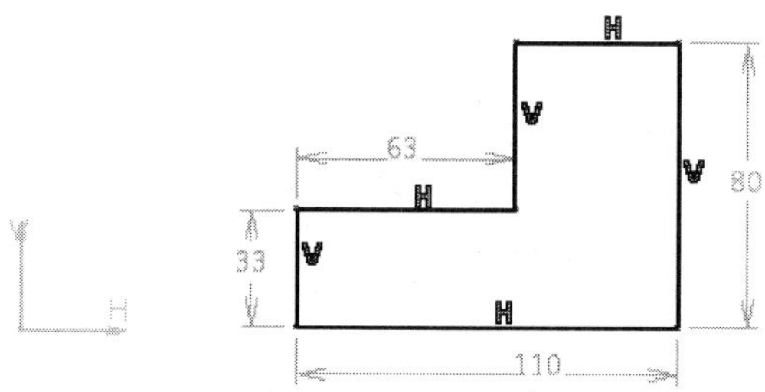

Constraint Conservation 체크 시 다음과 같이 제약조건과 함께 복사됨을 알 수 있다.

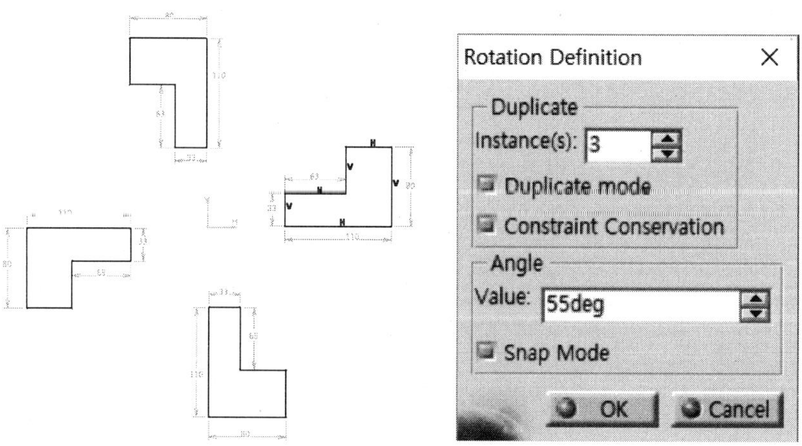

- Scale : 크기를 조절(확대 혹은 축소)하는 기능이다. 다음의 대상 클릭 후 Scale 선택하면 다음의 정의 창(definition)이 나타난다.

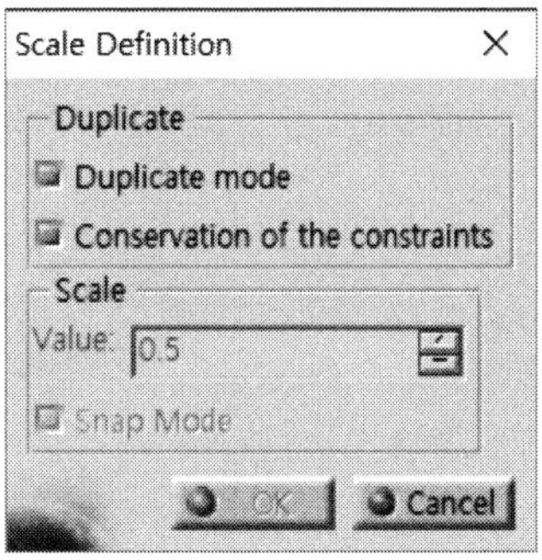

원하는 기준점 ①을 선택한 후 기준점에서 ②번을 향해 선을 그어 보자.

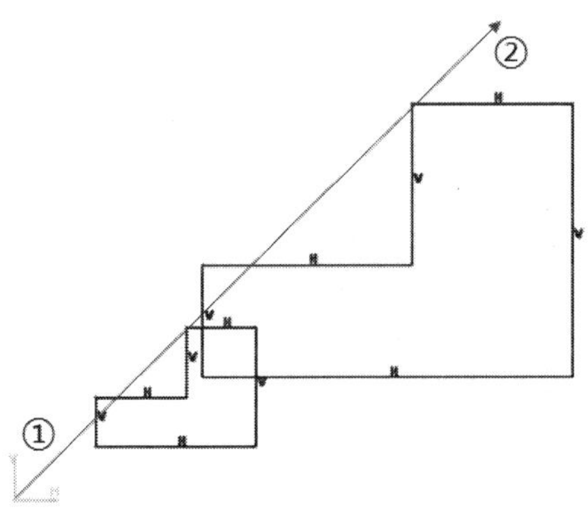

다음의 정의 창(definition)이 나타나는데 그 기능은 다음과 같다.

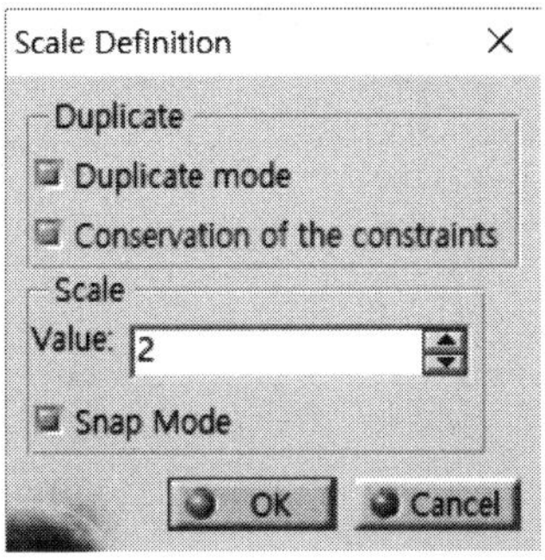

- Duplicate Mode 원본 형상을 그대로 두고 크기를 조절한 형상을 복제
- Conservation of Constraints : Scale하고자 하는 형상에 구속. 입력되어있으면 그 구속도 함께 가져감
- Value : 스케일하고자 하는 값의 비율
- Snap Mode : 마우스를 사용하여 스케일할 경우 값이 소수 첫째 자리까지만 사용할 수 있음

위의 내용을 적용해 크기를 2.0배 확대한 스케일 결과는 다음에 나타내었다.

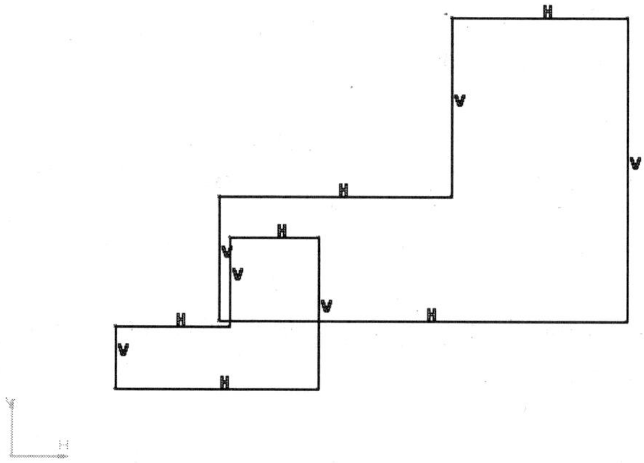

-  Offset : 일정 간격만큼 간격을 띄우는 기능이다.

① 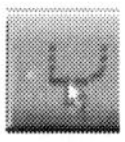 No propagation : 선택한 부분만 Offset하는 기능이다. Offset 대상을 다음과 같이 선택해보자.

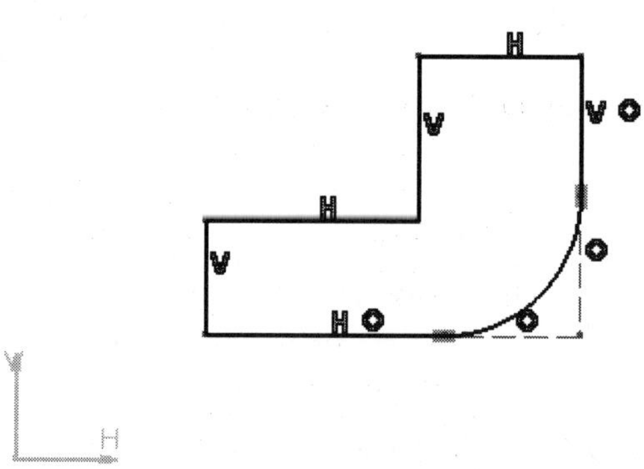

간격만큼 클릭하면 offset되어 간격 띄우기가 됨을 알 수 있다.

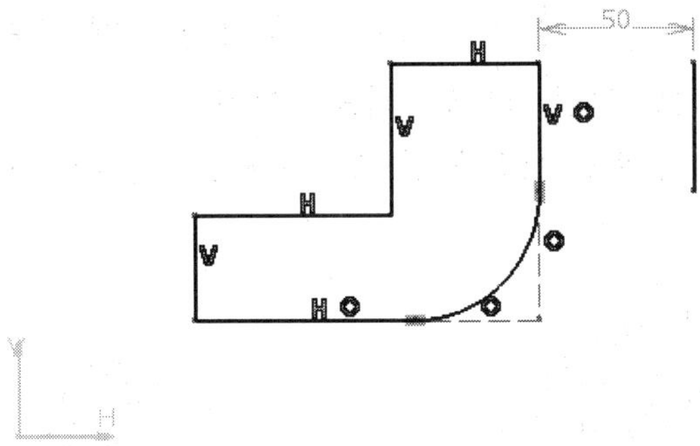

② Tangent Propagation : 현재 선택한 부분과 이어진 요소 중에 접하는 부분의 형상을 그릴 때 사용한다.

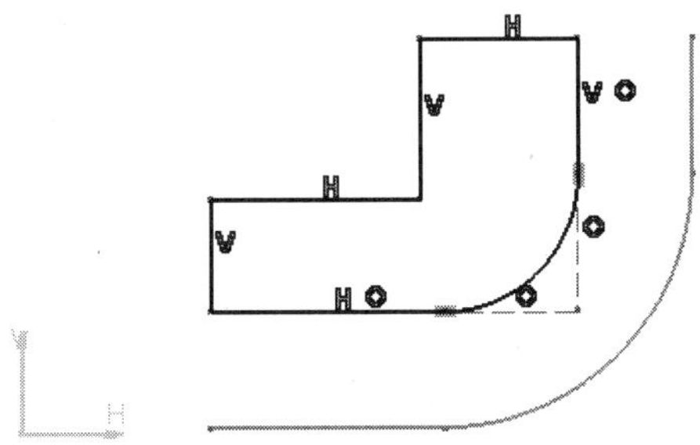

③ Point Propagation : 형상 중 어디를 선택해도 모든 부분에서 오프셋할 때 사용하는 기능이다.

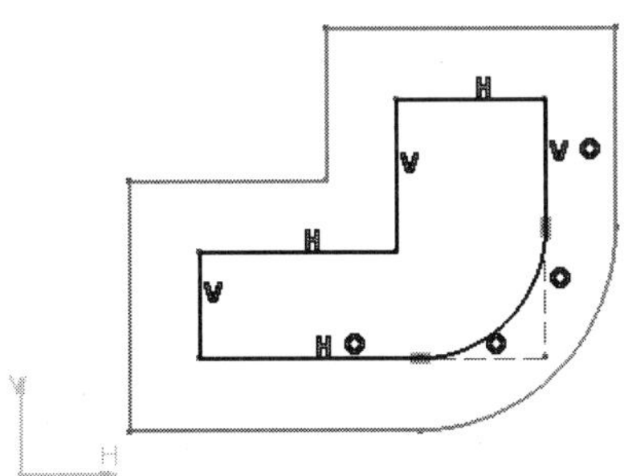

-  3D Geometry Sub Toolbar

 Project 3D Elements : 입체에서 일부 선을 투영할 때 사용한다.  버튼 클릭 후 투영되고자 하는 솔리드 모델링의 모서리를 선택한다.

투영선이 원하는 스케치 위로 노란색 선으로 투영된 것을 확인할 수 있다.

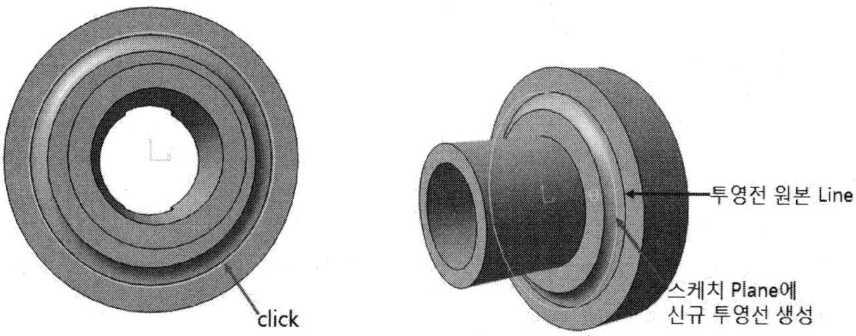

라. Constraint

Tool Bar는 아래와 같으며 Profile을 사용하여 생성한 Curve에 Constraints를 이용하여 Element의 길이, 반경, 거리, 각도 등과 형상에 필요한 구속조건을 지정하여 사용자가 원하는 형상으로 변형시키는데 사용된다.

형상을 구성하는 데 필요한 Internal Constraints와 달리 External Constraints는 원점, 수직축, 수평 축과 같은 기준 요소와 형상과의 구속을 실시하는 데 필요하다.

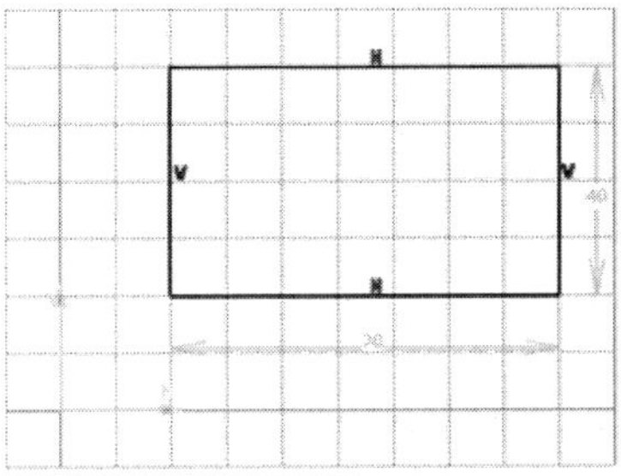

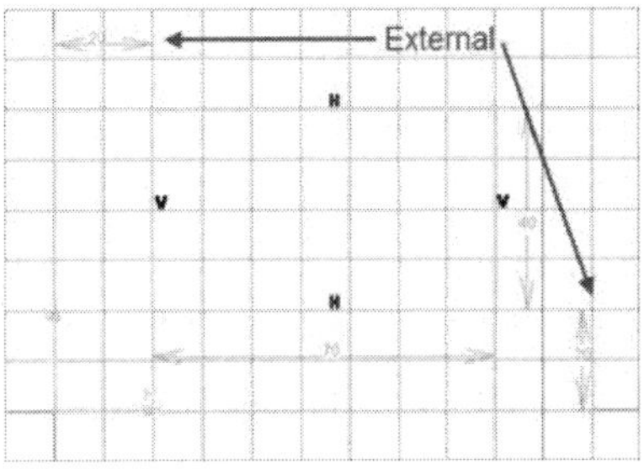

1)  Constraint Defined in Dialog Box

조건들을 체크하는 방식으로 치수 및 형상의 구속조건을 정의할 수 있다.

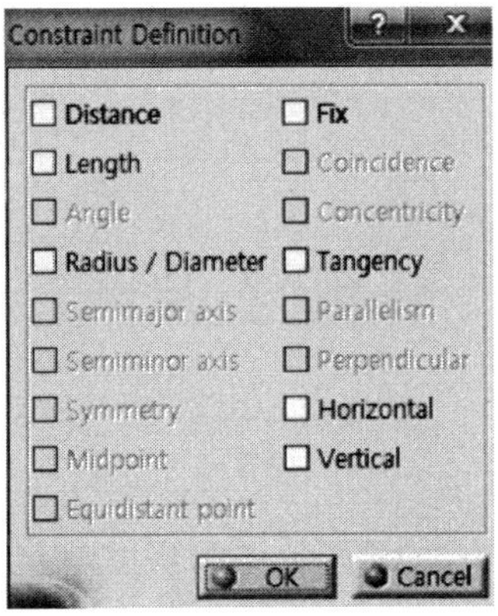

위의 Constraint Definition 정의 창(definition)에 나오는 각 명령어의 설명은 다음과 같다.

Distance : 서로 다른 Line 또는 Point의 거리 값을 정의한다.
Length : Curve의 길이 값을 정의한다.

Angle : 서로 다른 Line의 각도 값을 정의한다.

Radius/ Diameter : 원의 반경 또는 지름 값을 정의한다.
Semimajor/Semiminor axis : 타원의 장축과 단축을 정의한다.
Symmetry : 서로 다른 Object를 Center Line을 기준으로 대칭이 되도록 정의한다.
Middle point : Line을 이등분점에 위치하도록 정의한다.
Fix : Element를 좌표 상에 고정한다.
Coincidence : 두 Element를 일치하도록 정의한다.
Concentricity : 두 Acr 혹은 Circle의 중심이 일치하도록 정의한다.
Tangency : 원과 Line이 접하여 만나도록 정의한다.
Parallelism : 두 element가 평행하도록 정의한다.
Perpendicularity : 두 Line이 직각이 되도록 정의한다.
Horizontality : 수평축(H축)에 평행하도록 정의한다.
Verticality : 수직축(V축)에 평행하도록 정의한다.

2) Constraint

직접 Object를 선택하여 길이, 거리, 각도, 반경, 직경 등의 구속조건을 정의할 때 사용하는 아이콘이다.

3) Contact Constraint

직접 Object를 선택하여 형상 구속조건을 정의한다.

4) Auto Constraint

자동으로 구속조건을 지정하는 기능. 조건을 부여할 요소를 모두 선택하고 기준요소를 선택하여 적용한다. 여기서,

- Elements to be constrained : 자동 구속조건을 지정할 Element 선택
- Reference Elements : 기준 Elements 선택

- Symmetry Line : (필요에 따라) 중심 기준선 선택

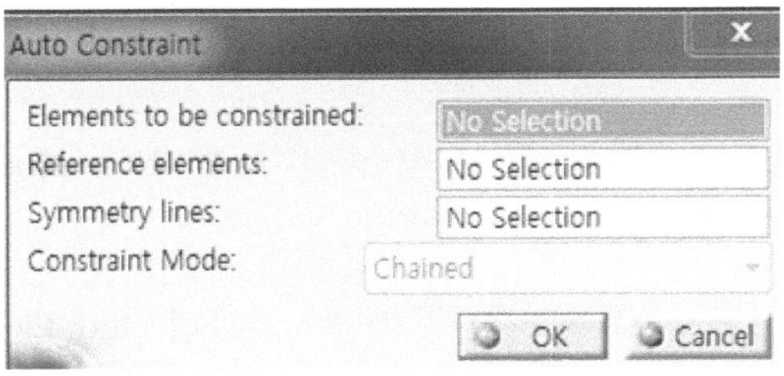

5) Fix Together

Sketcher Elements를 고정하는 기능이다.

6) Animate Constraint

미리 부여된 치수 구속조건 값의 변화량을 정의하여 변화를 관찰할 수 있는 기능이다.

7) Edit Multi-Constraint

Sketch에서 부여된 치수 구속조건 값을 동시에 수치 편집을 하는 명령이다.

☞ 다음 도면을 그려 Constraints 기능을 이용하여 위치구속과 치수구속을 실행하시오.

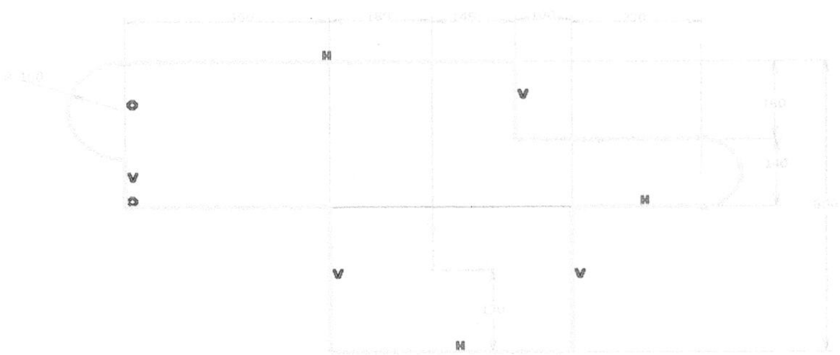

마. Color Diagnosis

1) 

Default

2) 

Non Modifiable Elements

3) 

Selected Elements

4) 

Iso-Constrained Element/Fixed Elements

5) 

Over Constrained Elements

☞ Over Constrained Elements나 Inconsistent Elements가 스케치에 있는 상태에서 Sketch 워크벤치를 빠져나간다면 경고 메시지가 뜨므로 반드시 수정하고 나가야 한다.

2.3 Sketcher Analysis

다음과 같은 스케치를 그렸을 때를 가정해 보자.

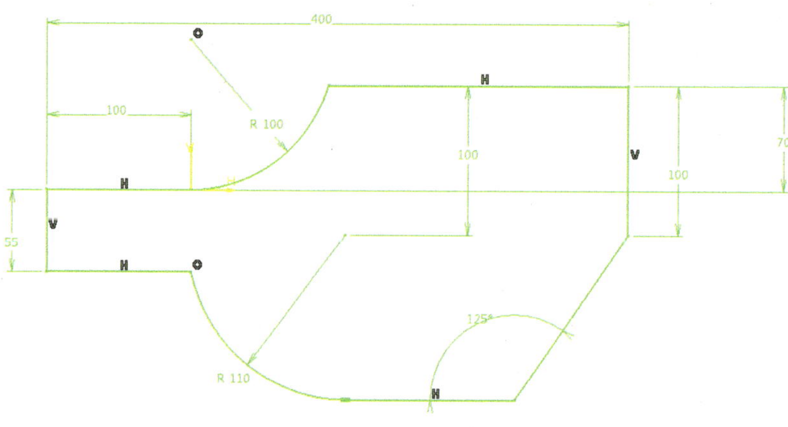

Full Down Menu에서 Tools에 맨 아래쪽 Sketch Analysis를 클릭하면 닫혀 있는 프로파일이 아니라는 다음과 같은 에러가 발생할 때가 있다.

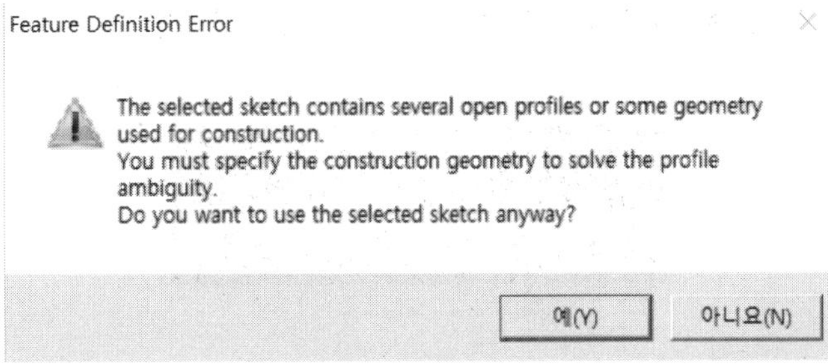

이때 tools-Sketch Analysis를 통해 닫힌 스케치가 아닌 것을 확인할 수 있다.

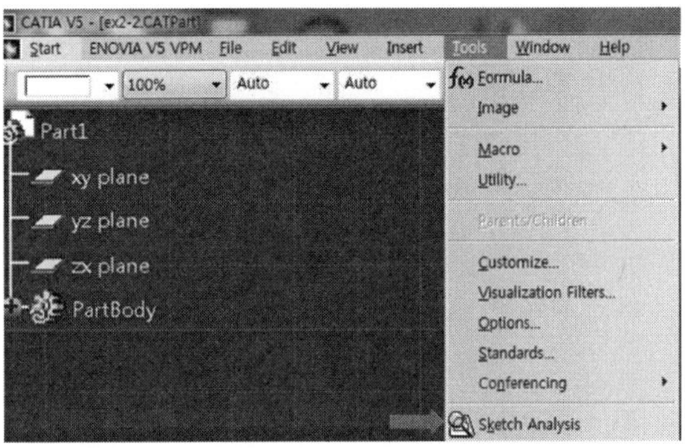

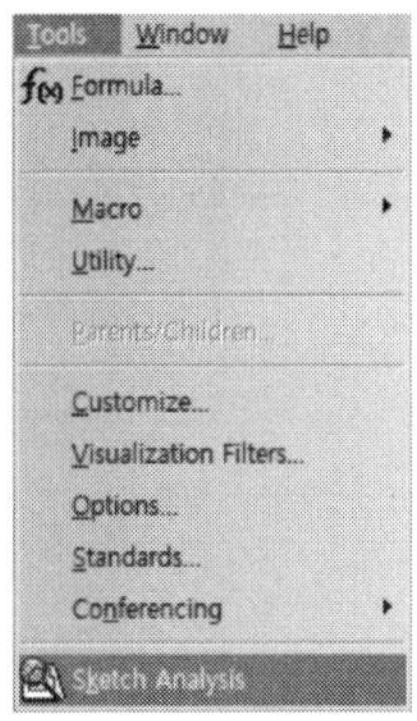

이때 다음과 같은 스케치 분석창을 확인할 수 있다.

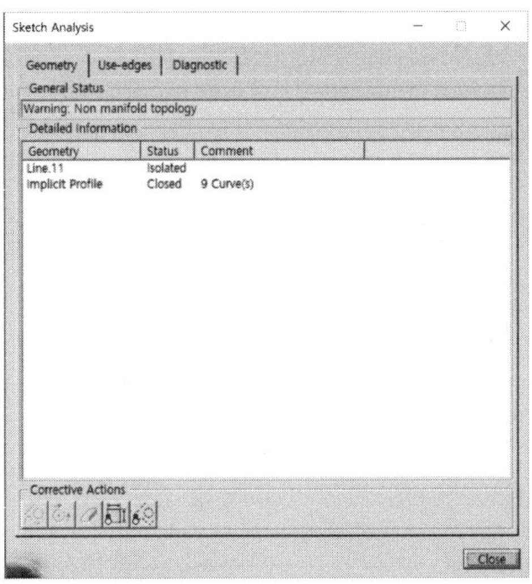

Closed는 닫혀있는 프로파일이다. 이 프로파일을 사용하여 입체 형상의 도면작업이 가능하지만, Isolated 혹은 Open이라 되어있으면 프로파일이 독립되어있거나 열려있어 입체 형상의 도면(Pad, Pocket 등) 작업할 때 오류가 발생한다. 닫혀있거나 독립되어있는 곳은 파란색 동그라미로 표시되어있으며 이를 확대하면 끊기거나 독립되어있는 것을 확인할 수 있다.

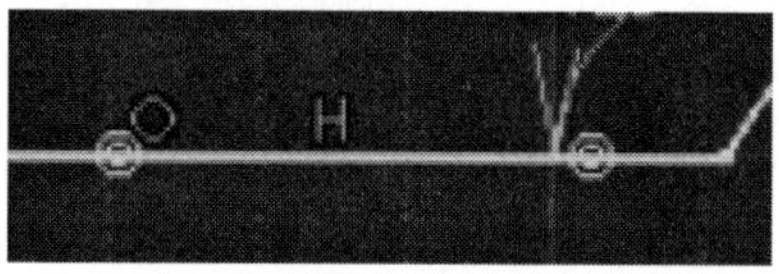

이때 지우고자 하는 선을 선택 후 버튼을 클릭하면 지울 수 있으며 이를 통해 형상을 수정하여 Closed Section으로 만들 수 있다.

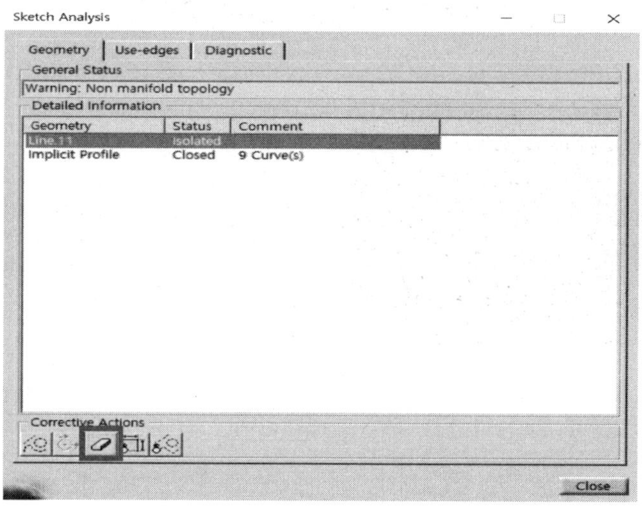

2.4 Sketcher 따라하기

도면 따라하기 1 : 스케치 실습

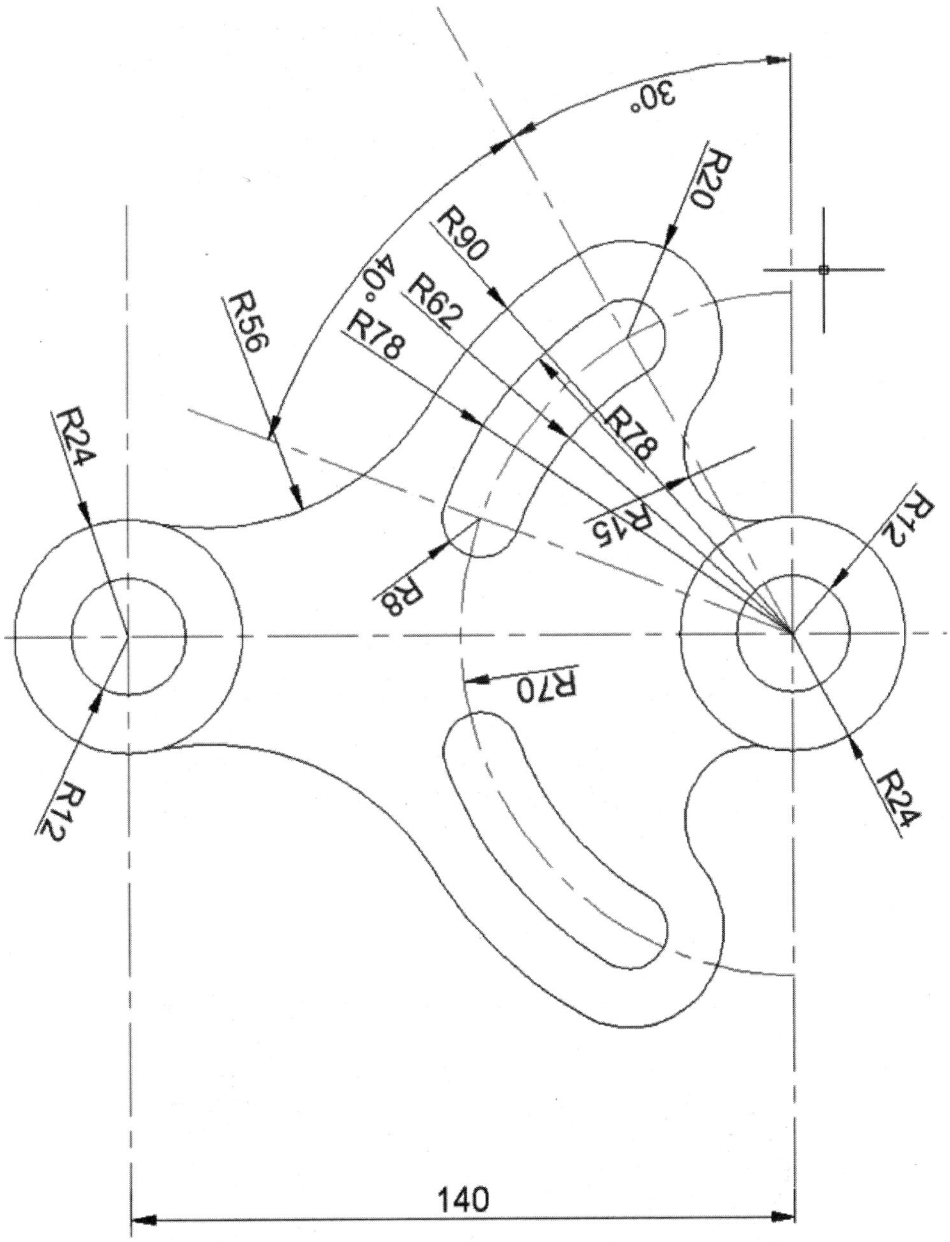

MENU bar → Start → Mechnical Design → Part Design에서 Icon을 선택한다.

원점을 기준으로 원을 그려준다.

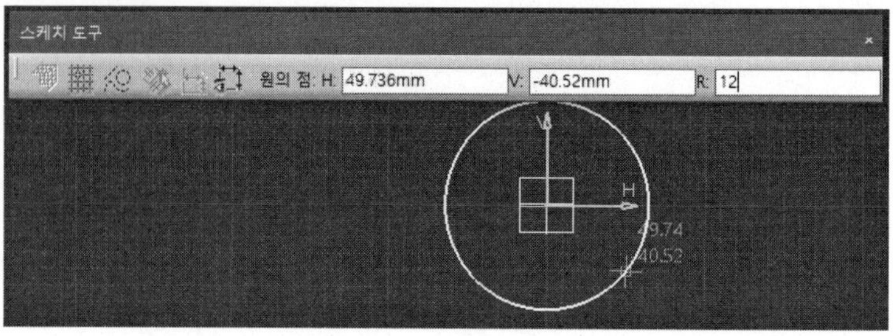

같은 방법으로 원 세 개를 마저 그린다. 아래의 원의 중심은 위의 두 원과 140mm 떨어진 수직축에 위치하게 그린다. 그 다음 (제약 조건)으로 원의 크기를 정의한다.

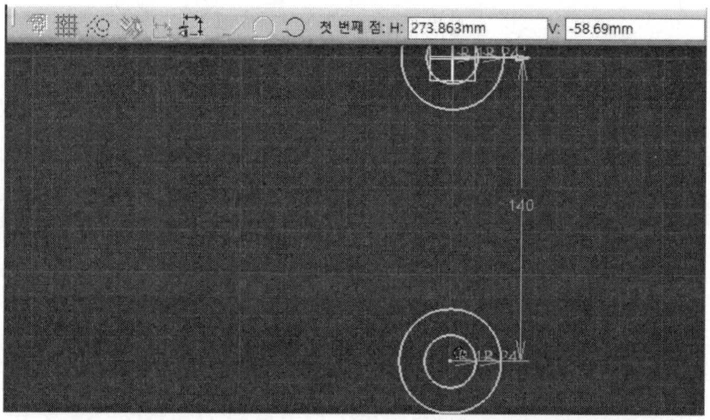

프로파일을 통해 기초적인 모형을 그린다.

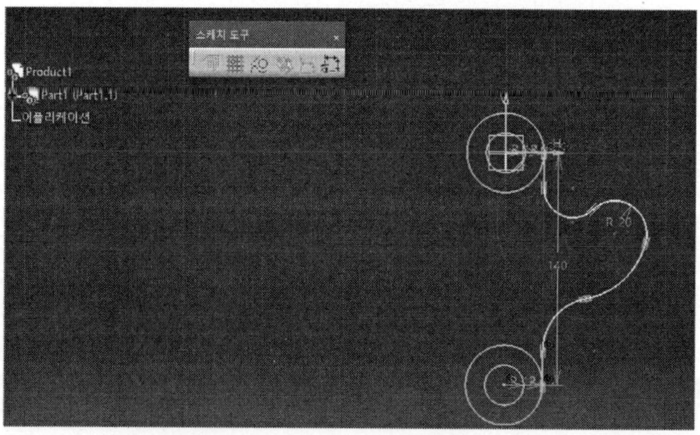

그림처럼 으로 각 호의 반지름을 정의한 후에 선이 원과 접하도록 하기 위해, 를 이용해 Tangency를 선택한다.

- 선 끝의 점과 원을 선택해 을 클릭, 일치를 선택
- 선과 원을 선택해 를 클릭, Tangency(접점)을 선택

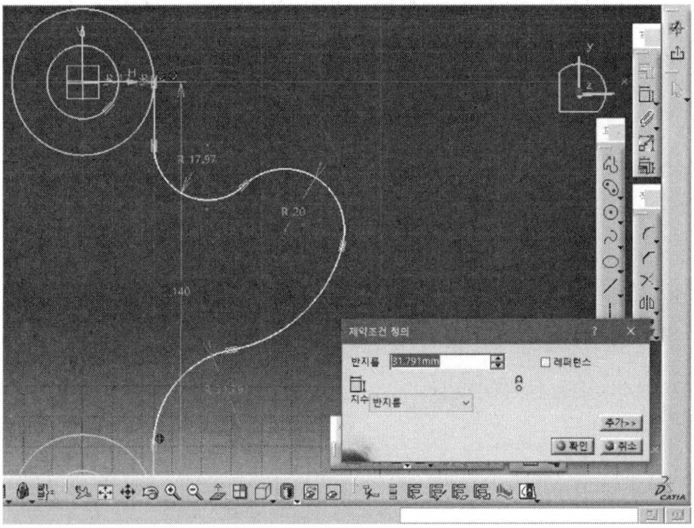

사각형 메뉴의 를 선택하여 아래와 같이 도면을 그린다.

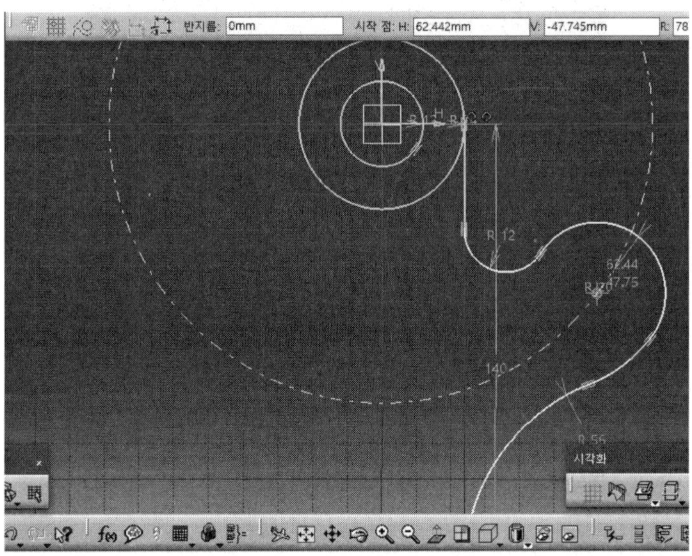

원점을 선택, 홀의 중심이 될 호를 그린다.

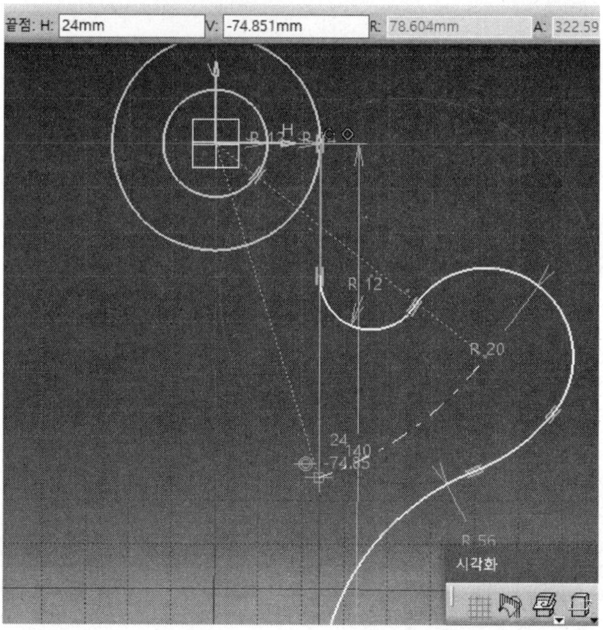

호의 길이를 정의하는 각을 입력한다. Tab 키를 이용하여 빠르게 접근할 수 있다.

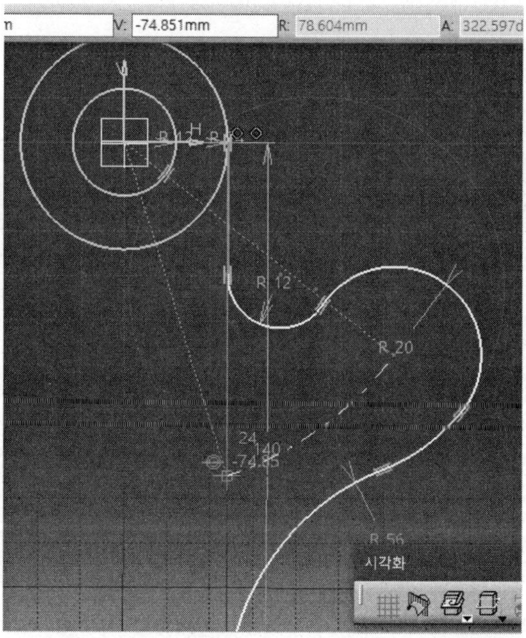

홀의 끝을 이루는 반원의 반지름을 입력한다.

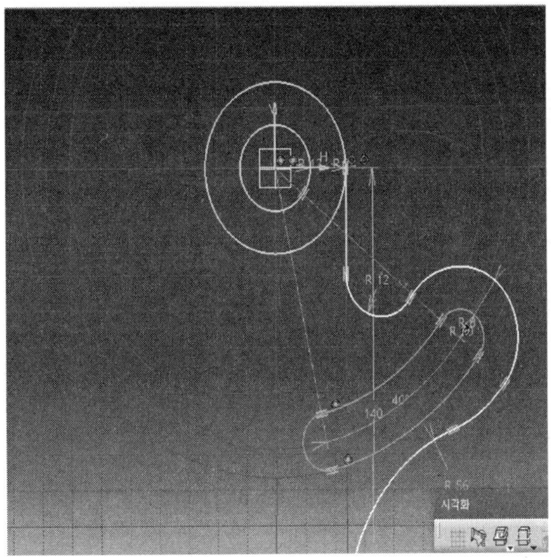

홀의 오른쪽 끝 반원의 중심과 바깥 몸통을 이루는 호의 중심을 일치시킨다.

이는 일치시키려는 두 점을 선택하고 를 눌러 완료한다.

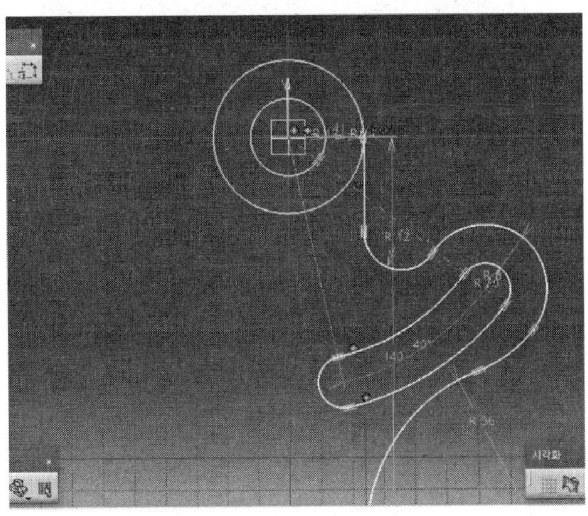

홀의 점과 원점을 잇는 선이 수평축과 이루는 각도를 정의한다. 를 이용한다.

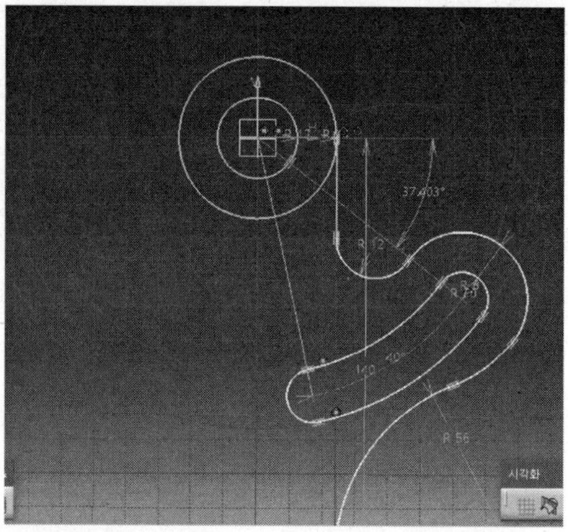

프로파일을 통해 그렸던 호들 중 반지름이 20인 호와 56인 호 사이의 호의 중심을 원점으로 정한다. (이 과정에서 과다 제약이 되는 경우, 즉 제약조건이 보라색이나 빨간색으로 변한 경우에는 원점 아래의 원과 접하는 선의 제약을 비활성화(delete)한다).

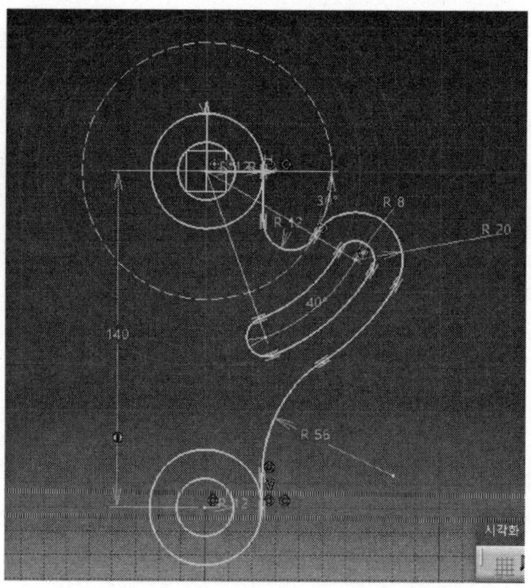

모든 부분의 제약이 완료되면, 복사할 부분을 선택하고 미러를 클릭한다.

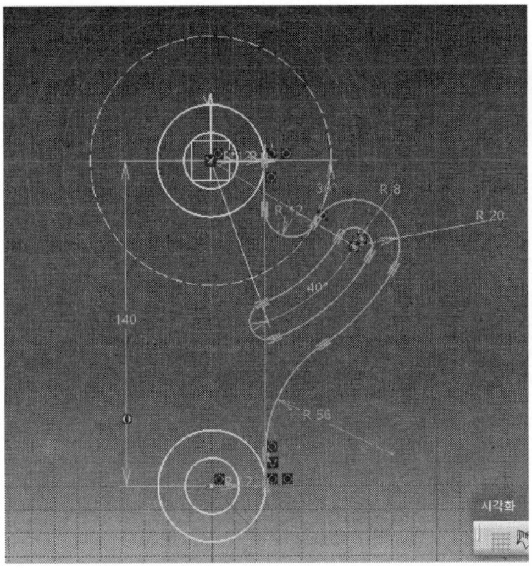

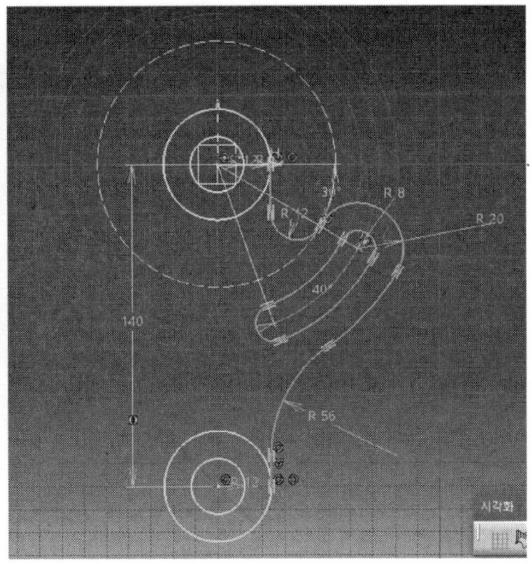

그 다음, 수직축을 선택해 대칭축을 정의하여 도면을 완성한다.

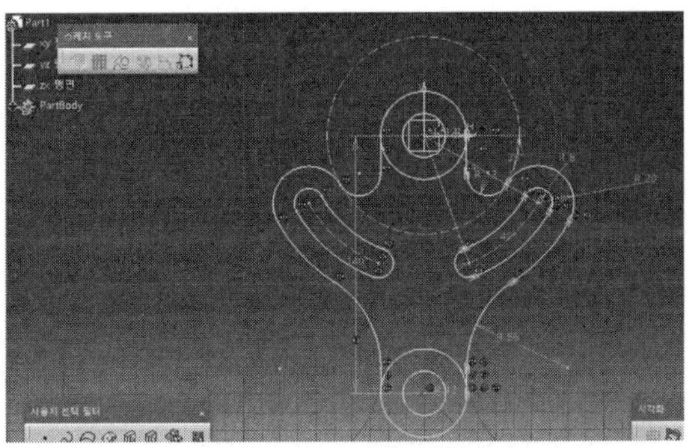

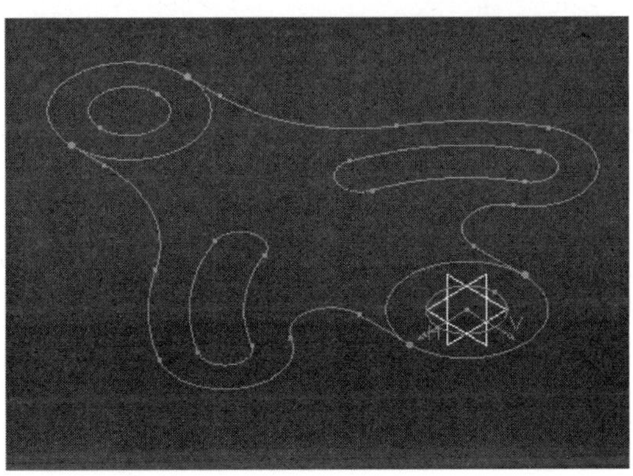

도면 따라하기 2 : 스케치 실습

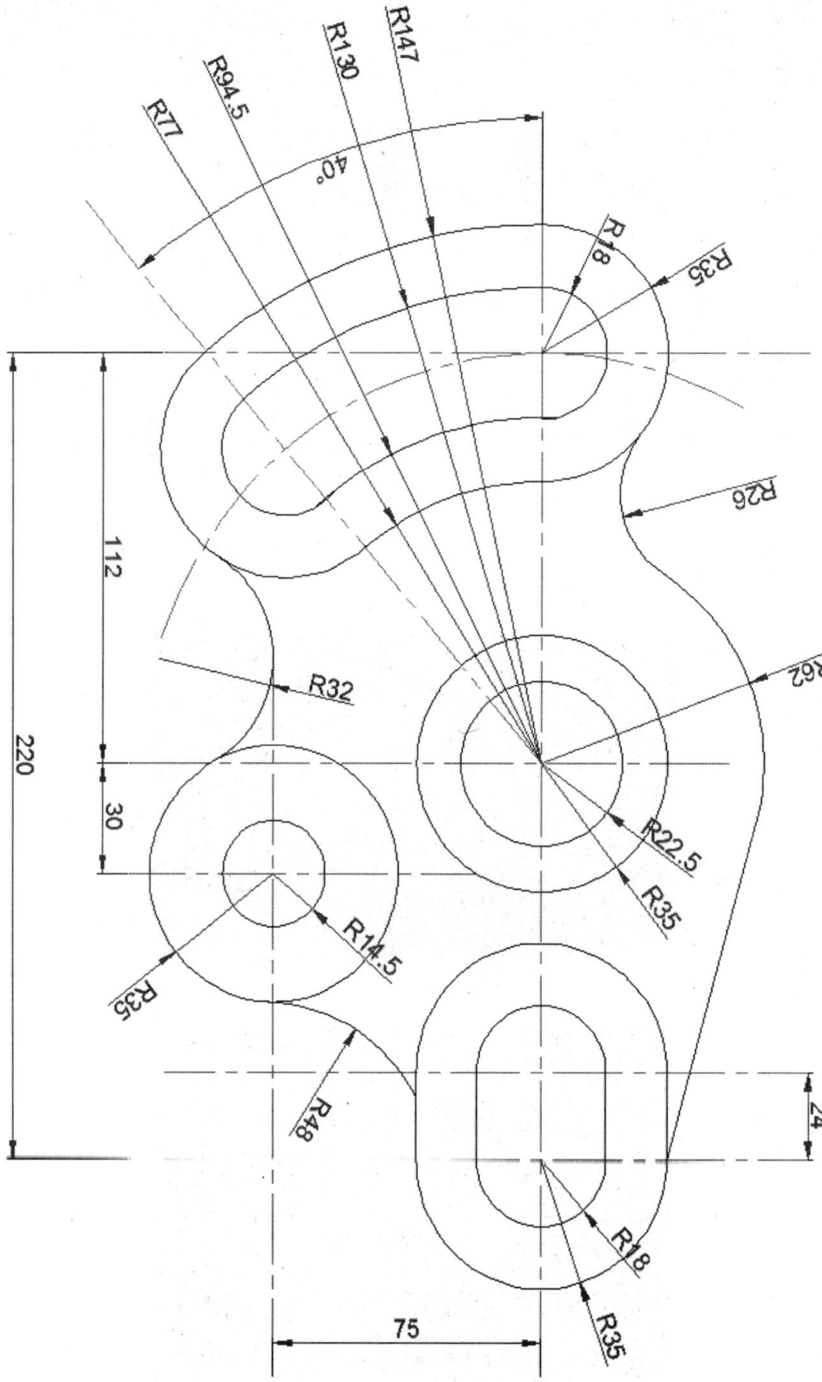

스케치 워크벤치에 입장해서 처음에 하나하나 그리면 시간이 오래 걸리므로 한 번에 큰 것부터 그려준다.

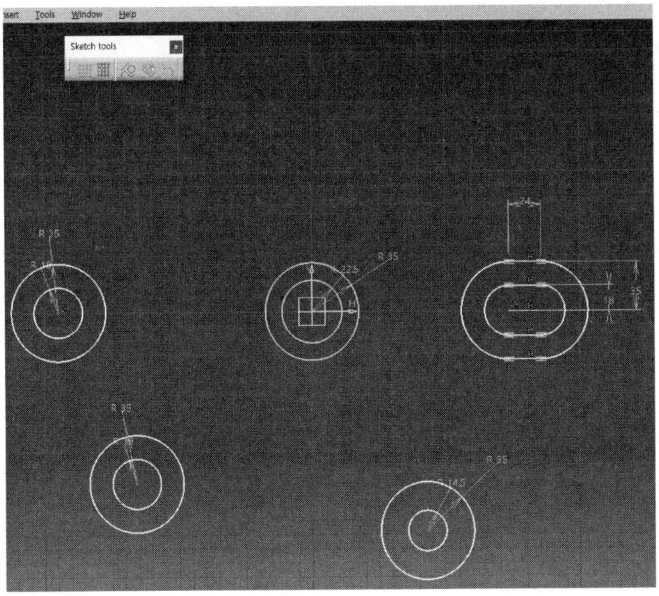

다른 원을 그려주고 을 사용하여 다른 원과 Tangency해준다.

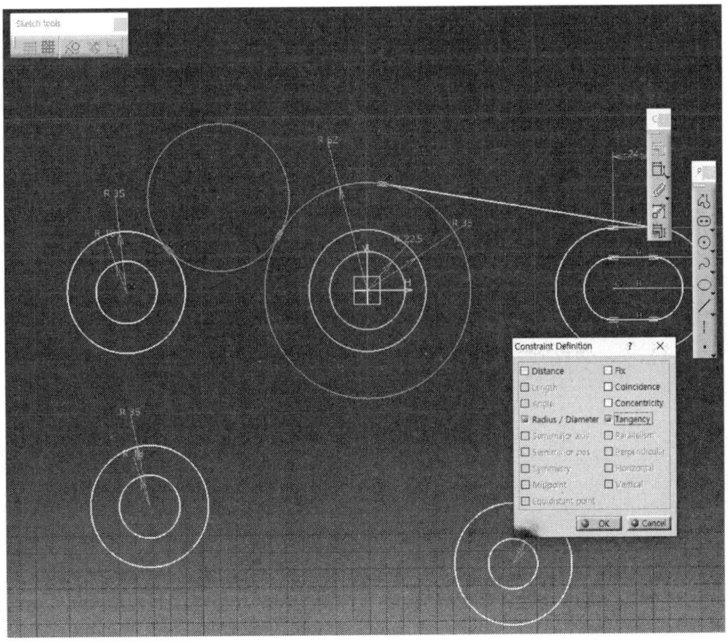

나머지 원들도 그려주고 을 사용하여 도면에 없는 선들을 지워준다.
(아이콘이 보이지 않으면 ▼를 누르면 있다.)

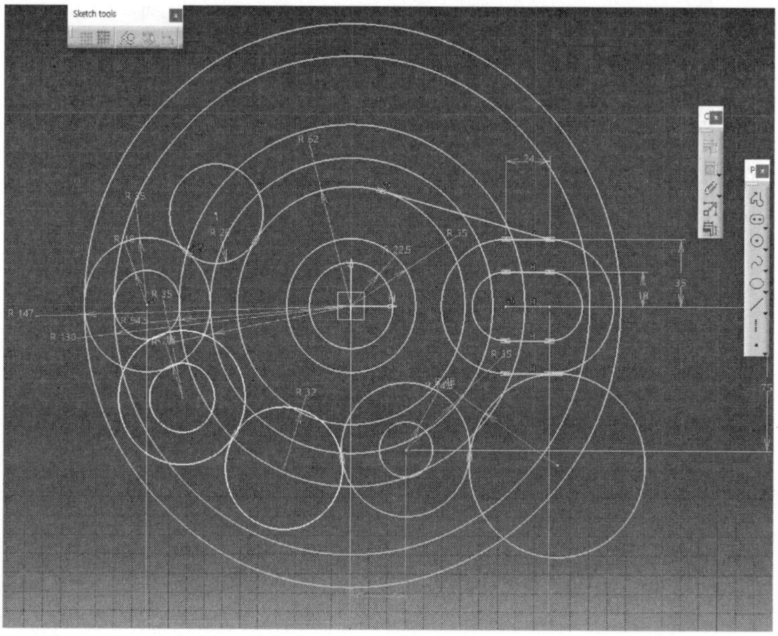

완성된 모습이다.

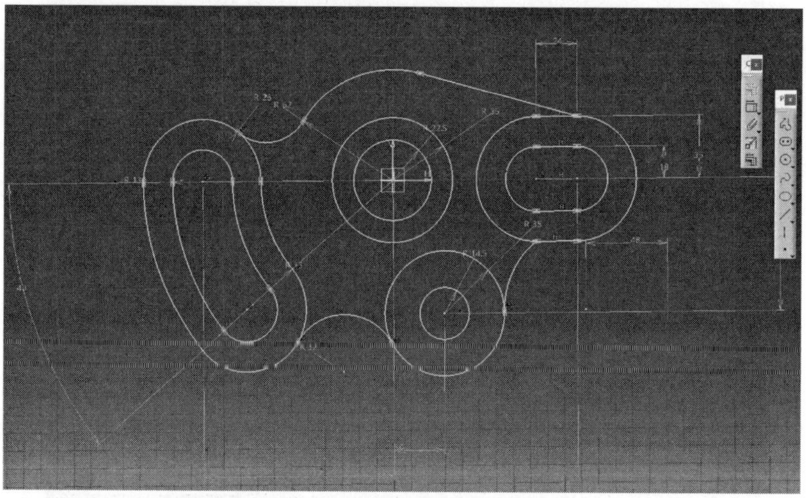

2.5 Exercise(예제 도면)

☞ 도면 2-1

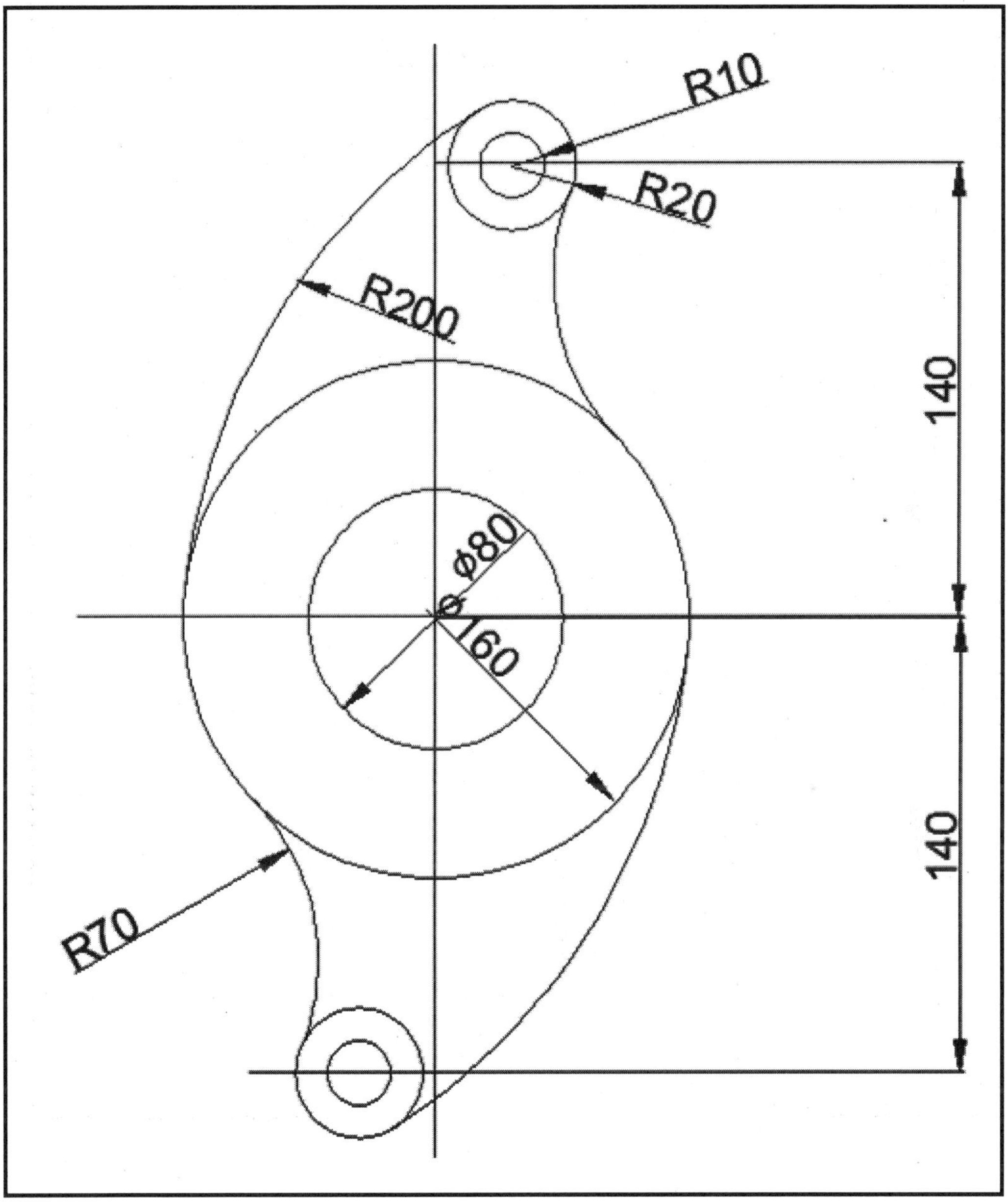

☞ 도면 2-2

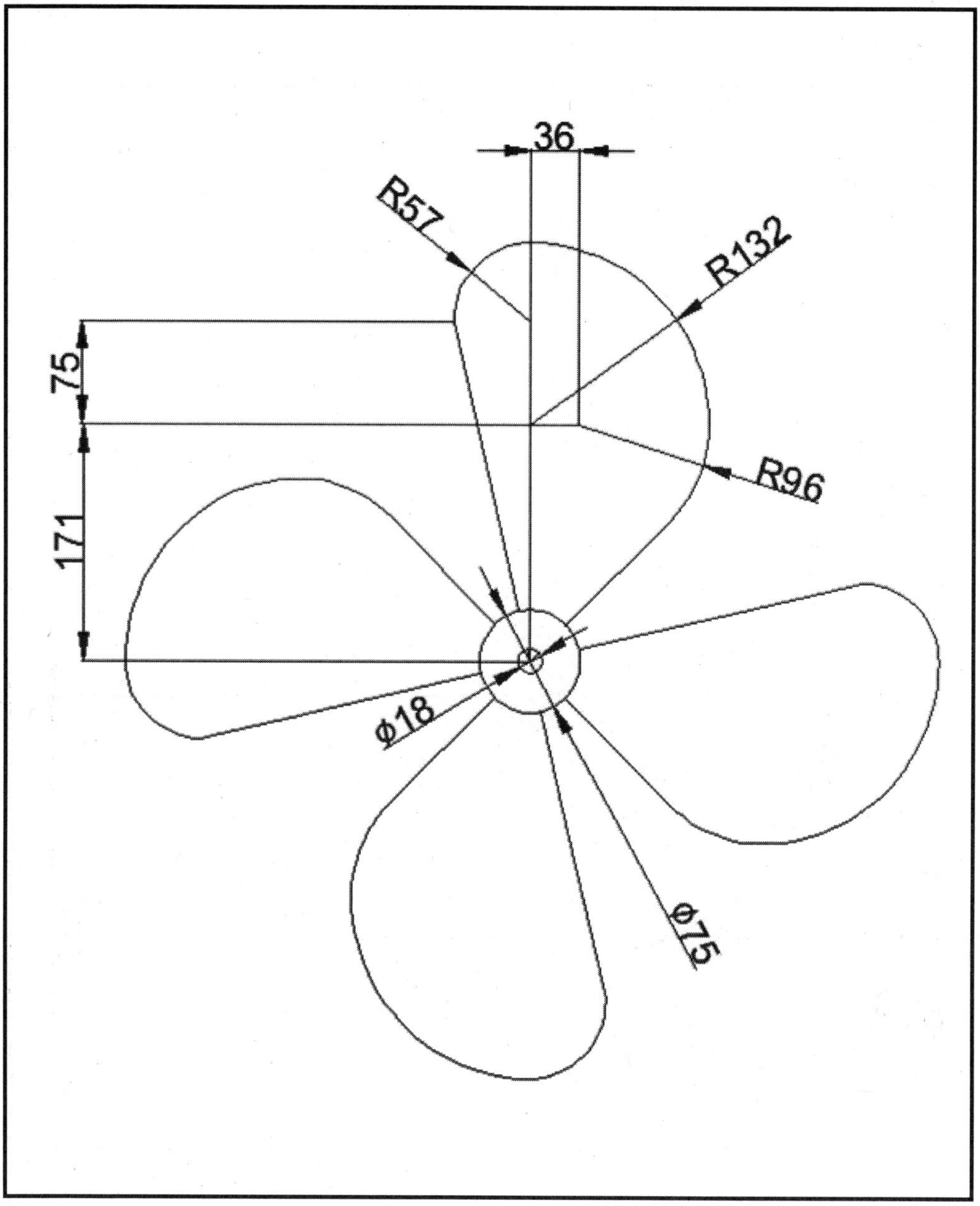
36
R57
R132
75
R96
171
φ18
φ75

3장

Part Design Workbench

3.1 Part Design 시작하기

가. 입장하기

① Full Down Menu에서 Start - mechanical Design - Part Design 클릭하여 시작한다.

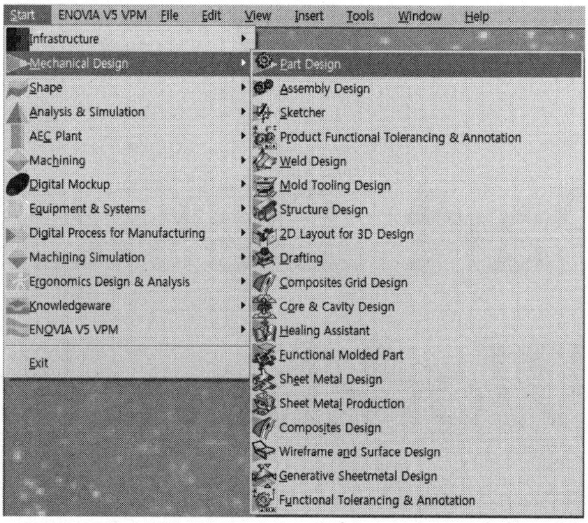

② Full Down Menu에서 File → New → Part 순서로 클릭하여 들어가는 방법이 있다.

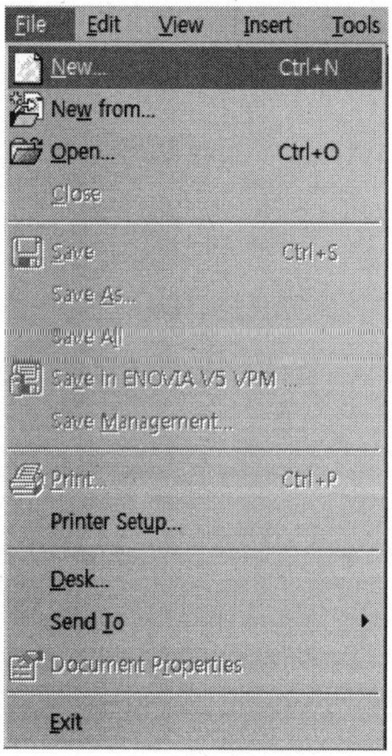

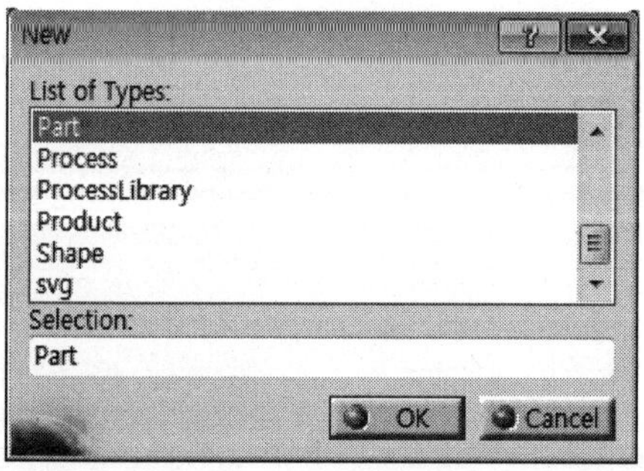

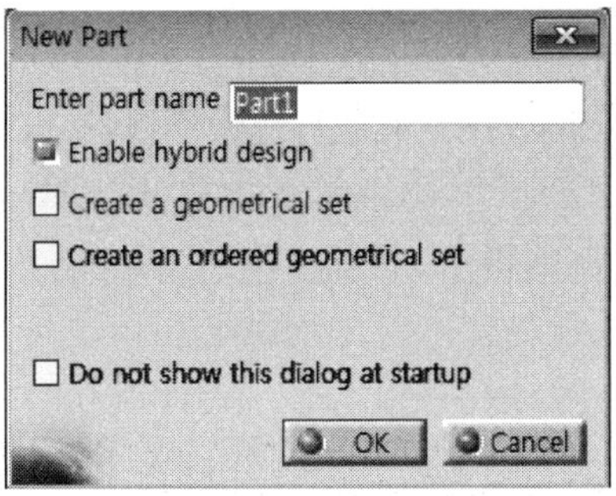

다음 그림에 Part Design Interface에 입장한 모습을 나타내었다.

나. 파트디자인의 기본인 2-D 스케치 화면 입장하기

1)  Sketch Toolbar에서 스케치를 선택한다.

2) 아래와 같이 Sketch할 면을 선택한다(여기서는 xy plane을 선택), 선택된 평면은 주황색으로 하이라이트(High Light)된다.

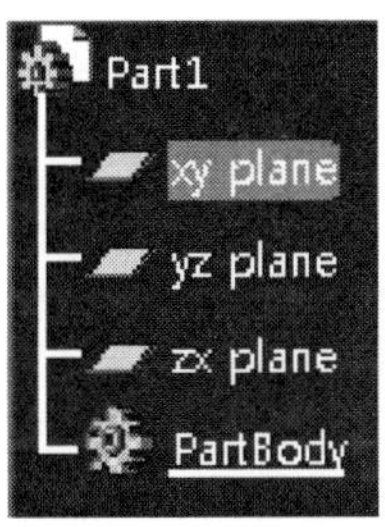

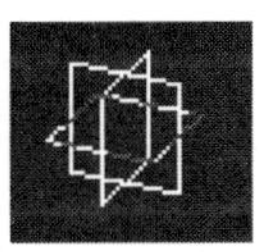

다음은 Part Deign Sketch Interface에 입장한 모습을 나타낸 그림이다. 이 화면에는 Grid가 켜져 있어 모눈종이 형태가 나타나며 중앙부에 V-H 벡터가 표시되어 있다. 이 V-H 벡터를 이용하여 그리는 스케치 도면의 위치구속(Place Constraints)을 할 수 있으며 크기 구속(Size Constraints)의 기준점이 되기도 한다.

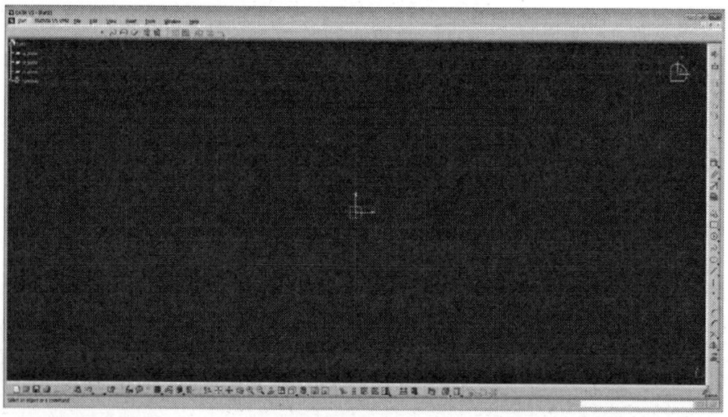

3.2 Part Design Toolbar

가. Sketch-Based Featured

1)  Pad Icon

그려진 2차원 스케치 도면을 입체로 만드는 기능이다.

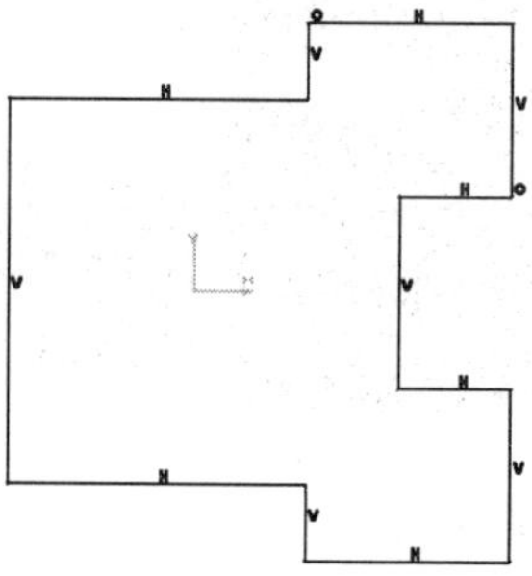

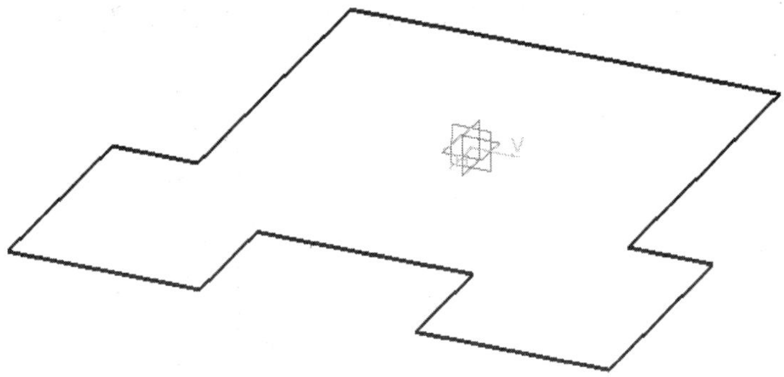

스케치 도면에서 나와 Part Design Workbench에서 Pad 아이콘을 클릭하면 아래의 정의 창(definition)이 나타난다. 여기서 Length는 3차원 입체로 만드는 길이이다(여기서는 20mm가 Default로 입력된다). 또한 Profile/Surface에서 2차원 스케치 워크벤치에서 작성된 도면을 선택해준다.

대부분의 CATIA 정의 창(definition)에서는 푸른색으로 하이라이트되는 부분이 나타나면 어떤 것을 단면(Profile)으로 선택할지, 그 길이는 얼마로 할지 등을 선택하라고 나타내는 옵션이므로 이 푸른색 부분을 주의 깊게 살펴보고 적당한 값을 입력하거나 원하는 단면들을 선택할 필요가 있다.

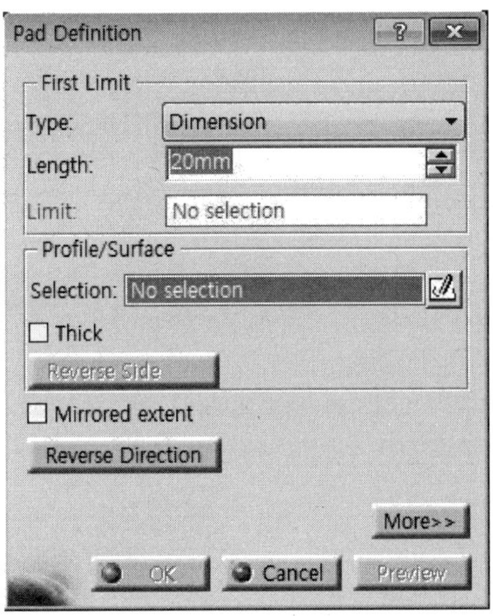

Selection에 스케치 선택, Length에서 Pad하고자 하는 길이를 선택한다.

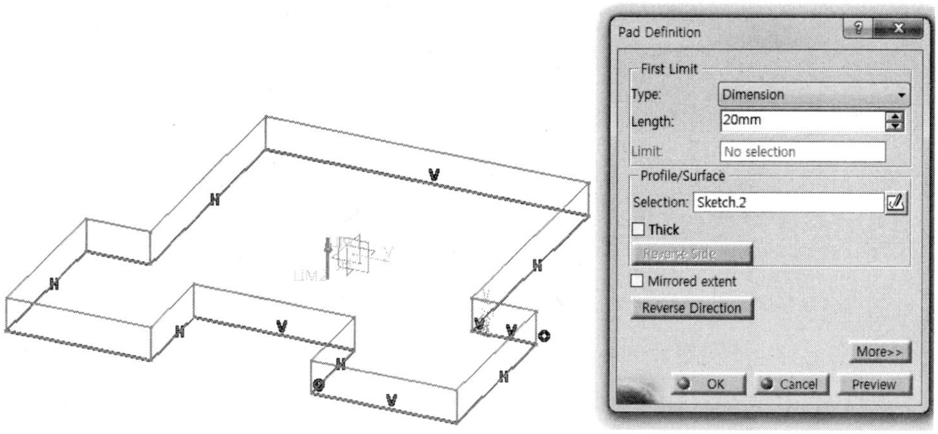

Pad의 Preview 위에 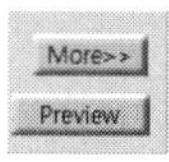 More 버튼을 클릭 시 오른쪽에 창이 하나 더 생긴다.

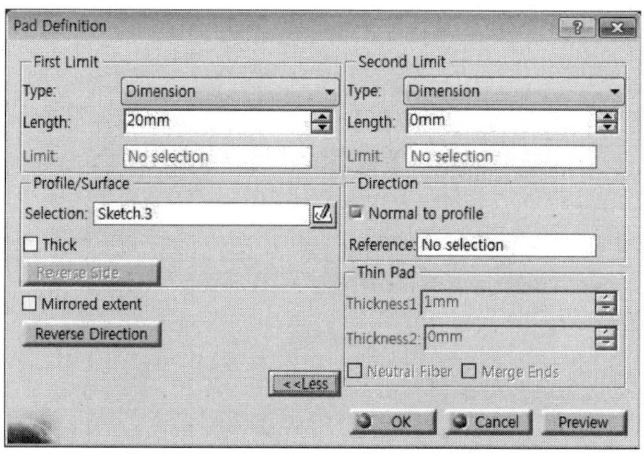

아래와 같이 more를 선택하면 스케치를 기준으로 양 방향으로 각기 다르게 패드할 수 있다.

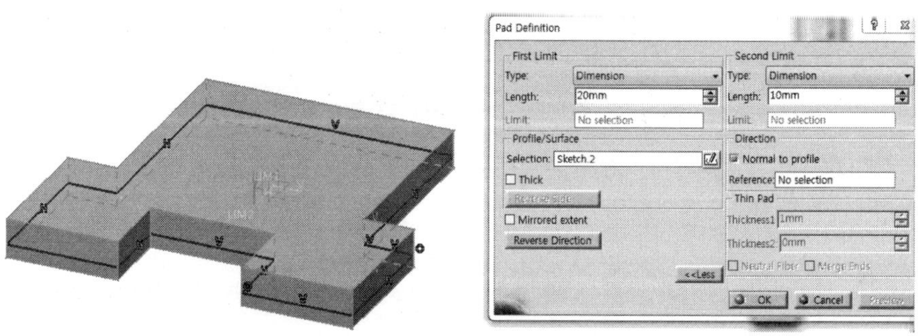

다음과 같이 Reverse Direction 위에 Mirrored extent 를 클릭할 시 스케치 면으로부터 미러링(Mirroring; 균형 있게 대칭이 되게)되어 패드할 수 있다.

위, 아래 동일한 양만큼 Mirror Extent(확장)되는 것을 알 수 있다.

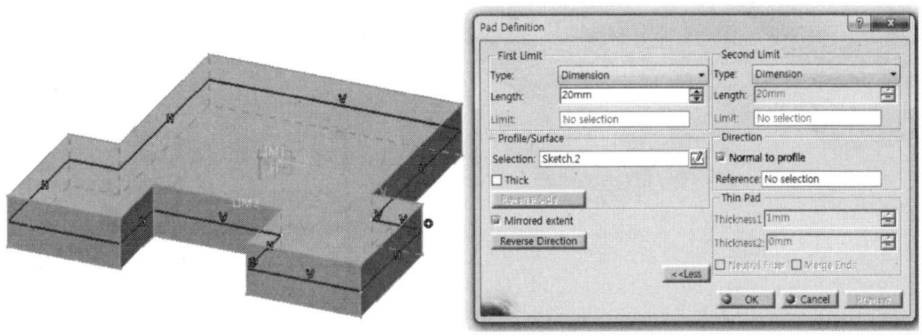

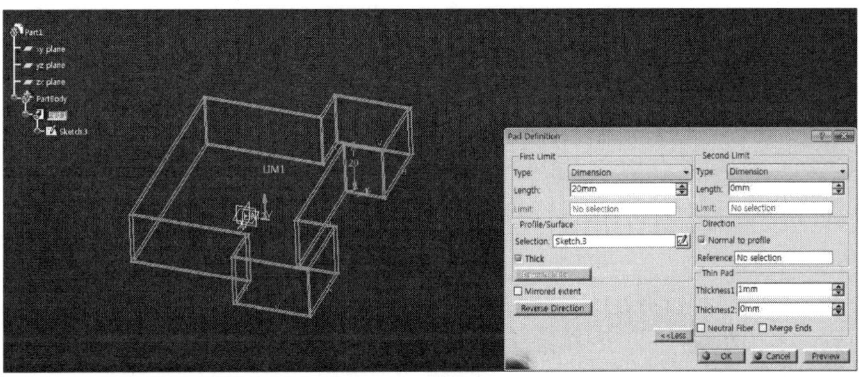

패드의 두께 주는 방법은 Thick 버튼을 체크 하면 다음의 정의 창(definition)이 나타난다.

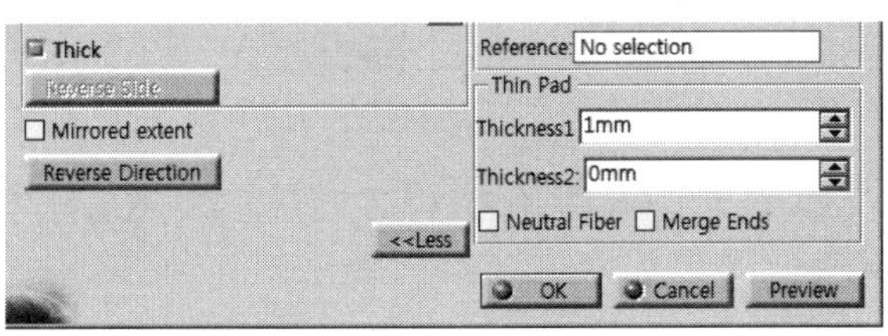

Thickness1은 안쪽 방향의 두께를 지정할 때, Thickness2는 바깥쪽 방향을 지정할 때 선택하여 수치를 기입한다.

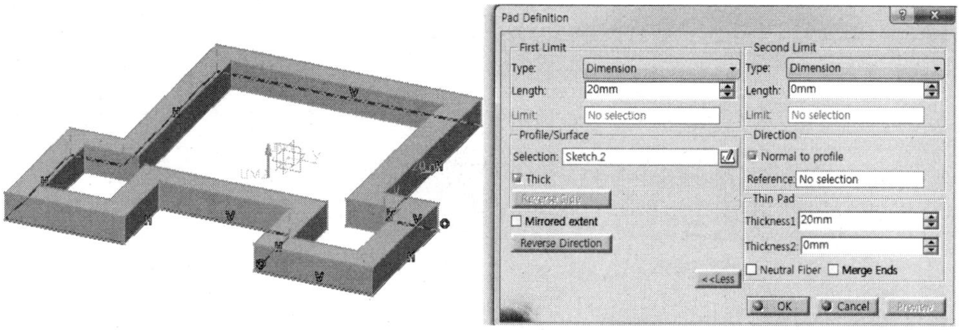

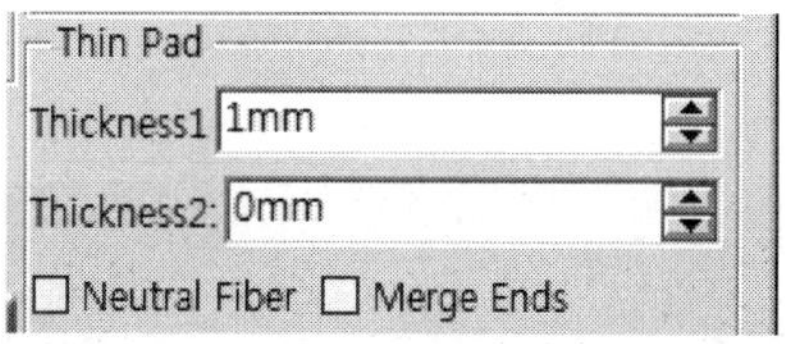

Neutral Fiber 체크 시 Sketch Profile을 기준으로 좌우 대칭되어 두께가 부여된다.

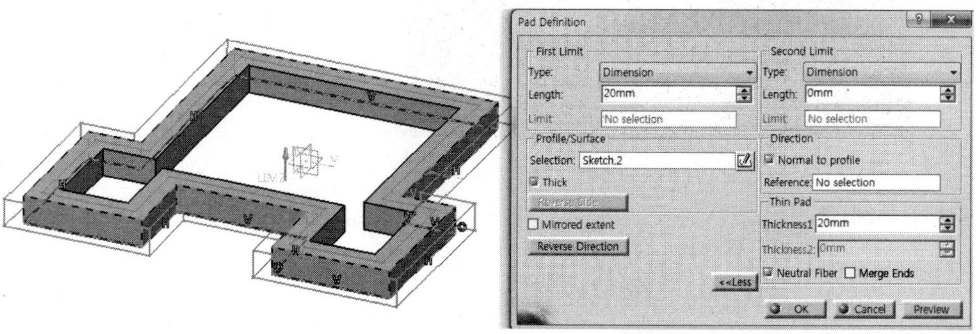

Reverse Direction을 클릭하면 다음과 같이 반대 방향으로 패드가 생성된다.

Selection에서 마우스 오른쪽 버튼으로 Go to profile Definition을 클릭해보자.

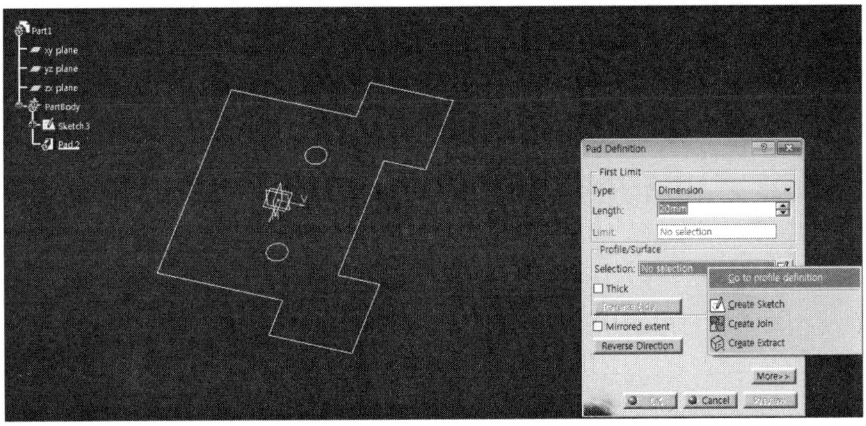

동일 Sketch에서 부분 Profile만을 Pad할 수 있다.

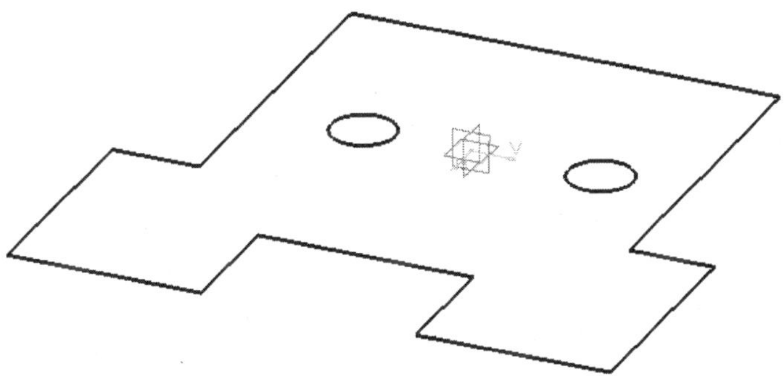

다음 그림에서와 같이 원 하나만 클릭한다.

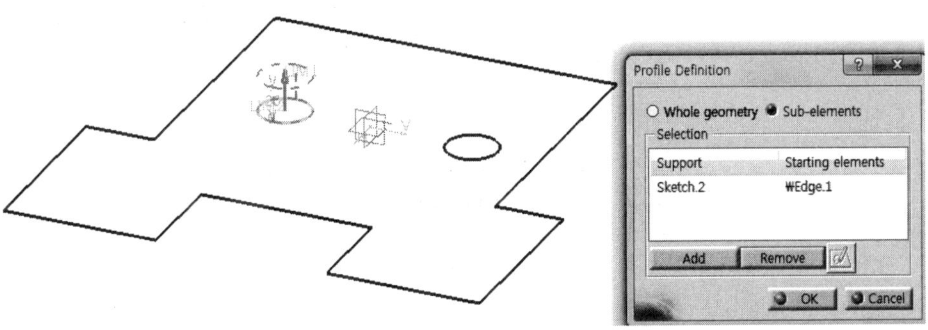

다음 그림과 같이 원 하나만 Pad하는 것이 가능한 것을 확인할 수 있다.

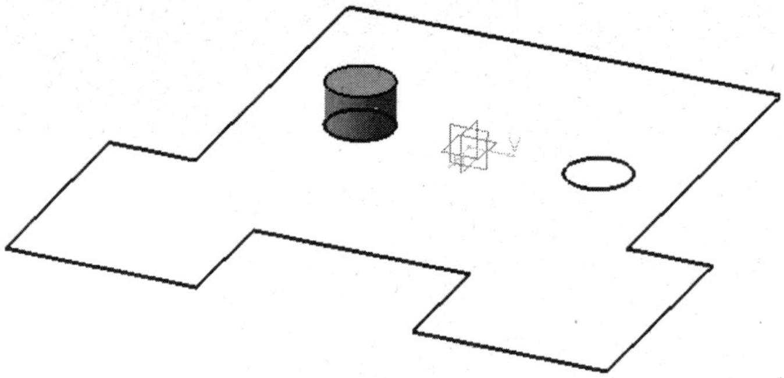

- Drafted Filleted Pad : Drafted Filleted Pad의 화면 First Limit에서 패드되는 길이인 Length 길이를 설정한다. 여기서 Second Limit는 반드시 설정한다. (Second Limit : Draft 기준면)

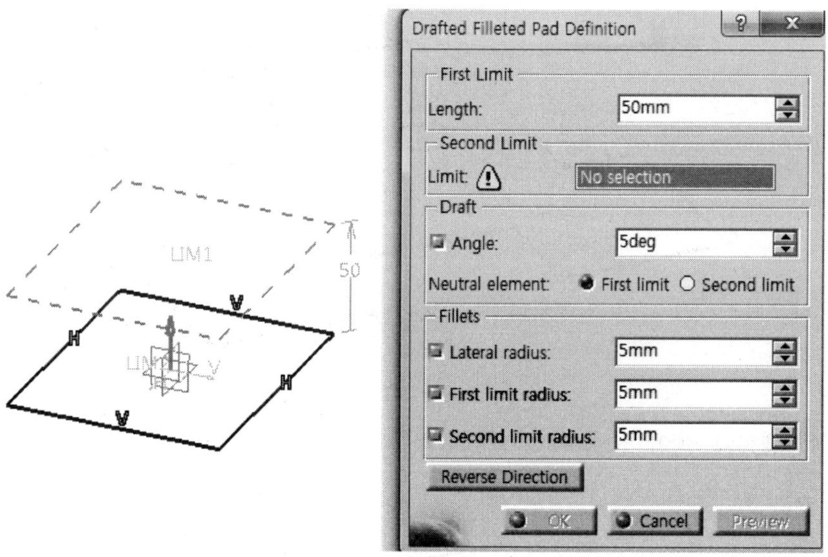

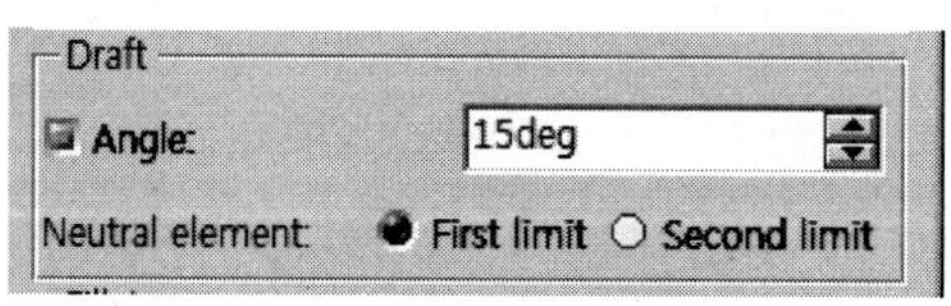

Draft에서 First Limit를 선택하면 기준면을 First Limit로 다음과 같이 설정한다.

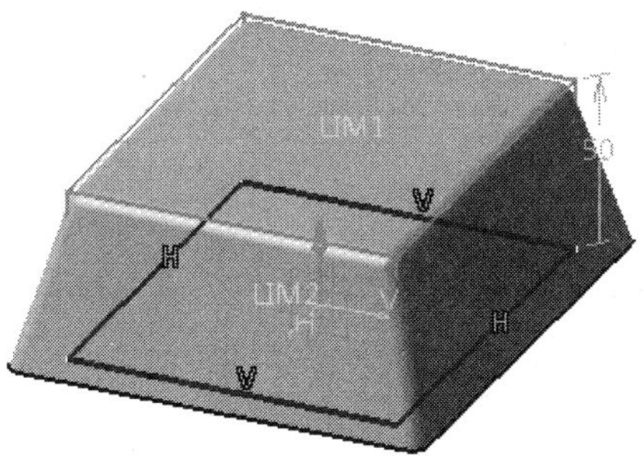

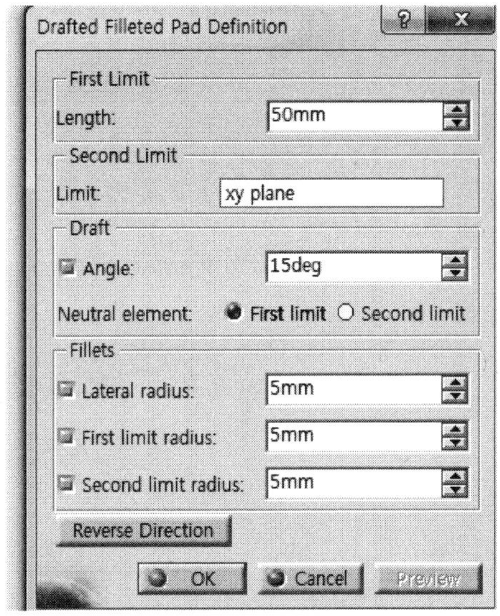

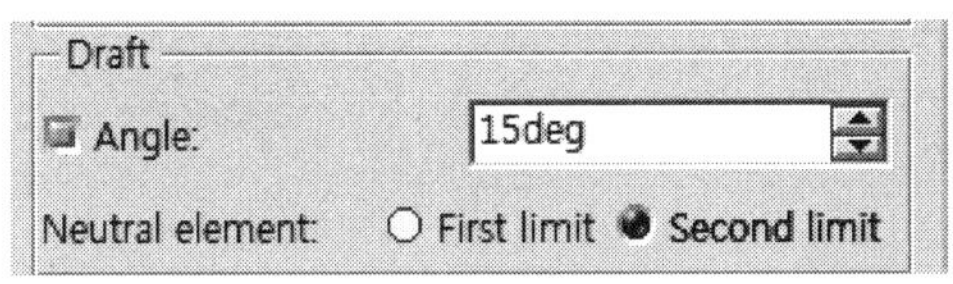

다음과 같이 Second Limit 선택 시 최대 기준면은 Second limit까지로 한다.

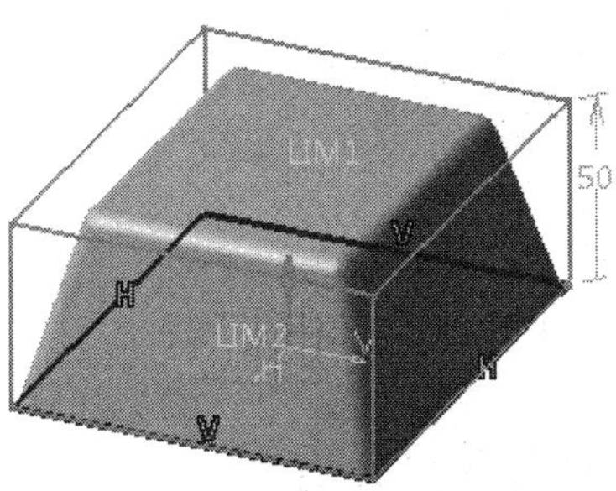

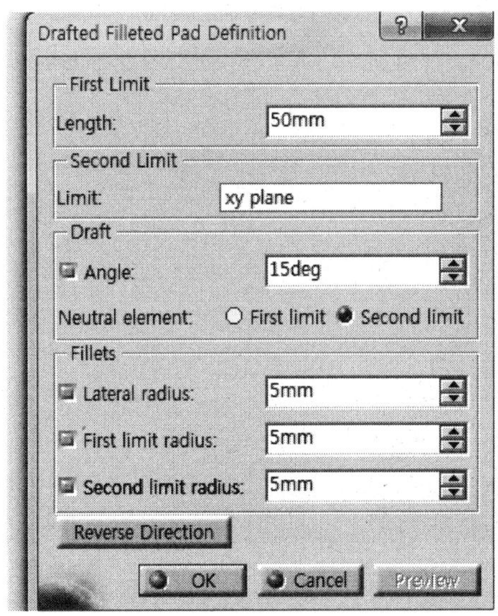

- Multi-Pads : 여러 개의 Domain을 가지고 있는 Sketch를 그린 후 Icon 클릭 시 다음과 같이 Multi-Pad Definition 창이 뜬다.

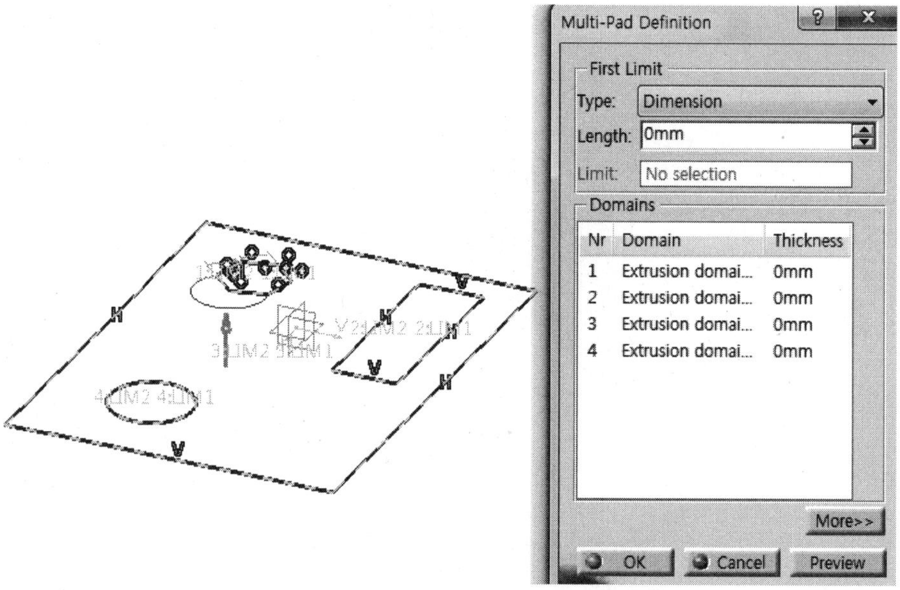

Pad하고자 하는 Domain을 클릭(CATIA 화면상에는 파란색으로 표시), Pad하고자 하는 길이를 입력한다.

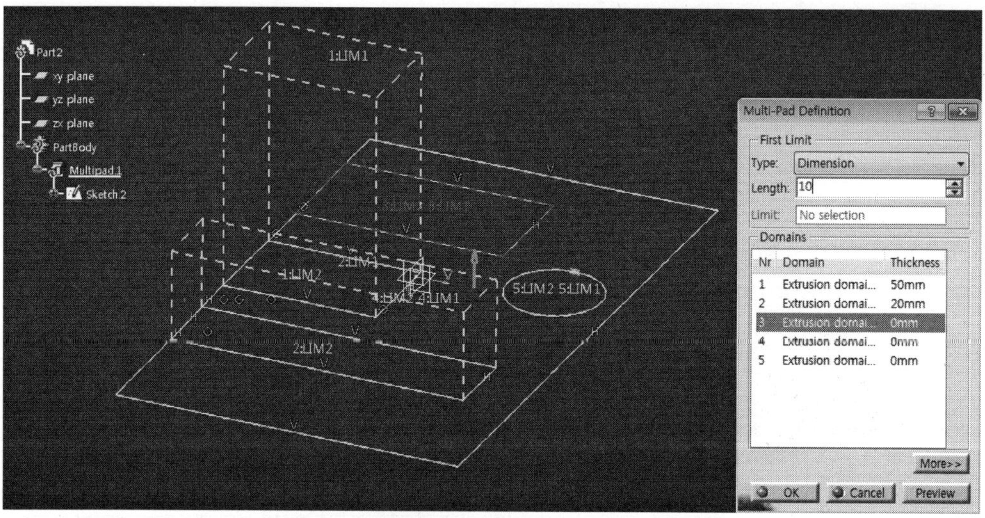

다음의 그림과 같이 설정한다.

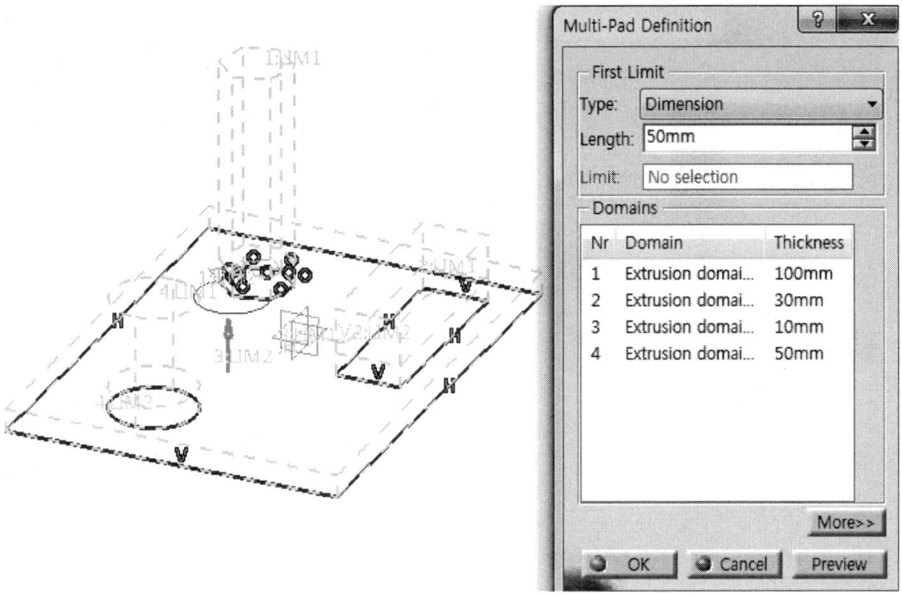

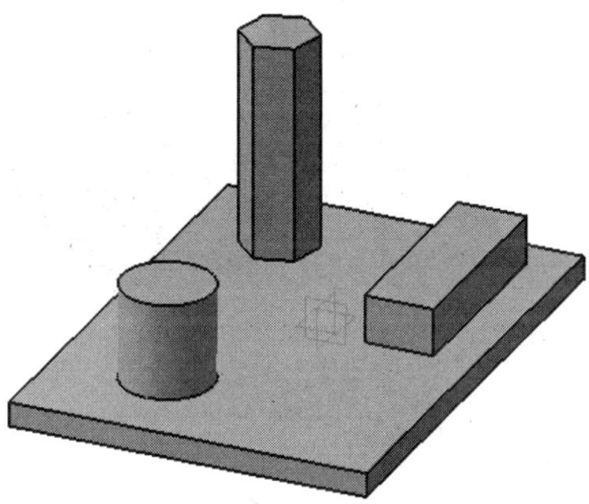

Definition 창 하단의 More을 클릭, First Limit와 Second Limit. 기능은 Pad의 More 기능과 동일하다.

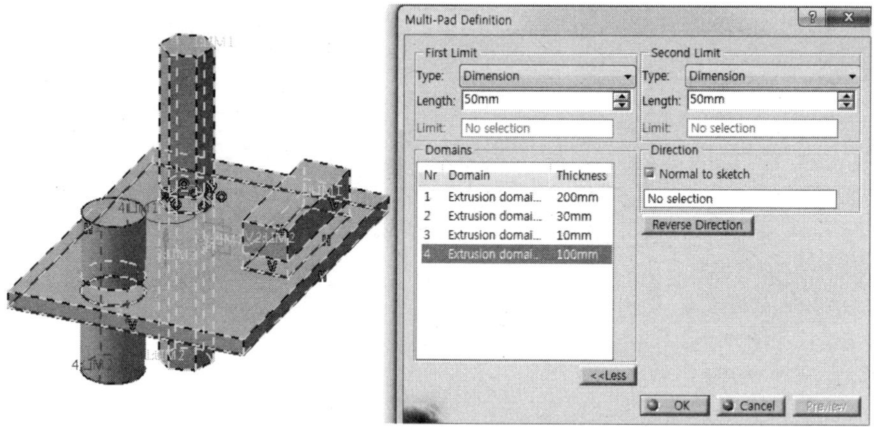

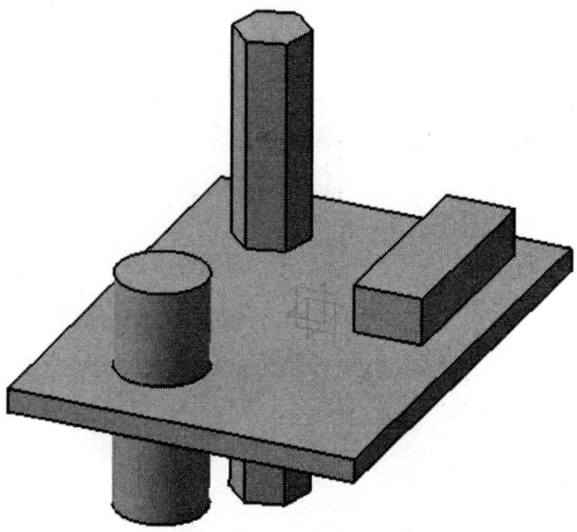

2)  Pockets sub Toolbar

-  Pocket : Profile 형상대로 Solid 형상을 제거하는 기능을 한다. Pad된 입체 형상 중에 Pocket을 원하는 면에 다음과 같이 스케치한다.

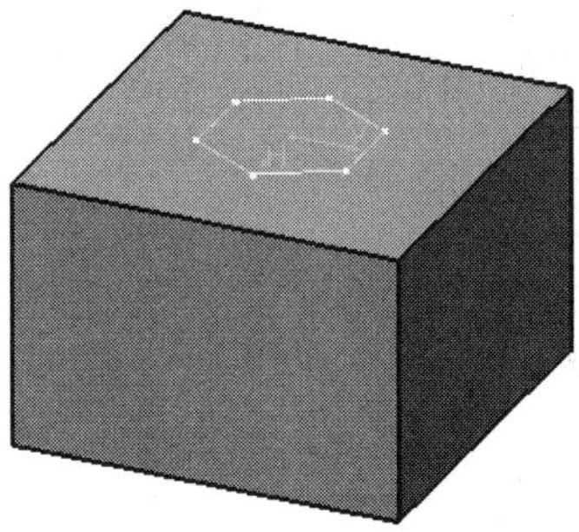

 버튼을 클릭 후, Selection에 Pocket하려는 스케치를 선택하여 사용자가 어느 부분을 Pocket할지 알려준다.

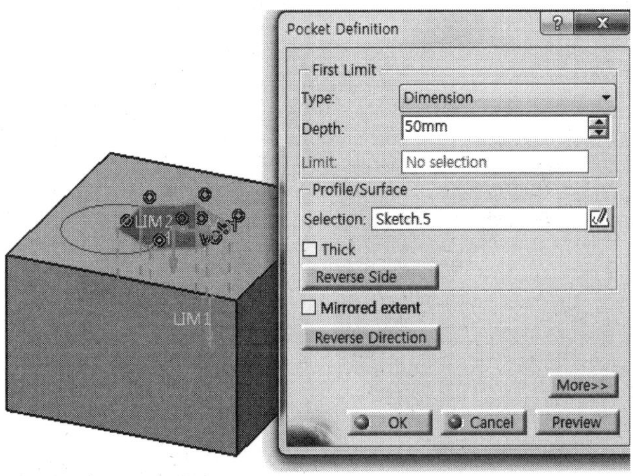

Pad와 마찬가지로 Thickness를 줄 수 있으며 기능은 Pad에서 설명한 부분과 같으니 그 부분을 참조하면 된다.

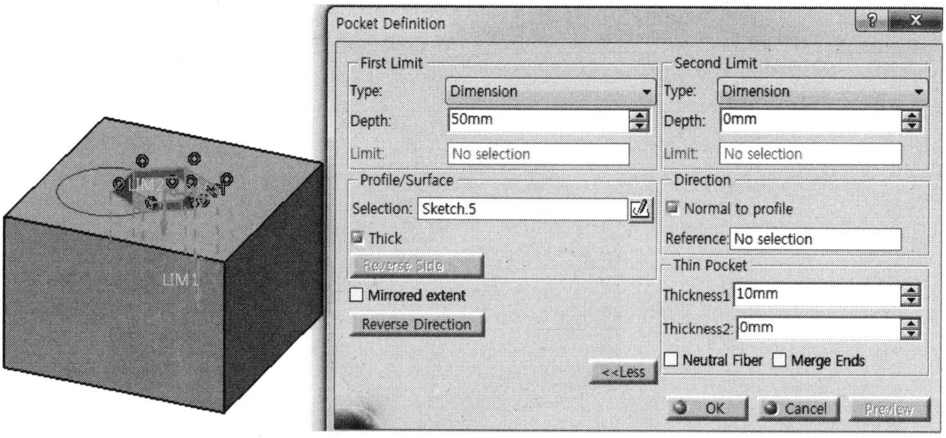

여기서 Reverse Side 버튼을 클릭하면 스케치한 곳의 반대쪽이 Pocket되는 것을 다음 그림에서 알 수 있다.

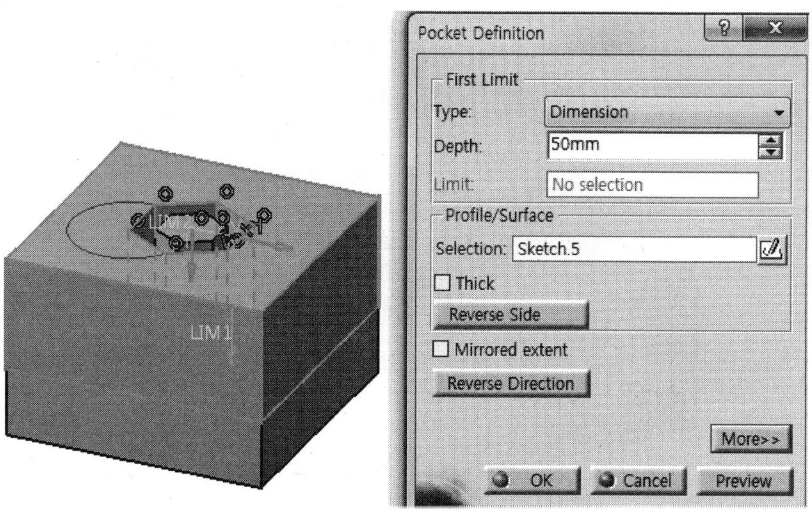

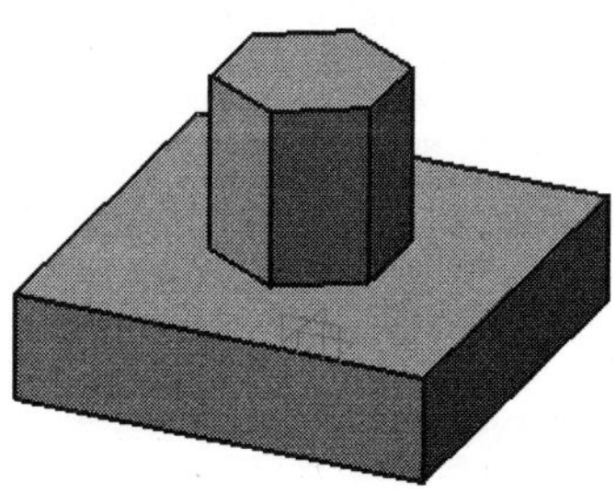

- Drafted Filleted Pocket : Drafted filleted pad와 결과만 다를 뿐 세부 옵션은 동일하다. 다음과 같이 원하는 세부옵션을 선택해 보자.

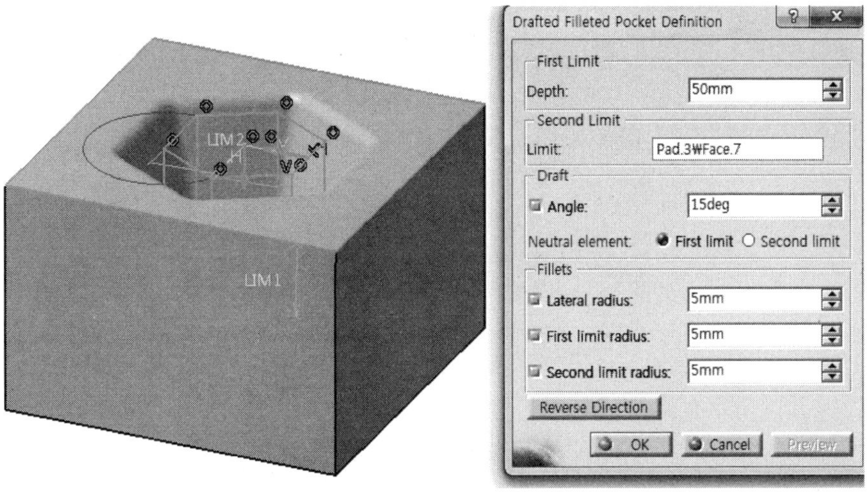

그러면 다음의 결과를 얻을 수 있다.

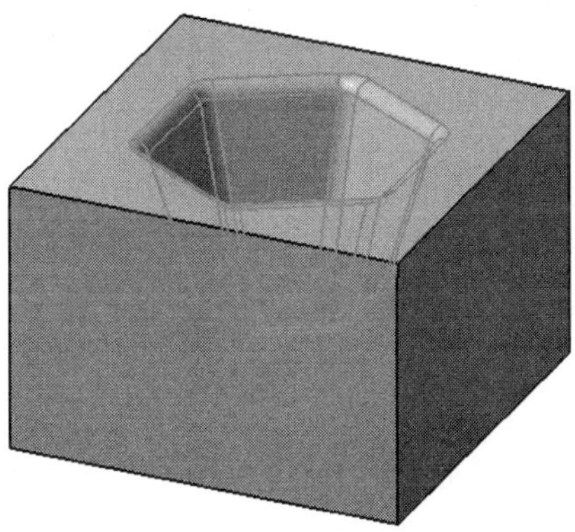

- Multi-Pocket : 여러 개의 Domain을 포함하는 한 개의 Sketch를 서로 다른 값으로 Pocket하는 기능이다. 다음과 같이 스케치 해보자.

Multi-Pad와 동일하게 세부옵션을 설정하면 다음 결과를 얻을 수 있다.

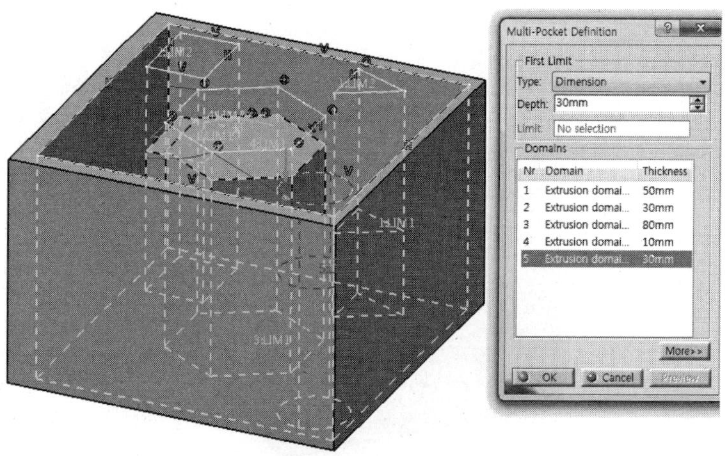

3)  Shaft

회전체의 솔리드 형상을 만드는 명령이다. 다음과 같이 회전시키고자 하는 스케치를 그려보자.

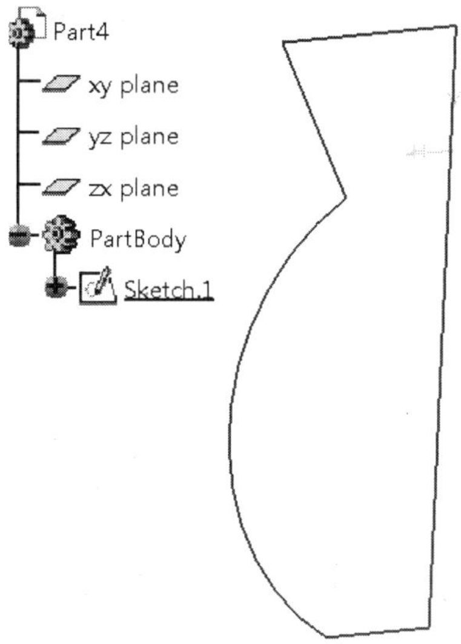

① 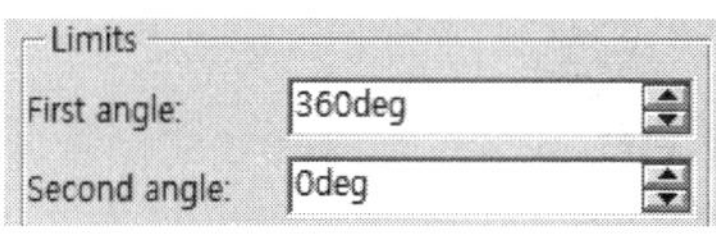

: 회전축을 중심으로 회전하는 각도 설정

② 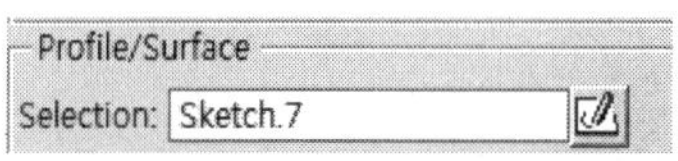

: 회전하고자 하는 스케치

③ 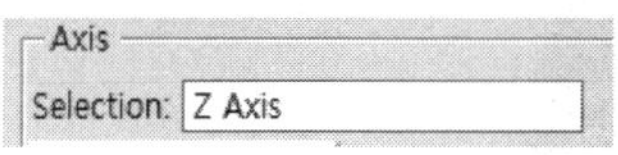

: 회전 축 설정

축 설정 시, 마우스 오른쪽을 클릭하면 원점에서의 축을 선택할 수 있는 창이 나타난다.

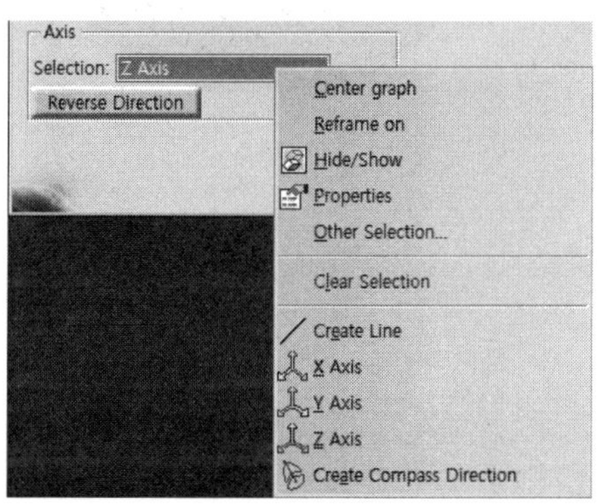

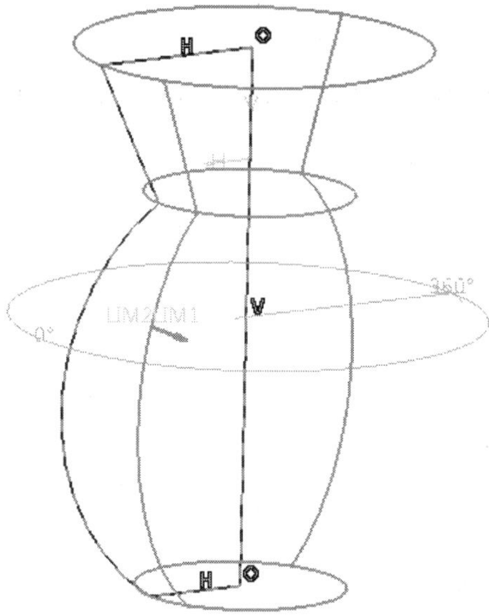

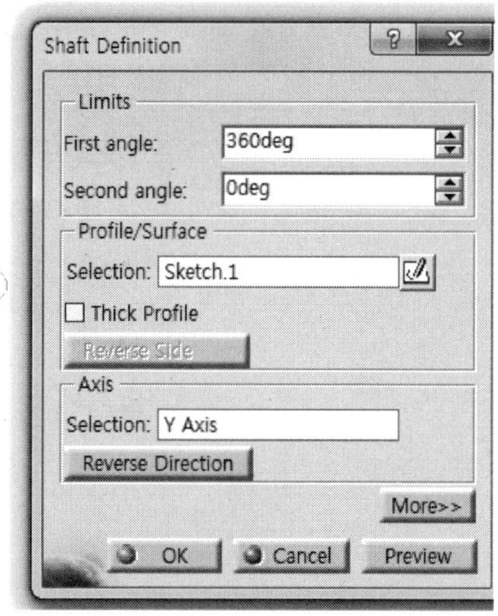

다음과 같이 축대칭 입체가 작도되는 것을 확인할 수 있다.

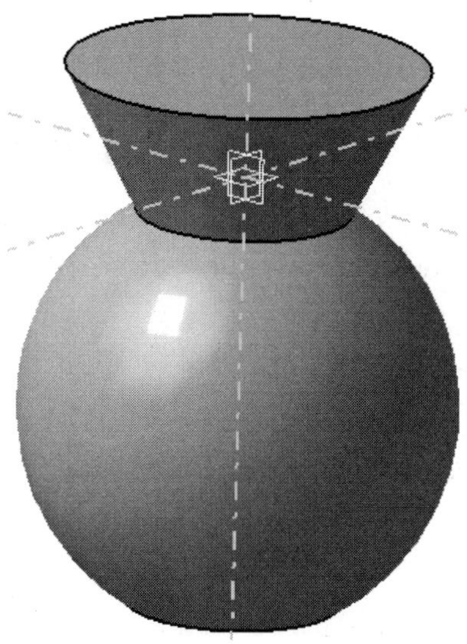

앞의 기능들과 같이 Thick Profile을 체크하여 두께를 주어 회전시킬 수 있다.

두께를 부여하였을 때 다음의 결과를 얻을 수 있다.

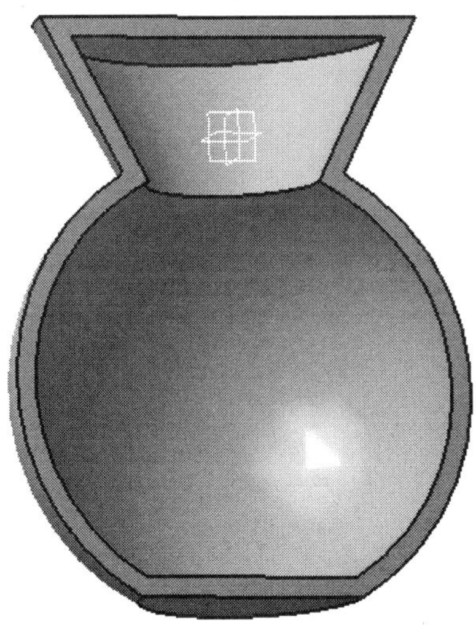

4) Groove

프로파일을 회전축을 기준으로 회전시켜 깎아내는 명령이다. 다음 그림에서와 같이 깎아내고자 하는 면에 스케치를 해보자.

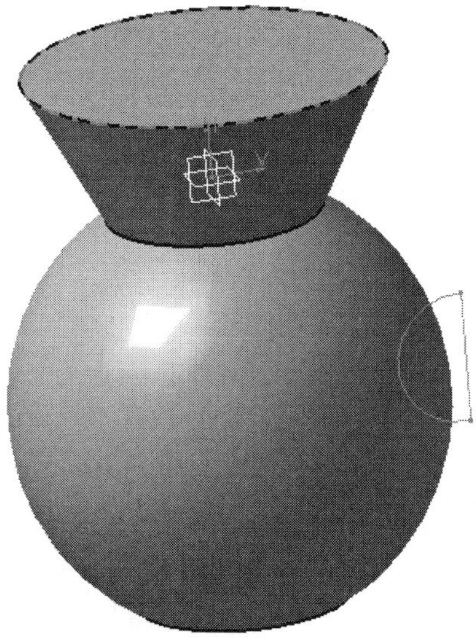

버튼을 클릭한다. 다음의 정의 창(definition)이 나타난다. Shaft에서와 같은 Definition 창이 나타난다.

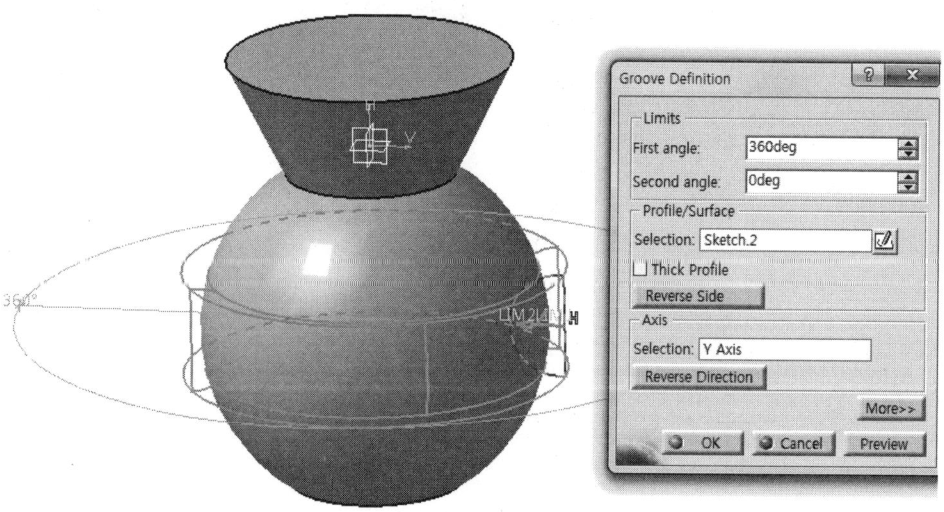

Groove할 단면을 선택해주고 Groove 각도를 360도로 하면 다음의 형상이 가능하다.

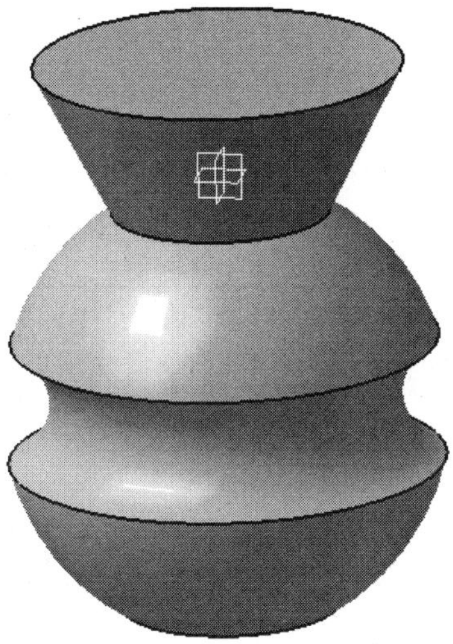

마찬가지로 Thick Profile을 하여 다음과 같이 Groove할 수도 있다.

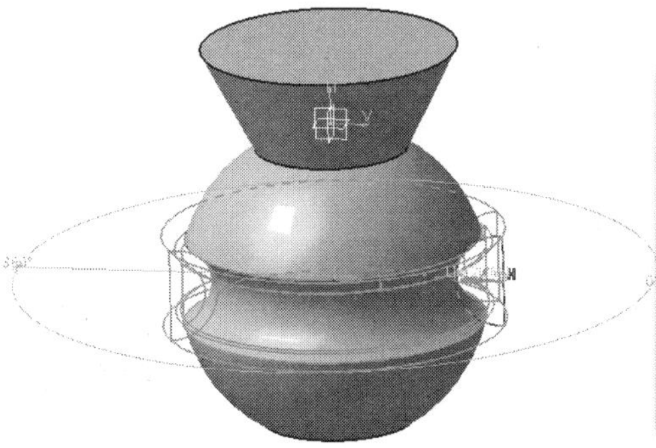

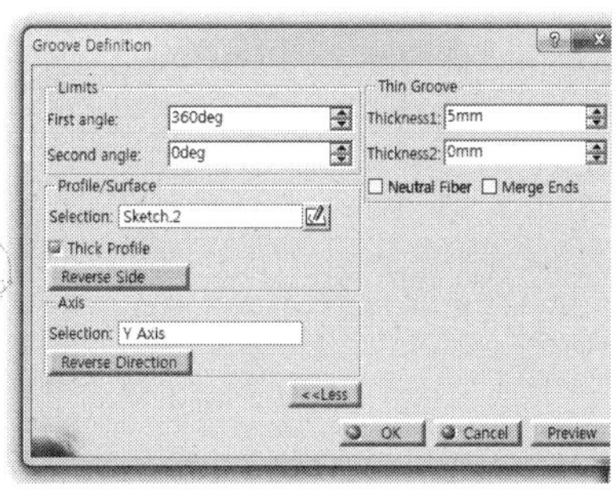

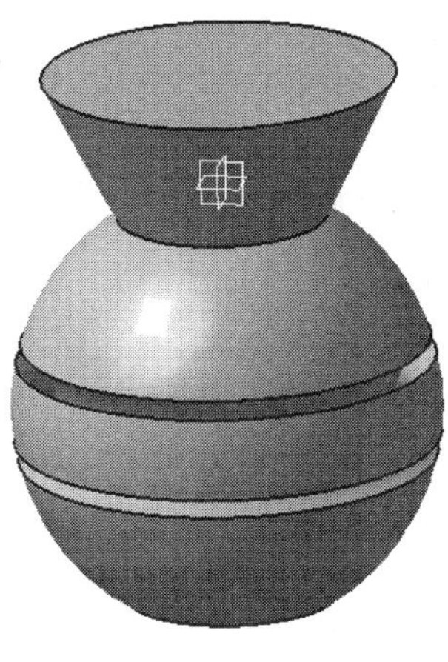

5) Hole

나사구멍과 같은 Hole을 뚫을 때 사용하는 명령이다. 다음의 솔리드 형상을 가정해 보자.

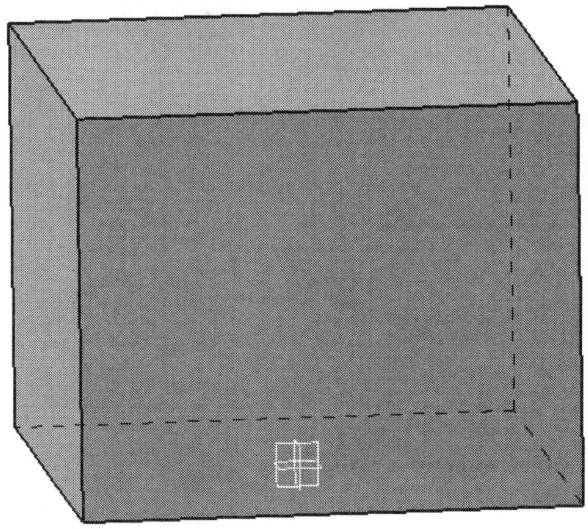

버튼을 클릭한 후 다음과 같이 구멍을 생성하고자 하는 면을 선택한다.

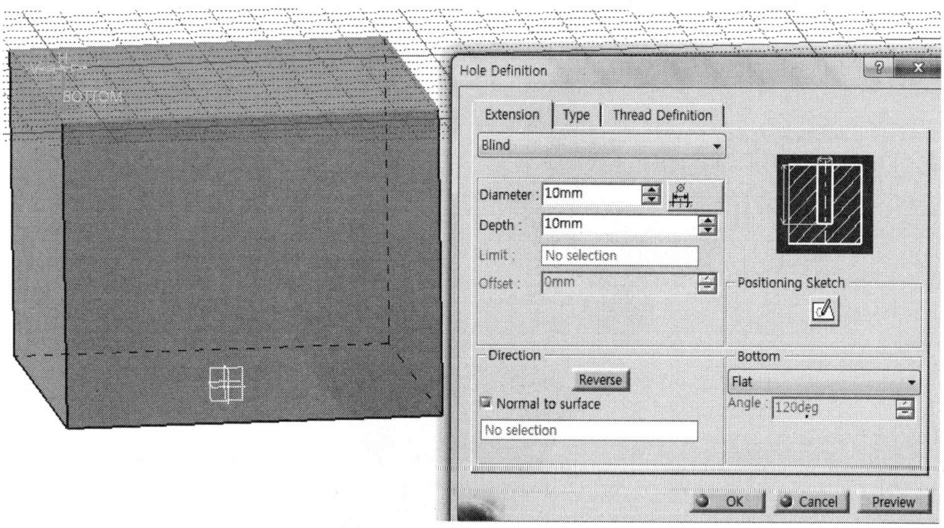

이때 다음과 같은 설정창이 나타난다.

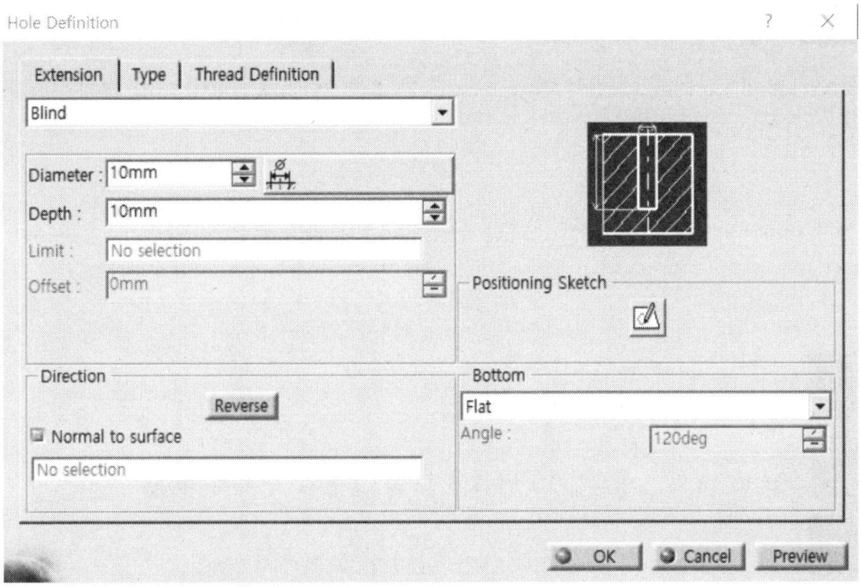

여기서 Hole의 타입이 선택할 옵션이 다양하기 때문에 이를 다음과 같이 상세히 설명해 보자.

①  Simple : 가장 단순한 형태, 중점과 반경, 깊이 선택

② 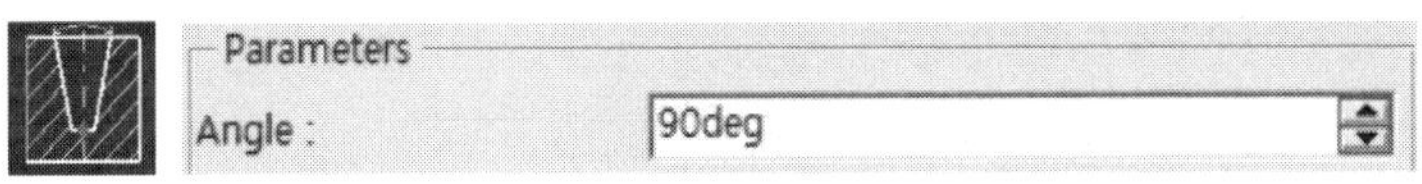

: Tapered : 면에 각을 주어서 벌어지거나 오므라지게 구멍을 뚫음. Taper 각 입력

③ 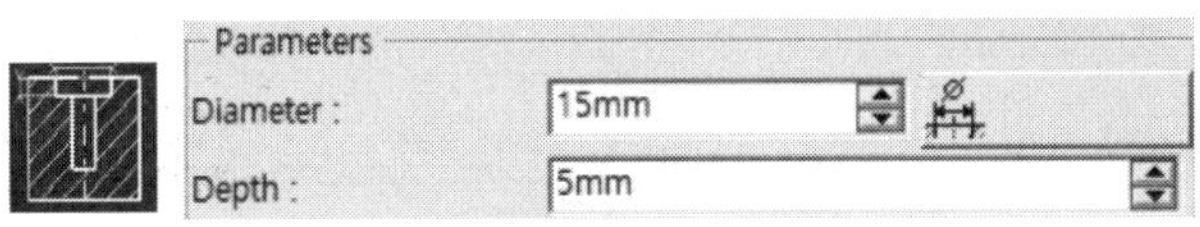

: Conuterbored : 나사 머리를 같이 그려주는 형태. 나사머리 부분의 지름과 깊이 입력

④ 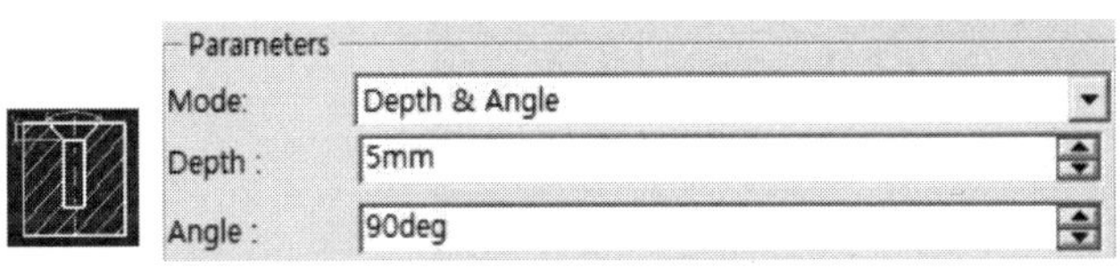

: Countersunk : 나사 머리에 Taper가 들어간 형태. 이 머리의 각도와 깊이 설정

⑤  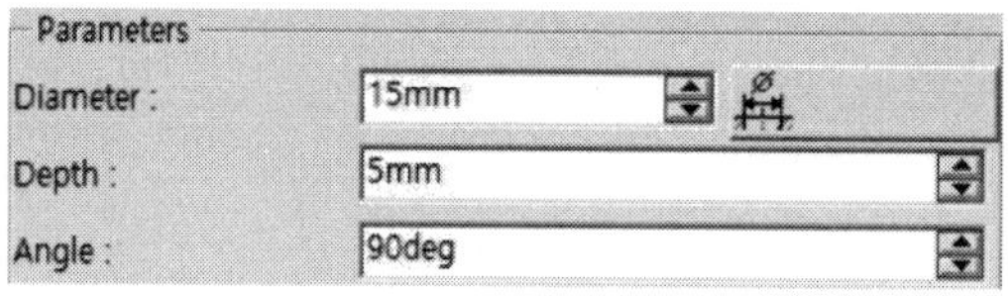

: Counterdrilled : conterbored와 Countersunk가 혼합된 형태. 나사 머리 부분이 Taper지면서 반경을 가짐

여기서 Extension의 타입 또한 선택할 옵션이 다양하기 때문에 이를 다음과 같이 상세히 설명해 보자.

①  Blind : 수치 값을 주는 방법

②  Up to next : 홀의 기준면에서 다음 형상의 면까지 뚫음

③  Up to last : 파트바디의 가장 마지막 위치까지 뚫음

④  Up to plane : 임의의 면을 선택하여 그 면까지 뚫음

⑤  Up to Surface : 파트에 존재하는 Suface 또는 곡률을 가진 면까지 뚫음

여기서 Hole의 중심의 위치 구속조건을 선택할 수 있다. 다음과 같이 Positioning Sketch 버튼을 클릭한다.

다음과 같이 원의 중심이 표시된다.

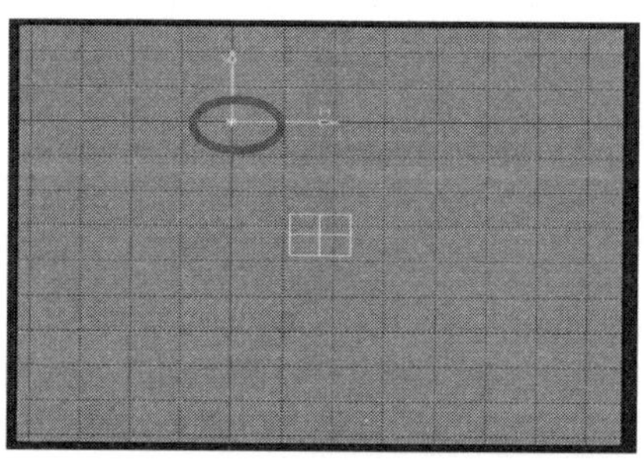

Constraints로 중심위치를 설정한다.

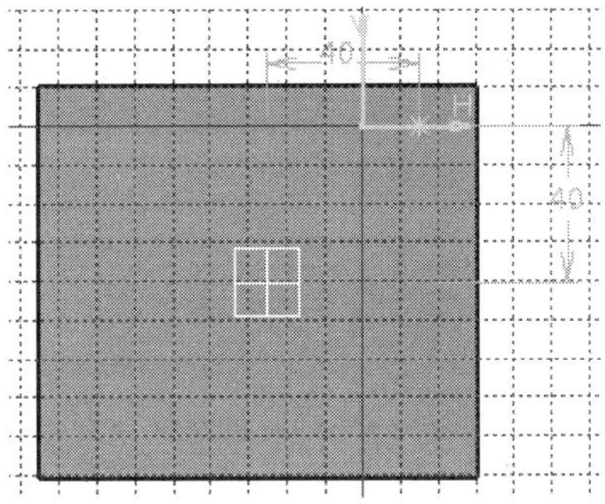

Bottom에서 Type 조정이 가능하다.

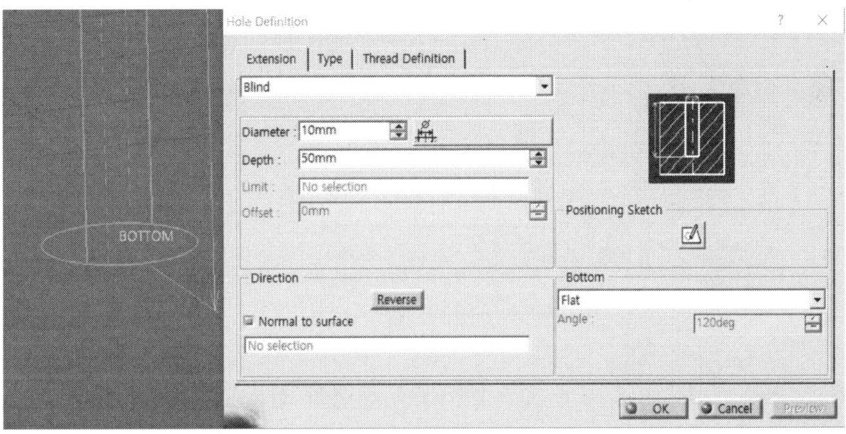

여기서 다음 버튼으로 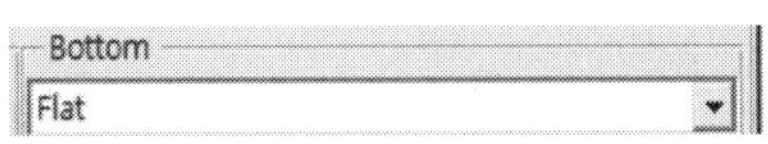 Flat 타입을 바꿀 수 있다.

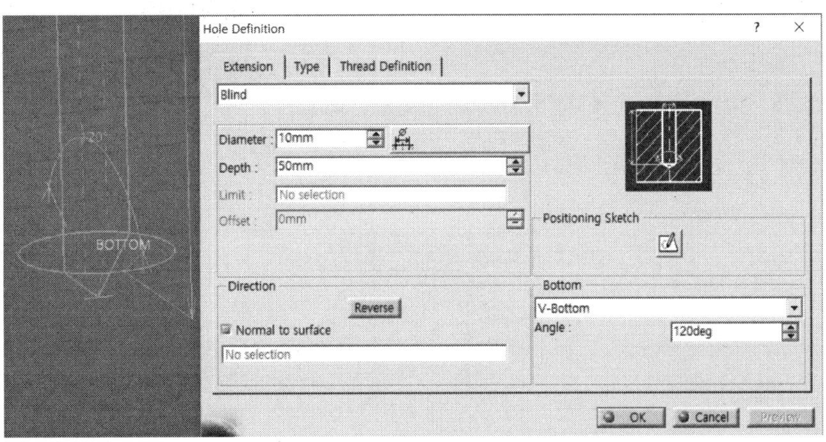

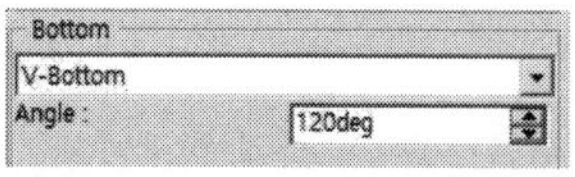

V-Bottom 타입을 결정할 때 사용한다.

버튼 클릭 시 공차 설정 창이 나타난다. 치수 공차 입력 시 홀에 적용된다.

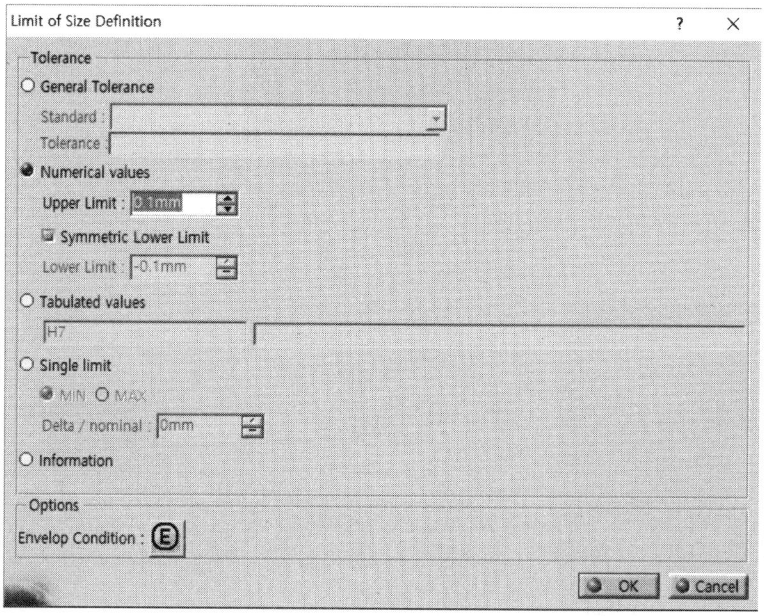

지정한 공차를 해제하려면 치수 입력란-마우스 오른쪽 클릭-Tolerance-Suppress 클릭한다.

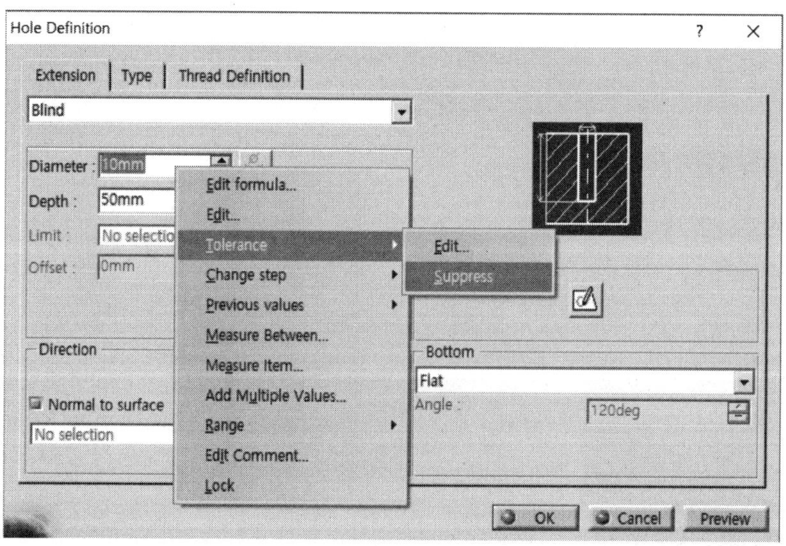

6)  Rib

하나의 단면 profile을 임의의 가이드 커브를 따라 지나가도록 solid 형상을 만드는 명령이다. 먼저 다음과 같이 가이드 커브 스케치를 그린다.

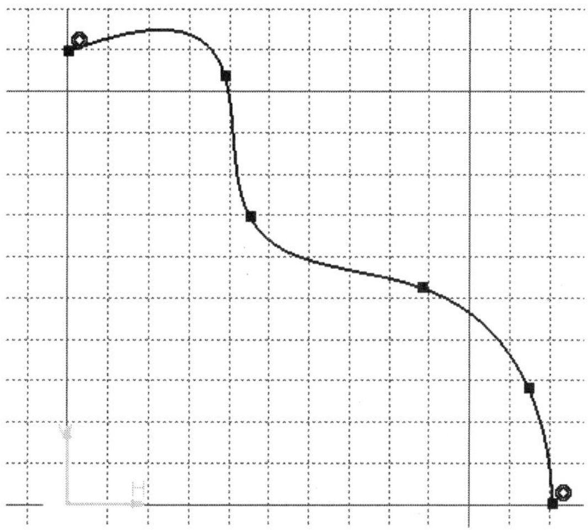

다음과 같이 단면 스케치를 그린다.

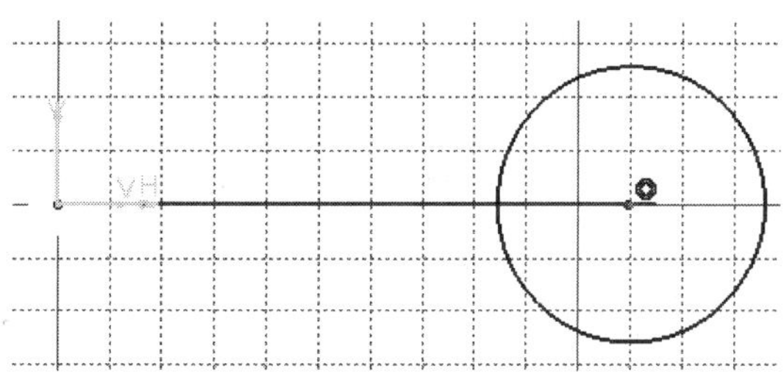

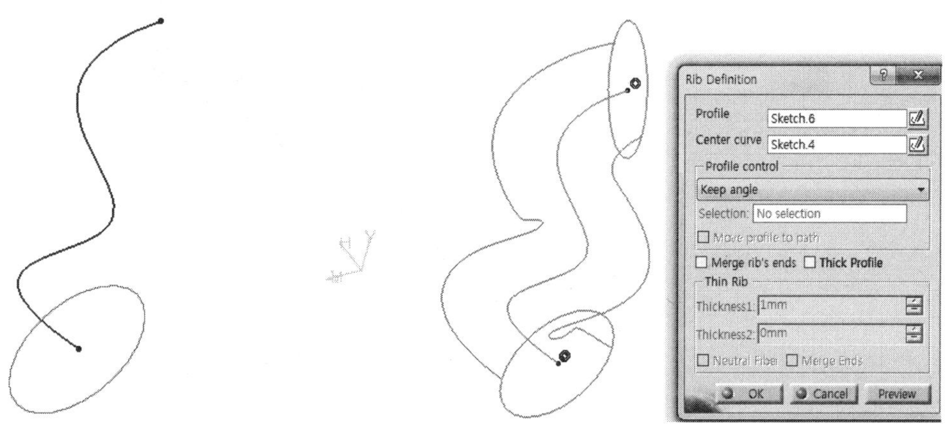

버튼을 누르면 Rib Definition 창이 나타난다.

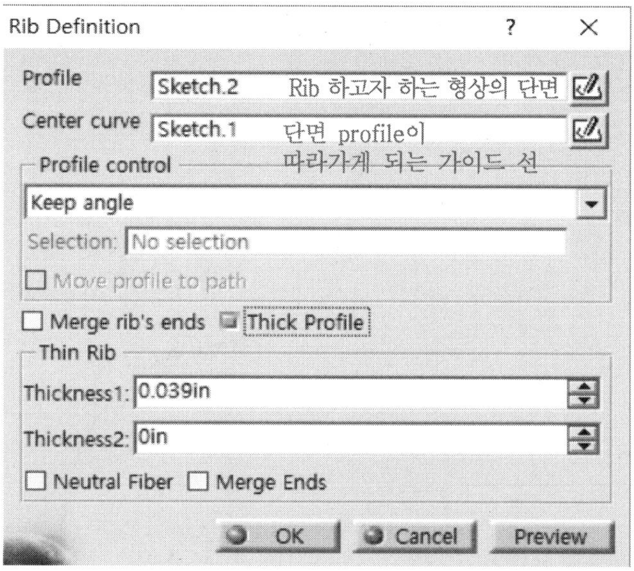

Profile Control에는 다음의 3가지 Type이 존재한다.

① Keep Angle : 프로파일 단면과 센터 커브가 이루는 각을 그대로 유지한 상태로 리브한다.

② Pulling Direction : 프로파일을 임의의 방향으로 정한 상태에서 리브가 되도록 한다. 센터 커브와 일정한 각을 유지하지 않는다.

③ Reference surface : 프로파일을 서페이스를 사용하여 센터 커브를 따라가게 한다. 리브는 센터 커브의 길이만큼 형성되는데 ☐ Merge rib's ends 를 선택하면 리브의 끝을 마무리 지을 수 있다. 다음과 같이 리브가 작도됨을 알 수 있다.

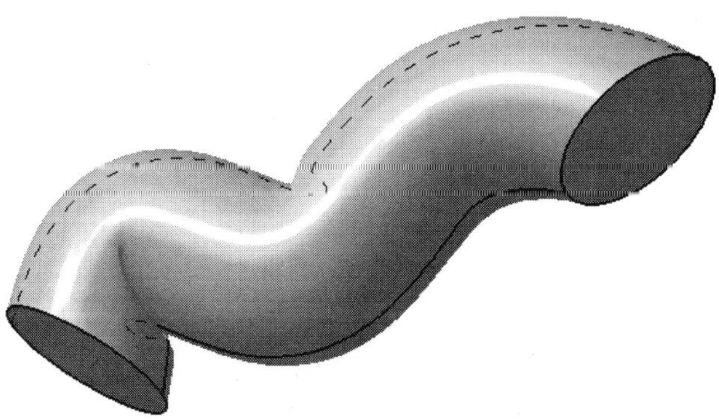

마찬가지로 다음 그림은 두께를 부여했을 때 리브 결과를 나타낸다.

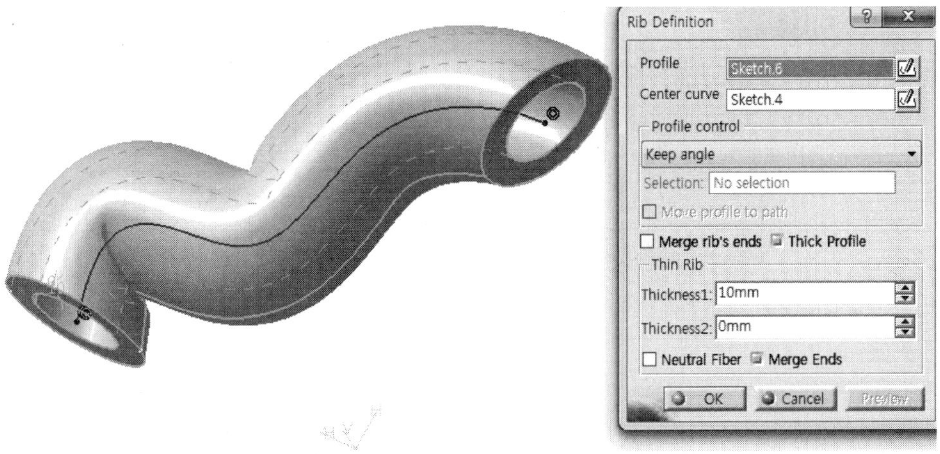

7) Slot

단면 proflie 형상대로 기존의 solid 형상을 파내는 작업 명령이다. 홈 모양으로 파내고자 하는 곳에 스케치 커브를 다음과 같이 작성한다.

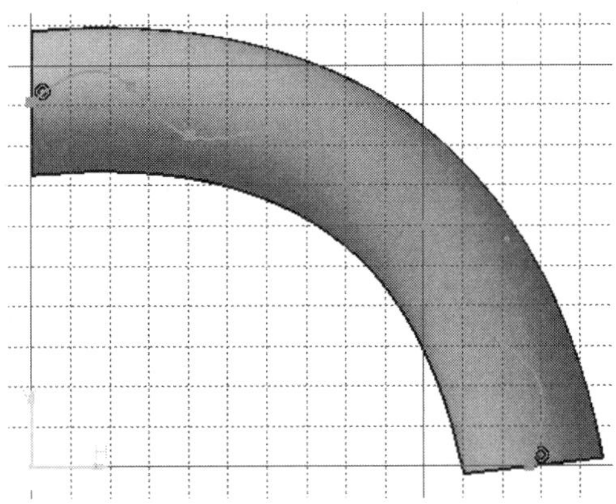

6각형으로 단면 스케치를 다음과 같이 작성한다.

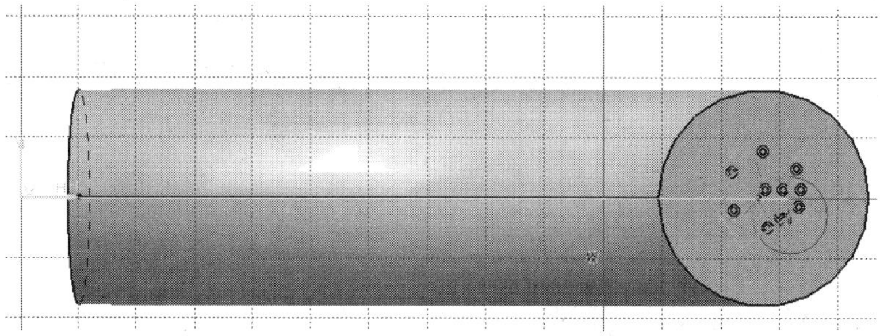

Definition 정보는 Rib와 동일하다.

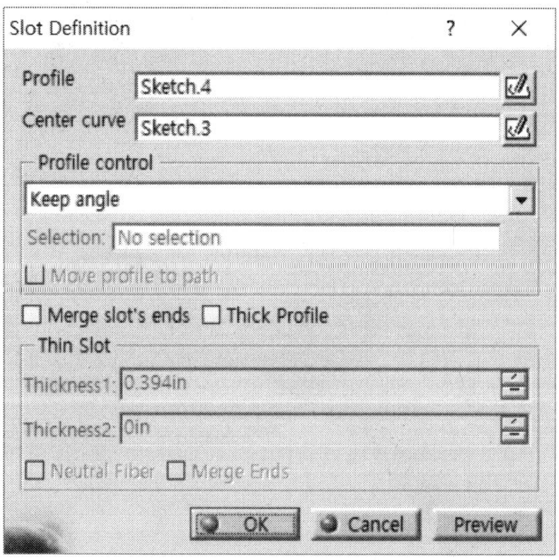

그러면 다음과 같이 생성된다.

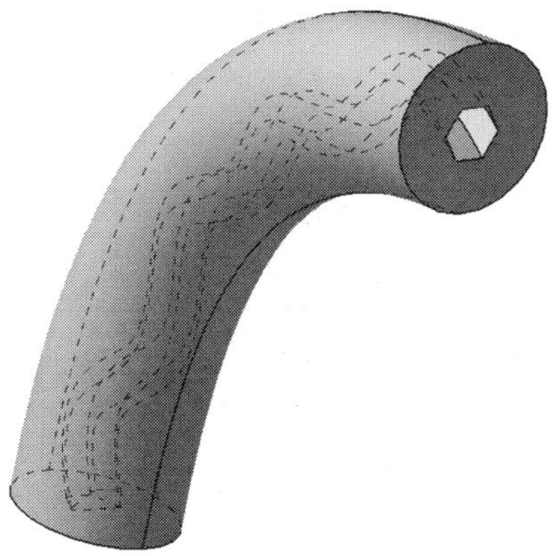

여기서 사용된 단면도는 다음과 같다.

8)  Stiffener

솔리드 형상 사이에 보강제 형식의 구조물을 쌓는 메뉴이다. 다음과 같은 솔리드 형상이 있다고 가정해 보자.

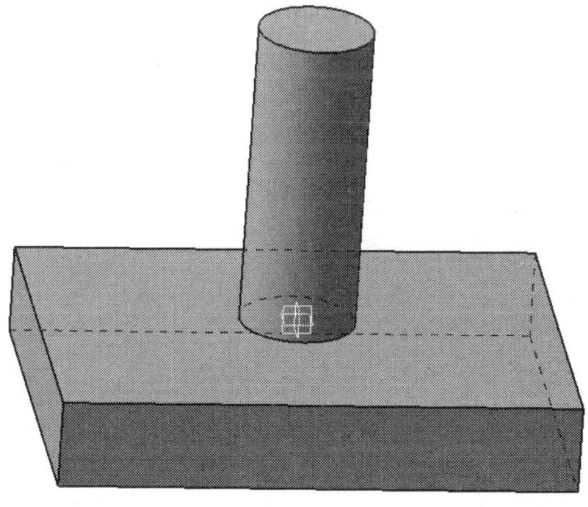

보강제가 형성되고자 하는 곳을 다음과 같이 스케치한다.

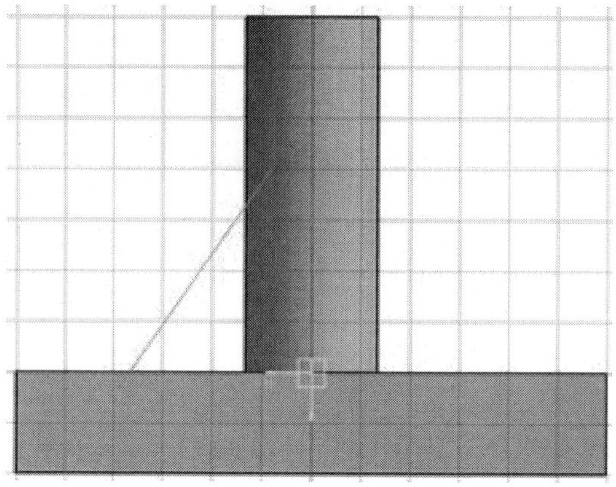

 버튼을 클릭 시 다음과 같은 정의 창(definition)이 나타난다. 이때,

① From side : 두 나란한 면 사이

② From Top : 형상 윗면에서 바닥 면으로

Thickness로 Stiffener의 두께를 설정한다.

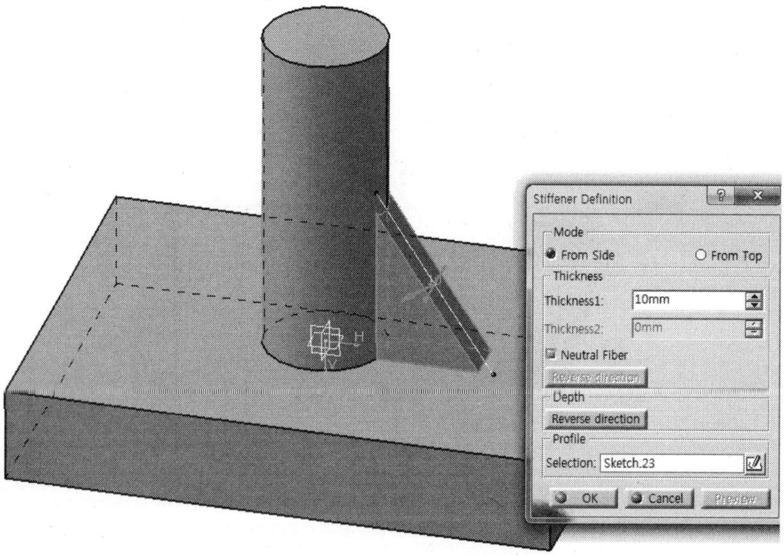

☐ Neutral Fiber 버튼 활성화 시 스케치 면을 중심으로 양 사이드로 형성되고, 체크 해제 시 한쪽 면으로만 생성이 된다.

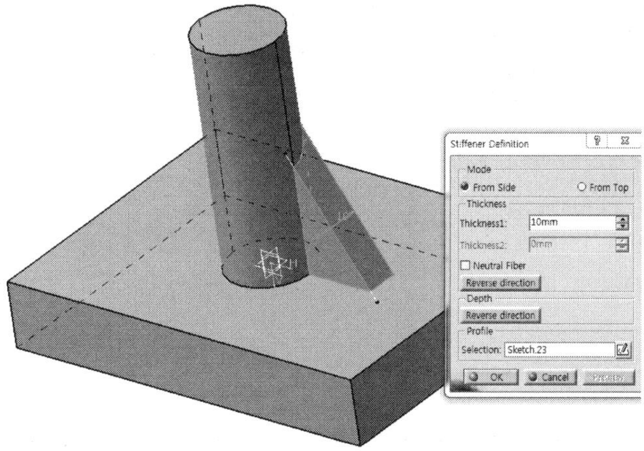

9) Multi-Sections Solid

두 개의 단면 프로파일을 따라 이어지는 솔리드 형상을 만드는 명령이다. 다음과 같이 형성되고자 하는 프로파일 두 개를 스케치한다.

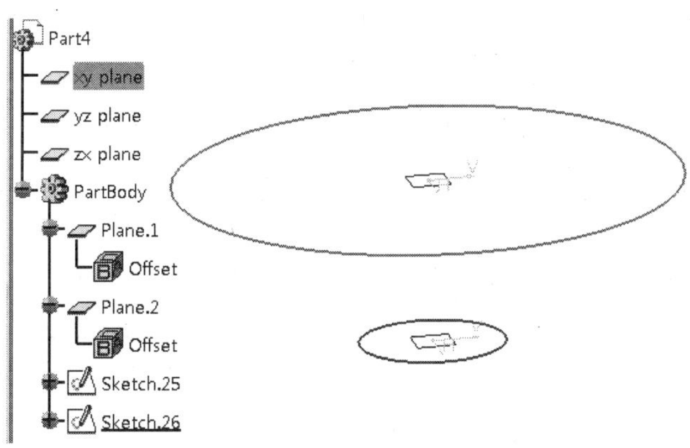

그러면 클릭 시 정의 창(Definition)이 나타난다.

① Guides : 단면 프로파일들의 Vertex를 잇는 선

② Spine : 전체 단면 형상을 가로지를 척추를 사용한 방법. 이 선을 따라 형성됨.

③ Coupling : 각각 단면 프로파일이 가지고 있는 꼭짓점들을 각각의 위치에 맞게 이어주는 작업 방식

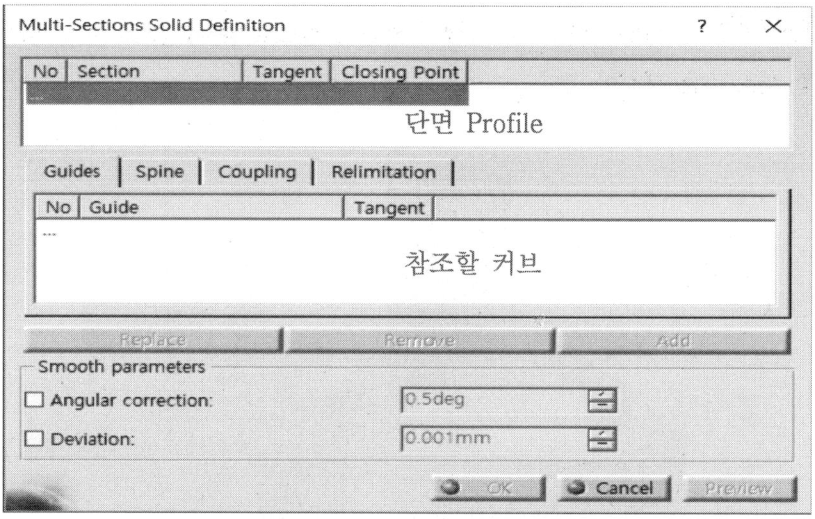

이때 다음과 같이 두 선의 방향성은 같아야 원활한 곡선이 형성된다.

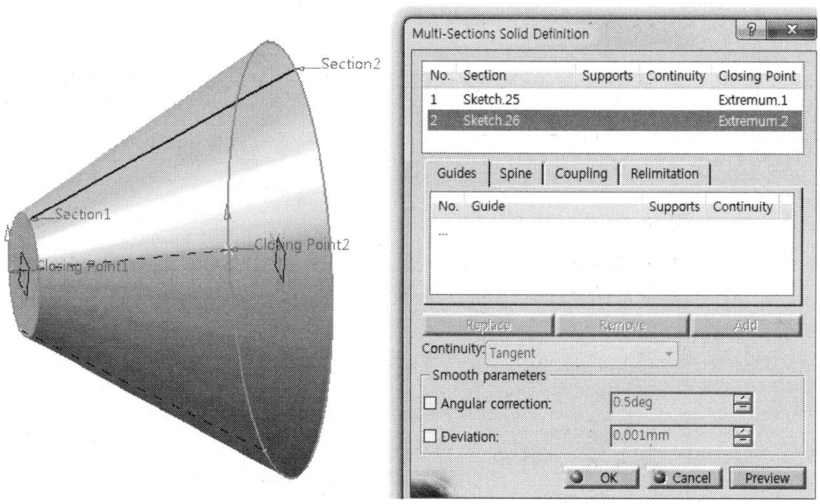

위의 작업 완료 시 다음과 같이 생성된다.

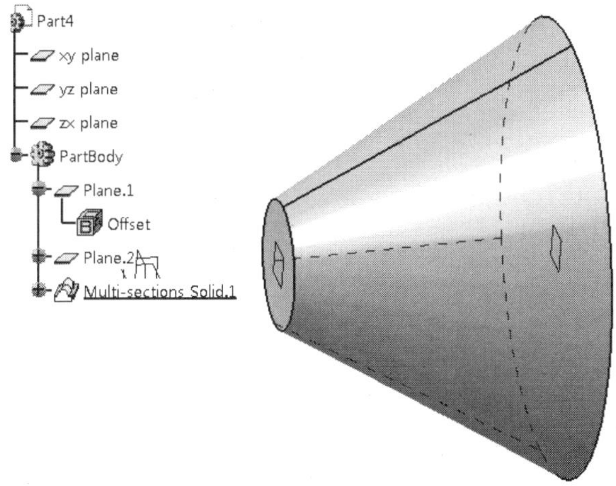

- Removed Multi-sections solid : 여러 개의 단면을 이용하여 이루어진 형상을 제거하는 명령이다. 먼저 다음과 같이 스케치한다.

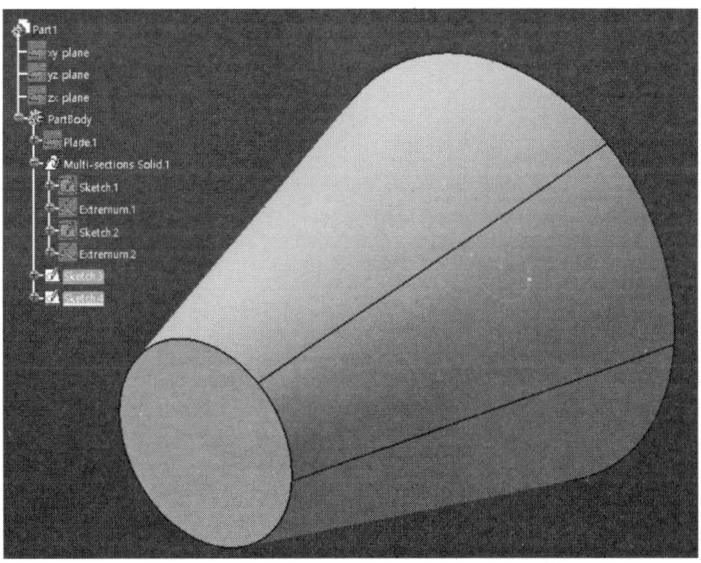

세부 옵션은 multi-section solid와 동일하다.

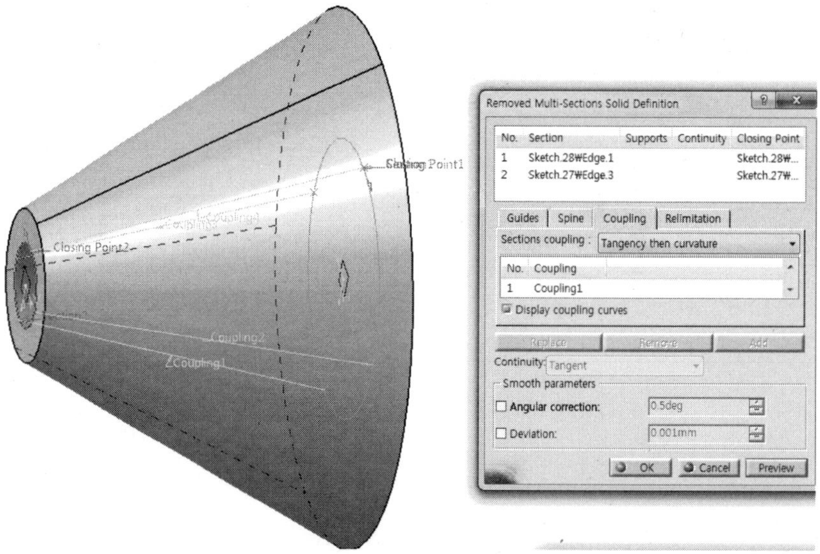

다음의 결과를 얻을 수 있다.

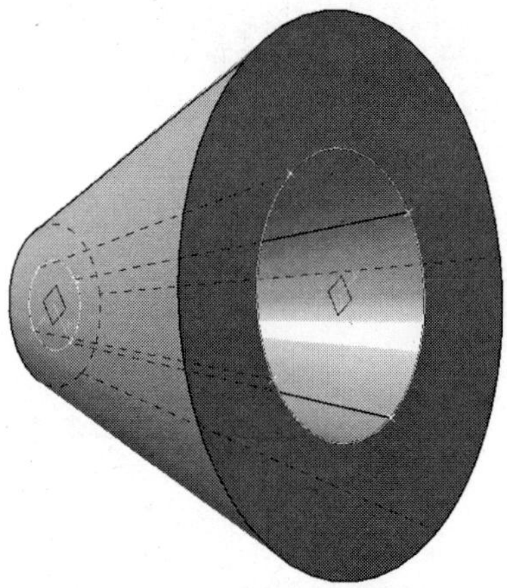

나. Dress-Up Features

1) 형상을 꾸미는 데 필요한 작업 명령들(Tool Bars)은 다음과 같다.

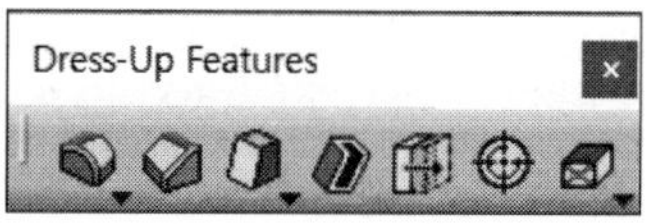

2) 

검정색 화살표를 클릭하여 Fillet Sub Toolbar를 열면 아이콘 5개가 나타난다. 이를 상세히 설명하면 다음과 같다.

가)  Edge Fillet : 모서리를 둥글하게 라운드 처리하는 작업 명령이다.

 버튼 클릭 시 다음과 같은 Definition 창이 뜬다.

Selection mode는 다음과 같은 기능을 한다.

① Tangency : 선택한 모서리와 탄젠트하게 접하는 모든 모서리에 Fillet이 추가됨
② Minimal : 선택한 모서리에 대해서 이웃하는 모서리에 최소한의 영향이 가도록 Fillet함

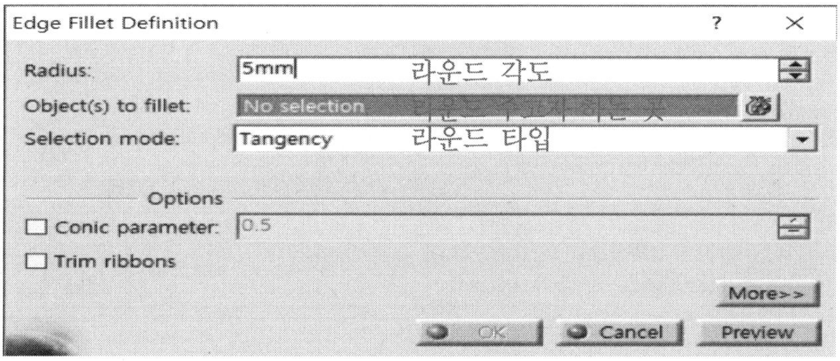

다음과 같이 라운드하고자 하는 곳을 클릭하여 Object(s) to filet에 추가한다.

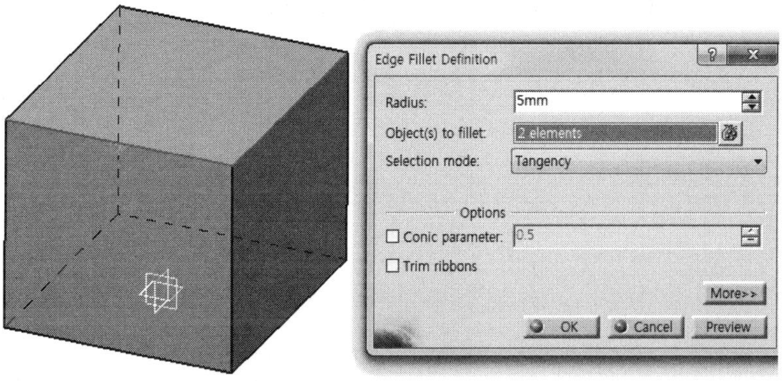

Fillet이 다음 그림과 같이 완성되는 것을 확인할 수 있다.

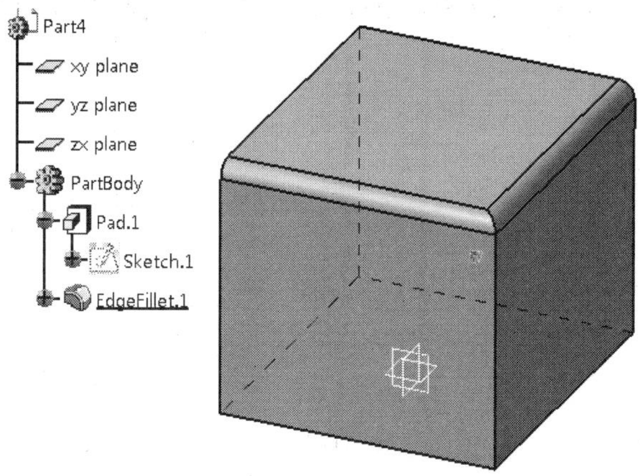

나) Variable Radius Fillet : 선택한 모서리에 대하여 임의의 지점을 기준으로 반경 값에 변화를 부여할 수 있는 명령.  버튼 클릭 시 다음의 Definition창이 뜬다.

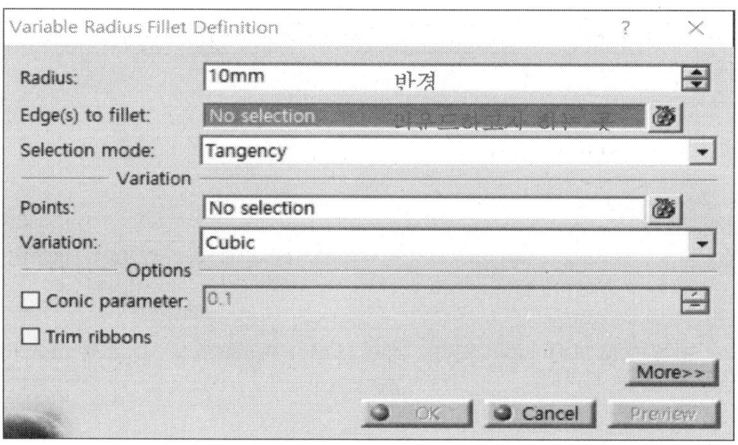

Fillet하고자 하는 모서리를 다음과 같이 선택한다.

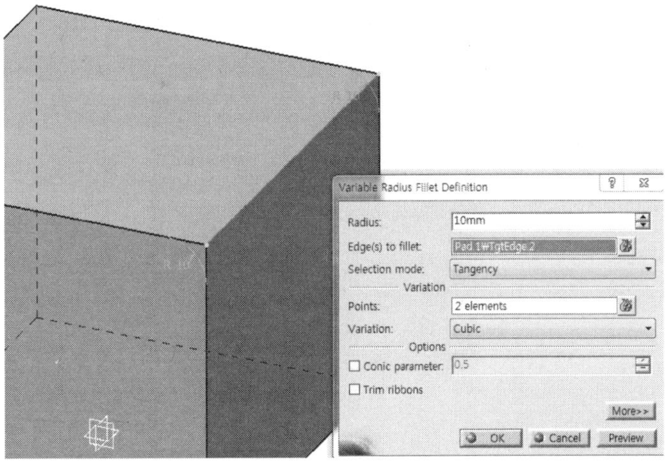

왼쪽 마우스 버튼을 더블 클릭하여 한쪽 끝 반경을 20mm로 변경한다.

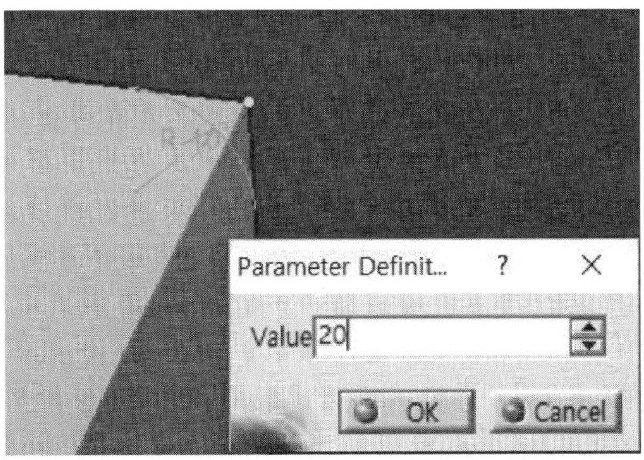

반대편도 더블 클릭하여 10mm로 변경하면 다음의 형상을 얻을 수 있다.

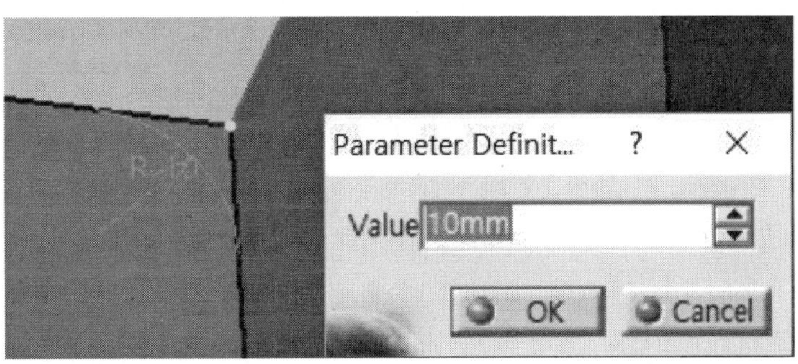

각각 다른 반경으로 라운드(코너)를 부여할 수 있다.

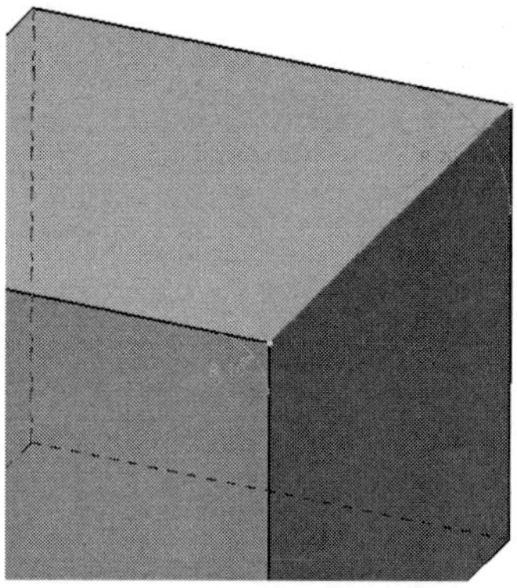

Variation에서 Cubic로 설정 시 양 끝 라운드가 곡선으로 구성되며 필렛되는 기능도 있는 것을 다음 그림으로부터 확인할 수 있다.

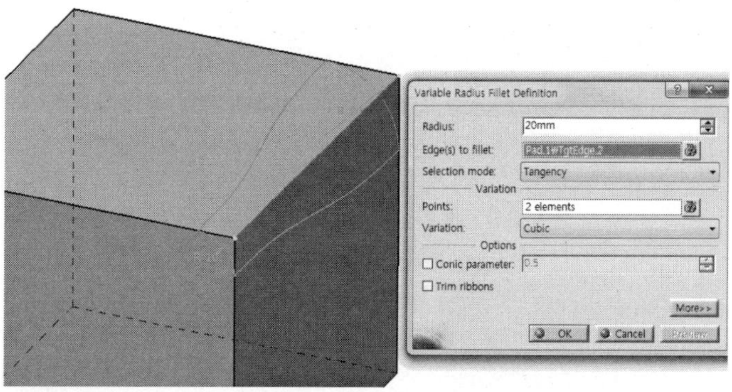

Variation에서 Linear로 설정 시 양 끝이 직선으로 필렛된다.

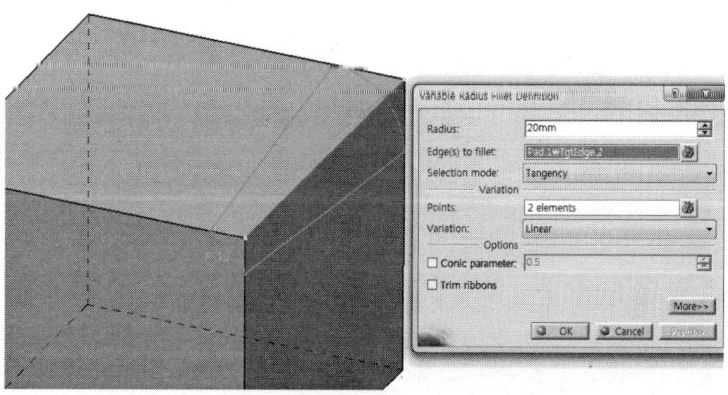

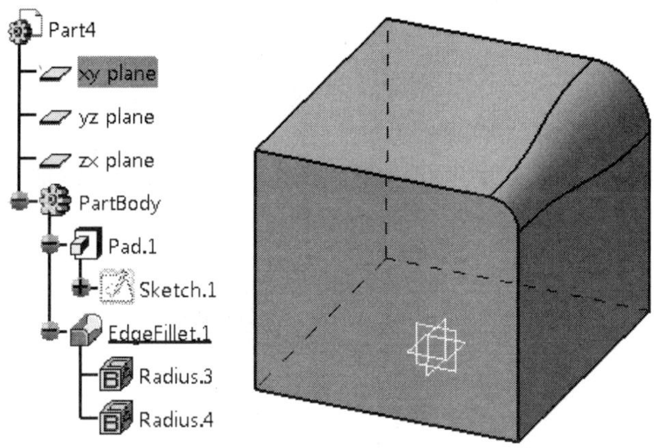

다) Chordal Fillet : 곡률의 반지름이 아닌 현의 길이, 즉 필렛이 들어갔을 때 곡률이 끝나는 양 끝단의 거리를 입력하여 필렛을 주는 방법이다. 클릭 시 다음의 설정창이 나타난다.

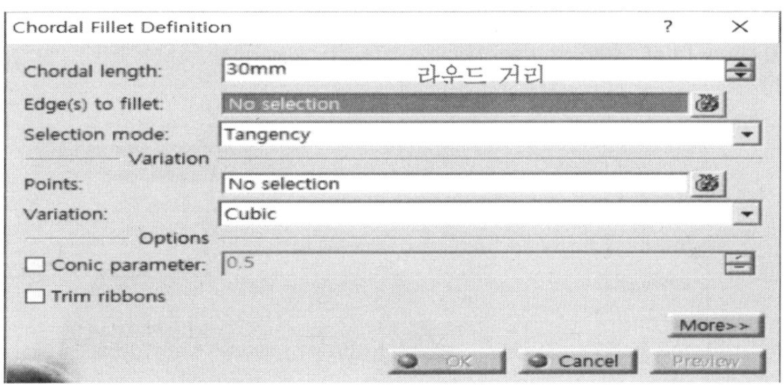

필렛시킬 모서리를 선택해 보자.

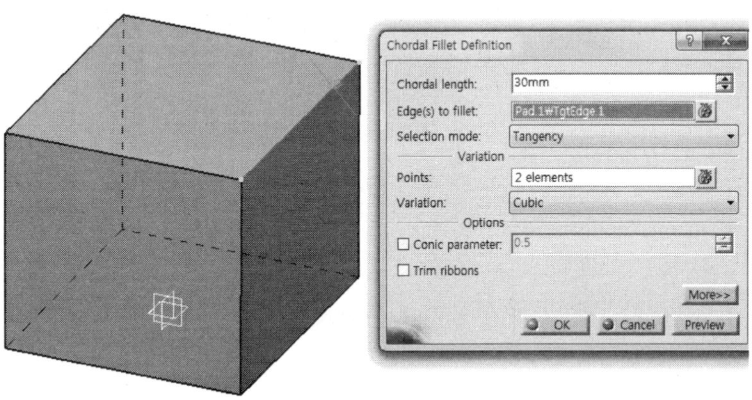

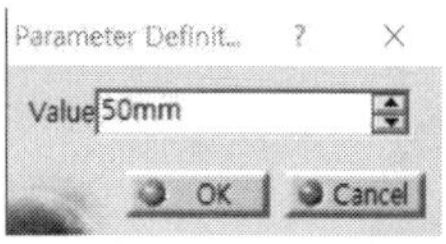

Variable Radius fillet 과 같이 한쪽은 50mm, 반대편은 30mm의 거리로 설정한다. 측면에서 봤을 때의 거리를 측정하는 그림을 다음에 나타내었다.

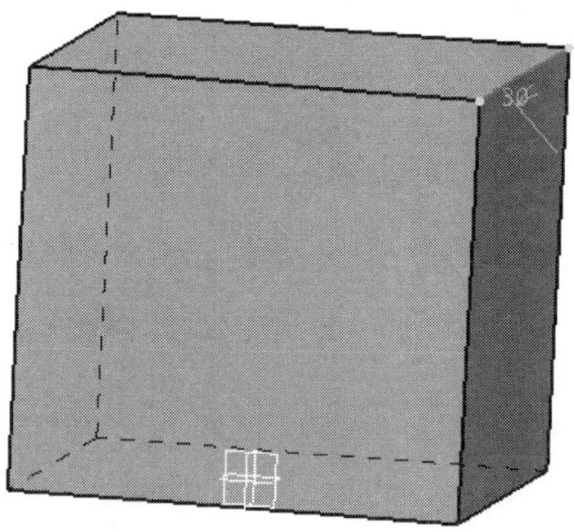

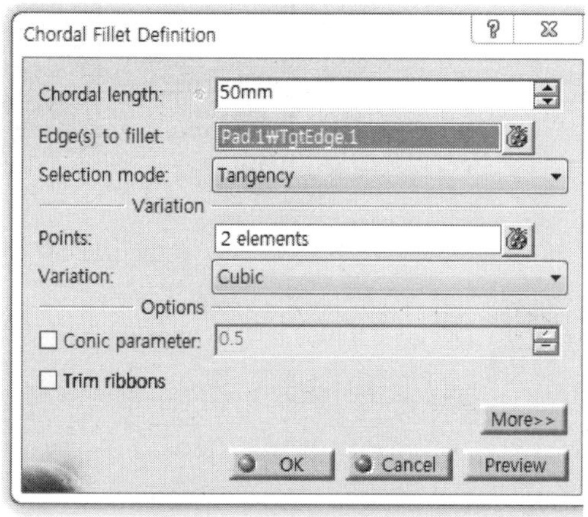

Variable Radius fillet 과 동일하게 Cubic과 Linear를 설정할 수 있다.

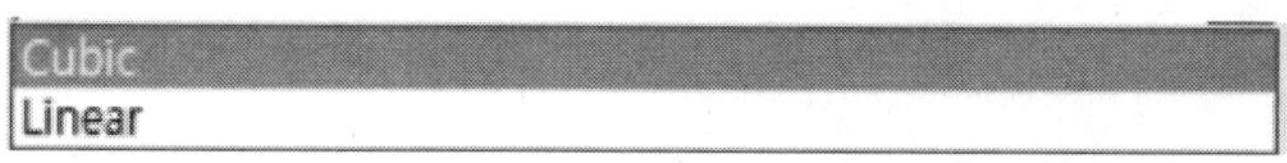

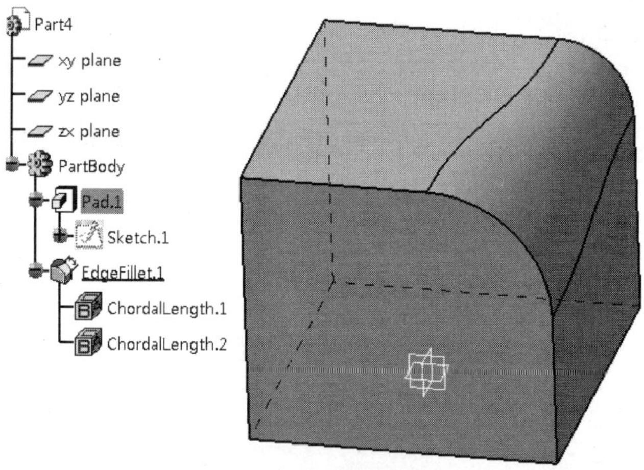

라) Face-Face Fillet : 모서리가 아닌 면을 선택하여 면과 면 사이의 곡률을 주는 명령어이다. 클릭 시 다음의 Definition 창이 나타난다. 여기서,

① Radius : 반경

② Faces to fillet : 필렛하고자 하는 면

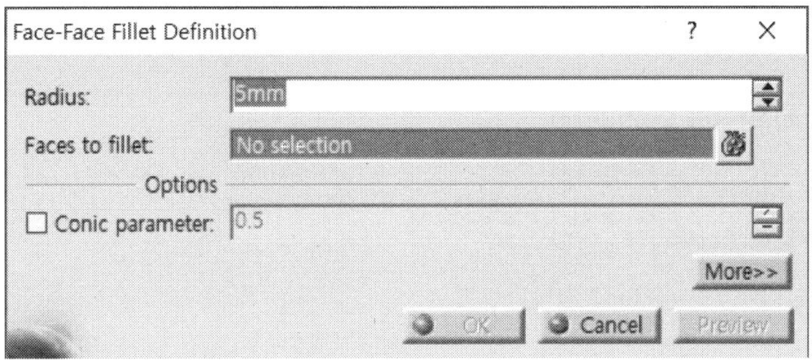

이웃하지 않는 두 면 또는 이웃하는 면을 선택하고 적당한 필렛 값을 설정한다. 이웃하지 않는 면을 선택했을 시에는 가운데 면을 무시하고 만들어진다.

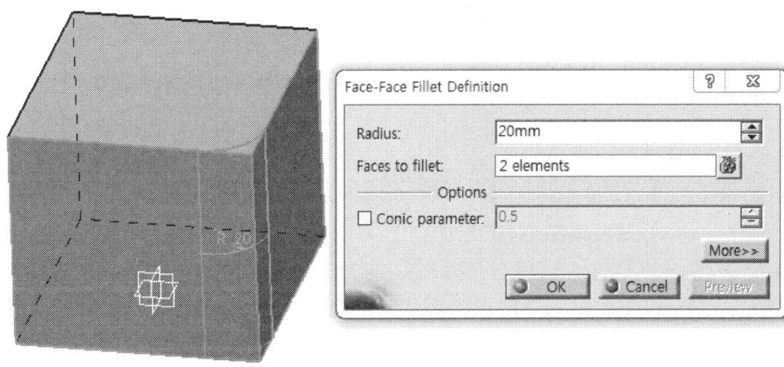

이렇게 하면 다음의 결과를 얻을 수 있다.

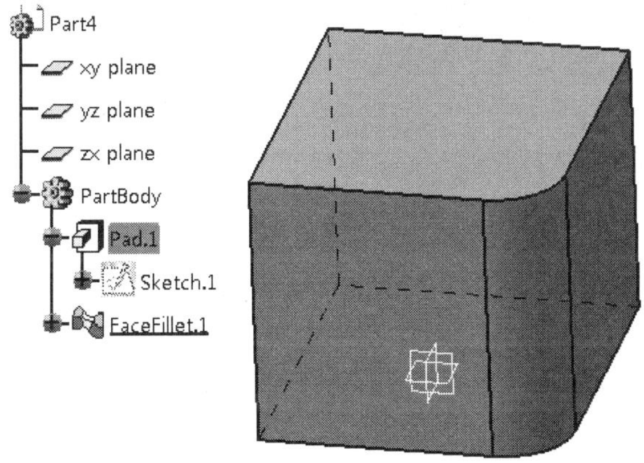

마)  Tri-tangent Fillet : 곡률 값을 따로 정하지 않고 3개의 면에 대해서 접하도록 필렛을 주는 명령어이다. 이웃하지 않는 두 개의 면 또는 이웃하는 두 개의 면을 선택한다.

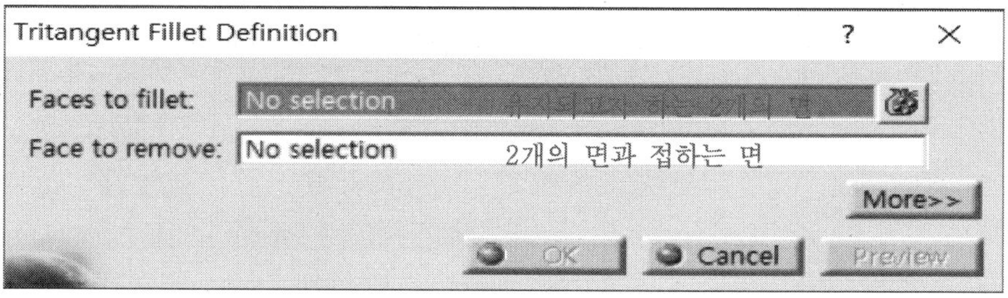

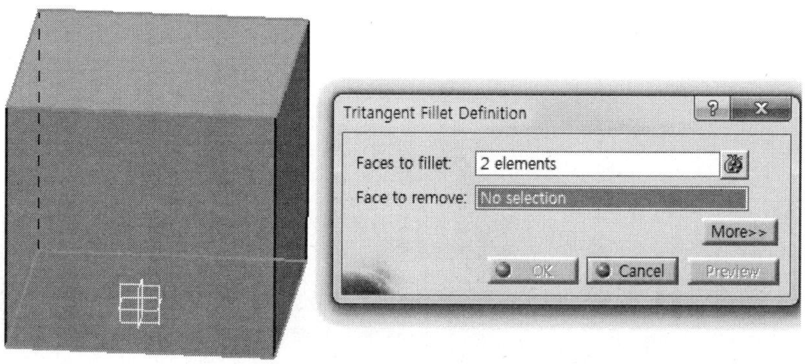

2개의 면과 접하는 면을 선택하는데, 이 면은 명령 후 지워지며 필렛될 곳이다.

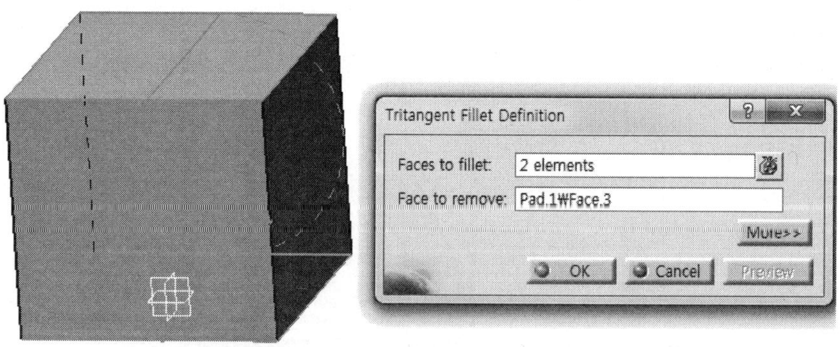

다음의 결과를 얻을 수 있다.

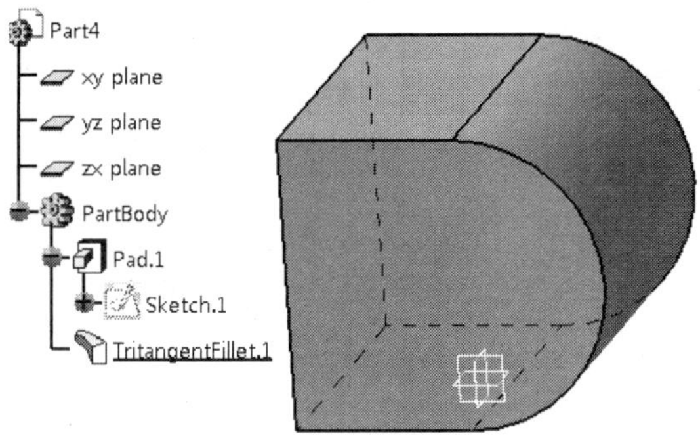

3) Chamfer

모따기하는 명령이다. 클릭 시 다음의 Definition 창이 나타난다.

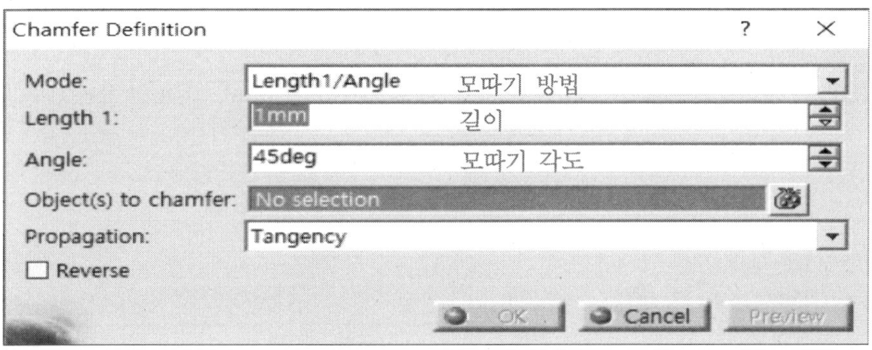

다음과 같이 모서리를 선택한다.

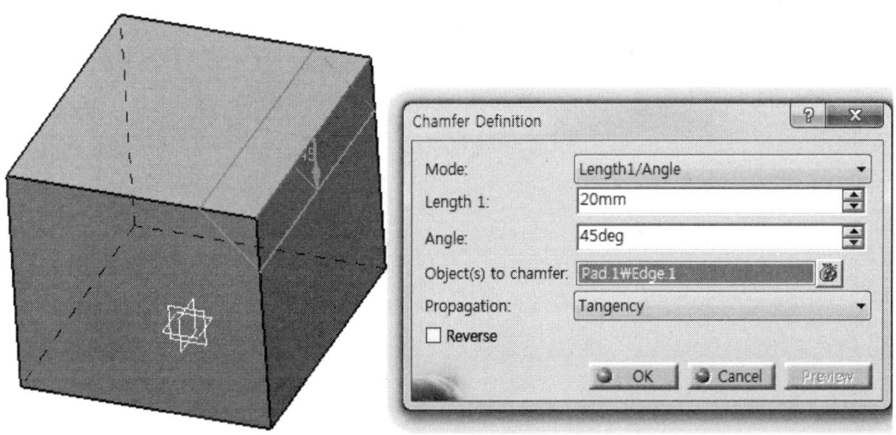

다음의 결과를 얻을 수 있다.

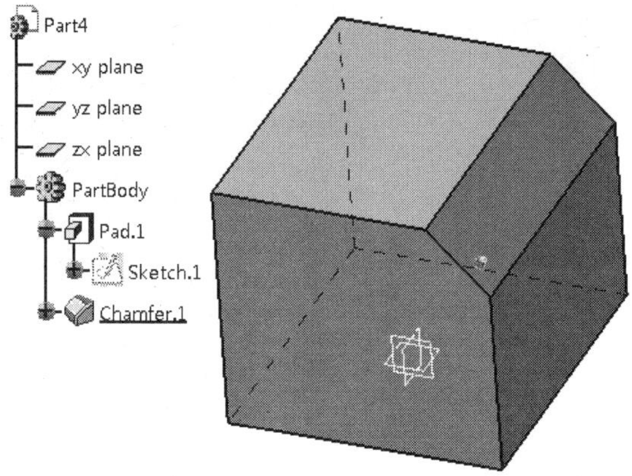

4)  Drafts sub Toolbar

가)  Draft Angle : 솔리드 형상의 면에 각도를 부여하는 명령, 구배 각 부여하는 명령이다. 클릭 시 다음의 정의 창(definition)이 나타난다.

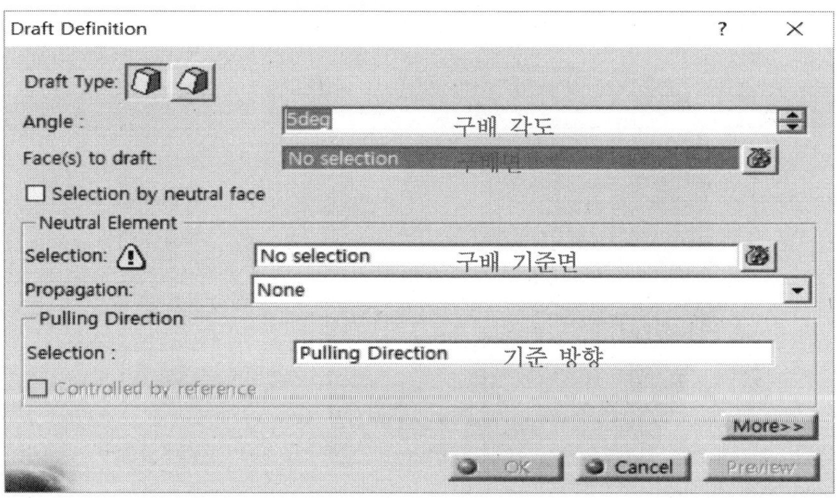

양 옆을 구배면으로 설정한다. 위쪽 면을 구배 기준 면으로 설정한다.

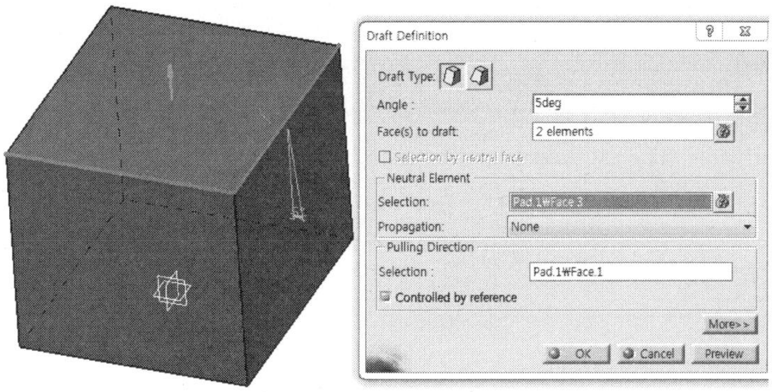

방향을 위로 설정한다.

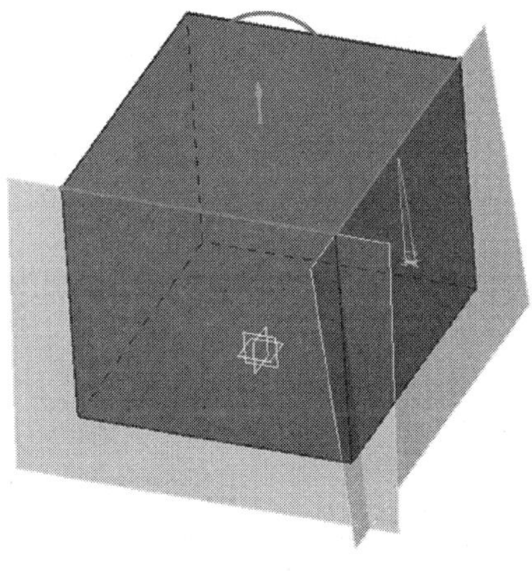

다음의 결과를 얻을 수 있다.

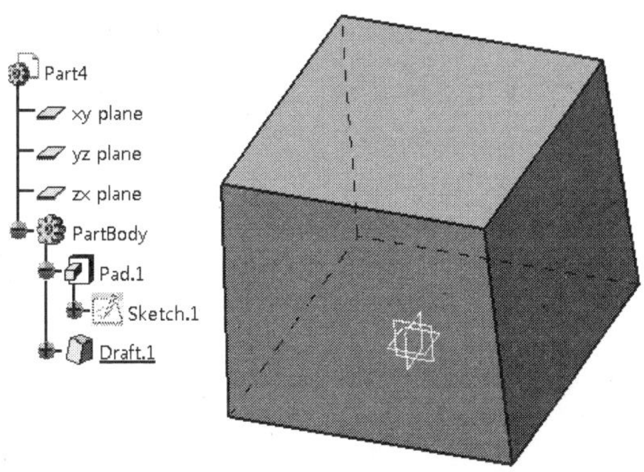

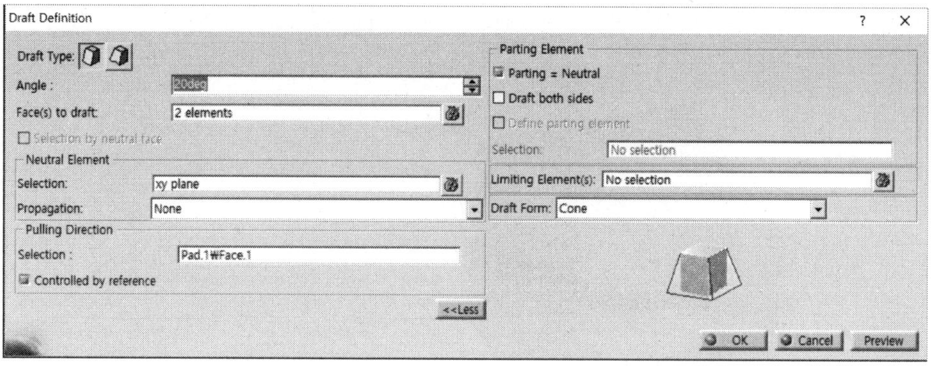

버튼 클릭 시 다음과 같은 옵션이 나타난다.

① Parting Element : 선택한 면을 무조건 드래프트 주지 않고 임의의 위치까지만 드래프트가 들어가게 할 수 있음.

② Parting = Neutral : 앞서 선택한 Neutral Element를 기준으로 Draft를 나누게 됨

③ Define parting element : 임의의 Parting 요소를 선택하여 그것을 기준으로 Draft를 나누게 하는 방법

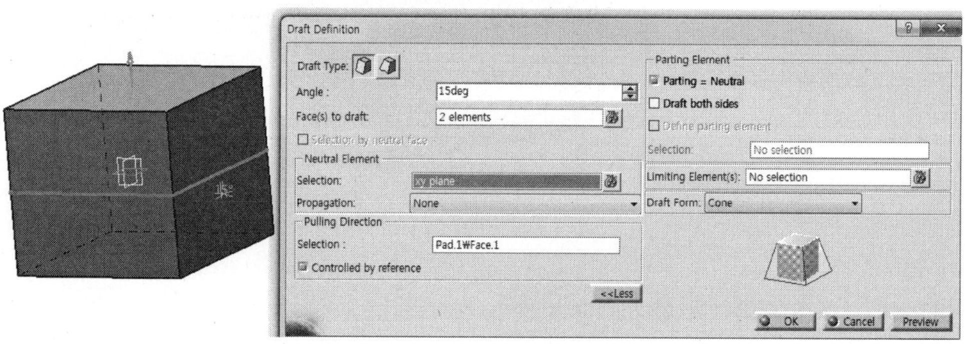

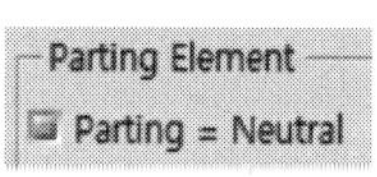

parting= neutral 체크 후, 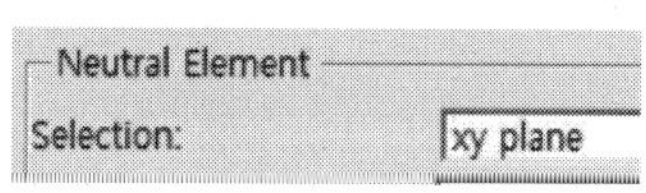

selection을 XY plane으로 설정

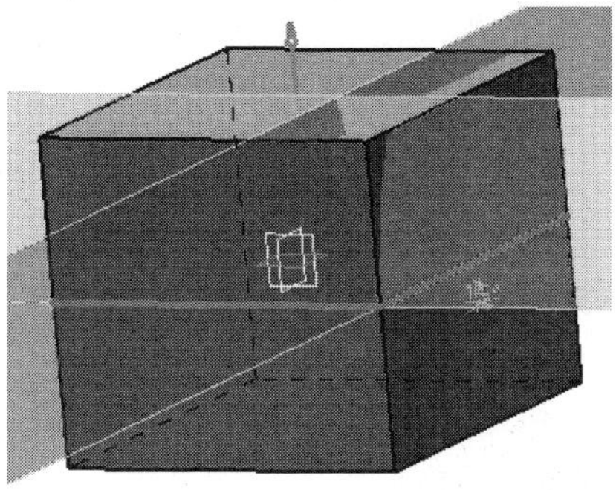

기준면까지만 구배되는 것을 확인할 수 있으며 다음의 결과를 얻을 수 있다.

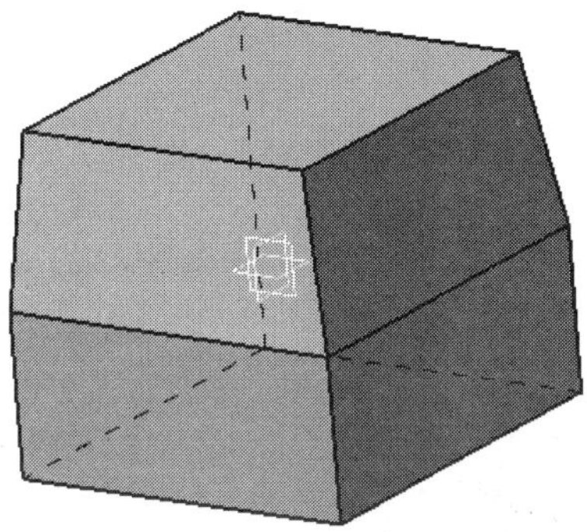

나) Variable angle draft : 선택한 면에 각도 일정한 각도 값이 아닌 서로 다른 각도 값을 부여할 수 있다. 클릭 시 다음과 같이 Variable Radius Fillet와 동일한 설정창이 나타난다.

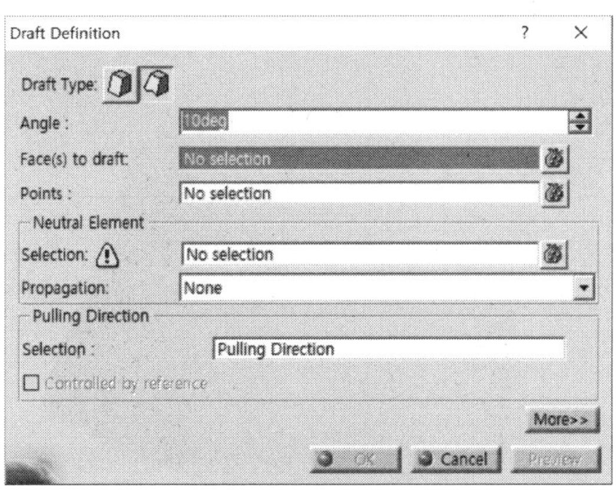

Face(s) to draft에 구배 면 설정 후 기준 면을 설정(xy plane)한다.

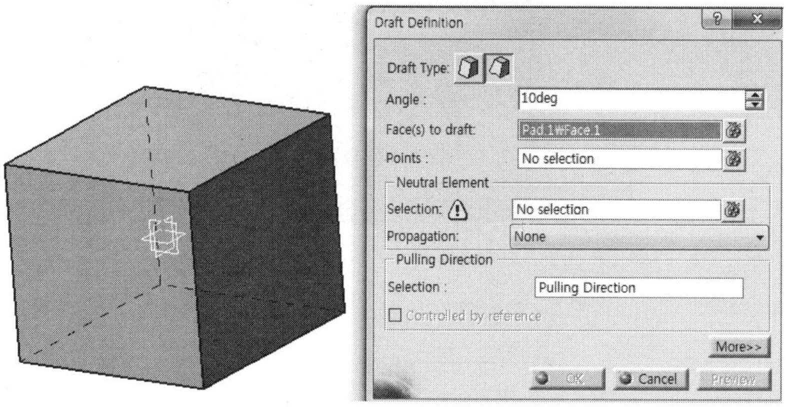

한쪽은 20도, 반대편은 10도로 각도 설정한다.

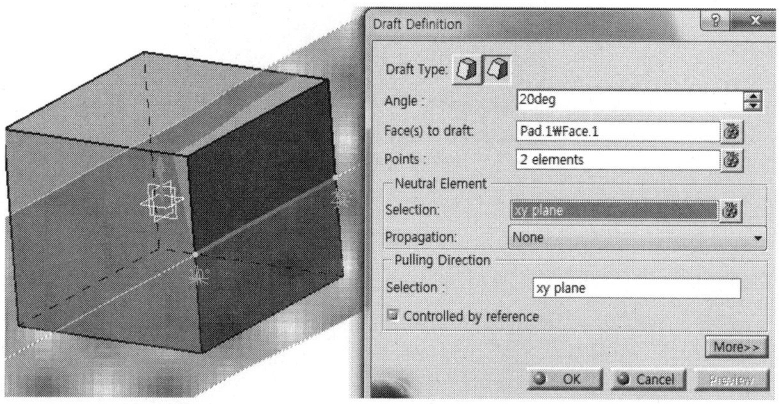

다음의 결과를 얻을 수 있다.

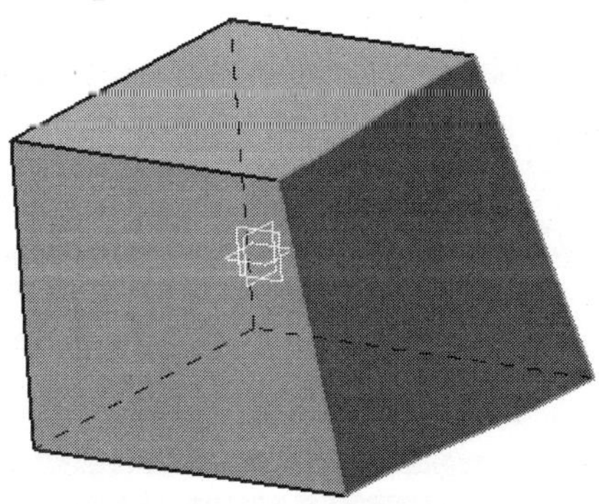

4)  Shell

꽉 차있는 솔리드 형상에서 일정한 두께로 파내어 주는 작업이다.

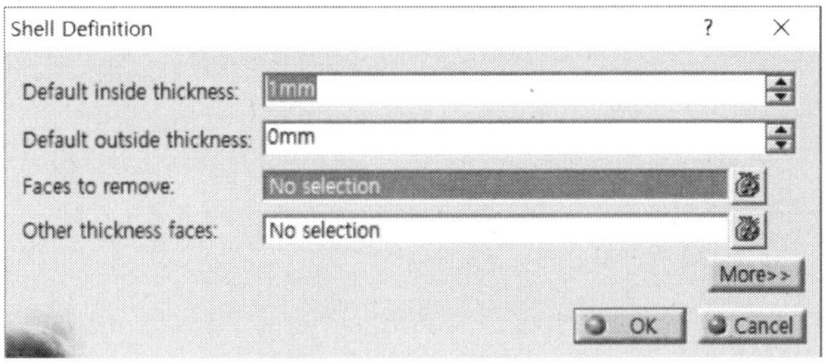

① Default inside thickness : 안쪽 두께

② default outside thickness : 바깥쪽 두께

③ Face to remove : shell 작업에서 open시키고자 하는 면

④ Other thickness faces : 동일한 두께로 Shell 수행하는 데 있어 일부 면에 다른 두께 값을 정의하고자 할 때 사용

값을 설정하고 윗면을 Open 면으로 설정한다.

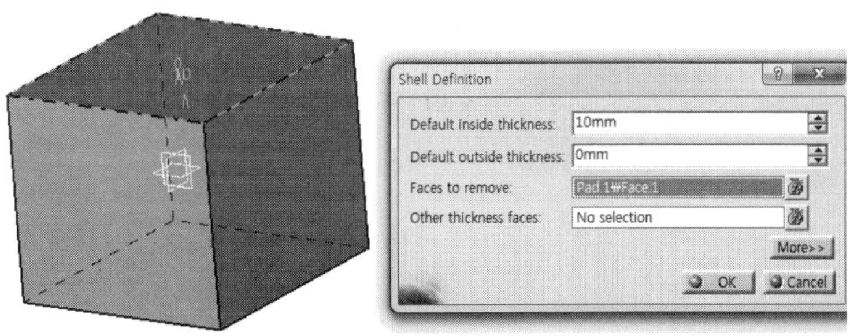

다음의 결과를 얻을 수 있다.

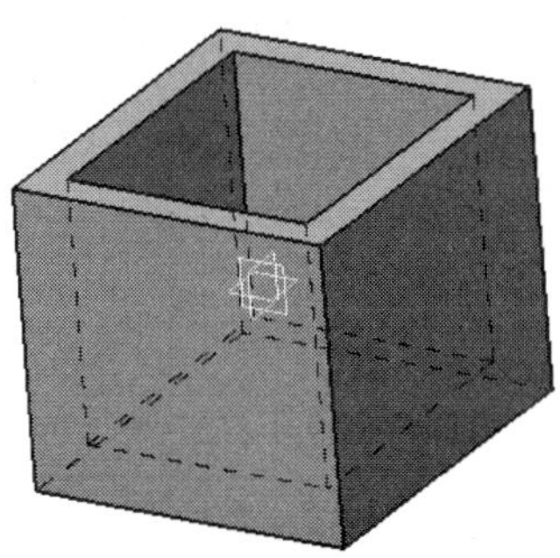

다음은 위의 결과에 따라 두께가 형성된 Wireframe View이다.

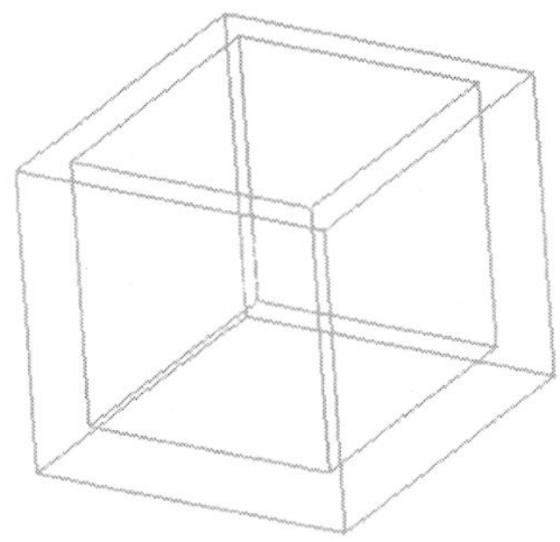

5) Thickness

두께를 넣거나 제거하는 명령이다. 다음과 같이 Thickness에 적당한 두께 값과 두께를 주고 싶은 면을 선택한다. 두께를 줄이고 싶으면 (-)값을 입력한다.

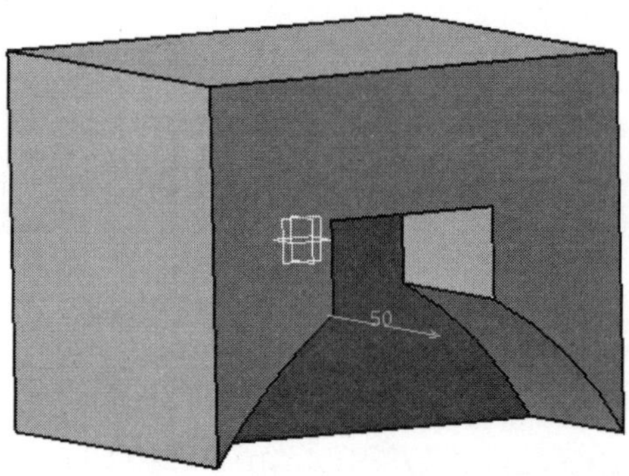

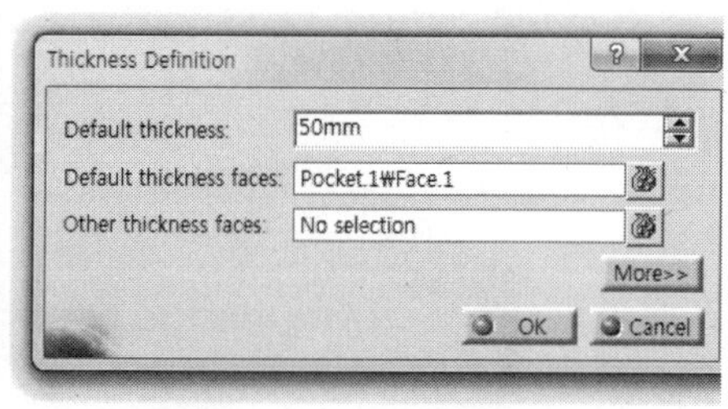

다음의 결과를 얻을 수 있다.

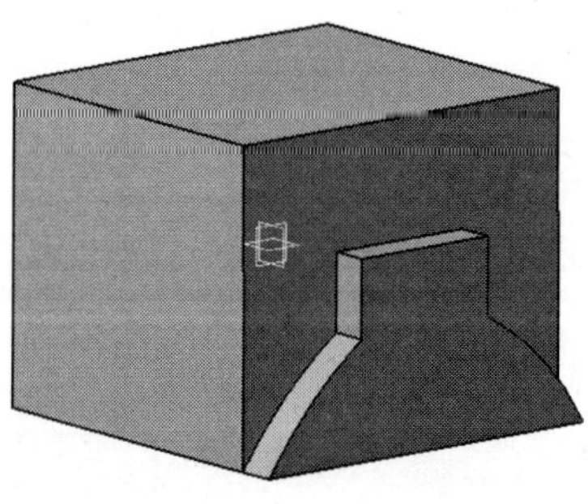

6) Thread/Tap

따로 Hole을 사용하지 않은 원통 형상 부분에 대해서 Thread를 주는 명령이다. 클릭 시 다음의 정의 창(definition)이 나타난다.

나사산이 들어갈 면을 선택한다.

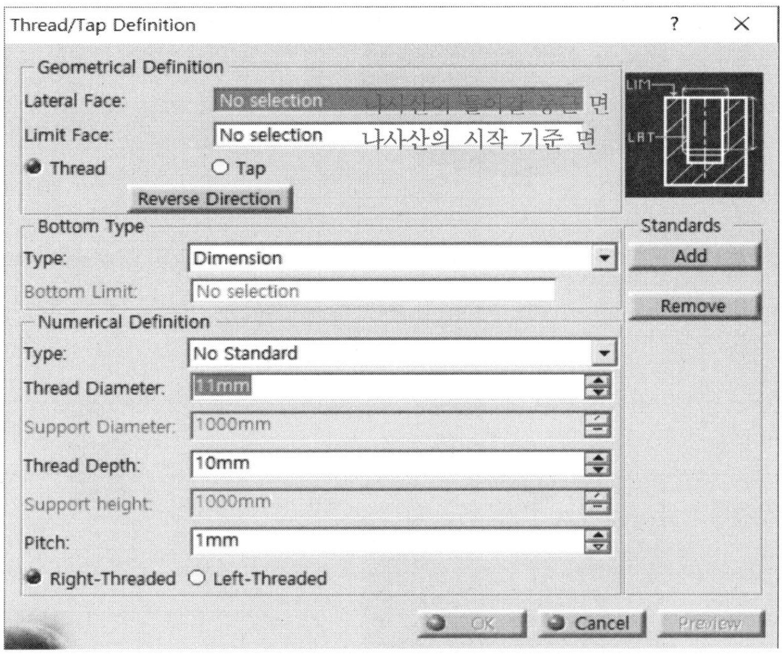

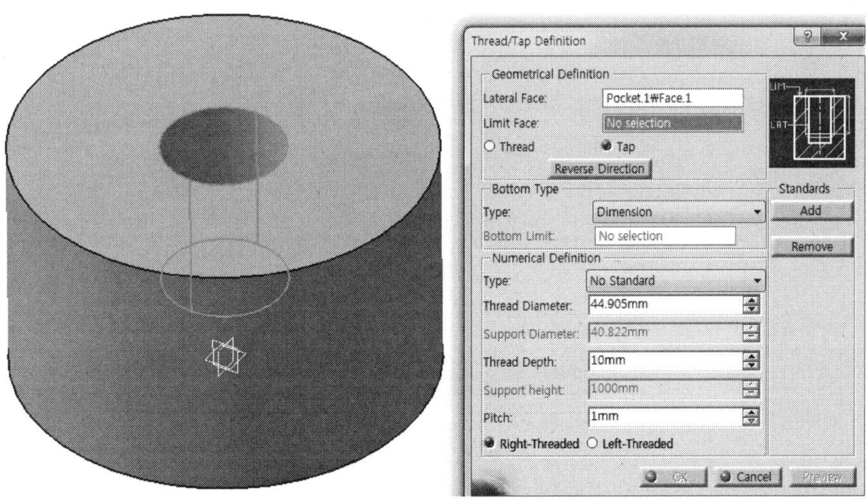

나사산의 시작 기준 면을 선택하여 준다.

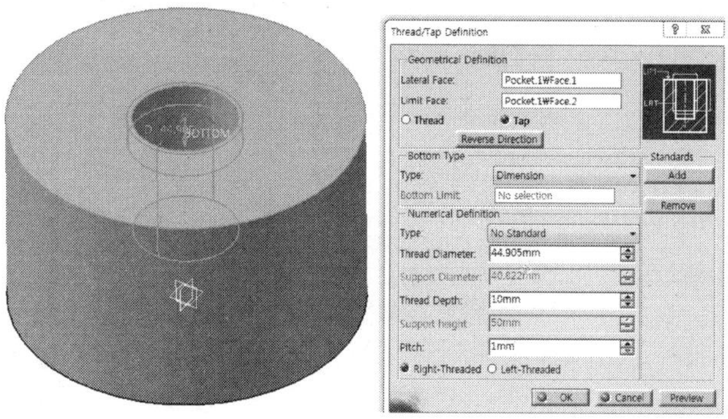

Thread는 수나사 형태의 작업, Tap은 암나사 형태의 작업할 때 사용한다. 형상은 화면에 나타나지 않지만, 수치적으로 데이터가 형상에 반영된다.

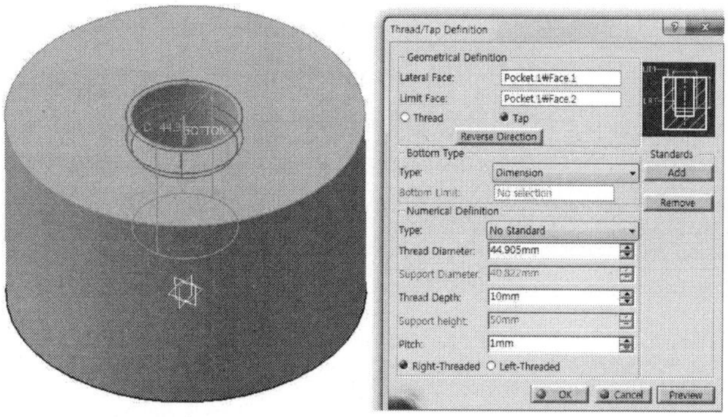

7)  Remove faces Sub Toolbar

가)  Remove face Feature : 필요하지 않은 형상의 면을 제거하는 작업이다. 클릭 시 다음과 같이 튀어나온 곳들을 제거할 수 있다. 제거하고자 하는 부분을 선택한다.

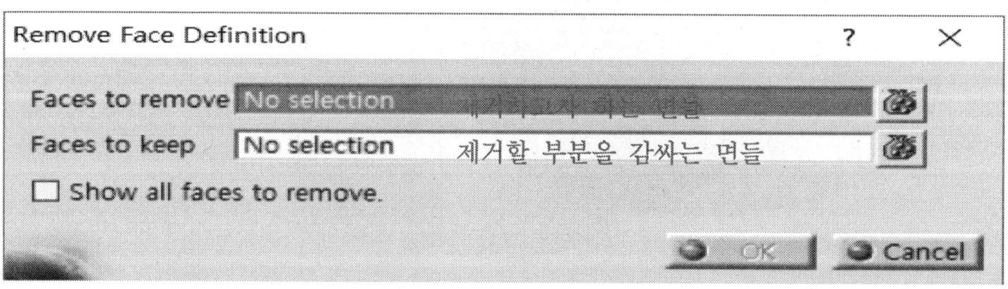

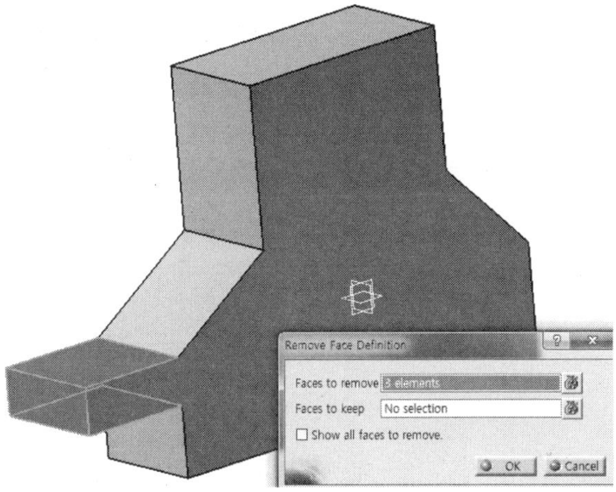

다음의 결과를 얻을 수 있다.

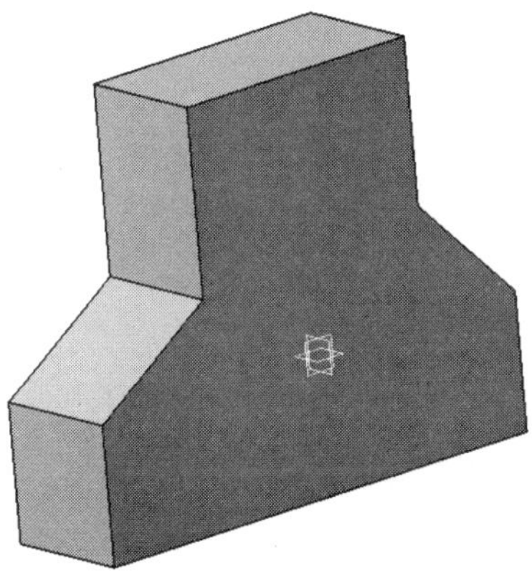

나) Replace Face : 현재 형상의 면을 다른 면으로 대체하는 기능이다. 다음과 같이 면과 Surface를 준비한다.

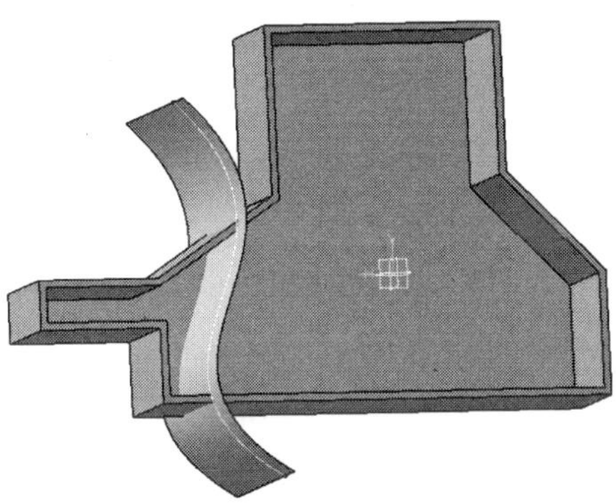

버튼을 누르고 Surface에는 면, Remove에서 형상이 대체되었으면 하는 면을 선택한다.

화살표 방향에 매우 주의해야 한다.

다음의 결과1을 얻을 수 있다.

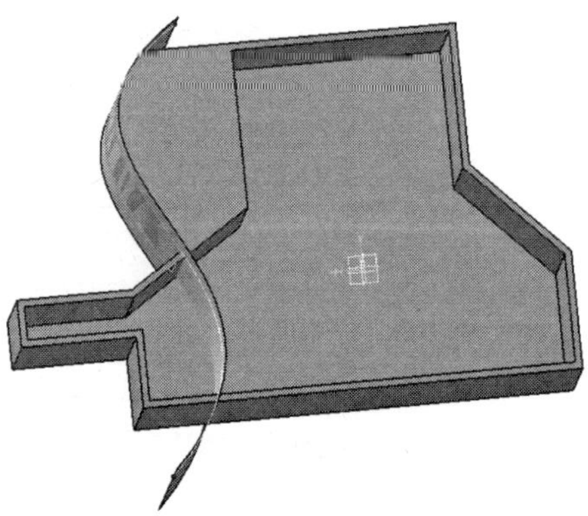

늘리는 것만 아니라 Cutting도 가능하다.

다음의 Cutting된 결과를 얻을 수 있다.

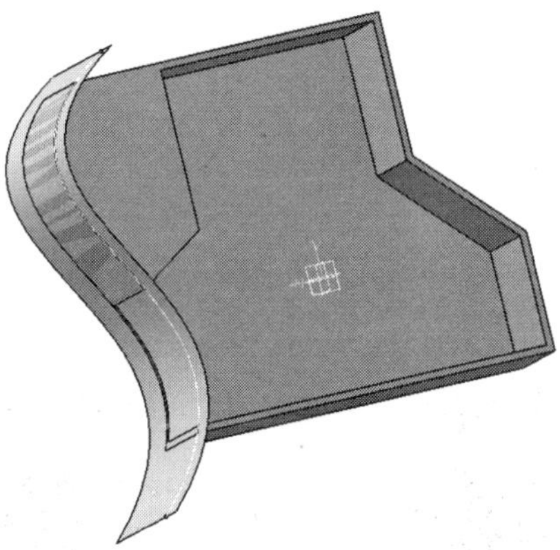

다.  Transformation Features

1)  Transformation Sub Toolbar

Transformation Sub Toolbar는 총 4개의 아이콘으로 구성된다. 이들 4개 아이콘의 기능을 하나씩 검토해 보자.

가)  Translate : 평행이동할 때 사용한다. 클릭 시 다음의 정의 창(definition)이 나타난다.

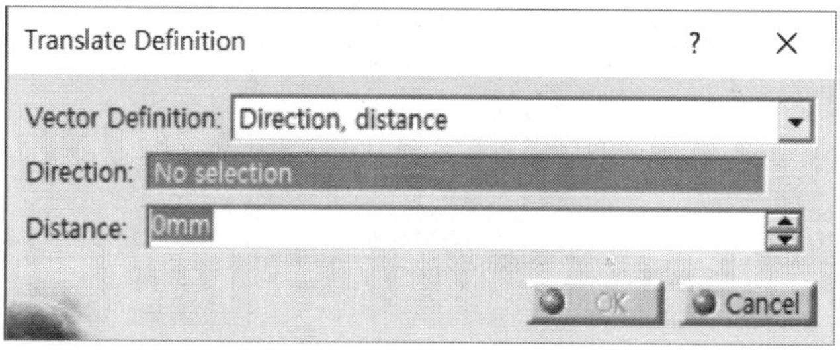

'예'를 클릭해주면 된다.

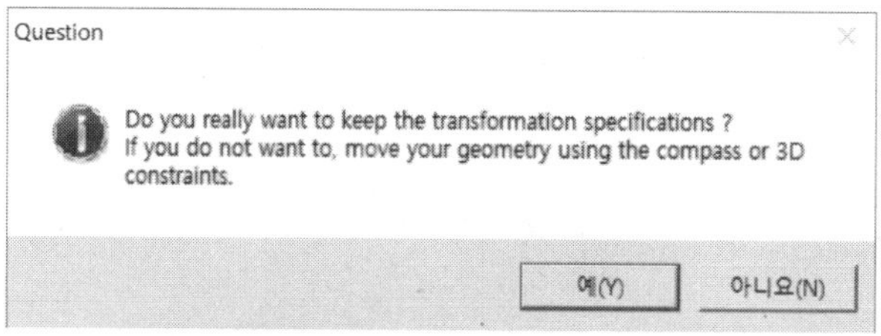

Direction창에서 마우스 오른쪽 클릭으로 원점에서의 방향을 선택하거나 새로 만들 수 있다.

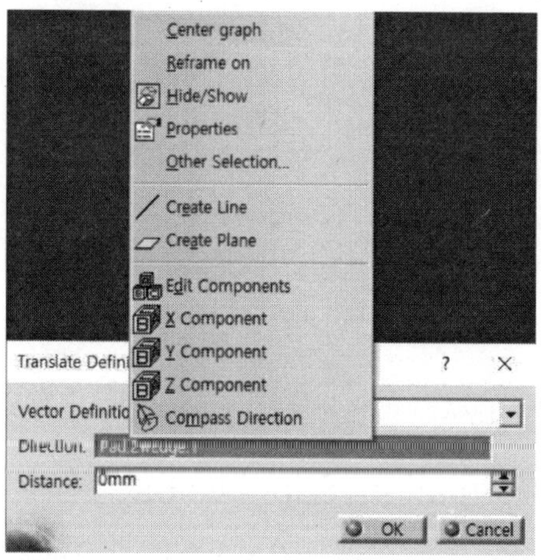

Distance에 이동하고자 하는 거리를 입력하면 이동되는 것을 확인할 수 있다.

나) Rotate : 임의의 축을 기준으로 회전 이동하는 명령이다. 클릭 후 Axis 축을 입력하고 Angle 각도를 입력한다.

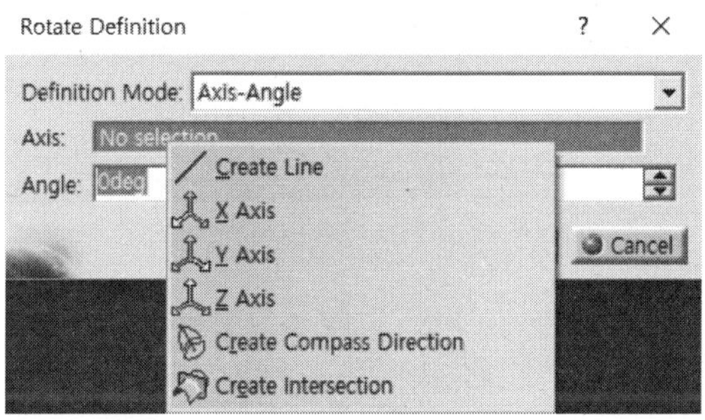

축을 기준으로 각도만큼 회전되는 것을 확인 가능하다.

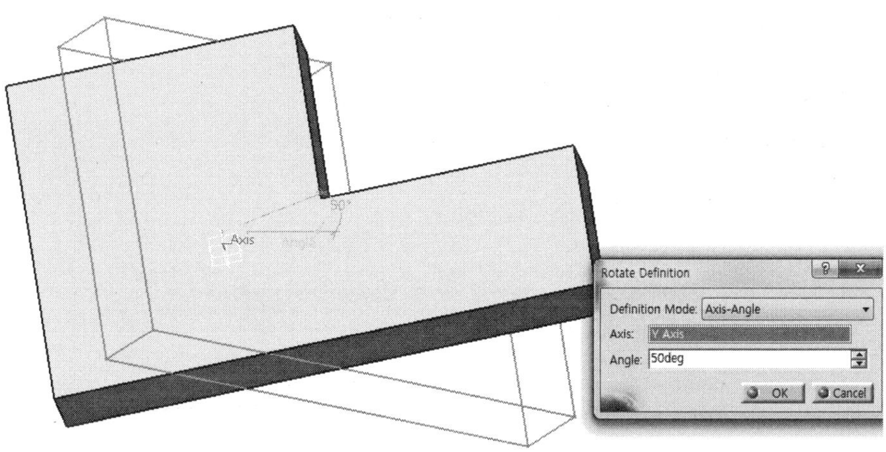

다) Symmetry : 좌우 혹은 상하 반대 대칭 요소를 만들 때 사용한다. 클릭 시 정의 창(definition)이 나타나면 Reference를 선택해준다.

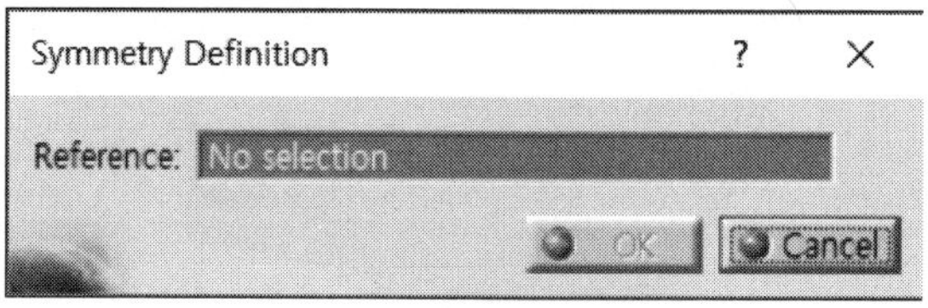

대칭할 면을 다음 면으로 선택해 준다.

Reference 면을 기준으로 다음의 대칭 요소가 생성되는 것을 알 수 있다.

2) Mirror

기준면으로부터 대칭 복사하는 기능이다. 클릭 시 다음의 정의 창(definition)이 나타난다.

① Mirroring element : 대칭면
② Object to mirror : 대칭하려는 물체
③ part 안의 어떤 부분만 대칭 복사할 수 있음.

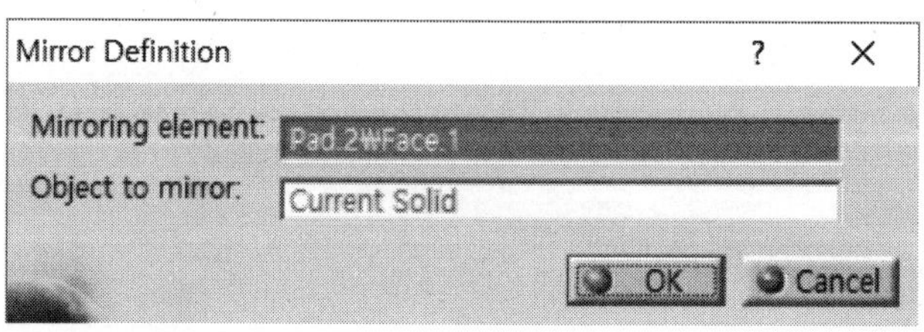

다음의 결과를 얻을 수 있다.

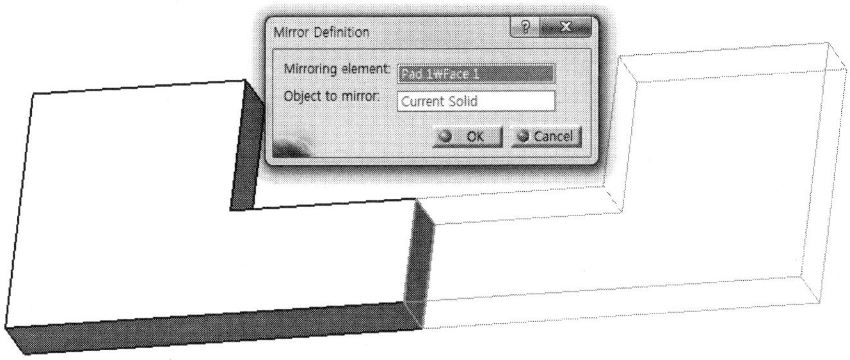

3) 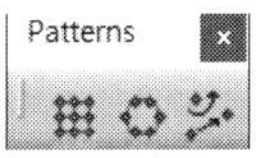 Patterns Sub Toolbar

Patterns Sub Toolbar는 총 3개의 아이콘으로 구성된다.

가) 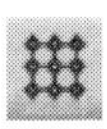 Rectangular Pattern : 선택한 방향으로 형상을 반복하여 형성하는 명령. 클릭 시 다음의 정의 창(definition)이 나타난다.

① Instance(s) : 복사본의 수
② spacing : 간격
③ Reference Direction : 기준 방향
④ Object : 물체를 선택해주는 옵션이다.

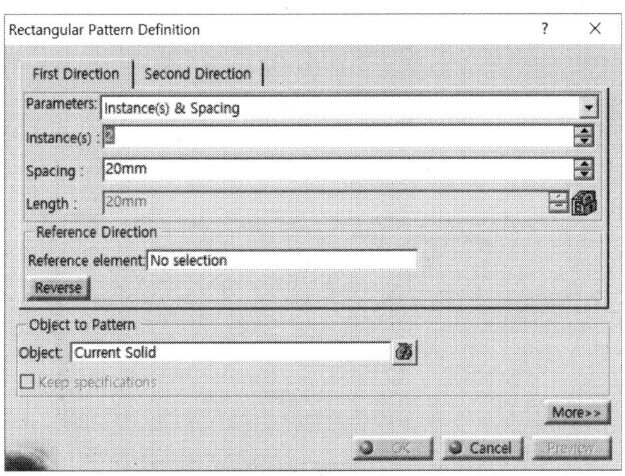

버튼 클릭 후 설정

패턴은 총 2가지 방향으로 설정할 수 있다. First Direction, Second Direction의 설정 방법은 앞선 방법과 동일하다.

☐ Keep specifications : 특성을 유지한 채 패턴하라는 의미이다. 예를 들어 Pad를 한 Surface까지 Pad를 한다면 복사본도 그 Surface까지 Pad되는 특성을 가진 패턴(Pattern)이 된다.

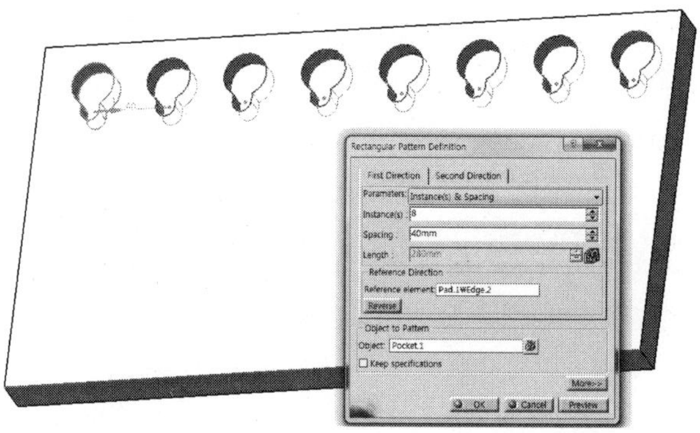

위의 선택을 통하여 다음의 결과를 얻을 수 있다.

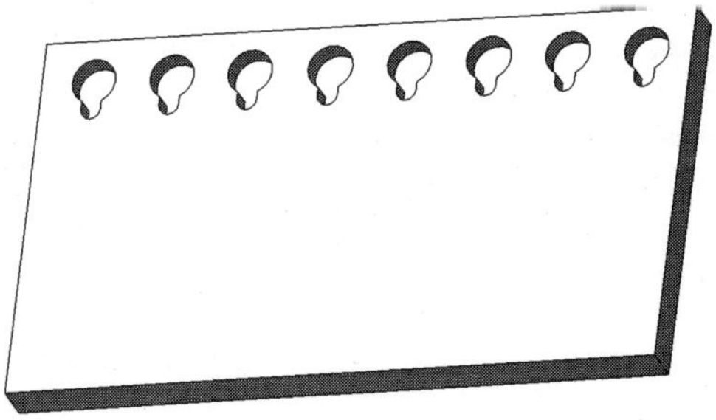

버튼 클릭 시 Object to Pattern 창이 따로 나타난다. 여기서는 패턴하고자 하는 Object를 추가하고 삭제할 수 있는 것을 알 수 있다.

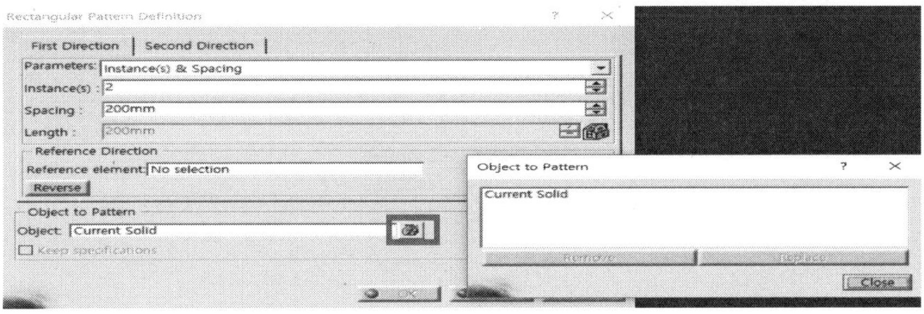

또한 Second Direction도 다음과 같이 주면 패턴(Pattern) 시 다음의 미리보기가 형성되는 것을 미리 보여준다(Preview).

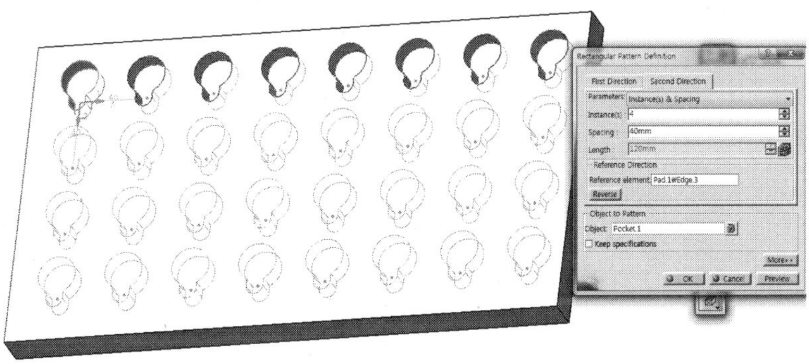

나) Circular Pattern : 회전하여 원형으로 패턴하는 기능이다. 이를 클릭하면 다음의 정의 창(definition)이 나타난다. 정의 창은 Pable Pattern과 같으나 거리 대신에 Angular Spacing을 입력하는 각도 부분이 다르다.

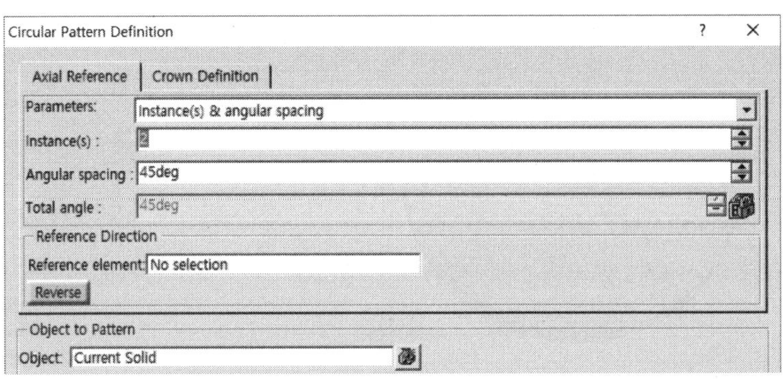

설정하면 다음과 같이 Pattern되는 것을 확인할 수 있다.

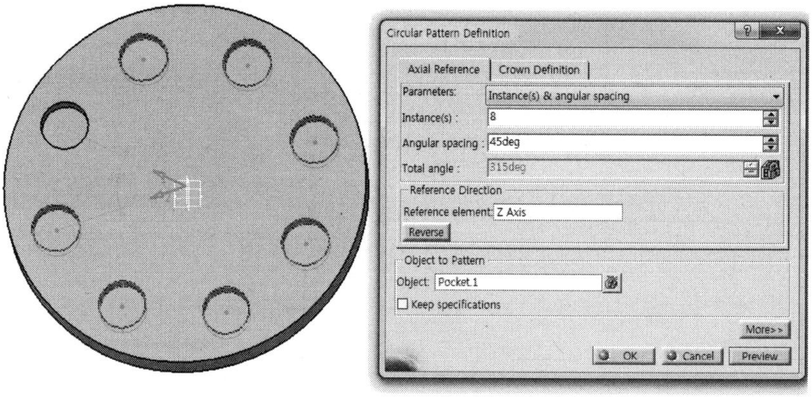

여기서 Axial Reference는 축을 기준으로 회전되는 Pattern이며, Crown Definition은 반지름 방향으로 반지름 기준(원의 중심 혹은 그 반대 방향)으로 Pattern되는 것이다.

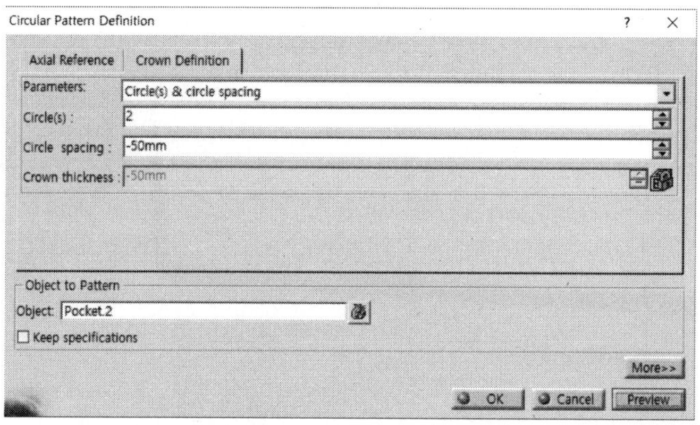

Crown Definition 설정 후 다음의 결과가 나타난다.

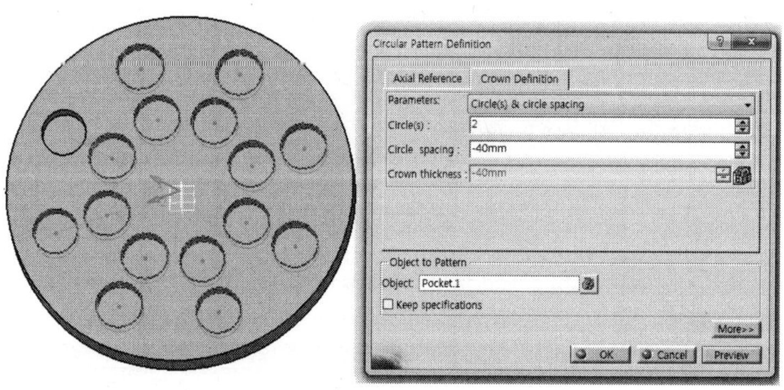

다)  User Pattern : 사용자가 지정한 포인트를 따라 패턴하는 명령이다. 클릭하면 다음과 같은 정의 창이 나타난다.

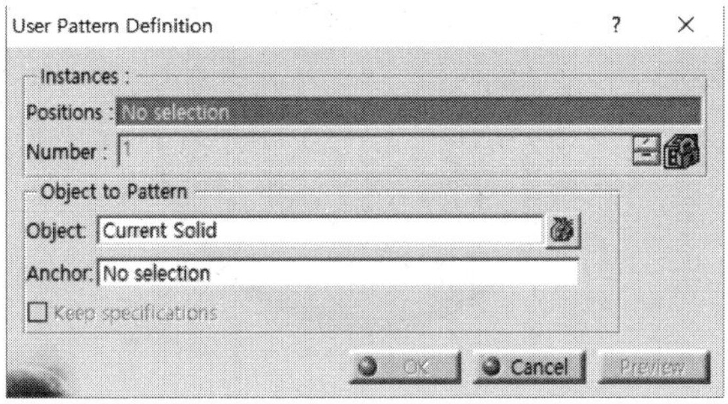

스케치에서 Pattern하고자 하는 장소에 포인트를 이용해 표시한다.

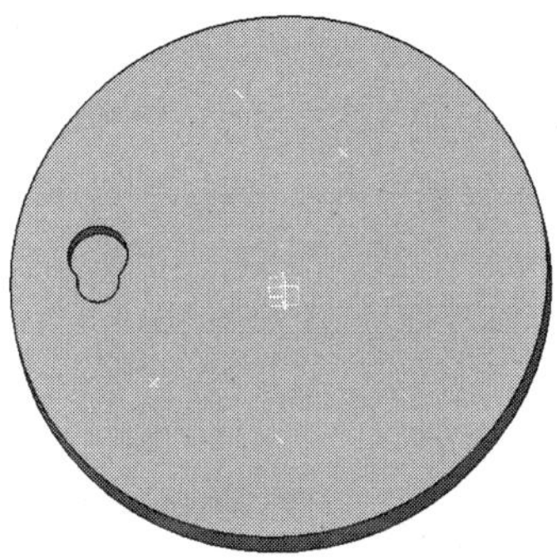

다음과 같이 스케치를 선택한다.

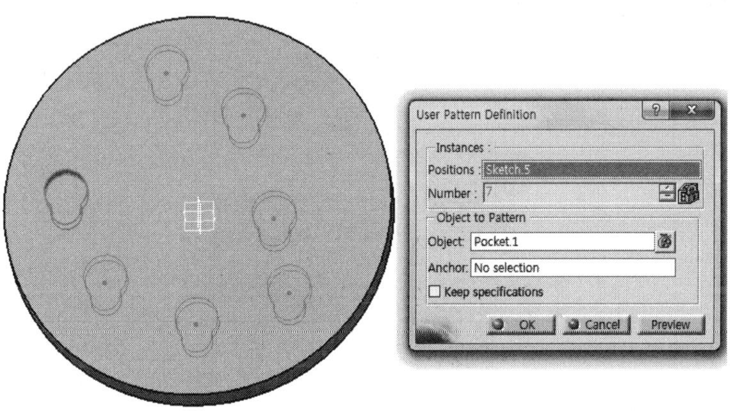

다음과 같이 Pattern되는 결과를 얻을 수 있다.

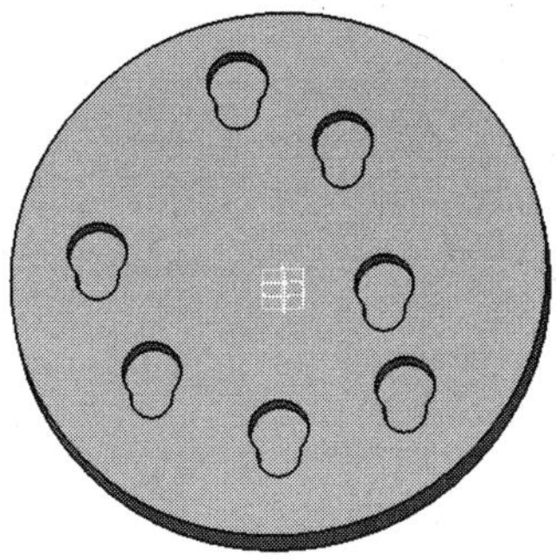

4) Scale Sub Toolbar

Scale Sub Toolbar는 2개의 아이콘으로 구성되어 있으며 다음에 자세히 설명한다.

가) Scaling : 3차원 솔리드를 확대 축소하는 작업이다. 클릭하면 다음의 정의 창이 나타난다. 여기서 Reference는 확대 및 축소 방향이며 Ratio는 확대 및 축소하는 비율을 선택해주는 기능이다.

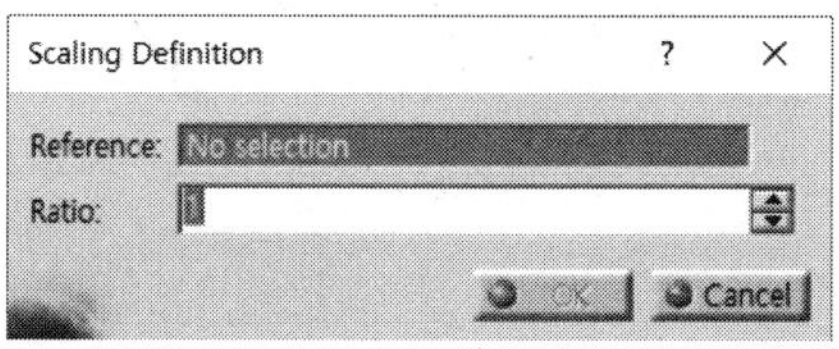

다음은 이를 설명하기 위한 예시자료이다.

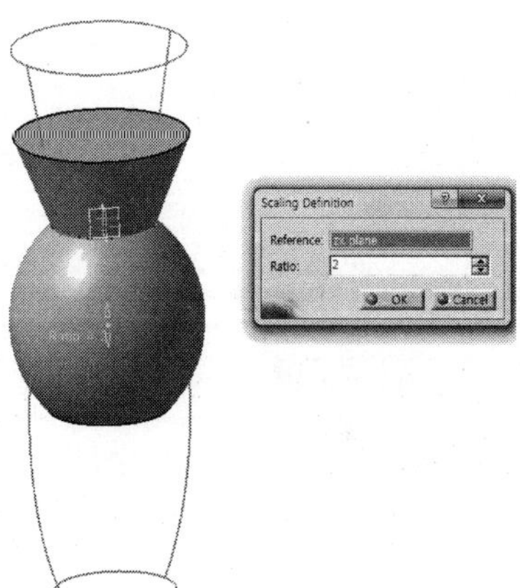

다음은 또 다른 예시자료이다. 이를 통해 이 기능을 이해할 수 있다.

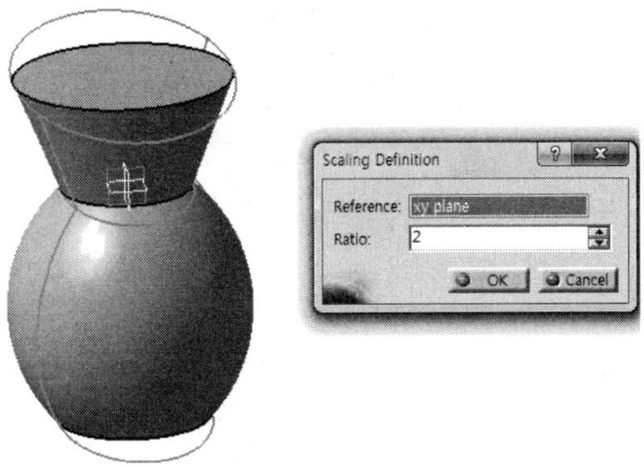

나) Affinity : 3축 방향 모두 동시적으로 Scale하여 확대 축소하는 기능이다. 클릭하면 다음의 정의 창이 나타난다. 원점과 XY plane과 X axis를 선택해주면 자동적으로 비율에 따라 확대된다. Ratios는 각 축에 대한 비율을 선택하는 기능이다.

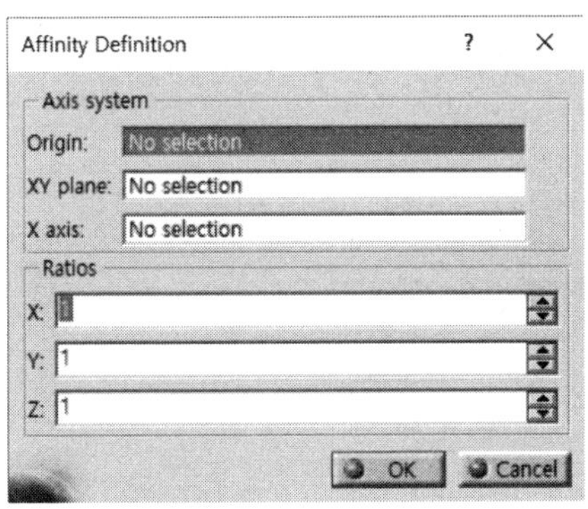

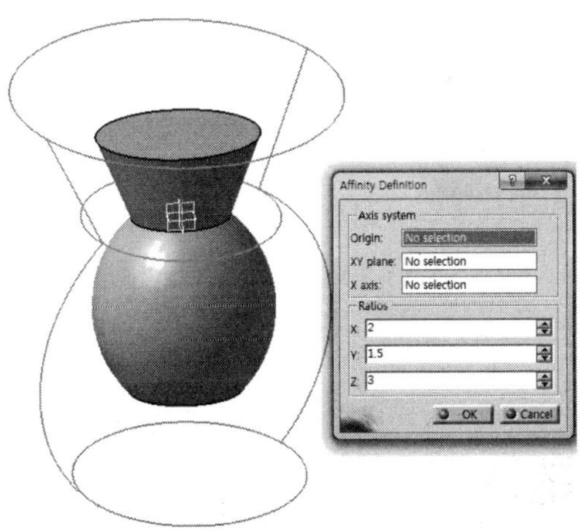

다음은 본 기능을 이용해 3차원 확대한 예시자료이다.

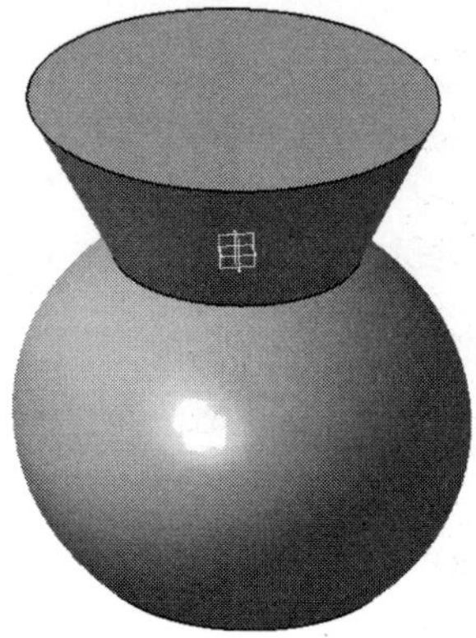

라.  Surface-Based Features

1)  Split

Surface나 평면 또는 형상의 면을 기준으로 잘라주는 기능이다.

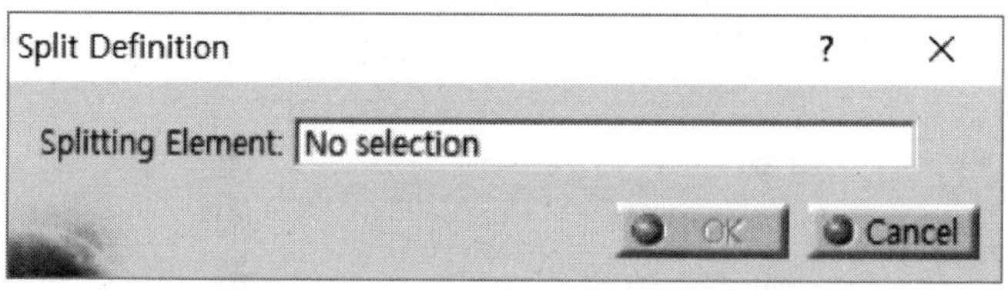

자르고자 하는 면을 선택한다.

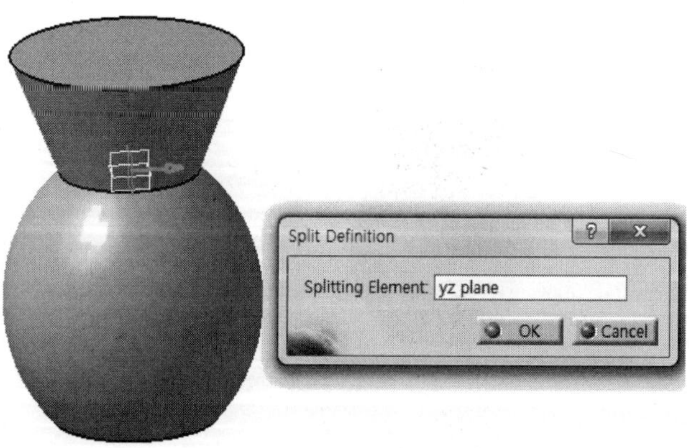

화살표 방향이 유지되는 방향을 선택한다.

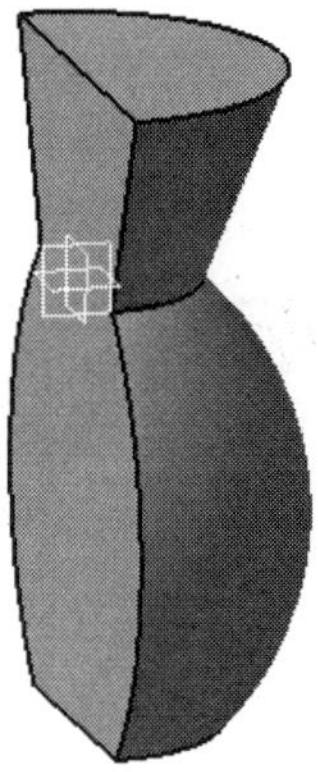

2) 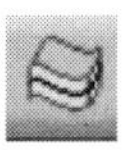 Thick Surface

Surface에 두께를 주는 기능이다. 클릭 시 다음의 정의 창이 나타난다. 여기서 First Offset는 방향1의 거리, Second Offset는 방향2의 거리, Object to Offset은 Offset하려는 Surface를 선택하면 된다.

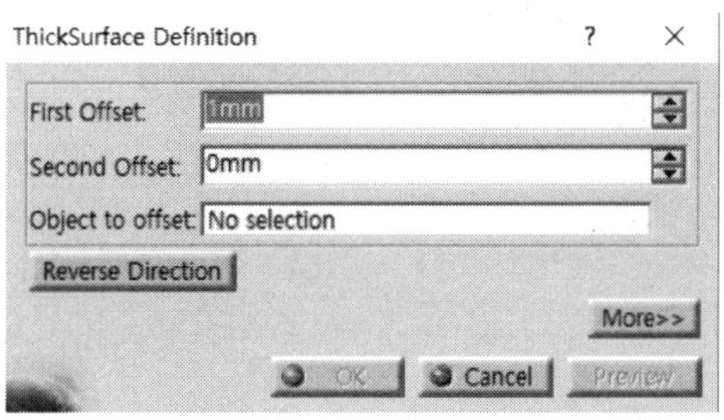

다음의 결과를 얻을 수 있다. 단, Surface는 수직으로만 형성된다.

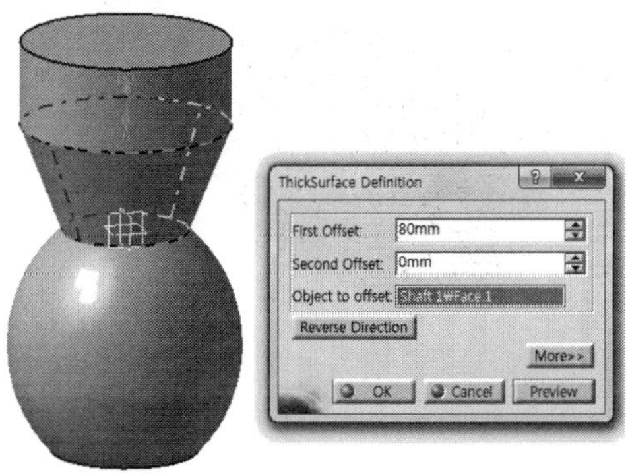

3)  close surface

채워지지 않은 Surface 내부를 완전한 솔리드로 만드는 명령이다. 이를 설명하기 위하여 다음의 형상을 예시자료로 나타내었다.

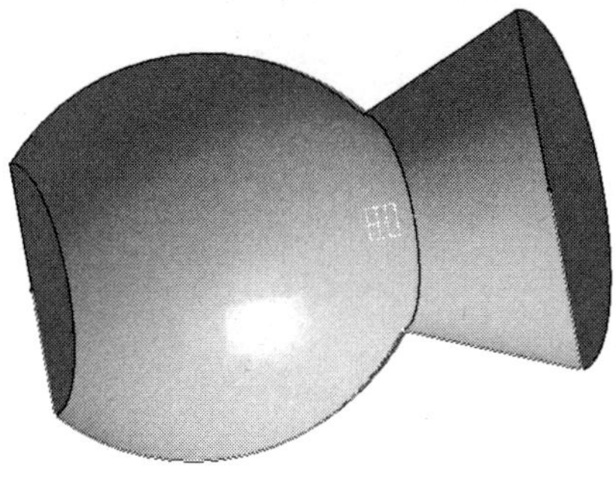

다음을 클릭한다.

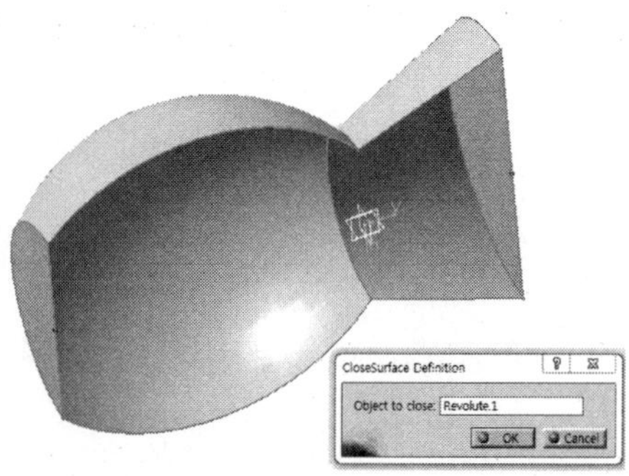

다음 그림과 같이 속이 Solid로 채워지는 것을 확인할 수 있다.

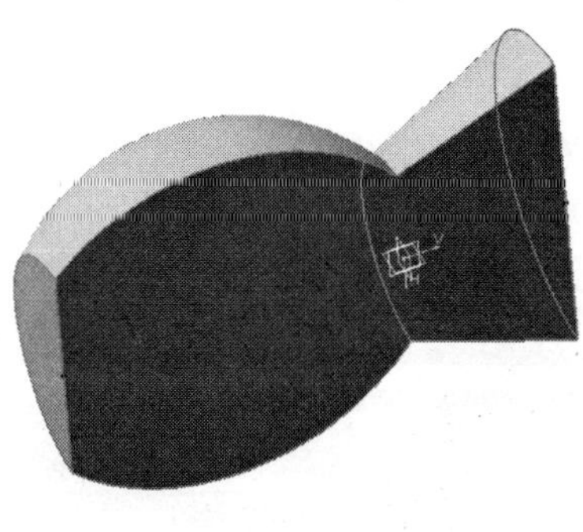

속이 채워진 부분(덩어리)만 Show하여 앞서 배운 Shell을 이용해 속을 두께 10mm로 파보자.

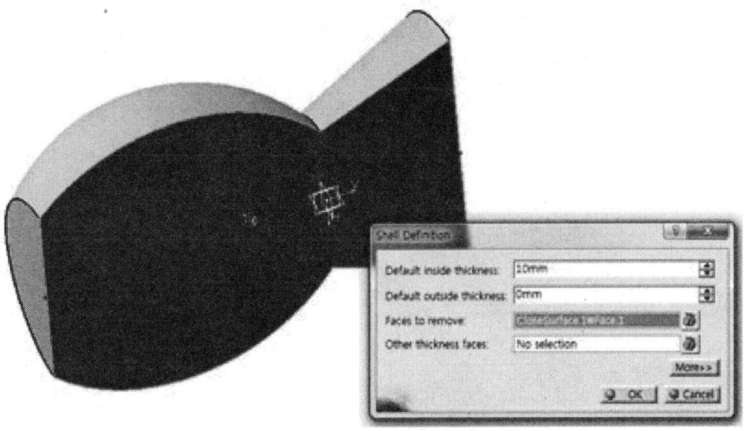

3.3 Part Design 따라하기

따라하기 1 : 패드를 이용한 기계요소 설계 - Pad , Pocket

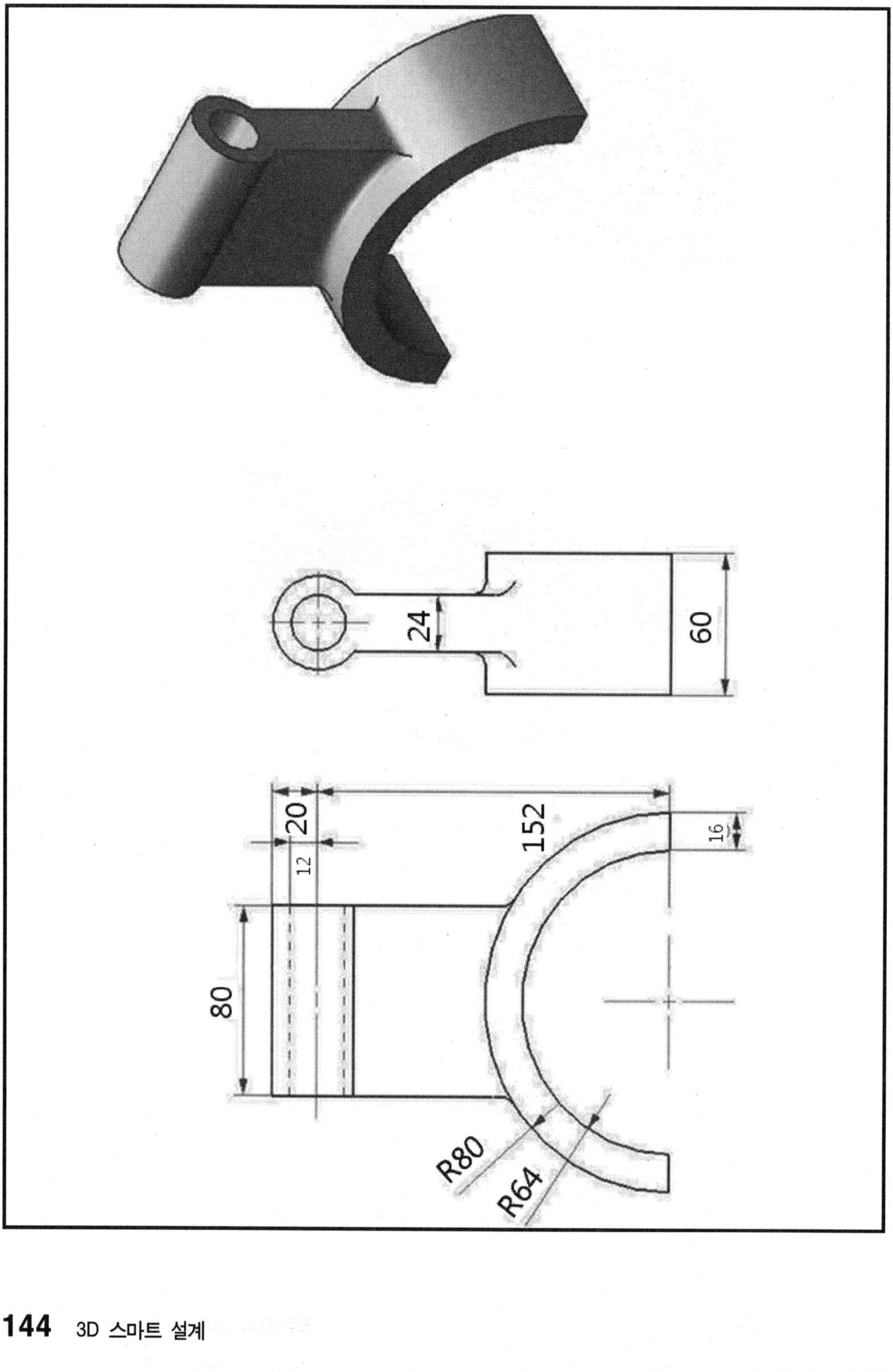

1) 단면 그리기

▶ sketcher 아이콘을 클릭한 후, 단면을 그릴 2D(YZ평면)를 선택(순서를 바꿔도 됨)

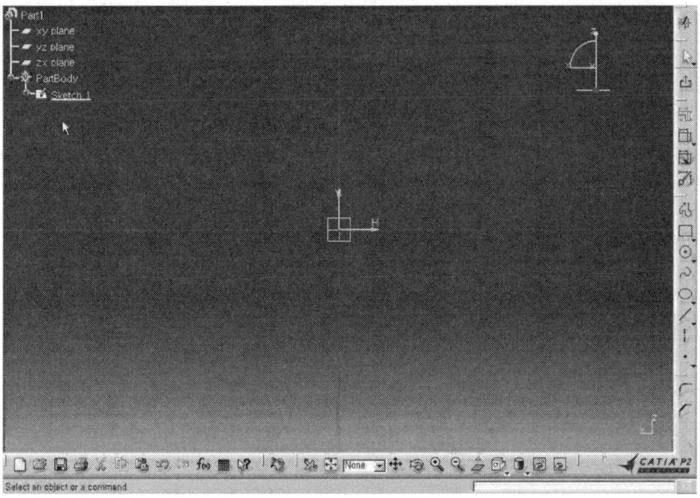

Part Design과 마찬가지로 작업분야별 toolbar와 작업분야 표시가 달라지고 작업순서에 sketch1이 추가되고 가운데 축이 수평수직축(H-V)으로 된 것을 알 수 있다.

▶ Sketch 모습이다. 위에 도면을 통해 그려주고 을 클릭하여 나간다.

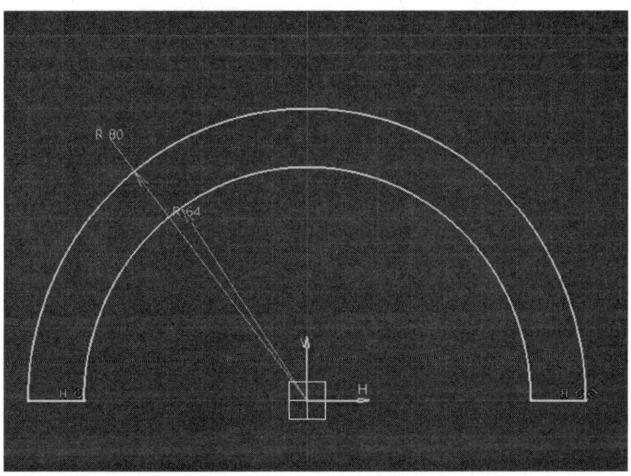

▶ 을 클릭하여 Length 30mm로 입력하고 Mirrored Extent를 체크해준다.

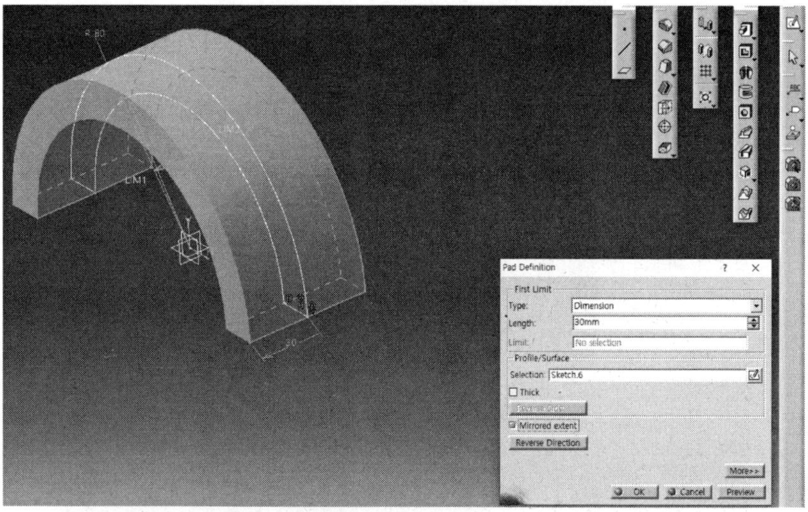

Sketcher toolbar 설명

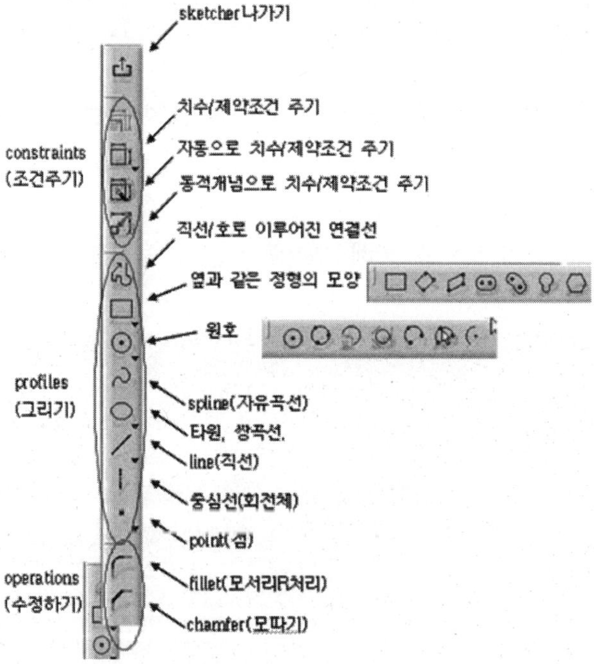

화면의 조건에 따라 toolbar의 배열이나 구성이 바뀔 수 있으며 toolbar에 있는 명령어는 menu bar의 insert의 명령어와 일치한다.

▶ 완성된 모습이고 다시 YZ에 을 클릭한다.

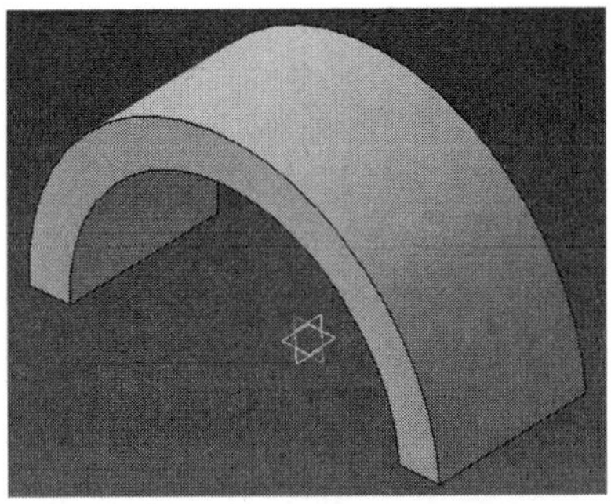

▶ 도면 치수대로 그려주고 을 클릭하여 나간다.

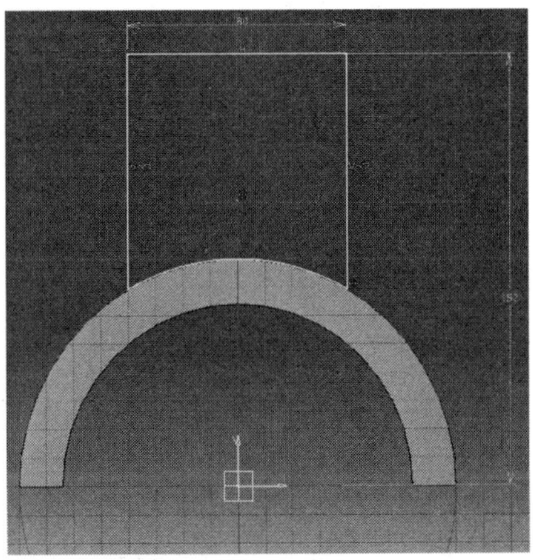

▶ 앞과 똑같이 을 사용하여 Length 12mm로 입력하고 Mirrored Extent를 체크해준다.

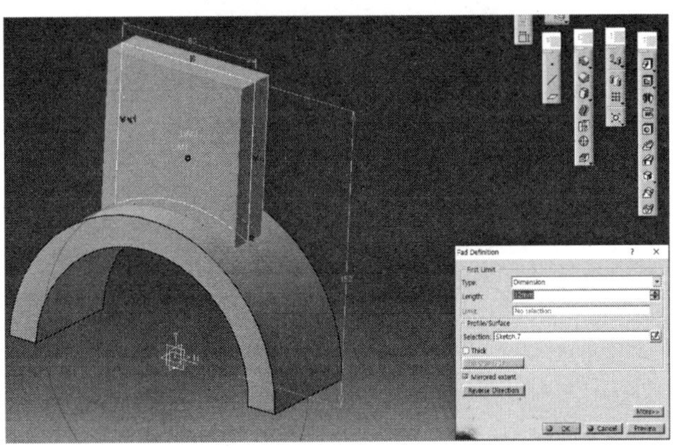

▶ 완성된 패드 옆 부분에 클릭하고 을 누른다.

▶ 도면 치수대로 원을 그려주고 을 클릭하여 나간다.

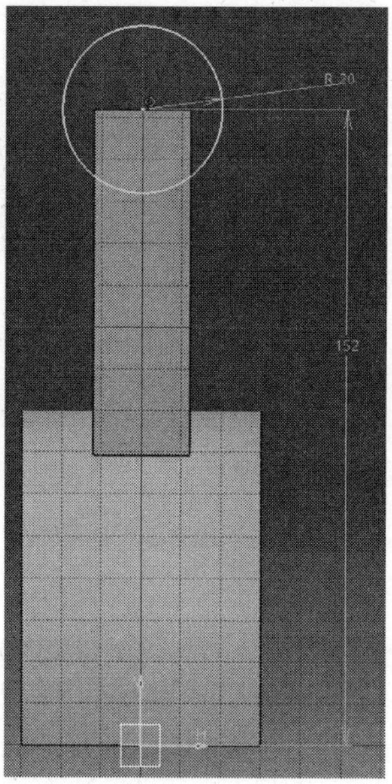

▶ 스케치한 원을 을 누르고 80mm만큼 만들어준다.

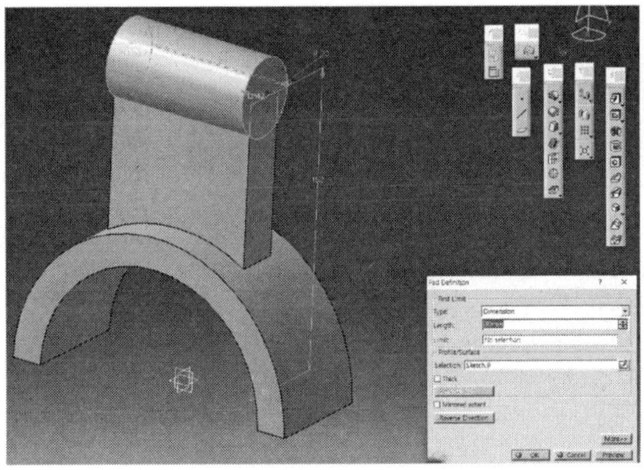

▶ 다음 그림과 같이 완성된 원통의 옆 부분을 선택하고 을 누른다.

▶ 원통 부분에 원을 그린 후 을 사용하여 Concentricity를 체크해주고 을 누르고 나간다.

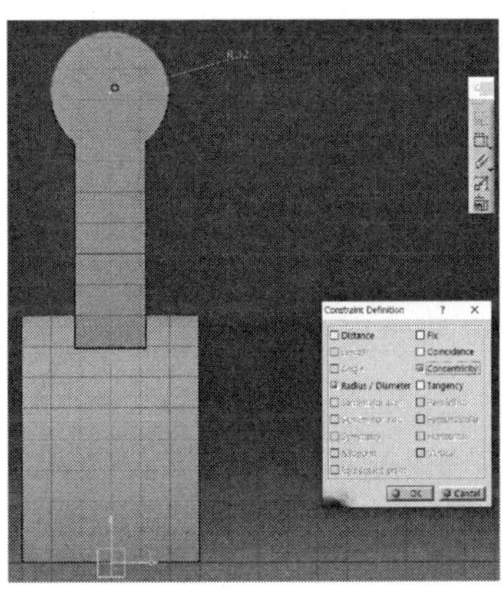

▶ 원 부분을 으로 80mm만큼 뚫어준다.

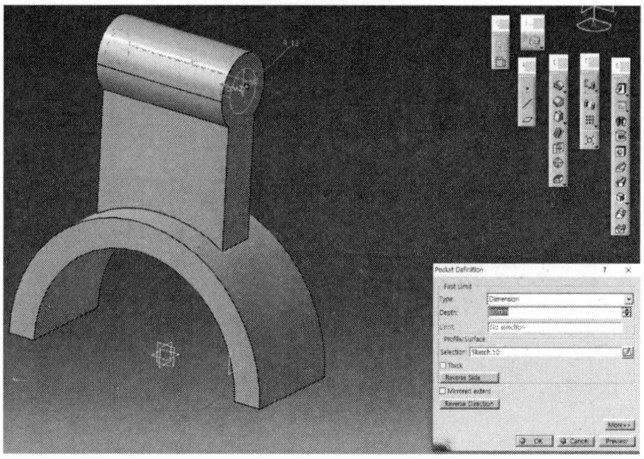

▶ 완성된 모습이다.

따라하기 2 : Solid - Pad, Pocket, Circular Pattern

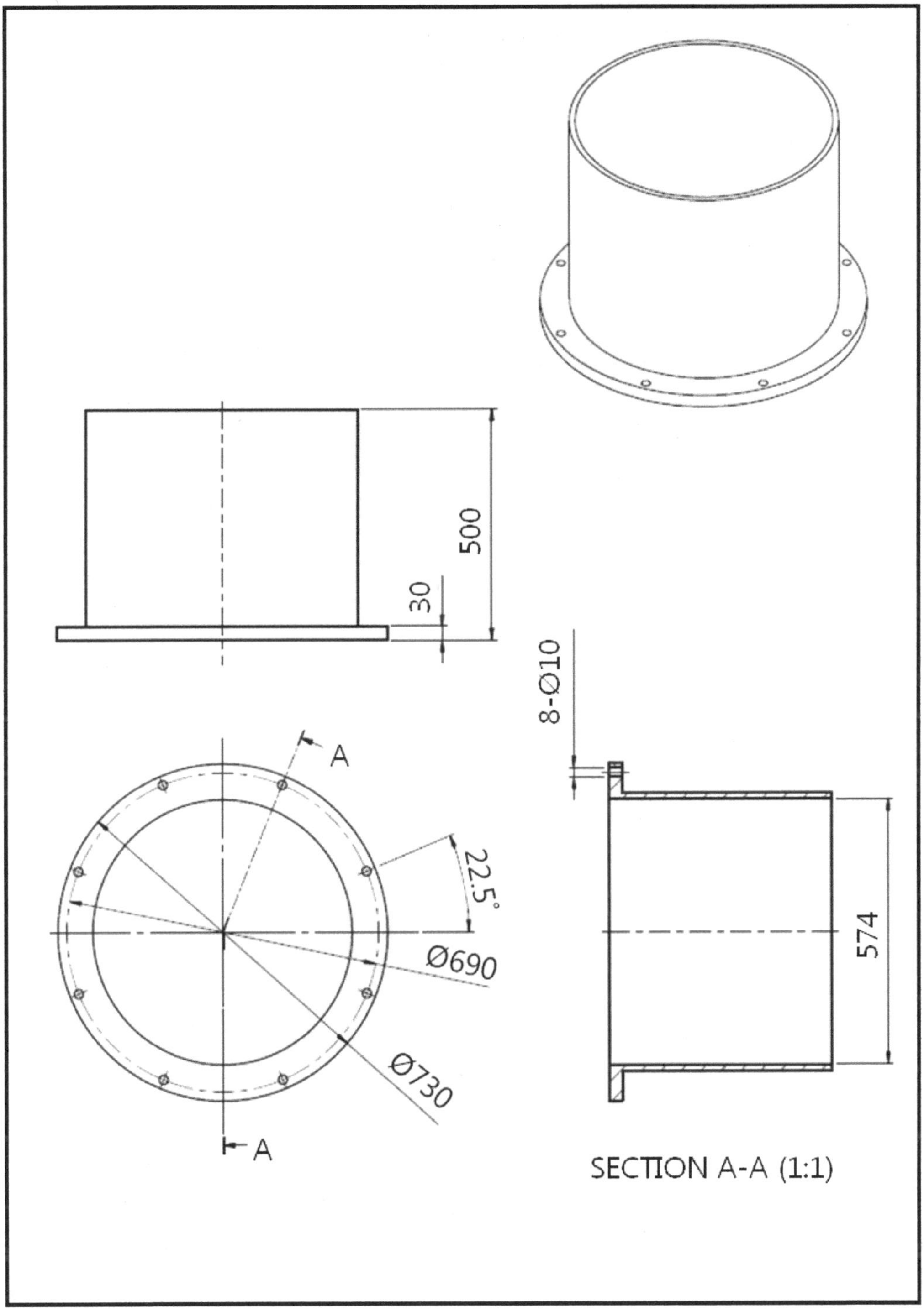

1) 단면 그리기

▶ sketcher 아이콘을 클릭한 후, 단면을 그릴 2D(YZ평면)를 선택(순서를 바꿔도 됨)

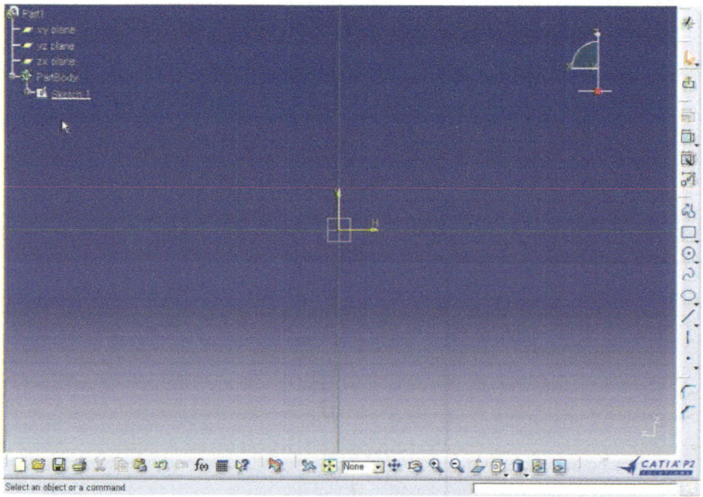

Part Design과 마찬가지로 작업분야별 toolbar와 작업분야 표시가 달라지고 작업순서에 sketch1이 추가되고 가운데 축이 수평수직축(H-V)으로 된 것을 알 수 있다.

▶ Sketch 모습이다. 위에 도면을 통해 그려주고 을 클릭하여 나간다.

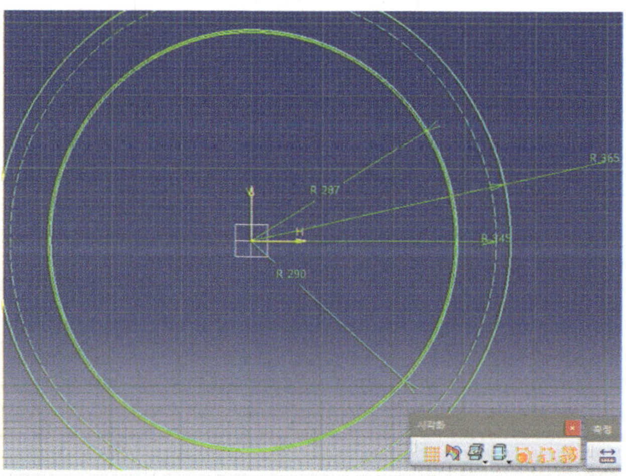

▶ 멀티패드를 선택하여 클릭하고 각각 500, 0, 30mm를 부여한다.

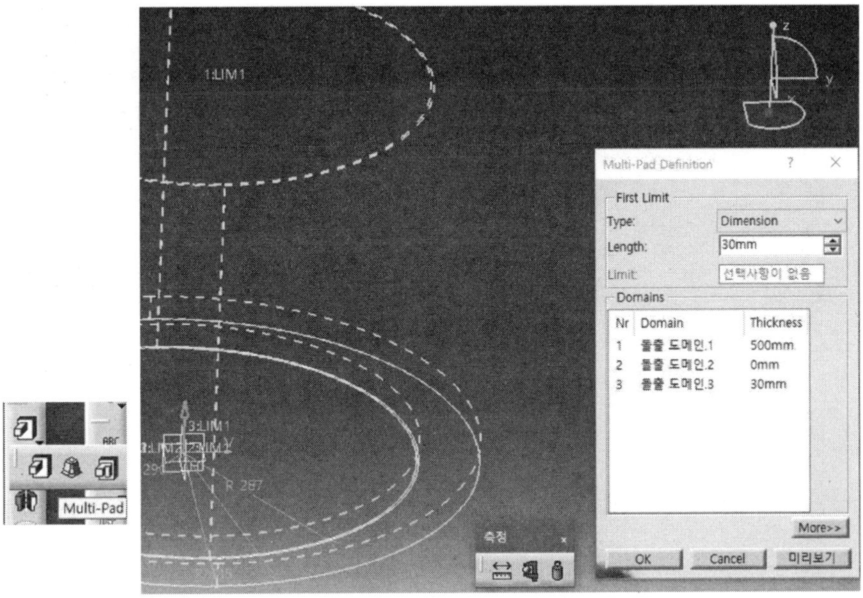

▶ 멀티패드 완료 모습이다.

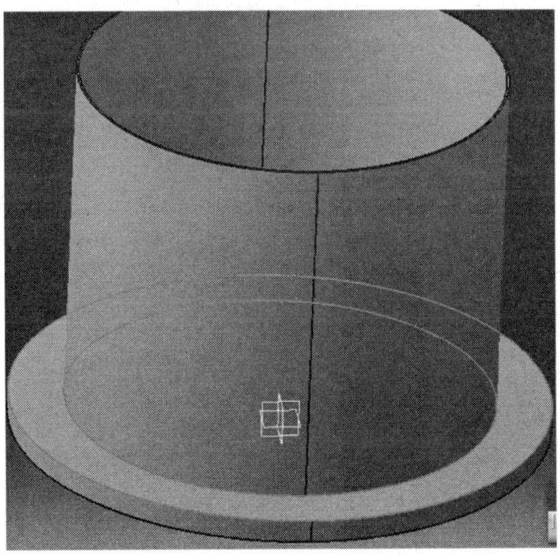

▶ Hole 아이콘을 클릭한 후 지름을 10mm 입력(enter)한다. Up to Next를 선택한다.

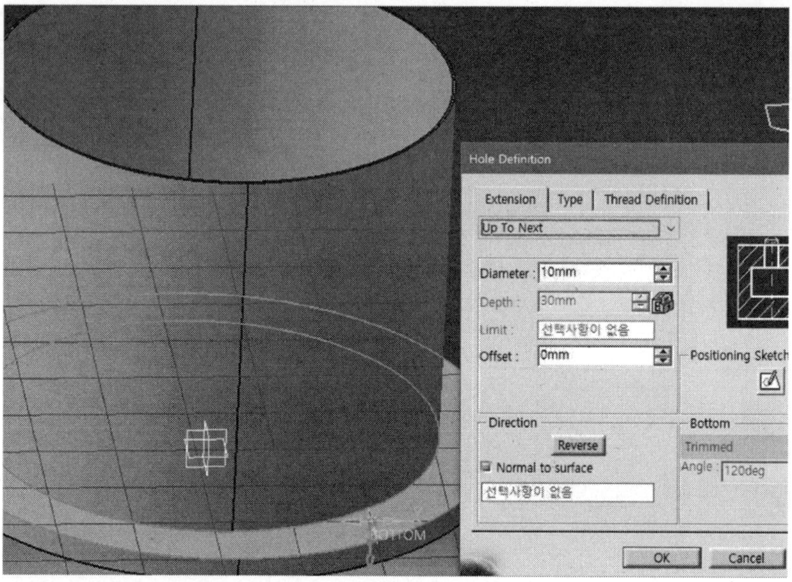

▶ Constrained Defined in Dialogue box를 선택하여 다음과 같이 Coincidency(일치)시킨다.

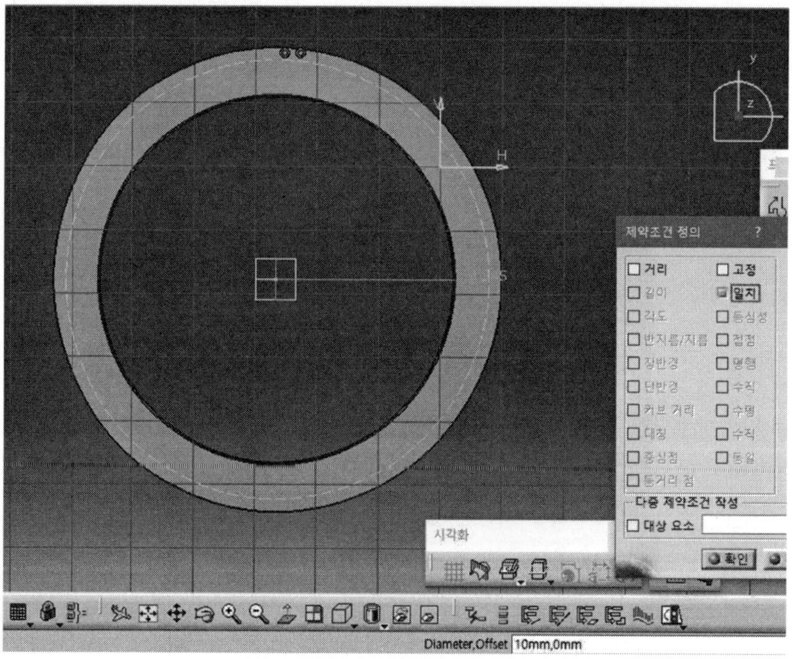

▶ Circular Pattern 을 이용해 Hole 8개를 뚫어주어 완성한다.

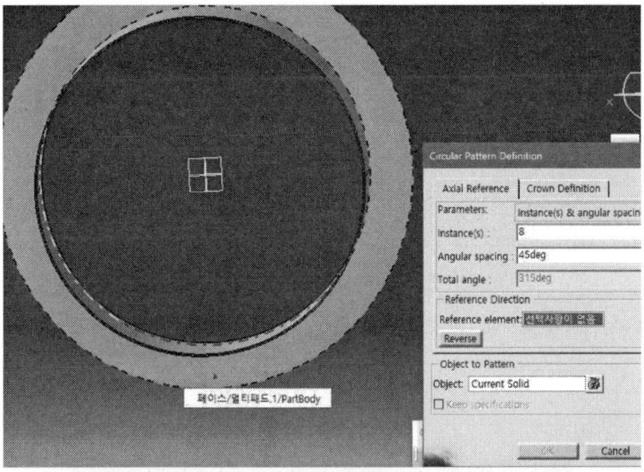

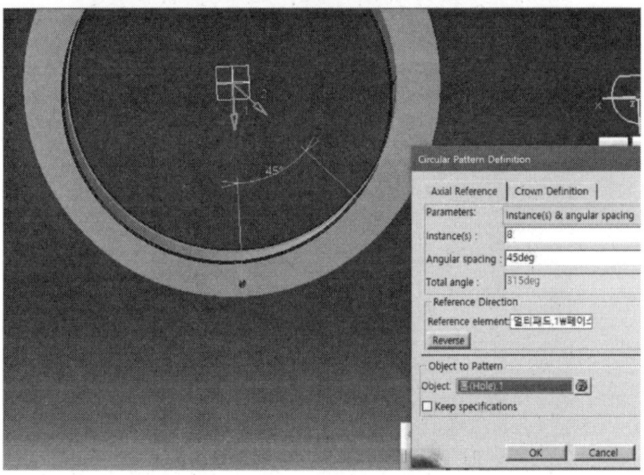

▶ 완성.

따라하기 3 : Gear - Circular Pattern

Circpattern 3D model
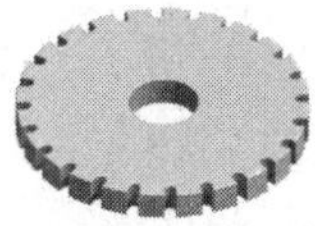

▶ XZ평면을 선택하고 을 누른다. 다음과 같이 Sketch 치수대로 그려주고 을 누르고 나간다.

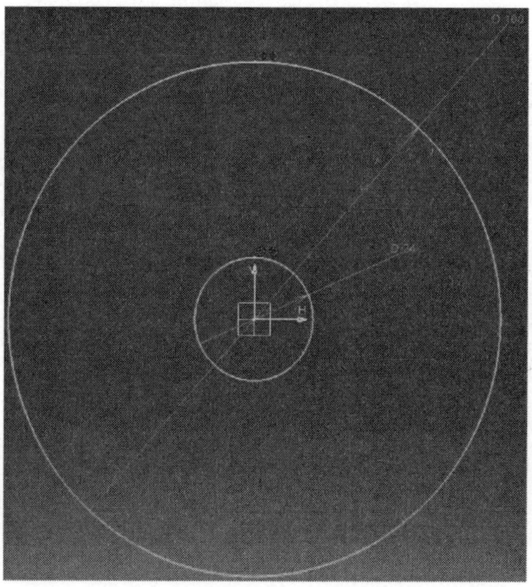

▶ 을 누르고 10mm만큼 Pad를 만든다.

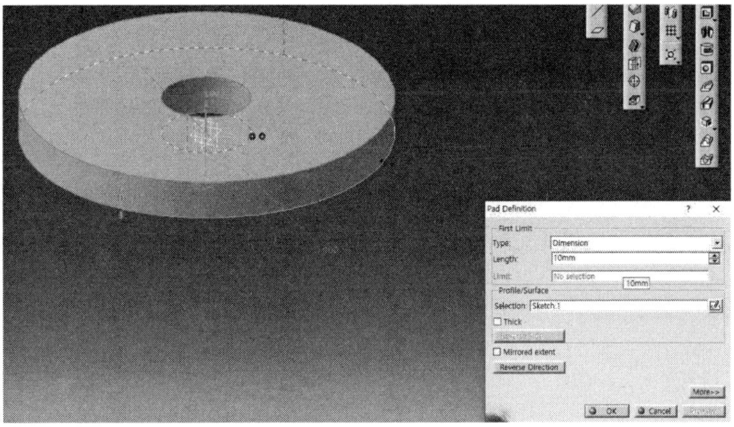

▶ 완성된 모습이고 다시 원 윗면에 선택한 후 을 클릭하여 Sketcher 워크벤치로 입장한다.

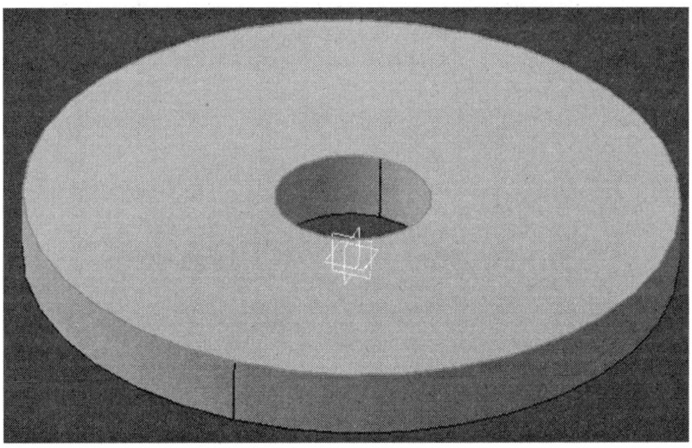

▶ 원 외부, 내부에 +을 사용하여 임시 선(노란색 임시 선)을 만들어준다.

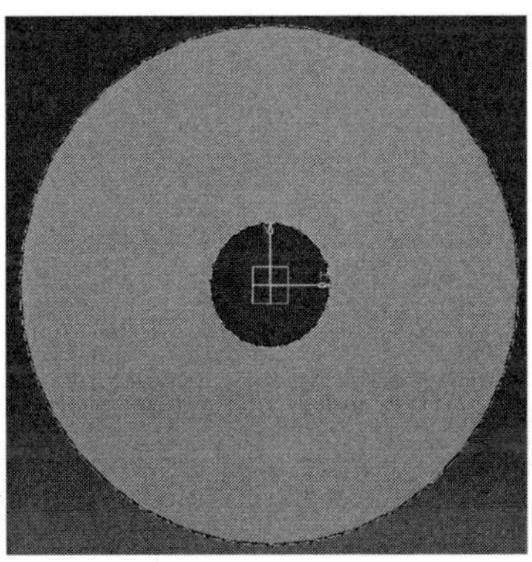

▶ 다음 치수대로 그려주고 을 클릭하여 나간다.

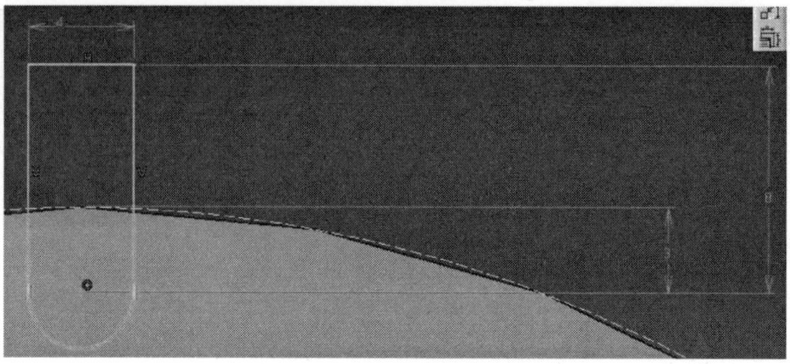

▶ 을 사용하여 10mm만큼 포켓을 뚫어준다.

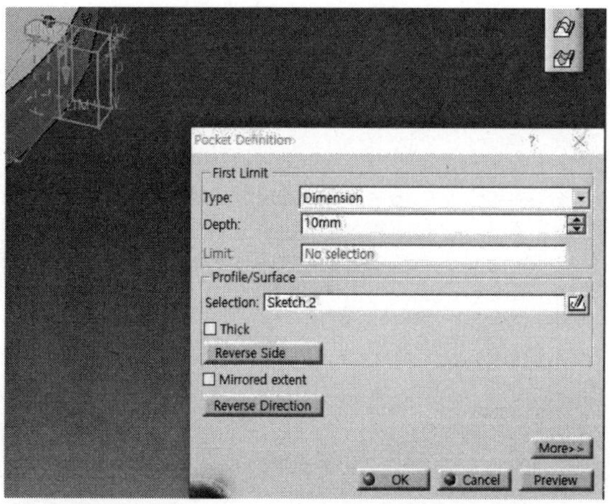

▶ 앞서 만든 포켓을 클릭하고 Circular Pattern 을 누른다.

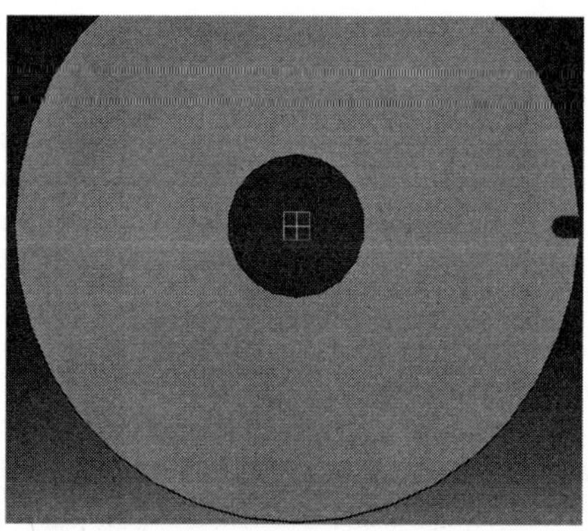

▶ 옵션에서 Instance: 24개, Angular spacing 15 각도, Z Axis 중심으로 생성한다.

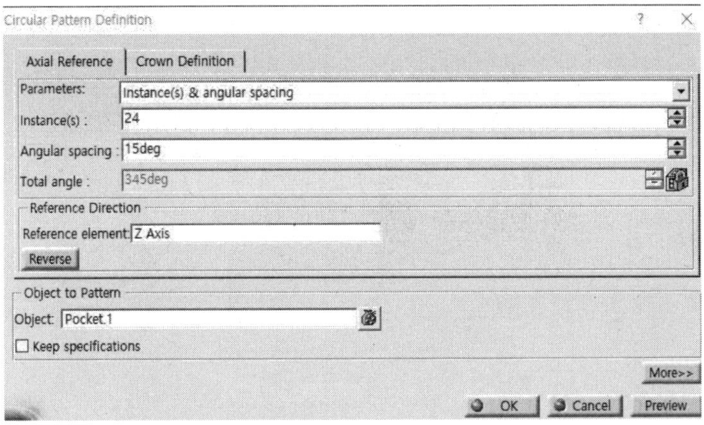

▶ 을 사용하여 완성된 모습이다.

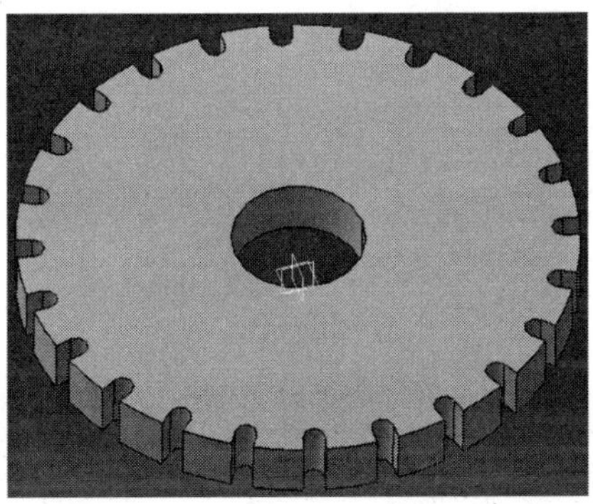

따라하기 4 : Part Design 종합 - Shaft, Pocket

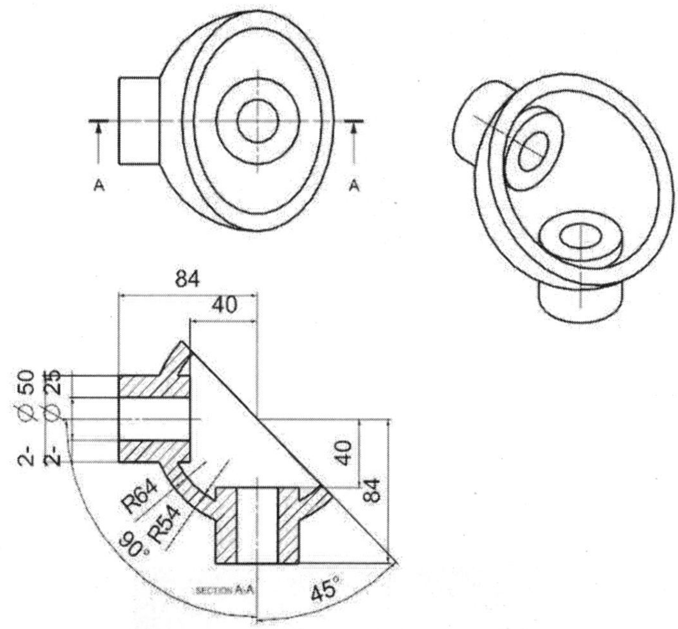

▶ YZ평면을 선택한 후 Sketch을 누른다. 다음에 나온 치수대로 그려주고 스케치 워크벤치를 빠져 나온다.

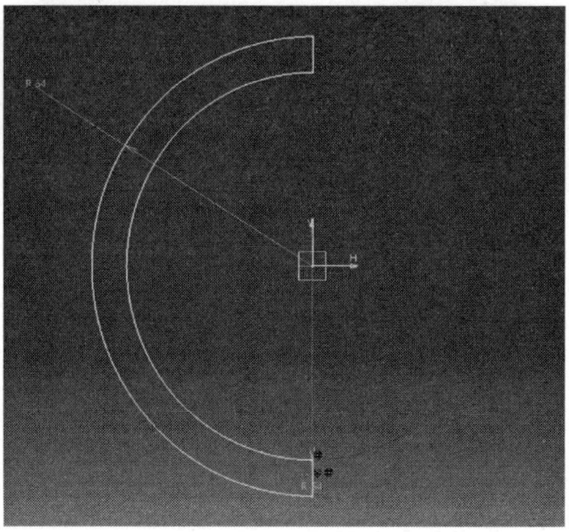

▶ Shaft 을 누르고 그렸던 그림을 Z축으로 360도만큼 돌려준다. (중심축 설정은 Selection 하얀 상자를 오른쪽 클릭하면 X, Y, Z가 나온다.)

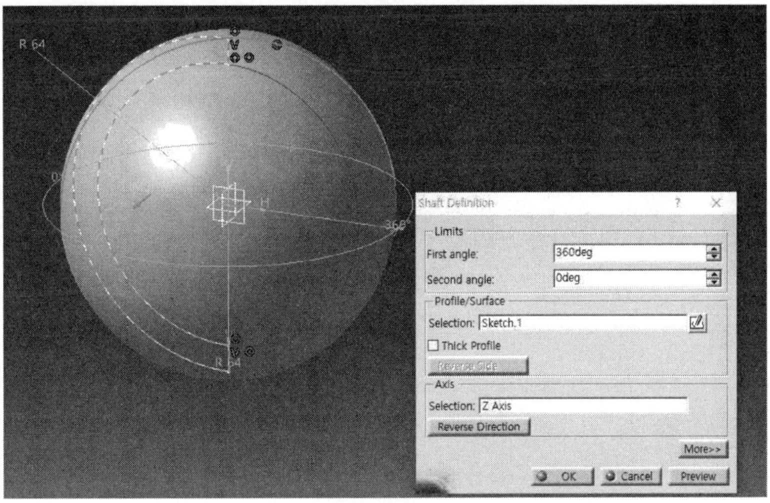

▶ 다시 YZ평면을 누르고 Sketch 을 누르고 치수대로 그려주고 Exit Workbench 을 눌러 나간다.

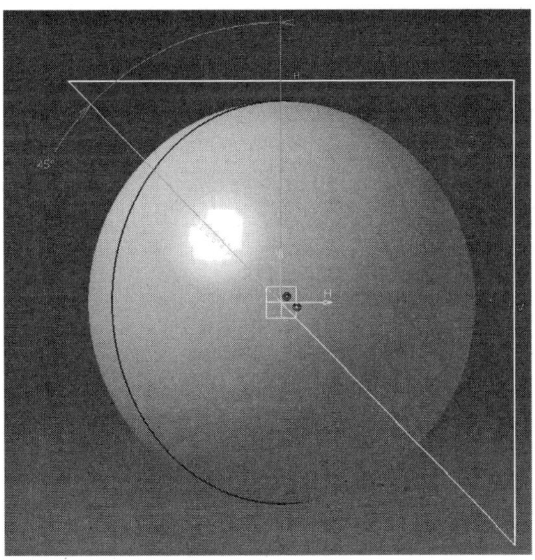

▶ Pocket을 누르고 Depth을 64mm만큼 누르고 Mirrored extent을 체크해준다.

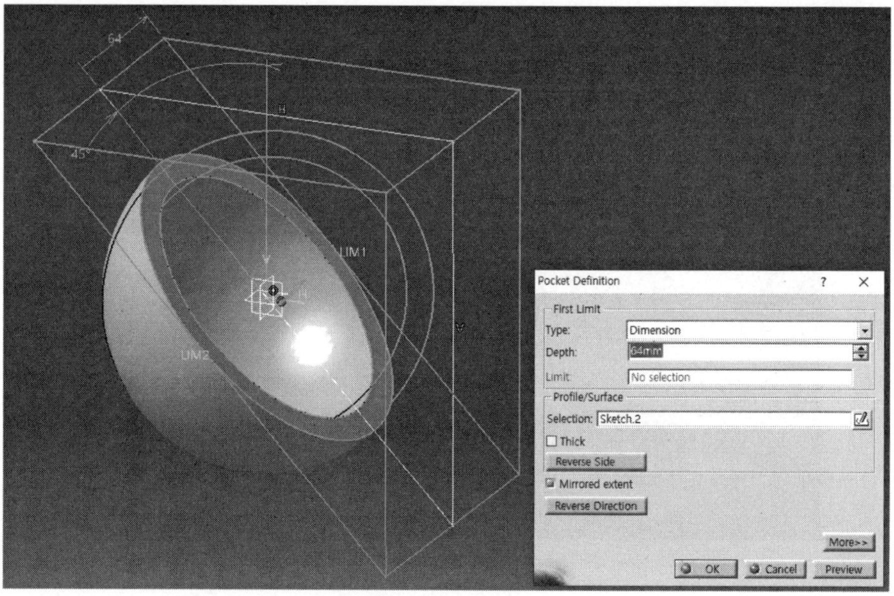

▶ yz평면을 누르고 Sketch을 누르고 치수대로 그려주고 Exit Workbench을 눌러 나간다.

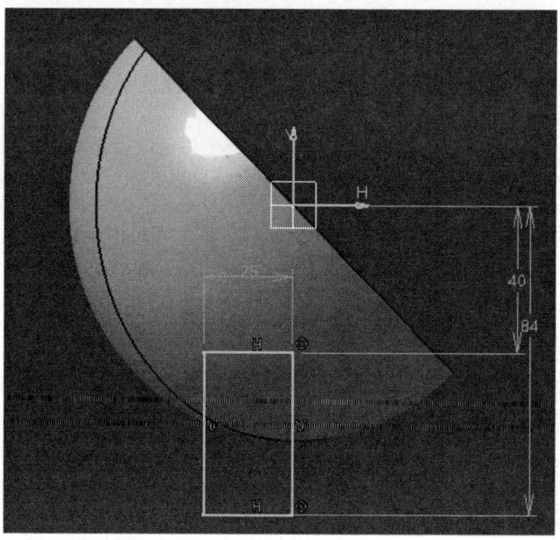

▶ Shaft을 누르고 그렸던 그림을 Z축으로 360도만큼 돌려준다. (중심축 설정은 Selection 하얀 상자를 오른쪽 클릭하면 X, Y, Z가 나온다.)

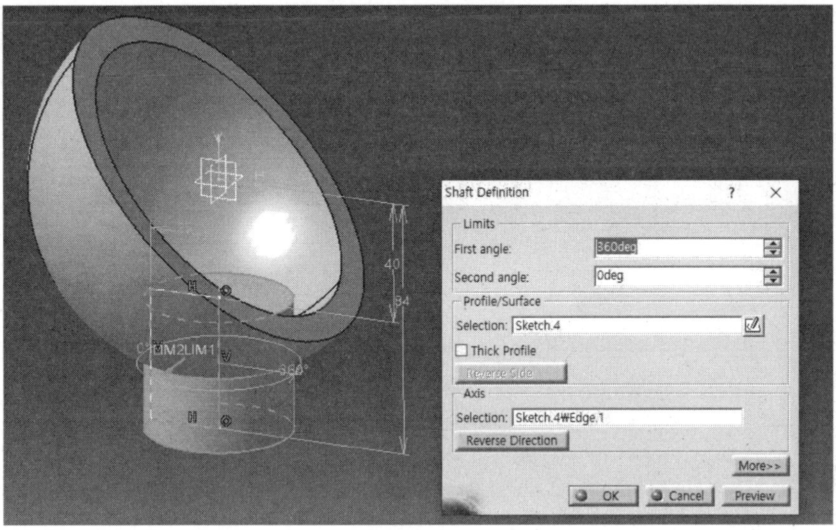

▶ YZ평면을 누르고 Sketch을 누르고 치수대로 그려주고 Exit Workbench을 눌러 나간다.

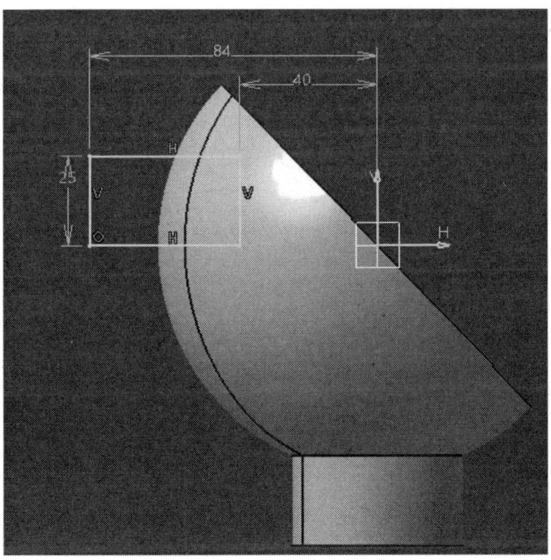

▶ Shaft을 누르고 그렸던 그림을 Y축으로 360도만큼 돌려준다. (중심축 설정은 Selection 하얀 상자를 오른쪽 클릭하면 X, Y, Z가 나온다.)

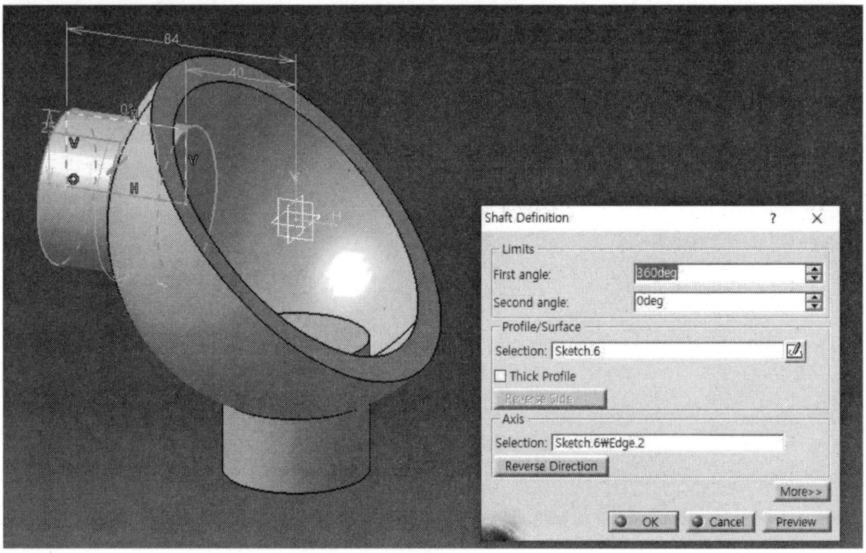

▶ 원통 평면을 누르고 Sketch을 누르고 치수 상관없이 동그라미를 그려주고 Exit Workbench을 눌러 나간다.

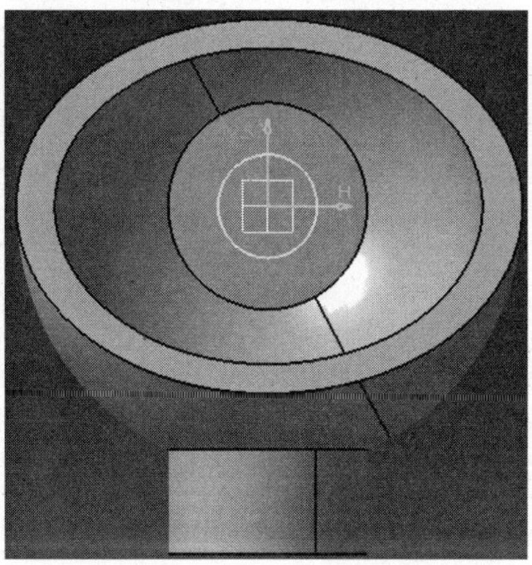

▶ Pocket을 누르고 Depth을 64mm만큼 누른다.

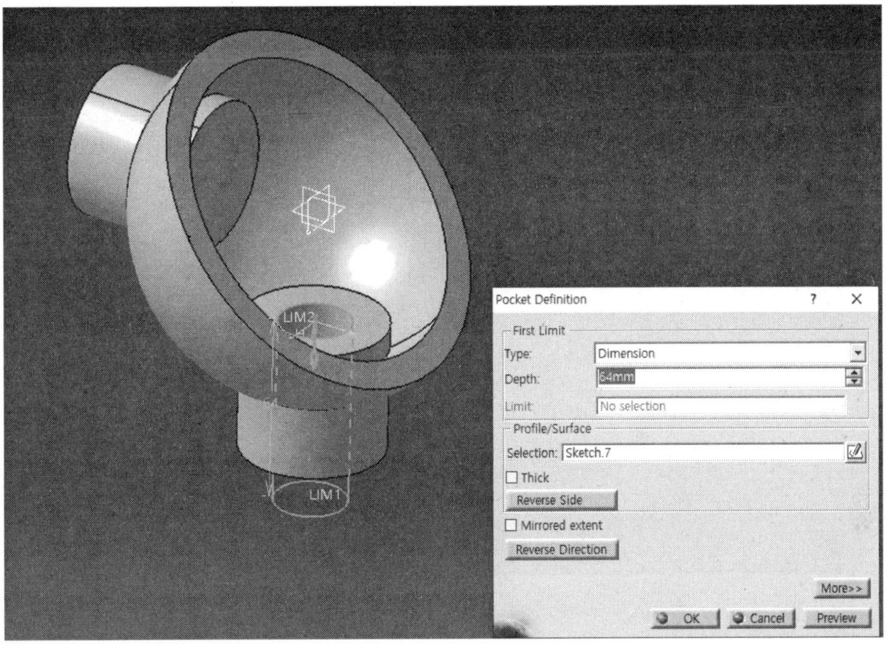

▶ 원통 평면을 누르고 Sketch을 누르고 치수 상관없이 동그라미를 그려주고 Exit Workbench을 눌러 나간다.

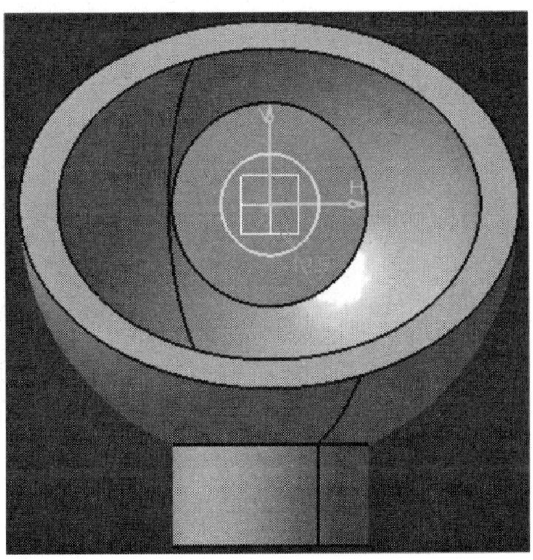

▶ Pocket을 누르고 Depth을 64mm만큼 포켓한다.

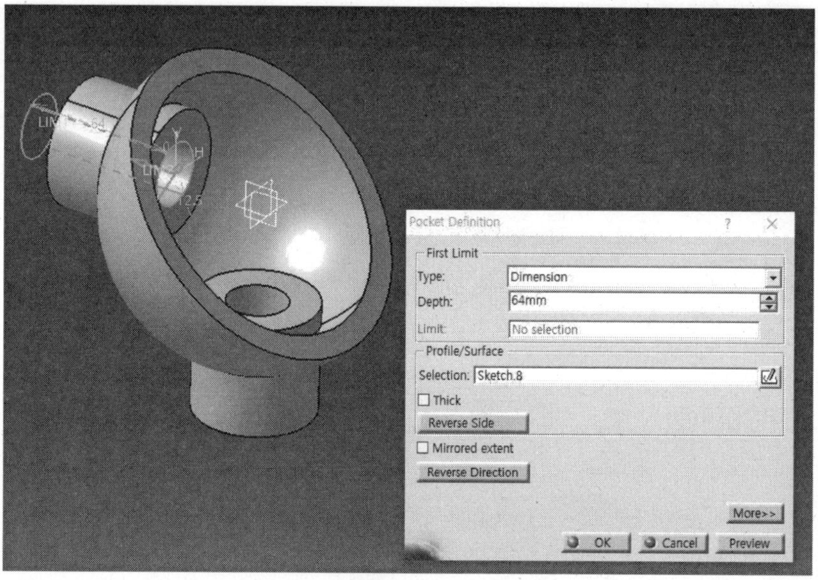

▶ 완성

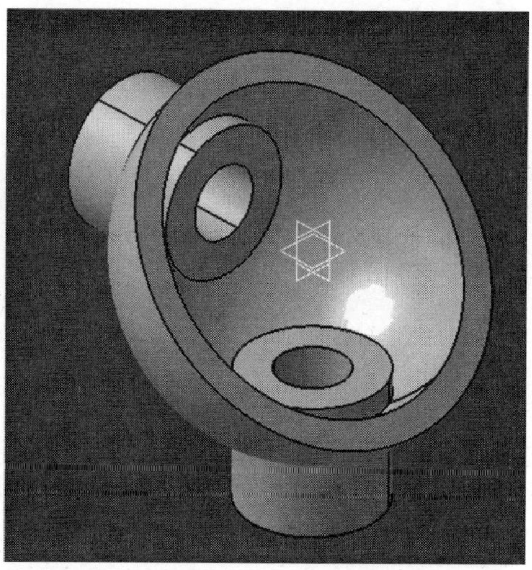

따라하기 5 : Linkage - Circular Pattern , Rib

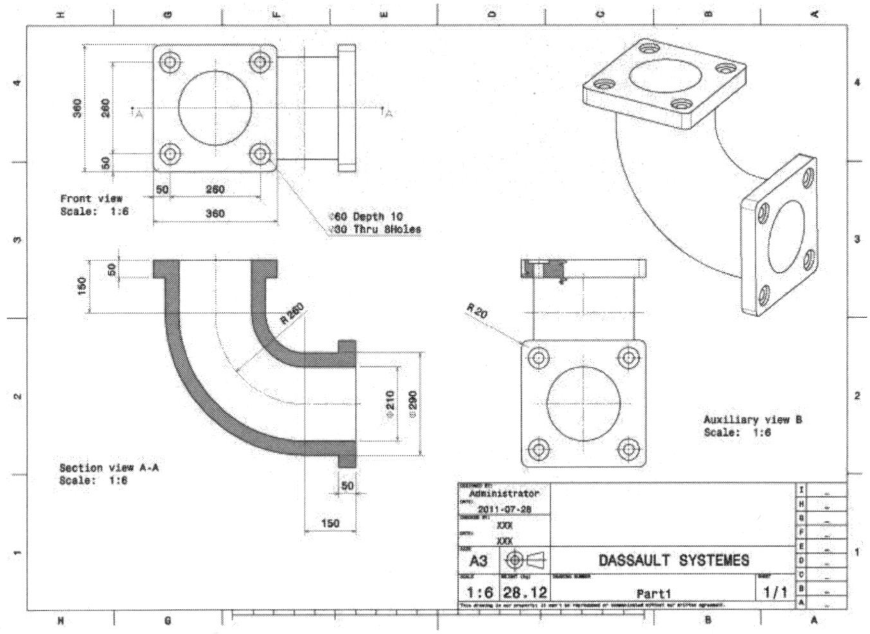

▶ XY평면에 Sketch을 누른다. 다음의 치수대로 그려주고 Exit Workbench을 누르고 나간다.

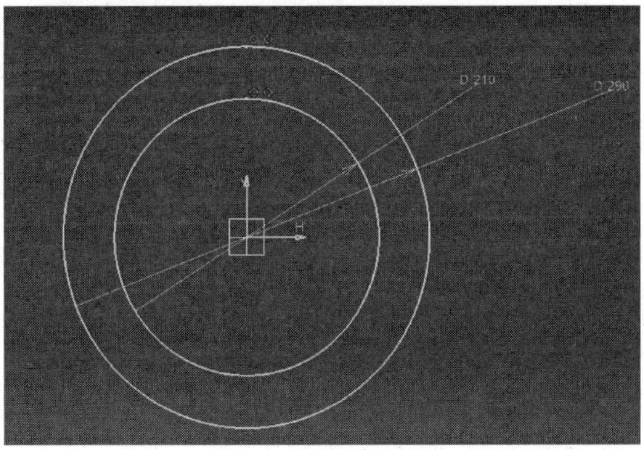

▶ YZ평면에 Sketch을 누른다. 치수대로 그려주고 Exit Workbench을 누르고 나가준다.

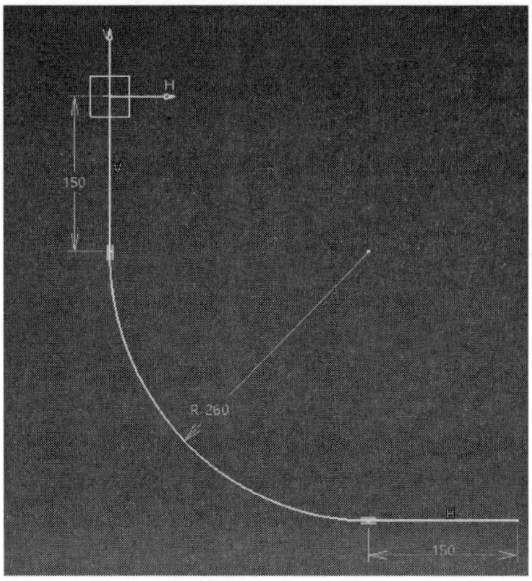

▶ Rib 을 누르고 Profile은 5번 그림을 누르고 Center curve은 7번 그림을 클릭하고 생성한다.

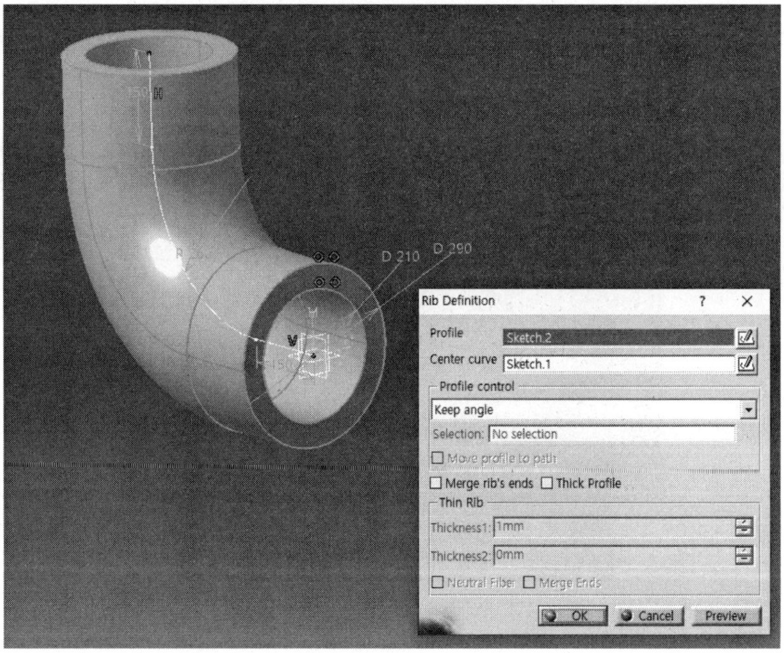

▶ 원통 평면 부분에 Sketch을 누르고 치수대로 그려주고 Exit Workbench을 눌러 나간다.

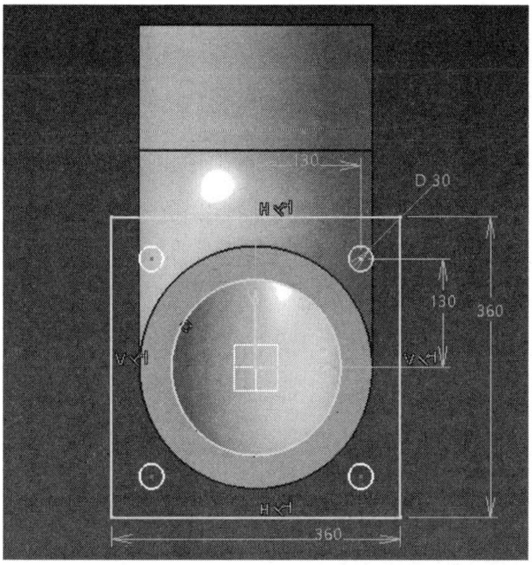

▶ Pad을 누르고 Length을 50mm만큼 생성한다.

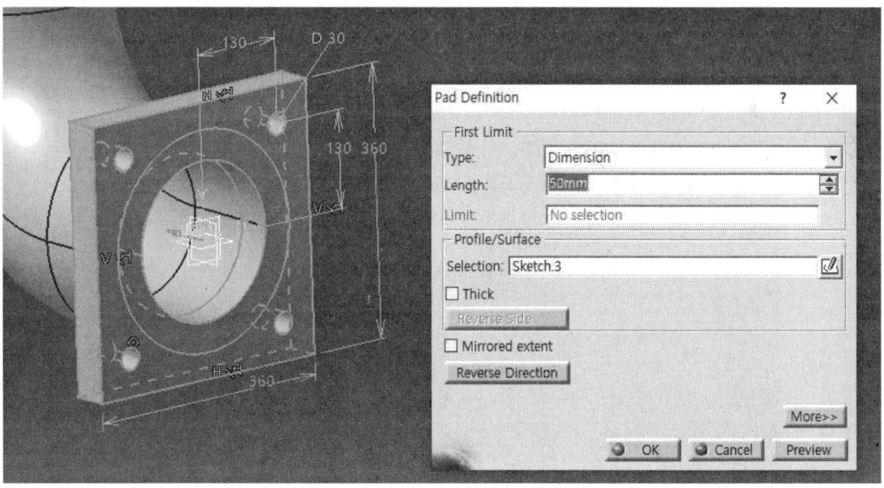

▶ 생성한 Pad 모서리를 누르고 Edge Fillet을 눌러 Radius을 20mm만큼 다듬어준다.

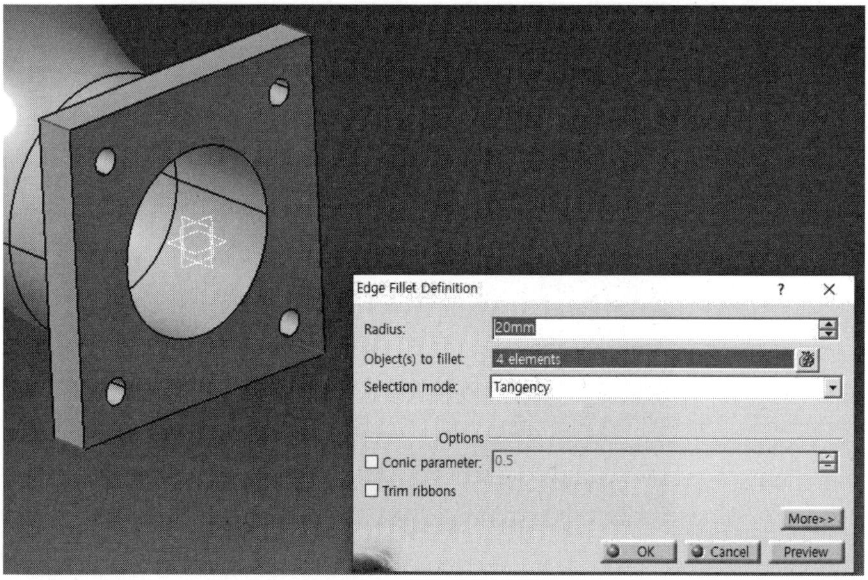

▶ YZ평면에 Sketch을 누른다. Point by Clicking을 사용하여 원통 마지막 부분마다 25mm만큼의 거리를 만들어주고 Exit Workbench을 선택해 나간다.

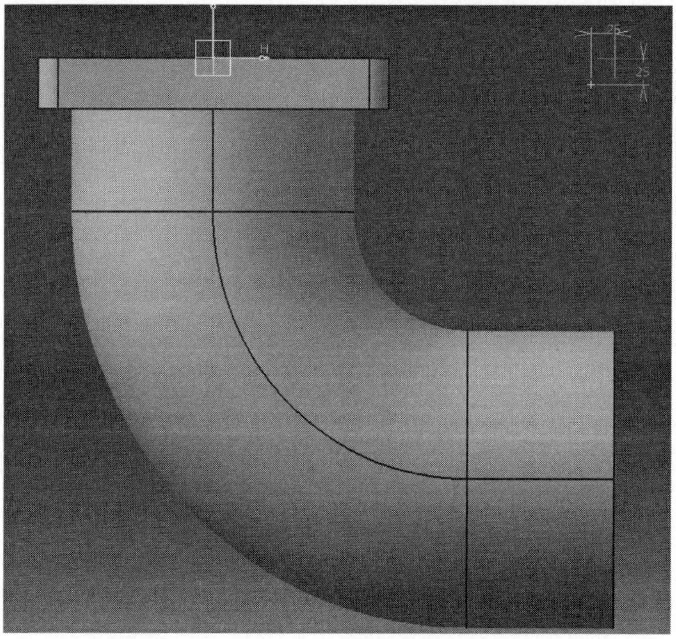

▶ Circular Pattern을 누르고 생성했던 앞선 네모 상자를 90deg만큼 꺾어 똑같이 만들어준다. (너무 어려우면 이를 무시하고 하나씩 똑같이 따라해 만든다.)

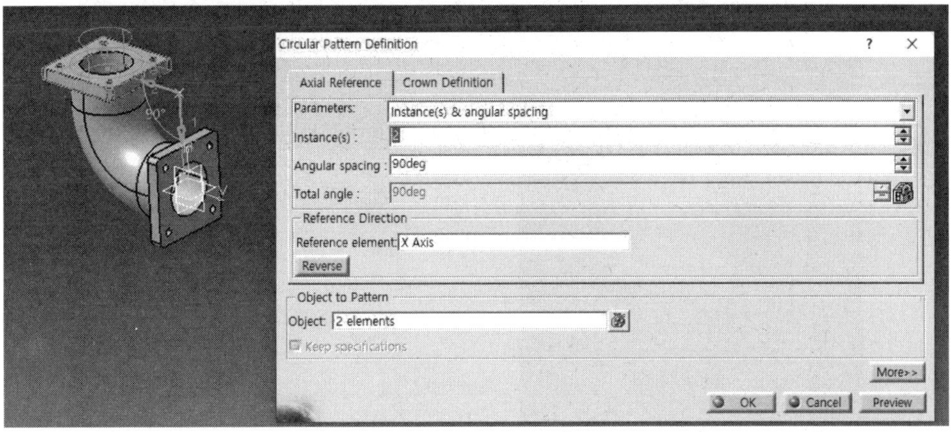

▶ 네모 평면을 누르고 Sketch을 누르고 치수 상관없이 동그라미를 그려주고 Exit Workbench을 눌러 나간다.

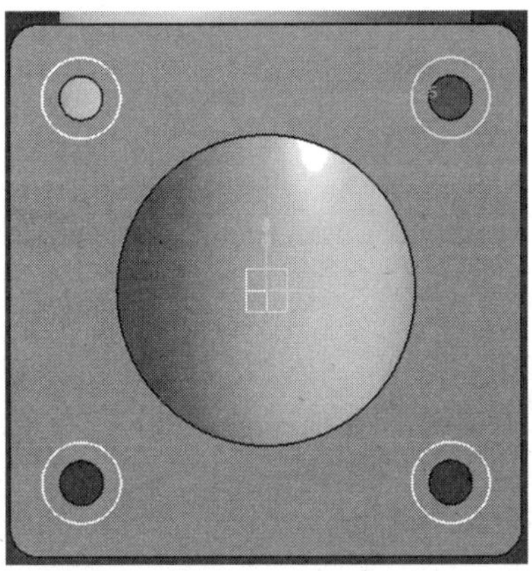

▶ Pocket을 누르고 Depth을 8mm만큼 포켓한다.

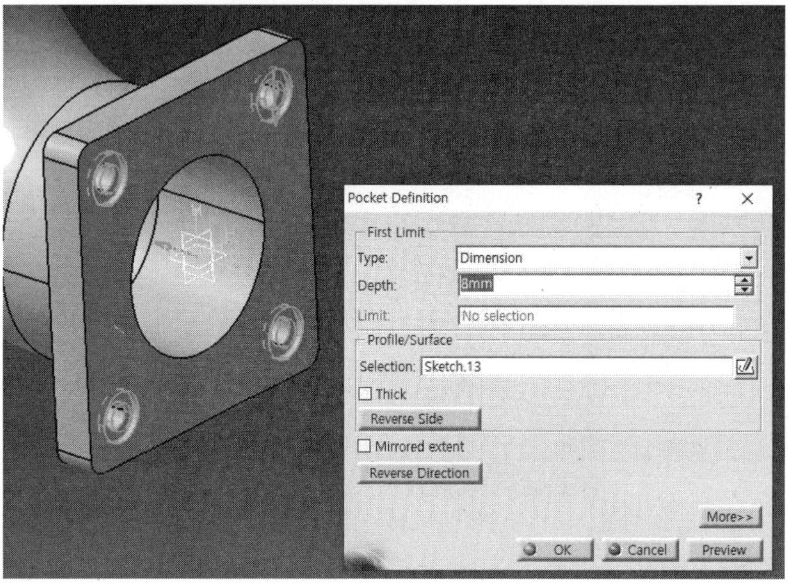

▶ 다른 쪽 네모 평면을 누르고 Sketch을 누르고 치수 상관없이 동그라미를 그려주고 Exit Workbench을 눌러 나간다.

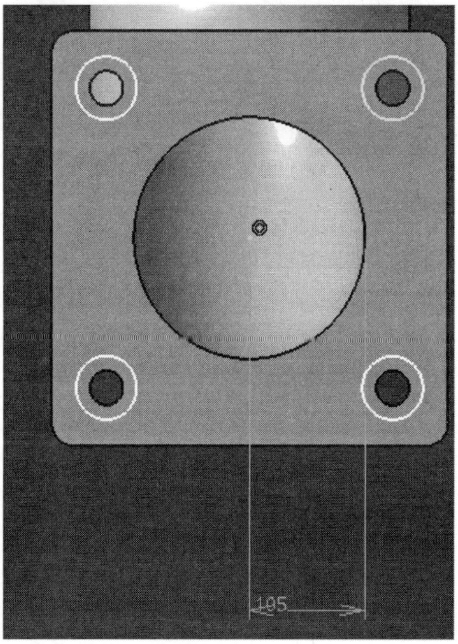

▶ Pocket을 누르고 Depth을 8mm만큼 누른다.

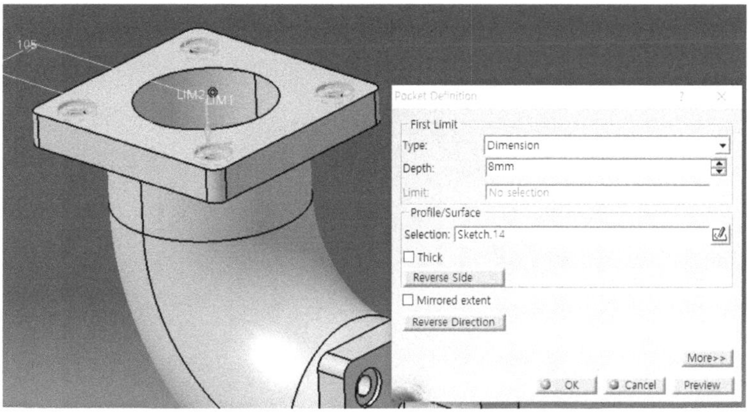

▶ 완성

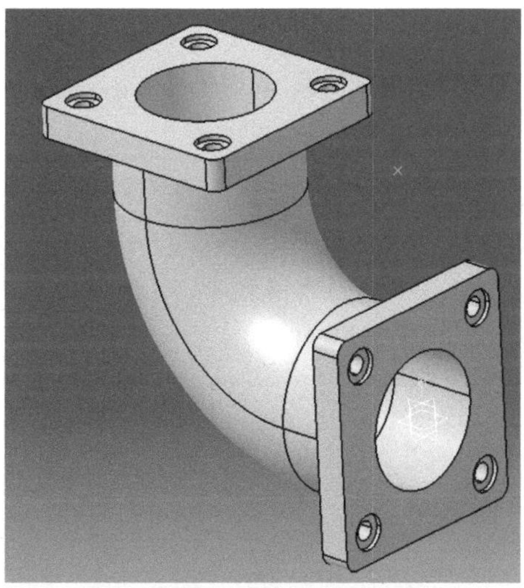

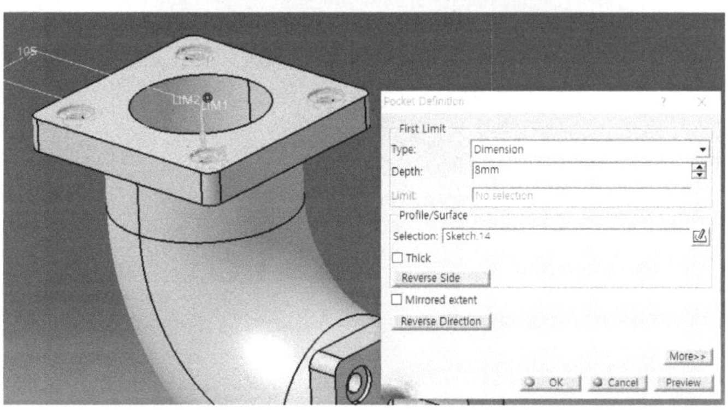

따라하기 6 : 돌출 핀 - Pocket Pocket , Chamfer Chamfer

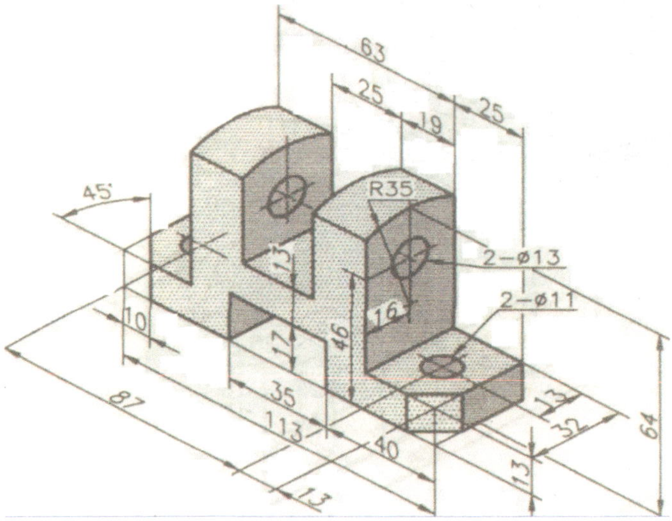

▶ YZ평면에 Sketch을 누른다. 치수대로 그려주고 Exit Workbench을 누르고 나간다.

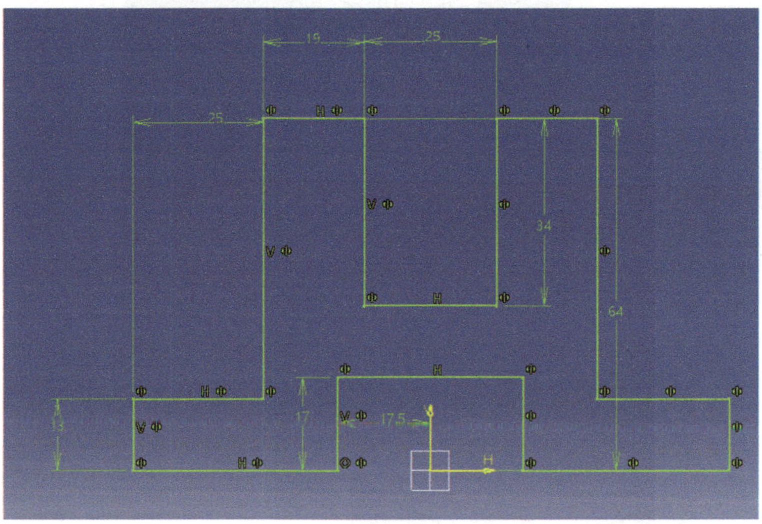

▶ Pad을 누르고 Length을 16mm만큼 해주고 Mirrored extent를 체크해주고 생성한다.

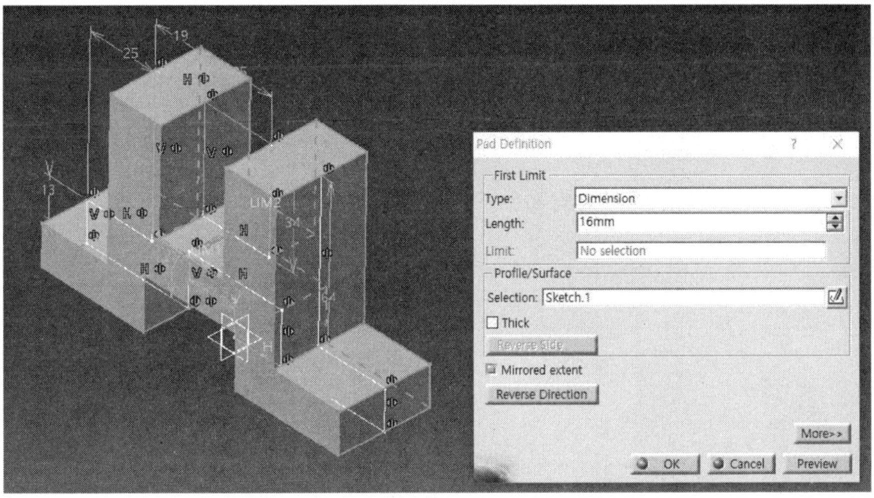

▶ 앞쪽 네모 면을 누르고 Sketch을 누르고 치수대로 그려주고 Exit Workbench을 눌러 나간다.

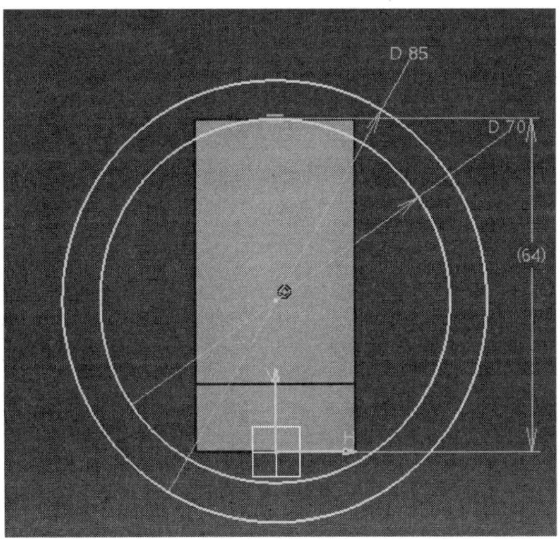

▶ Pocket을 누르고 Depth을 63mm만큼 누른다.

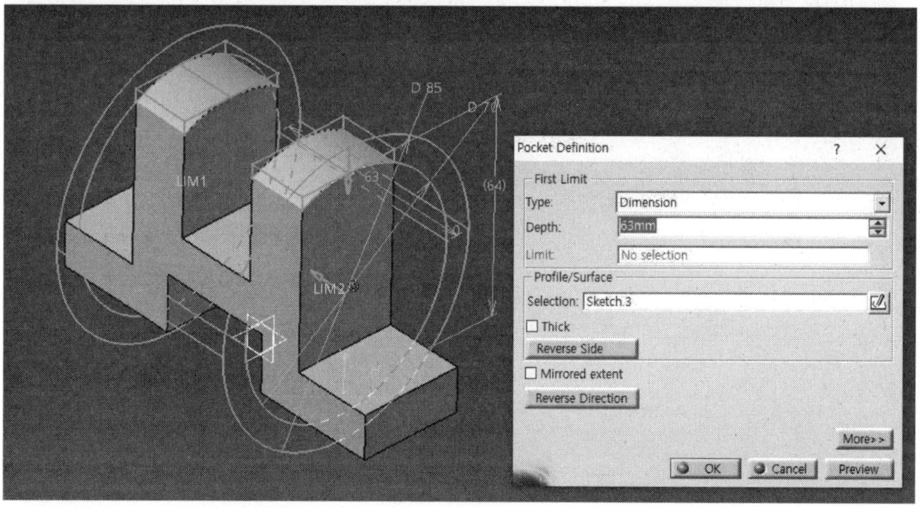

▶ 앞쪽 네모 면을 누르고 Sketch을 누르고 치수대로 그려주고 Exit Workbench을 눌러 나간다.

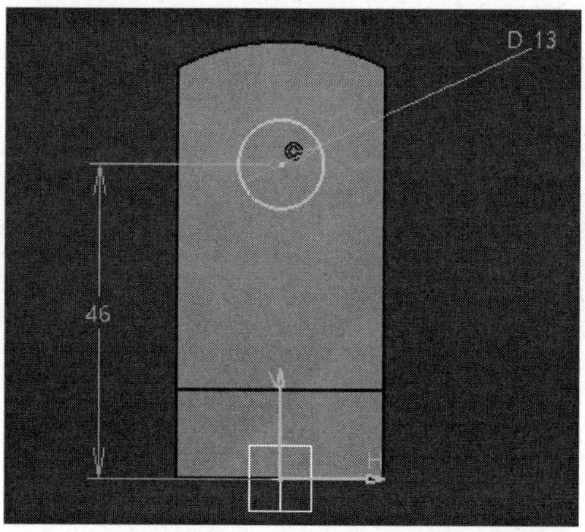

▶ Pocket을 누르고 Depth을 63mm만큼 누른다.

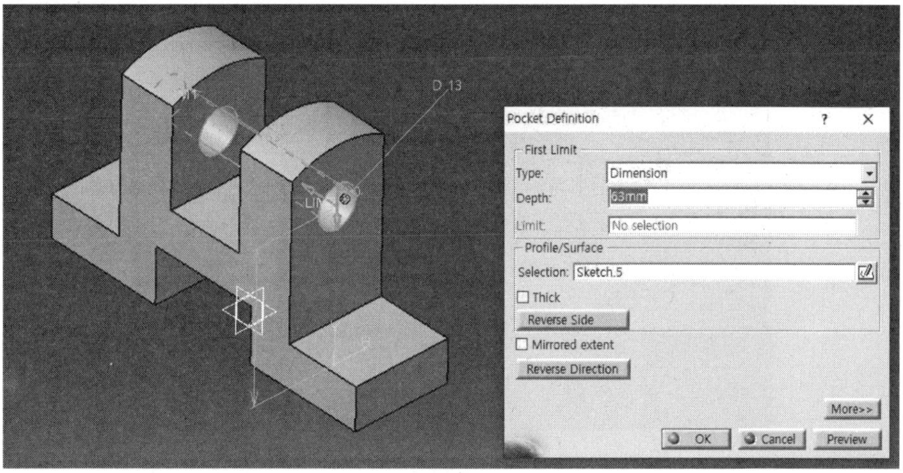

▶ 위쪽 면을 누르고 Sketch을 누르고 치수대로 그려주고 Exit Workbench을 눌러 나간다.

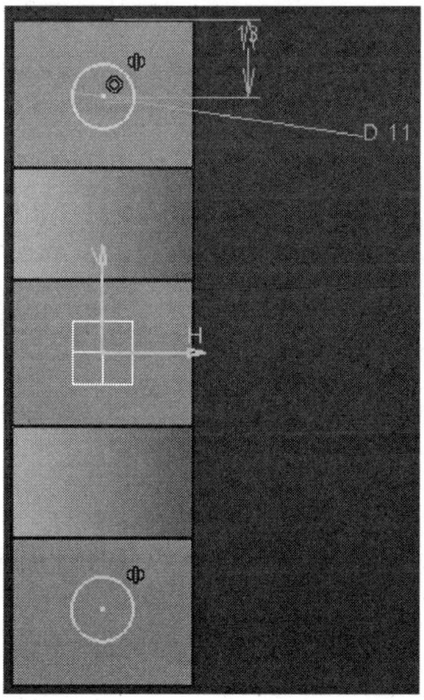

▶ Pocket을 누르고 Depth을 13mm만큼 누른다.

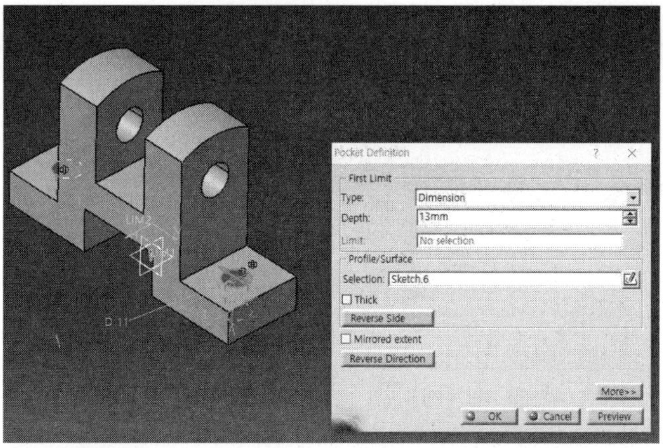

▶ Chamfer 을 누르고 사진처럼 모서리 부분을 클릭하고 Length을 10mm만큼 깎는다.

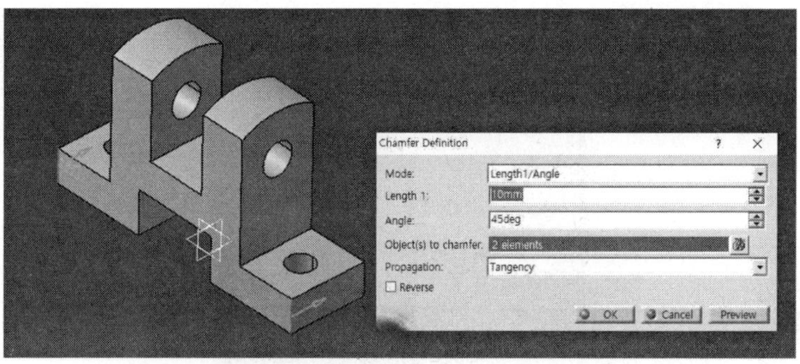

▶ 완성

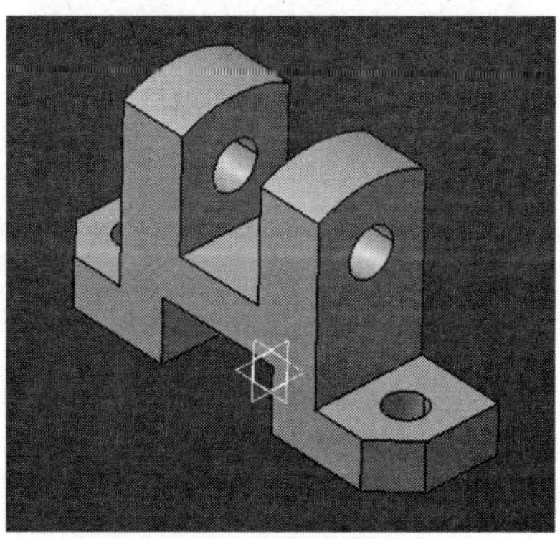

따라하기 7 : 경사면 만들기 - Pad Pad, Pocket Pocket, Plane Plane

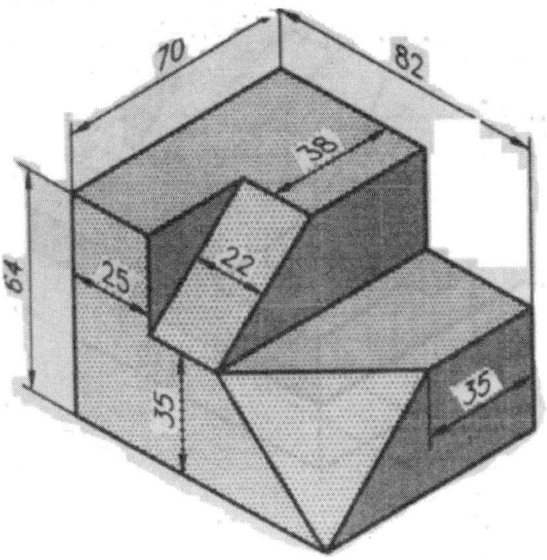

▶ XY평면에 Sketch 을 누른다. 사진에 나온 치수대로 그려주고 Exit Workbench 을 누르고 나간다.

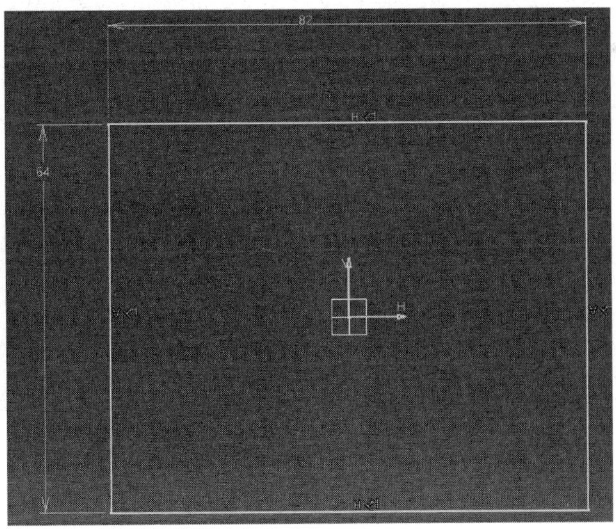

▶ Pad을 누르고 Length을 35mm만큼 해주고 Mirrored extent를 체크하고 생성한다.

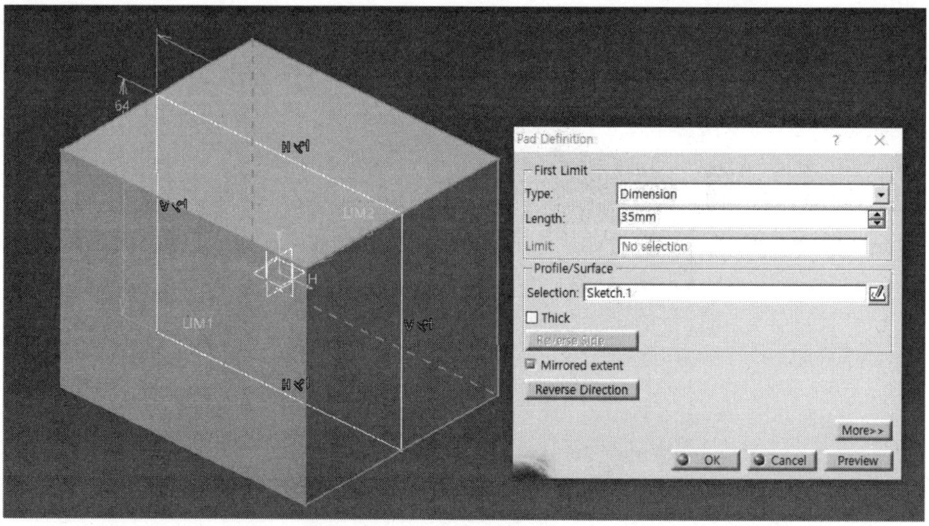

▶ 앞면을 Sketch을 누르고 사진에 나온 치수대로 그려주고 Exit Workbench을 누르고 나간다.

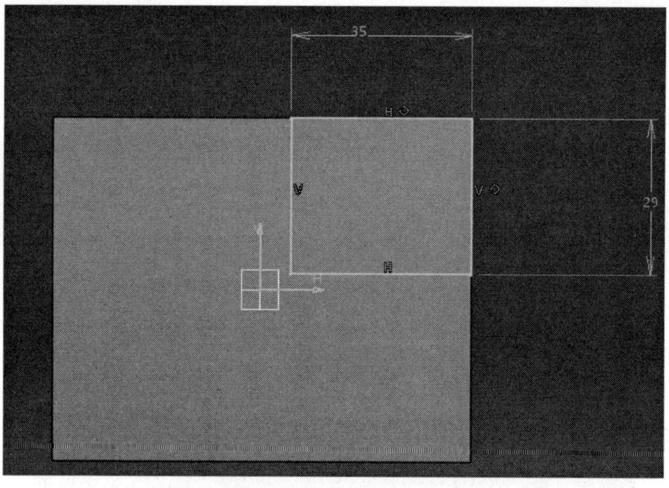

▶ Pocket을 누르고 7번 그림을 Depth을 70mm만큼 뚫는다.

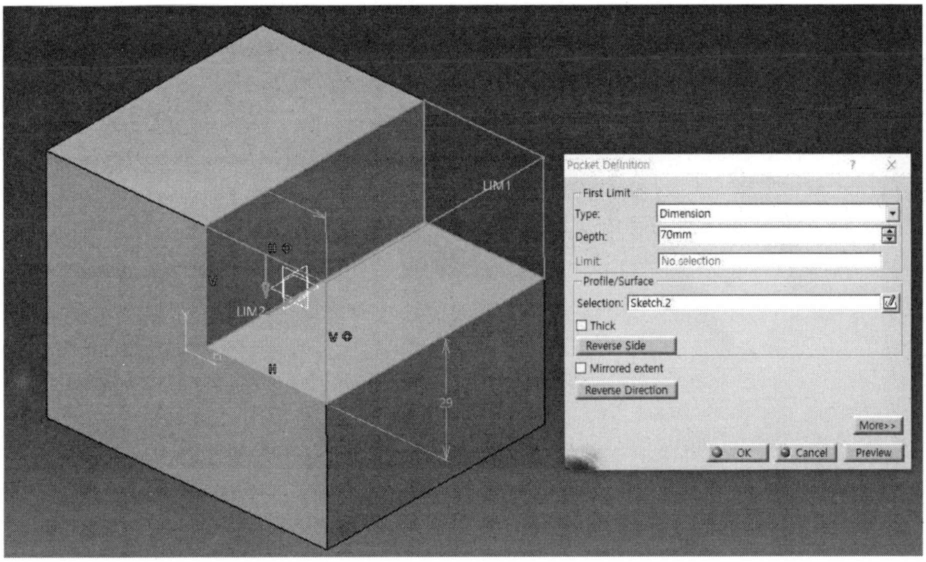

▶ 뚫었던 면 부분에 Sketch을 누르고 치수대로 그려주고 Exit Workbench을 눌러 나간다.

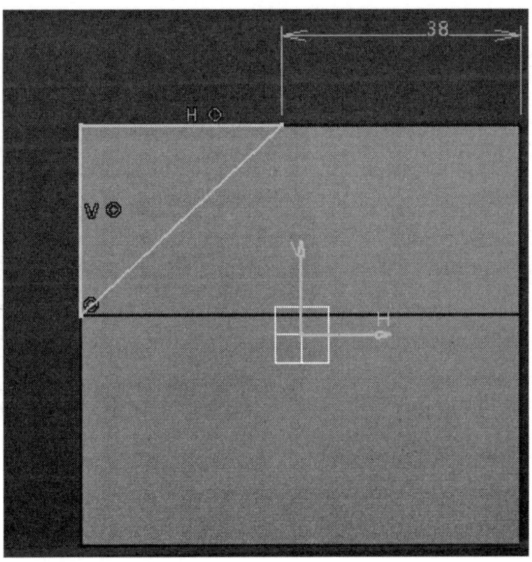

▶ Pocket을 누르고 먼저 그림의 Depth을 22mm만큼 포켓한다.

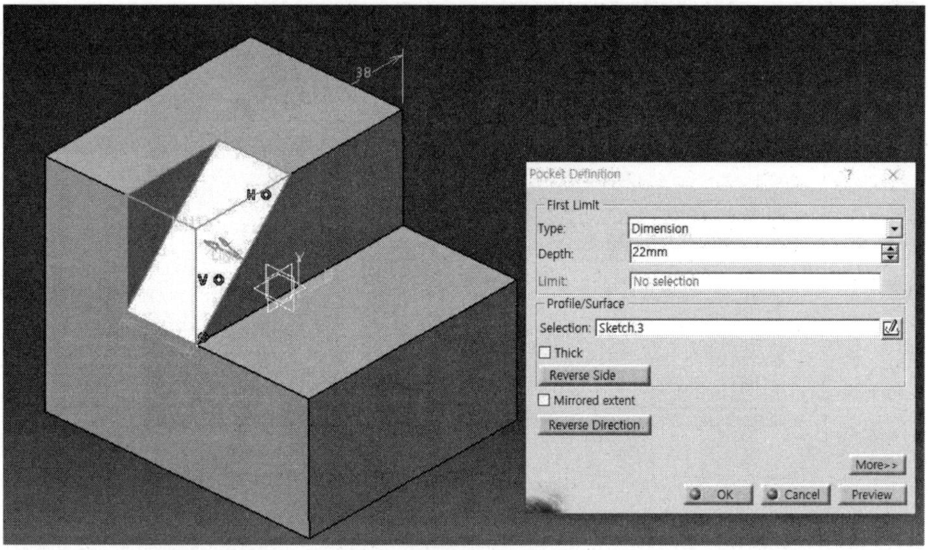

▶ Plane을 누르고 Rotation axis은 끝 선 중심을 누르고 Reference는 가로 선을 누르고 Angle을 135deg만큼 만들어준다.

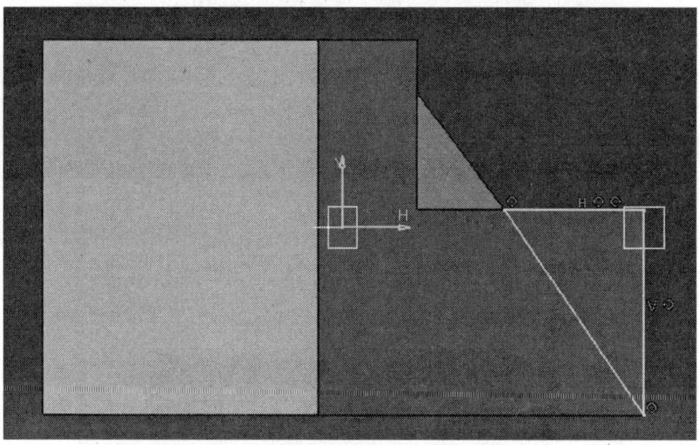

▶ 앞서 만든 Plane 평면에 Sketch을 누르고 치수대로 그려주고 Exit Workbench을 누르고 나간다.

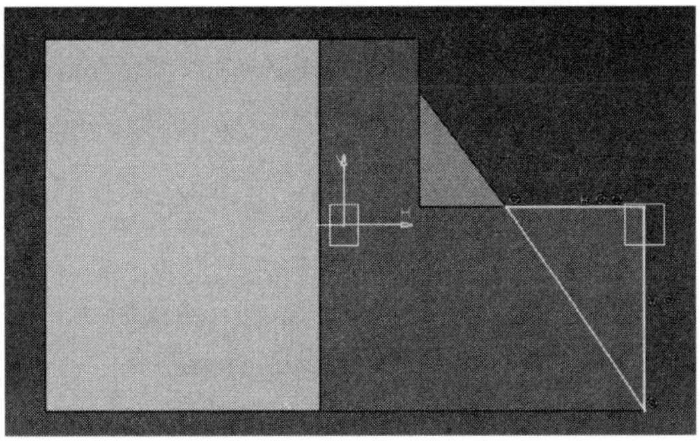

▶ Pocket을 누르고 12번 그림을 Depth을 22mm만큼 뚫는다.

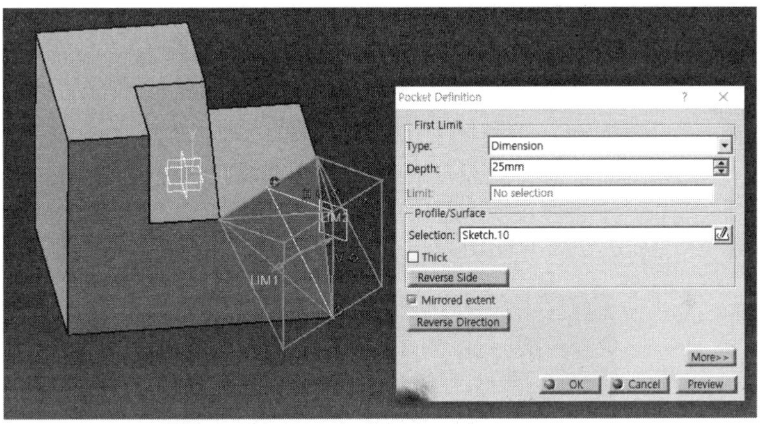

▶ 완성

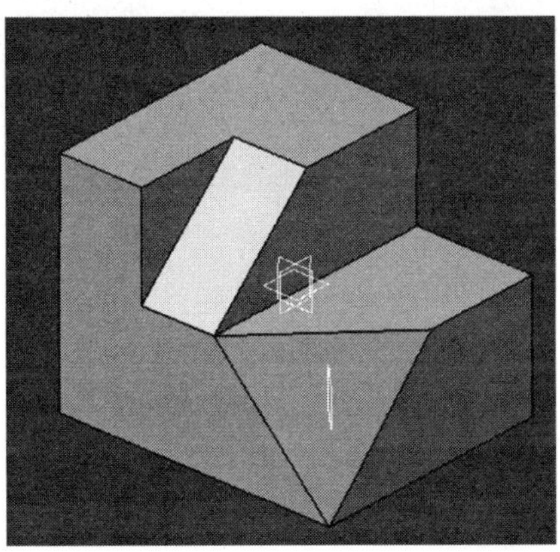

따라하기 8 : 종합 - Pad Pad, Pocket Pocket

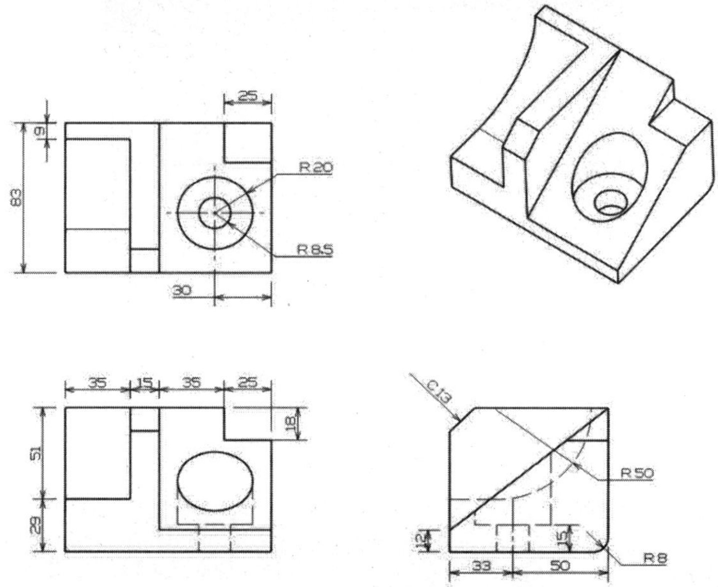

▶ ZX평면에 Sketch을 누른다. 치수대로 그려주고 Exit Workbench을 누르고 나간다.

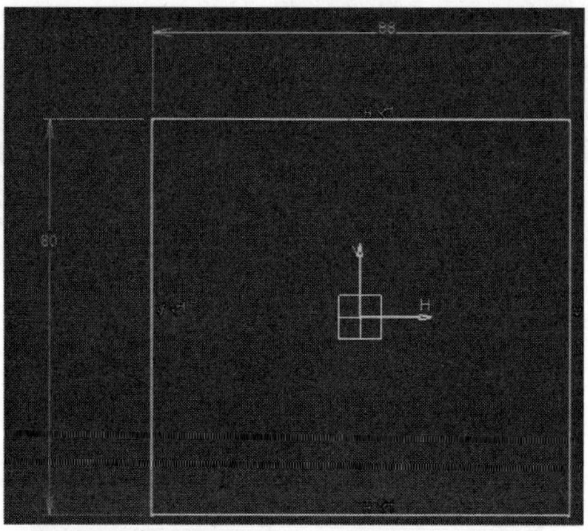

▶ Pad을 누르고 Length을 55mm만큼 생성하고 Mirrored extent를 체크해준다.

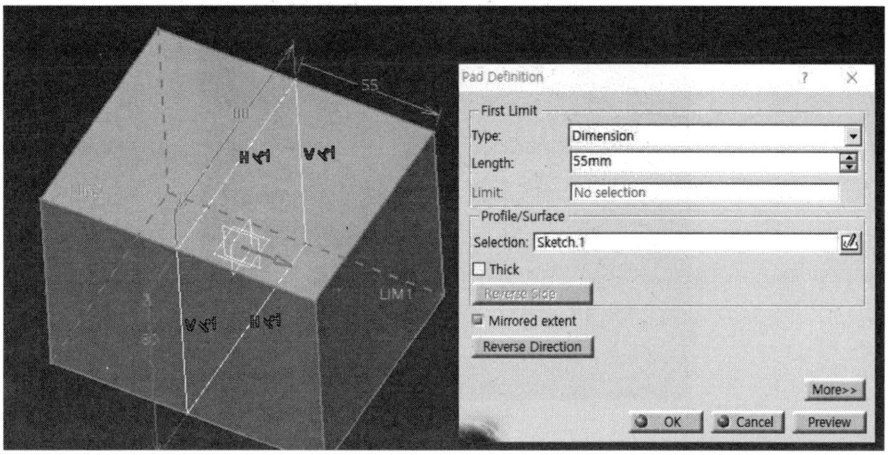

▶ 빨간 모서리 부분을 Chamfer을 사용하여 깎아준다.

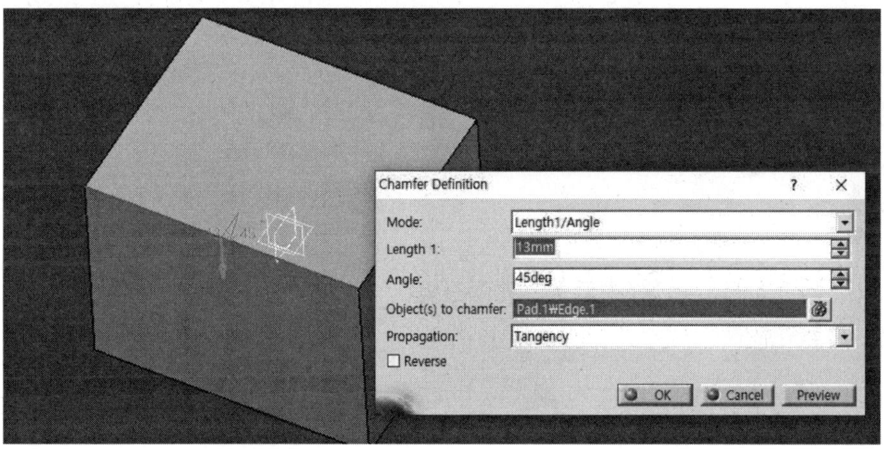

▶ ZX평면 네모 옆면에 Sketch을 누르고 치수대로 그려주고 Exit Workbench을 눌러 나간다.

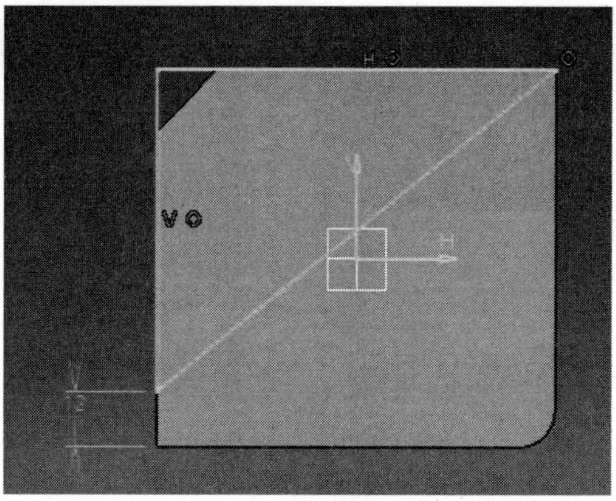

▶ Pocket을 누르고 Depth을 60mm만큼 뚫어준다.

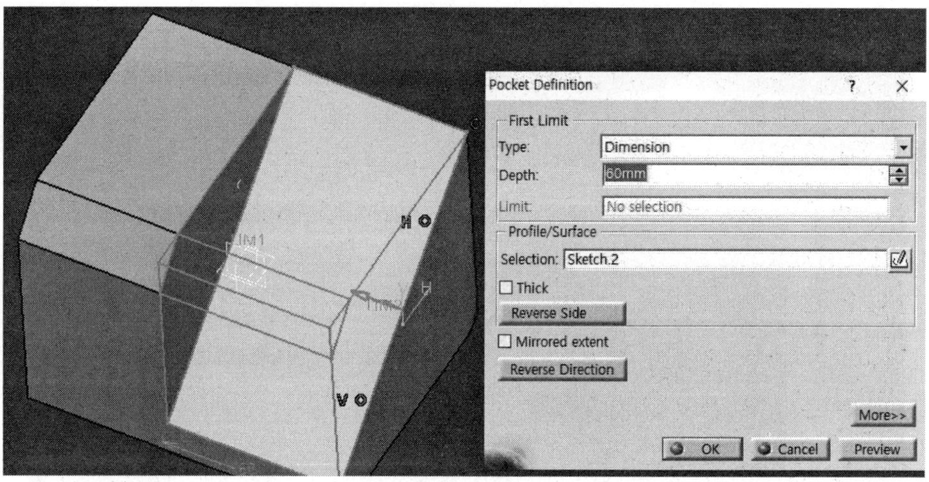

▶ ZX평면 네모 옆면에 Sketch을 누르고 치수대로 그려주고 Exit Workbench을 눌러 나간다.

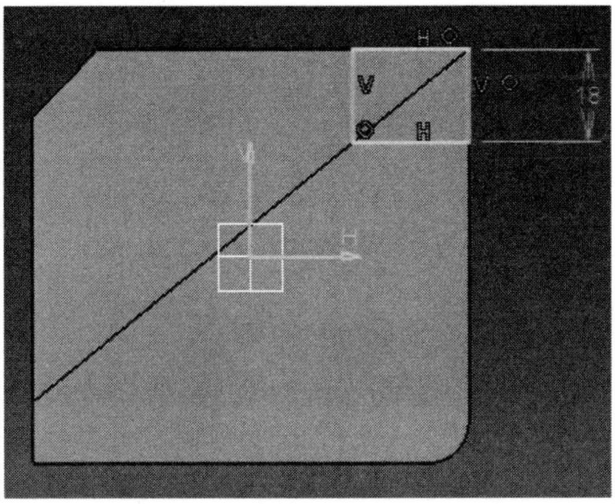

▶ Pocket을 누르고 Depth을 25mm만큼 뚫어준다.

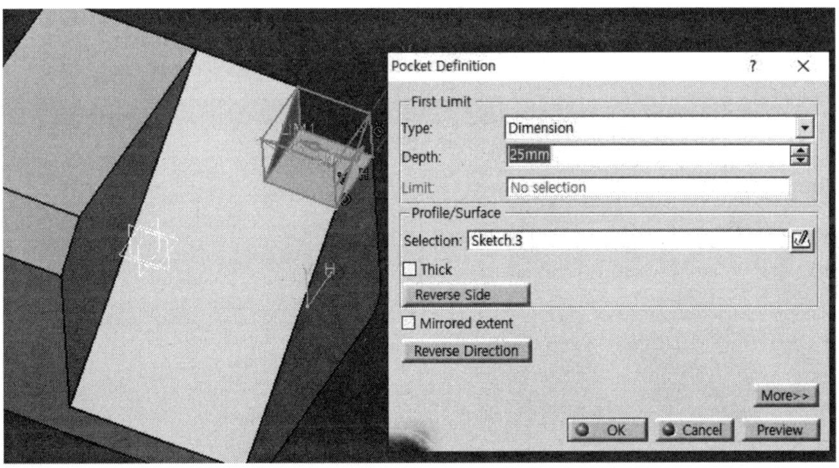

▶ XY평면을 선택하고 Sketch을 누른다. 치수대로 동그라미를 그려주고 Exit Workbench을 눌러 나간다.

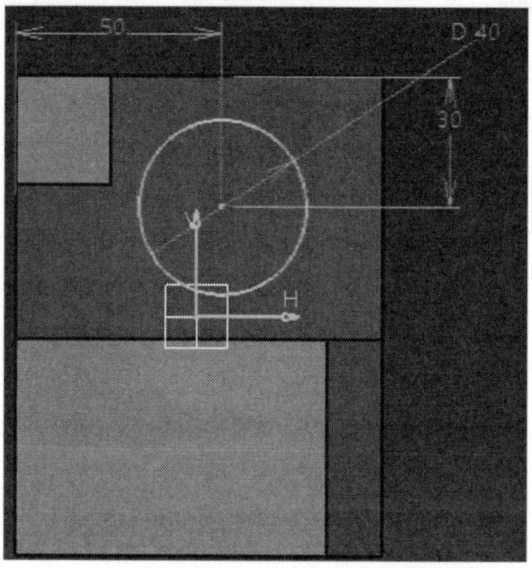

▶ Pocket을 누르고 Depth을 28mm만큼 뚫어준다.

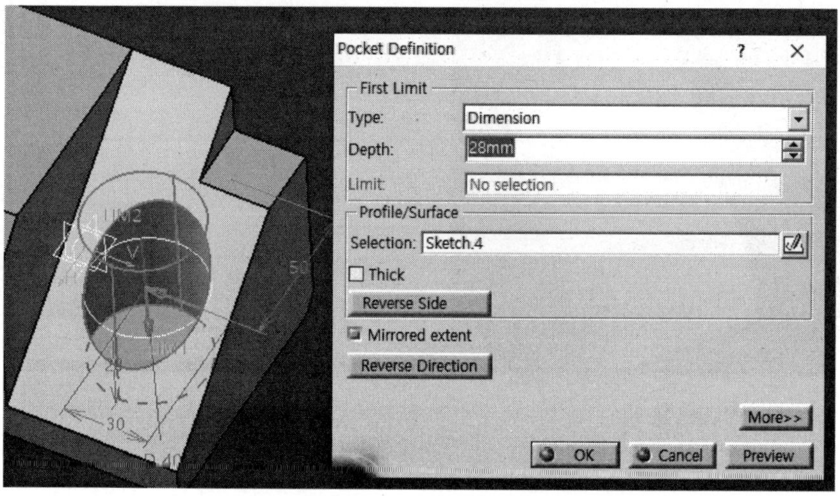

▶ 뚫어준 위치에 Sketch을 누르고 치수대로 그려주고 Exit Workbench을 눌러 나간다.

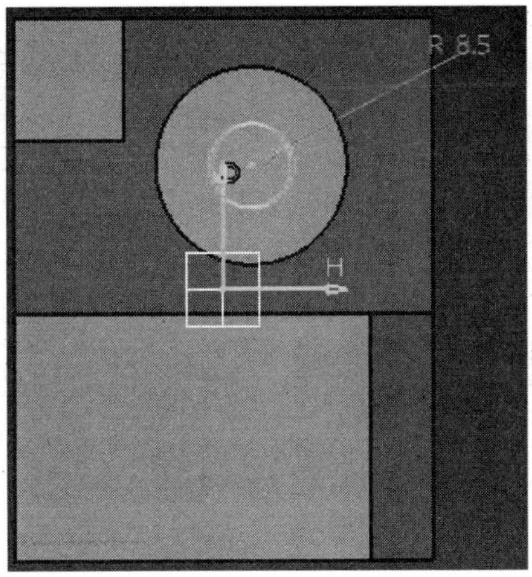

▶ Pocket을 누르고 Depth을 28mm만큼 뚫어준다.

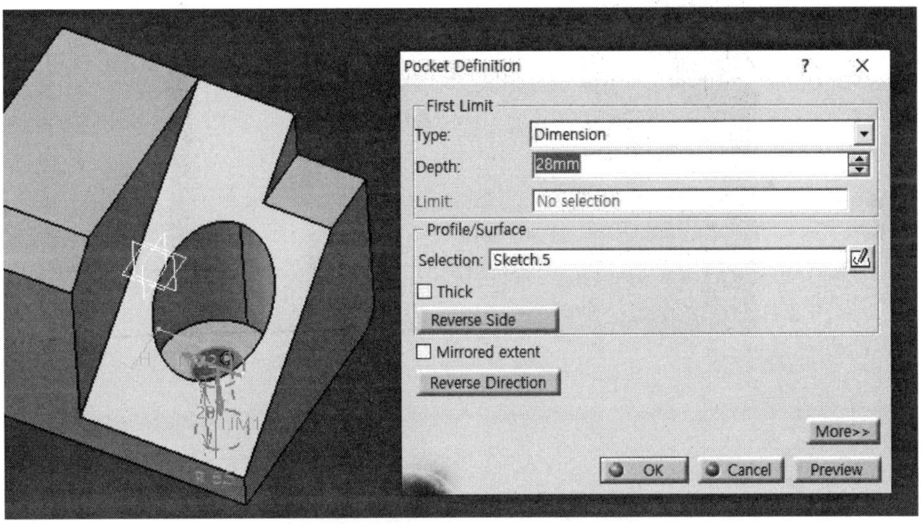

▶ 반대쪽 면에 Sketch을 누르고 치수대로 그려주고 Exit Workbench을 눌러 나간다.

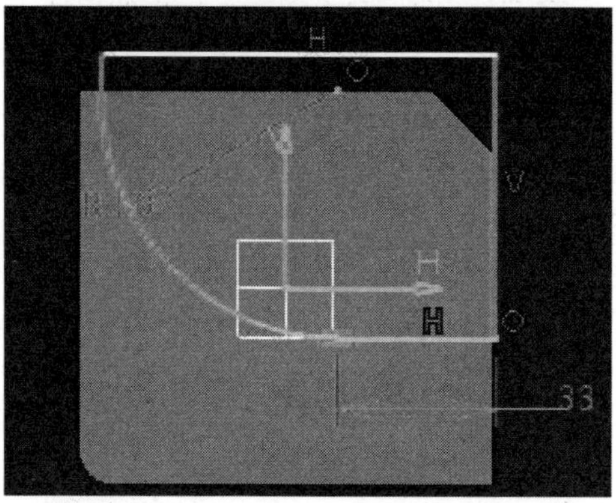

▶ Pocket을 누르고 Depth을 35mm만큼 뚫어준다.

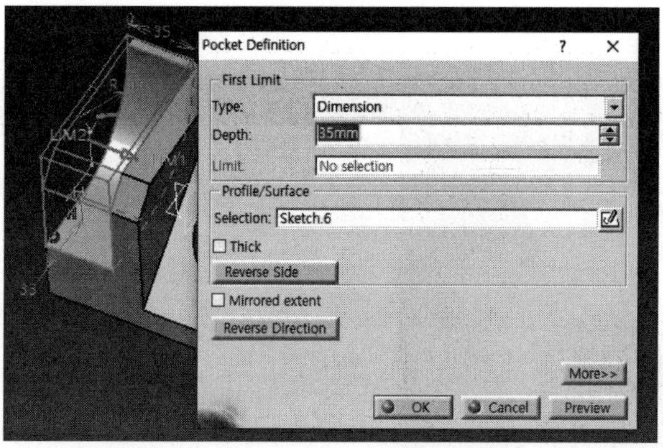

▶ 완성

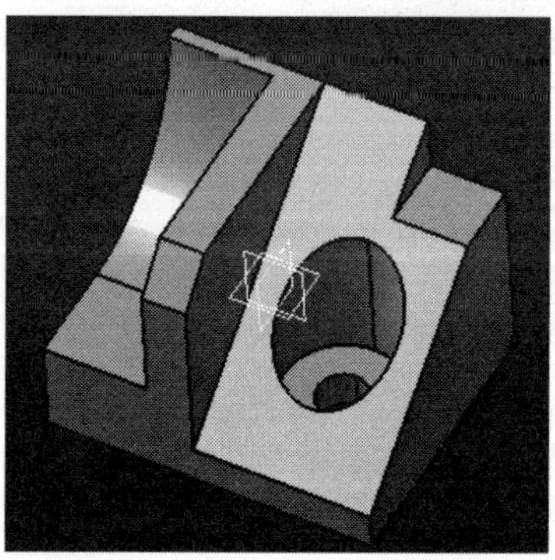

따라하기 9 : Channel - Pad Pad, Pocket Pocket

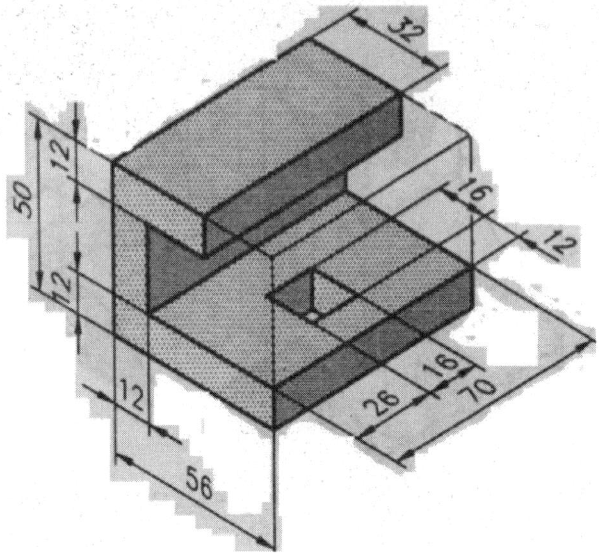

▶ XY평면에 Sketch을 누른다. 치수대로 그려주고 Exit Workbench을 누르고 나간다.

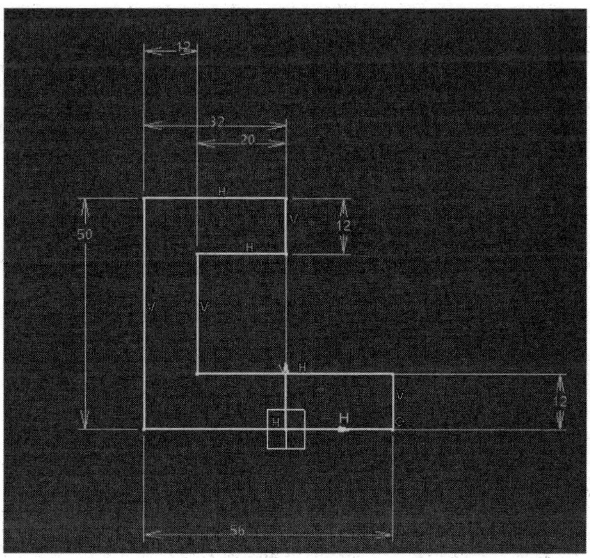

▶ Pad을 누르고 Length을 70mm만큼 생성한다.

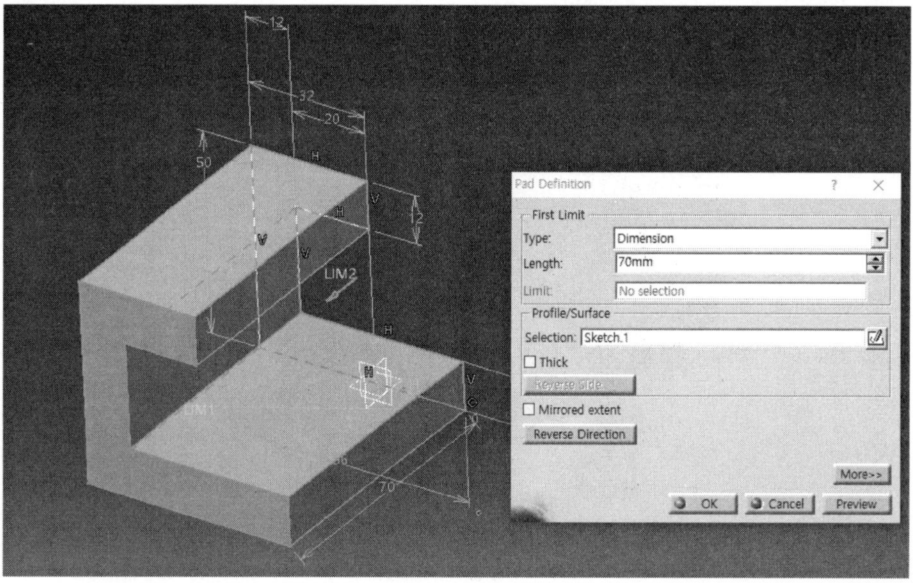

▶ 위쪽 면을 Sketch을 누르고 사진에 나온 치수대로 그려주고 Exit Workbench을 누르고 나간다.

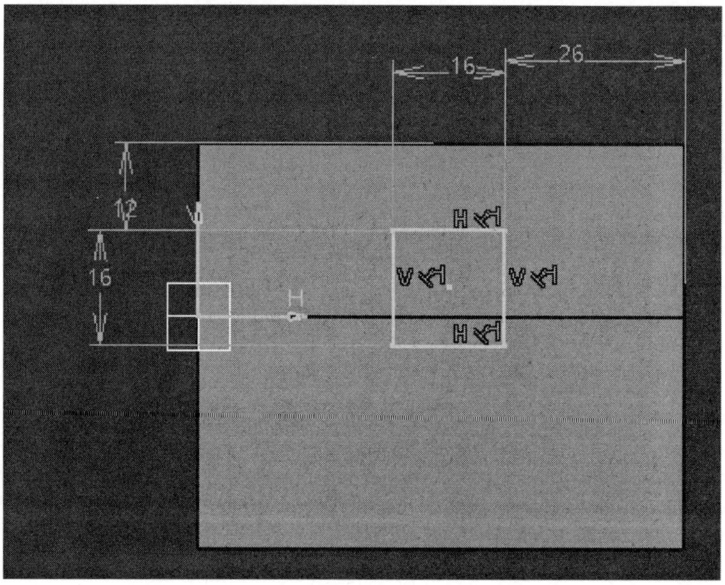

▶ Pocket을 누르고 7번 그림을 Depth을 70mm만큼 뚫는다.

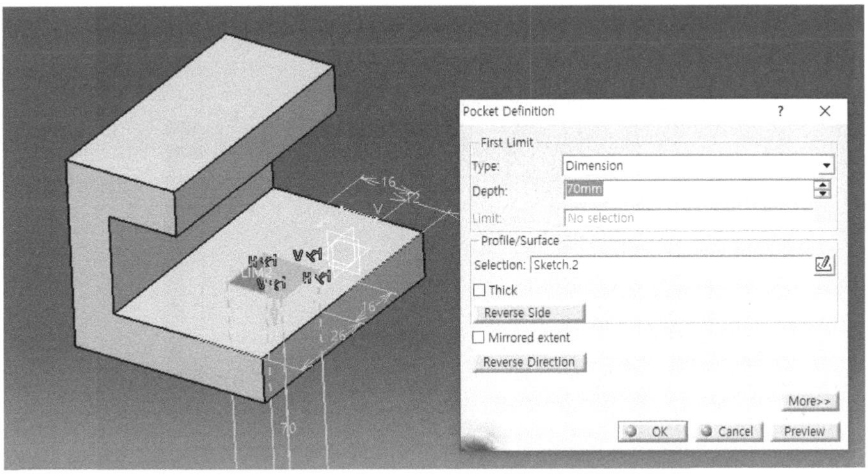

▶ 완성

따라하기 10 : Oil Pan - Offset Offset, Mirror Mirror

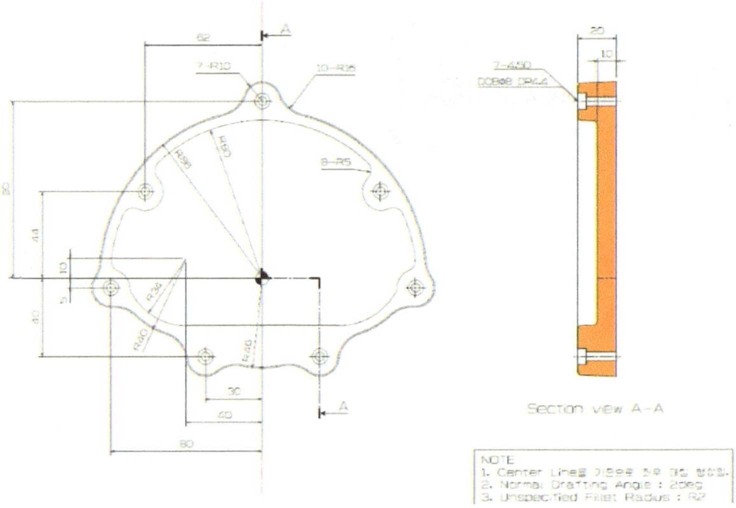

▶ XY평면에 Sketch을 누른다. 치수대로 그려야 하는데 어렵기 때문에 하나하나 그려야한다.

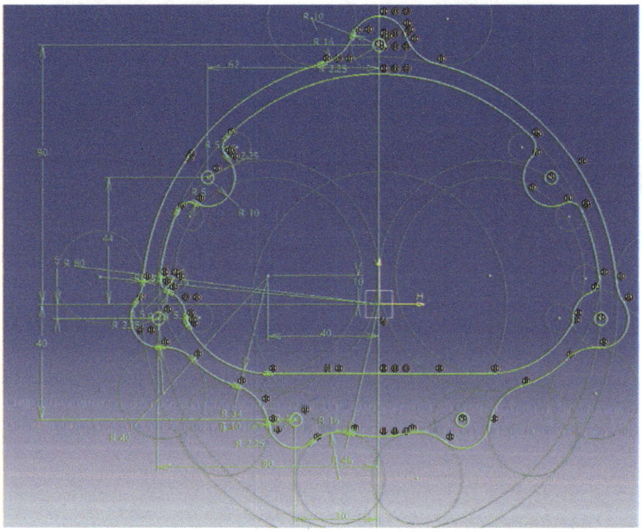

▶ Constraints Defined in Dialog Box 을 사용하여 Coincidence, Concentricity, Tangency을 체크해주면서 그려주면 편하다.

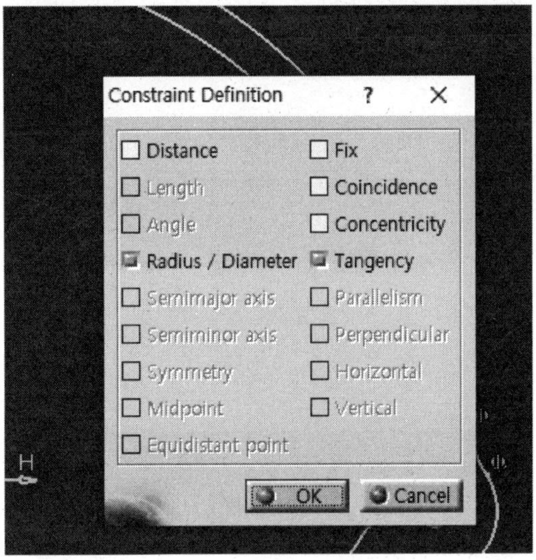

▶ 이 부분부터 그려준다.

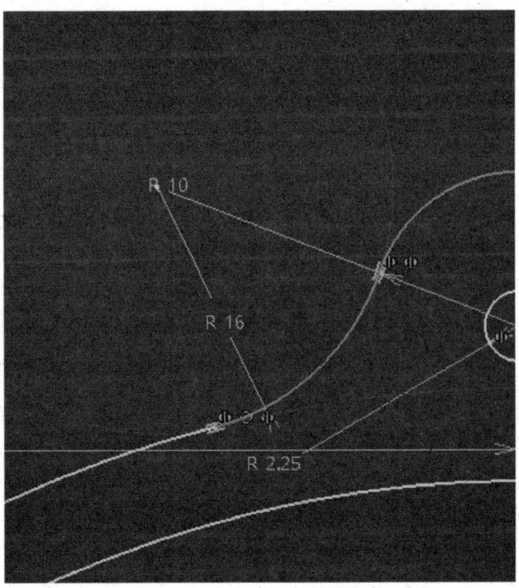

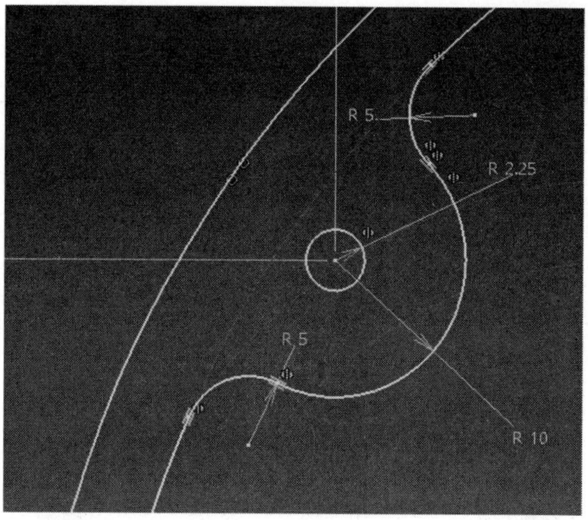
R 5
R 2.25
R 5
R 10

▶ 그 다음 그려준다.

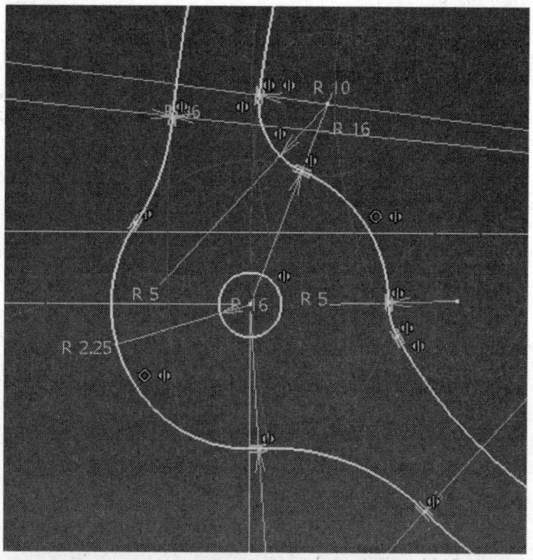
R 10
R 16
R 5
R 16
R 5
R 2.25

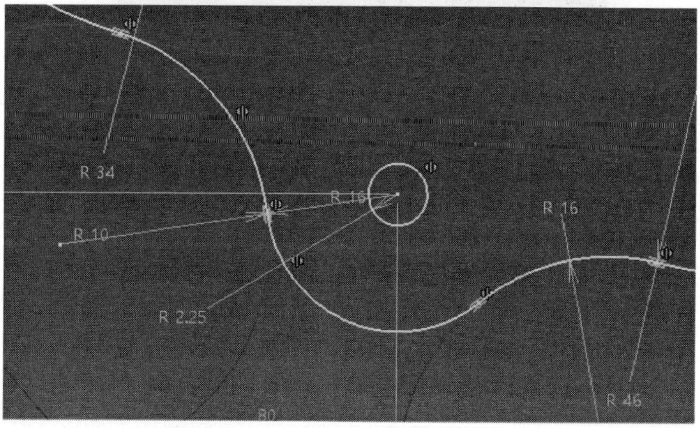
R 34
R 16
R 16
R 10
R 2.25
R 46

▶ 반쪽 그림이 완성이 되면 중심선을 기준을 잡고 Mirror을 사용하여 만들어주고 Exit Workbench을 누르고 나간다.

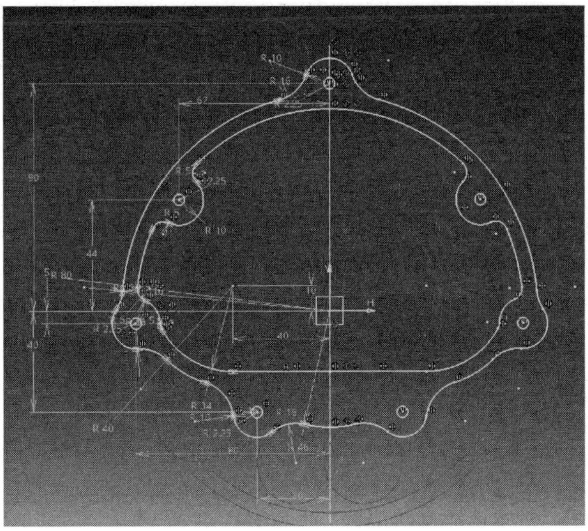

▶ Pad을 누르고 앞선 그림을 Length을 20mm만큼 생성한다.

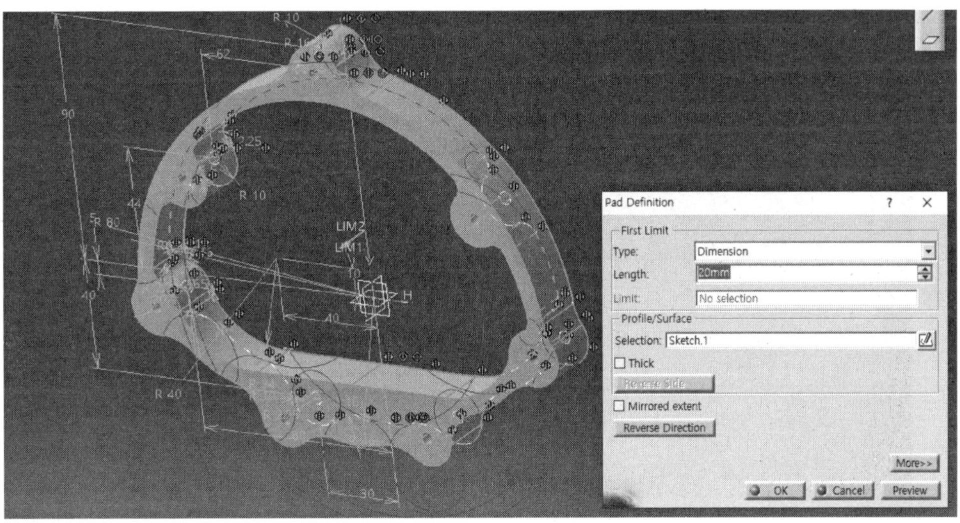

▶ 생성했던 Pad 앞면을 Sketch을 누르고 동그라미 부분을 그려주고 Exit Workbench을 누르고 나간다.

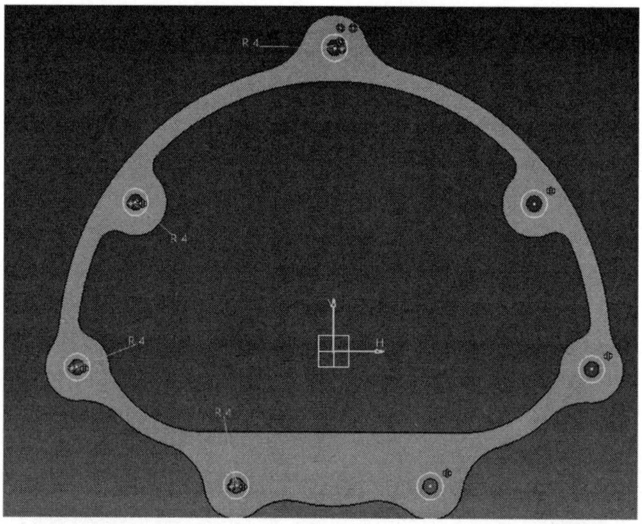

▶ 앞서 그렸던 그림을 Pocket을 누르고 Depth을 4.4mm만큼 뚫어준다.

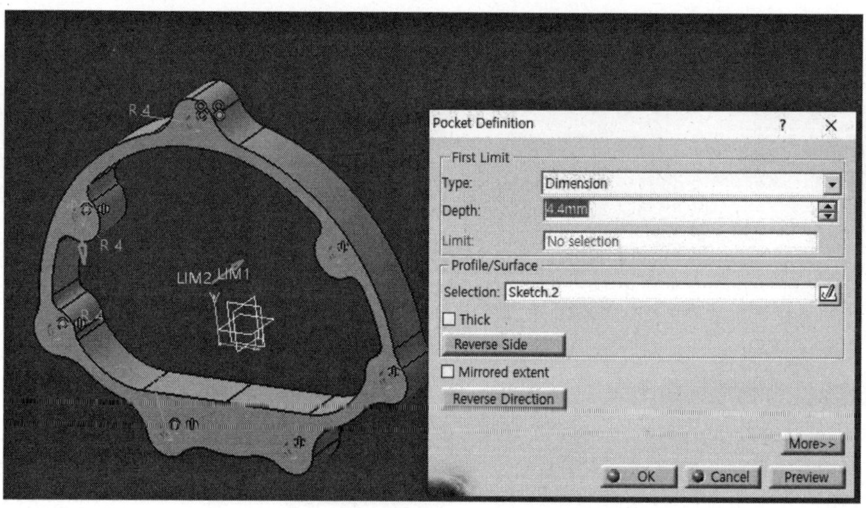

▶ XY평면에 Sketch을 누르고 Offset을 사용하여 사진처럼 그려주고 Exit Workbench을 누르고 나간다.

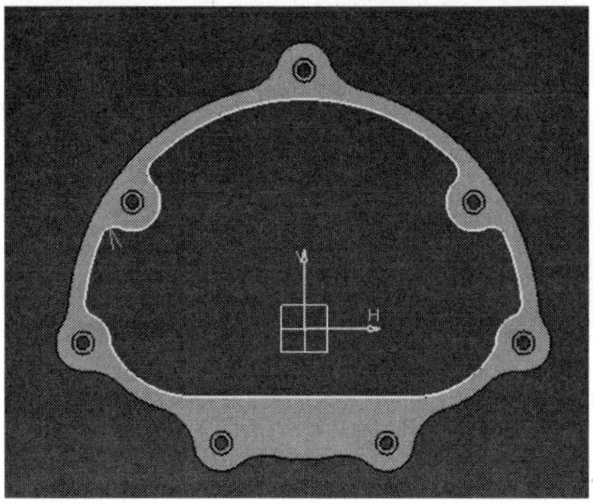

▶ Pad을 누르고 15번 그림을 Length을 10mm만큼 생성한다.

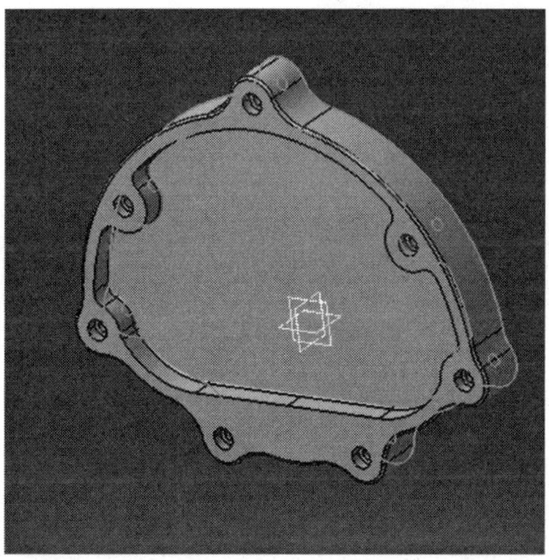

▶ 모서리 부분을 Edge Fillet을 사용하여 Radius을 1mm만큼 다듬어준다.

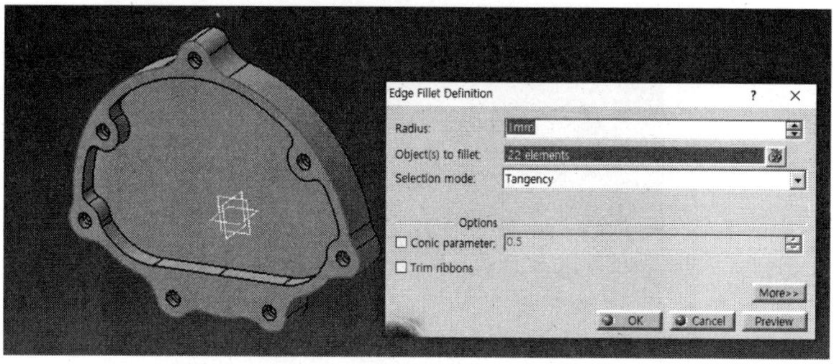

▶ 안쪽 면도 Edge Fillet을 사용하여 1mm만큼 다듬어준다.

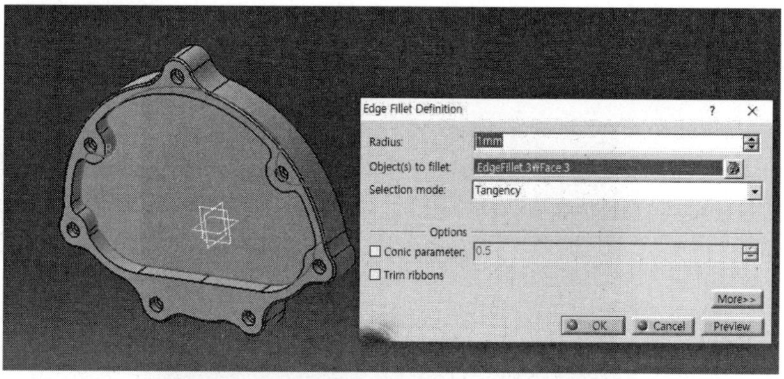

▶ 완성

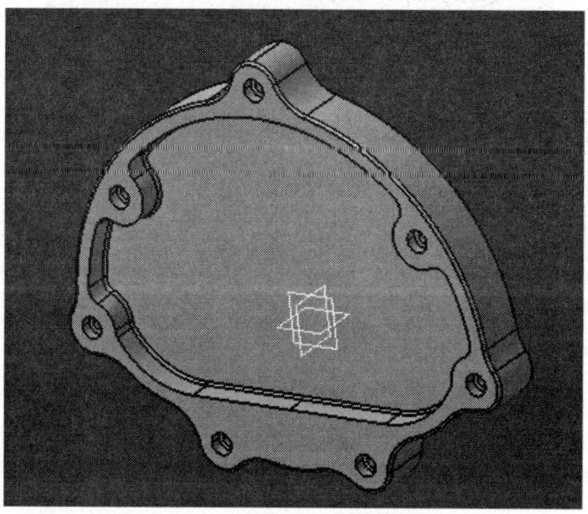

따라하기 11 : Channel 2 - Offset Offset, Shaft Shaft, Translate Translate

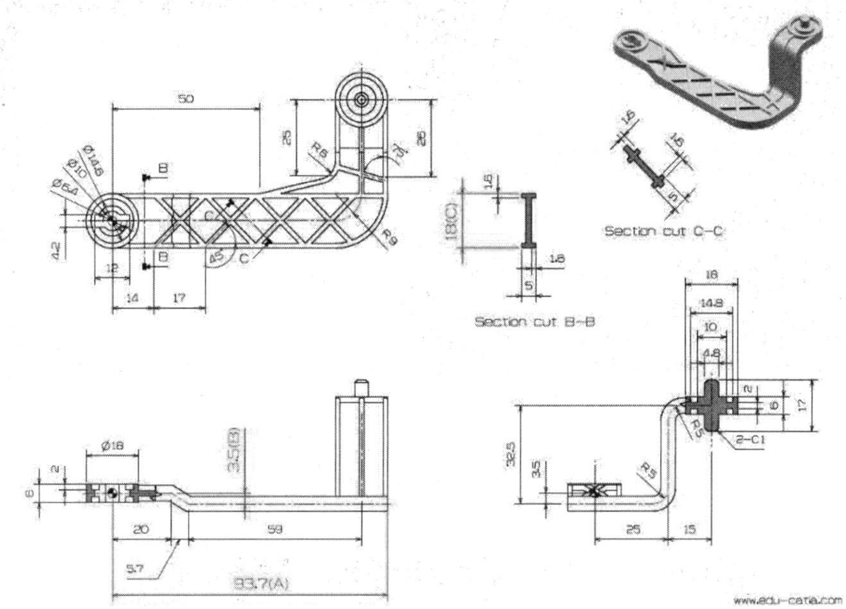

▶ XY평면에 Sketch을 누른다. 치수대로 그려주고 Exit Workbench을 누르고 나간다.

▶ Pad을 누르고 Length을 37.5mm만큼 생성한다.

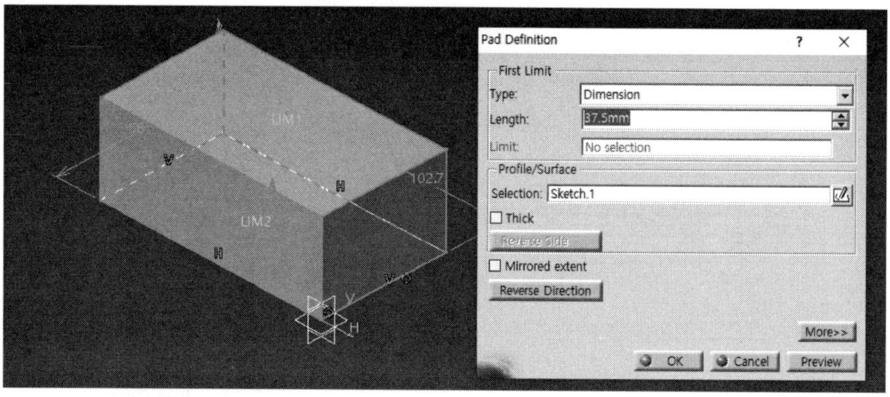

▶ 위쪽 면에 Sketch을 누르고 치수대로 그려주고 Exit Workbench을 누르고 나간다.

▶ Pad을 누르고 Length을 37.5mm만큼 생성한다.

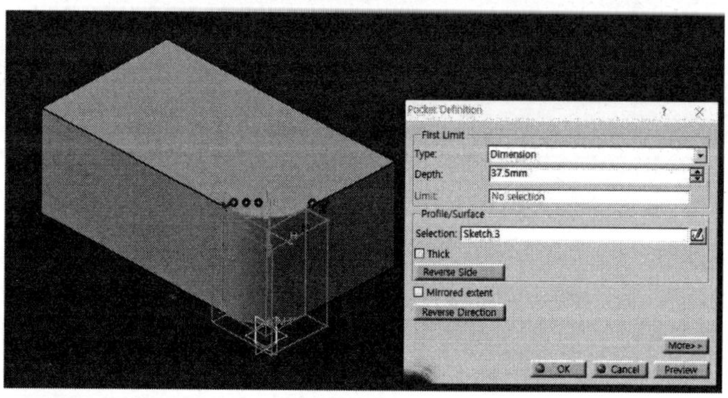

▶ 위쪽 면에 Sketch을 누르고 치수대로 그려주고 Exit Workbench을 누르고 나간다.

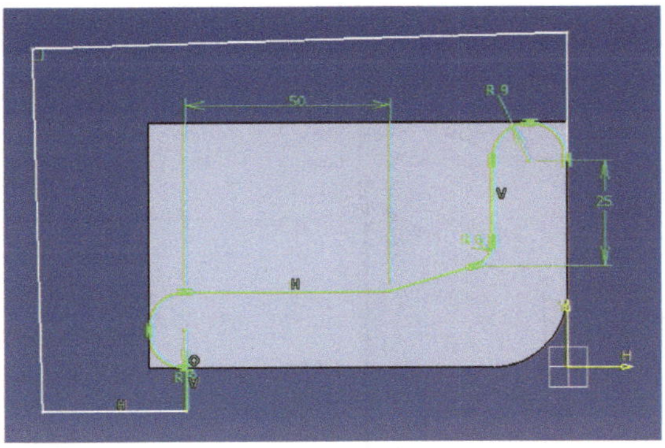

▶ Pocket을 누르고 Depth을 37.5mm만큼 뚫어준다.

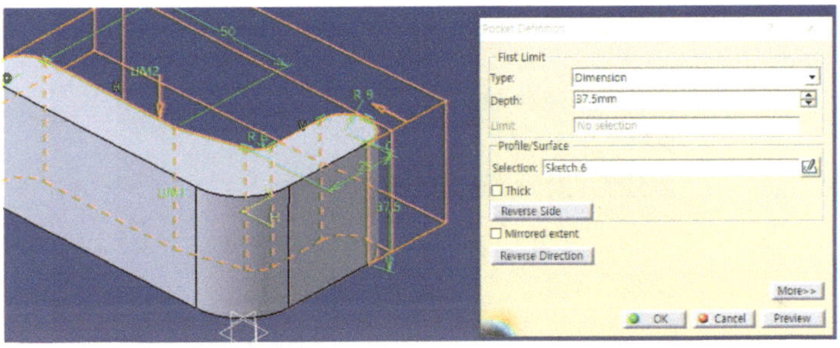

▶ 위쪽 면에 Sketch을 누르고 치수대로 그려주고 Exit Workbench을 누르고 나간다.

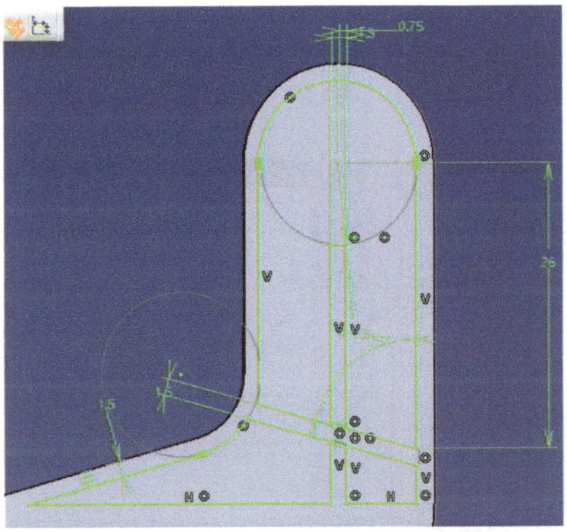

▶ Pocket을 누르고 Depth을 37.5mm만큼 뚫어준다.

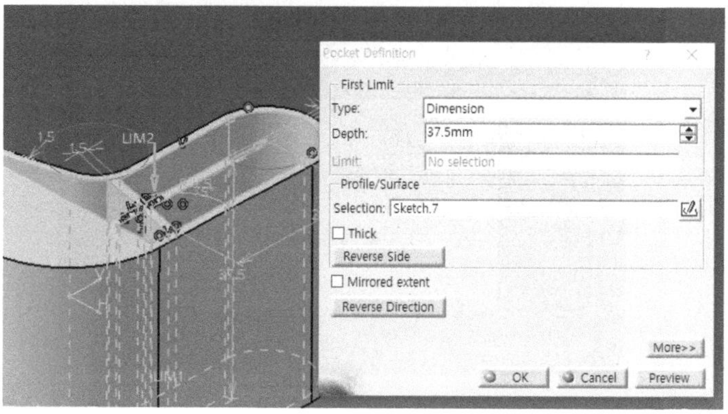

▶ 뚫린 부분을 제외한 나머지 면에 Sketch을 누르고 치수대로 그려주고 Exit Workbench을 누르고 나간다.

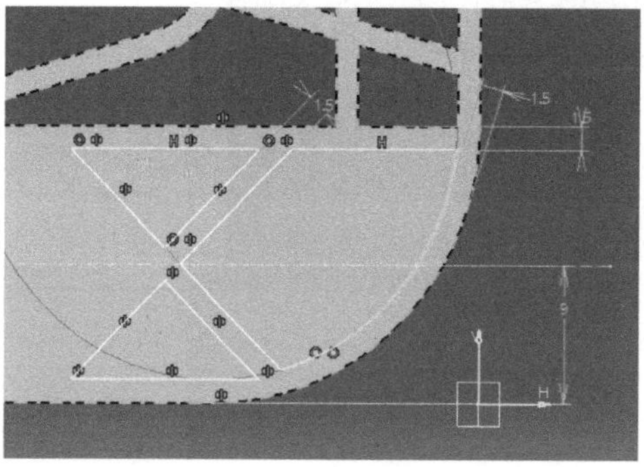

▶ Pocket을 누르고 Depth을 37.5mm만큼 뚫어준다.

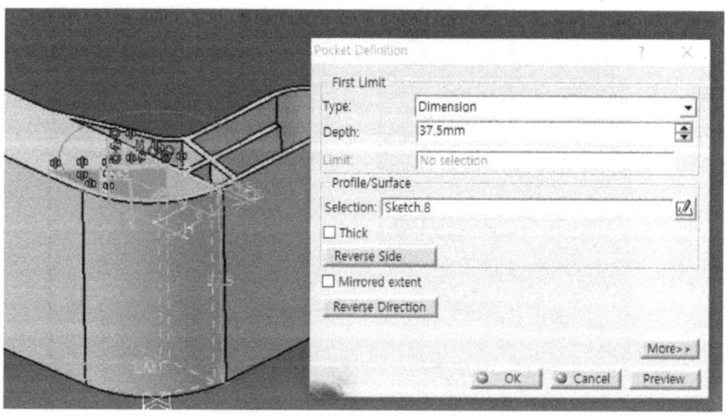

▶ 뚫린 부분을 제외한 나머지 면에 Sketch을 누르고 치수대로 그려주고 Translate 을 사용하여 복사하여 3개를 더 생성하고 Exit Workbench을 누르고 나간다.

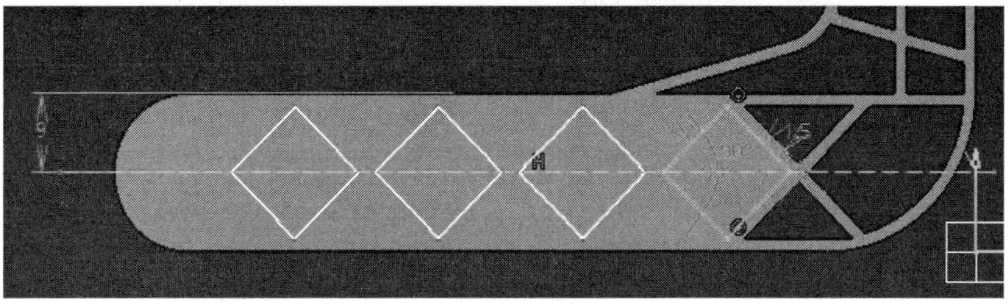

▶ Pocket을 누르고 Depth을 37.5mm만큼 뚫어준다.

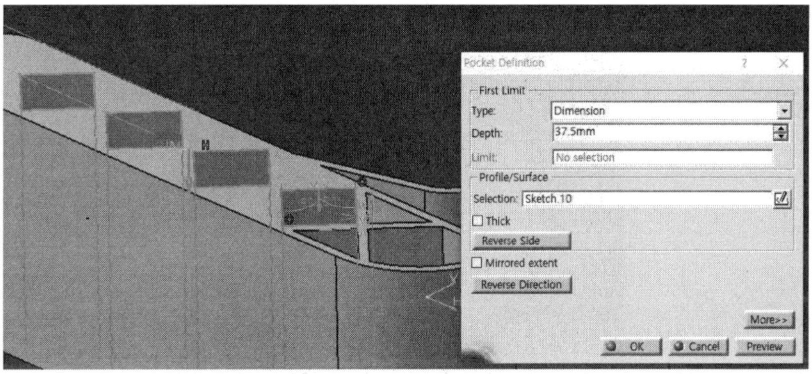

▶ 앞서 포켓 부위에 Sketch을 누르고 치수대로 그려주고 Translate 을 사용하여 복사하여 생성하고 Exit Workbench을 누르고 나간다.

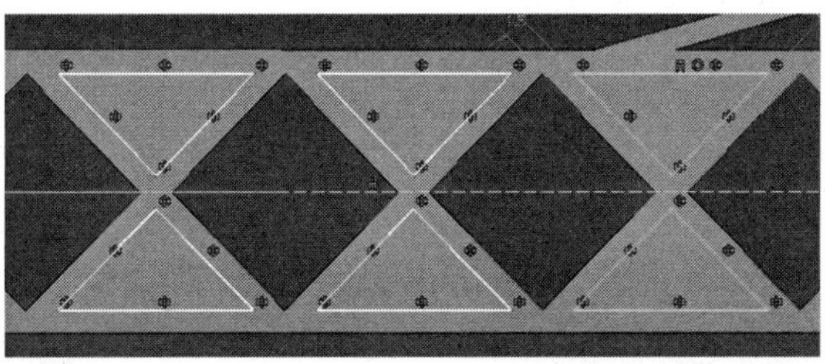

▶ Pocket을 누르고 Depth을 37.5mm만큼 뚫어준다.

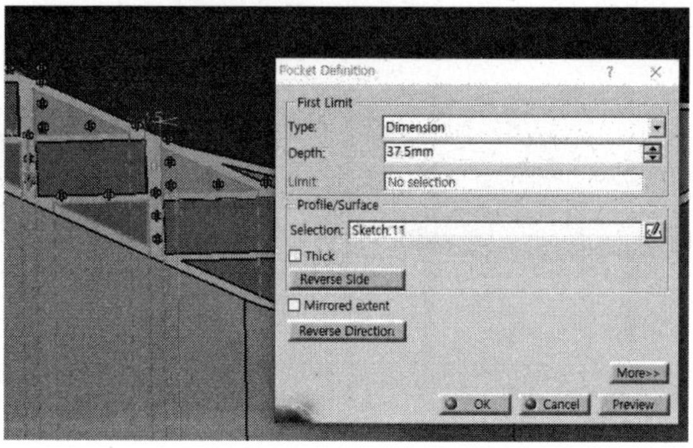

▶ 그림 부위에 Sketch을 누르고 치수대로 그려주고 Exit Workbench을 누르고 나간다.

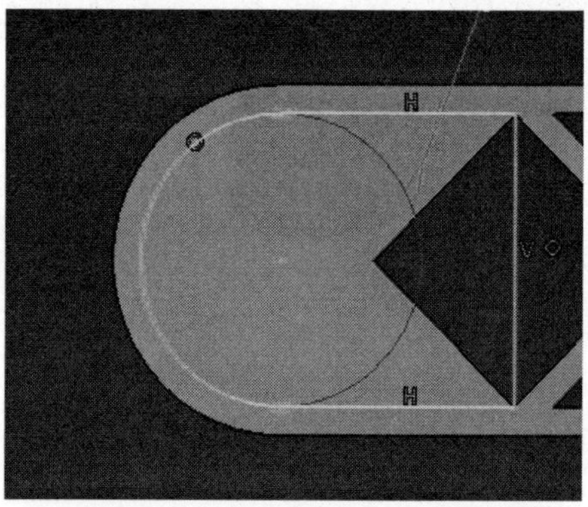

▶ Pocket을 누르고 Depth을 37.5mm만큼 뚫어준다.

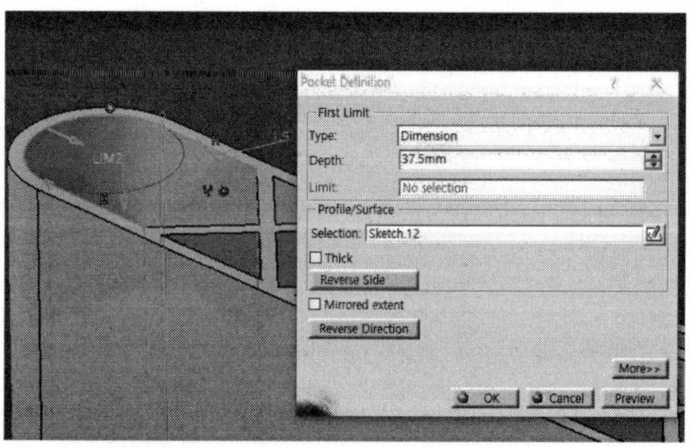

▶ 사각 ZX평면 오른쪽 면에 Sketch을 누르고 치수대로 그려주고 Exit Workbench을 누르고 나간다.

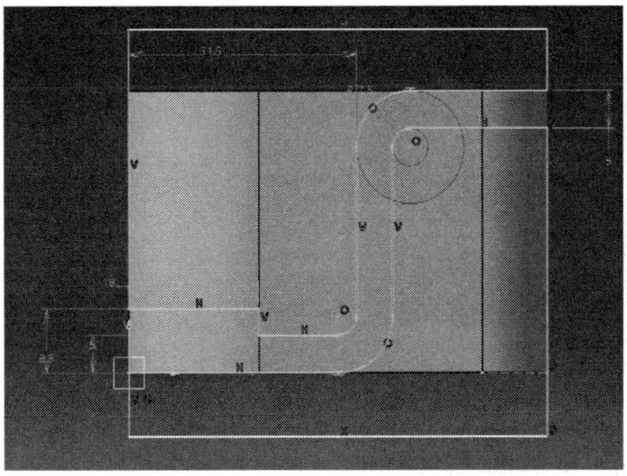

▶ Pocket을 누르고 Depth을 120mm만큼 뚫어준다.

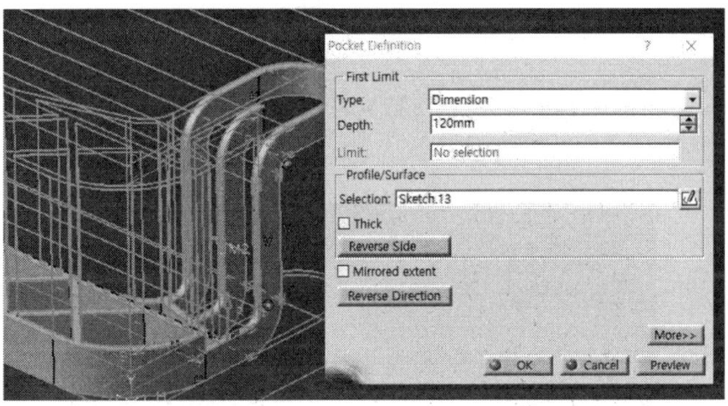

▶ ZX평면 앞쪽 면에 Sketch을 누르고 치수대로 그려주고 Exit Workbench을 누르고 나간다.

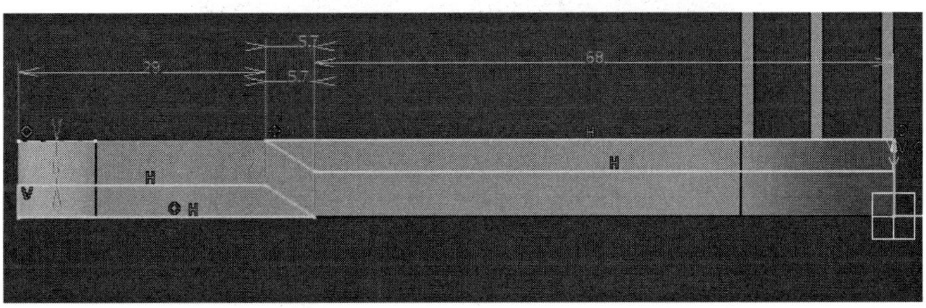

▶ Pocket을 누르고 Depth을 18mm만큼 뚫어준다.(18mm 이상을 넘기면 다른 부위도 뚫리기 때문에 조심한다)

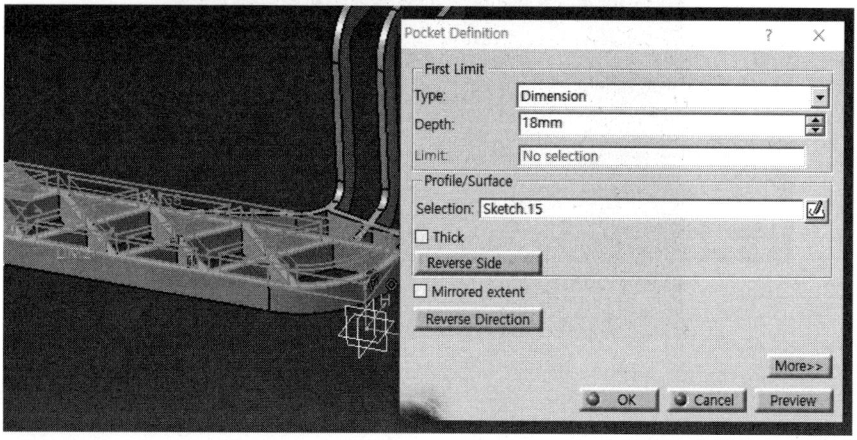

▶ 사각 ZX평면 오른쪽 면에 Sketch을 누르고 Offset을 사용하여 주황색 부분을 클릭하고 치수대로 그려주고 Exit Workbench을 누르고 나간다.

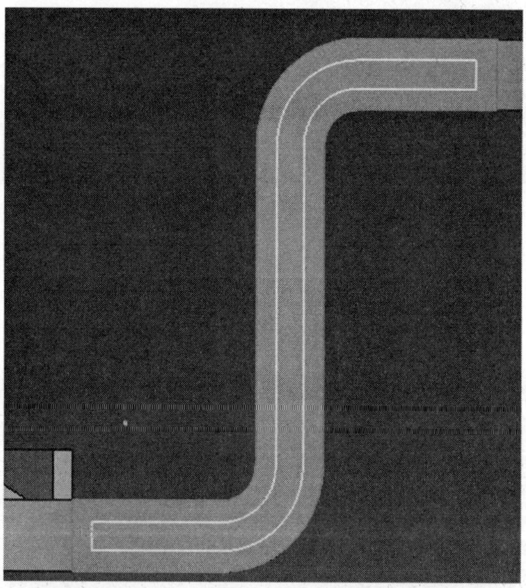

▶ Pad 을 누르고 Length을 18mm만큼 생성한다.

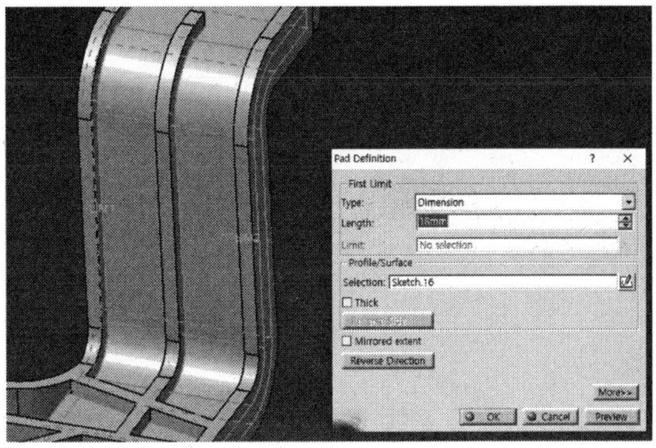

▶ 위쪽 비어있는 부분도 Sketch 을 누르고 Offset 을 사용하여 그려주고 Exit Workbench 을 누르고 나간다.

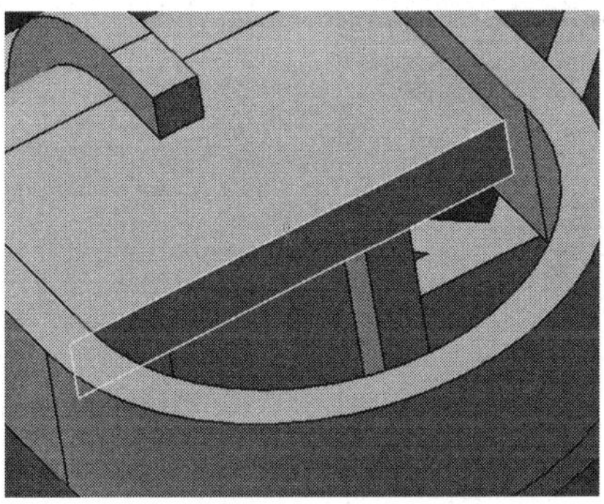

▶ Pad 을 누르고 Type Up to last을 선택해주고 만든다.(Type Up to last 끝 지점까지 채워주는 기능이다)

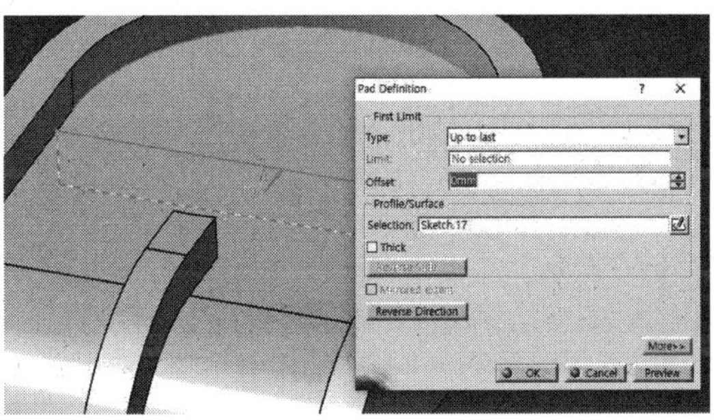

▶ 나머지 비어있는 부분도 Sketch을 누르고 Offset을 사용하여 그려주고 Exit Workbench을 누르고 나간다.

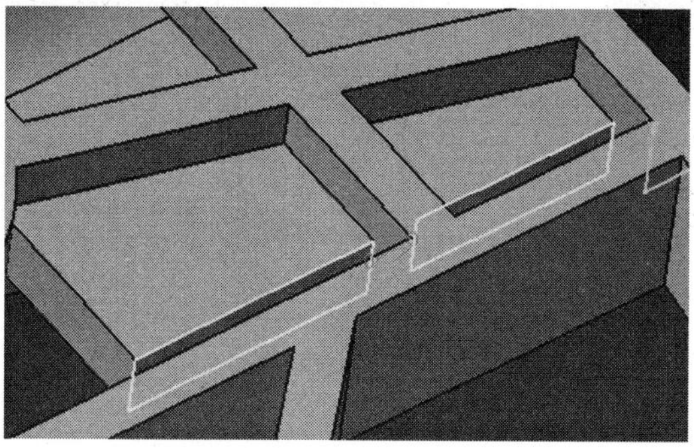

▶ Pad을 누르고 Type Up to last을 선택해주고 만든다.

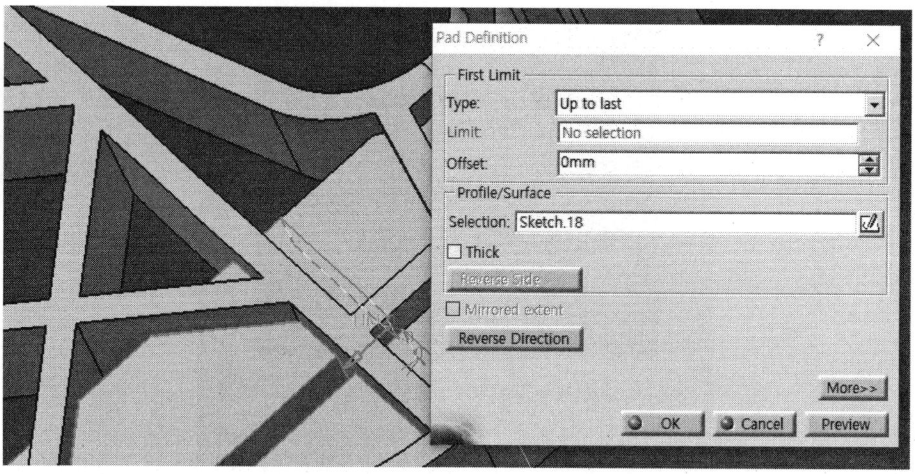

▶ 곡선 부분도 Sketch을 누르고 Offset을 사용하여 그려주고 Exit Workbench을 누르고 나간다.

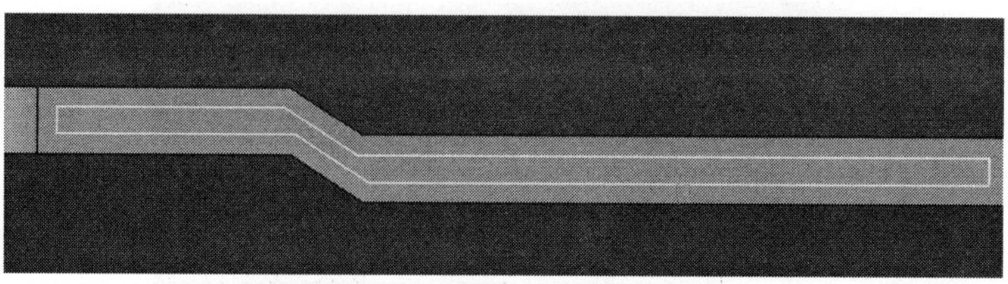

▶ Pad을 누르고 Length을 18mm만큼 생성한다.

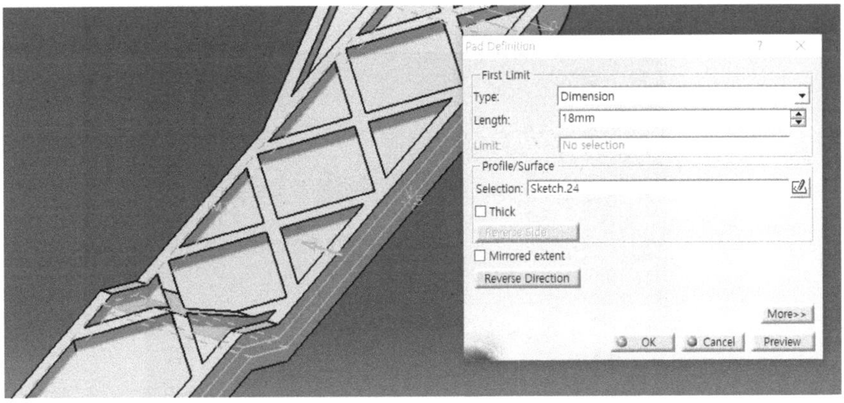

▶ 나머지 비어있는 부분도 위와 같이 반복하여 Pad로 채워주면 사진처럼 결과가 나온다.

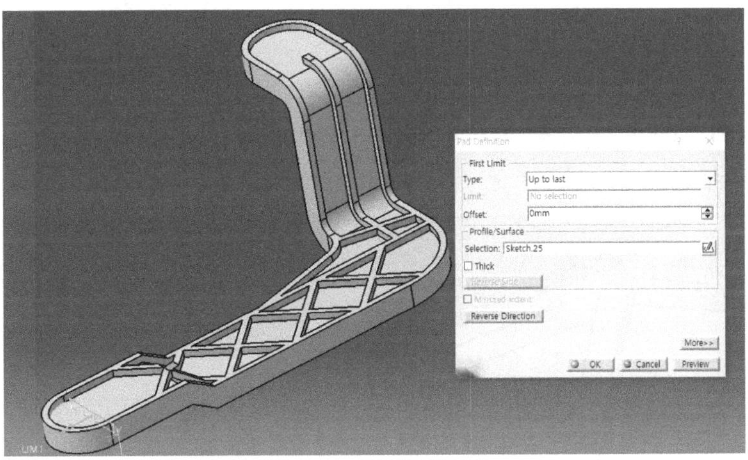

▶ Plane을 누르고 가운데 옆쪽에 Offset -0.75mm만큼 지정한다.

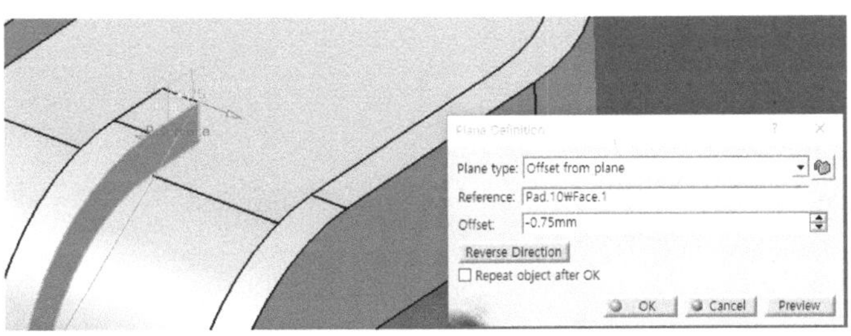

▶ Plane부분에 Sketch을 하고 치수대로 그리고 Exit Workbench을 누르고 나가고 Shaft을 사용하여 360도 돌려준다. (축은 그려준 위치에 둥근 부분에 마우스를 대면 중심축이 보인다)

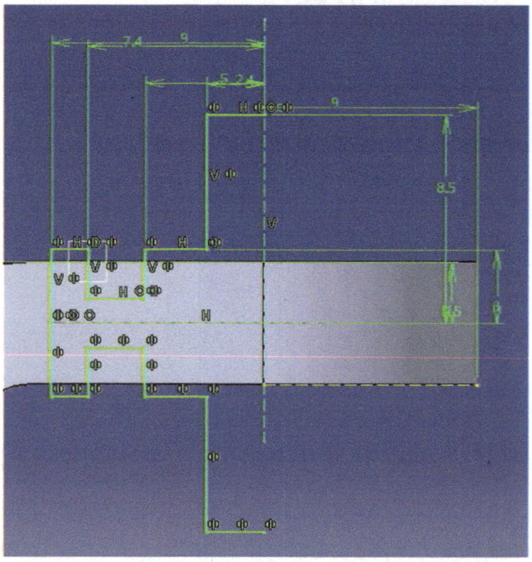

▶ 곡선 부위 면에도 Plane을 누르고 Offset -9mm만큼 생성한다.

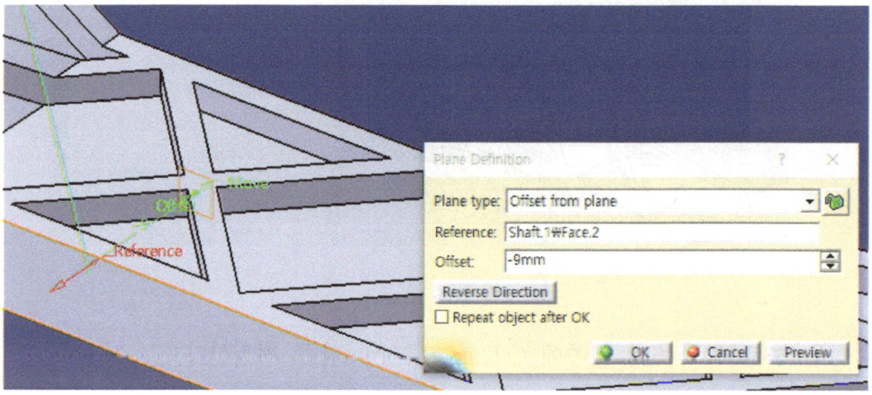

▶ Plane 부분에 Sketch을 하고 치수대로 그리고 Exit Workbench을 누르고 나간다.

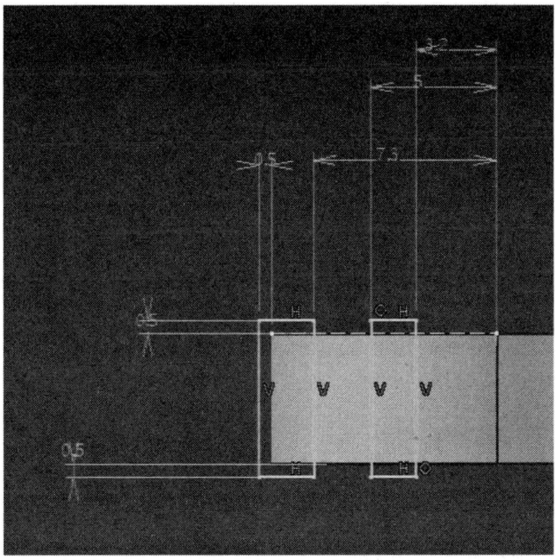

▶ Shaft을 사용하여 360도만큼 생성한다. (축이 안 보이면 둥근 부분에 마우스를 대면 축이 보인다.)

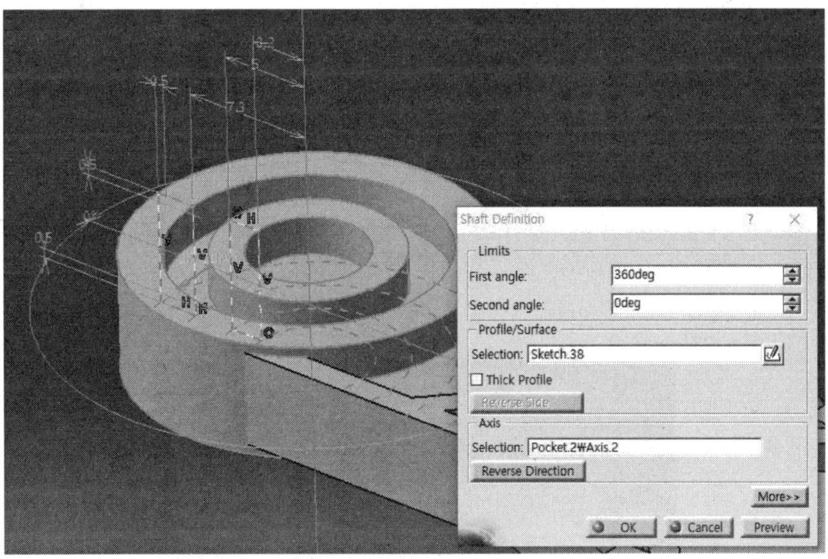

▶ 앞에서 생성했던 Shaft 부분에 Sketch을 하고 치수대로 그리고 Exit Workbench을 누르고 나간다.

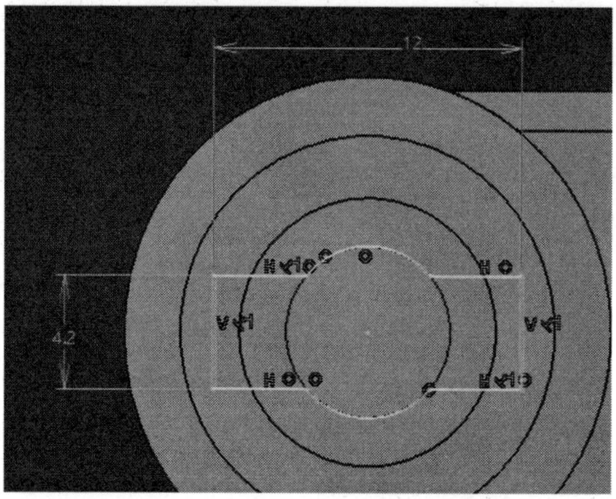

▶ Pocket을 사용하여 20mm만큼 뚫어준다.

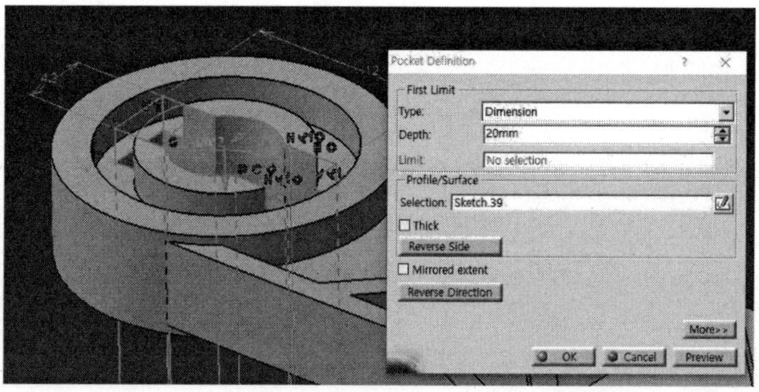

▶ 완성

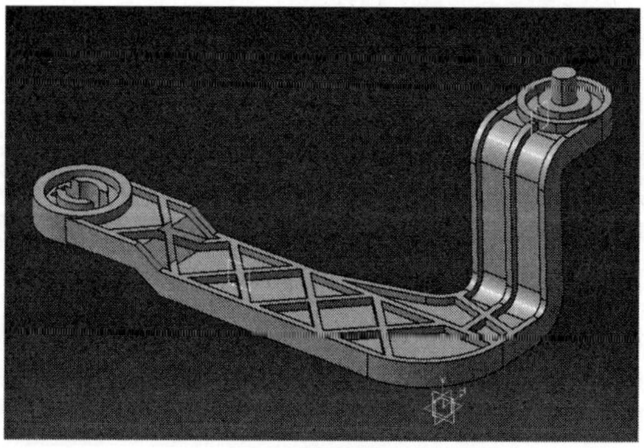

따라하기 12 : 자동차 Wheel - Shaft, Multi-Sections Solid

▶ ZX Plane을 선택하고 Sketch Workbench에 입장한다.

▶ 다음과 같이 치수를 입력하여 치수 구속조건을 부여한다.

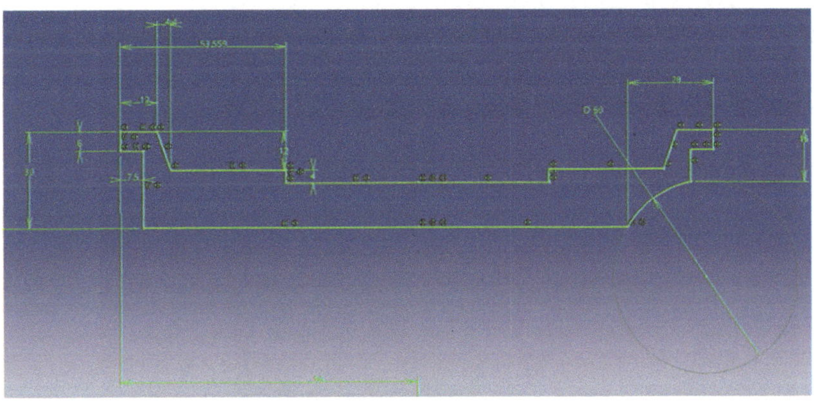

▶ 다음과 같이 치수를 입력하여 위치 구속조건을 부여하고 Sketch Workbench를 빠져나온다.

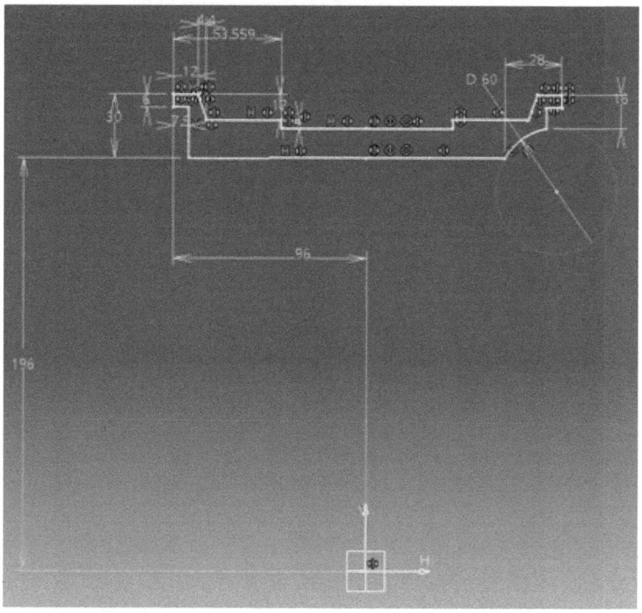

▶ Shaft. Shaft를 사용하여 360도 돌려 회전시켜 준다.

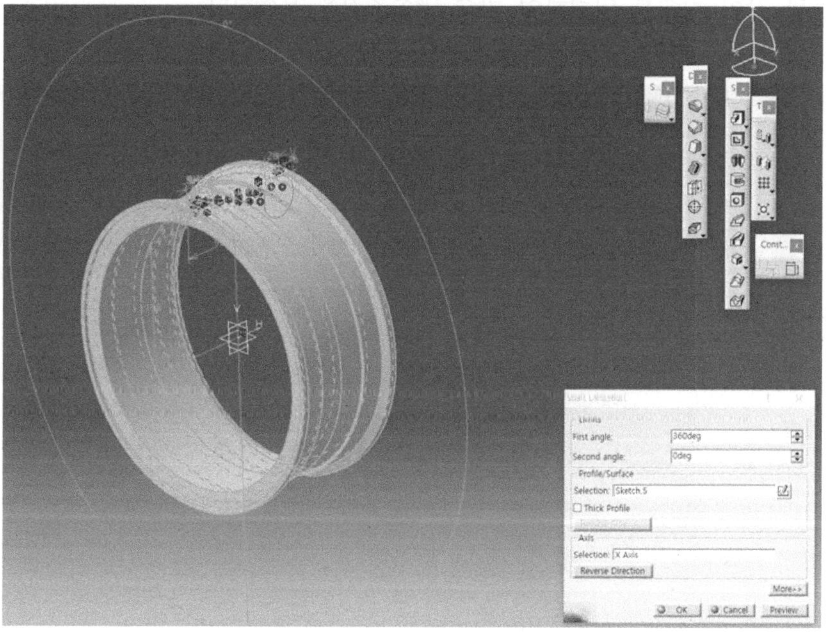

▶ ZX Plane을 선택하고 Sketch Workbench에 입장하여 다음의 치수대로 그린다.

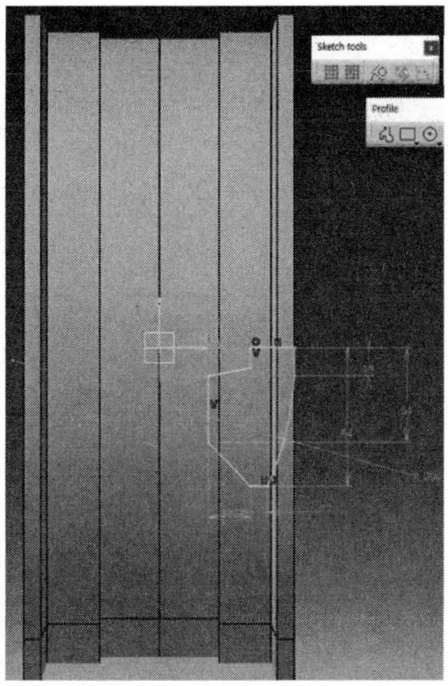

▶ 중심부도 Shaft를 사용하여 360도 돌려 회전시켜 준다.

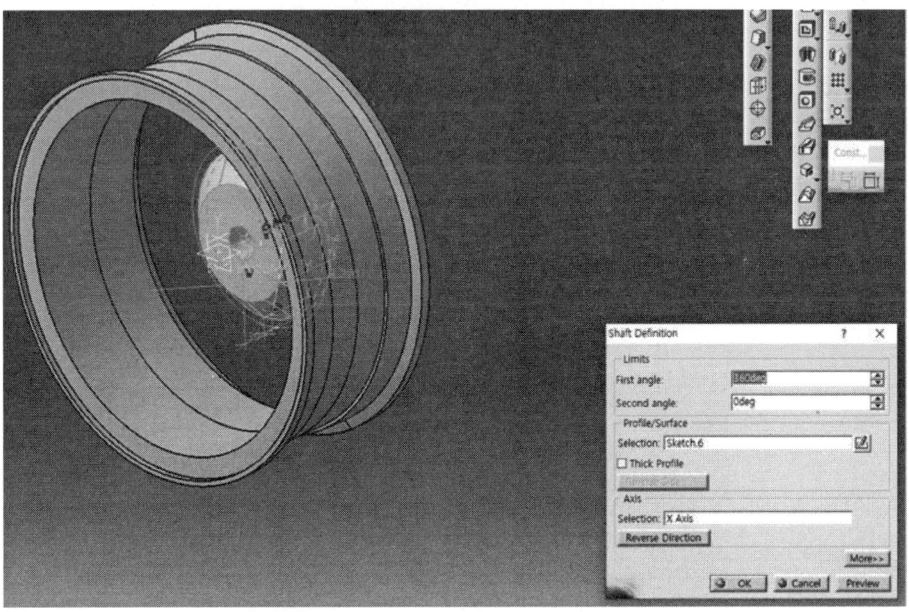

▶ Plane. Plane을 사용해 xy평면에서 60mm만큼 떨어져 만든다.

▶ Plane. Plane을 사용해 첫 번째 Plane에서 60mm만큼 떨어져 만든다.

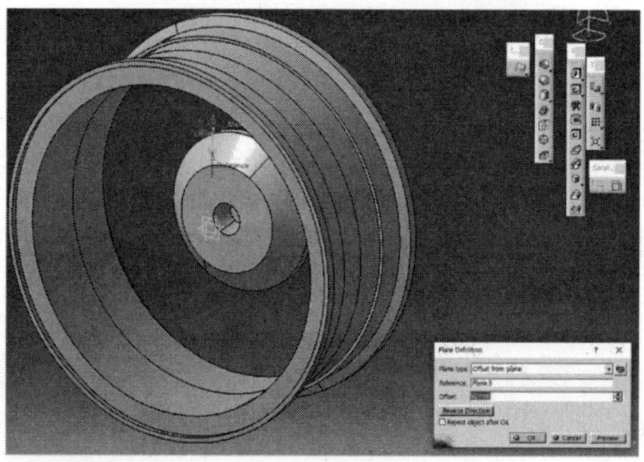

▶ Plane. Plane을 사용해 두 번째 Plane에서 60mm만큼 떨어져 만든다.

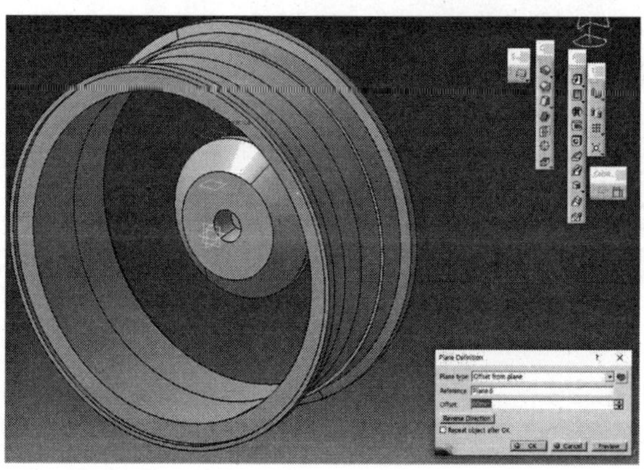

▶ Plane마다 Sketch를 편하게 하기 위해 휠 표면 부분, 중심부분을 Hide해준다.

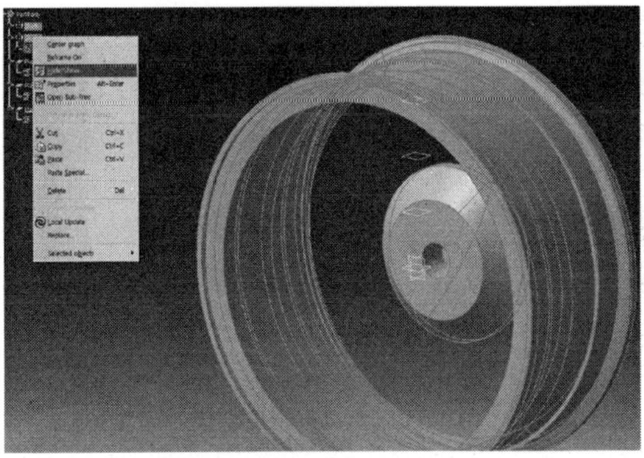

▶ Hide한 결과

▶ 가장 상위 Plane부터 Sketch를 해준다. 오른쪽 보이지 않는 15mm의 치수는 밑의 사진에 있는 면의 치수이다.

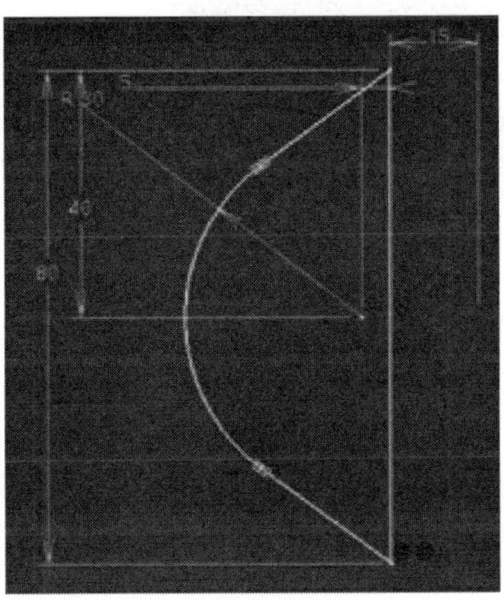

15mm→ 중심면

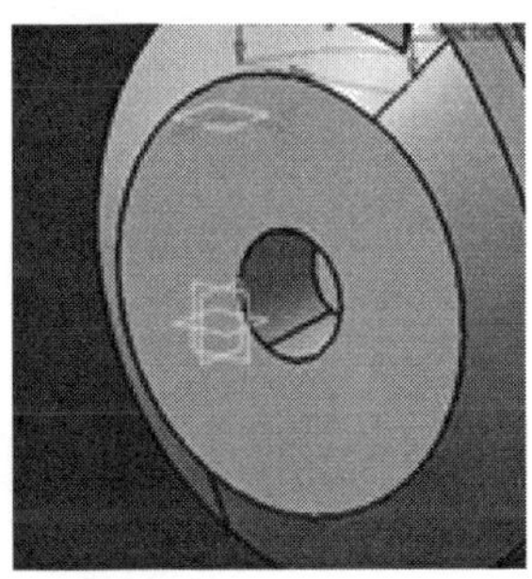

▶ 중간 Plane에 Sketch를 해준다. 15mm의 치수는 위에 내용과 같다.

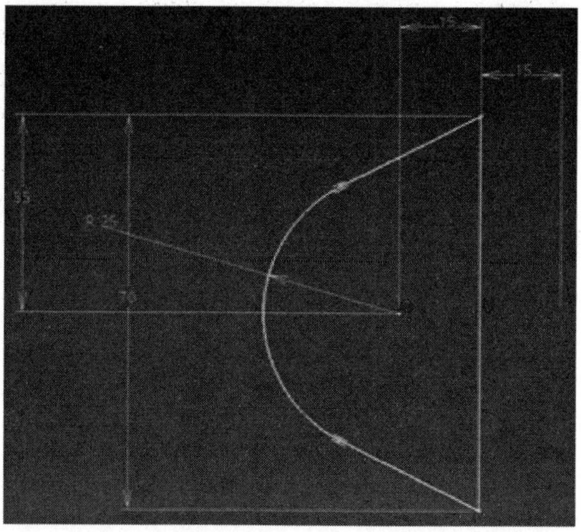

▶ 세 번째 Plane에 Sketch를 해준다. 15mm의 치수는 위의 내용과 같다.

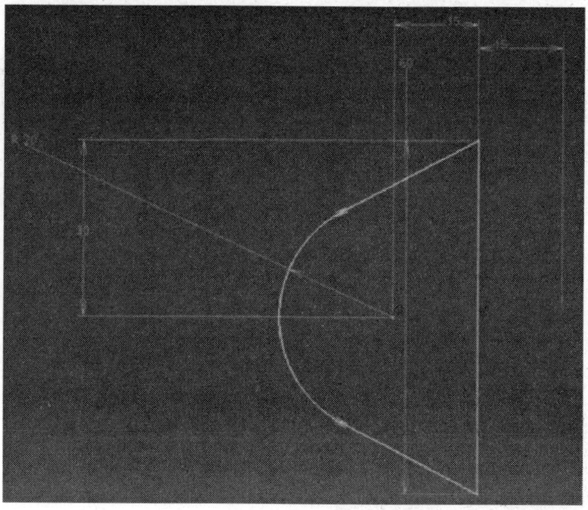

▶ 3개의 Sketch를 Multi-sections Solid.를 사용하여 연결해 준다.

▶ Multi를 해줬던 끝 부분이 휠 안쪽 부분에 닿도록 맨 윗부분에 먼저 했던 스케치(앞서 가장 상위 부분의 Plane에 해준 스케치)를 단면으로 이용해 Pad를 해준다.

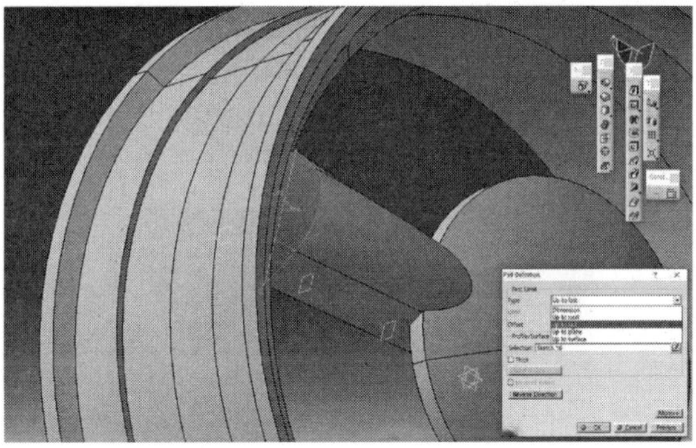

▶ 완성했던 Multi Pad를 CircPattern.을 사용하여 5개의 Pad를 만들어준다.

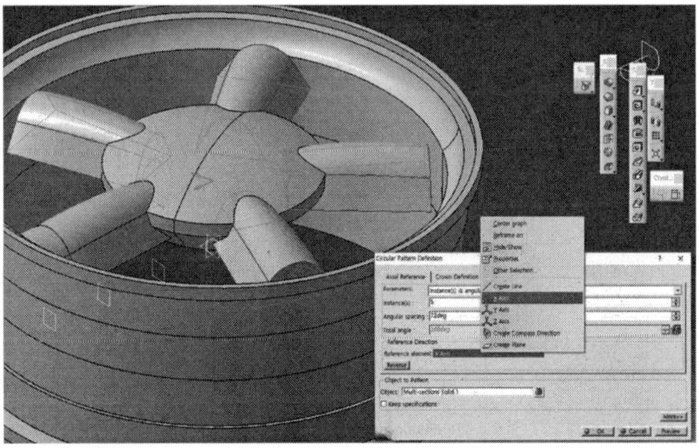

▶ 똑같이 CircPattern.를 사용하여 앞서 휠 안쪽 끝부분까지 연장한 Pad 부분을 5개의 Pad로 추가해 준다.

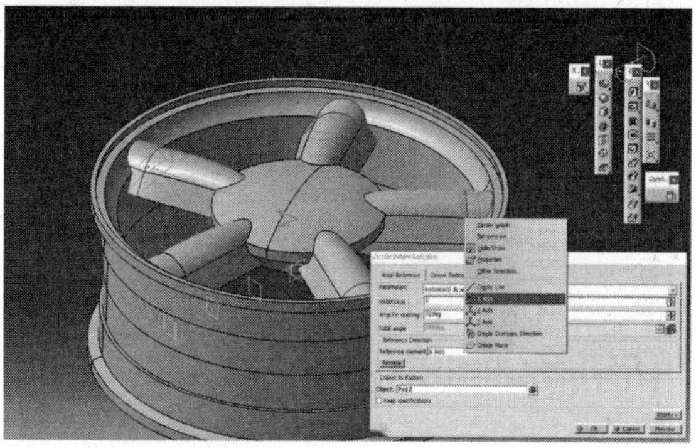

▶ 휠 뒷부분에 볼트가 들어갈 구멍을 만들기 위해 Sketch를 해준다.

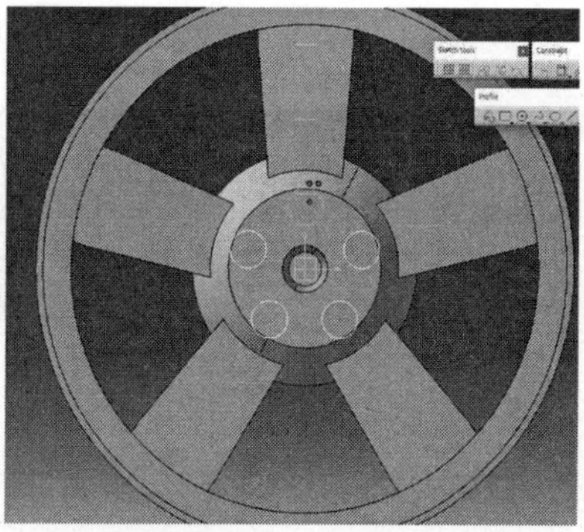

▶ 완성된 볼트 부분의 Pad는 Pocket.을 사용해 뚫어준다.
(First limit : 100mm, second limit: -6mm)

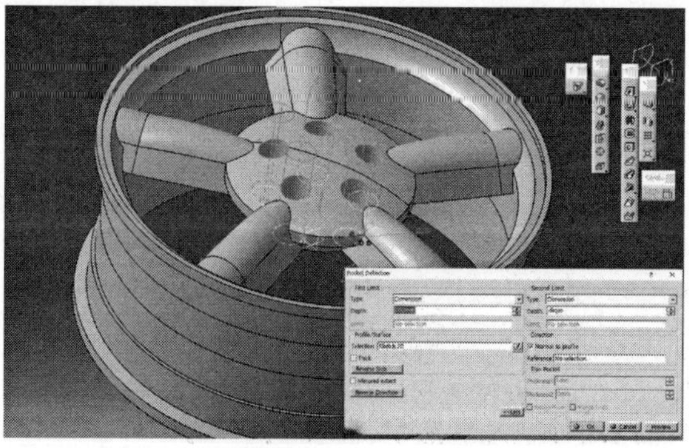

▶ 다음과 같이 Hole을 만들어 준다.

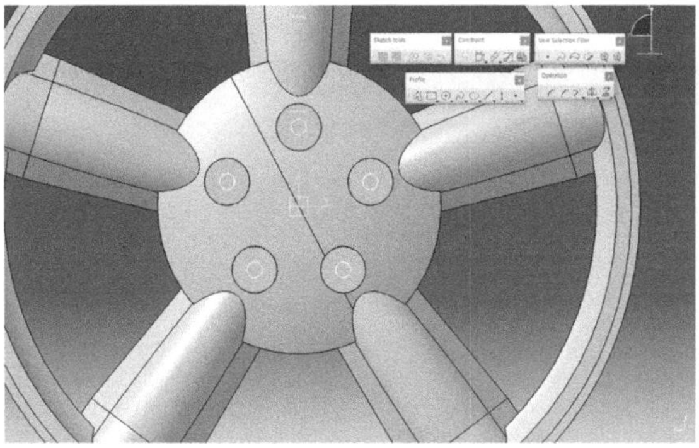

▶ 다음과 같이 Hole을 만들어 준다.

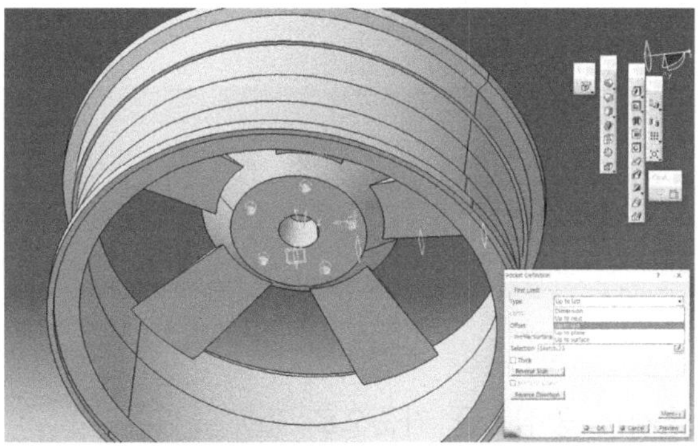

▶ 나머지 부분은 EdgeFillet.., Chamfer.. 등 기능을 사용해서 다듬어 주면 완성.

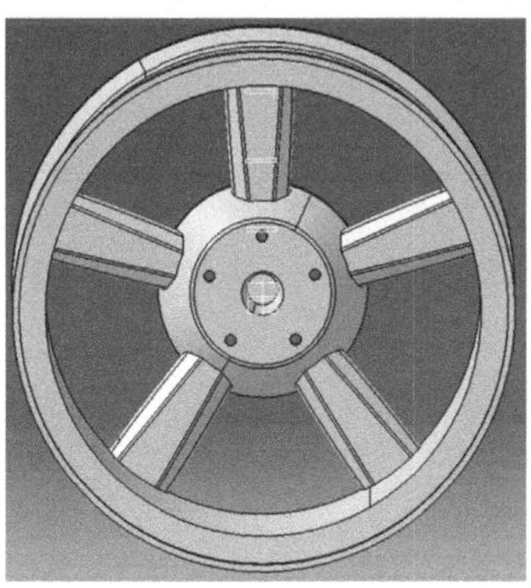

따라하기 13 : Micrometer - Slot , Mirror 8

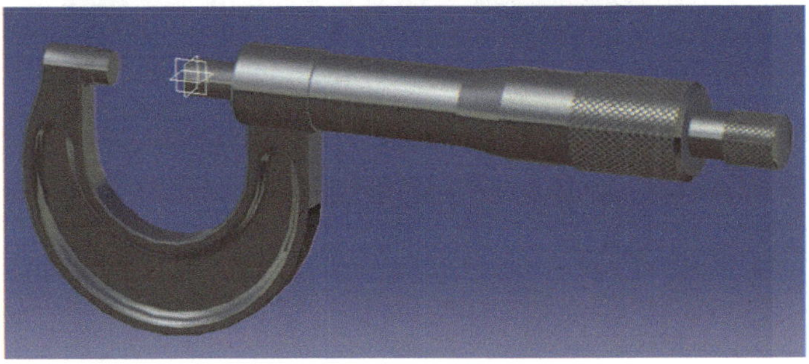

▶ YZ Plane을 선택하고 Sketch Workbench에 입장한다. 프로파일로 치수에 맞게 그려준다. 축을 사용해서 ① 중심축을 스케치 밑에 그림처럼 그려준다.

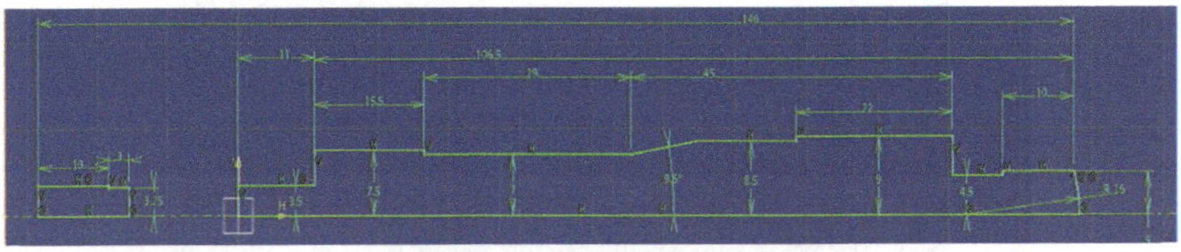

▶ Shaft를 사용하여 중심축을 기준으로 360° 돌린다.

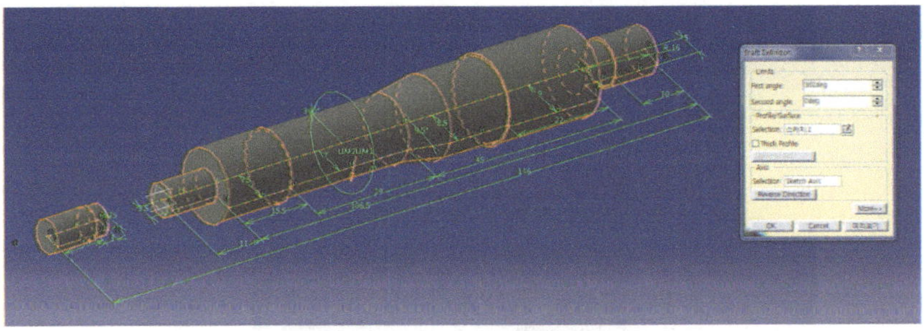

▶ 프로파일, 접점 호를 사용하여 다음 그림과 같이 그려준다.

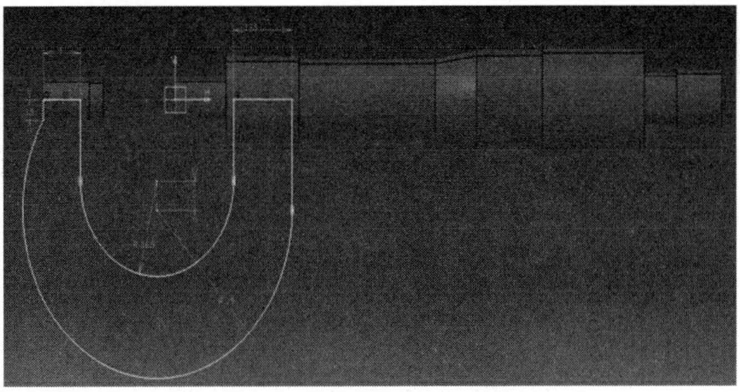

▶ 패드를 사용하여 스케치를 3.5mm로 늘린다.

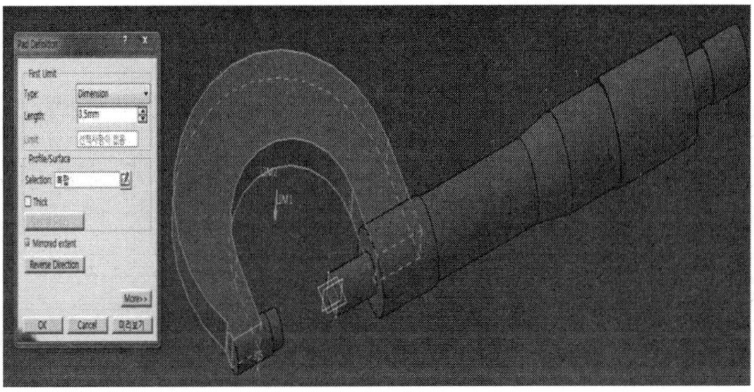

▶ 호, 코너를 사용하여 다음 그림과 같이 그린다.

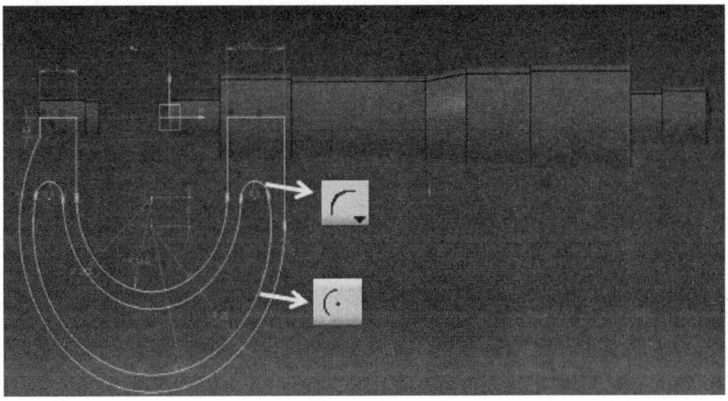

▶ 호와 코너를 이용한 스케치 부분을 포켓을 사용해서 파 준다.

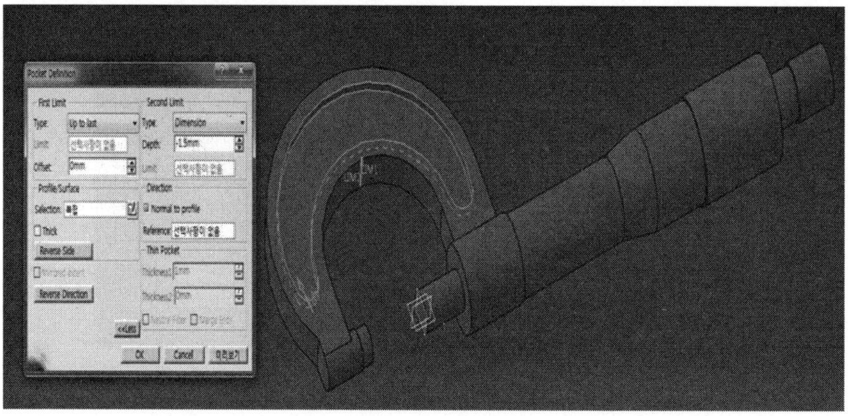

▶ 미러를 사용하여 포켓해준 부분을 YZ평면을 기준으로 복사한다.

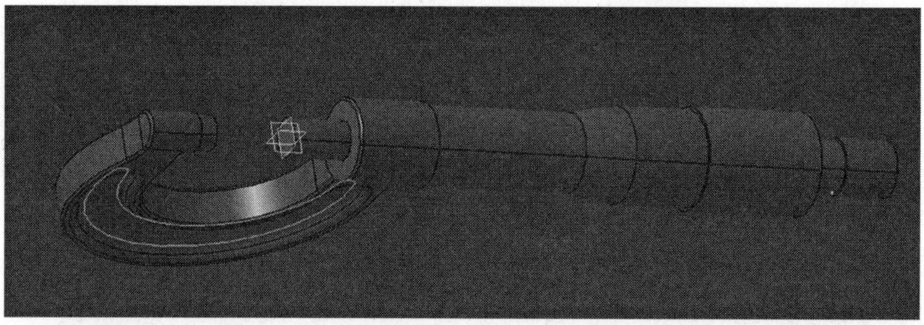

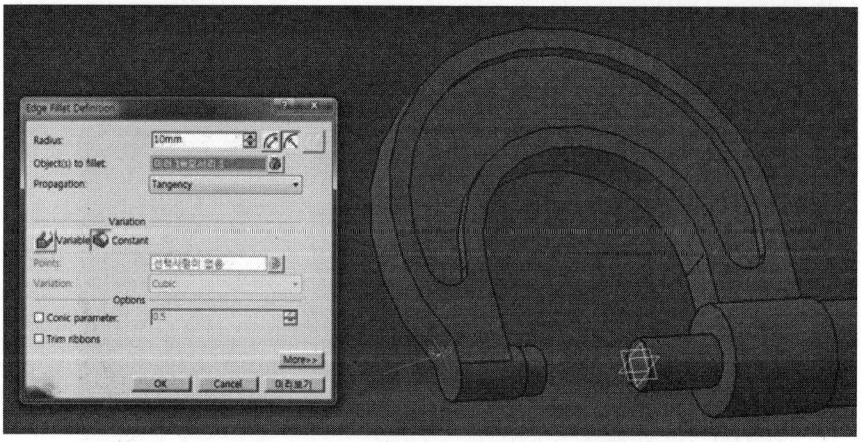

▶  Edge Fillet을 사용해서 다듬어 준다.

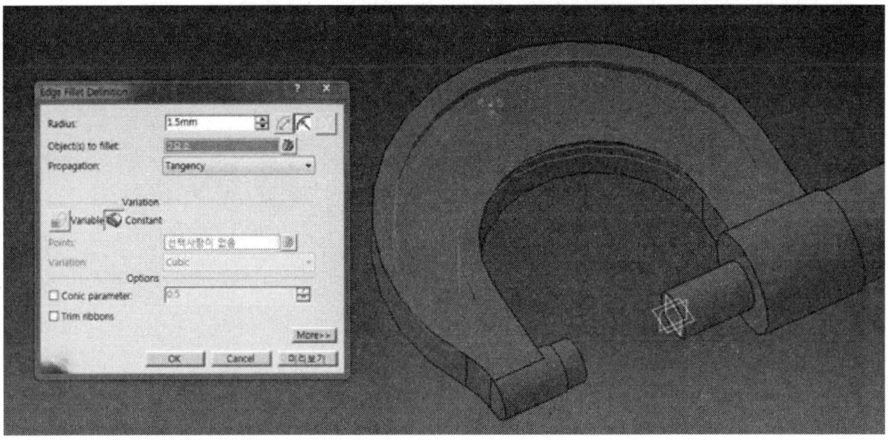

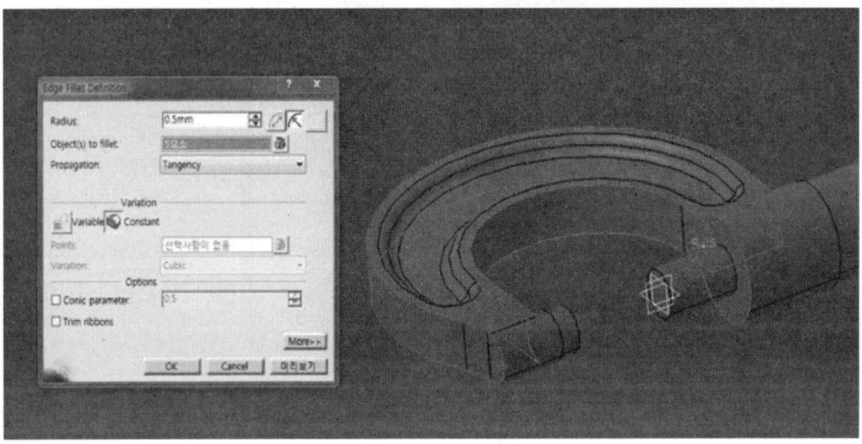

▶  Chamfer를 사용해서 마이크로미터 끝단 부 모서리를 깎는다.

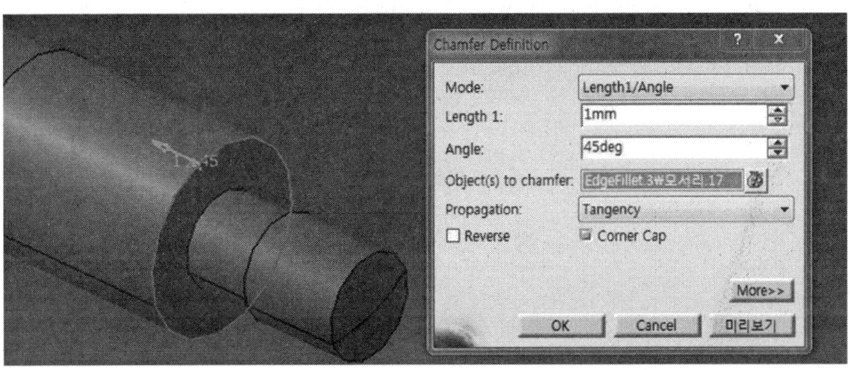

▶ 점을 사용해서 각 모서리에 점을 ①, ②, ③의 순서로 그림의 위치에 찍어준다.

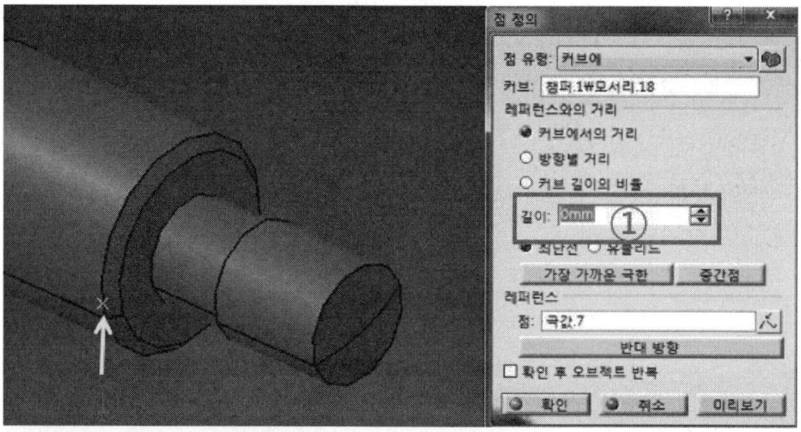

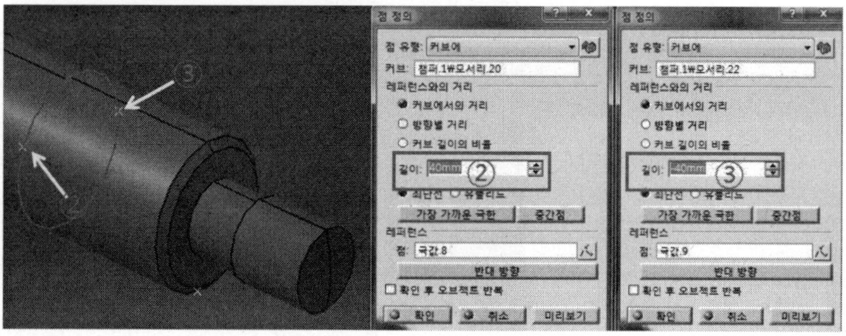

▶ 선을 사용하여 ①점과 ②점을 선택하고 ③면을 선택하여 오른쪽과 같이 선으로 연결해준다.

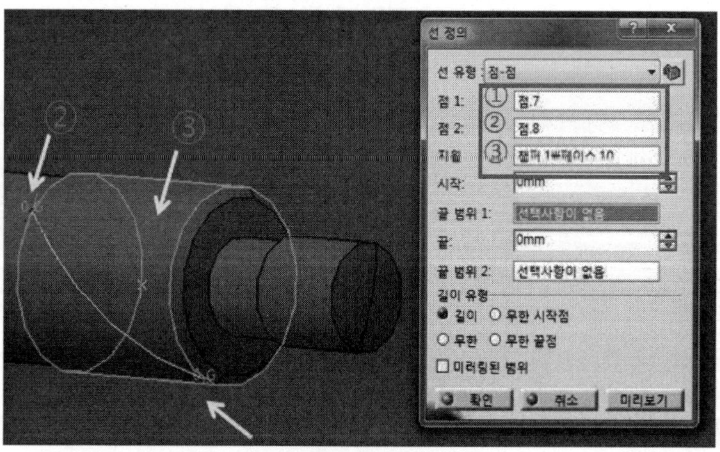

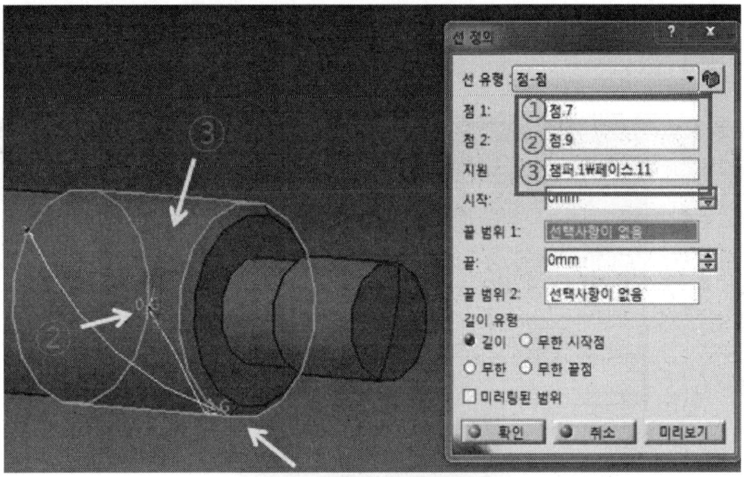

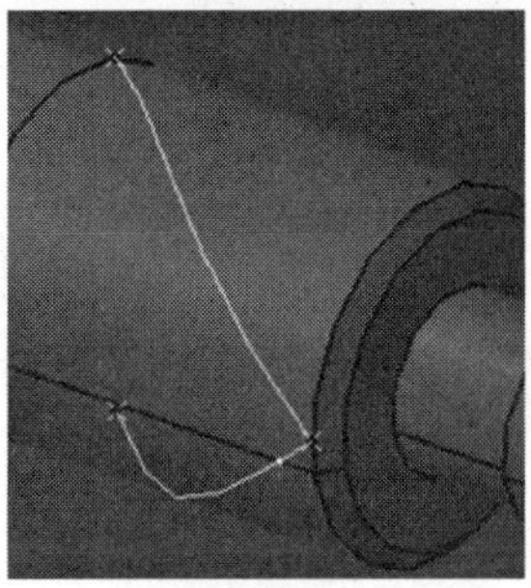

▶ 같은 방법으로 만들어 준다.

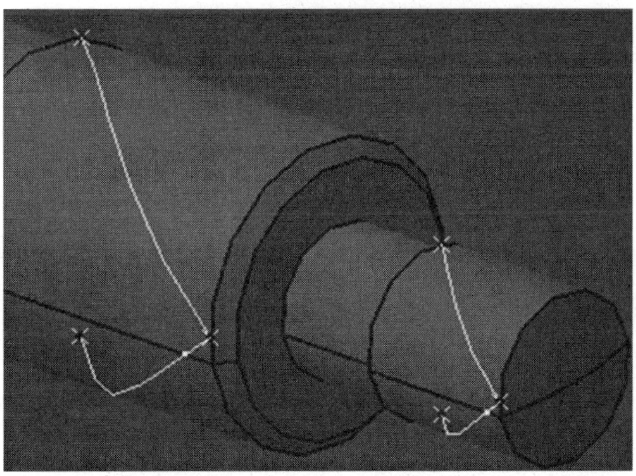

▶ 면을 사용해서 선 위에 ①면을 만들어주고 ②점을 선택하여 면을 이동시켜준다.

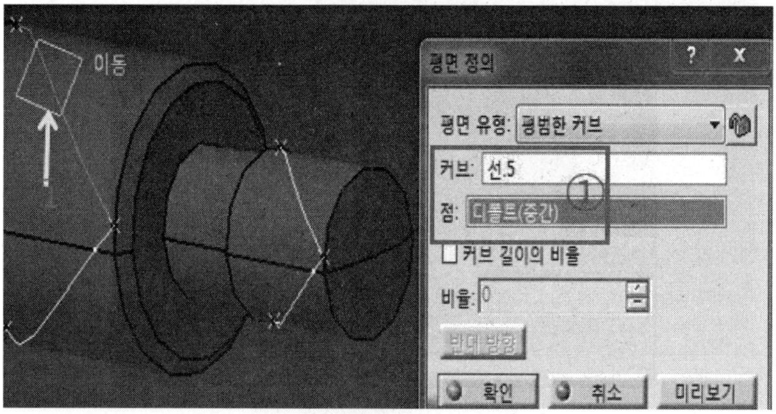

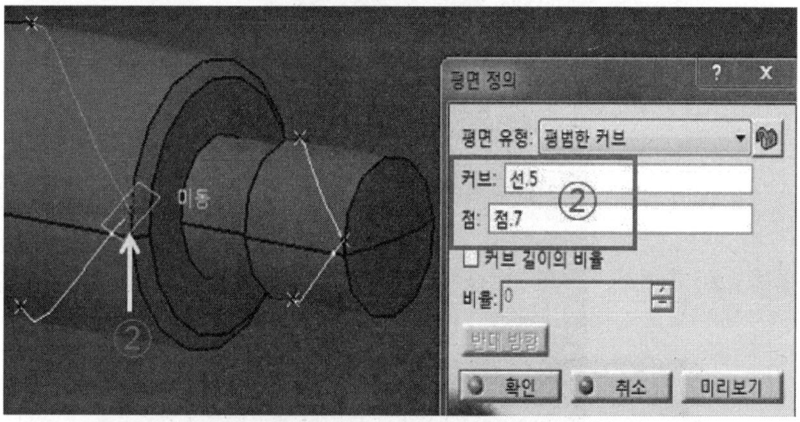

▶ 만들어진 면에 스케치로 원을 그려주고 면의 점과 원의 중심을 일치시킨다.

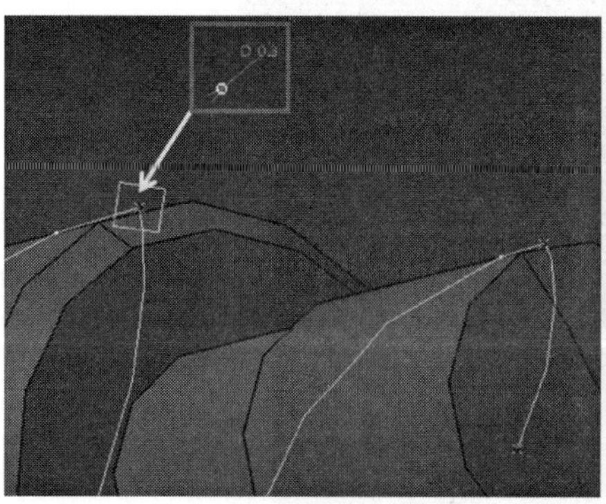

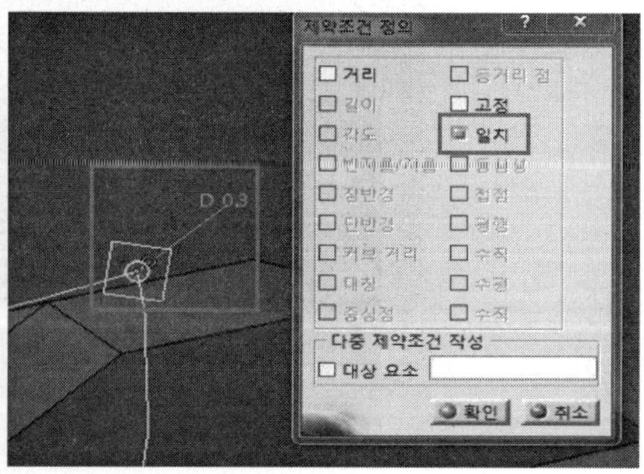

▶  Slot을 사용해서 만들어준 원과 선을 선택하고 파낸다.

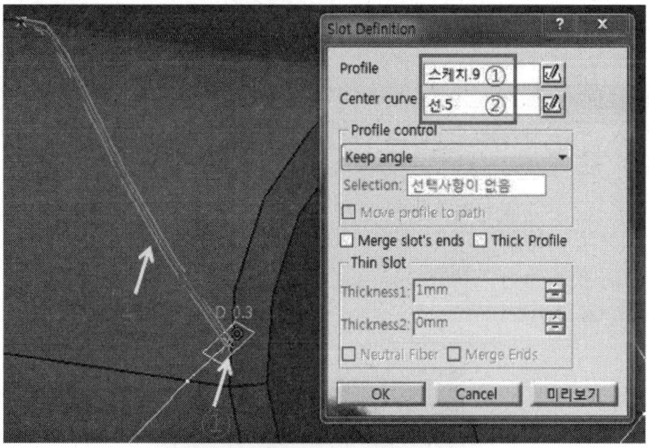

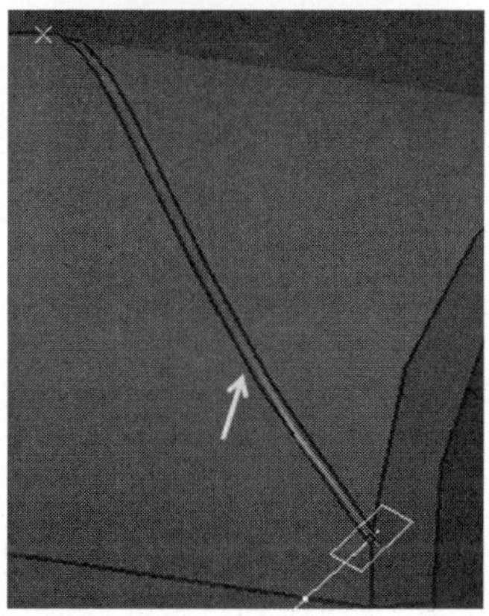

▶ 같은 방법으로 만들어 준다.

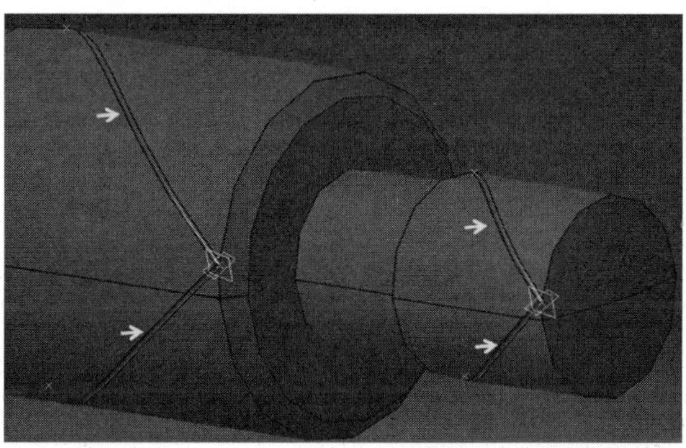

▶ 만들어준 Slot 하나를 선택하고 원형 패턴에서 Parameters을 Complete Crown으로 바꿔주고 Y축을 기준으로 40개의 패턴을 만들어준다.

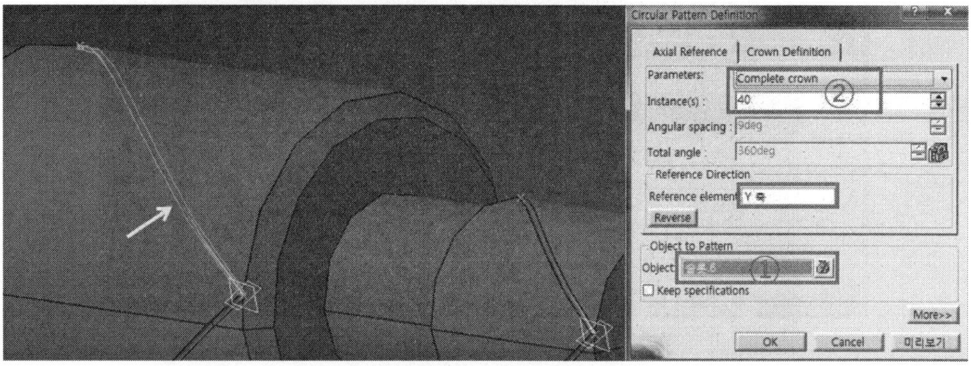

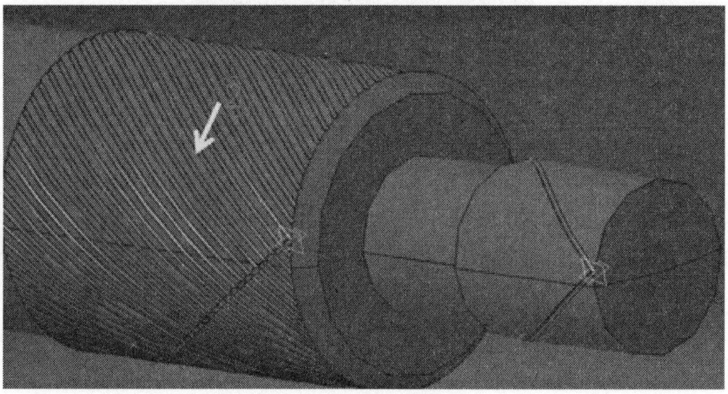

▶ 같은 방법으로 각각의 Slot으로 패턴을 만들어 준다. (① 작은 부분에는 30개의 패턴을 만들어 준다)

▶ 완성

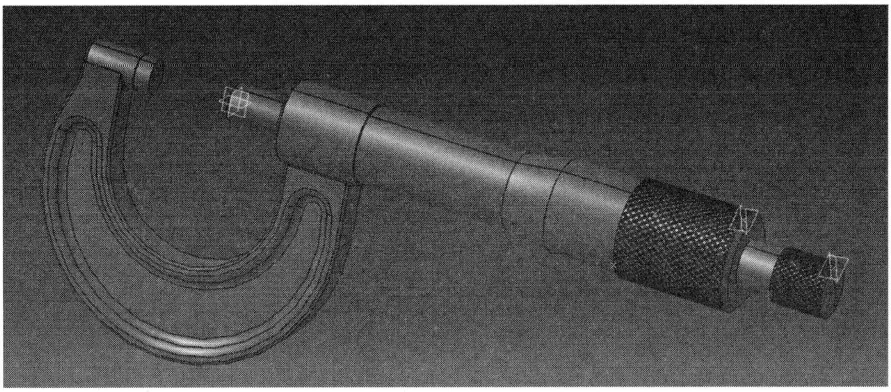

▶ Applied Material  이용해 Steel로 재질 적용하기

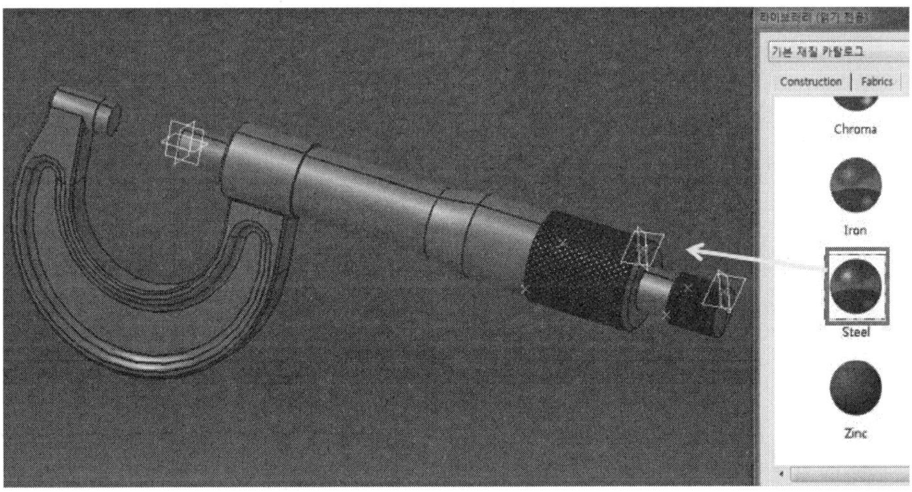

▶ 재질 적용 후 등록 정보 확인

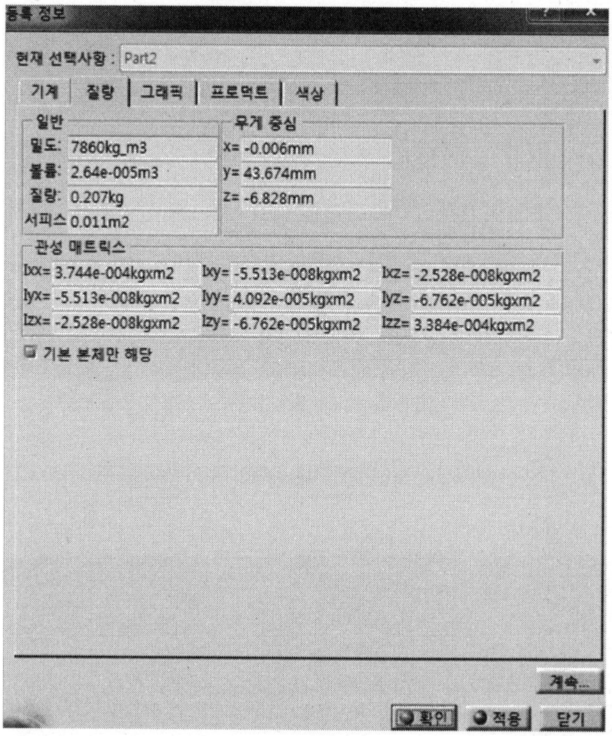

따라하기 14 : Part Design 종합 - 종합편, 질량 측정하기, 파트 수정 포함본

Part Modeling(파트모델링)

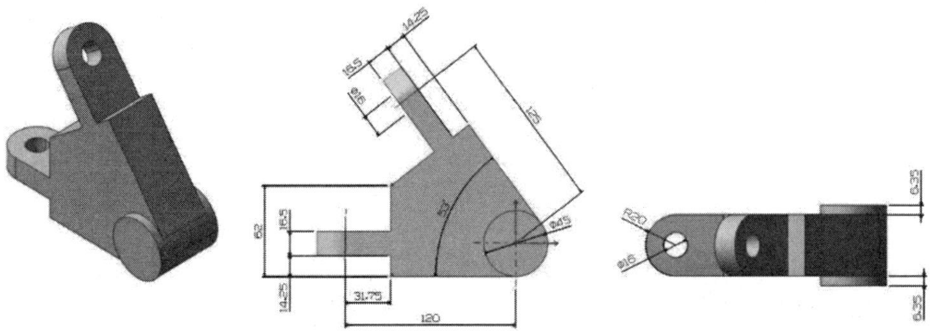

1단계 - Modeling 작업

1. 먼저 CATIA를 실행한 후 Part 파일을 생성한다.

File → New를 선택하여 나타나는 New 대화상자에서 Type을 Part로 선택 후 OK를 선택한다.

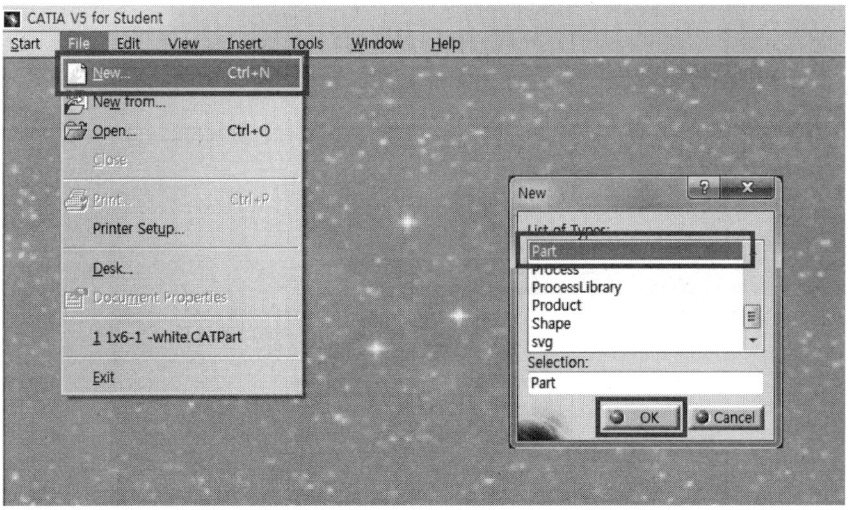

2. 오른쪽 아래에 나타나는 New Part 대화상자에서 원하는 Part의 이름을 입력한 후 OK를 선택한다.	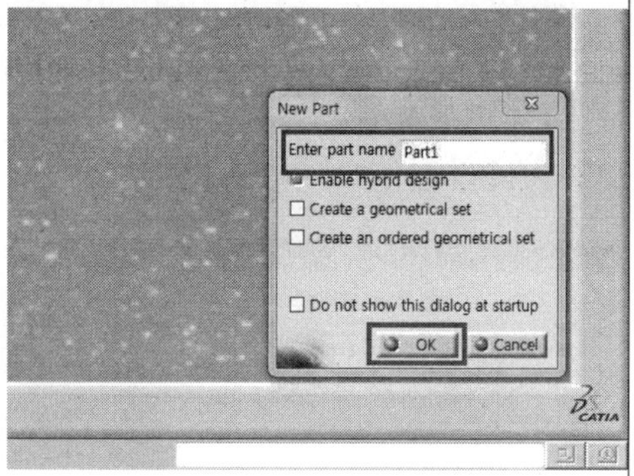
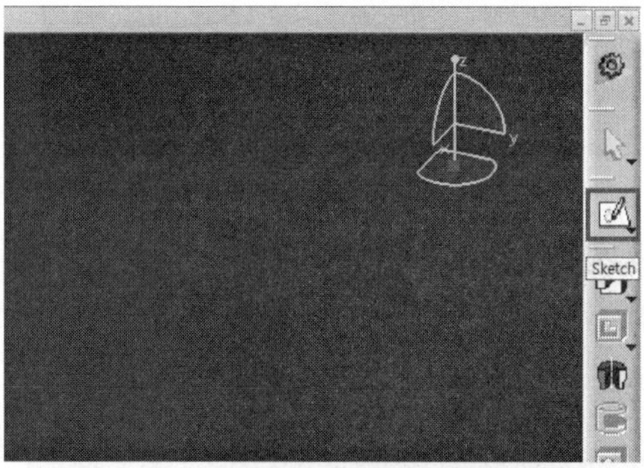	3. Sketcher Workbench로 접속하기 위해 그림 2-00과 같이 Sketch Icon을 선택한다.
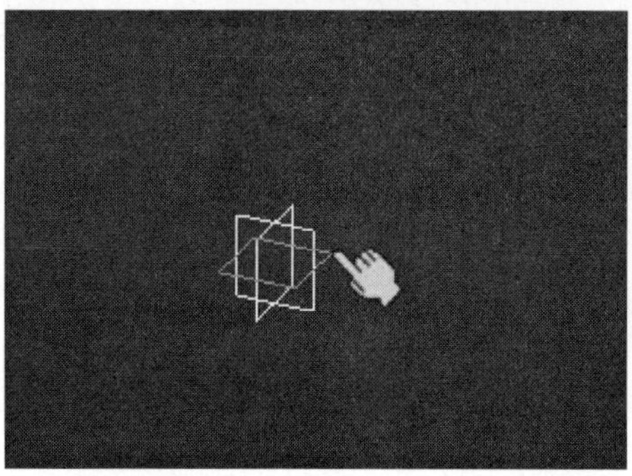	4. 선택한 상태에서 XY평면을 선택한다. 클릭하는 순간 Sketcher Workbench로 접속하게 된다.
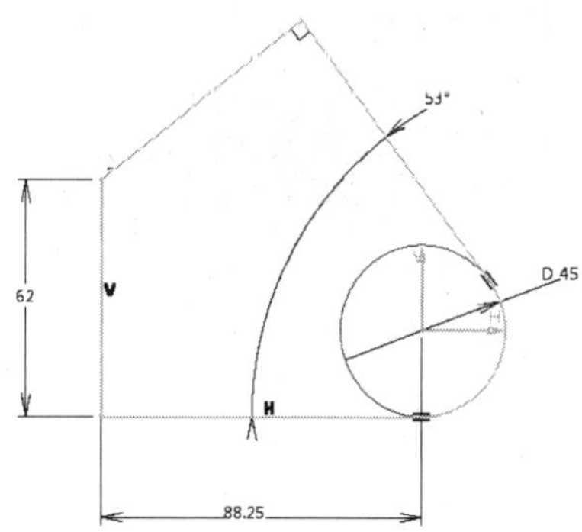	5. 다음과 같이 Sketch를 하여 준 후 Exit Workbench 를 클릭한다.

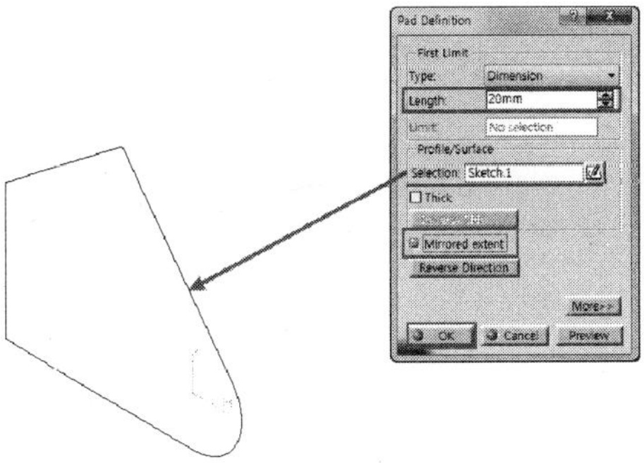

6. Pad 를 클릭한 후 위에서 생성한 Sketch를 선택하고, First Limit Length = 20mm, Mirrored extent를 선택한 후 OK를 클릭한다.

7. Sketch Icon 을 선택하고 화살표가 가리키는 면을 선택한다.

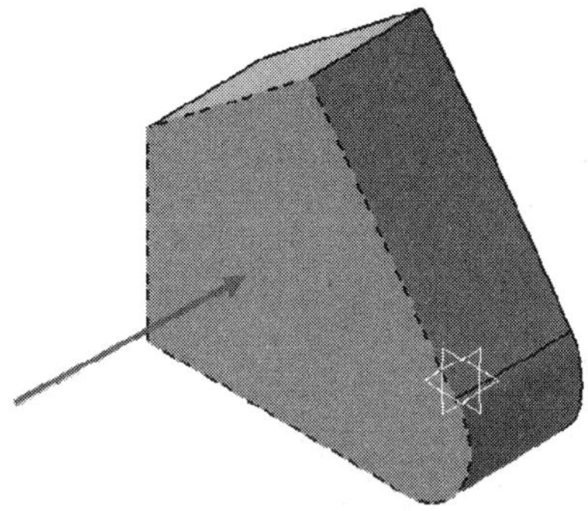

8. 다음과 같이 Sketch를 해준 후 Exit Workbench 를 클릭한다.

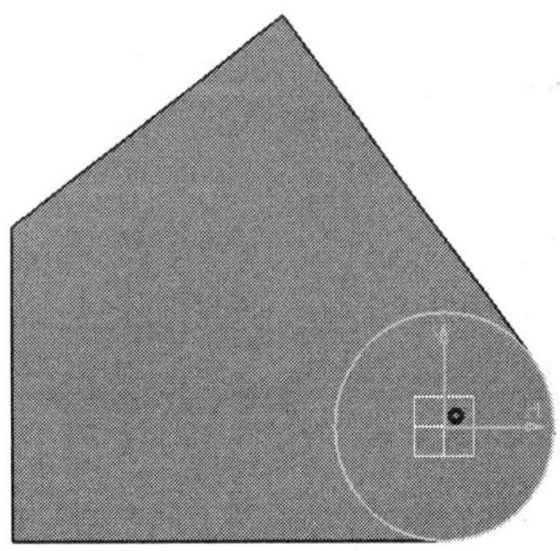

9. Pad 를 클릭한 후 위에서 생성한 Sketch를 선택하고, First Limit Length = 6.35mm, Second Limit = 40+6.35mm를 선택한 후 OK를 클릭한다.

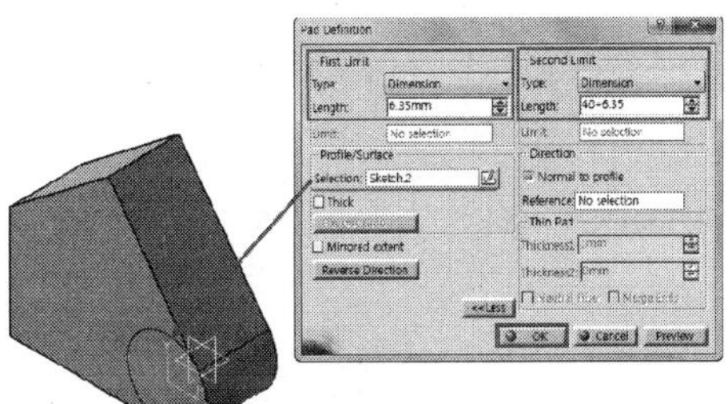

10. Sketch Icon 을 선택하고 화살표가 가리키는 면을 선택한다.	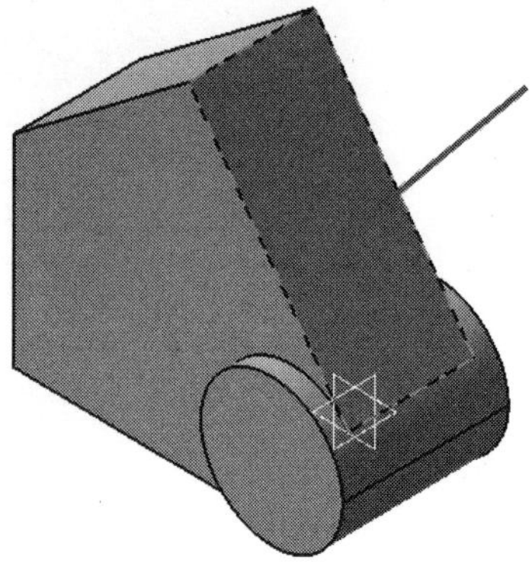
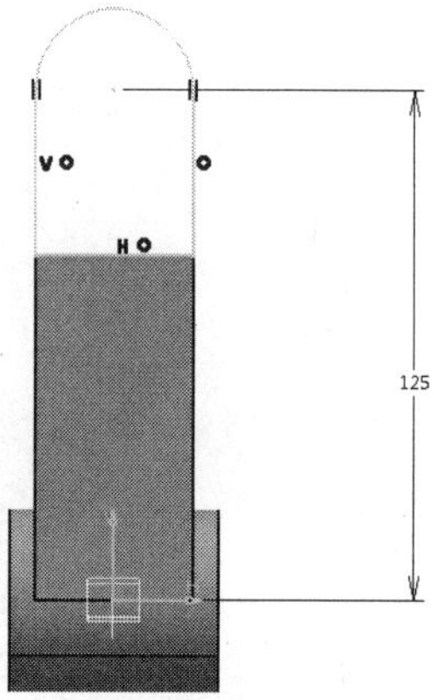 	11. 다음과 같이 Sketch를 하여 준 후 Exit Workbench 를 클릭한다.
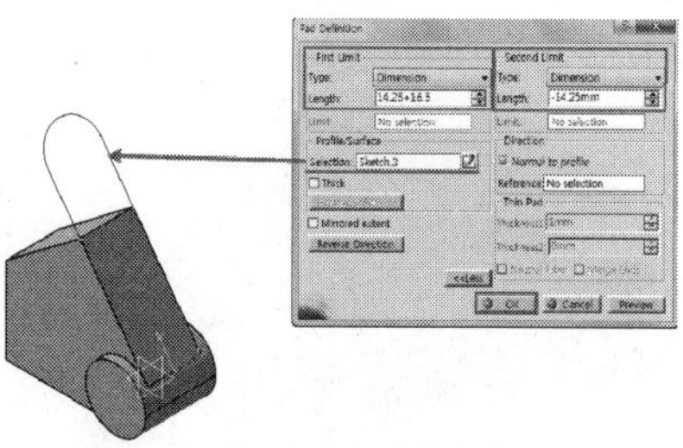	12. Pad 를 클릭한 후 위에서 생성한 Sketch를 선택하고, First Limit Length = 14.25+16.5mm , Second Limit = -14.25mm 를 선택한 후 OK를 클릭한다.
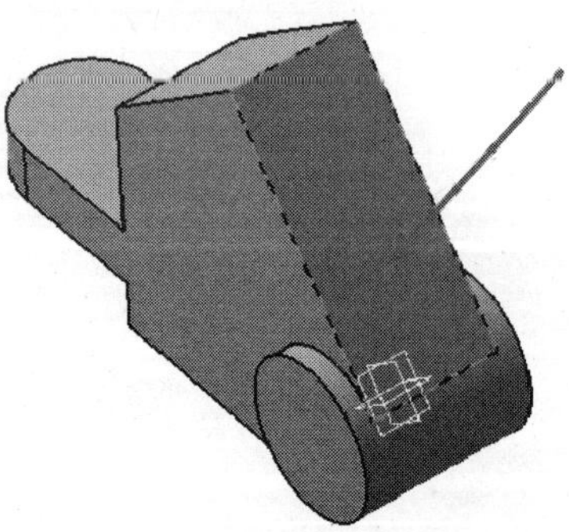	13. 다음과 같이 Sketch를 하여 준 후 Exit Workbench 를 클릭한다.

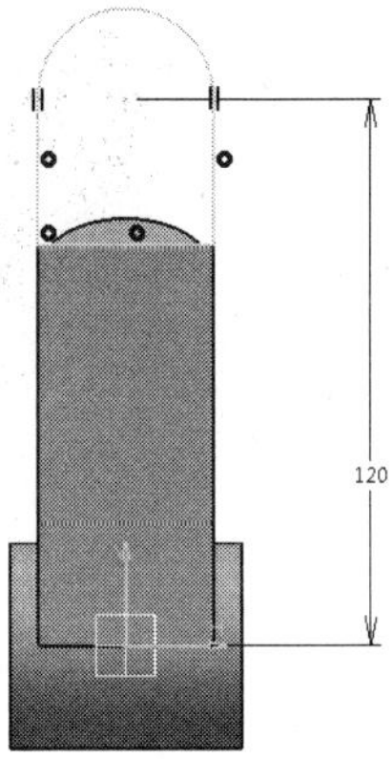

14. 다음과 같이 Sketch를 하여 준 후 Exit Workbench 를 클릭한다.

15. Pad 를 클릭한 후 위에서 생성한 Sketch를 선택하고, First Limit Length = 30.75mm, Second Limit = -14.25mm를 선택한 후 OK를 클릭한다.

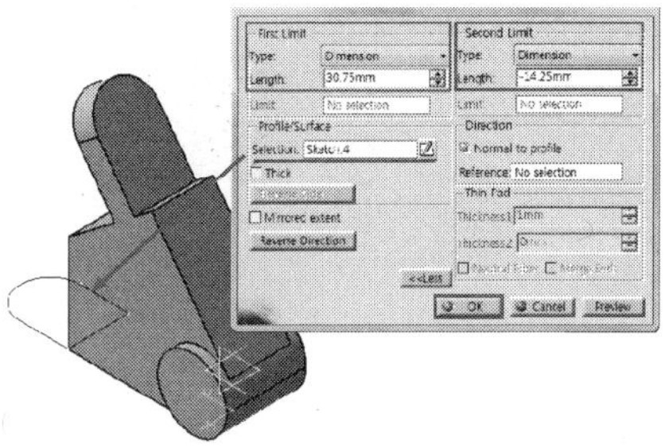

16. Hole 을 더블 클릭한 후 순차적으로 선택한다.

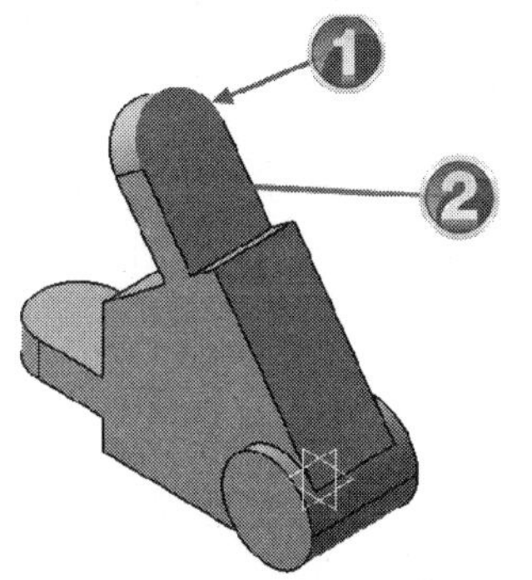

17. Extension에서 Diameter = 16mm, Depth = Up to next로 설정한다.

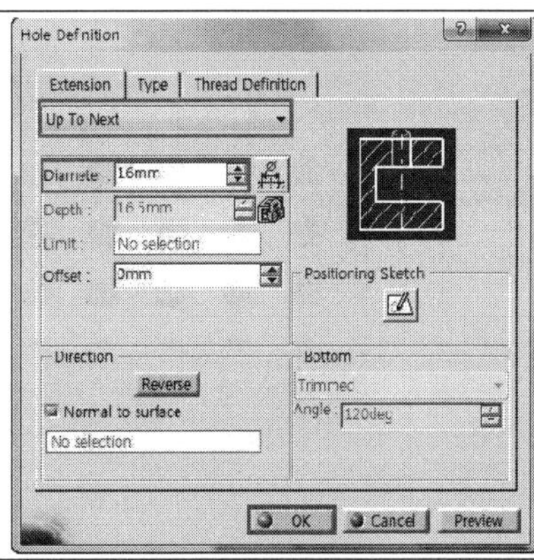

18. 순차적으로 선택한다.

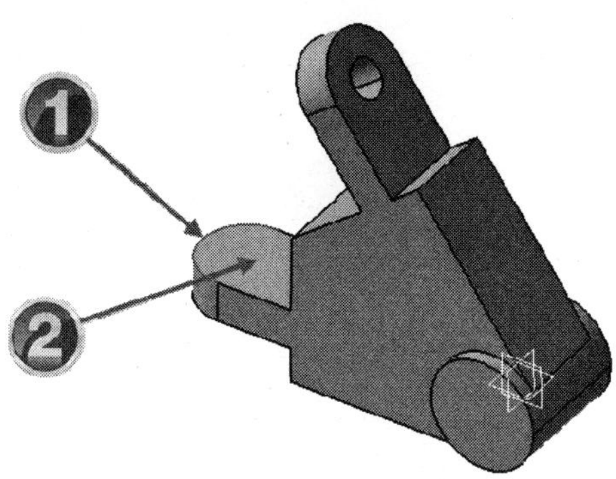

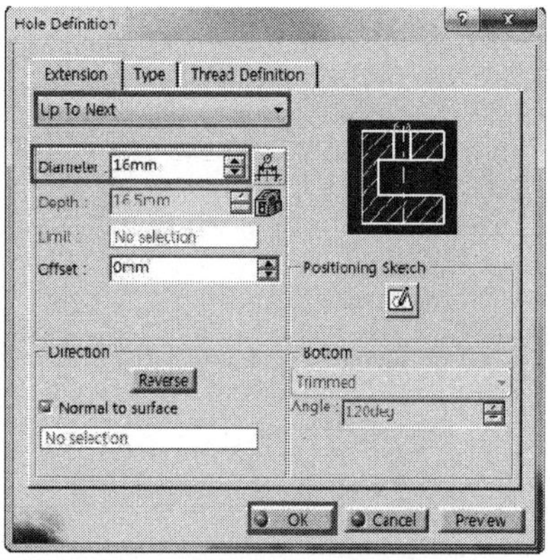

19. Extension에서 Diameter = 16mm, Depth = Up to next로 설정한다.

2단계 재질 적용하기(Apply Material)

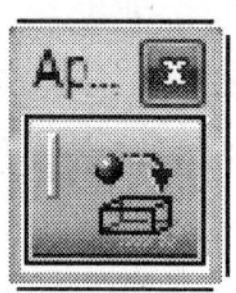

1. Apply Material Tool Bar에 Apply Material  을 클릭한다.

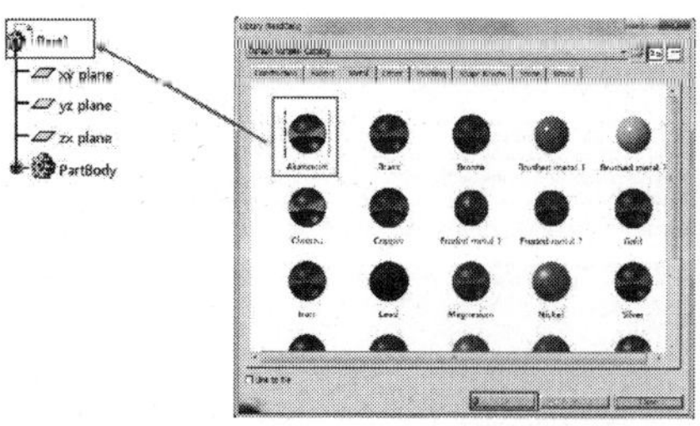

2. Library 창이 뜨면 Metal ▶ Aluminum을 클릭한 다음 specification Tree에서 Part를 클릭한 다음 OK를 클릭한다.

3단계 소수점 자리 설정하기

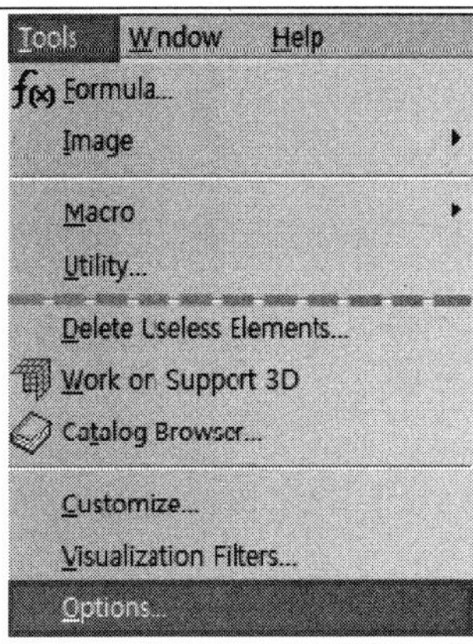

1. Tool ▶ Options을 클릭한다.

2. Option창이 뜨면 General ▶ Parameters and Measure ▶ Units를 클릭한다.

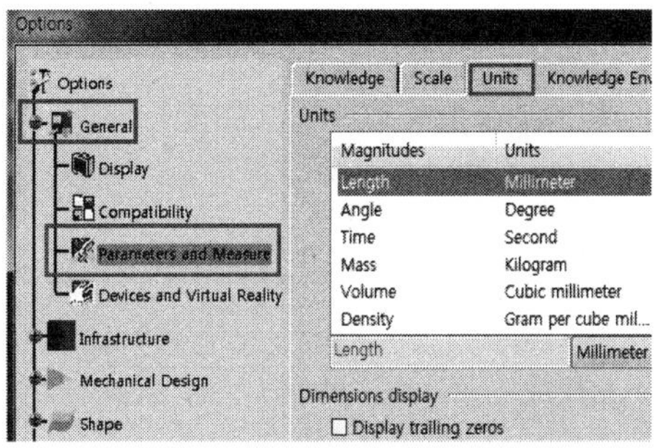

3. Mass를 클릭한 후 Gram으로 설정을 바꾸어주고, Decimal Places for read/write numbers(읽기/쓰기의 숫자 소수점 자리 수)를 2로 입력한 다음 OK를 클릭한다.

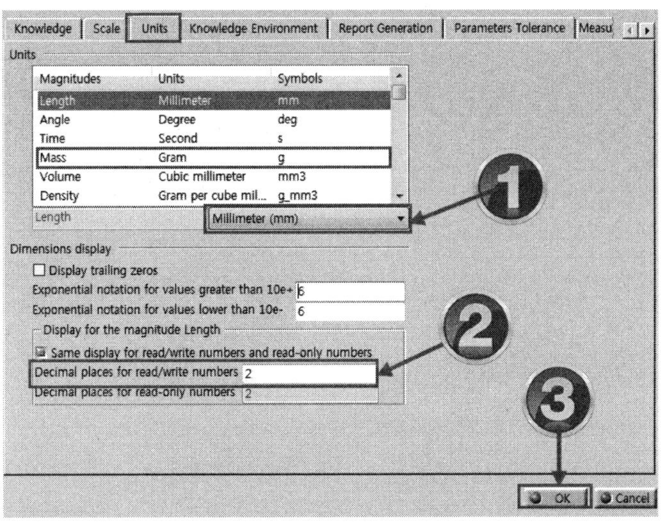

4단계 질량 측정하기

1. Part에서 마우스 오른쪽 버튼(MB3)을 클릭한 후 Properties를 클릭한다.

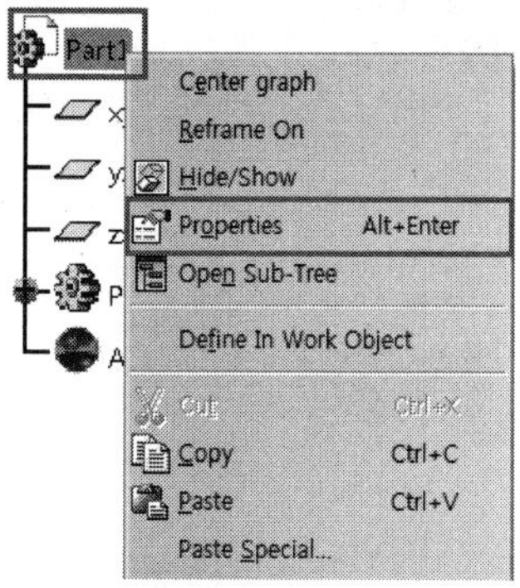

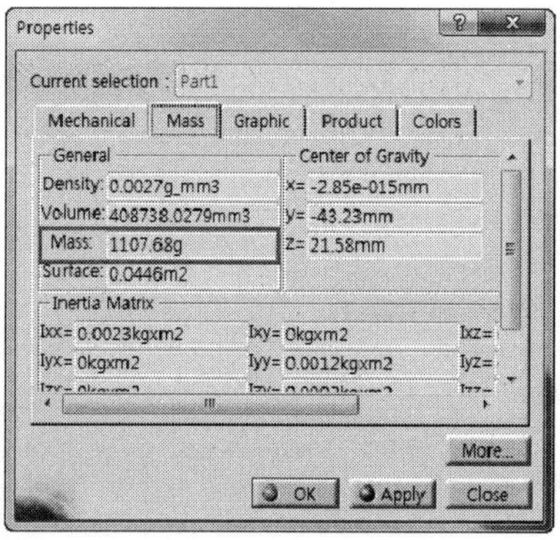

2. 질량을 측정한다.

답 : 1107.68g

문제 4번 - 수정 작업

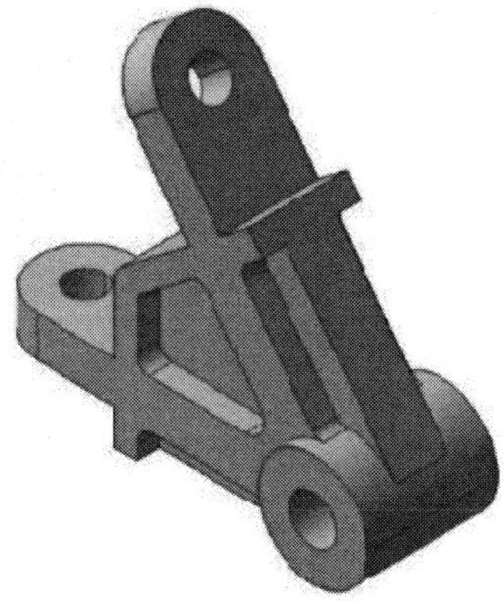

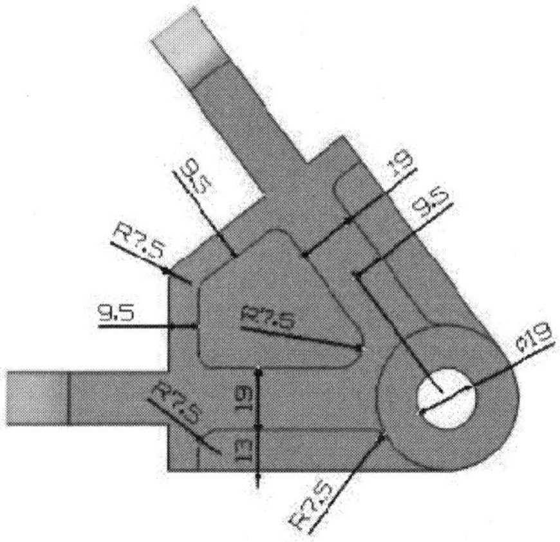

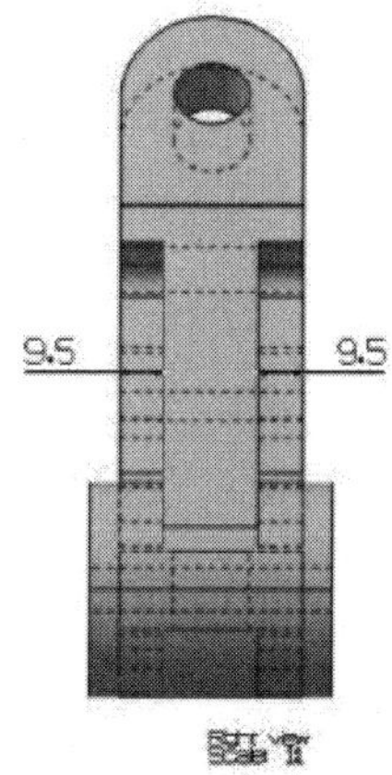

1. Sketch Icon 을 선택하고 화살표가 가리키는 면을 선택한다.	

2. 다음과 같이 Sketch를 하여 준 후 Exit Workbench 를 클릭한다.

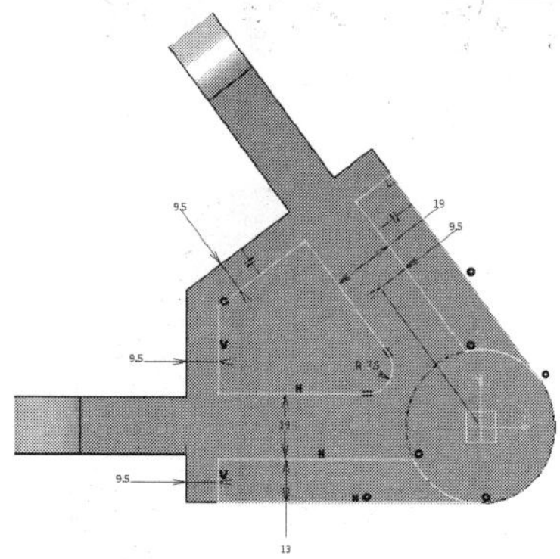

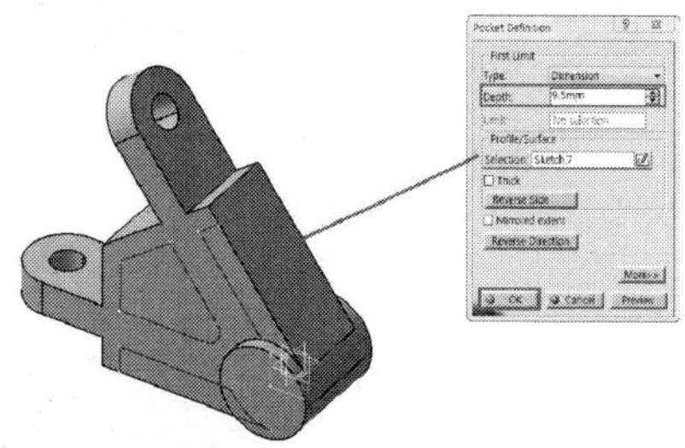

3. Pocket 를 클릭한 후 위에서 생성한 Sketch를 선택하고, First Limit Depth = 9.5mm 입력한 다음 OK를 클릭한다.

4. Edge Fillet 를 클릭한 후 Radius = 7.5mm로 입력하고 그림에 표시된 7개의 모서리를 선택한 후 OK를 클릭한다.

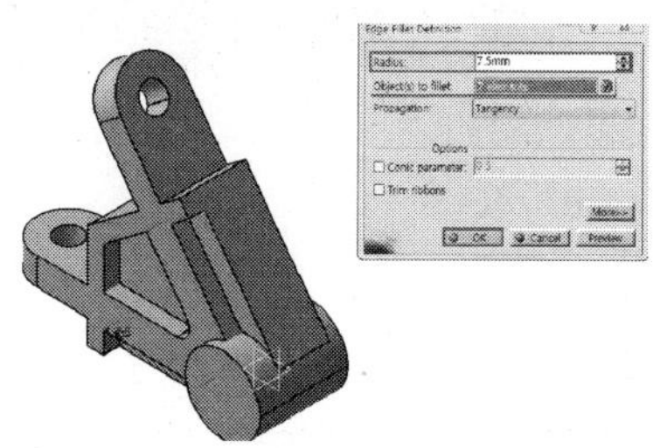

5. Sketch Icon 을 선택하고 화살표가 가리키는 면을 선택한다.

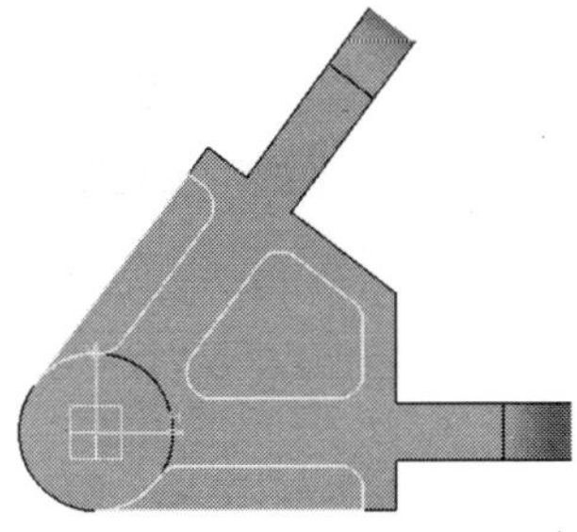

6. 다음과 같이 Sketch를 하여 준 후 Exit Workbench 를 클릭한다.

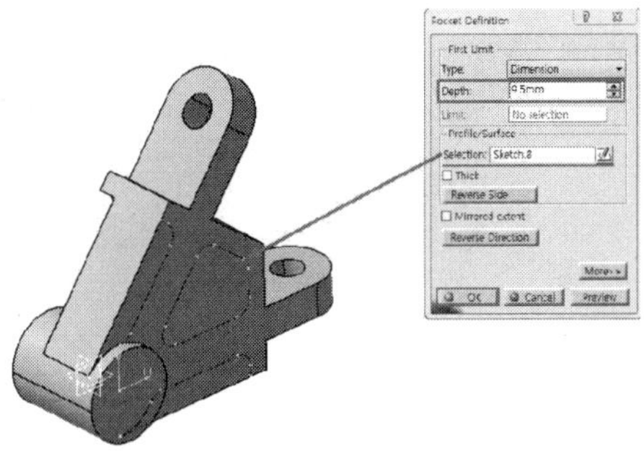

7. Pocket 를 클릭한 후 위에서 생성한 Sketch를 선택하고, First Limit Depth = 9.5mm 입력한 다음 OK를 클릭한다.

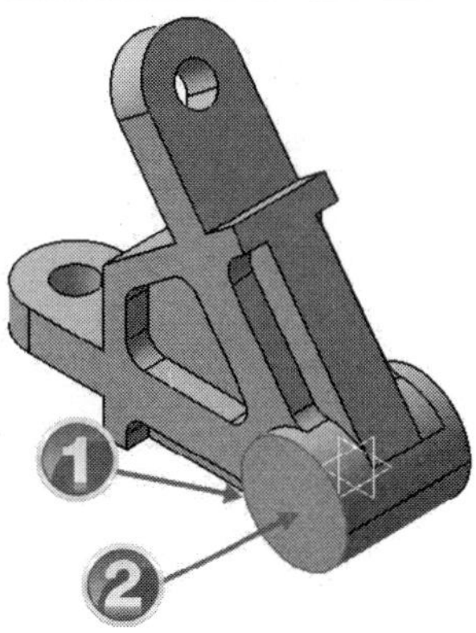

8. Hole 을 더블 클릭한 후 순차적으로 선택한다.

9. Extension에서 Diameter = 16mm, Depth = Up to next로 설정한다.

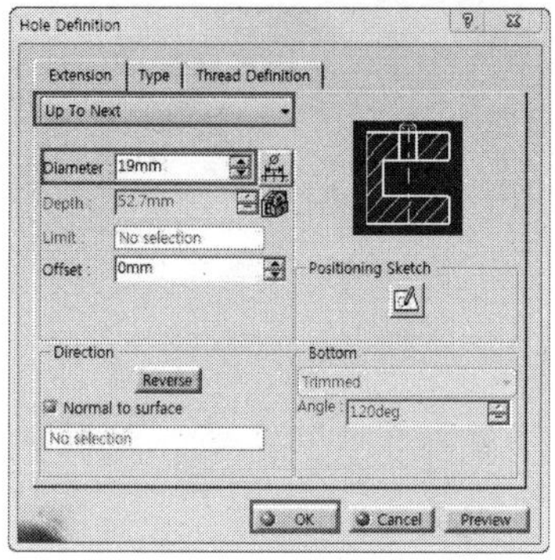

10. Edge Fillet 를 클릭한 후 Radius = 7.5mm로 입력하고 그림에 표시된 1개의 모서리를 선택한 후 OK를 클릭한다.

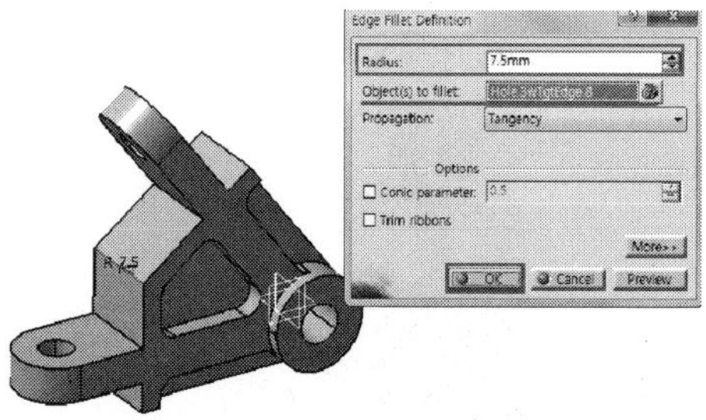

11. 질량을 측정한다.

답 : 903.3g

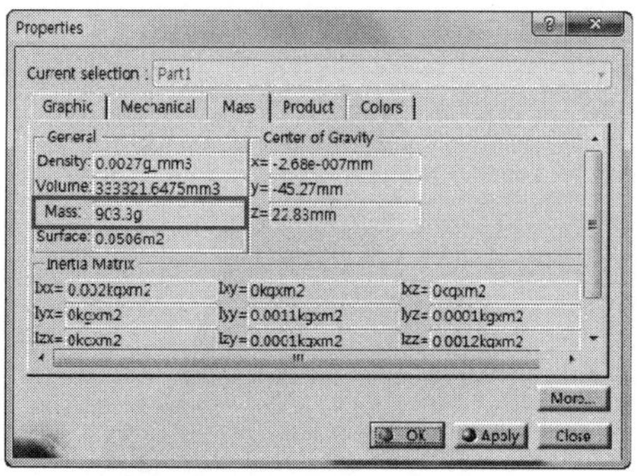

문제 5번 - Part Modeling(파트모델링)

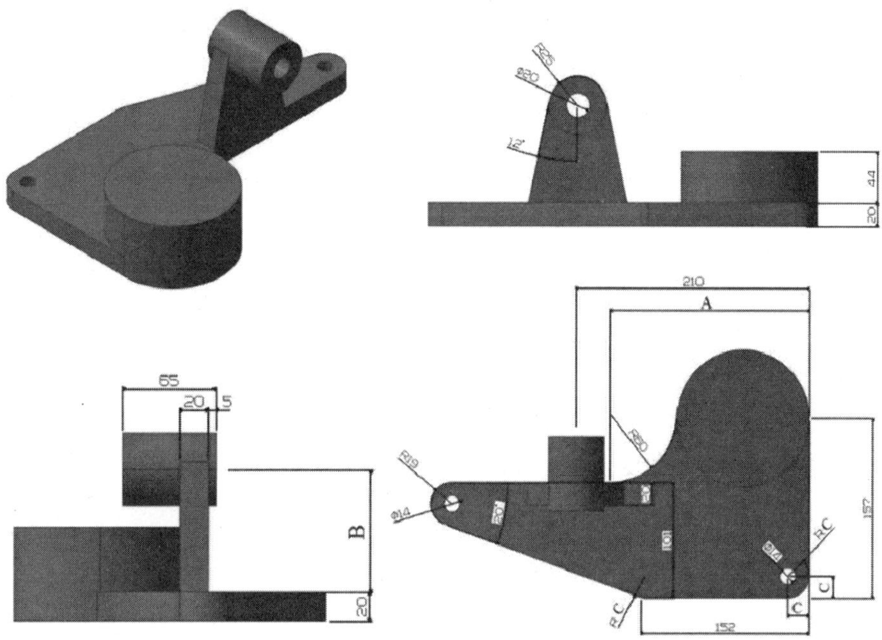

1단계 Modeling(모델링 작업)

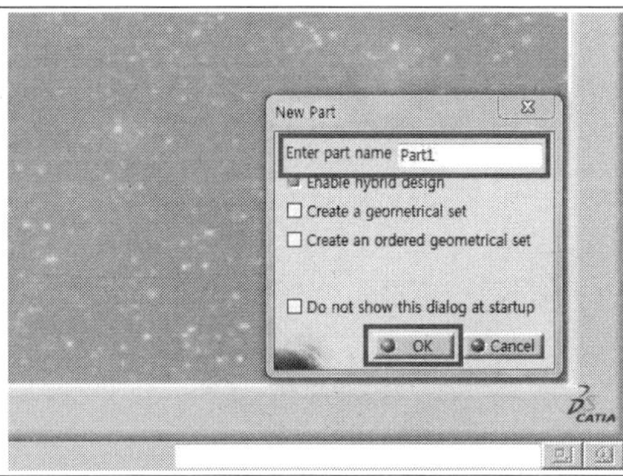	1. 새로운 Part 파일을 생성한다.

2. Sketch Icon 을 선택하고 XY평면을 선택한다.	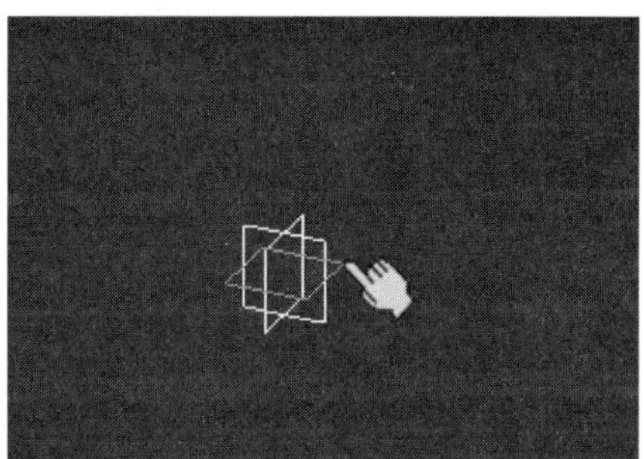

3. 다음과 같이 Sketch를 하여 준 후 Exit Workbench 를 클릭한다.

A = 160mm

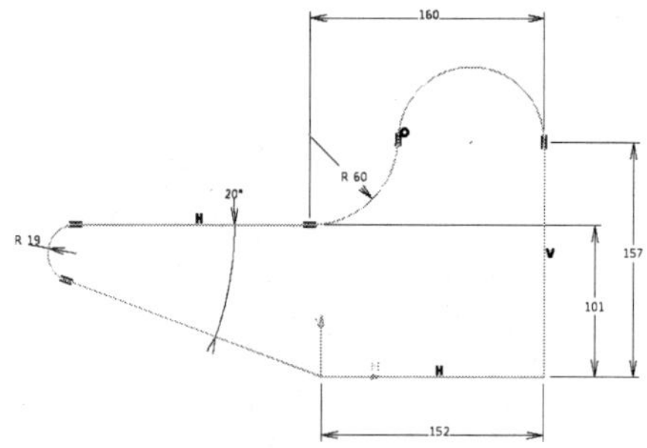

4. Pad 를 클릭한 후 위에서 생성한 Sketch를 선택하고, First Limit Length = 20mm로 입력한 후 OK를 클릭한다.

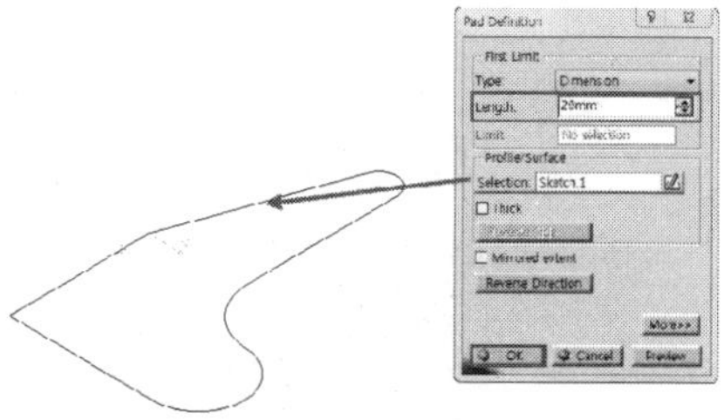

5. Sketch Icon 을 선택하고 화살표가 가리키는 면을 선택한다.

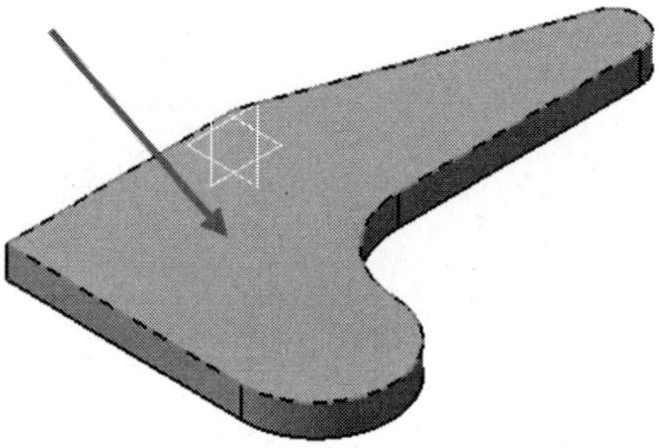

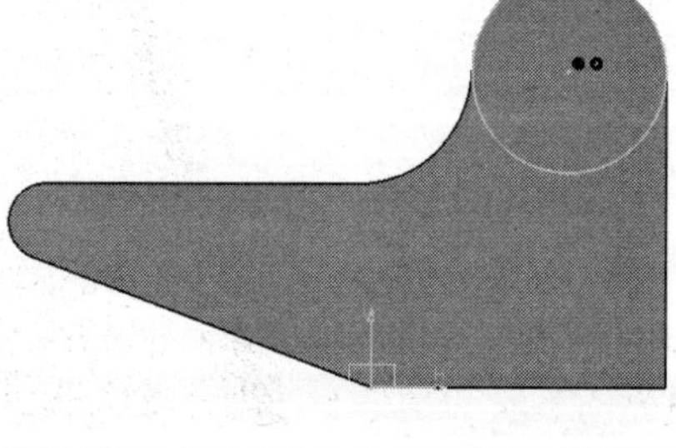

6. 다음과 같이 Sketch를 하여 준 후 Exit Workbench 를 클릭한다.

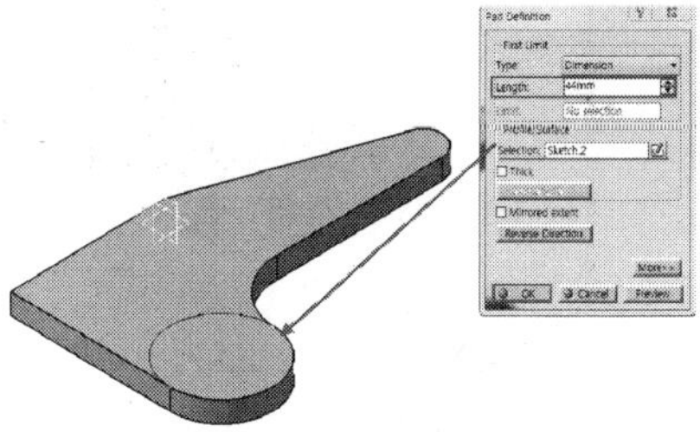

7. Pad 를 클릭한 후 위에서 생성한 Sketch를 선택하고, First Limit Length = 44mm로 입력한 후 OK를 클릭한다.

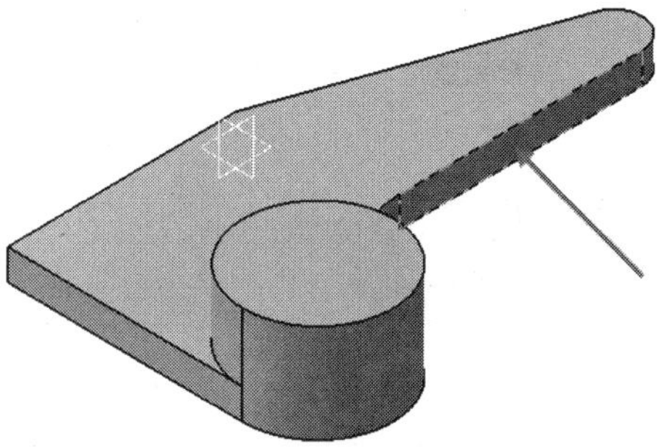

8. Sketch Icon 을 선택하고 화살표가 가리키는 면을 선택한다.

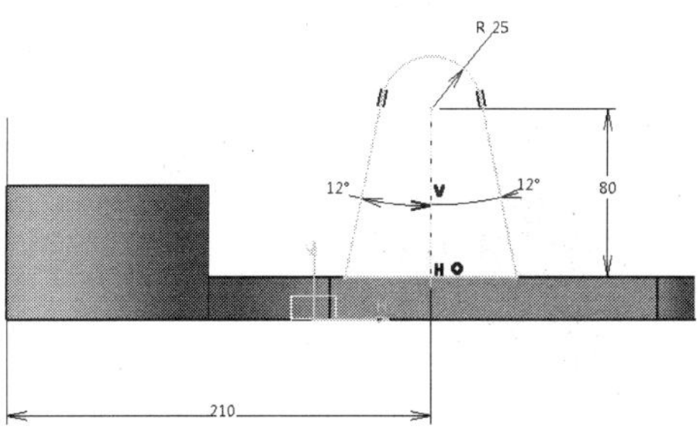

9. 다음과 같이 Sketch를 하여 준 후 Exit Workbench 를 클릭한다.

B = 80mm

10. Pad 를 클릭한 후 위에서 생성한 Sketch를 선택하고, First Limit Length = 20mm로 입력한 후 OK를 클릭한다.

B = 83mm

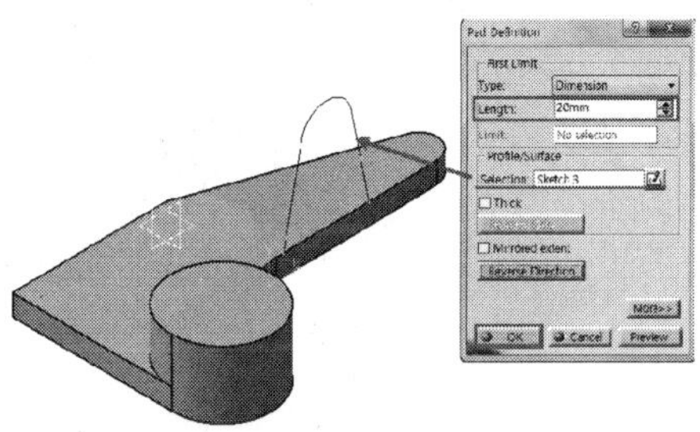

11. Sketch Icon 을 선택하고 화살표가 가리키는 면을 선택한다.

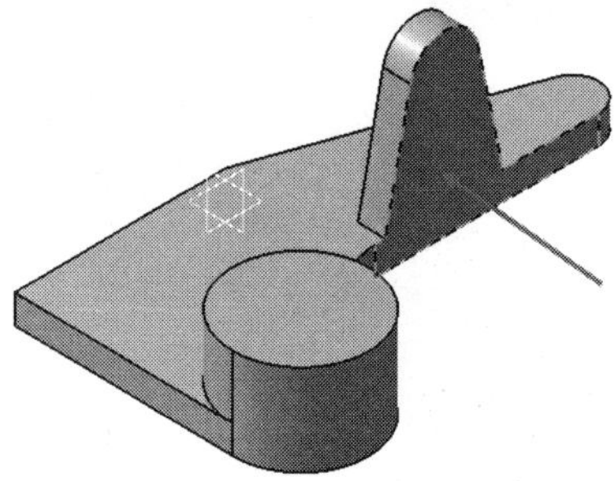

12. 다음과 같이 Sketch를 하여 준 후 Exit Workbench 를 클릭한다.

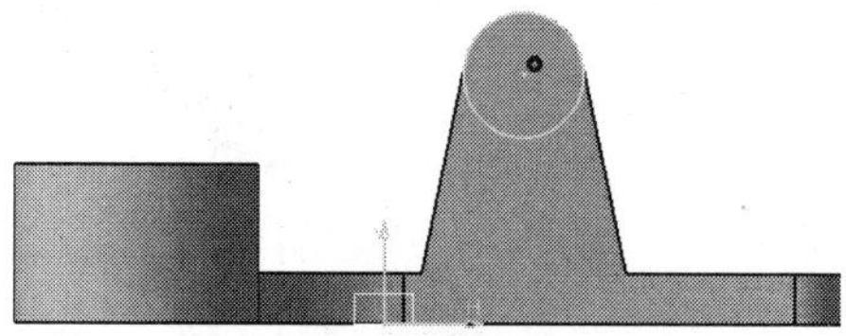

13. Pad 를 클릭한 후 위에서 생성한 Sketch를 선택하고, First Limit Length = 40mm, Second Limit Length = 25mm로 선택한 다음 OK를 클릭한다.

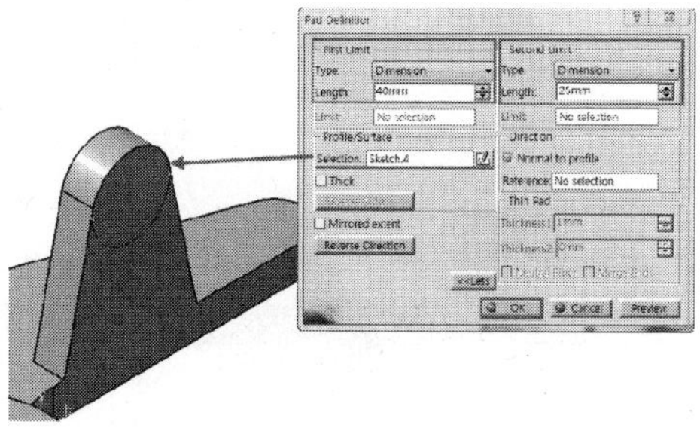

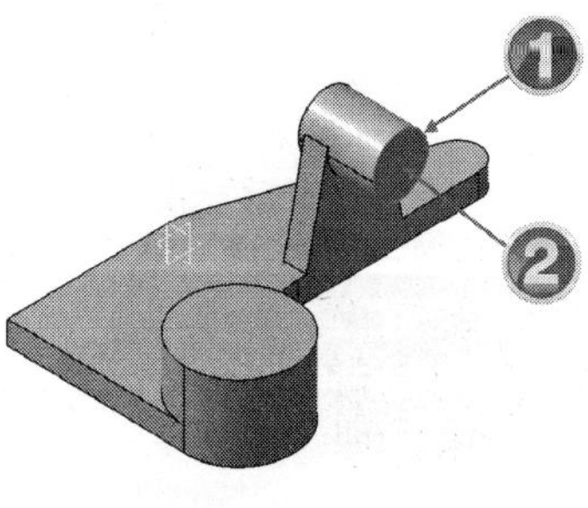

14. Hole 을 더블 클릭하고, 화살표가 가리키는 모서리를 선택한 다음 면을 선택하여준다.

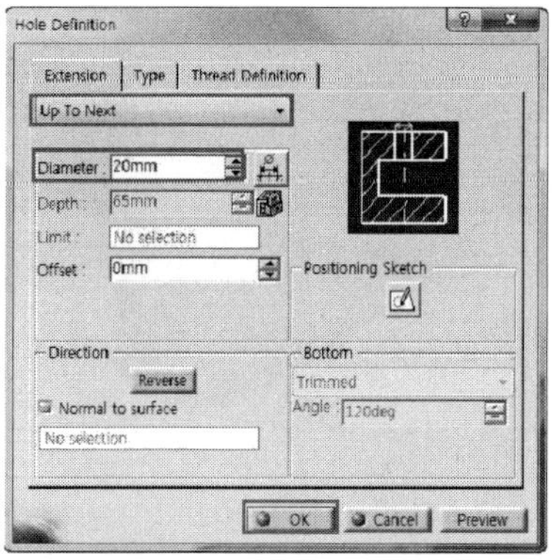

15. Diameter = 20mm로 입력 후 Depth = Up to next로 설정한 다음 OK를 클릭한다.

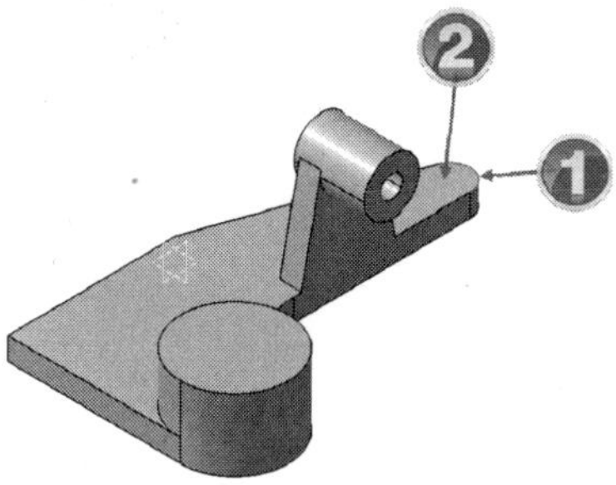

16. 화살표처럼 순차적으로 선택해준다.

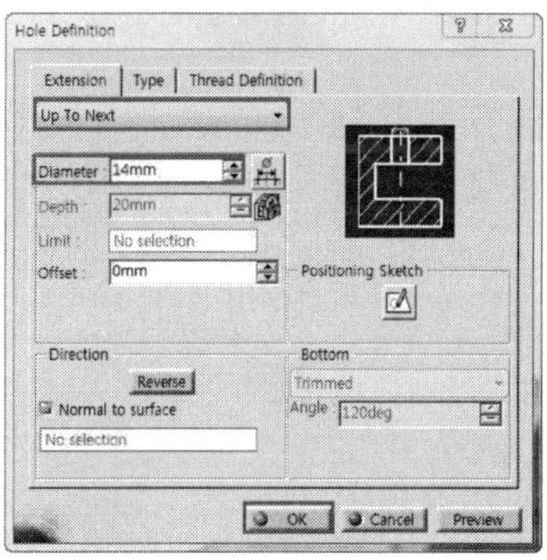

17. Diameter = 14mm로 입력 후 Depth = Up to next로 설정한 다음 OK를 클릭한다.

18. Edge Fillet  를 더블 클릭한 후 Radius = 22mm로 입력하고 그림에 표시된 1개의 모서리를 선택한 후 OK를 클릭한다.

C = 22mm

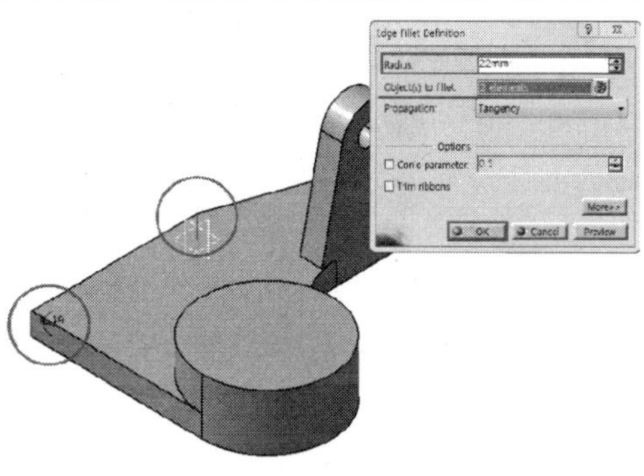

19. Hole 을 더블 클릭하고, 화살표가 가리키는 모서리를 선택한 다음 면을 선택하여준다.	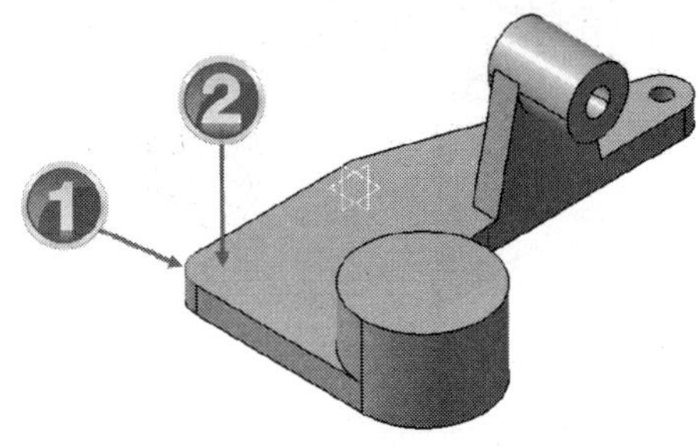
20. Diameter = 14mm로 입력 후 Depth = Up to next로 설정한 다음 OK를 클릭한다.	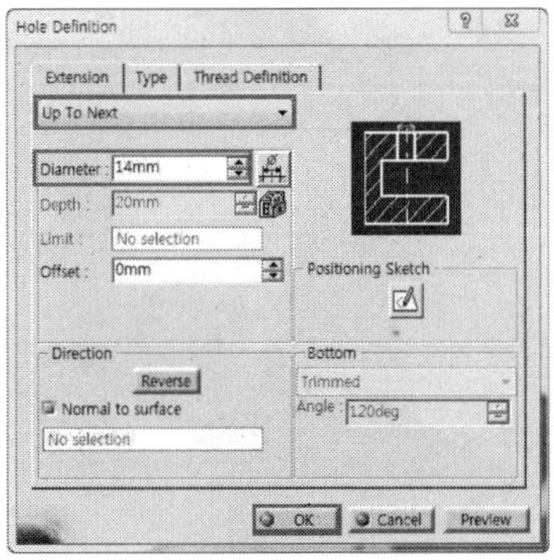

2단계 재질 적용하기(Apply Material)

1. Apply Material Tool Bar에 Apply Material 을 클릭한다.	
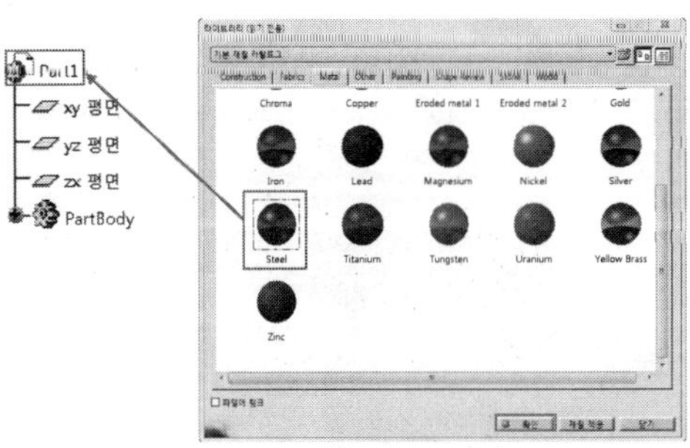	2. Library 창이 뜨면 Metal ▶ Steel을 클릭한 다음 트리에서 Part를 클릭한 다음 OK를 클릭한다.

3단계 소수점 자리 설정하기

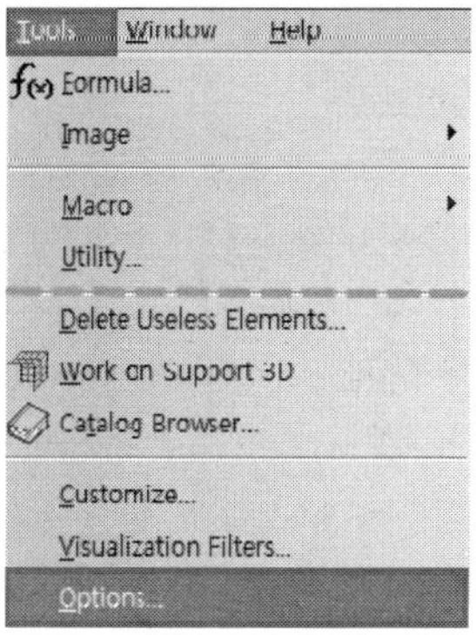

1. Tool ▶ Options을 클릭한다.

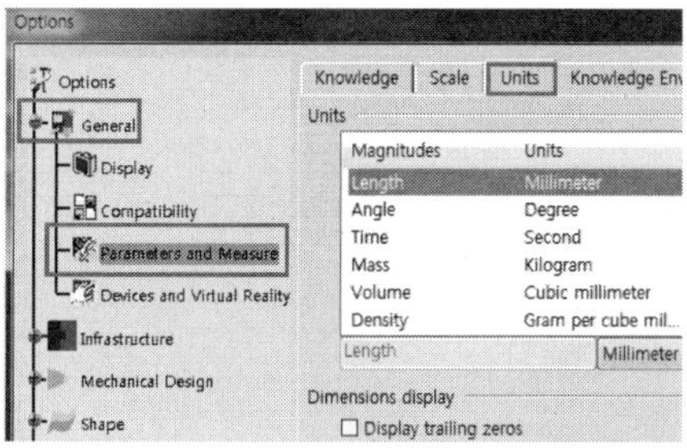

2. Option창이 뜨면 General ▶ Parameters and Measure ▶Units를 클릭한다.

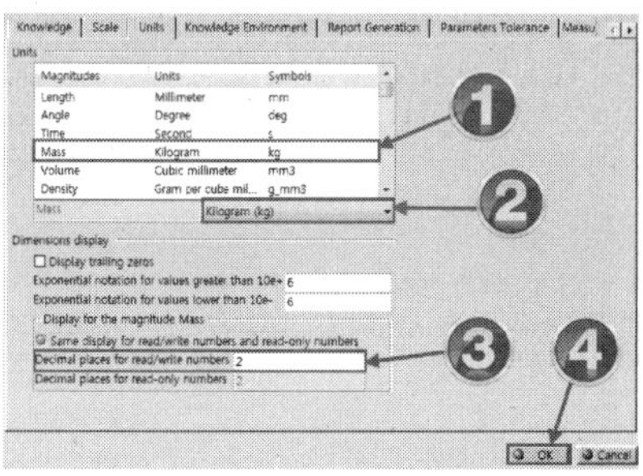

3. Mass를 클릭한 후 Kilogram으로 설정을 바꾸어 준 다음 Decimal Places for read/write numbers(읽기/쓰기의 숫자 소수점 자리 수)를 2로 입력한 후 OK를 클릭한다.

4단계 질량 측정하기

1. Part에서 마우스 오른쪽 버튼(MB3)을 클릭한 후 Properties를 클릭한다.

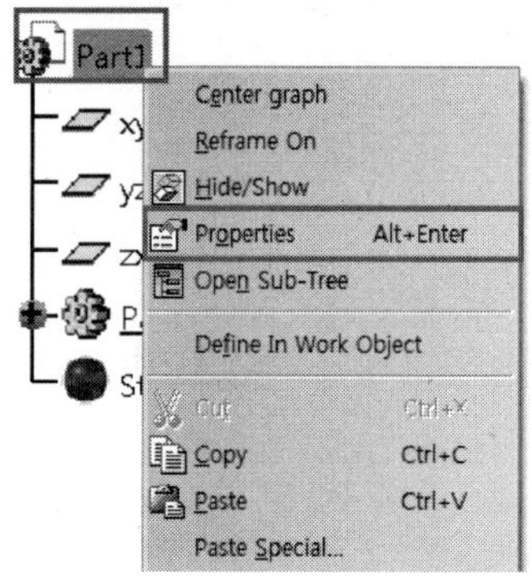

2. 질량을 측정한다.

답: 10.19kg

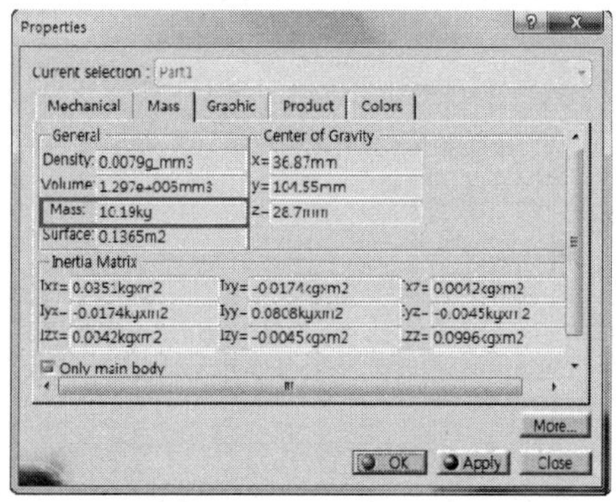

문제 6번 - 수정 작업

1. Pad.1에 Sketch를 수정하기 위해 specification Tree에서 Sketch를 더블 클릭한다.

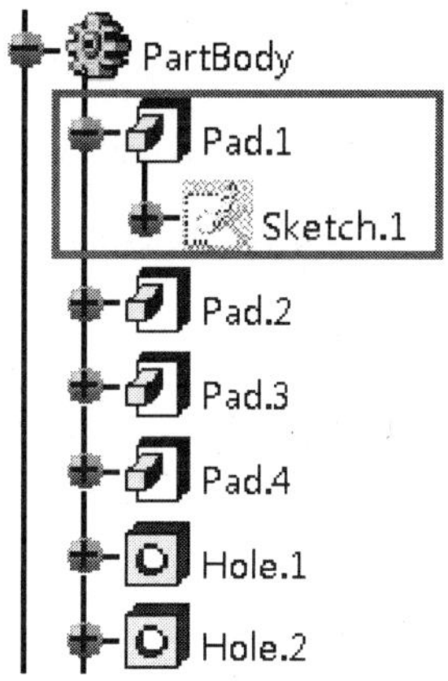

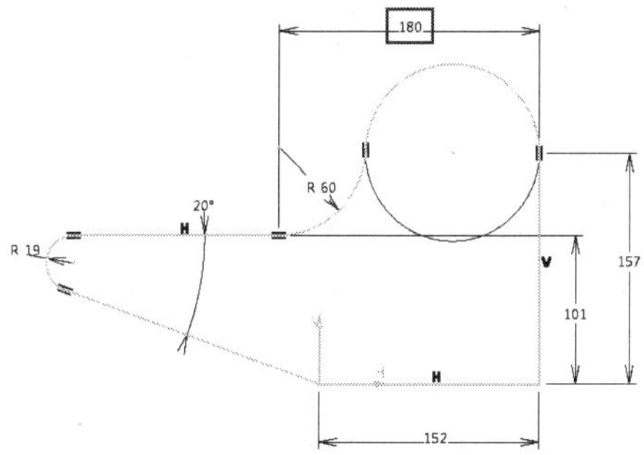

2. 치수들을 더블 클릭하여 183mm를 180mm로 수정한 후 Exit Workbench  를 클릭한다.

A = 180mm

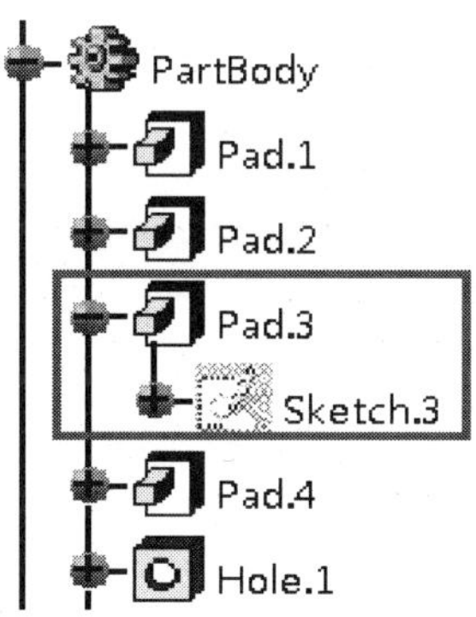

3. Pad.3에 Sketch를 수정하기 위해서 specification Tree에서 Sketch.3를 더블 클릭한다.

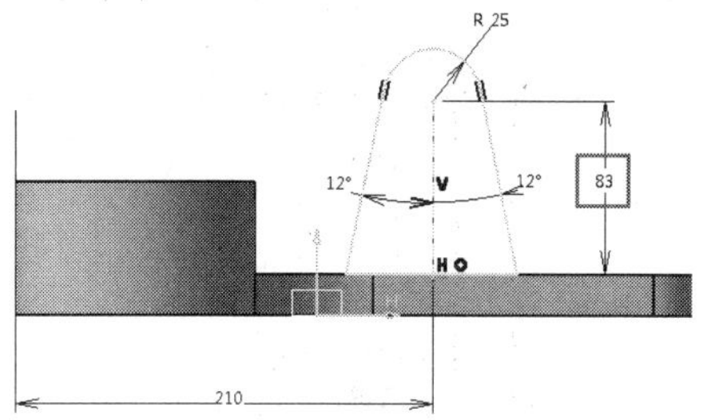

4. 치수들을 더블 클릭하여 80mm를 83mm로 수정한 후 Exit Workbench  를 클릭한다.

B = 83mm

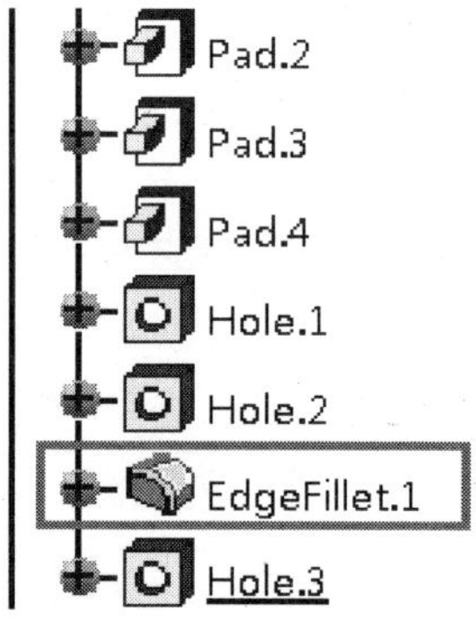

4. EdgeFillet에 Radius를 수정하기 위해서 specification Tree에서 EdgeFilet.1를 더블 클릭한다.

5. Radius에 22mm를 19mm로 선택한 후 OK를 클릭한다.

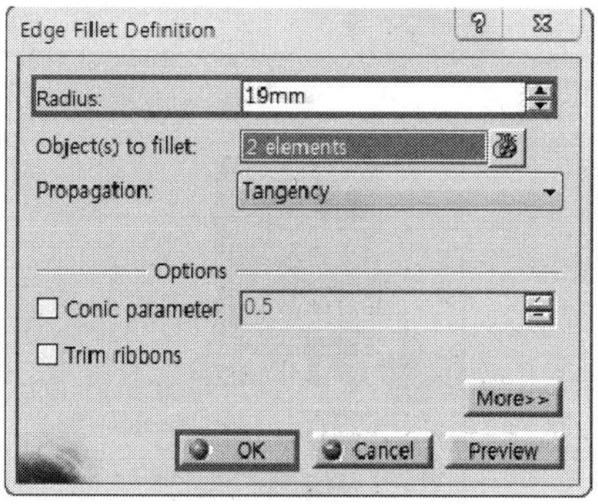

6. 질량을 측정한다.

답 : 11.88kg

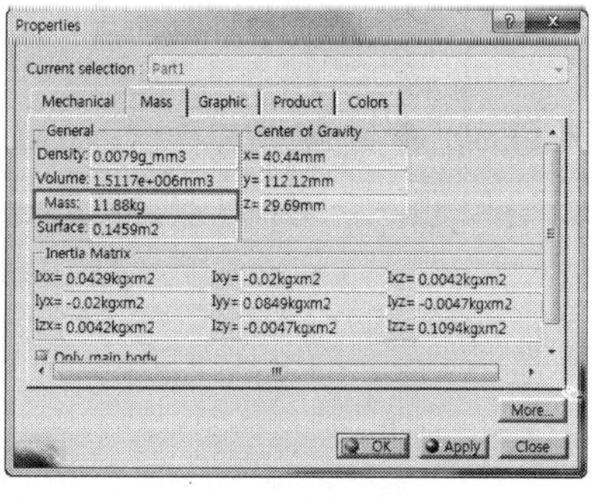

문제 7번 - 수정 작업

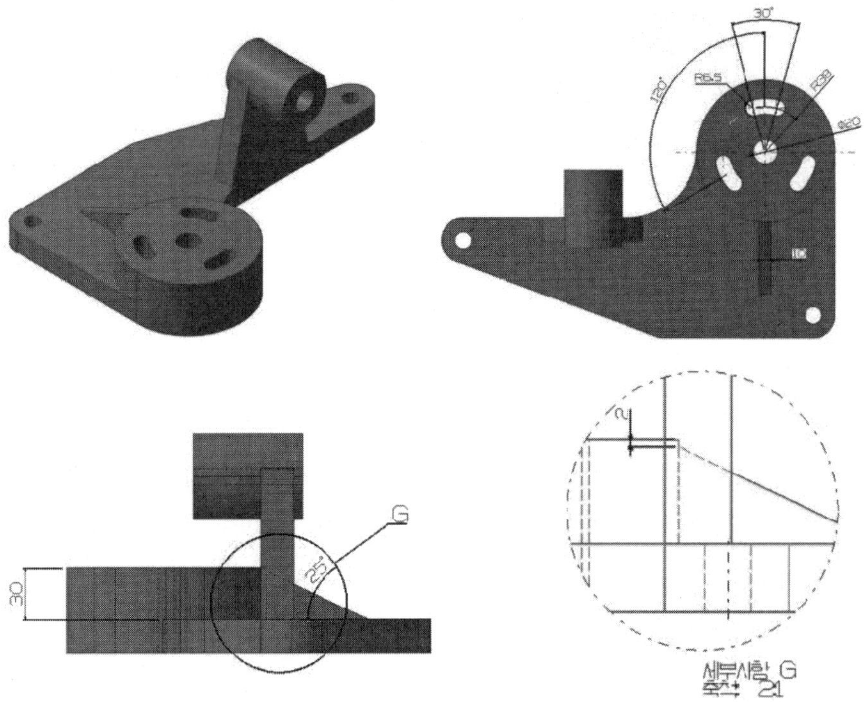

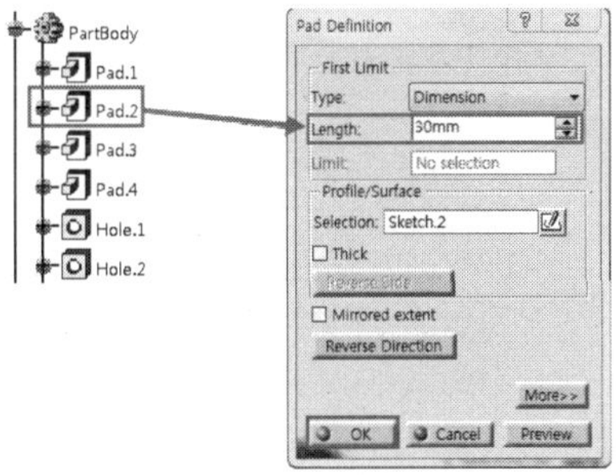	1. specification Tree에서 Pad.2를 더블 클릭한 다음 Length를 44mm를 30mm로 수정한 후 OK를 클릭한다.
	2. Sketch Icon 을 선택하고 화살표가 가리키는 면을 선택한다.

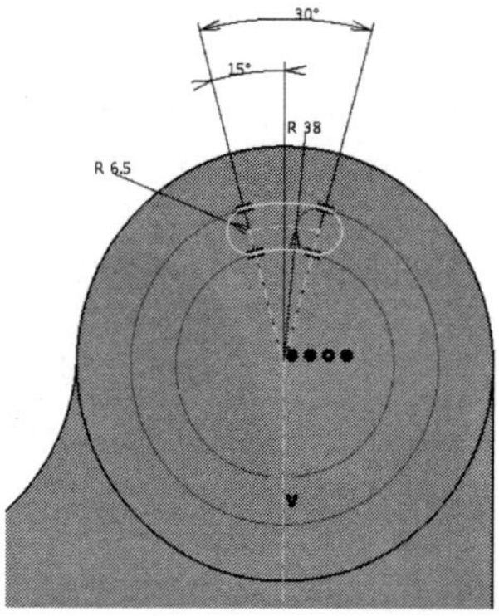

3. 다음과 같이 Sketch를 해준 후 Exit Workbench 를 클릭한다.

4. Pocket 를 클릭한 후 위에서 생성한 Sketch를 선택하고, First Limit Type= Up to next로 설정한 후 OK를 클릭한다.

5. Circular Pattern 을 선택한다. Parameter = Instance(s) & angular spacing, Instance(s) = 3, Angular spacing = 120deg, Reference element에서 MB3을 클릭하여 Create Line을 선택한다.

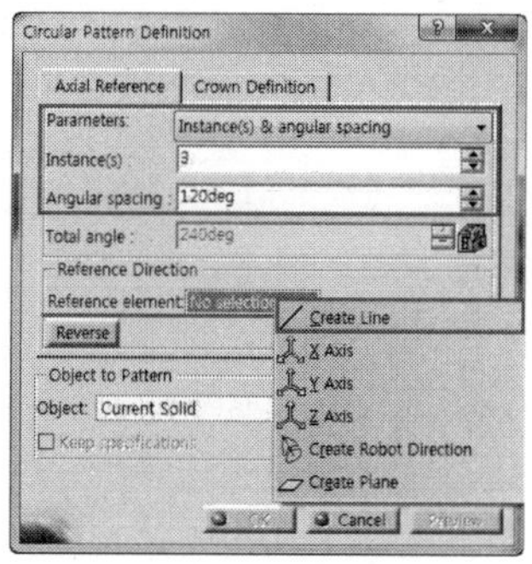

6. Line type = Point – Point로 설정한 후 Point 1에서 MB3을 클릭한 후 Create Point를 클릭한다.

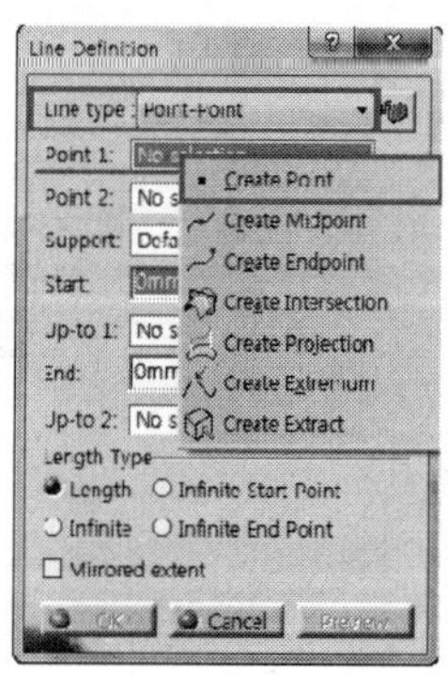

7. Point type = Circle / Sphere / Ellipse center로 설정한 후 화살표가 가리키는 모서리를 선택하고 OK를 클릭한다.	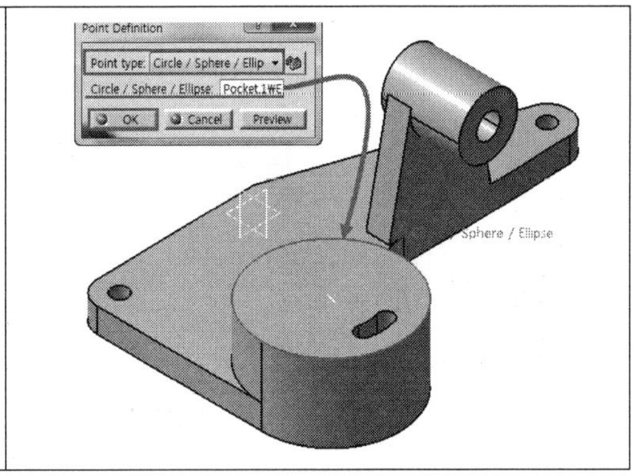
8. Point 1이 생성된 것을 확인할 수 있고 Point 2에서도 동일하게 MB3을 클릭하여 Create Point를 클릭한다.	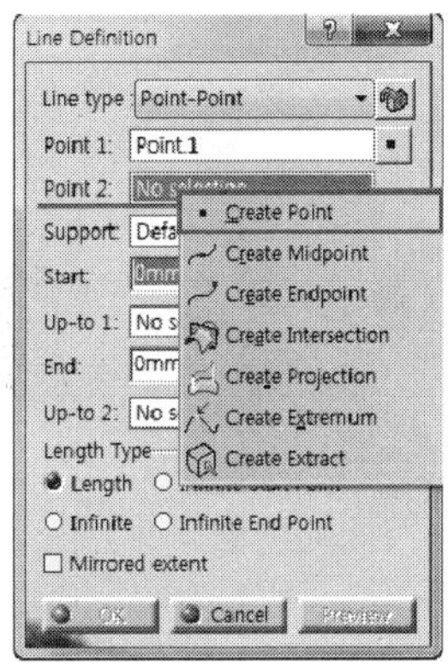
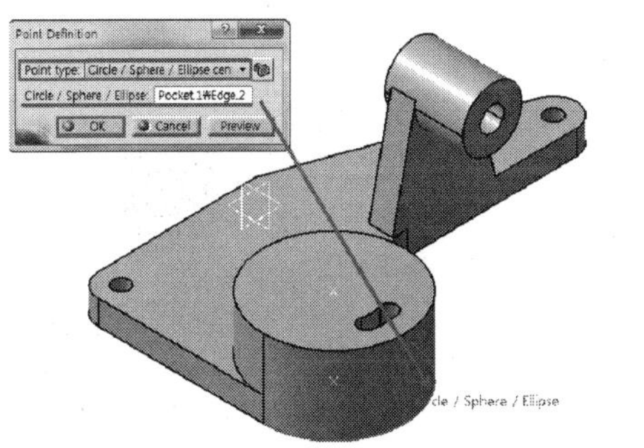	9. Point type = Circle / Sphere / Ellipse center로 설정한 후 화살표가 가리키는 모서리를 선택하고 OK를 클릭한다.
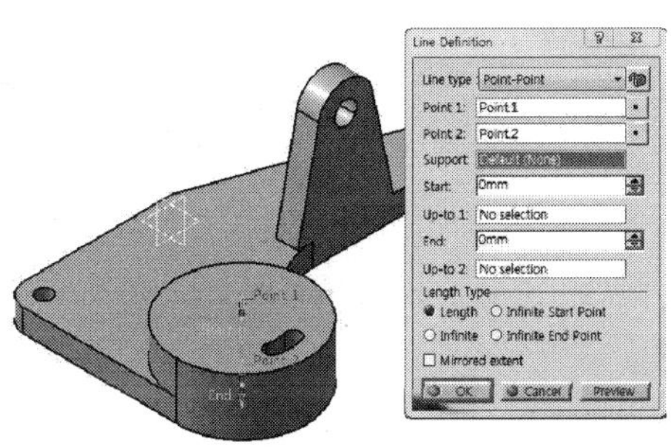	10. 그림과 같이 두 개의 Point를 생성함으로서 Line이 생성된 것을 확인하고 OK를 클릭한다.

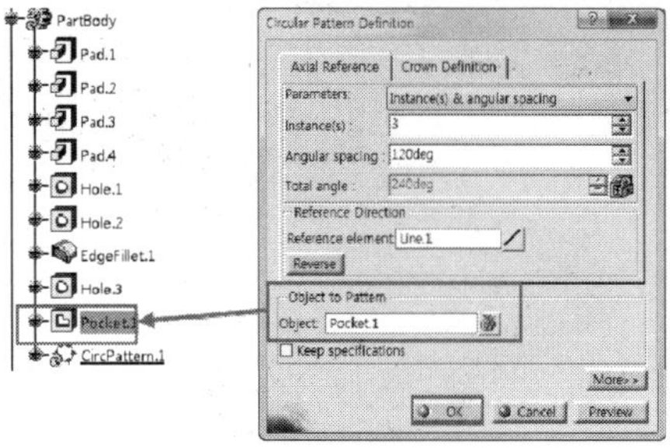

11. Object = Pocket.1을 선택한 후 More를 클릭한다.

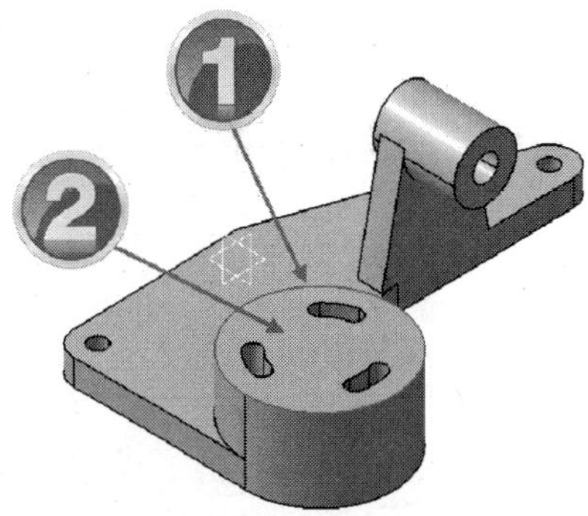

12. Hole 을 더블 클릭하고, 화살표가 가리키는 모서리를 선택한 다음 면을 선택하여준다.

13. Extension에서 Diameter = 20mm, Depth = Up to next로 설정한 다음 OK를 클릭한다.

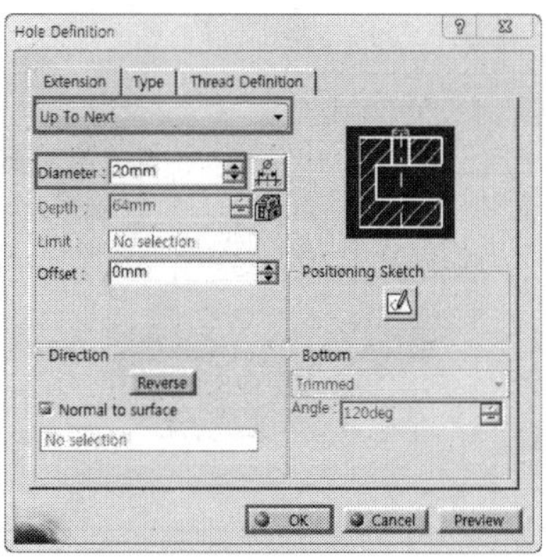

14. Reference Element Tool에 있는 Point ▪ 를 클릭한다.

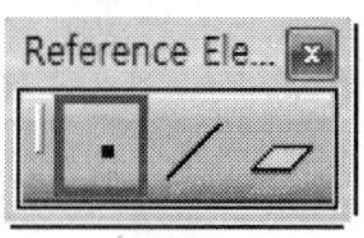

15. Point type = Circle / Sphere / Ellipse center로 설정한 후 화살표가 가리키는 모서리를 선택하고 OK를 클릭한다.

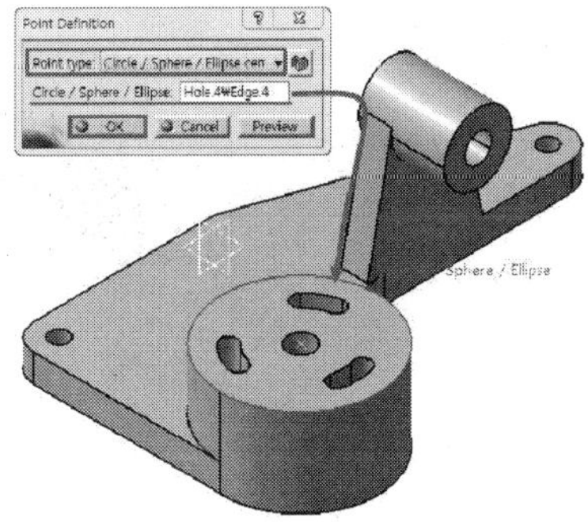

16. Reference Element Tool에 있는 Plane 을 클릭한다.

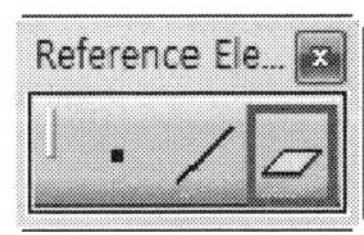

17. Plane type = Parallel Through point, Reference = YZ plane, Point = 위에서 생성한 Point를 클릭한 다음 OK를 클릭한다.

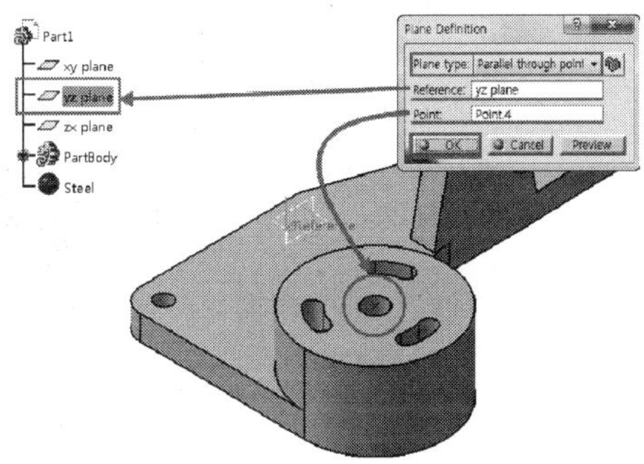

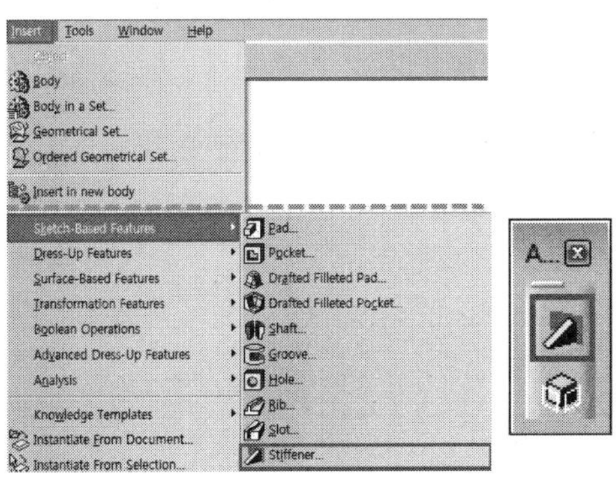

18. Insert ▷ Sketch-Based Features ▷ Stiffener 를 클릭한다.

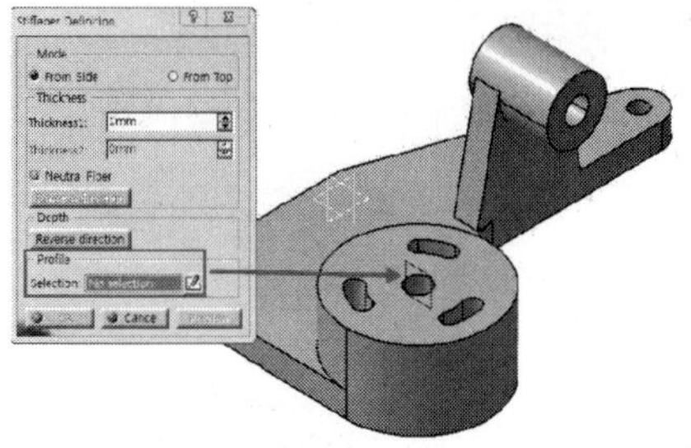

19. 창이 뜨면 Profile에 Selection을 클릭한 다음 위에서 생성한 Sketch를 클릭한다.

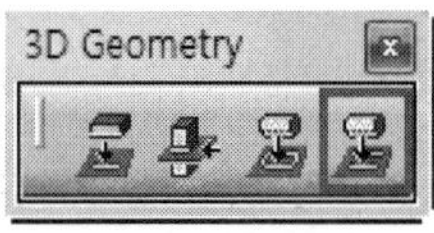

20. 3D Geometry에서 Project 3D Canonical Silhouette Edge 를 클릭한다.

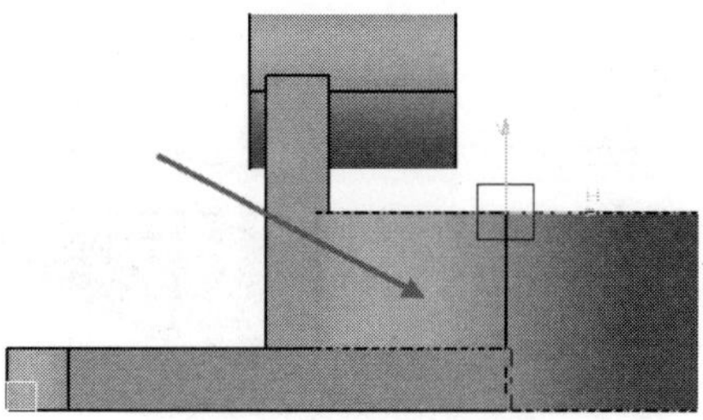

21. 화살표가 가리키는 면을 선택한다.

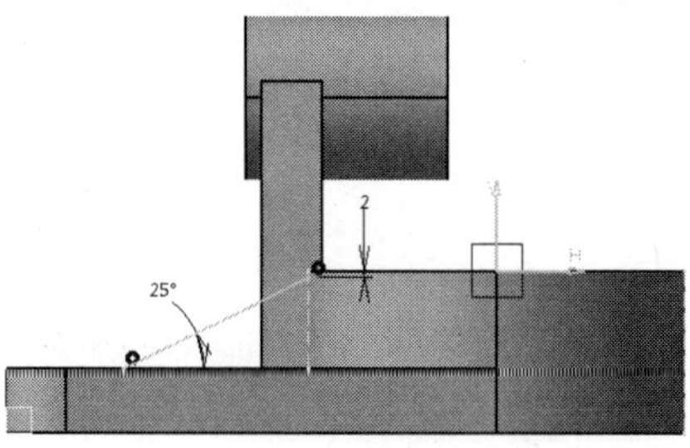

22. 다음과 같이 Sketch를 하여 준 후 Exit Workbench 를 클릭한다.

23. Thickness1 = 10mm로 입력한 후 OK를 클릭한다.	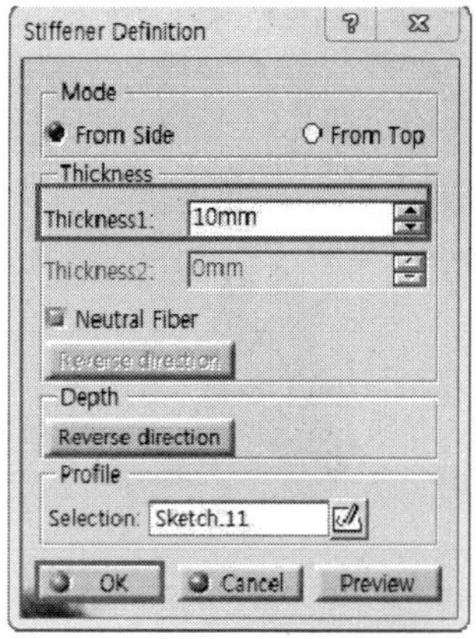
24. 질량을 측정한다. 답 : 10.12kg	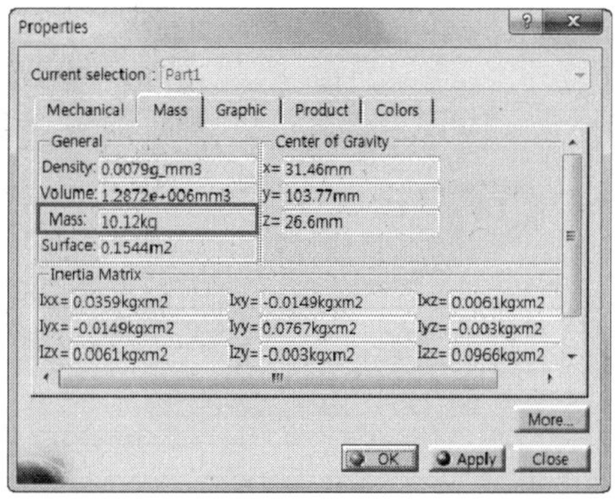

문제 8번 – 수정 작업

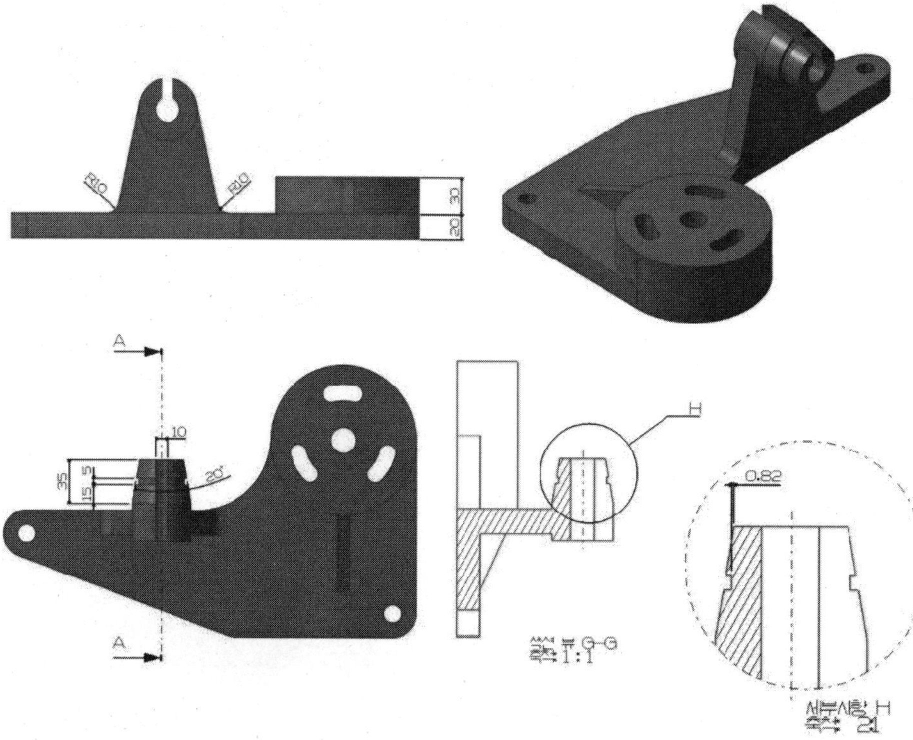

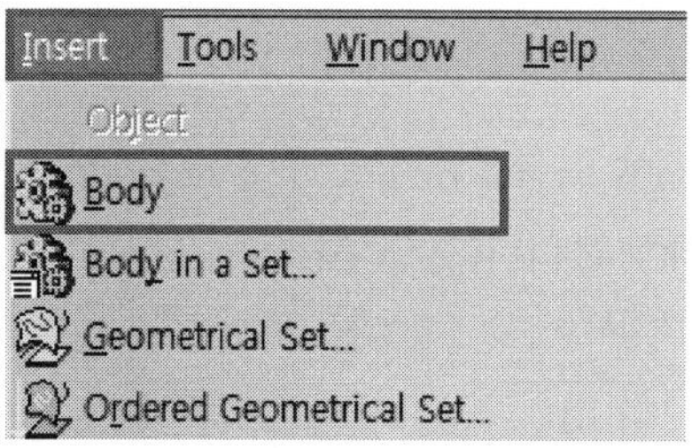	1. Insert ▷ Body를 클릭한다.
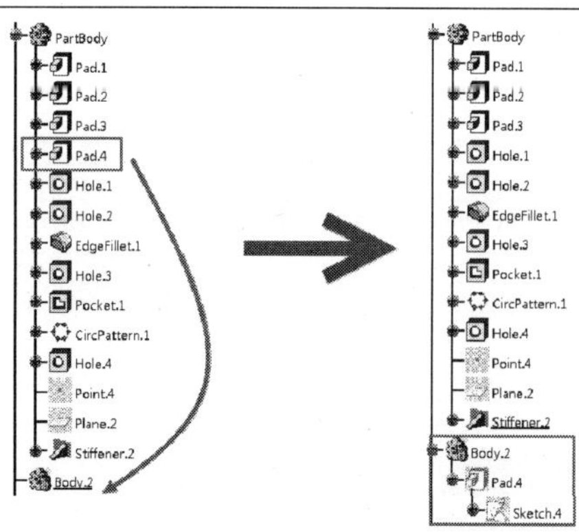	2. Pad.4를 클릭한 후 드래그하여 Body.2로 옮겨준다.

3. Plane 을 선택하고 화살표가 가리키는 면을 선택한 후 Plane type = Offset from plane, Offset = 35mm로 설정한 후 OK를 클릭한다.

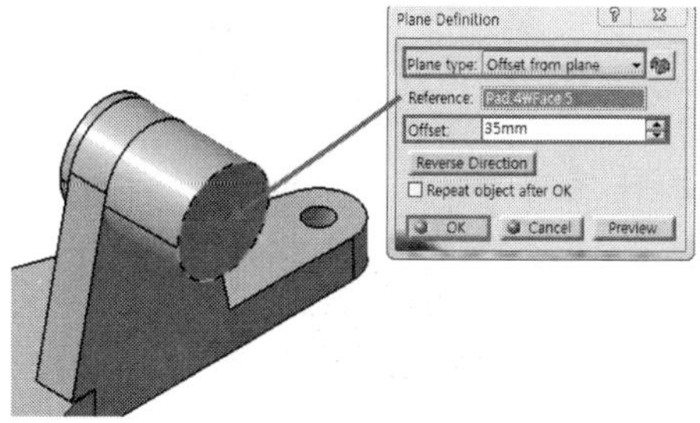

4. Draft Angle을 선택한 후 Angle = 10deg, Face(s) to draft = 화살표가 가리키는 면, Selection = 위에서 생성한 면으로 설정한 후 Parting = Neutral를 체크한 다음 OK를 클릭한다.

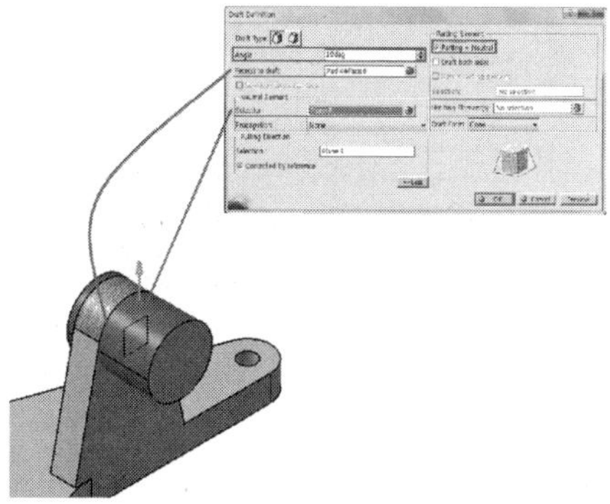

5. Insert ▷ Boolean Operations ▷ Assembly를 선택한다.

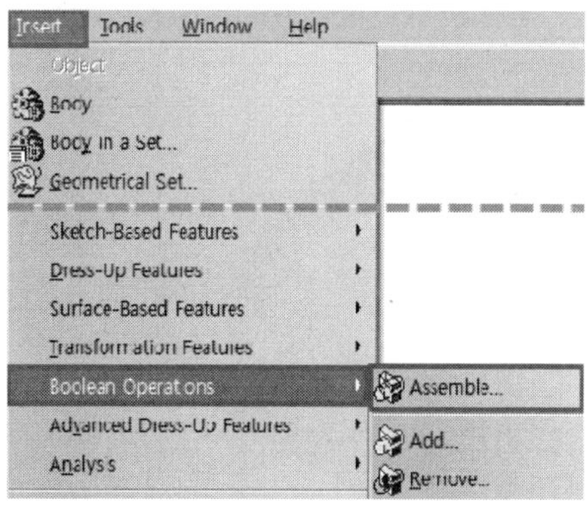

6. Assembly에 Body.2를 선택하면 To에는 자동적으로 Part Body가 선택이 된다. 확인한 후 OK를 클릭한다.

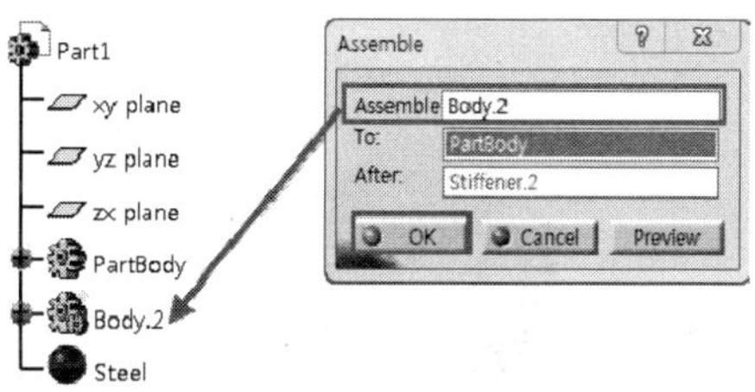

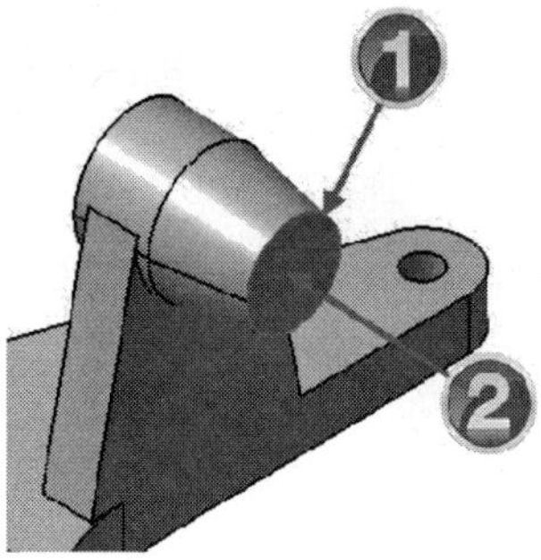	7. Hole 을 더블 클릭하고, 화살표가 가리키는 모서리를 선택한 다음 면을 선택한다.
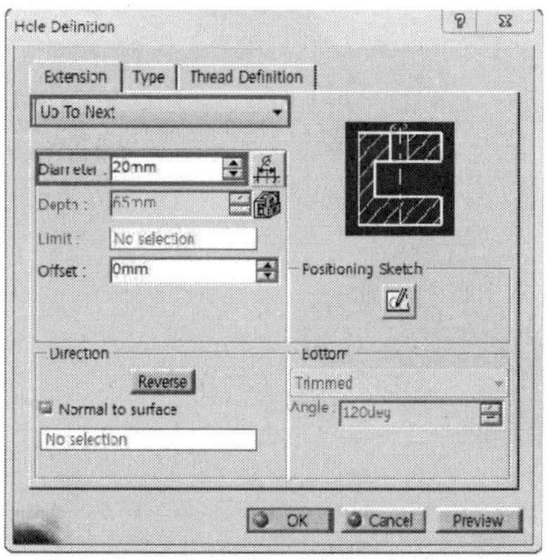	8. Diameter = 120mm로 입력 후 Depth = Up to next로 설정한 다음 OK를 클릭한다.
	9. Sketch Icon 을 클릭한 후 화살표가 가리키는 면을 선택한다.
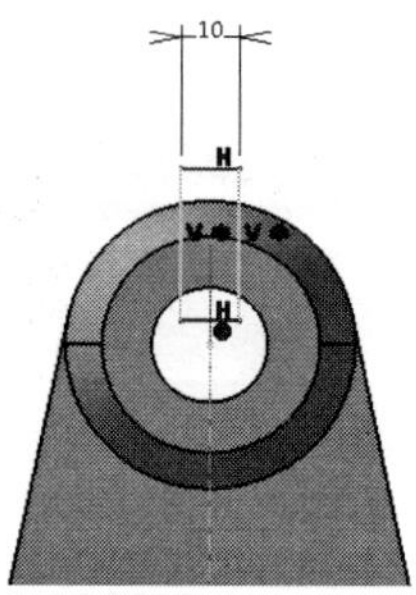	10. 다음과 같이 Sketch를 해준 후 Exit Workbench 를 클릭한다.

11. Pocket 를 클릭한 후 위에서 생성한 Sketch를 선택하고, First Limit Type = Up to next로 입력한 다음 OK를 클릭한다.

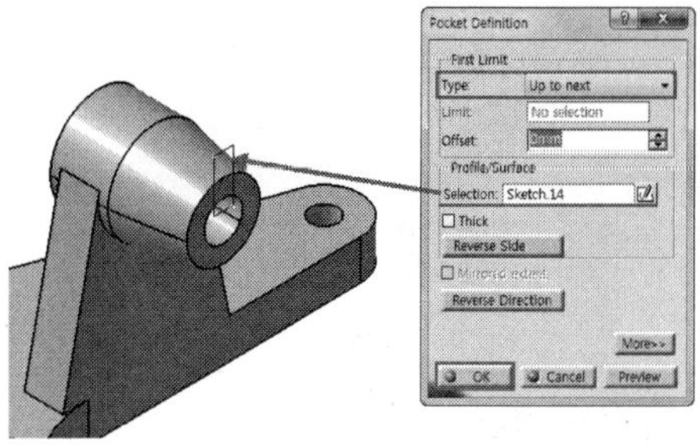

12. Plane 을 선택하고 화살표가 가리키는 면을 선택한 후 Plane type = Offset from plane, Offset = 5mm로 설정한 후 OK를 클릭한다.

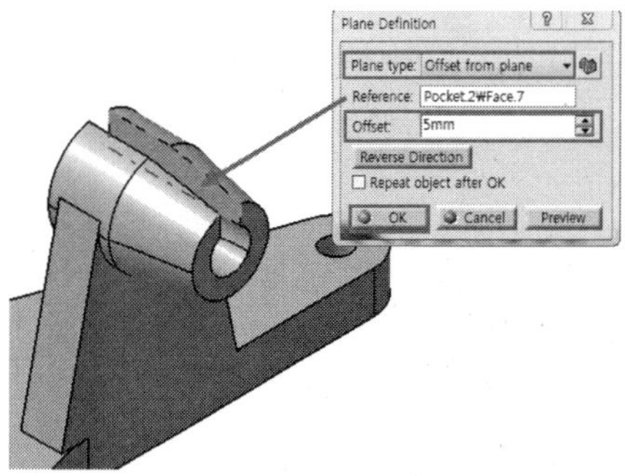

13. Sketch Icon 을 클릭한 후 위에서 생성한 면을 선택한다.

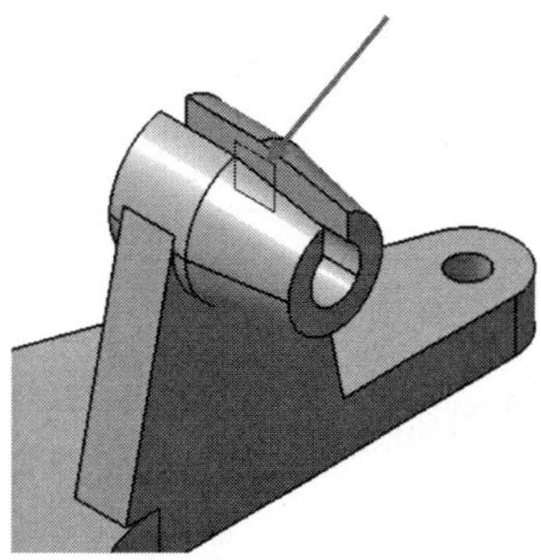

14. 다음과 같이 Sketch를 해준 후 Exit Workbench 를 클릭한다.

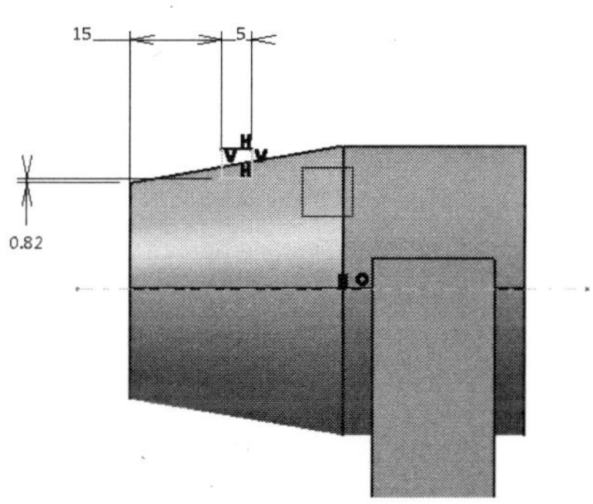

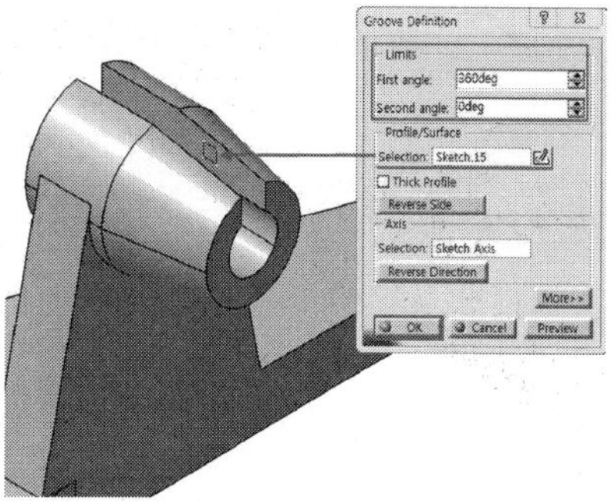

15. Groove를 선택한 후 위에서 생성한 Sketch를 선택하고, First angle = 360deg, Second angle = 0deg로 입력한 후 OK를 클릭한다.

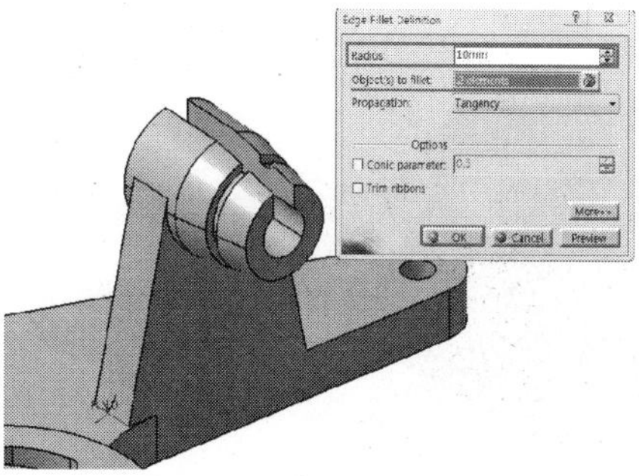

16. Edge Fillet 를 클릭한 후 Radius = 10mm로 입력하고 화살표가 가리키는 두 개의 모서리를 선택한 후 OK를 클릭한다.

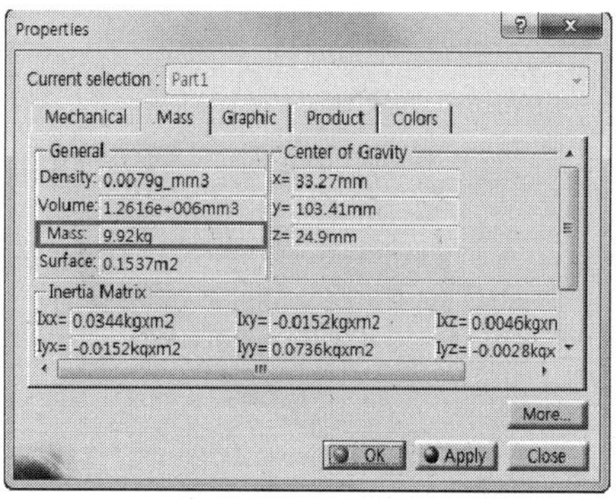

17. 질량을 측정한다.

답 : 9.92kg

3.4 Exercise(예제도면)

☞ 도면 3-1

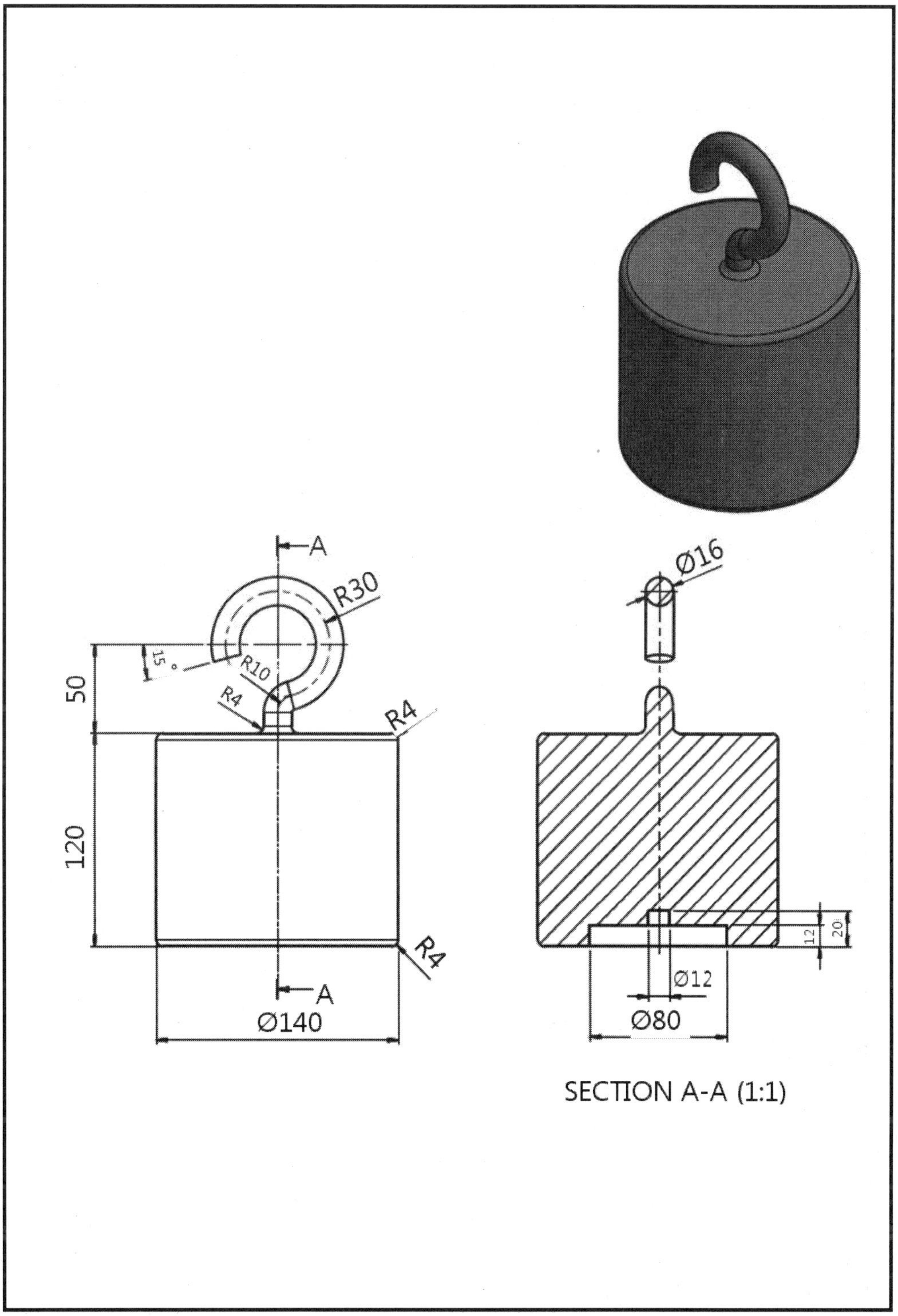

☞ 도면 3-2

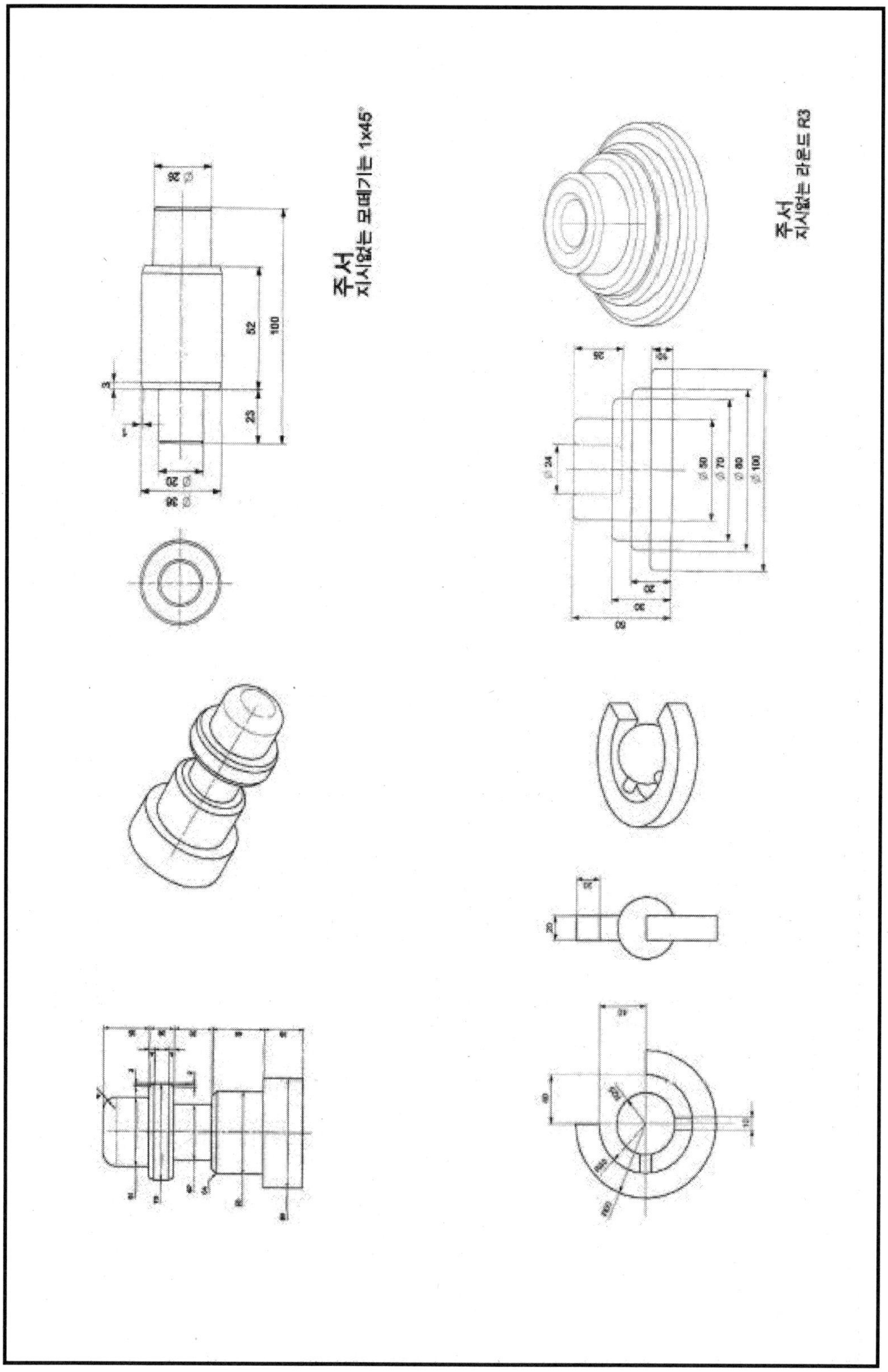
주서
지시없는 모떼기는 1x45°
주서
지시없는 라운드 R3

☞ 도면 3-3

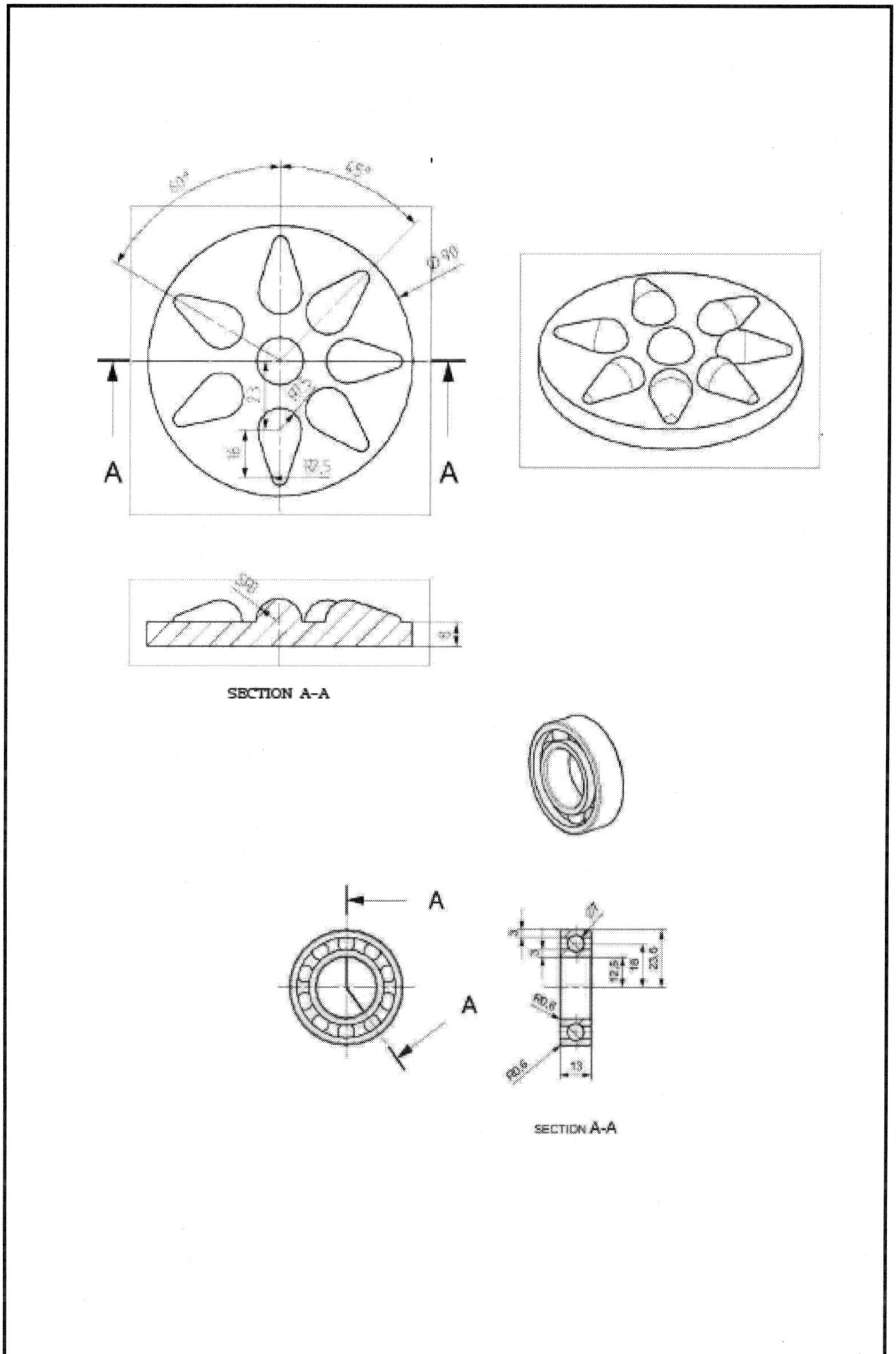
60°
45°
23
16
A
A
8
SECTION A-A
A
A
3
3
12.5
18
23.6
R0.6
R0.6
13
SECTION A-A

☞ 도면 3-4

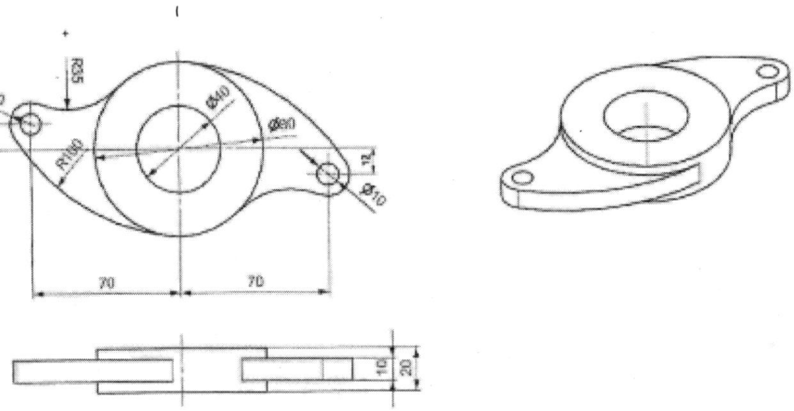

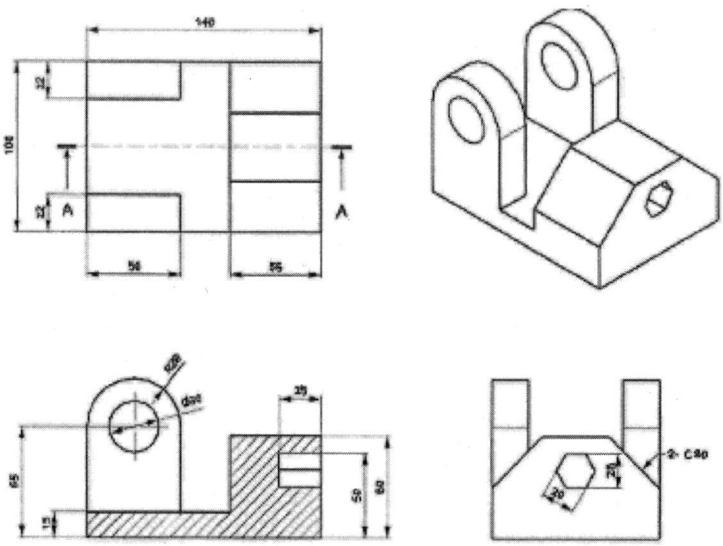

SECTION A-A

4장

Wireframe & Surface Design Workbench

4.1 Wireframe & Surface Design

가. 입장하기

방법 ① : Full Down Menu에서 Start → Mechanical Design → WireFrame and Surface Design 클릭하여 시작한다.

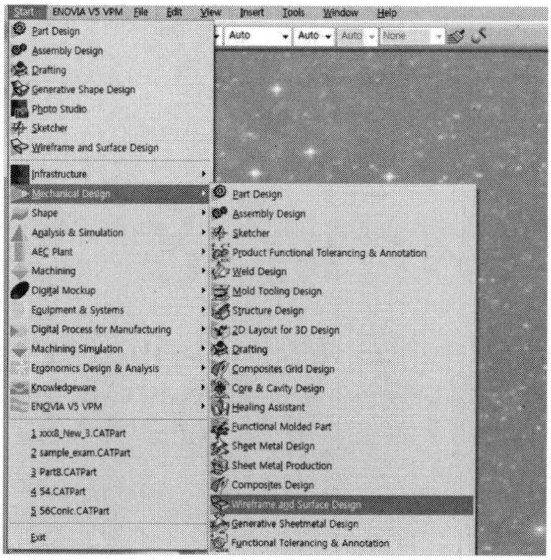

방법 ② :  wire frame icon을 클릭하여 입장한다.

다음 그림에 Wireframe & Surface Design에 입장한 화면을 나타내었다.

4.2 Wireframe & Surface Design Toolbar

가. 

Wireframe은 총 7개의 아이콘으로 구성된다.

1) 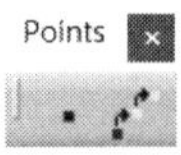 Points sub toolbar

가)  Point

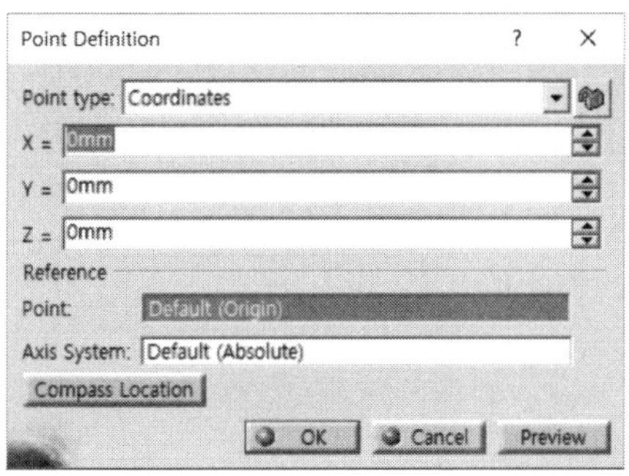

다음과 같이 Coordinates, 예를 들어 X=300, Y=200, Z=400으로 치수를 입력하여 Point를 생성할 수 있다.

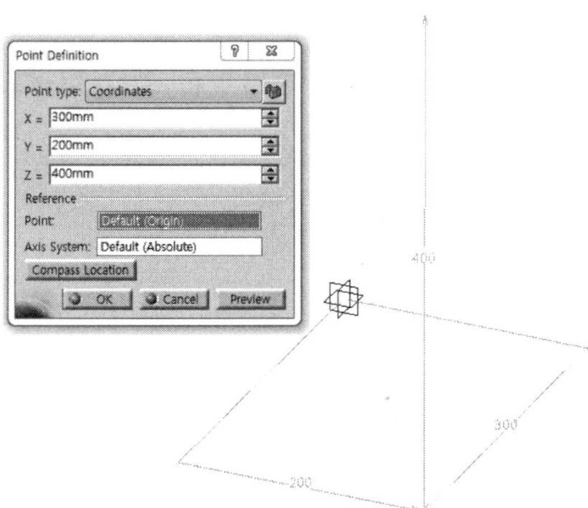

x=300, y=200, z=400

여기서 Point Type을 On Curve로 설정하면 곡선 위에 점을 생성하는 기능이며 다음과 같다.

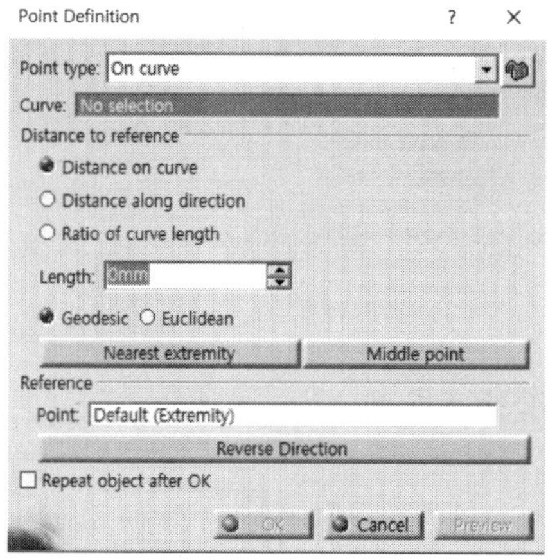

Point Type을 On Plane으로 설정하면 평면 위에 점을 생성하는 기능이며 2차원 평면이므로 이는 다음과 같이, H-벡터와 V-벡터 값을 입력하면 된다.

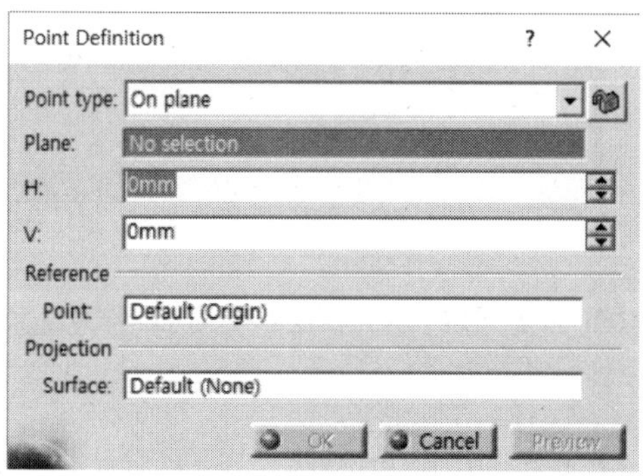

Point Type을 On Surface로 설정하면 곡면 위에 점을 생성하는 기능이며 이는 다음과 같이 입력하면 된다.

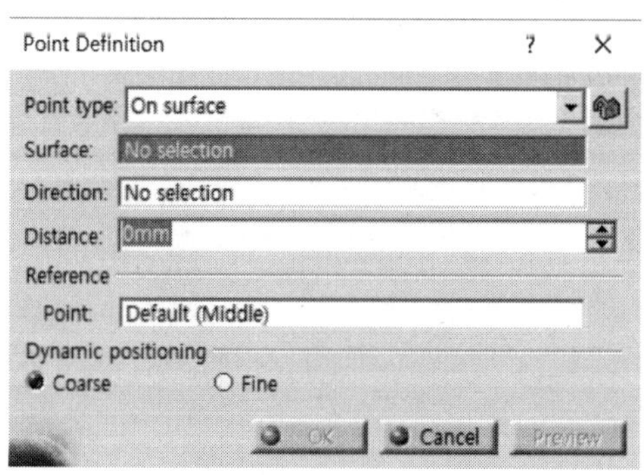

Point Type을 Circle/Sphere/Ellipse Center로 설정하면 원, 구, 타원의 중심에 점을 생성하는 기능이며 이는 다음과 같다.

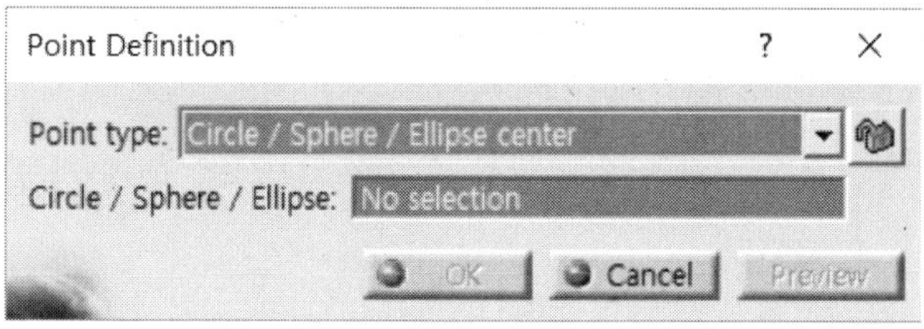

Point Type을 Tangent on Curve로 설정하면 곡선의 접선에 점을 생성하는 기능이며 이는 다음과 같다.

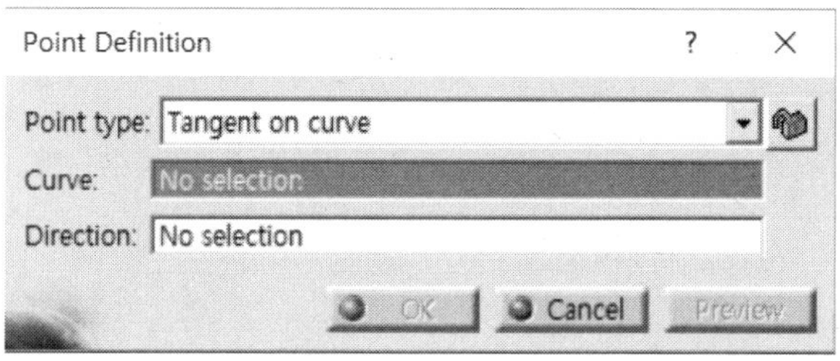

Point Type을 Between으로 설정하면 점과 점 사이에 점을 생성하는 기능이며 다음과 같다.

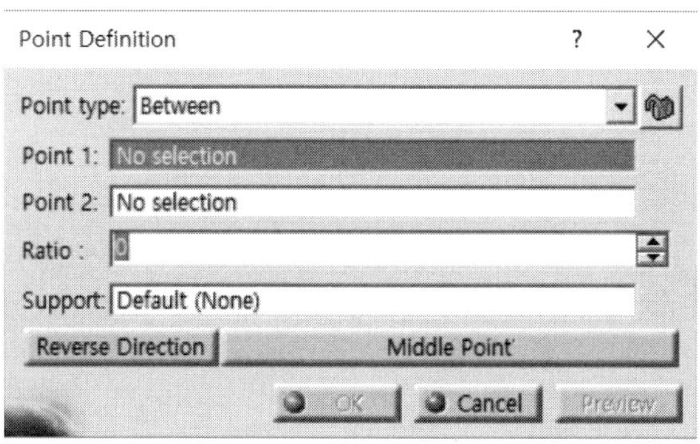

나)  Point & Planes Repetitio

이 아이콘은 일정한 간격으로 점을 생성시키는 기능이다. 다음과 같이 First Point에는 첫 번째 점을, Curve에는 어떤 곡선 위에 점들을 생성시킬 것인가를 선택해주며, Instances는 생성할 점의 총 개수를 지정해 주는 기능이다.

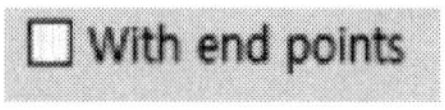

체크 시 끝점을 포함한 숫자를 지정하며, 해제 시 끝점은 총 점의 개수에 포함하지 않는 것을 나타낸다.

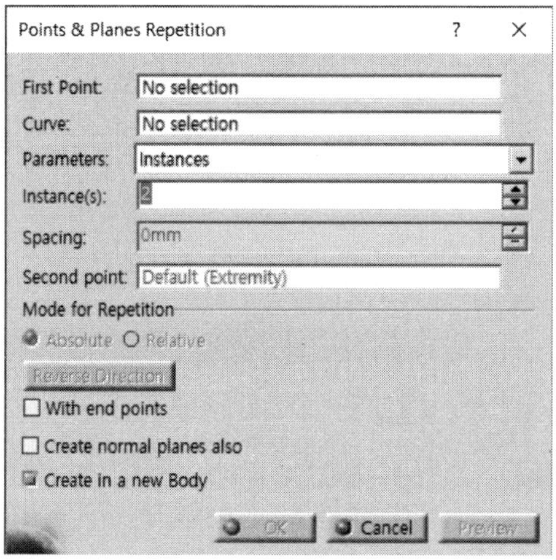

다음 그림에 곡선 위에 총 5개의 점을 생성하는 예를 나타내었다.

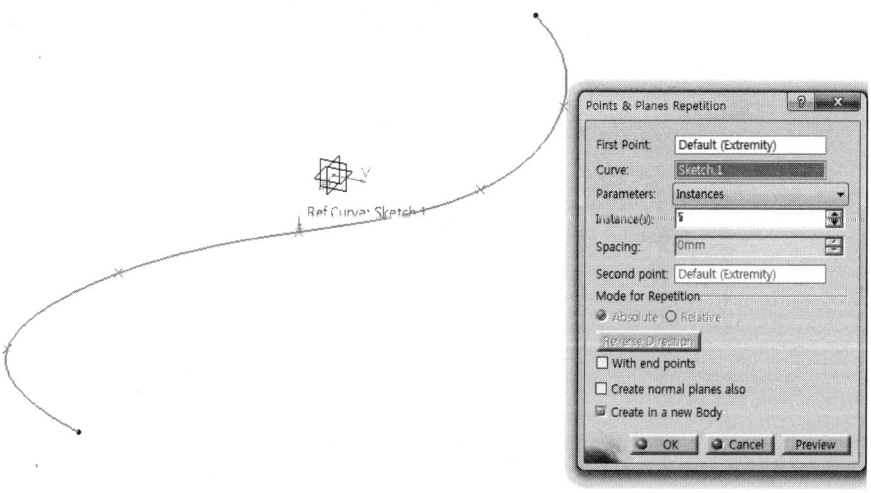

Create normal planes also : 면을 함께 생성할 때 사용하는 기능이며 이는 다음과 같다.

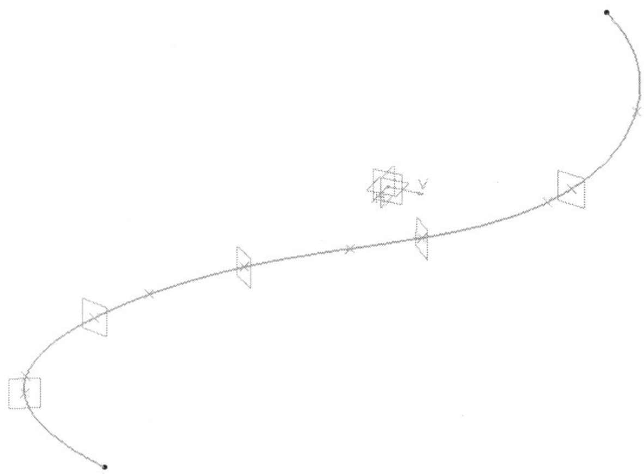

다음과 같이 서브 트리에 점과 면이 함께 생성된 것을 확인할 수 있다.

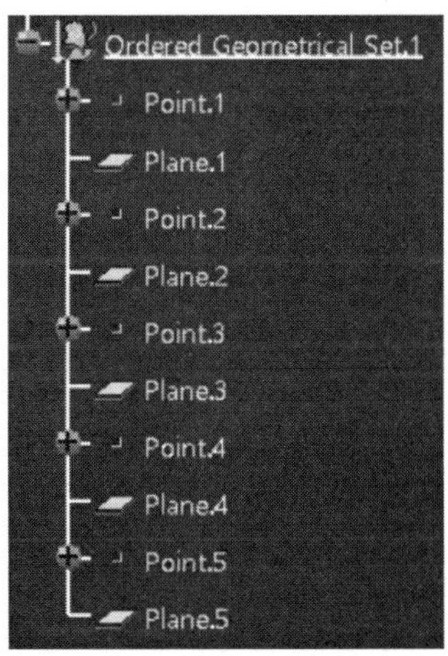

2) 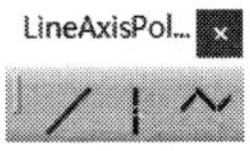 Lines-Axis-PolyLine Sub Toolbar

가)  Line : 클릭하면 다음 정의 창이 나타난다.

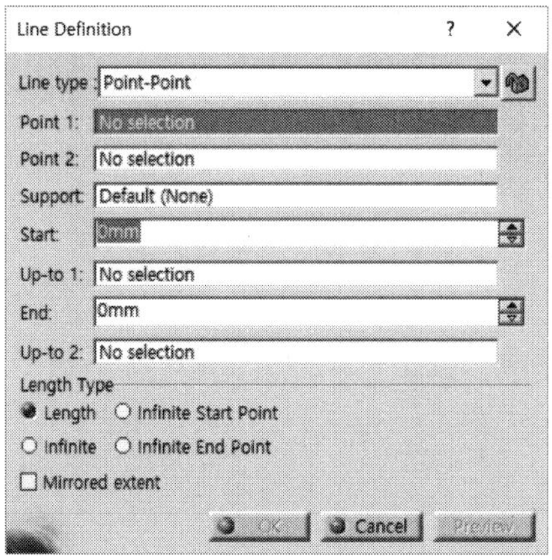

Point-point는 다음 그림과 같이 점과 점을 연결할 때 사용하는 기능이다.

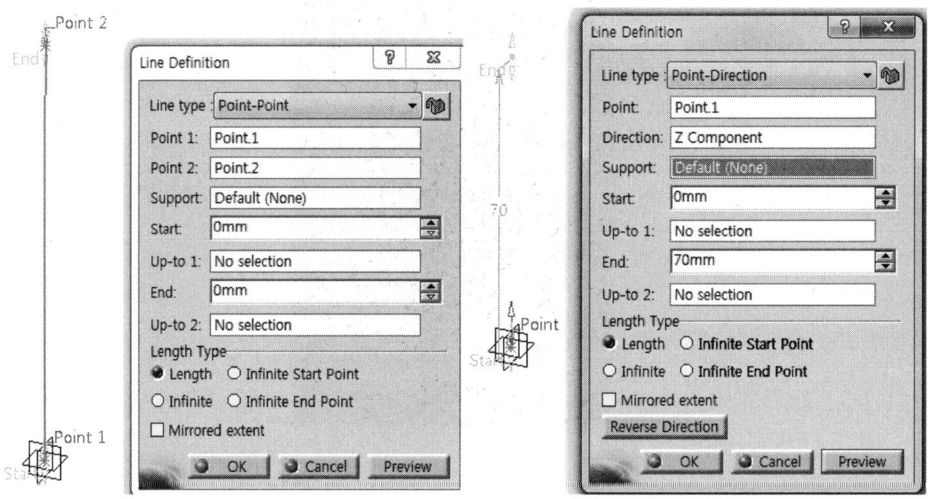

Angle/normal to Curve는 선택한 커브 또는 모서리에 대해서 support를 기준으로 각도를 입력받아 line을 그리는 방법이다.

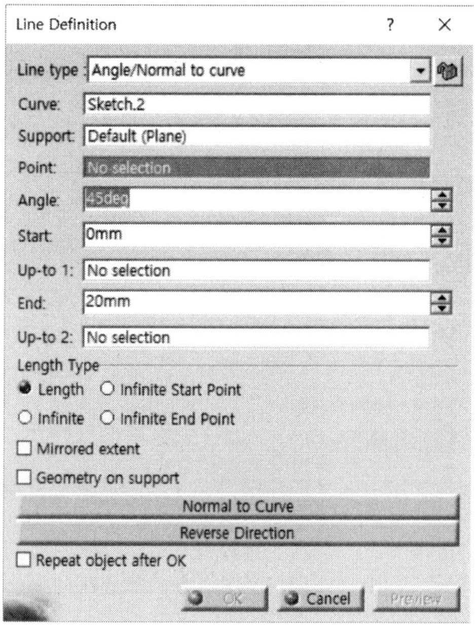

Tangent to Curve는 다음에 정의 창을 나타내었는데 커브에 접하게 직선을 그릴 때 사용하는 방법이다.

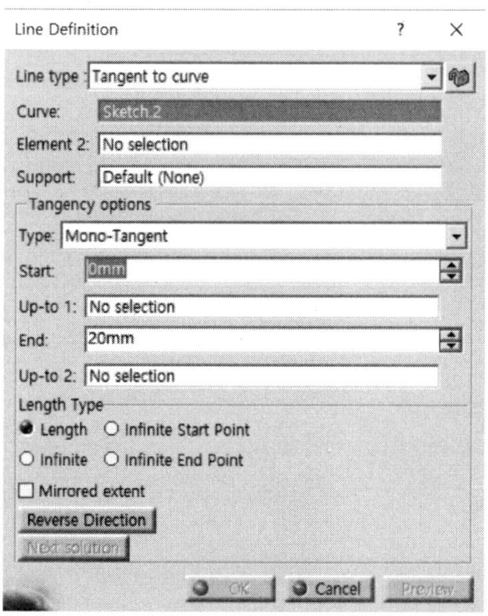

Normal to Surface는 surface에 대해서 수직인 직선을 그리는 명령이다.

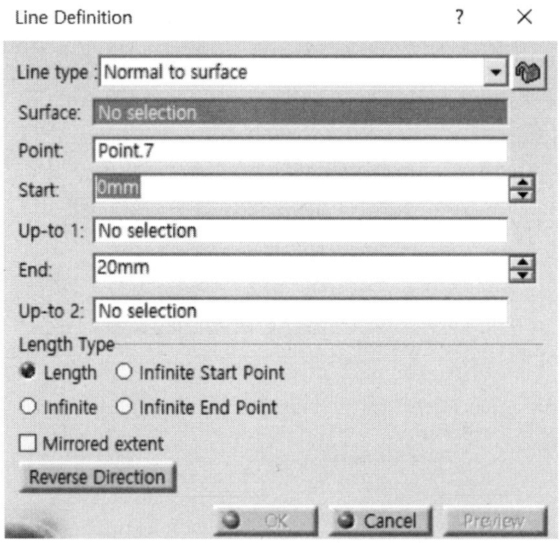

Line type에서 Bisecting은 이등분선을 그릴 때 사용하는 명령어이다.

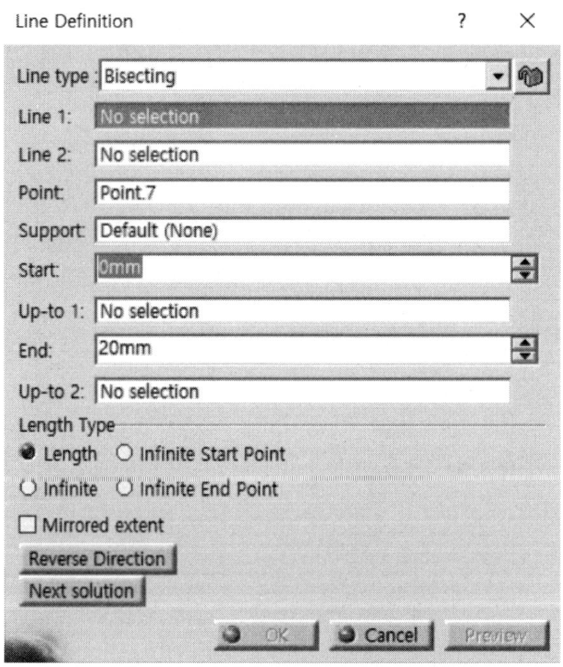

나) 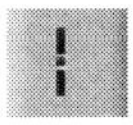 Axis

2차원 선을 정의할 때 사용하는 명령이다. 다음 정의 창과 같이 Axis Definition이 나오면 Element를 선택해준다.

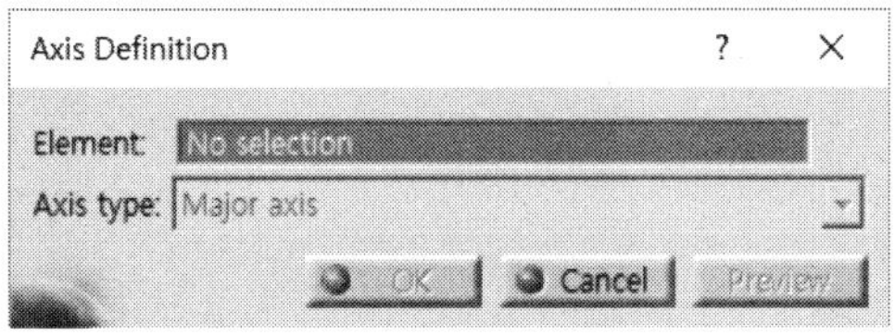

다음과 같은 Arc를 Sketch해보자. 스케치한 Element를 선택한 후 Axis 명령어를 다음과 같이 클릭한다.

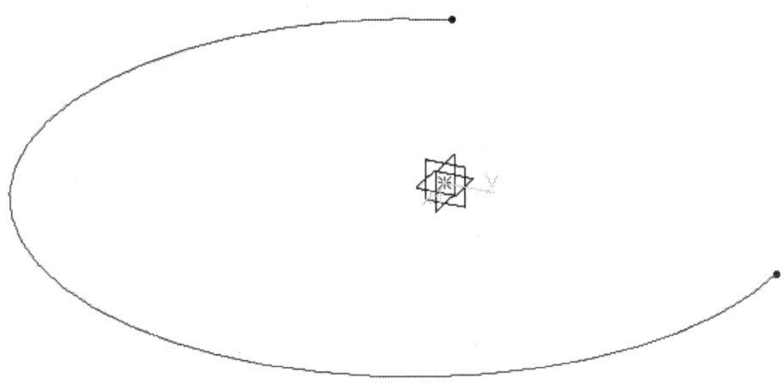

방향을 선택하면, 방향을 기준으로 Axis가 만들어지는 것을 알 수 있다.

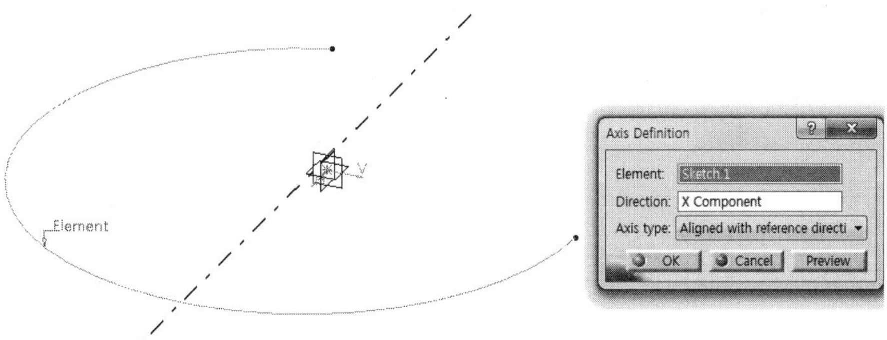

Normal to reference direction은 Element에 대해서 수평하게 Axis를 만들 때 사용한다.

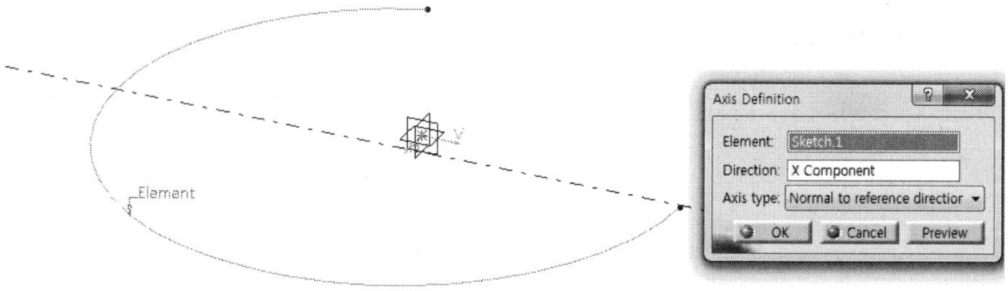

Normal to circle은 Element에 대해서 수직으로 Axis를 만들 때 사용한다.

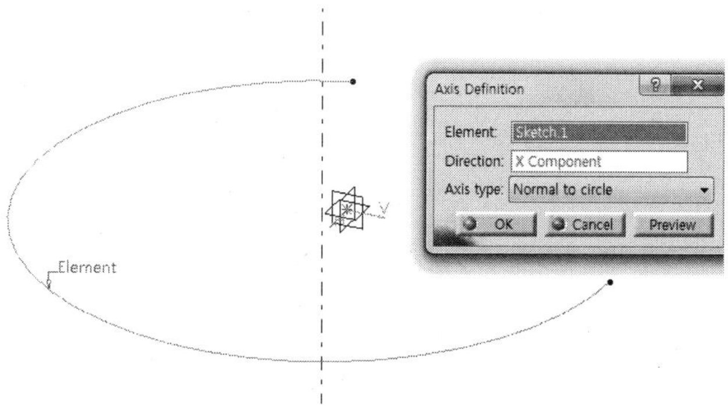

3)  Planes

가)  Planes : 면을 생성시키고자 할 때 사용하는 기능이며 클릭 시 다음의 정의 창이 나타난다.

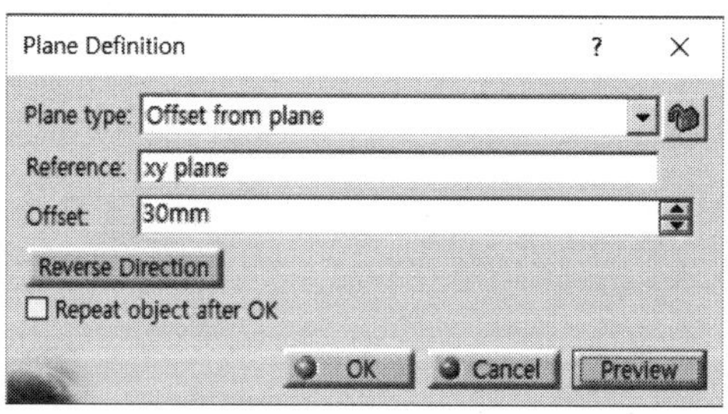

평면을 옵셋하여 생성한다.

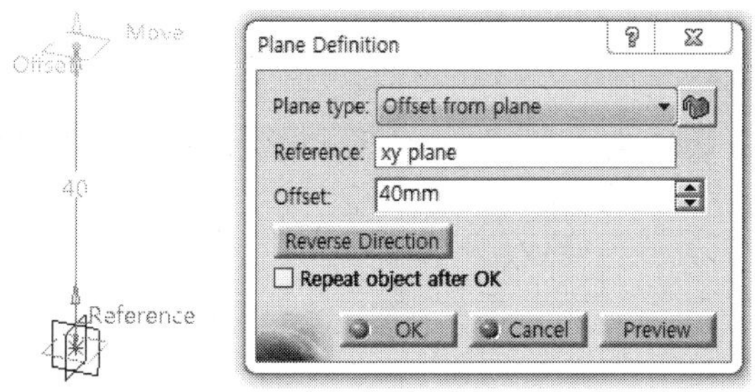

기준 평면(Reference plane)을 임의의 포인트의 위치로 평행하게 새 평면을 만들 때 사용한다.

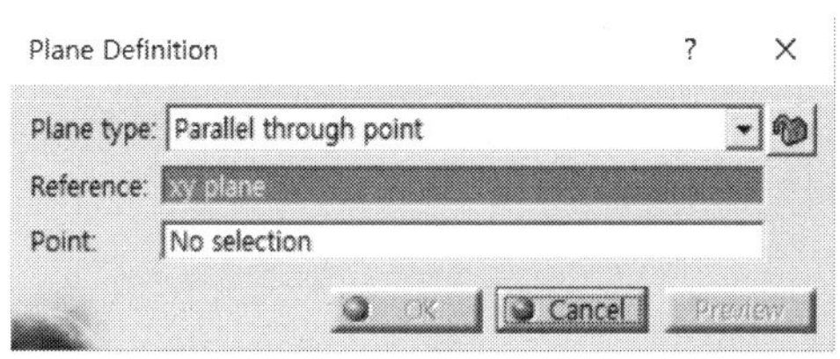

선택한 기준평면을 기준축을 기준으로 주어진 각도만큼 회전시켜주는 기능이 있다.

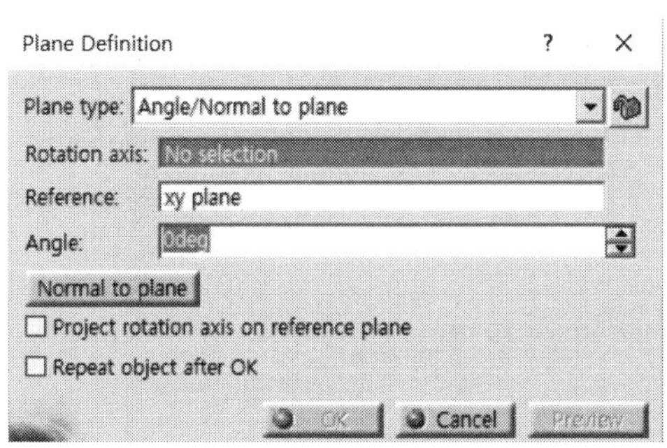

또한 다음과 같이 한 평면을 지나는 3개의 점을 이용하여 평면을 만들 수도 있다.

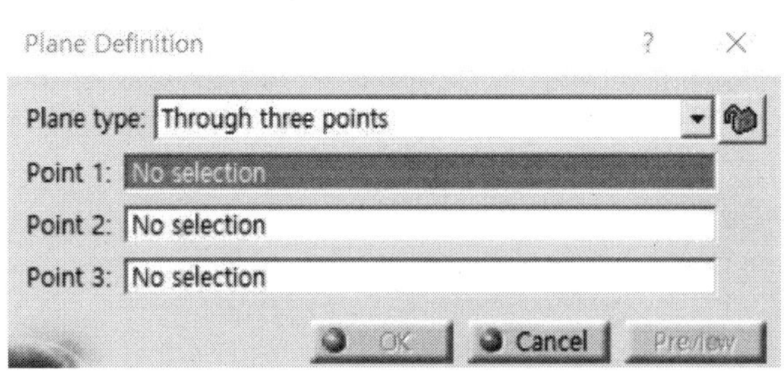

다음과 같이 한 평면을 지나는 두 개의 직선을 선택해 준다.

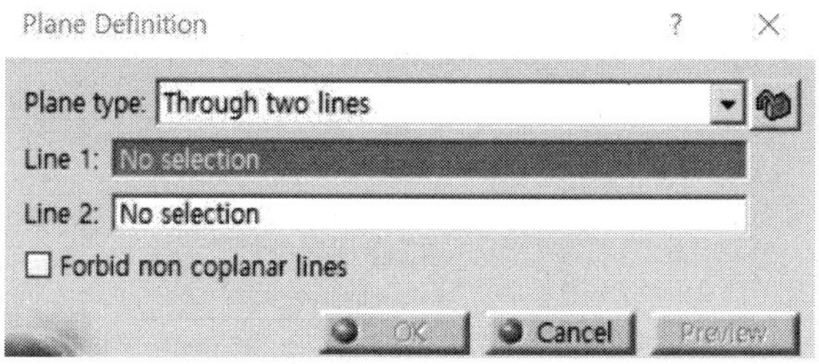

다음은 평면을 지나는 직선 하나와 점 하나를 사용하여 평면을 만드는 방법이다.

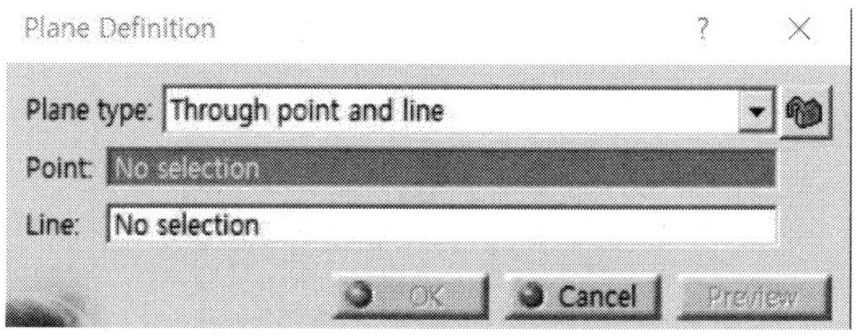

다음은 하나의 평면상에 그린 커브상에 평면을 만드는 방법이다.

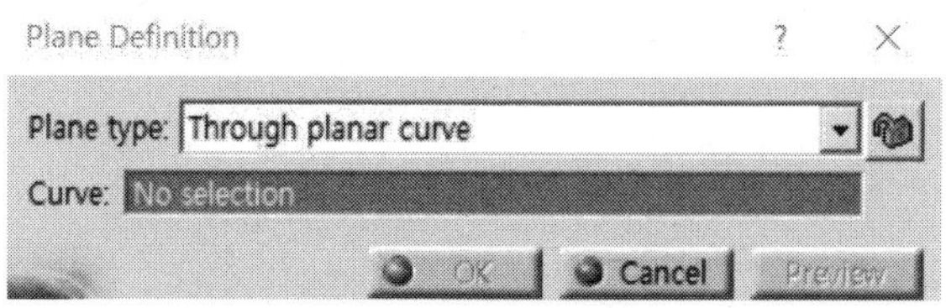

다음은 곡선에 수직인 평면을 만드는 방법이다.

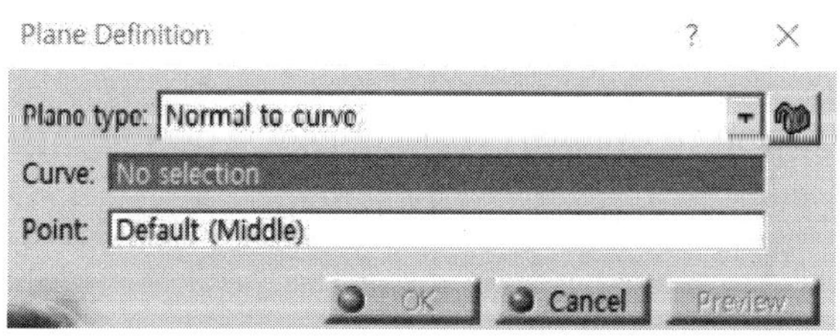

Surface 면에 대해서 접하는 평면을 만드는 기능이다.

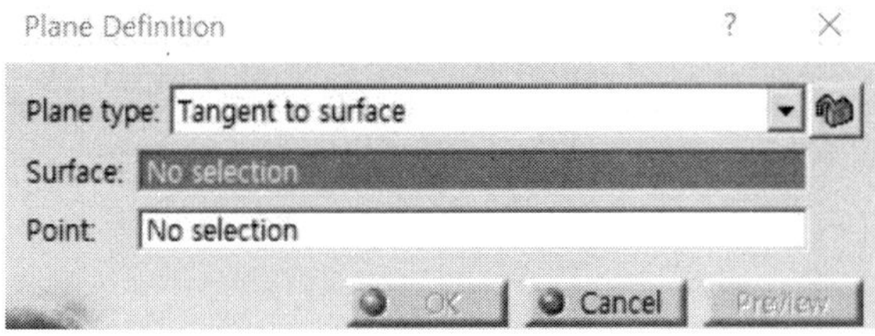

다음 정의 창은 평면 정의 수식의 상수값을 이용하여 평면을 만드는 방법이다.

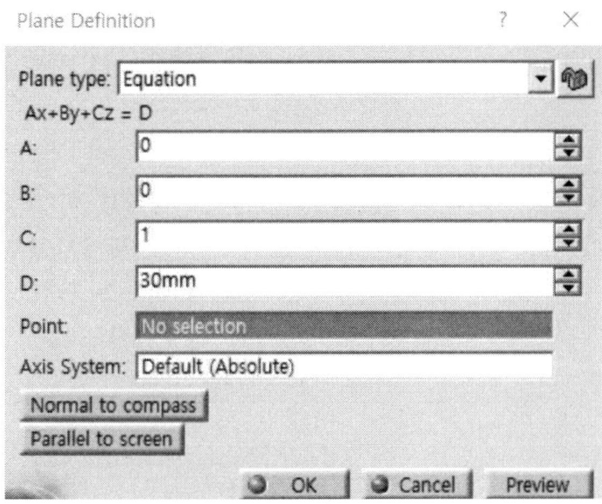

다음은 3개 이상의 점을 이용하여 평면을 만드는 방법이다.

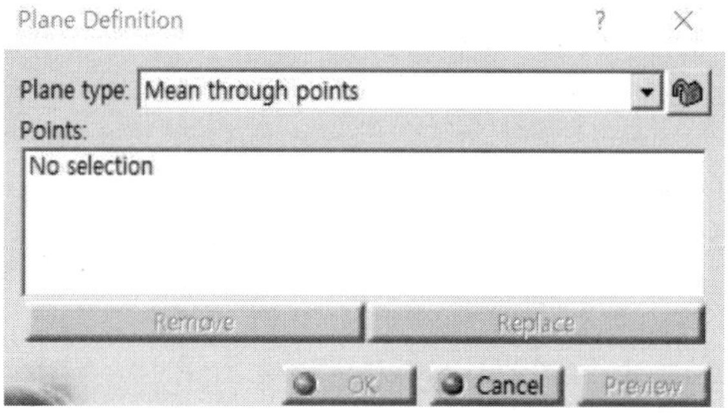

나)  point and plane Repetition : 본 기능은 앞서 설명한 포인트 기능과 같다.

다)  Planes Between : 본 기능은 다음과 같이 선택한 두 평면 사이에 등 간격으로 평면들을 생성하는 기능이다. 앞서 포인트를 등 간격으로 생성시켜주는 것과 기능은 같다.

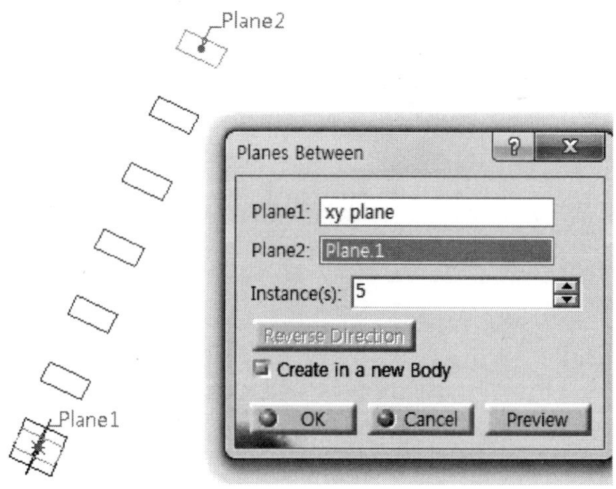

4)  Projection

Surface에 Sketch나 Wireframe 요소를 투영시키는 명령이다.

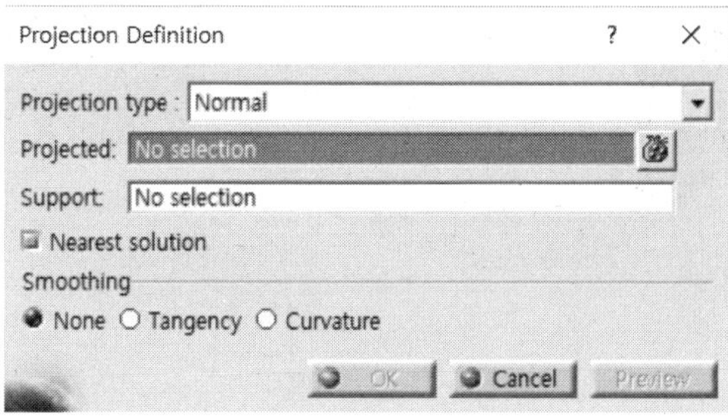

다음과 같은 평면과 Surface를 가정해 보자.

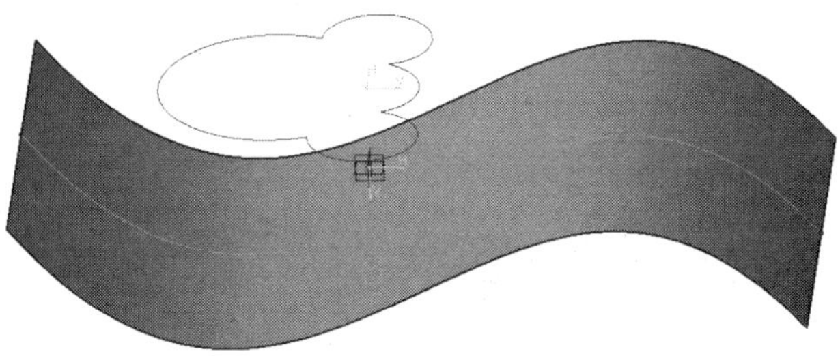

프로젝션 기능을 클릭하면 투영하고자 하는 스케치와 Surface를 클릭 시 투영된다. 여기서 Normal은 Surface 면에 대해서 수직으로 투영시킬 때 선택한다. 그림에서 확인 가능하듯이 프로젝션 후에는 그림이 서피스 곡면의 휘어진 형상대로 투영되는 것을 알 수 있다.

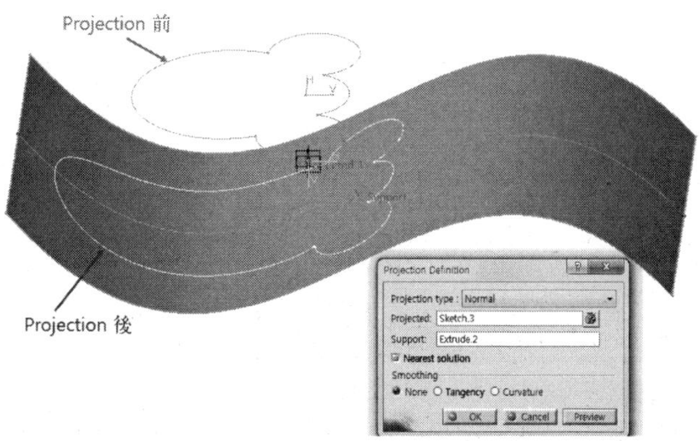

Along a direction은 투영시킬 요소를 선택한 임의의 방향으로 다음 그림과 같이 Surface에 투영시킨다.

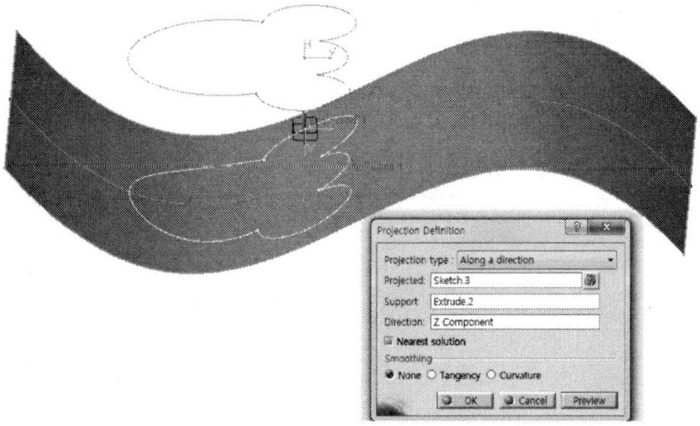

Nearest solution 은 가장 가까운 Surface에만 투영시킬 때 사용하는 기능이다.

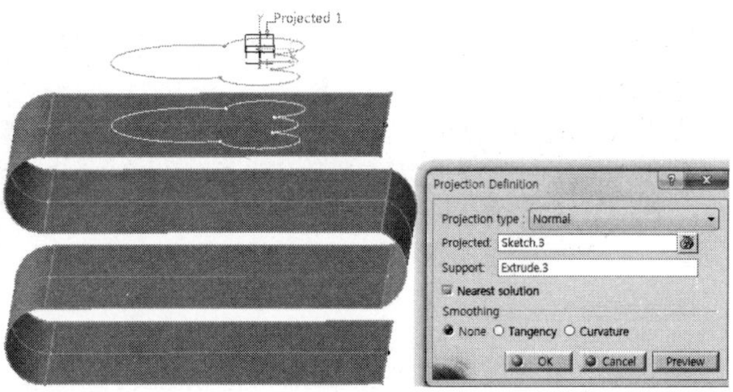

☐ Nearest solution 을 Check 해제하면 다음 그림과 같이 모든 Surface에 투영한다.

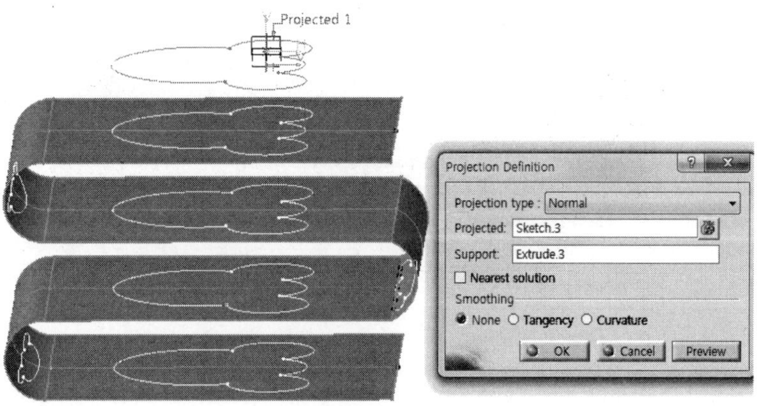

5) Intersection

형상과 형상 사이에 교차하는 부분을 형상 요소로 만드는 기능이다. 클릭 시 다음의 정의 창이 나타난다.

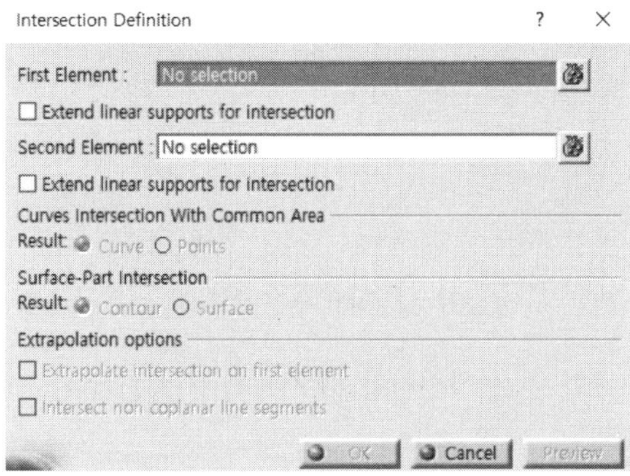

다음과 같이 두 가지의 형상 요소를 가정해 보자.

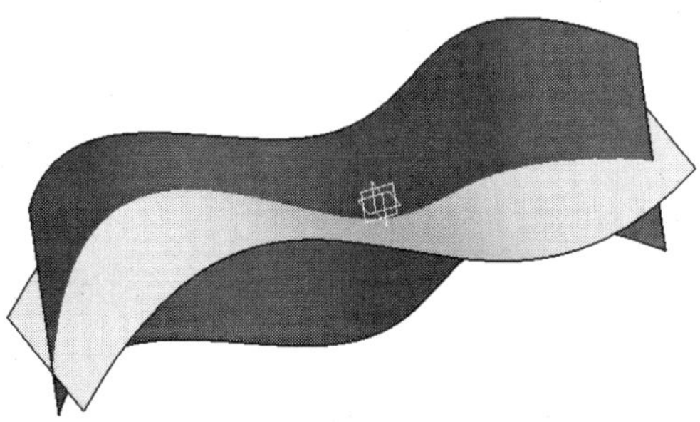

Intersection 클릭 시 다음의 두 형상을 클릭해 준다.

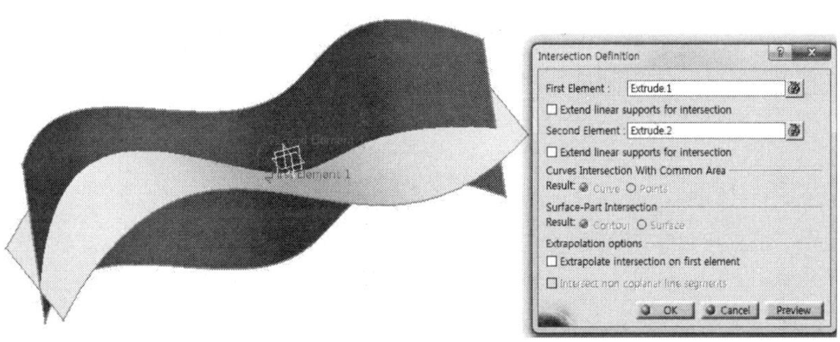

상기 선택 시 다음과 같이 서로 교차하는 선을 생성해준다.

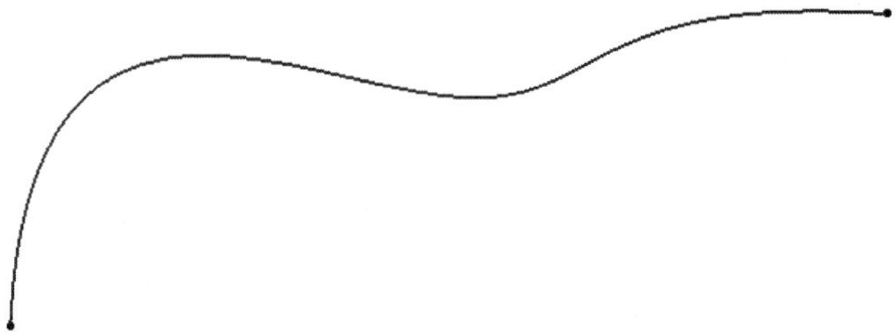

6) 

Circles-Corner-Connect Sub Toolbar

가)  Circle : 3차원 원을 생성시킬 때 사용하는 기능이다. 클릭 시 다음의 정의 창이 나타난다.

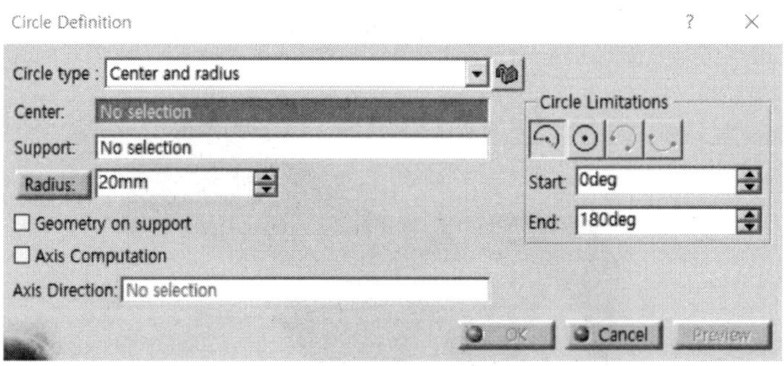

다음과 같이 원의 중심 및 반지름을 입력한다.

여기서 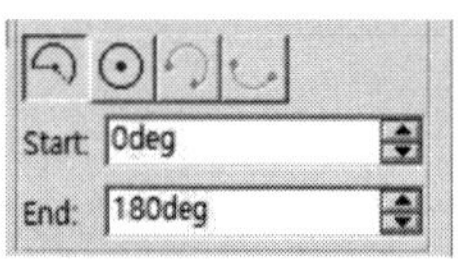

호를 선택 시 시작 각도 및 End 각도를 선택한다.

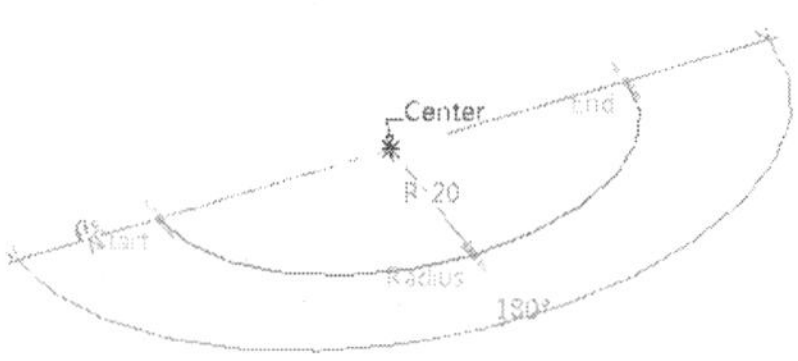

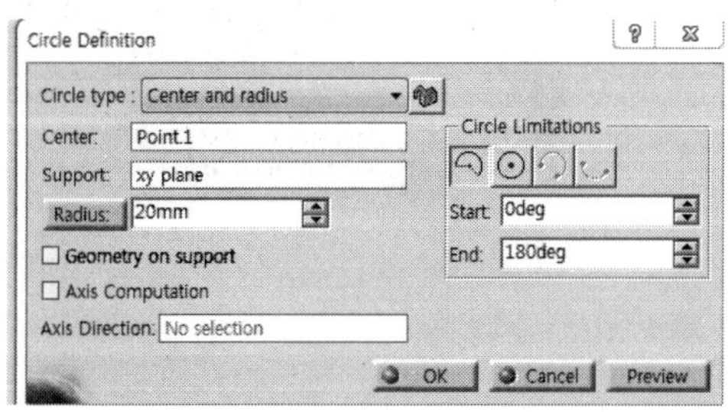

다음의 결과를 얻을 수 있다.

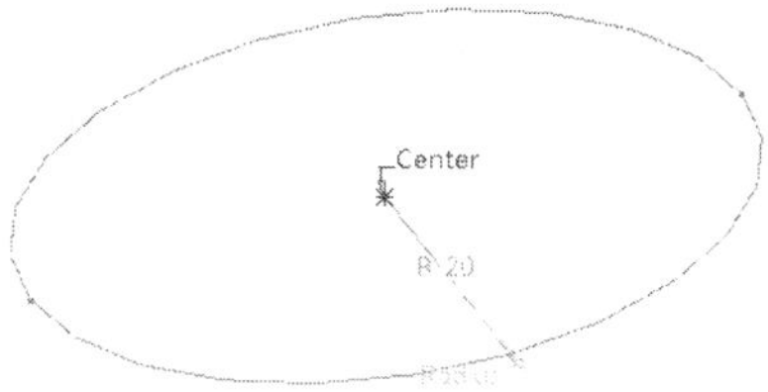

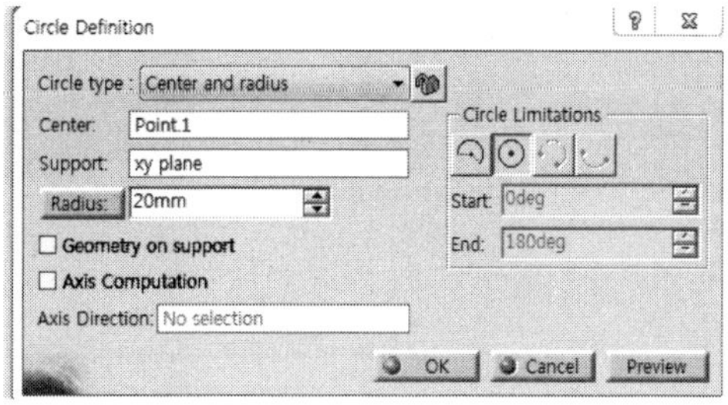

Center and Radius는 중심점과 기준면, 반지름을 선택해 주어야 한다. 여기서 Center and Point는 중심점과 원을 지나는 포인트와 기준면이다.

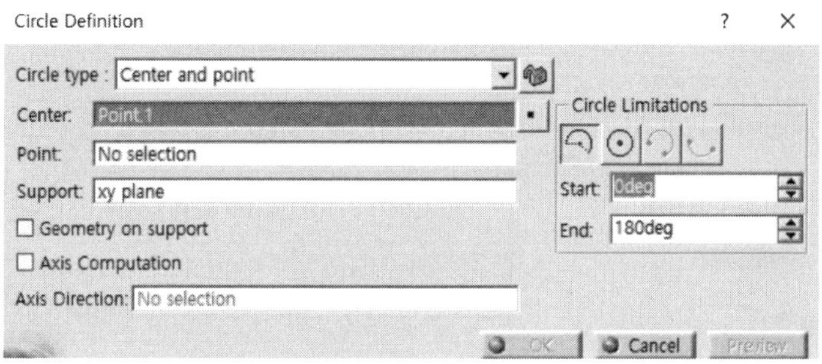

Two Points and radius는 두 개의 점과 반경을 선택해 주어야 한다.

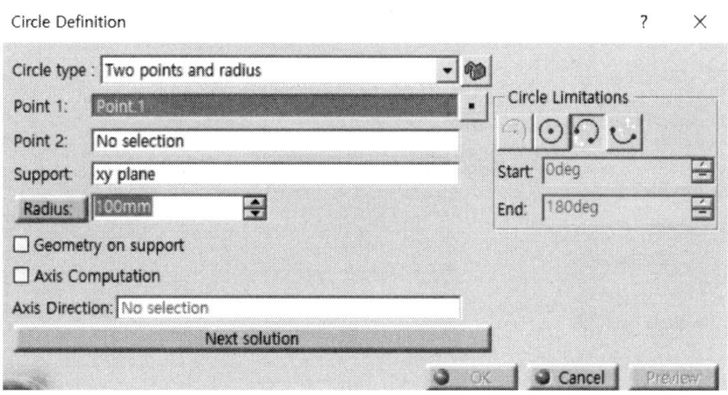

Three Points는 원을 지나는 세 개의 점을 지정한다.

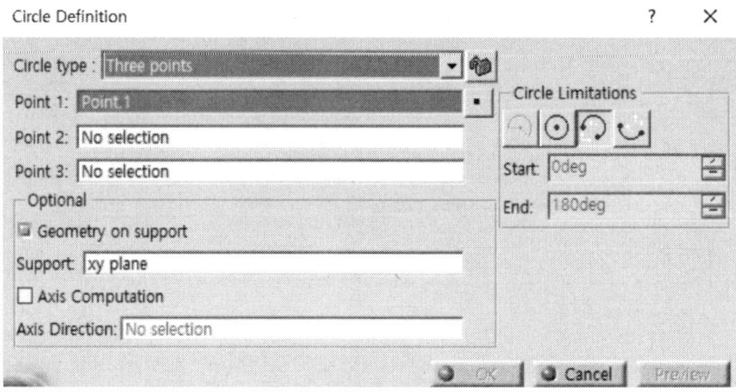

Circle type을 Center and axis 선택 시 원의 중심축과 포인트, 반경을 입력한다.

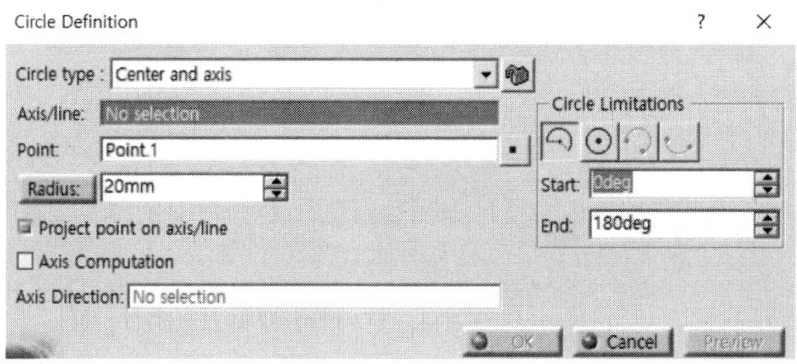

Circle type을 Bitangent and radius 클릭 시 : 두 가지 요소에 접하는 원을 선택한다.

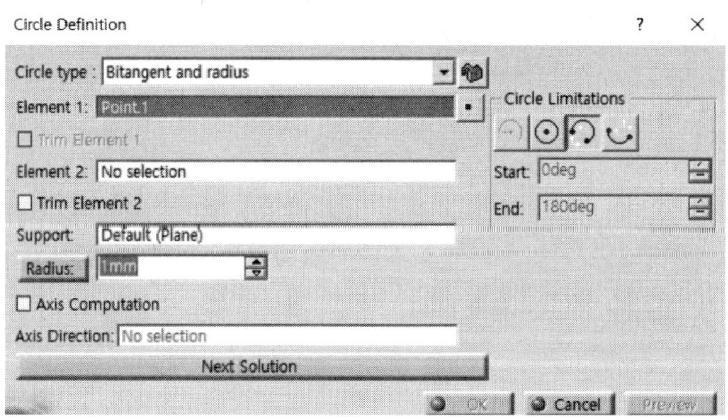

Circle type을 Bitangent and Point 클릭 시 두 개의 접하는 요소와 그 원을 지나는 포인트를 선택한다.

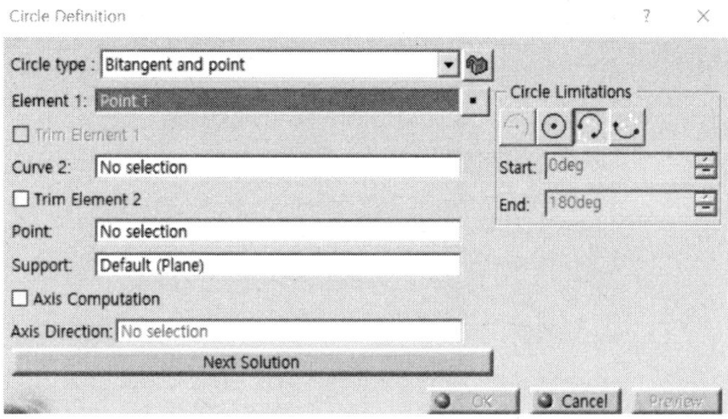

Circle type을 Tritangent 클릭 시 3개의 요소에 대해서 접하는 원을 선택해 준다.

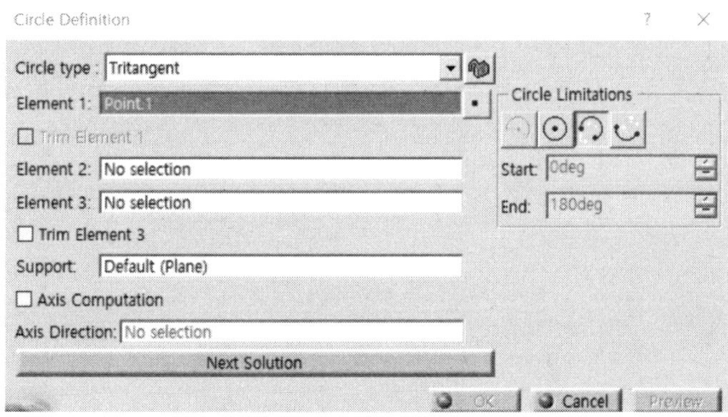

Center and tangent는 중심과 접하는 요소와 반경을 선택한다.

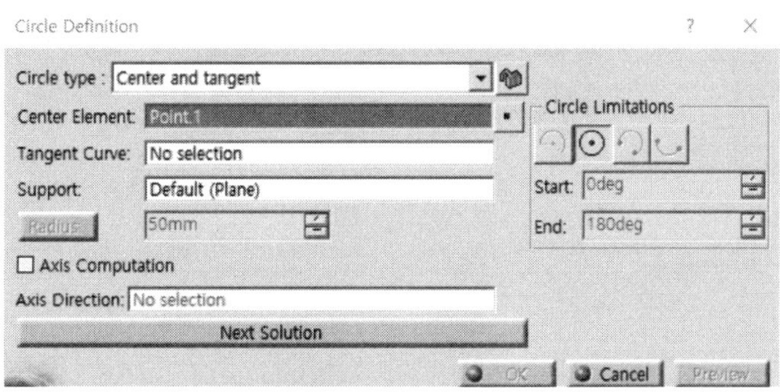

이상과 같이 다양한 선택을 통하여 원 혹은 호 형태의 형상을 구현할 수 있다.

나)  Corner : 곡선 혹은 코너를 구현할 때 사용하는 기능이며 클릭 시 다음의 대화창이 나타난다.

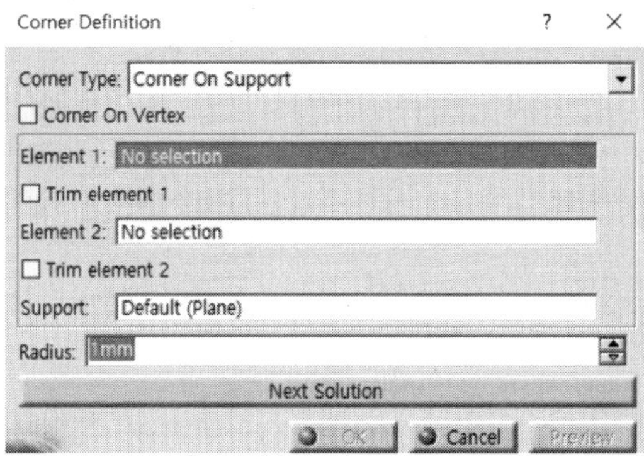

Corner하려는 두 개의 Element 요소를 다음과 같이 클릭해 보자.

다음과 같이 생성될 수 있는 경우의 수 2종류가 나오며, 주황색이 최종적으로 그러지는 결과이다.

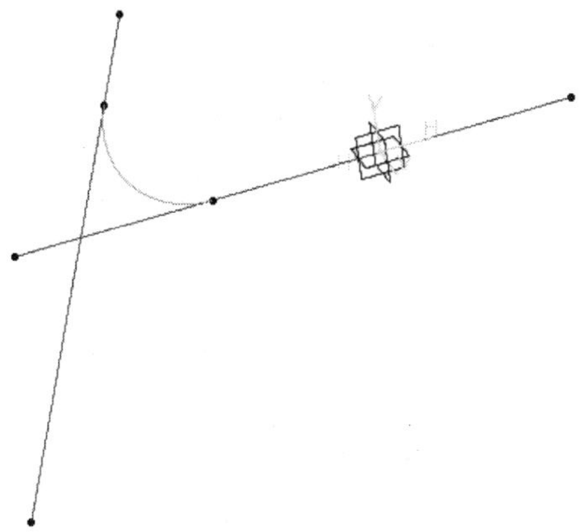

클릭 시 다음 경우의 수를 선택한다.

다음과 같이 반지름 입력 후 ok를 클릭하면 주황색이 다른 선으로 바뀐다.

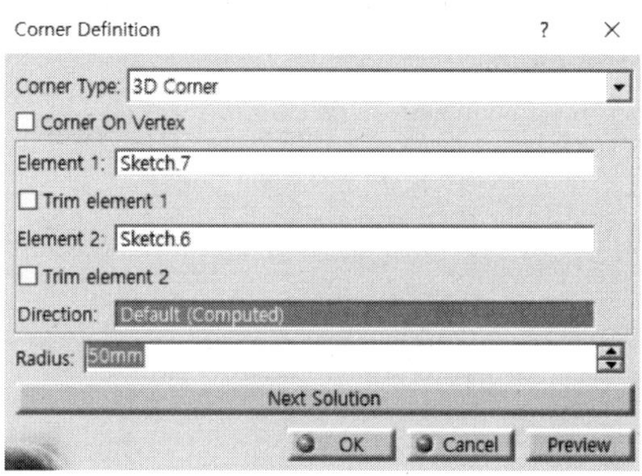

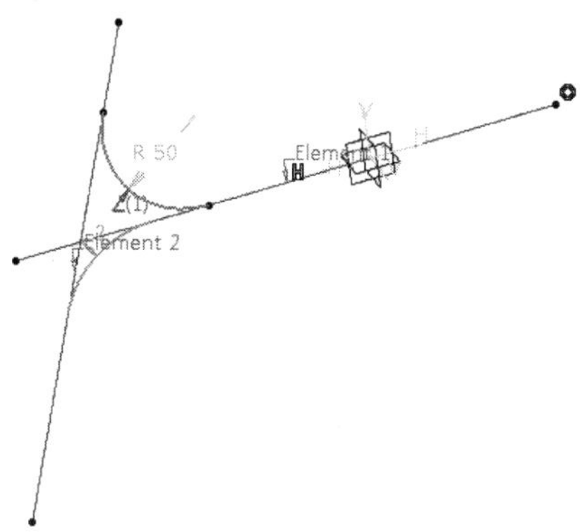

다)  Connect Curve : 커브와 커브를 연결할 때 사용하는 기능이다. 클릭 시 다음의 정의 창이 나타난다.

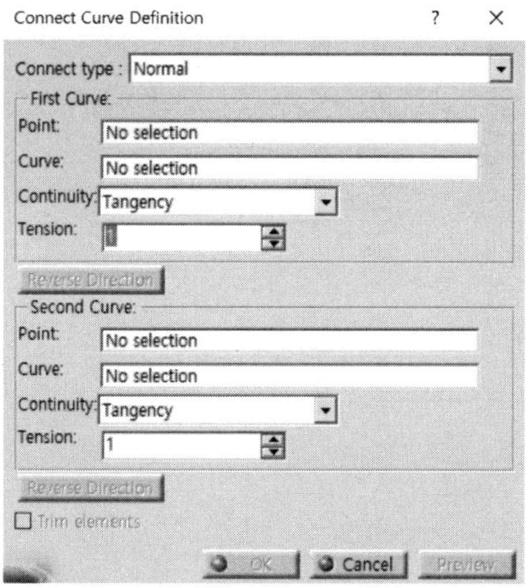

Connect type을 Normal로 선택 시, 기본적인 방식으로 두 개의 커브 선택과 동시에 해당 곡선을 연결하고자 하는 포인트를 다음과 같이 클릭한다.

Reverse Direction 버튼을 누르면 방향을 바꿈에 따라 커브의 모양이 바뀐다.

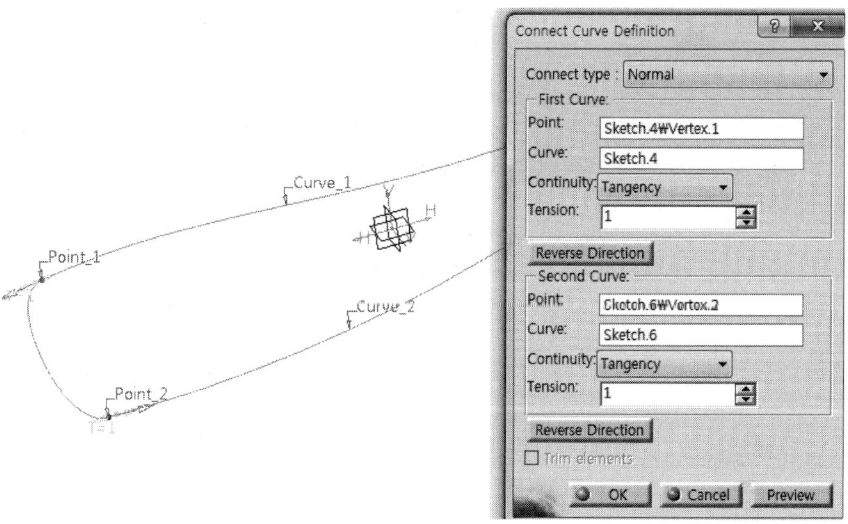

다음의 결과를 얻을 수 있다.

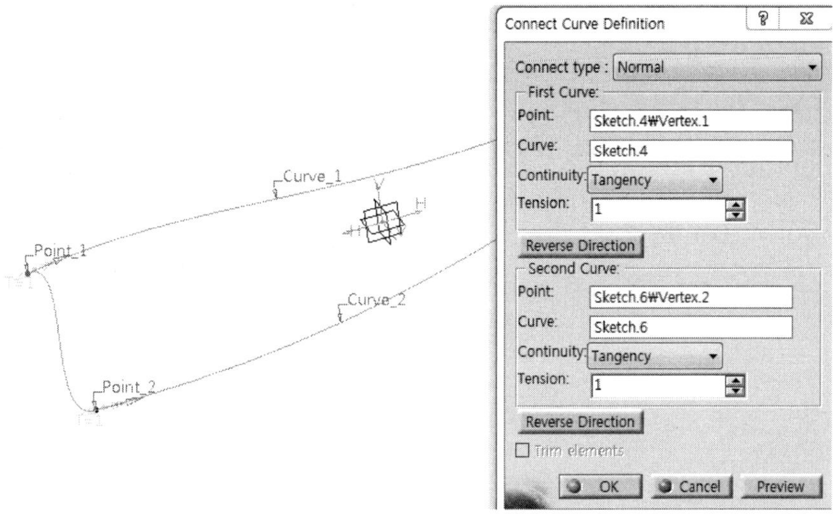

Base Curve 선택 시, 기준이 되는 커브를 사용하여 두 개의 커브를 조정할 수 있다.

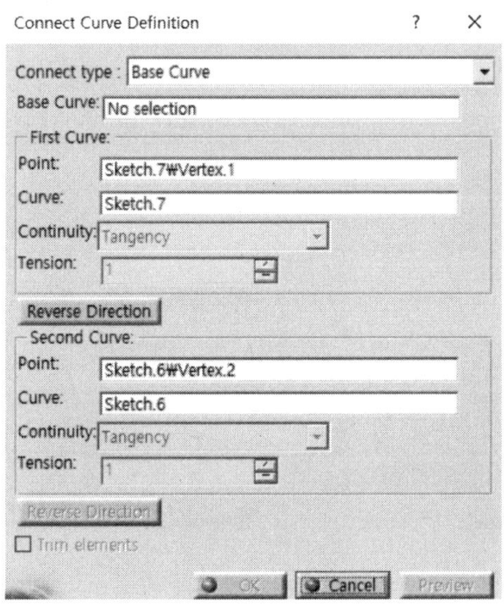

다음과 같이 기준커브를 선택하여 기준커브의 모양에 맞게 커브가 형성된다.

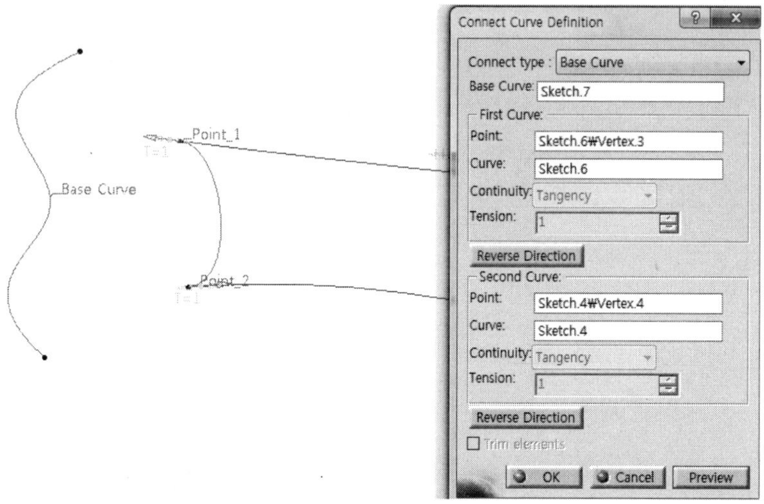

7) Spline

3차원 상의 포인트를 이용하여 Spline 형태의 커브를 만드는 명령이다.

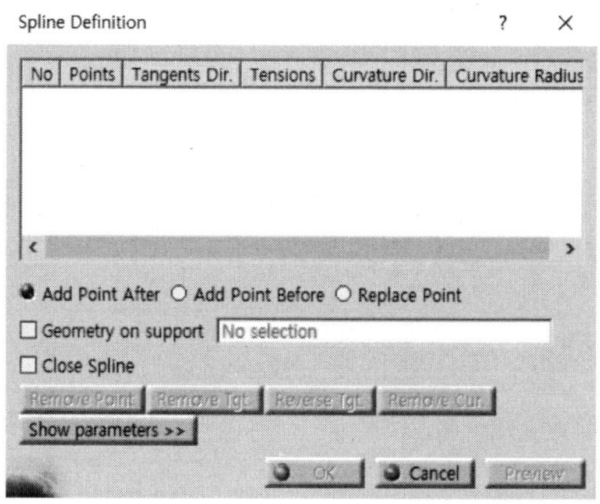

다음과 같은 포인트를 이용하여 스케치한다.

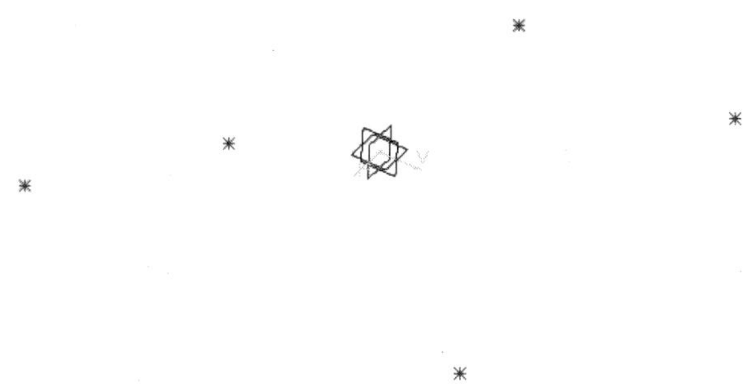

다음의 대화창에서도 포인트들을 선택할 수 있다.

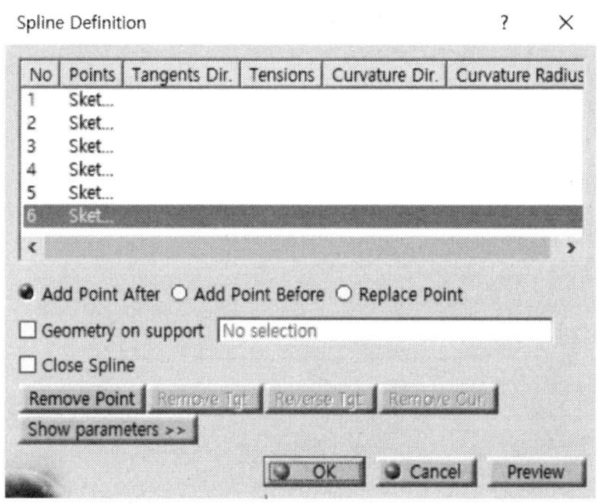

이상 포인트들을 연결하여 다음의 Spline을 생성한다.

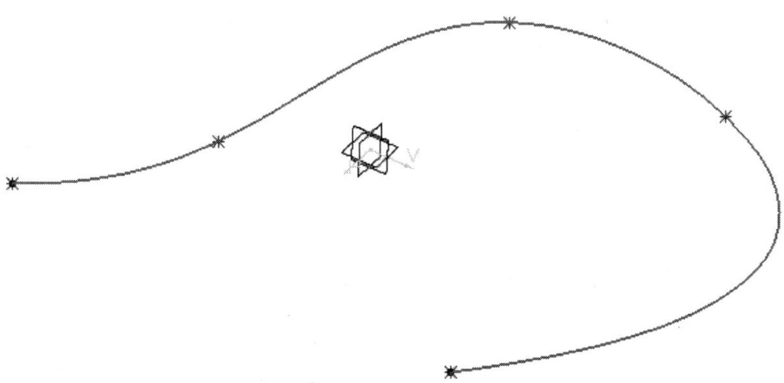

Close Spline 선택 시 닫힌 Spline을 생성한다.

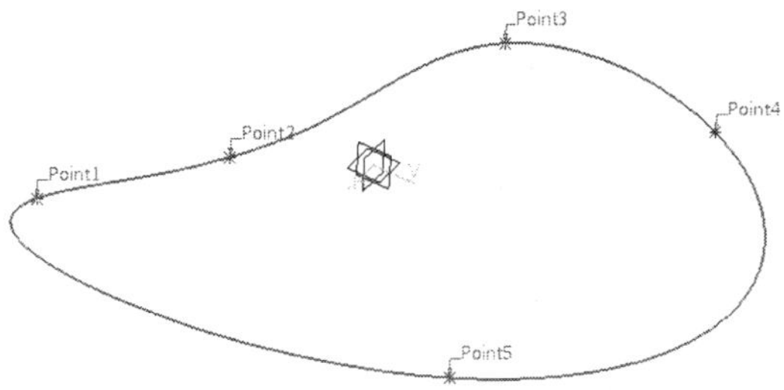

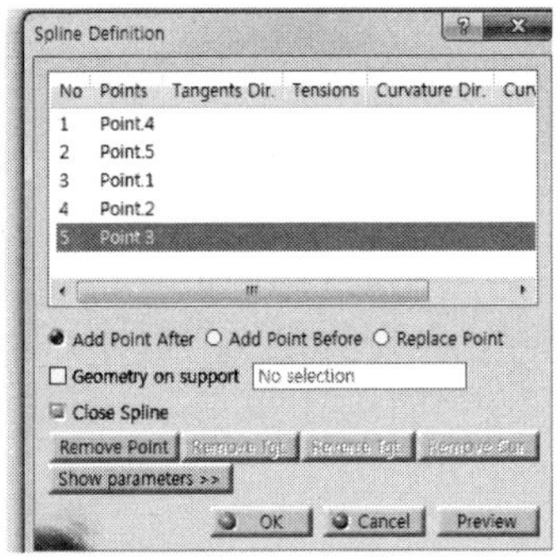

가) Helix : 축에 의한 나선형상을 생성시키는 데 사용하는 기능이다. 클릭 시 다음의 대화창이 나타난다.

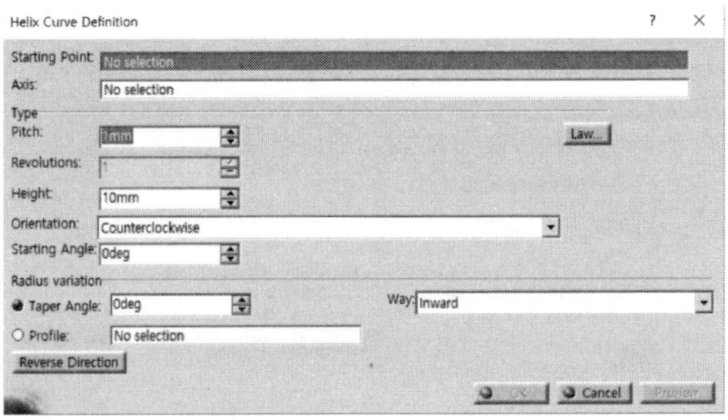

시작점 클릭 후 나선이 되고자 하는 축을 클릭한다. 여기에 피치 값을 입력하고 전체 Helix 높이 값을 다음과 같이 입력한다.

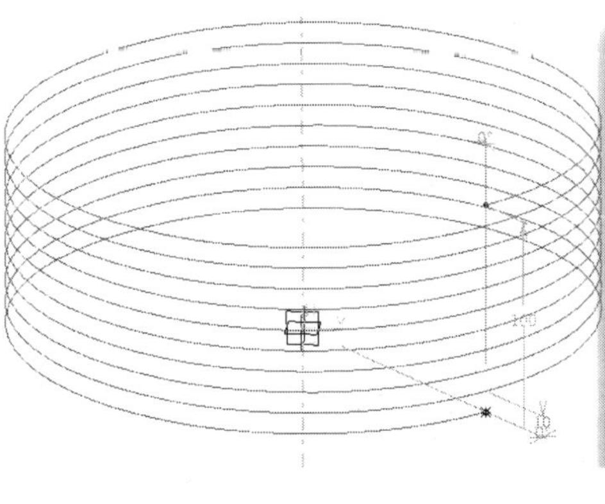

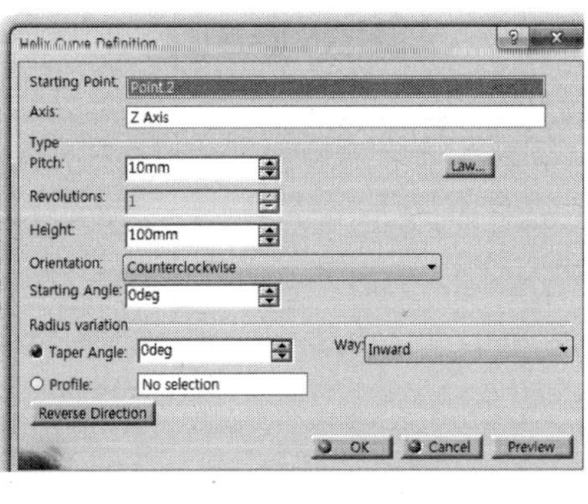

피치값에 10을 입력 시, 한 칸이 10mm짜리 한 피치이다.

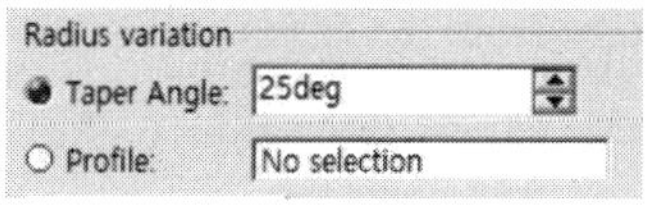

테이퍼 각도를 입력한 모양대로 생성된다.

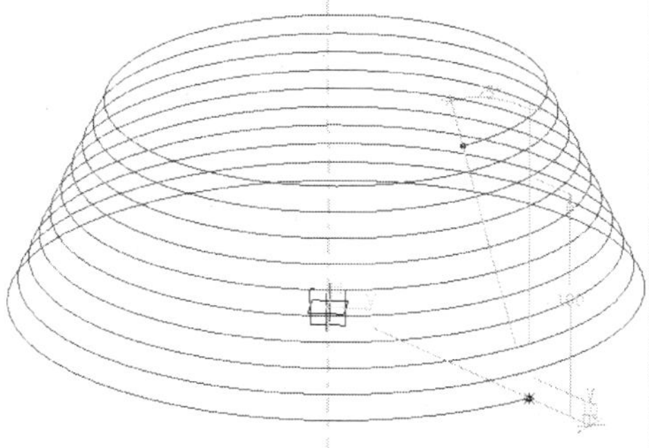

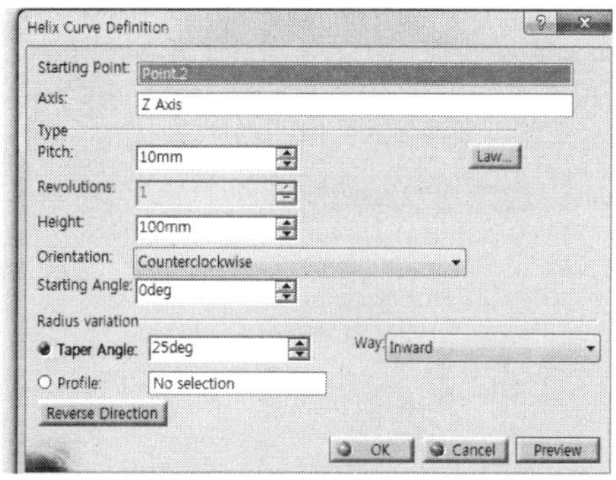

Helix  와 Rib 아이콘을 이용해 자동차 서스펜션용 쇼크 스프링(Shock Spring)을 그려보자. 먼저 Helix를 선택 후 다음의 정의 창이 나타나면 Starting Point(나선의 시작점)에 마우스 3번 버튼을 클릭하여 Create Point를 다음과 같이 선택해 준다.

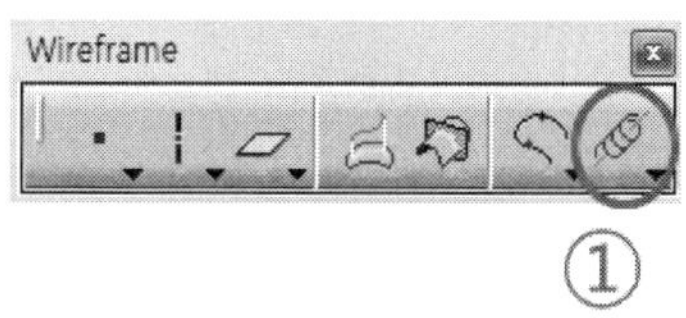

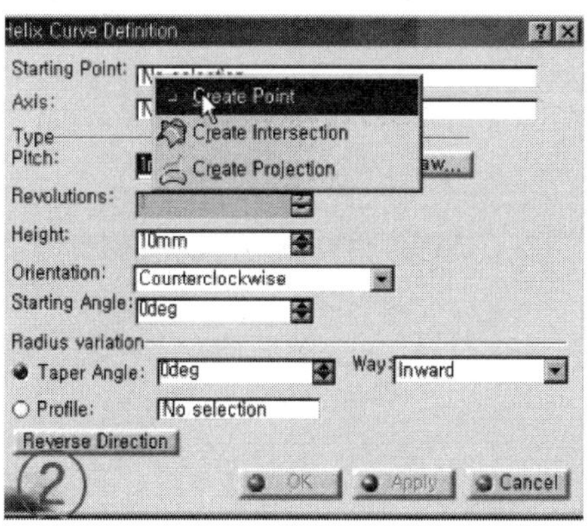

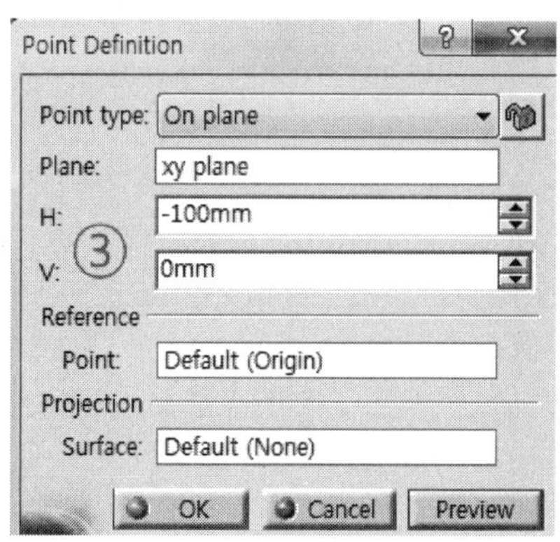

다음은 On plane에서 xy plane을 선택하고 수치를 기입한다(H벡터에 -100을, V벡터값엔 0을 입력). Apply를 클릭 후 OK 버튼을 그림과 같이 클릭한다.

다음은 Axis에 마우스 3번 버튼 클릭 후 Create line을 선택한다. 여기서 축을 만드는데, Point Direction으로 선택해주고 Create point를 다음 그림과 같이 클릭해준다. 또한 Point 정의 창이 나타나면 yz plane을 선택 후 수치를 입력 후(H벡터에 0을, V벡터에 0을 입력) Apply 클릭 후 OK 버튼을 선택한다.

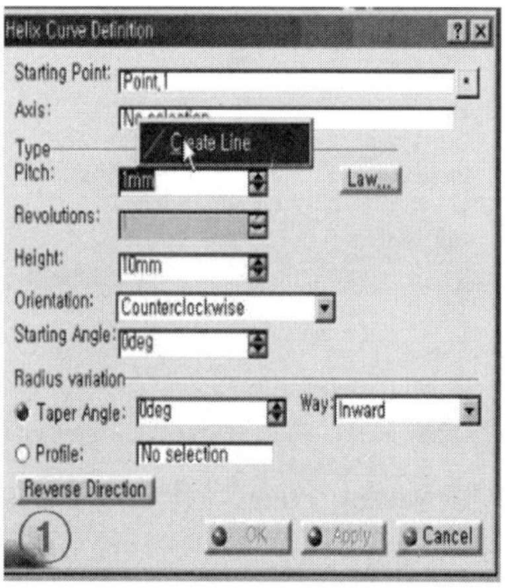

Axis - create line에서 축 만들기

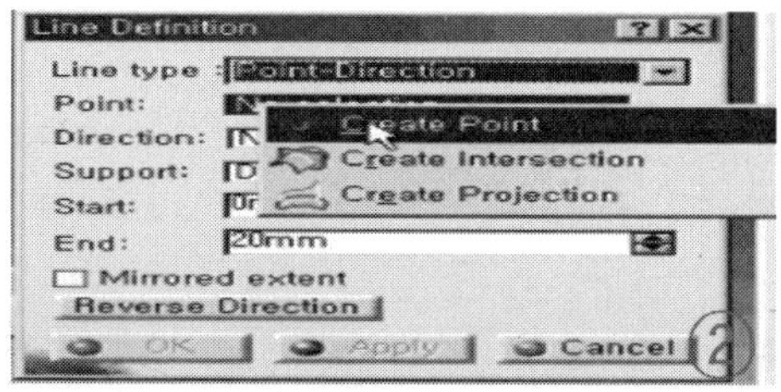

Point Direction 선택 → Create point 선택

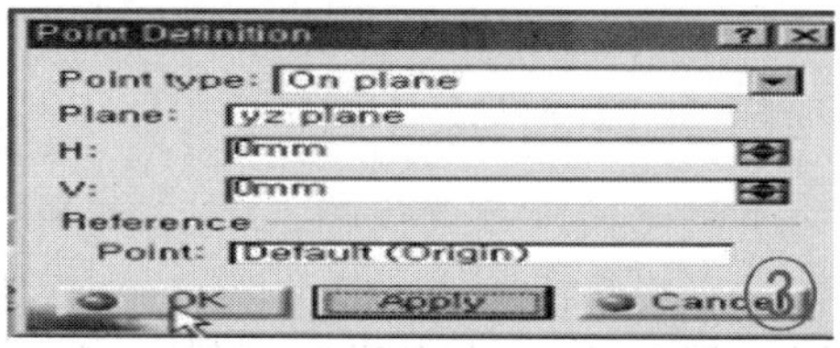

yz plane 선택 → 수치 입력 → apply 클릭 → OK

다음 창이 나타나면 방향은 z-축, 길이값은 임의대로 71mm를 입력하는데 이 값을 바꾸거나 혹은 End1을 마우스로 Drag하면 길이를 사용자가 임의 값으로 바꿀 수 있다. 다음으로 Pitch값을 25, Height를 100 입력한다. 반시계 방향(Counter-clockwise)으로 회전시키는 것을 시계 방향(Clockwise)으로 바꾼다. Starting angle은 0도, Taper angle은 -3도를 입력하고 방법은 inward로 놔둔다.

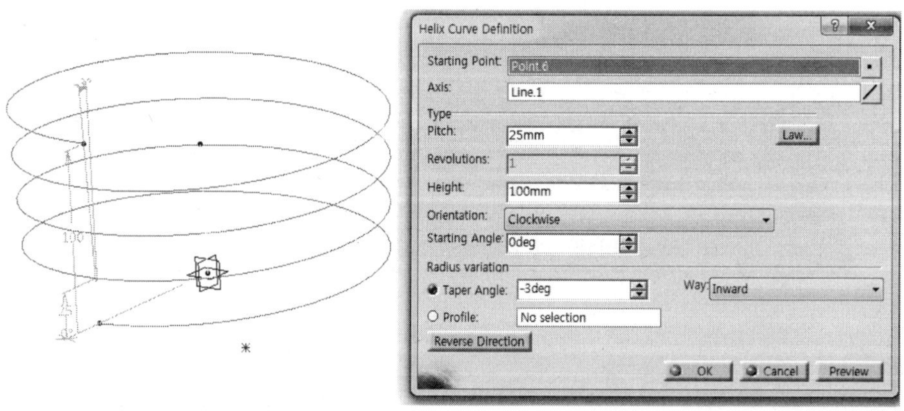

다음은 zx plane을 기준으로 스케치 워크벤치로 입장하여 Circle을 그린다. Drawing한 Circle의 중심을 선택하고 ctrl 키를 클릭한 상태에서 스프링의 시작점을 동시에 클릭해준다. Constraint Definition 창이 나오면 Coincidence를 클릭하여 Circle 중심점과 스프링의 시작점을 일치시킨다. 원의 지름은 다음 그림과 같이 15mm를 입력하고 스케치 워크벤치를 빠져 나온다.

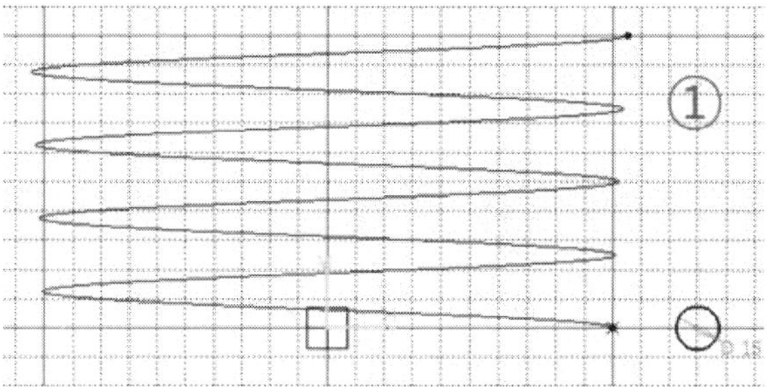

〈zx plane 선택 → Circle 그리기〉

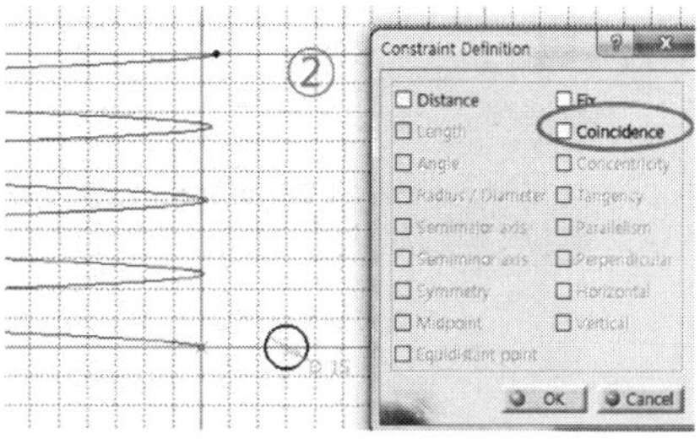

〈Circle 중심 Point와 형상의 점을 선택해서 일치〉

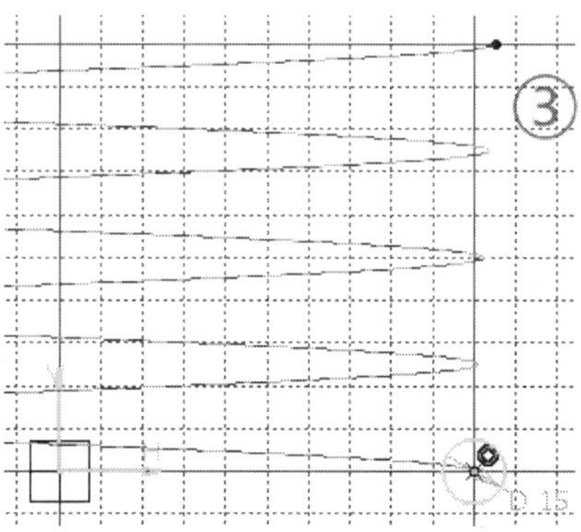

다음은 Part Design으로 다음과 같이 입장한다.

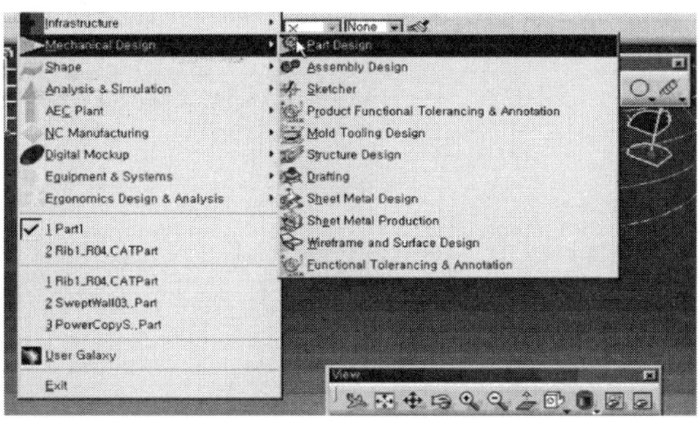

여기서 Sketch-Based Feature Toolbar에 있는 앞서 3장에서 배운 Rib 아이콘을 클릭하여 정의 창에 단면(Profile)은 조금 전에 그린 지름 15mm인 원을 클릭해주고 Center curve는 Helix.1 (스프링)을 선택해주고 OK 버튼으로 다음과 같이 완성한다.

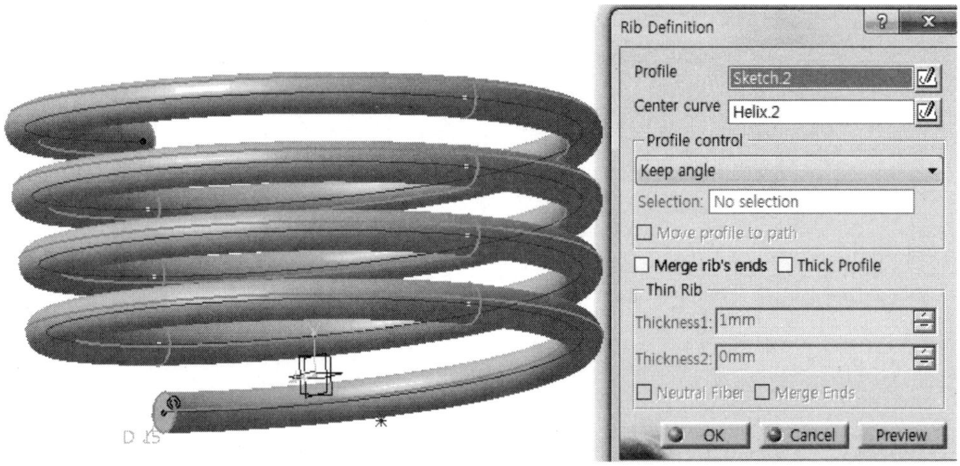

나. Surface

총 9개의 아이콘으로 구성된다.

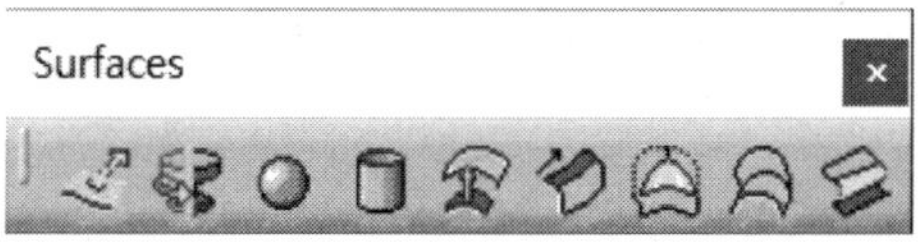

1)  Extrude

요소를 압출하여 뽑아내는 형상을 만들 때 사용하는 기능이다.

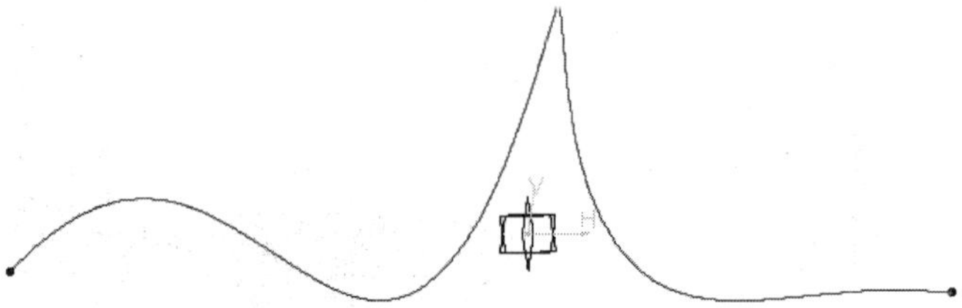

다음 그림은 압출(Extrusion) 정의 창이다.

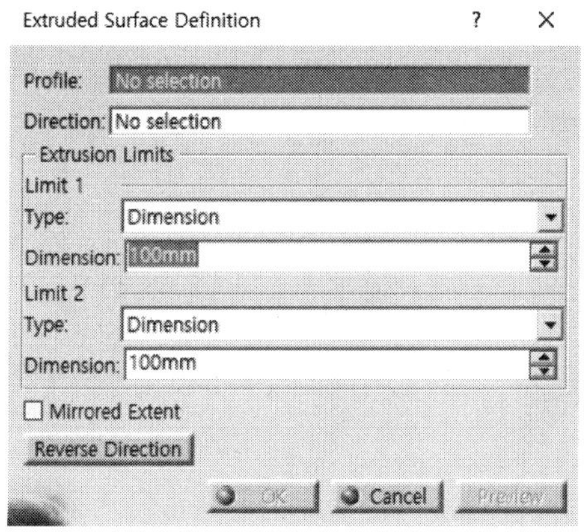

프로파일 선택 시, 자동으로 방향이 설정되며 다음과 같이 압출(Extruded)된다.

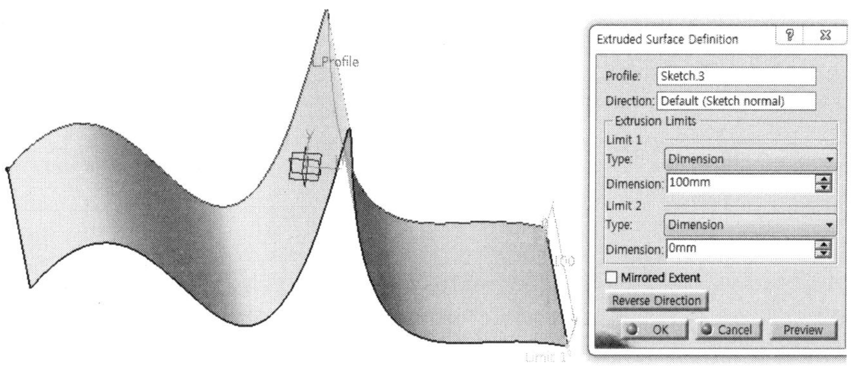

Mirrored Extent 클릭 시 스케치를 기준으로 양쪽으로 대칭하여 압출된다.

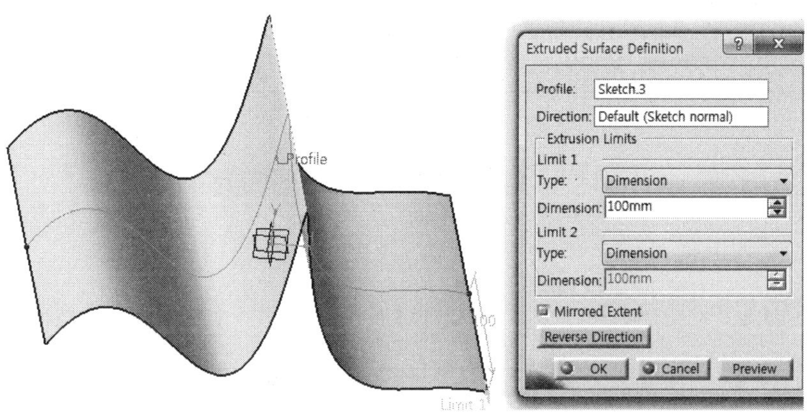

또는 다음 그림과 같이 Limit1/Limit2로 각각 다른 길이(120 mm/70mm)로 압출할 수 있다.

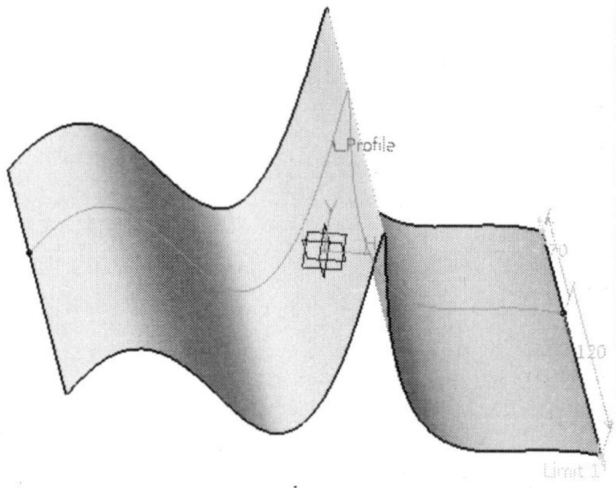

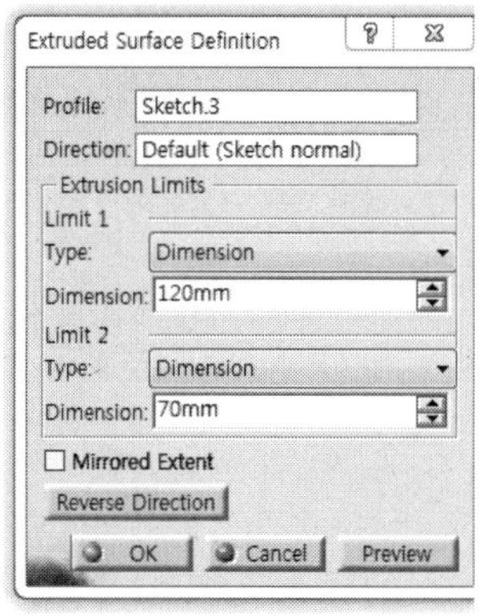

2) revolve

기준축을 중심으로 회전시키는 기능이다. 다음 그림과 같이 회전하고자 하는 프로파일(단면)을 스케치해 보자.

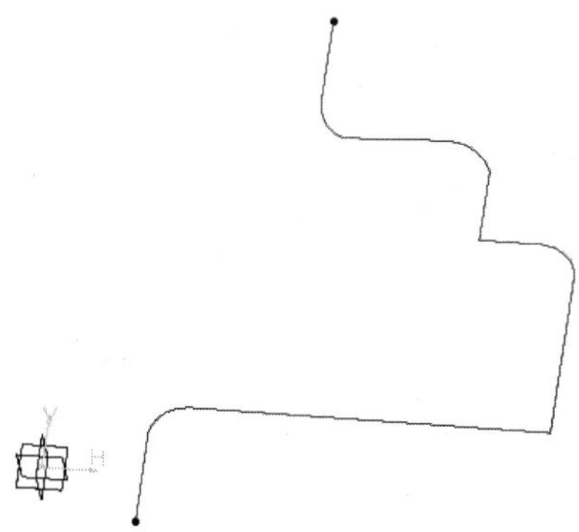

Revolve 클릭 시 다음의 대화창이 나타난다.

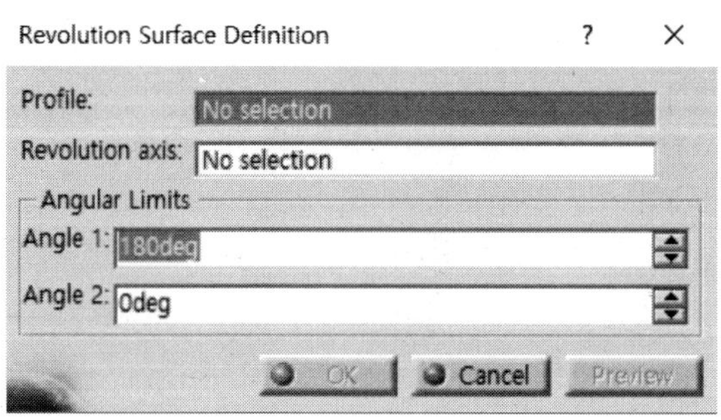

다음과 같이 프로파일 클릭 후, 기준 축 선택, 원하는 각도 입력하여 회전시킬 각도를 지정해 준다.

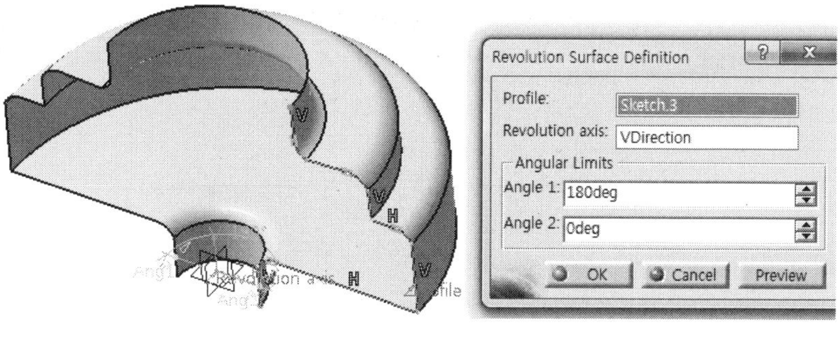

밀폐된 회전체를 그리고 싶다면, 한쪽으로 360도 혹은 다음 그림과 같이 양쪽 180도씩 각각 부여하면 Open된 곳 없이 회전체가 완성된다.

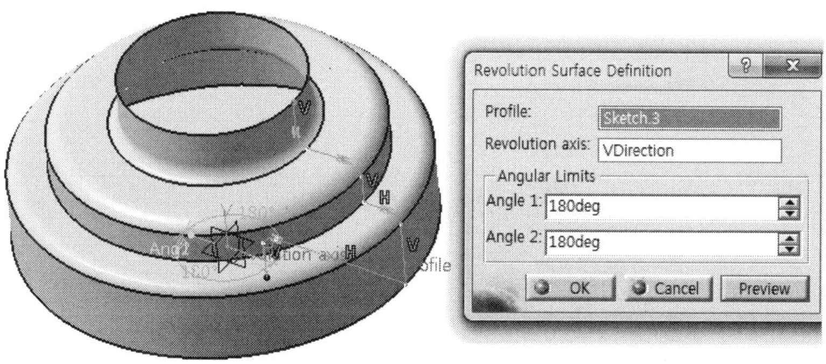

3) Sphere

구를 만들 때 사용하는 명령이다. 다음 그림과 같이 구를 만들고자 하는 지점에 구의 원점을 스케치한다.

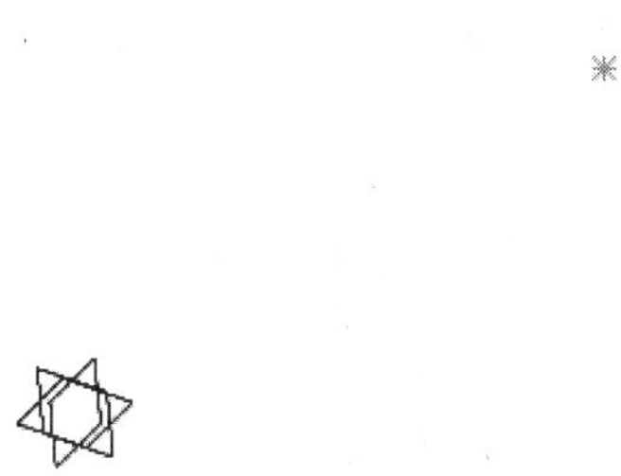

Sphere 클릭 시 다음의 정의 창이 나타난다.

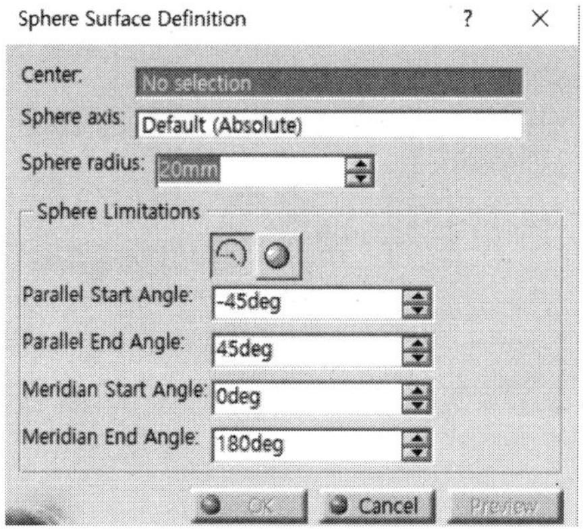

구의 원점 클릭 후 반지름을 다음과 같이 입력한다. 반호구를 선택할시 클릭 후 각도를 입력하며, 완전한 구를 그리려면 를 클릭한다.

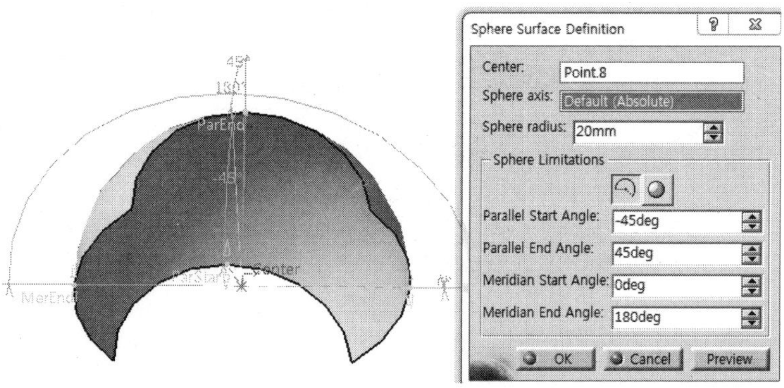

아래와 같이 반지름이 20mm인 구가 완성된다.

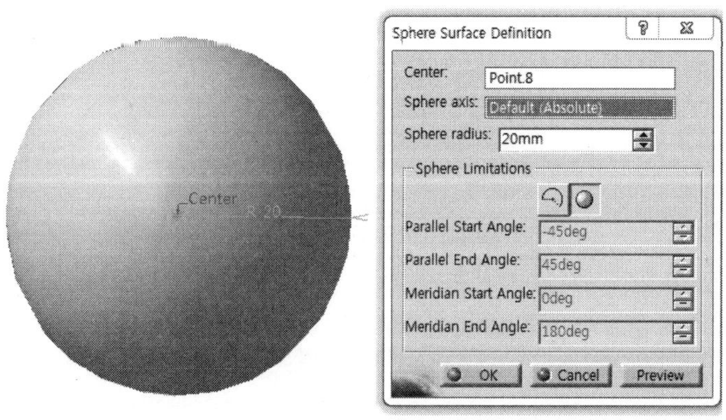

4) Cylinder

원기둥을 만들 때 사용하는 명령이다. 클릭 시 다음의 설정창이 나타난다.

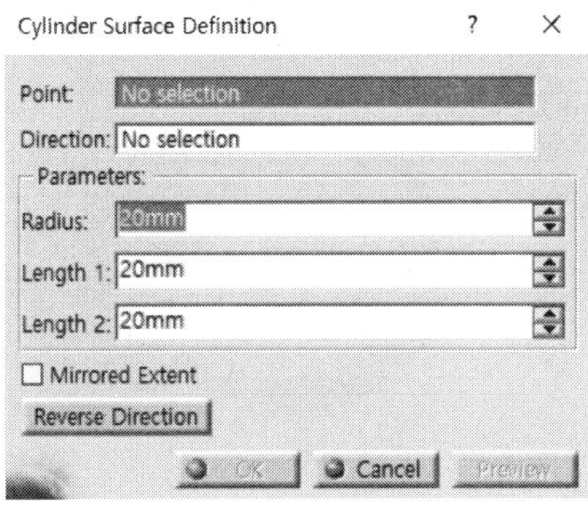

다음과 같이 원기둥의 중심점 입력 후 높이로 사용할 축을 입력한다. 또한 원기둥의 반경을 입력한 후 기준점으로부터의 원기둥 높이를 입력한다.

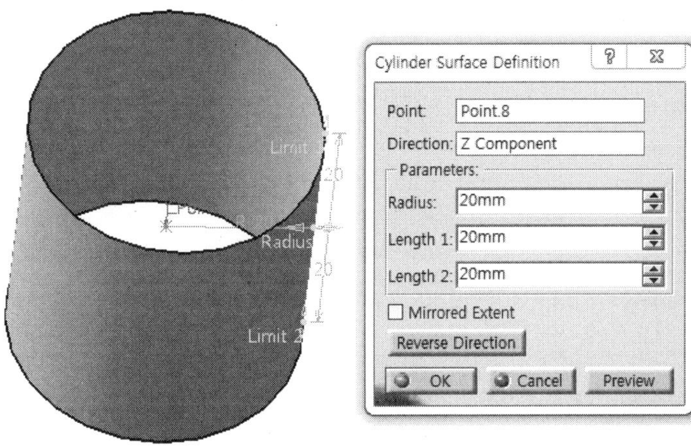

5)  Offset

일정한 거리만큼 새로운 Surface를 생성할 때 사용하는 명령이다. 다음과 같은 Surface를 스케치해보자.

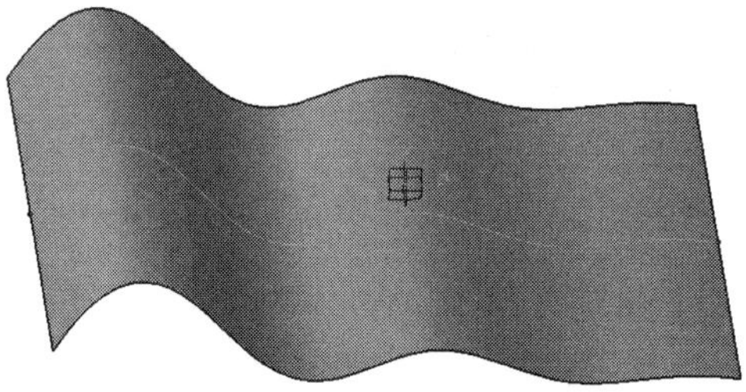

Offset 선택 시 다음의 설정 정의 창이 나타난다.

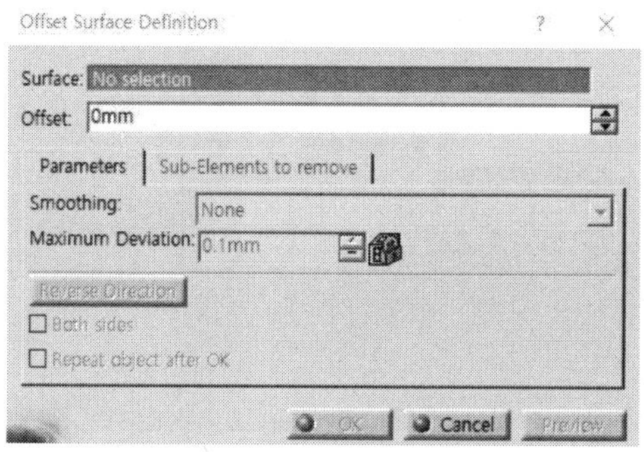

Offset시키고자 하는 Surface 클릭 후 Offset 거리를 다음과 같이 입력한다.

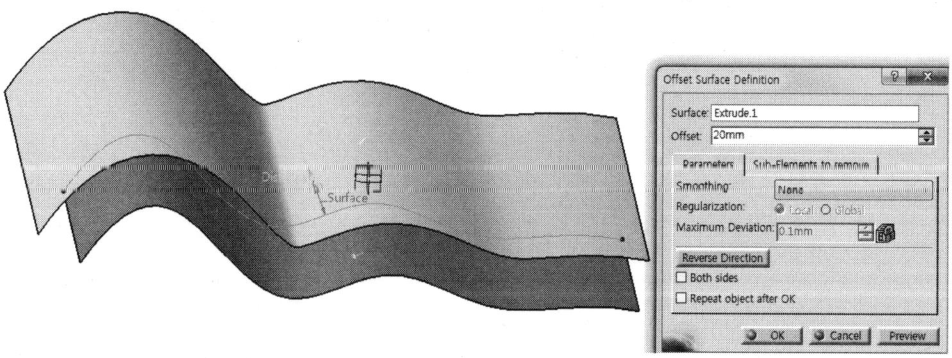

6)  sweep

여러 가지 Surface를 구현하는 명령이다. 클릭 시 다음의 정의 창이 나타난다.

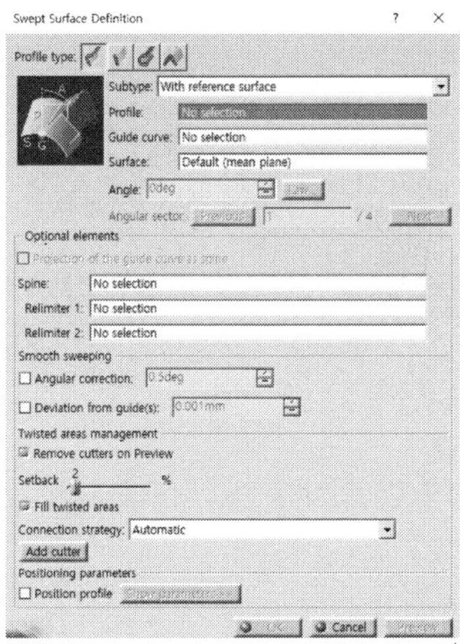

다음의 스케치를 작도한 후, With reference surface 두 개의 가이드 곡선을 통하여 Surface 형상을 생성시킨다.

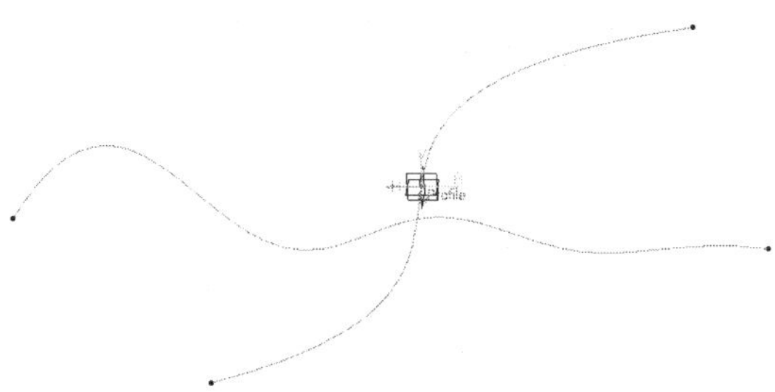

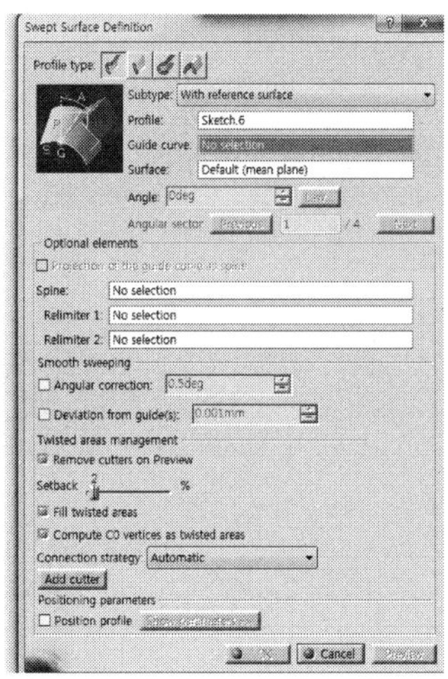

이상의 클릭으로 다음의 결과를 얻을 수 있다.

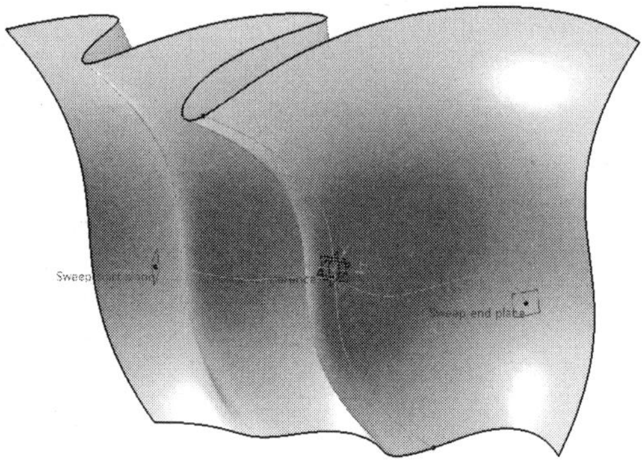

Position profile은 프로파일의 현재 위치를 벗어나 Surface를 작도하고자 할 경우 위치를 다음과 같이 설정할 수 있다.

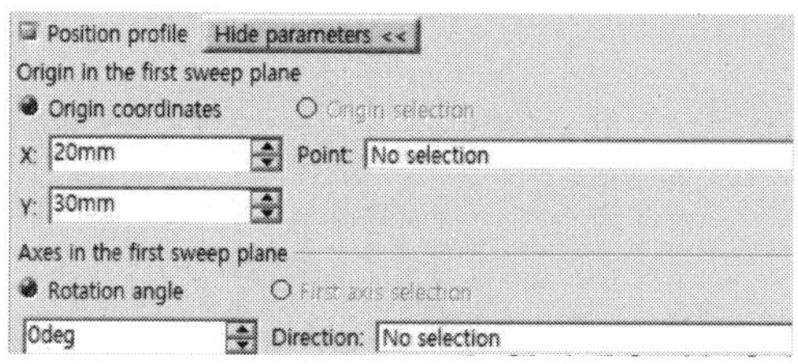

With two guide curves인 경우 두 개의 가이드와 프로파일을 이용하여 Surface 작도를 한다.

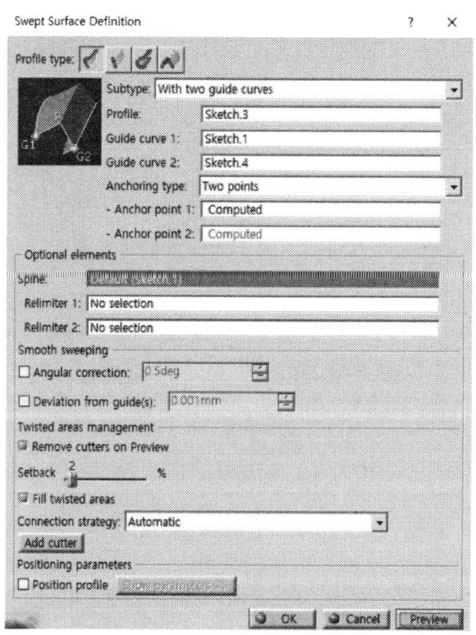

다음의 스케치를 이용하여 Surface를 작도한 예를 나타내었다.

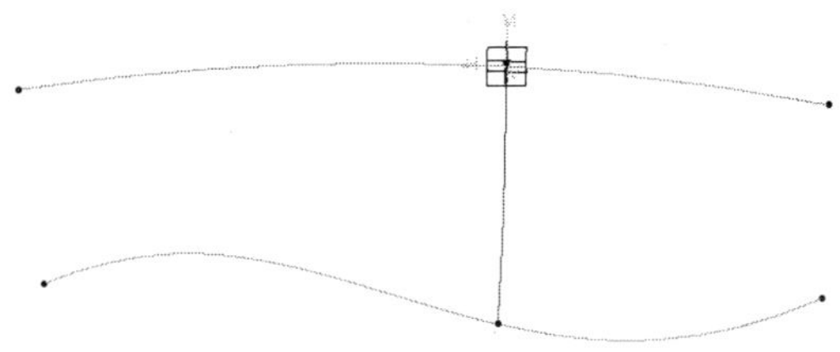

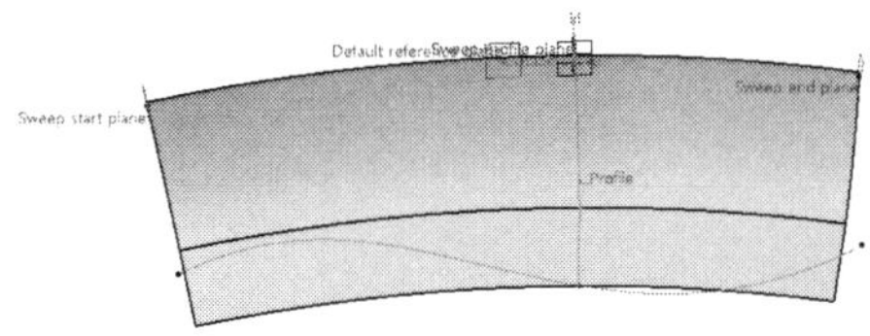

Profile이 Guide Curve를 따라가면서 Surface 형상을 만들며, 다음과 같이 각도를 부여하여 작도할 수 있다. 

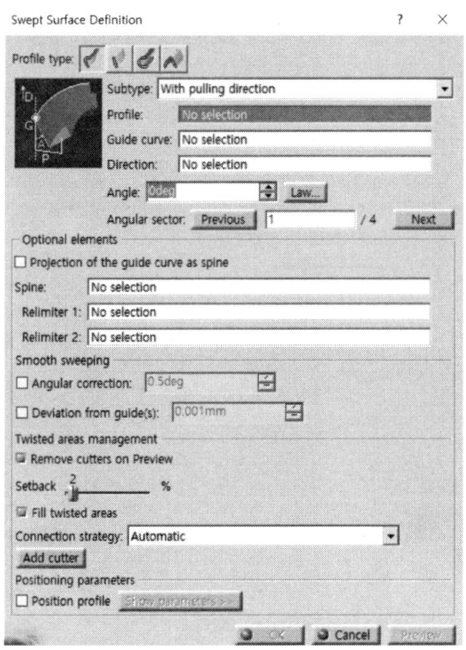

7)  fill

형상의 경계모서리나 Curve들이 닫힌 형상을 만들 때 이 부분을 Surface로 채워주는 명령이다. 클릭 시 다음의 정의 창이 나타나는데 다음의 스케치를 예로 들어 보자.

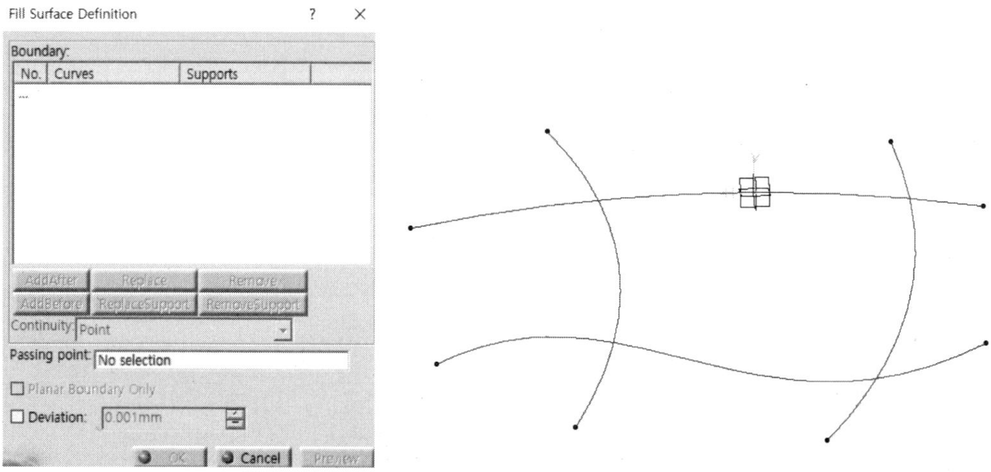

정의 창과 동일하게 추가 후 OK를 클릭하면 다음과 같이 Curve의 속이 채워진 것을 확인할 수 있다.

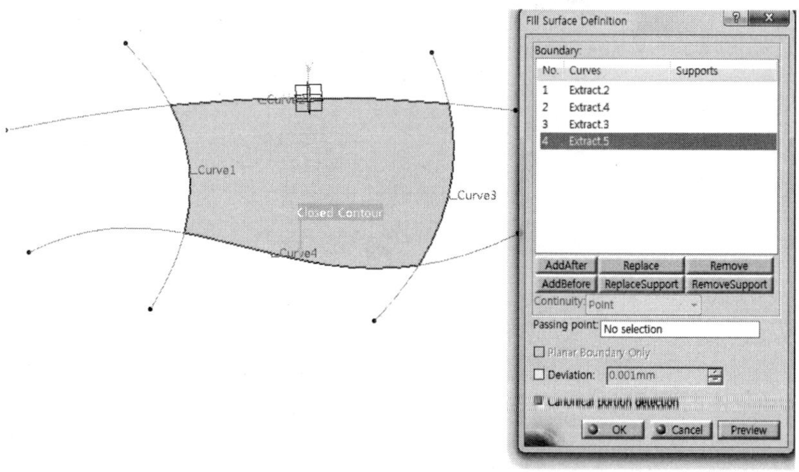

다음과 같은 원기둥을 예로 들어보자.

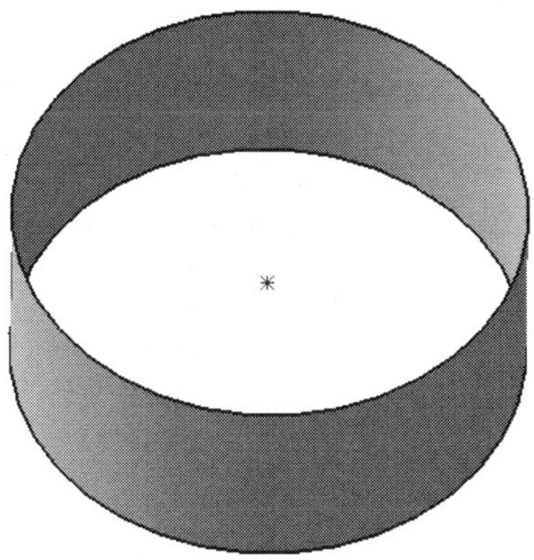

원기둥의 모서리를 클릭하면 닫힌 원기둥이 된다.

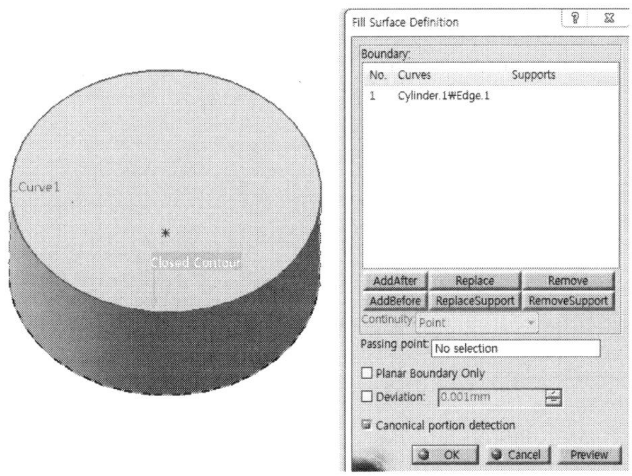

다음과 같은 3차원 곡선도를 그린다.

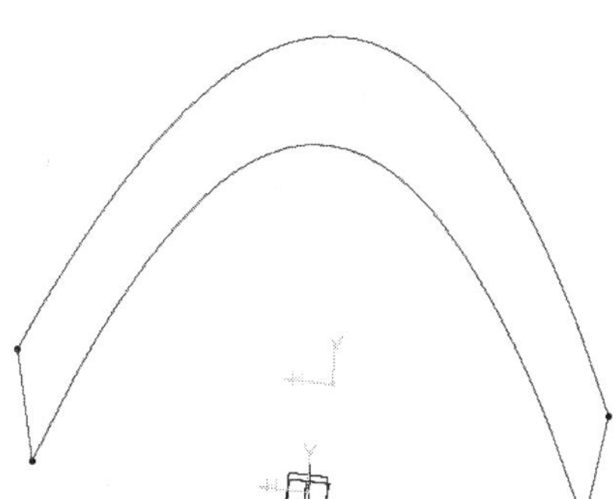

다음의 결과를 얻을 수 있다.

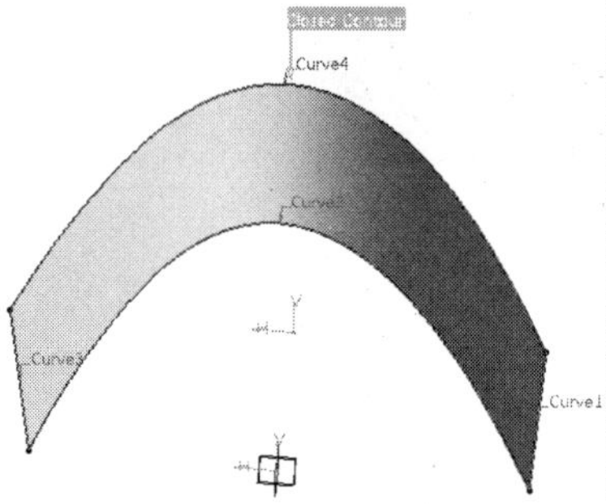

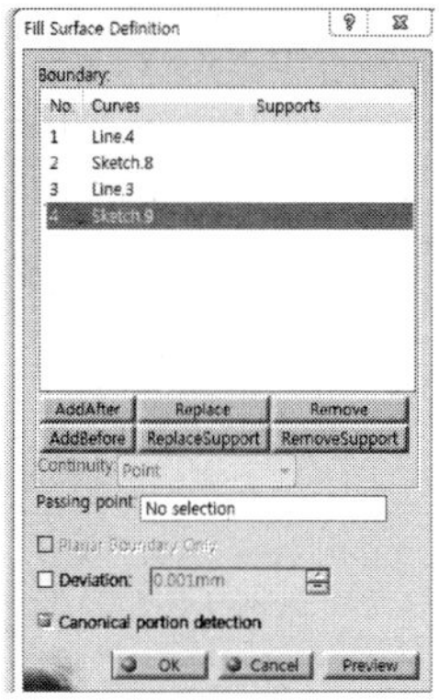

8)  Multi-Sections surface

여러 개의 단면 Profile을 이용하여 Curve를 만드는 명령이다. 다음과 같은 이와 같이 면을 생성한 후 스케일로 조정하여 스케치한다.

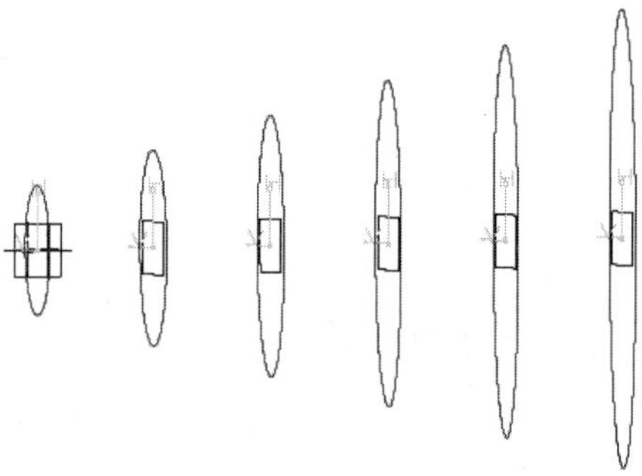

를 클릭하면 다음의 정의 창이 나타난다.

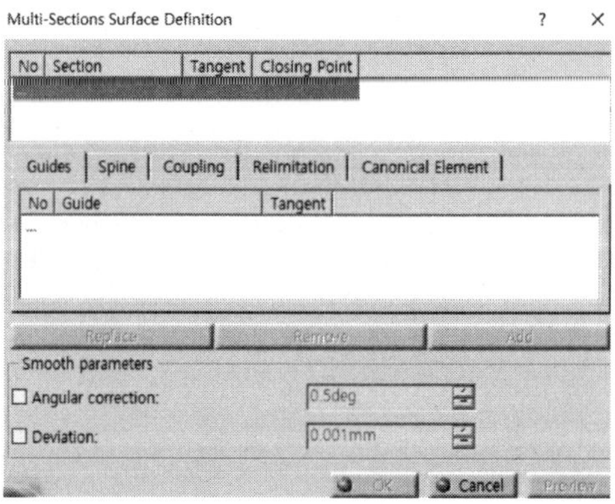

다음과 같이 각각의 스케치를 추가한다.

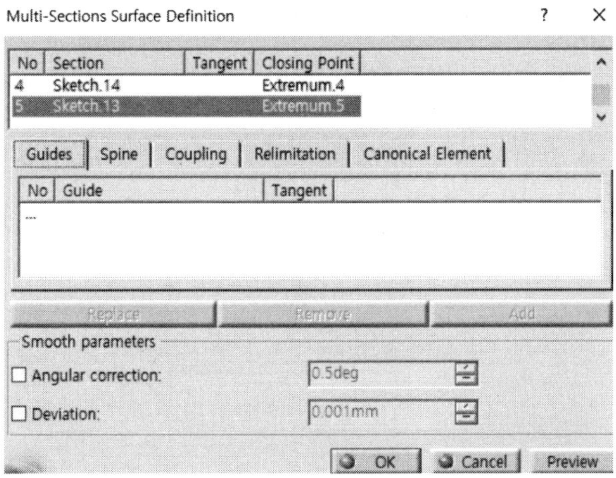

다음의 결과를 얻을 수 있다.

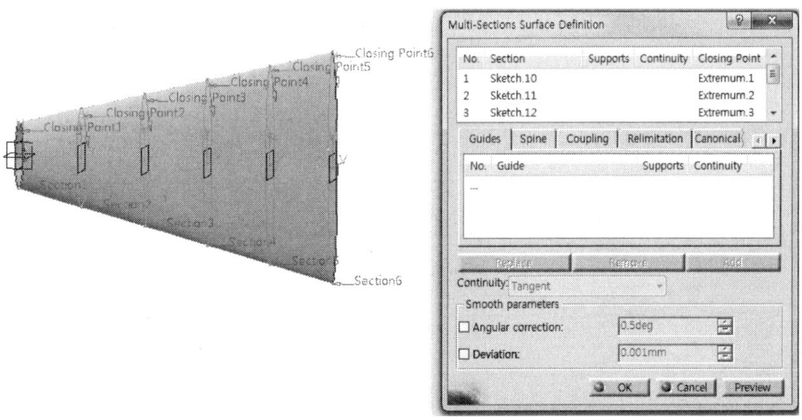

각각의 단면 Profile의 형상을 잇는 선을 활용하여 임의로 Guide line을 작도하였을 때 다음과 같이 추가할 수 있다.

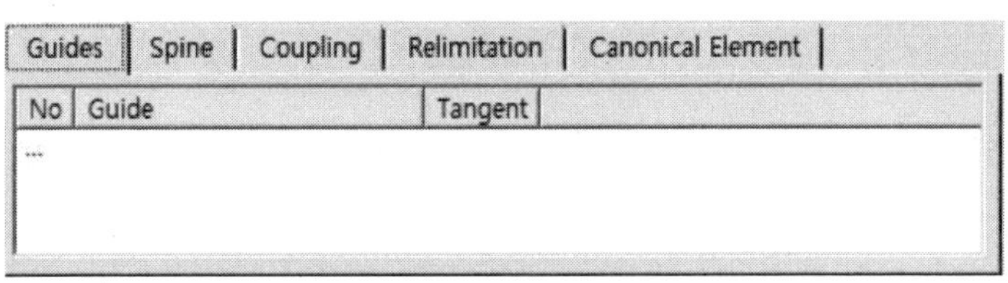

단면 형상을 가로지르는 Center curve를 추가할 때 Spine을 선택해준다.

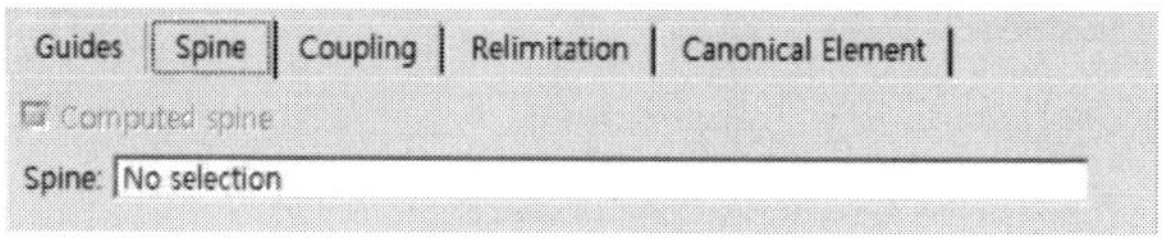

각각의 단면 Profile의 꼭짓점들을 각각의 위치에 맞게 이어주는 작업 방식은 Coupling을 이용한다.

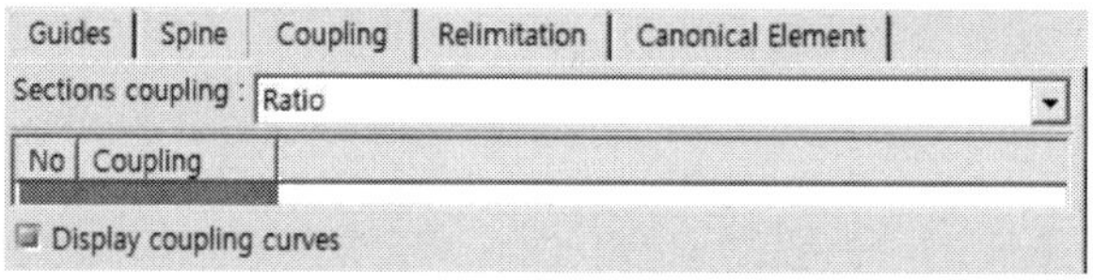

9)  Blend

Curve와 Curve 사이를 블렌딩으로 연결할 때 사용한다. 다음의 형상을 예로 들어 보자.

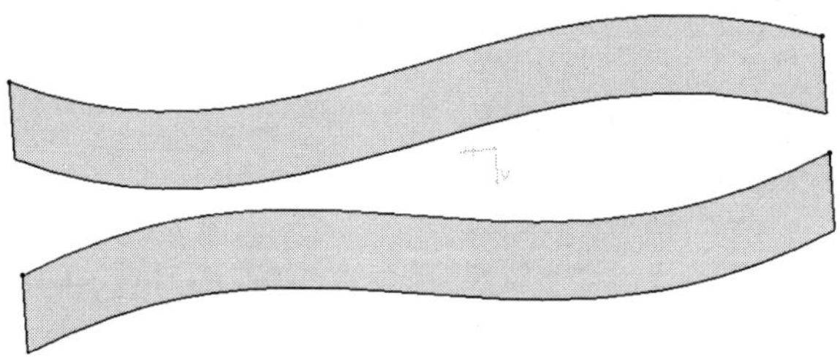

Blend 클릭 시 다음의 정의 창이 나타난다.

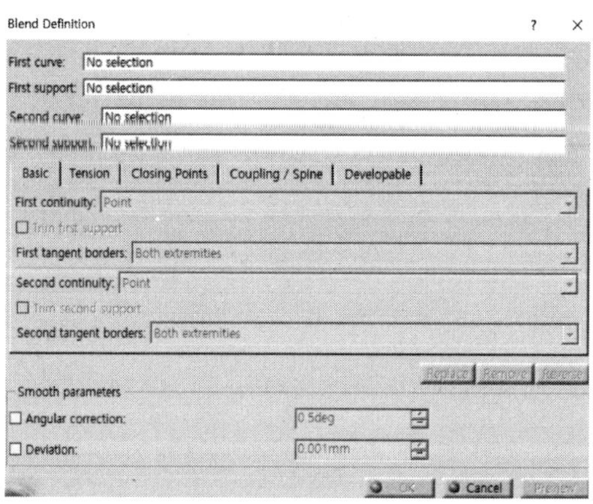

다음의 결과를 얻을 수 있다.

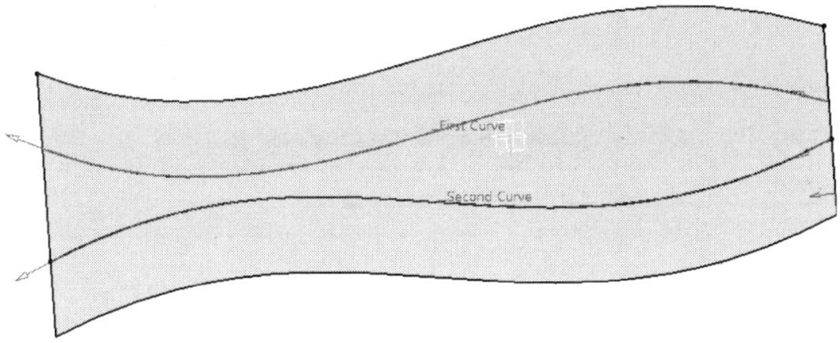

다음의 Basic 선택 시 각 커브의 연속성에 대한 정의와 Trim supporter를 지원한다.

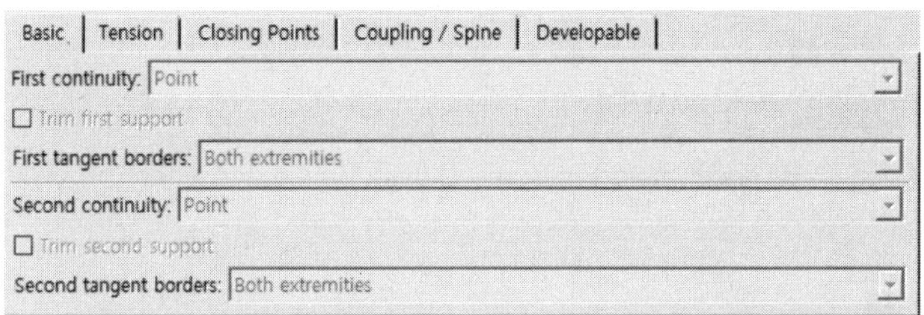

다음의 Tension 선택 시 각 Curve 지점의 Tension 값을 조절할 수 있다.

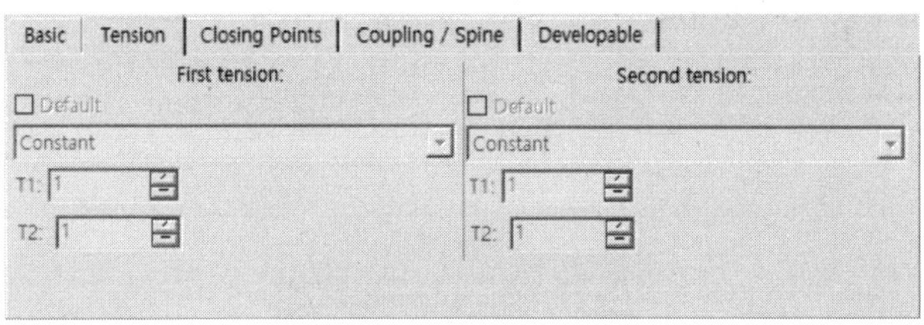

다음의 Closing Points 선택 시 닫혀있는 Curve 요소를 선택할 경우 Closing Points의 위치를 지정이 가능하다.

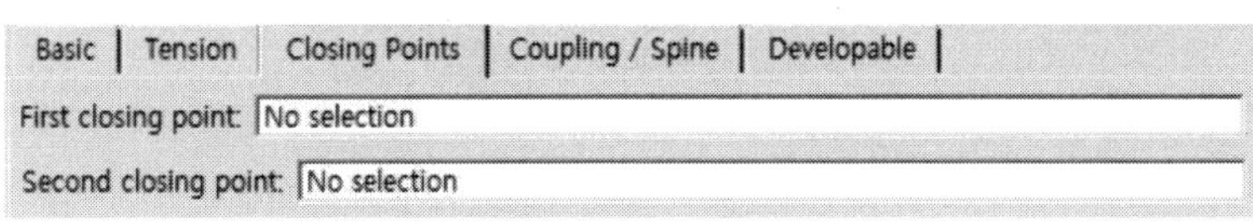

다음의 Coupling/Spine 선택 시 여러 개의 마디로 나뉘진 복잡한 Curve 형상의 경우 각 지점으로의 연결 위치를 Coupling으로 잡아주거나 Curve 요소 사이에 Spline을 지정할 수 있다.

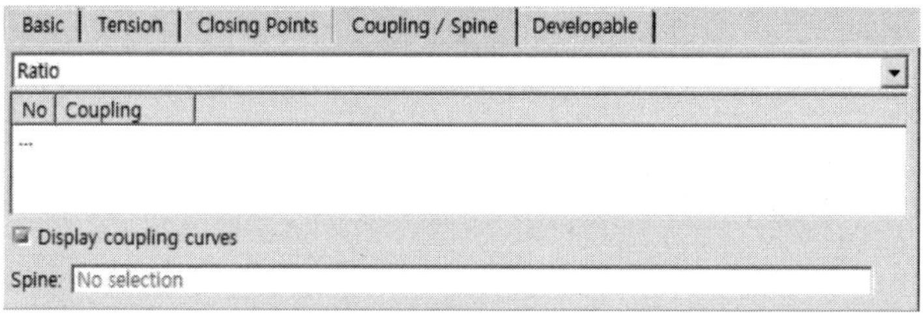

다. 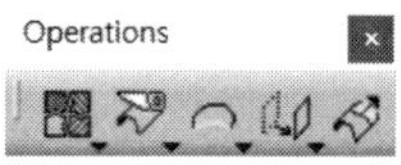 Operation

총 5개의 아이콘으로 구성된다.

1) 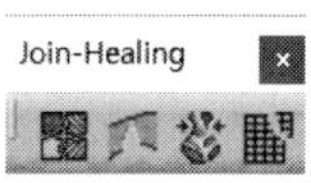 Join−Healing

가) 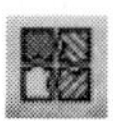 Join : 하나 또는 여럿의 형상들을 이어주는 작업 시에 사용한다. 이웃하더라도 이어져 있지 않은 3개의 Surface로 구성된 다음을 예로 들어 보자.

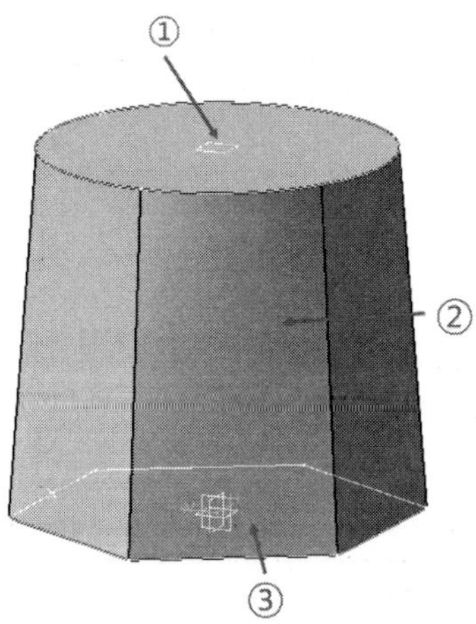

Join 선택 시 다음의 정의 창이 나타난다.

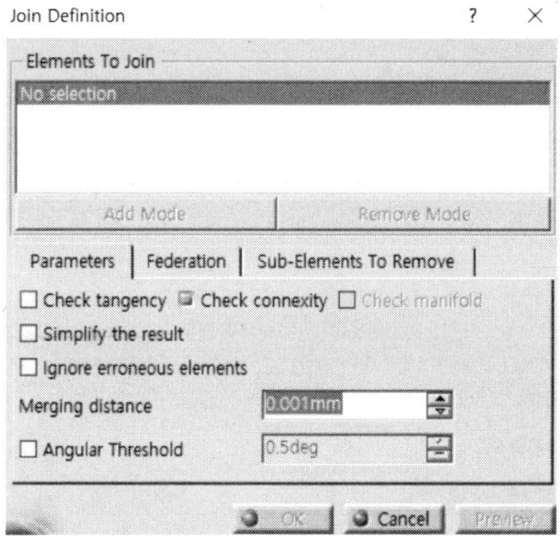

4개의 Surface를 설정창에 추가한다. 여러 개의 Surface를 다음과 같이 하나의 Surface로 Join할 수 있다.

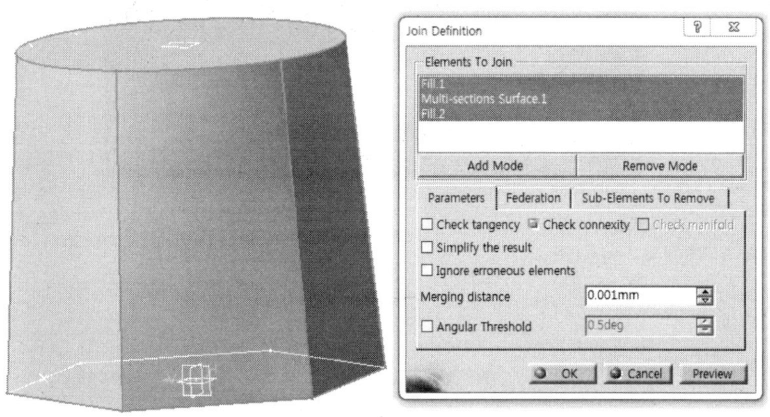

위의 결과를 얻으면 

서브트리에 Join이 추가되며, 클릭 시 Join된 Surface가 한꺼번에 선택된다.

나)  Healing : Surface와 Surface를 하나로 합쳐주는 명령이다. 클릭 시 다음의 정의 창이 나타나며 2개의 Surface를 추가한다.

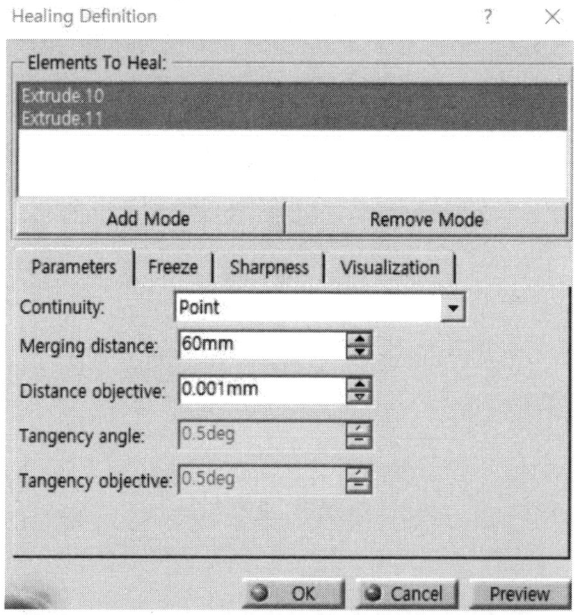

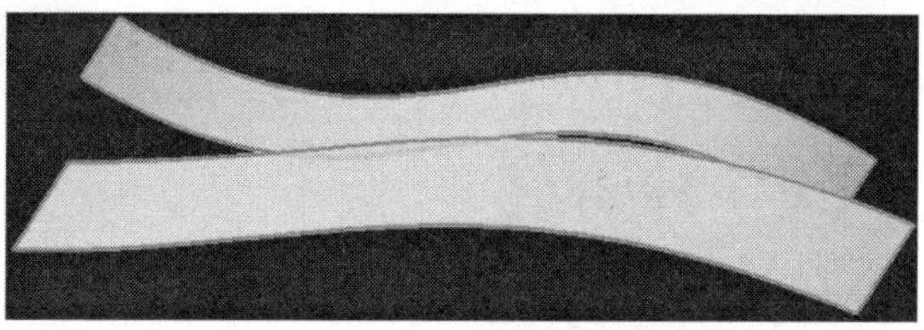

다음 창에서 확인을 클릭한다.

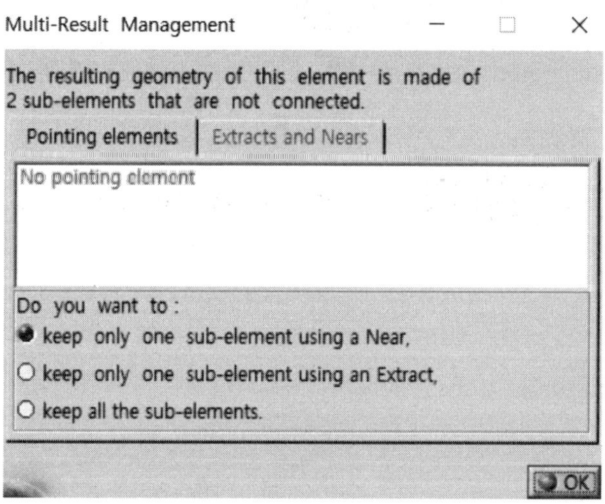

다음 창에서 Reference Element를 선택한다.

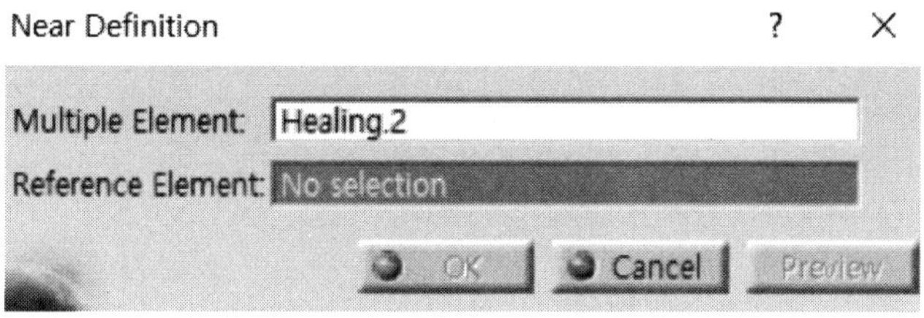

위의 작업 완료 시 서브트리에 Healing이 생성된 것을 확인할 수 있다.

다) untrim : Surface를 Split하거나 Break Surface of curve로 절단 후 사라진 부분을 복구하는 명령이다. 다음과 같이 절단된 Surface 형상을 가정하자.

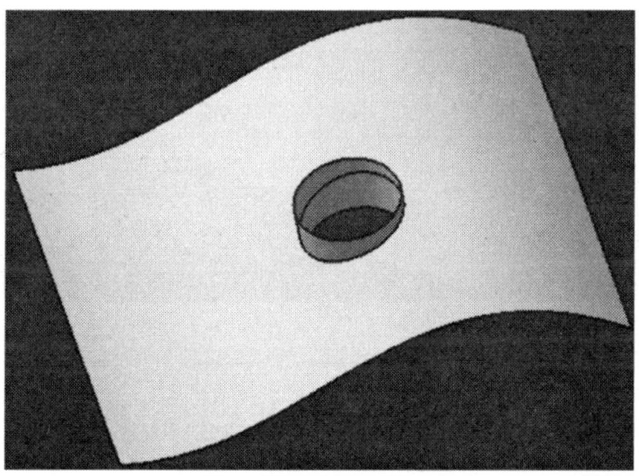

Untrim 실행 후 복구하고자 하는 Surface를 클릭한다.

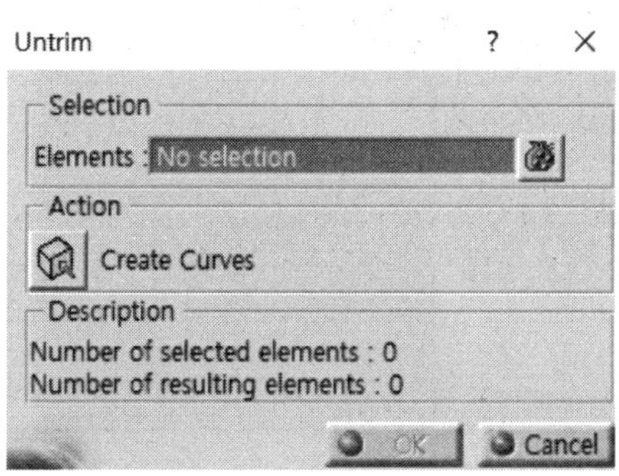

1개의 Split된 요소를 선택한다.

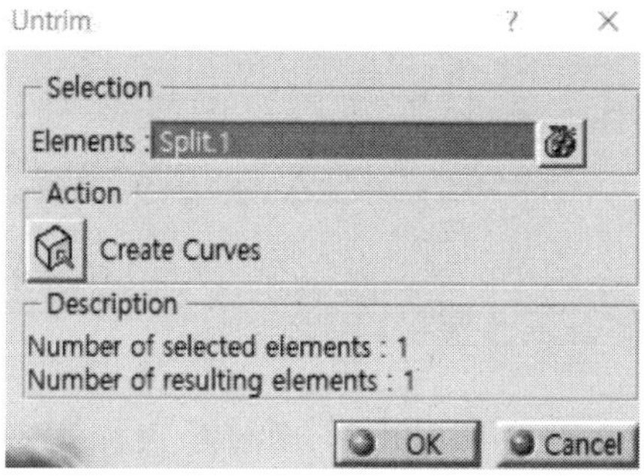

다음 그림과 같이 복구된 것을 확인할 수 있다.

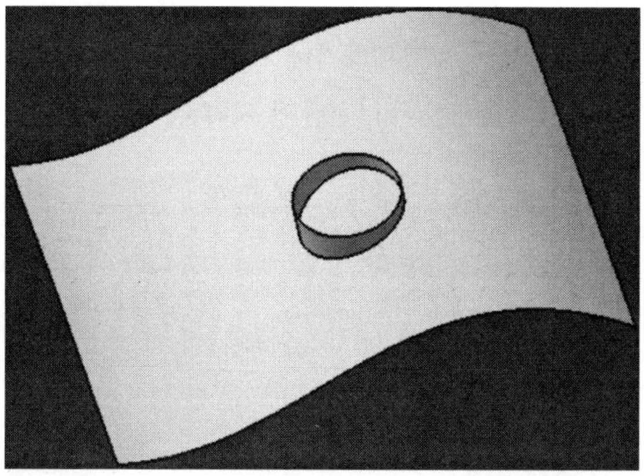

라) disassemble : 여러 개의 서브 element로 이어진 Surface나 Curve를 domain을 기준으로 분리하는 명령이다. 다음의 Surface를 예로 든다. 한 개의 Surface 형태임을 서브트리에서 확인 가능하다.

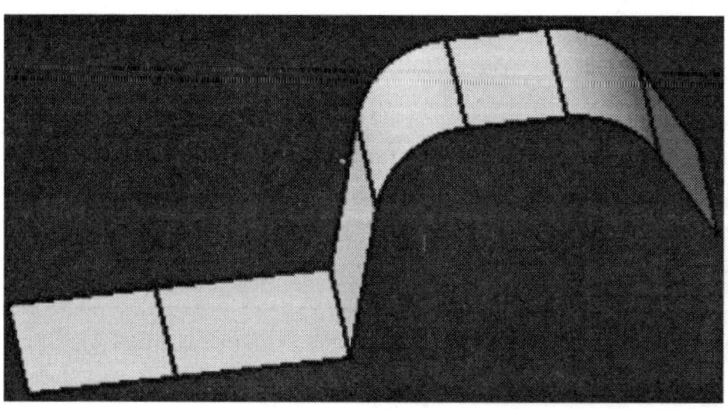

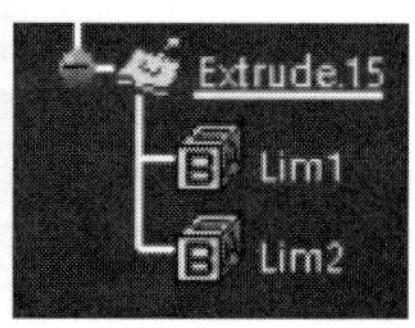

모든 element 단위로 분리하면 7개로 분리(Disassemble)된다.

서브 트리에서 7개로 분리된 결과를 확인할 수 있다.

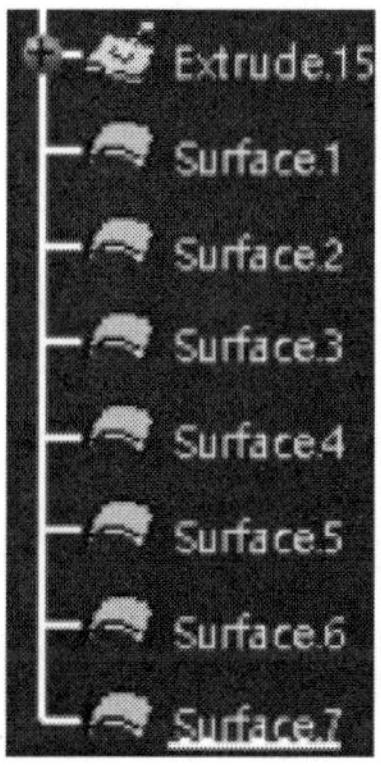

다음 그림과 같이 개별 Surface로 분리된 것을 확인 가능하다.

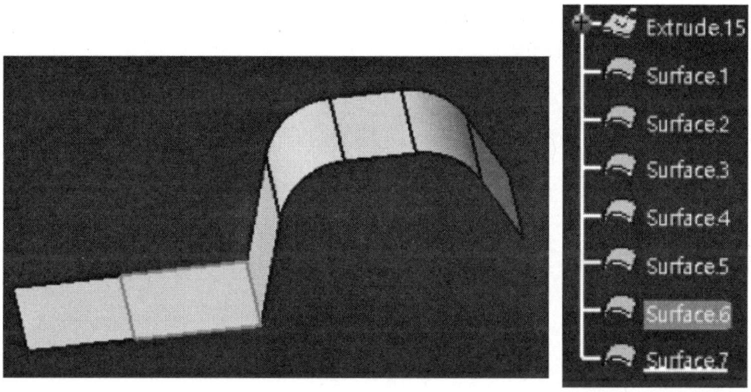

다음과 같이 Domain 단위로 분리하는 기능도 있다.

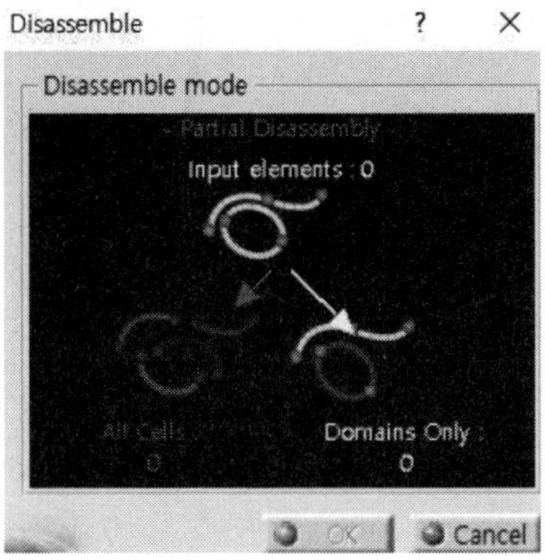

2) Split-T... Trim-Split

가) Split : 이 명령은 Surface 또는 Curve의 형상을 임의의 기준 요소를 경계로 하여 분리하는 명령이다. 다음의 정의 창에서 분리하고자 하는 형상들을 모두 선택한다.

Other side Other side 선택 시 다른 경우의 수도 확인 가능하다.

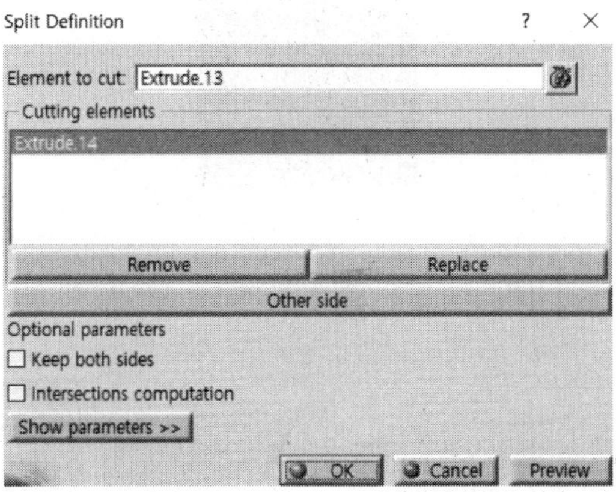

첫 번째 경우의 수와 그 결과는 다음과 같다.

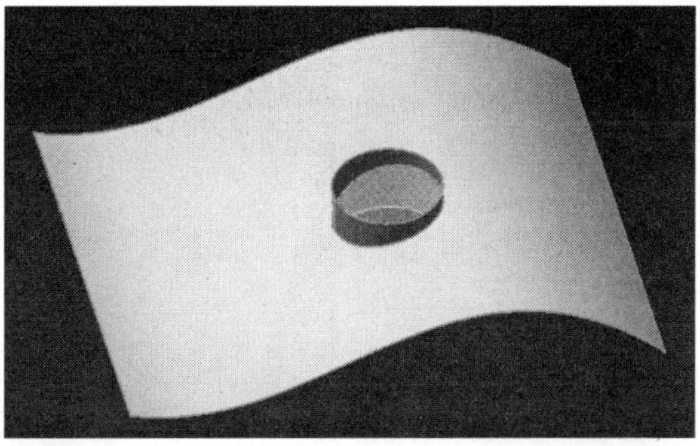

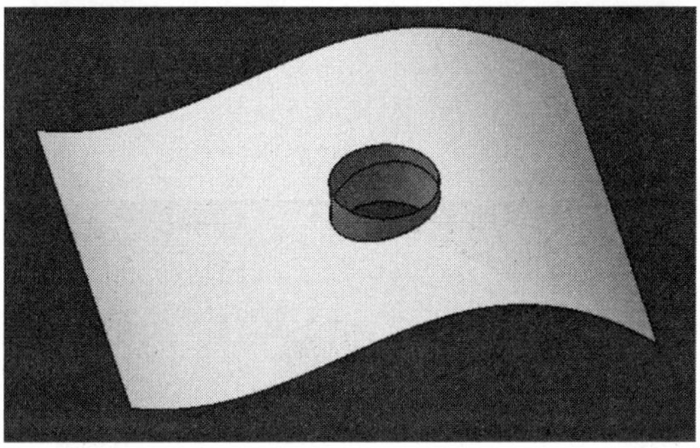

두 번째 경우의 수와 결과는 다음과 같다.

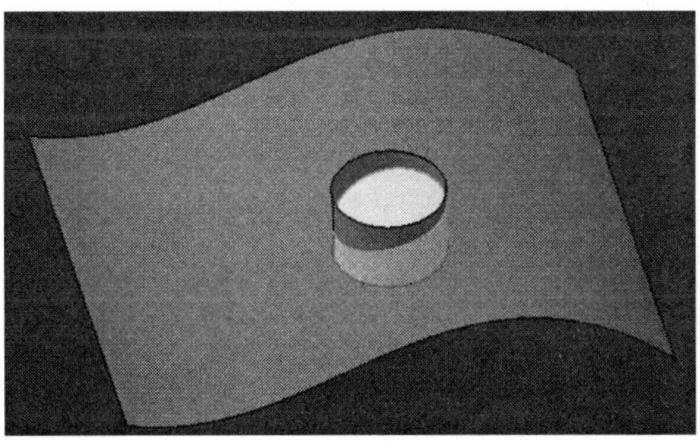

나)  Trim : 절단과 동시에 하나의 요소로 합쳐주는 명령이다. 클릭 시 다음의 정의 창에 Trim 및 합치고자 하는 형상을 추가한다.

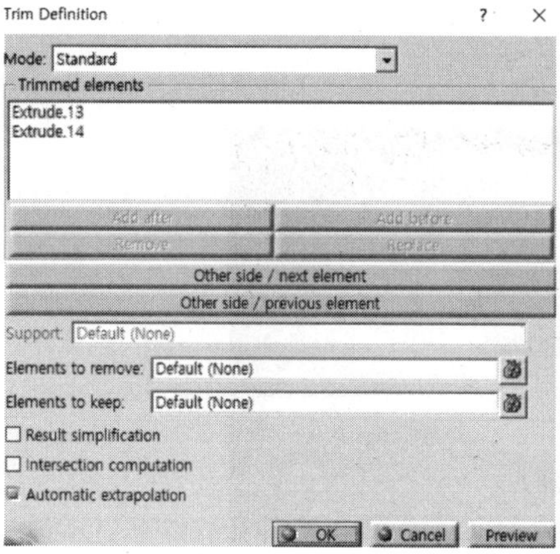

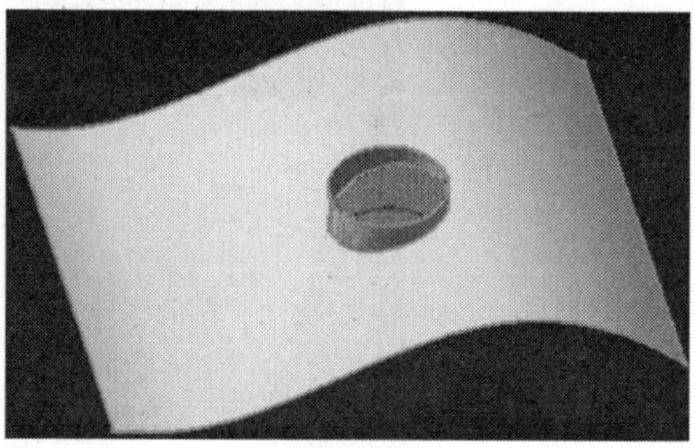

다음과 같이 분리된다.

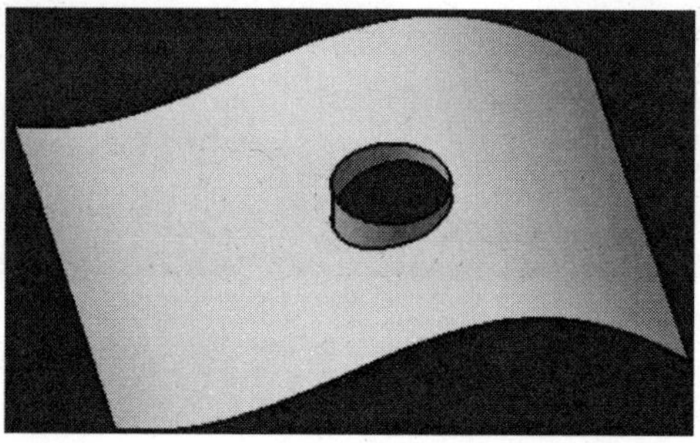

3) 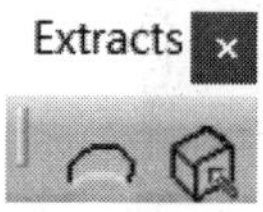

Boundary & Extracts sub Toolbar

Boundary & Extracts sub Toolbar는 2개의 명령으로 구성된다.

가)  Boundary : Surface나 Solid 형상의 모서리를 Curve 요소로 추출하는 명령이다. 다유의 스케치를 예로 들어보자.

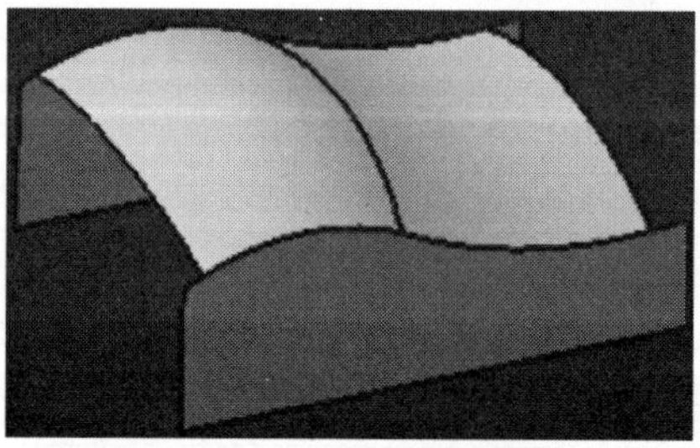

클릭 시 다음의 정의 창이 나타난다.

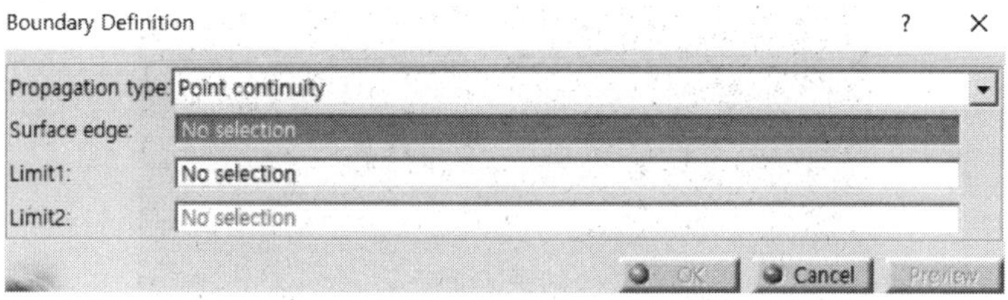

다음과 같이 추출하고자 하는 선을 선택한다.

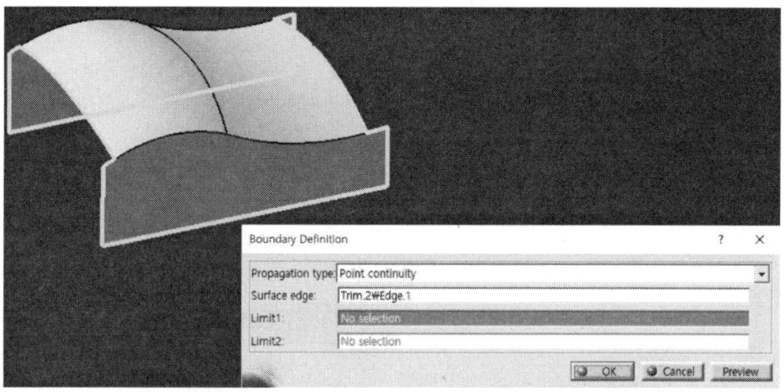

다음의 결과를 얻을 수 있다.

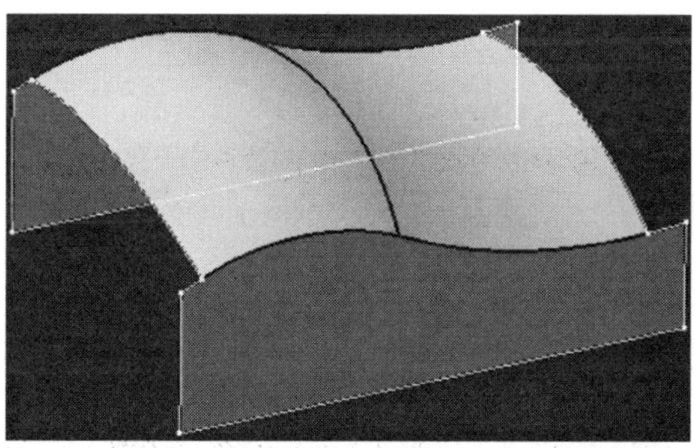

Surface 형상만 Hide했을 때 다음과 같이 나타난다.

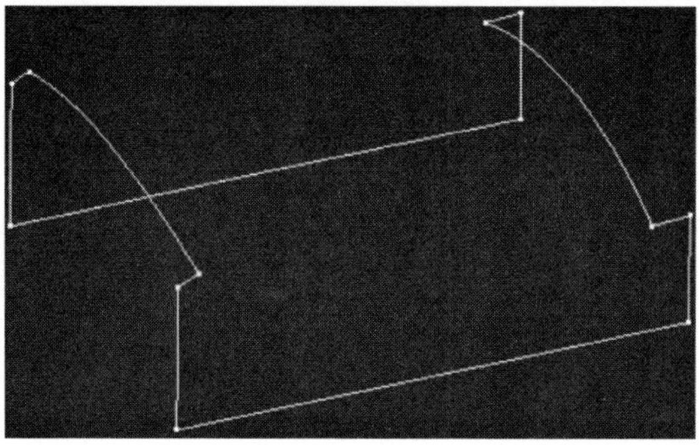

나)  Extract : 이 명령은 3차원 형상에서 Sub element를 추출하는 명령이다. 클릭 시 다음의 정의 창이 나타난다.

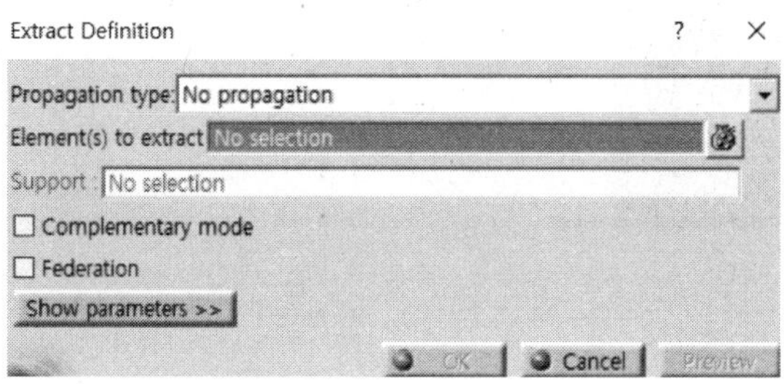

다음과 같이 Element를 선택한다.

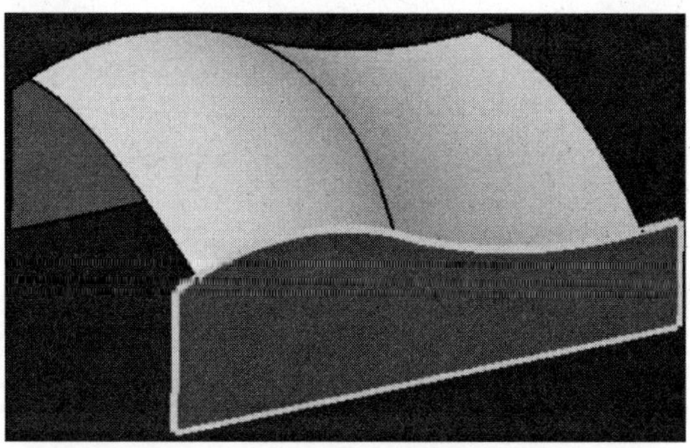

다음의 정의 창에 Extract할 면이 선택된 것을 확인할 수 있다.

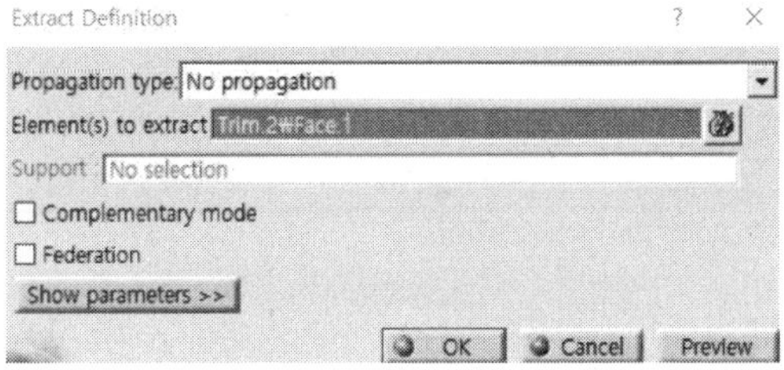

이를 이용해 다음의 결과를 얻을 수 있다.

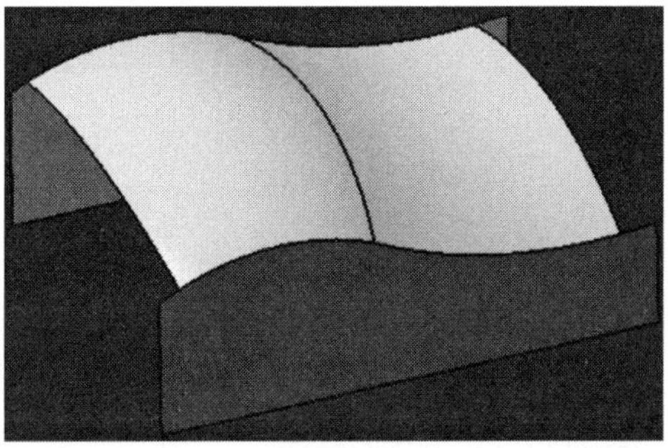

형상을 Hide하면 다음만 화면에 나타난다.

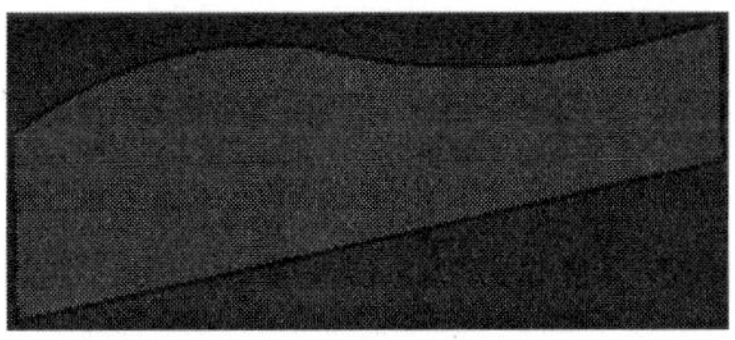

4) 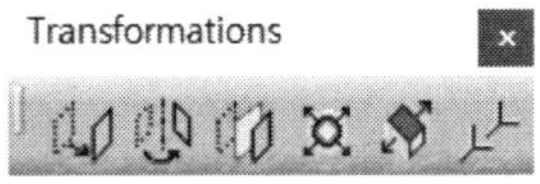 Transformations Toolbar

Transformations Toolbar는 총 6개의 아이콘으로 구성된다.

가)  Translate : 형상을 이동시킬 때 사용하는 명령이다. 클릭 시 다음의 정의 창이 나타나면 이동시키고자 하는 형상을 선택하고 이동거리(Distance)를 입력한다.

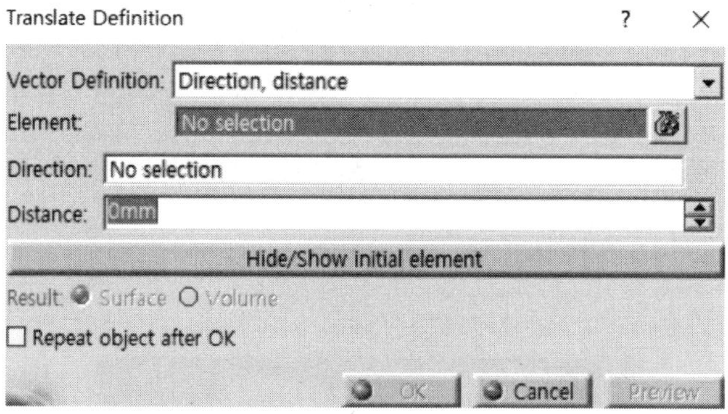

설정 시 다음과 같이 이동되는 것을 확인할 수 있다.

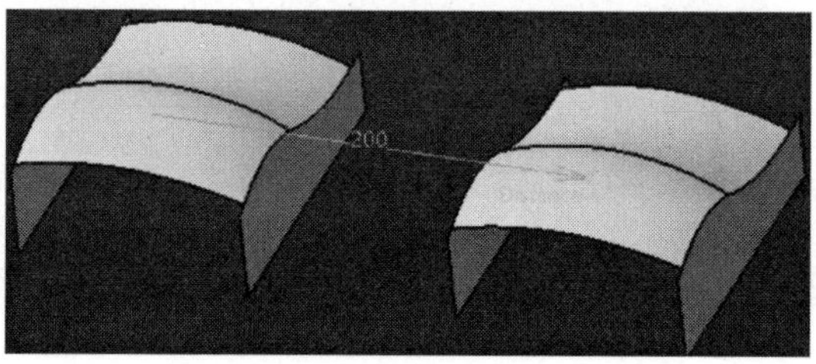

Point to point는 점에서 점으로 형상을 이동시킬 때 사용한다.

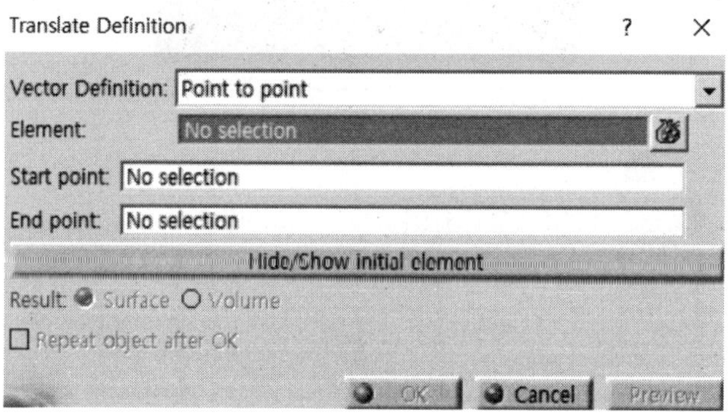

Coordinates를 선택 시 원하는 위치의 X, Y, Z 좌표값을 설정하여 이동시킨다.

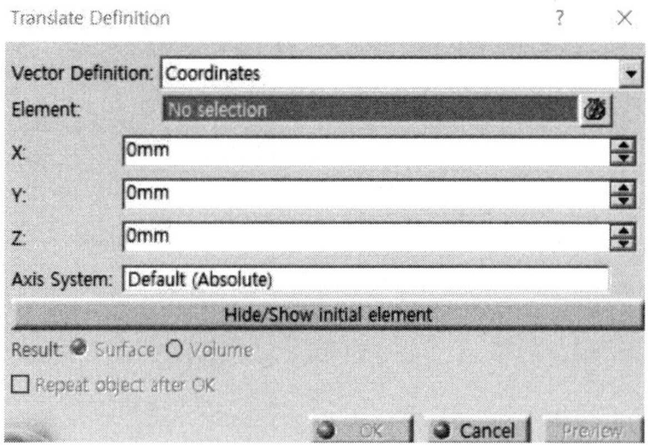

나)  Rotate : 형상을 회전시킬 때 사용하는 명령이다. 클릭 시 다음의 정의 창이 나타난다. 회전시키고자 하는 형상 및 기준축을 선택하고 각도를 입력한다.

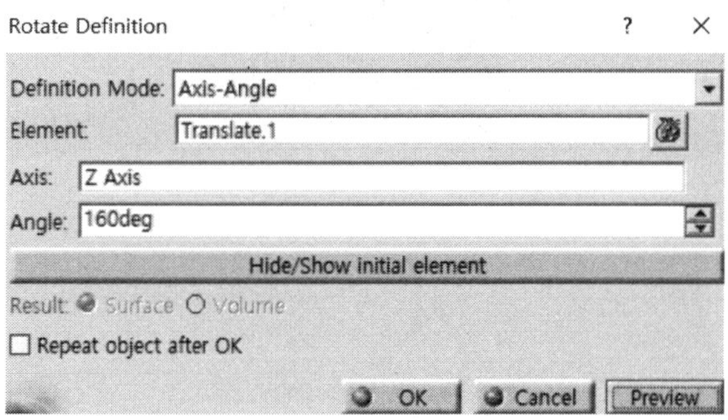

다음의 회전된 결과를 얻을 수 있다.

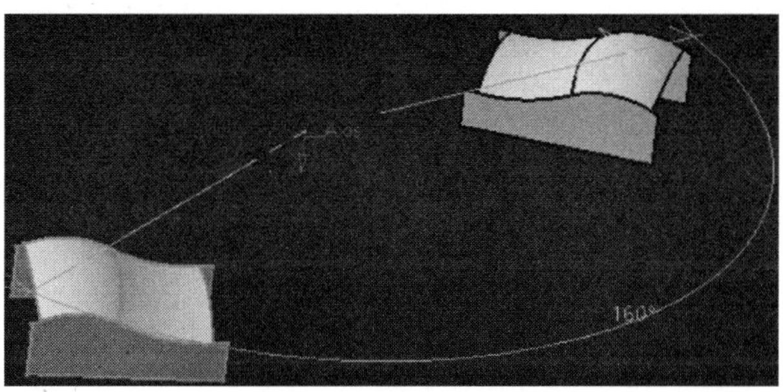

다) Symmetry : 대칭형상을 작도할 때 사용하는 기능이다. 클릭 시 다음의 정의 창이 나타나며 이때 대칭형상과 대칭면을 선택해 준다.

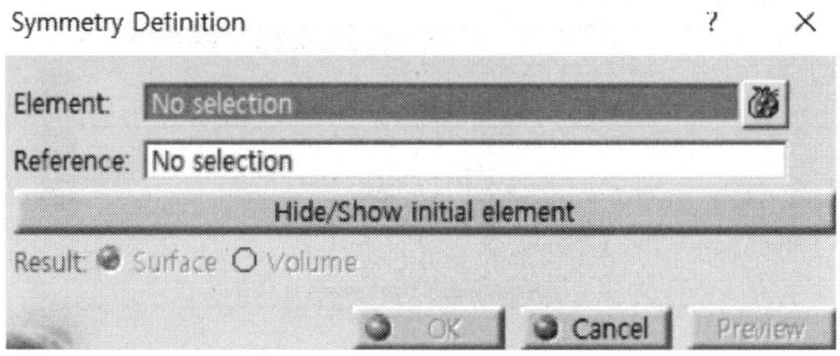

대칭면을 기준으로 다음의 대칭형상을 얻을 수 있다.

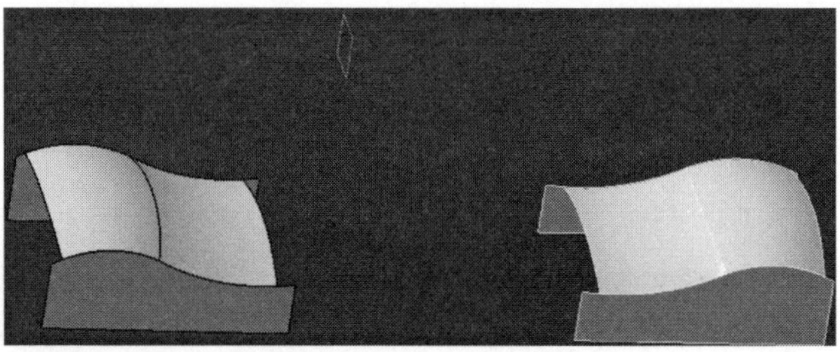

라) Scaling : 형상의 크기를 변화시킬 때 사용하는 기능이다. 선택 시 다음의 정의 창이 나타난다.

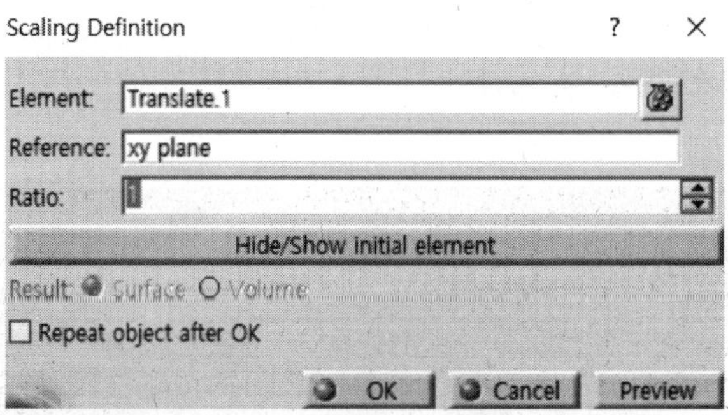

다음과 같이 정의 창에서 지정된 평면으로 원하는 크기로 형상이 조정된다.

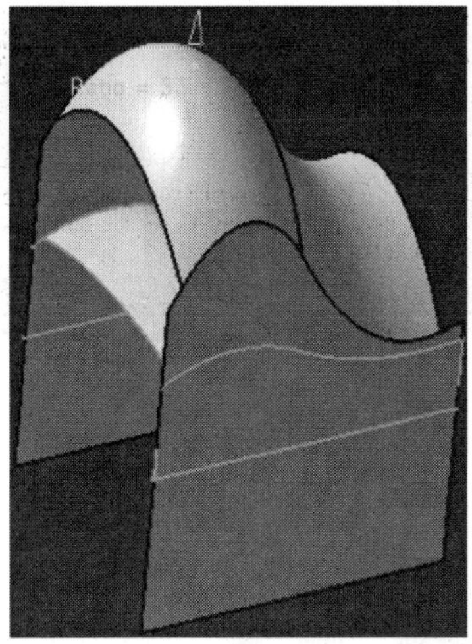

마)  Affinity : 3방향으로 크기를 조절할 때 사용하는 기능이다. 다음의 정의 창이 나타나면 Element를 클릭한 후 원점, 평면, 축을 선택하고, 각 축에 대한 크기 배율을 조절한다.

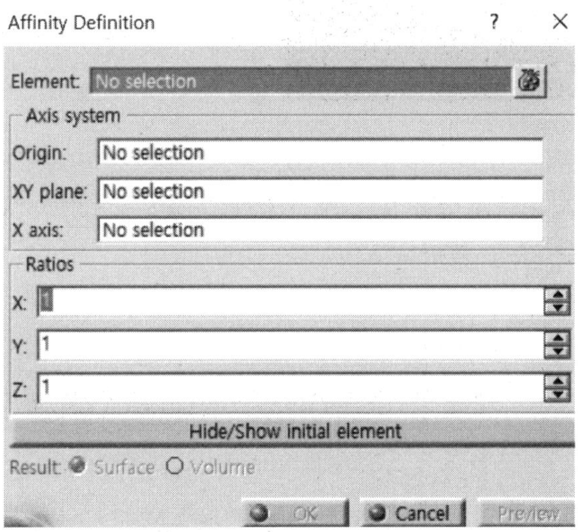

원본은 다음과 같다.

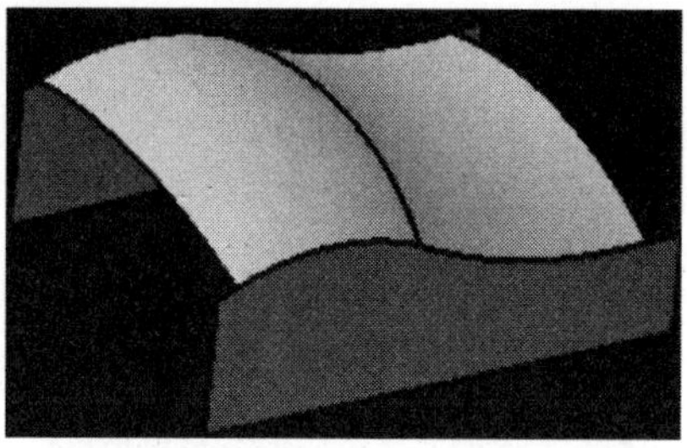

크기를 바꾼 결과는 다음과 같다.

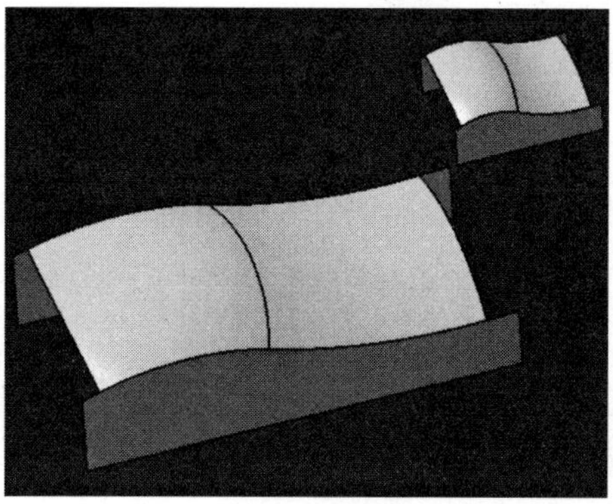

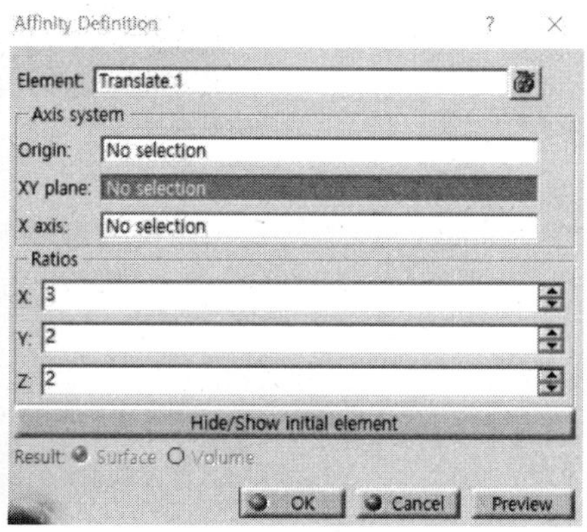

바) Axis to Axis : 축을 이동시킬 때 사용하는 기능이다. Element를 선택하고 원본 축과 이동시키고자 하는 축을 클릭한다.

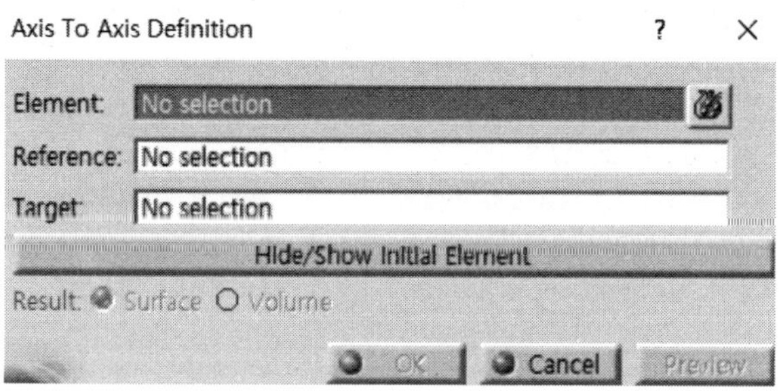

왼쪽에 있던 형상은 다음과 같으며 축의 이동을 통해 우측으로 형상이 이동된다.

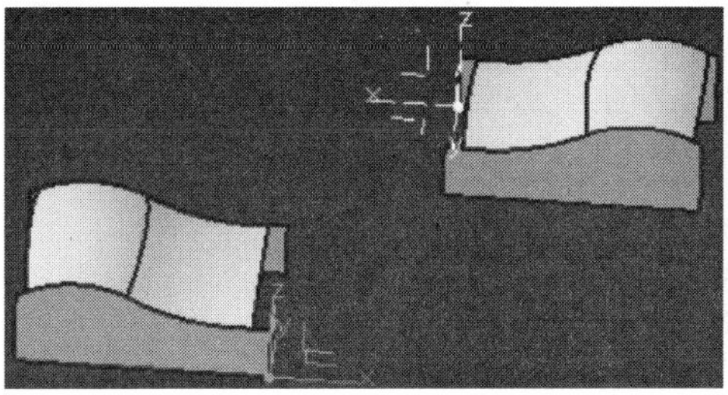

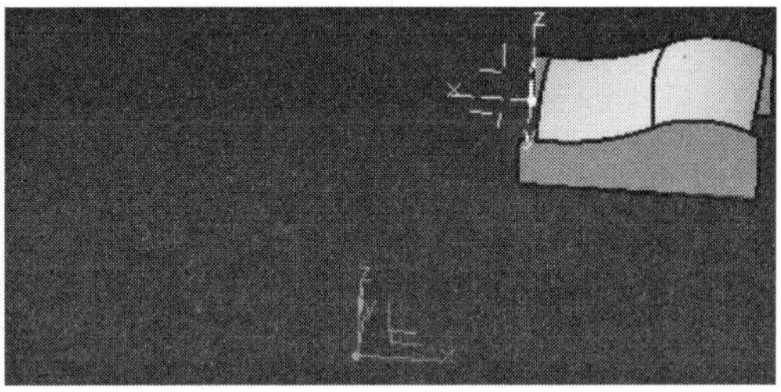

5) Extrapolate

선택한 지점을 기준으로 길이를 외삽하여 연장시키는 기능이다. 다음의 형상을 예로 든다.

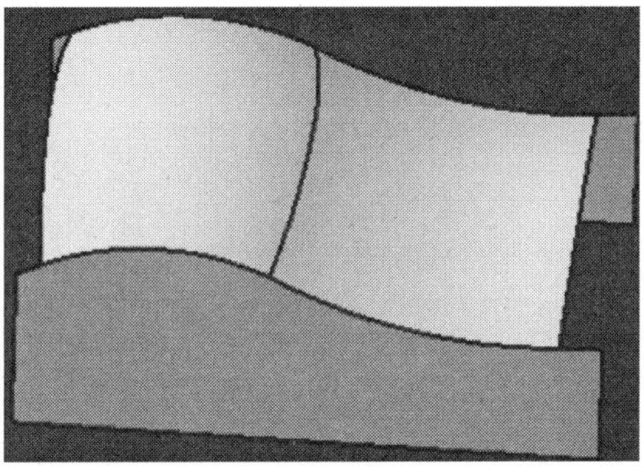

클릭 시 다음의 정의 창이 나타난다.

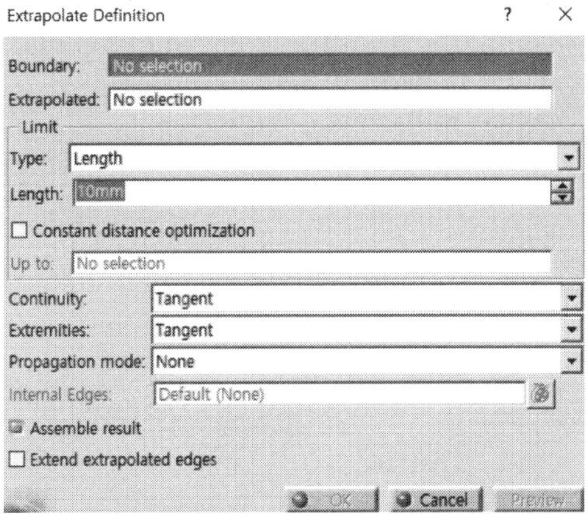

다음의 값을 입력해 보자.

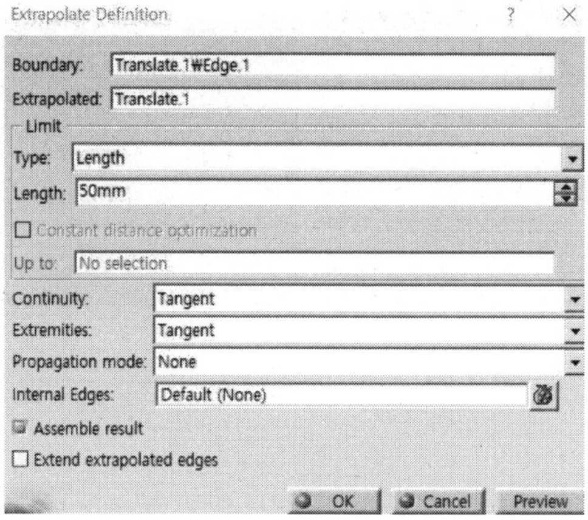

다음과 같이 선택된 요소의 길이가 50mm 연장된 것을 확인할 수 있다.

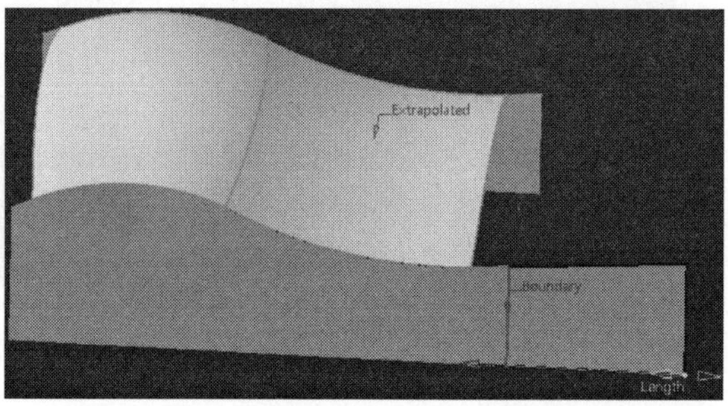

라.  Developed Shapes

Developed Shapes은 총 3개의 아이콘으로 구성된다.

1) 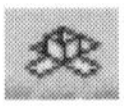 Unfold

다음 그림과 같이 조립된 Surface 형상을 하나의 기준 평면에 펼치는(분해) 명령이며 선택 시 다음의 정의 창이 나타난다.

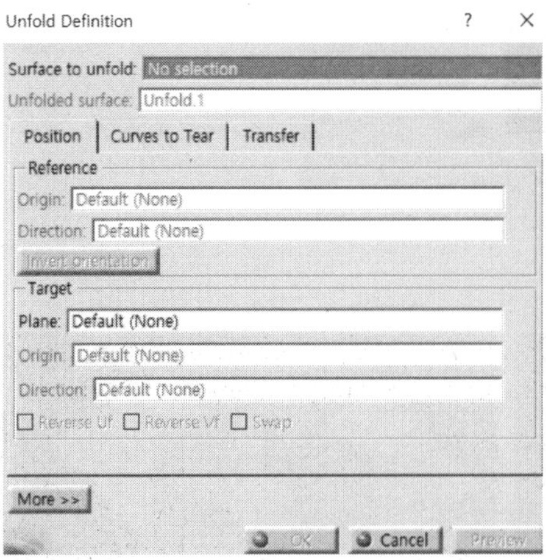

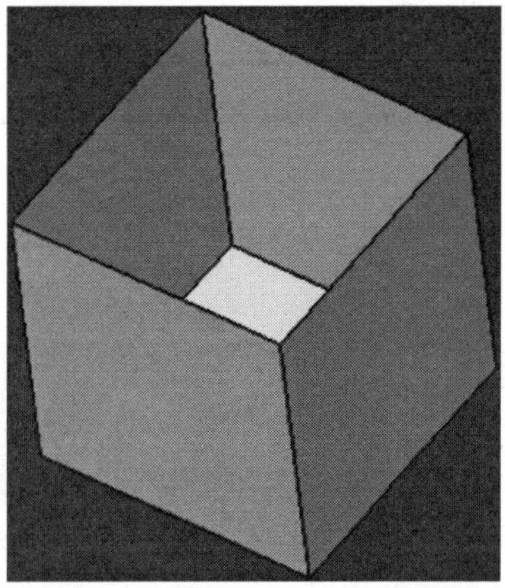

Origin은 펼쳐지는 중심이며(Surface 위에 존재), Direction은 펼치는 방향, Target plane은 펼칠 평면을 선택한다.

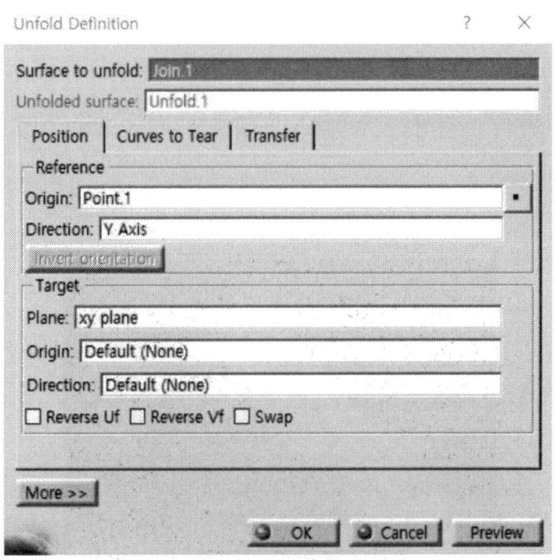

다음과 같이 분리하고자 하는 요소들을 선택하는 창이 나타난다.

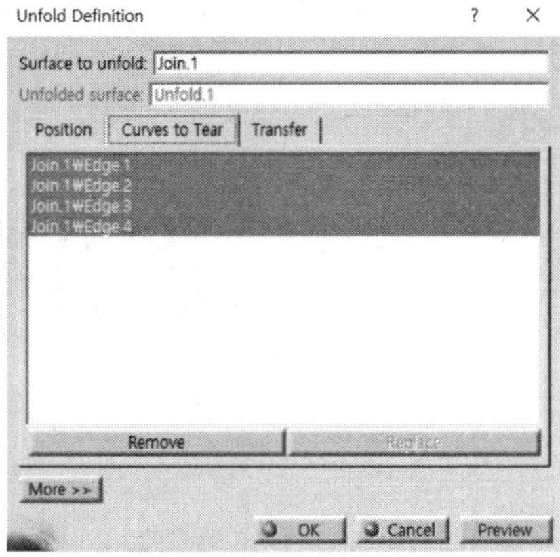

다음의 결과처럼 분리되는 것을 확인할 수 있다.

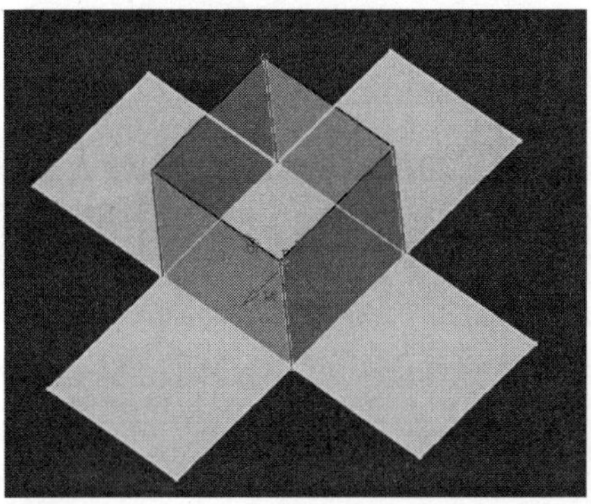

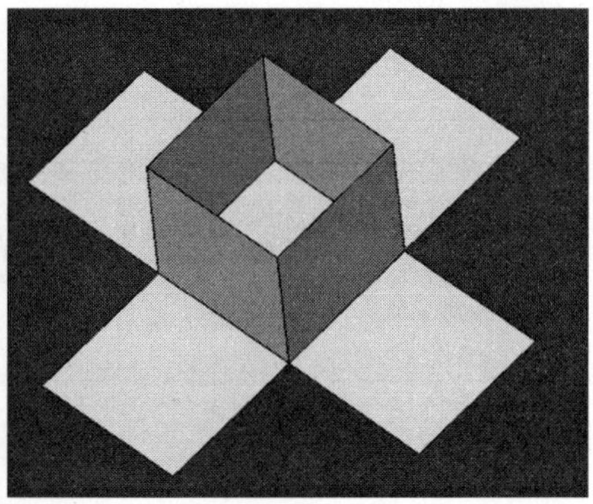

2) Transfer

형상에 맞추어 기존 위치에서 원하는 위치로 투영하는 기능으로 이를 설명하기 위하여 다음의 Surface를 예로 든다.

Surface에 평면의 Circle을 스케치한다.

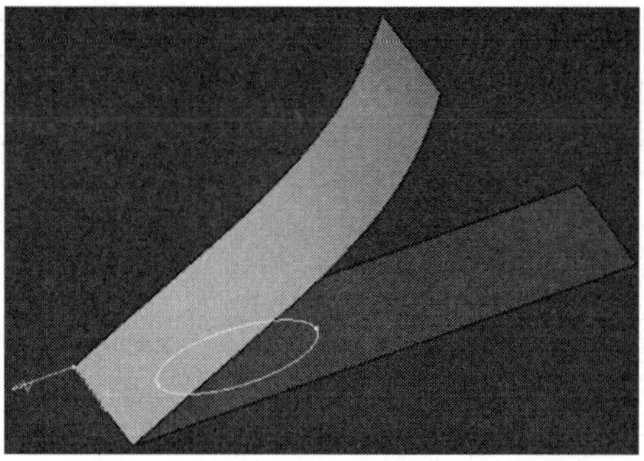

다음의 정의 창에 Surface to unfold 및 Unfolded surface를 각각 선택하고 먼저 그린 평면 Circle을 선택한다.

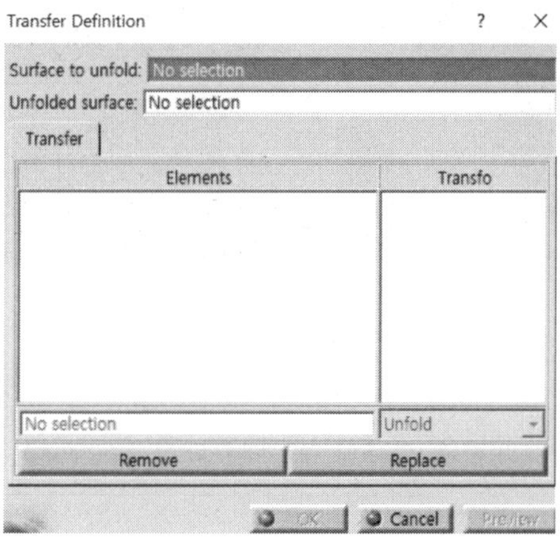

Unfold 설정값을 확인한다.

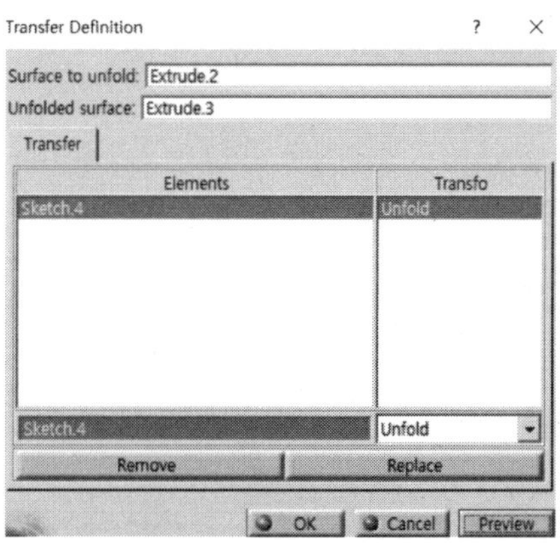

다음과 같이 Surface로 Circle이 이동되는 것을 확인할 수 있다.

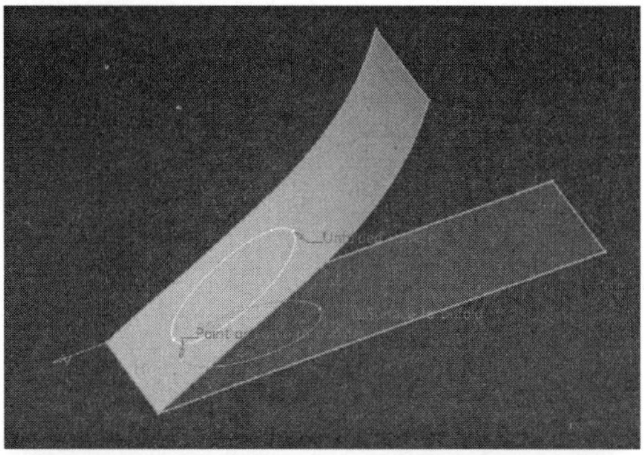

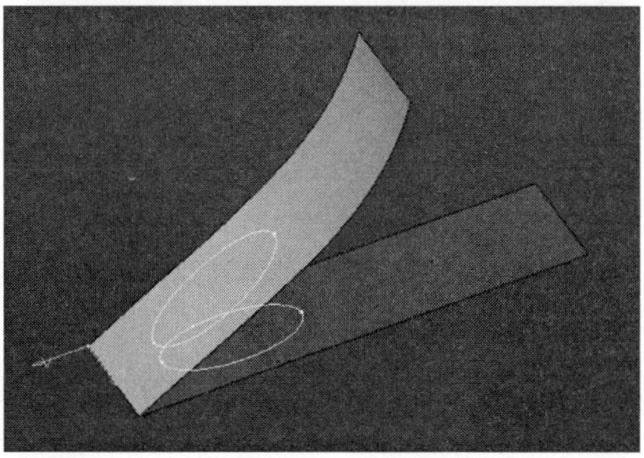

3) Develop

회전체의 곡면 형상 표면에 형상을 전개할 때 사용하는 기능이다. 다음 정의 창에 스케치를 클릭한 후 옮겨지고자 하는 Surface를 클릭한다.

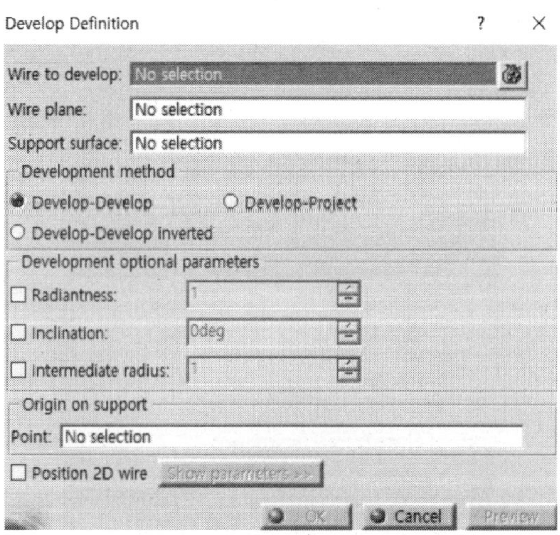

다음은 다른 평면에 스케치된 형상이다.

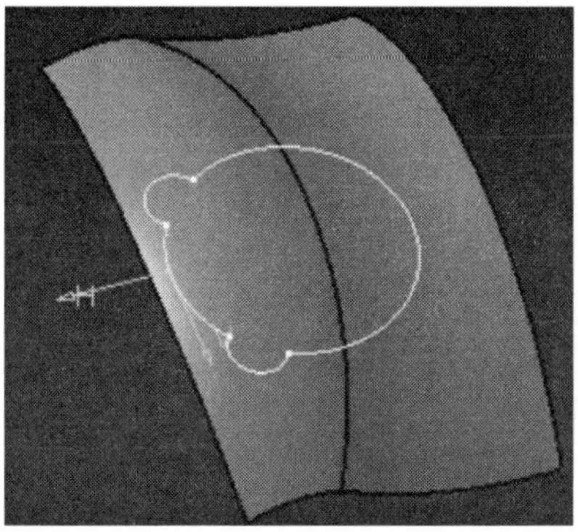

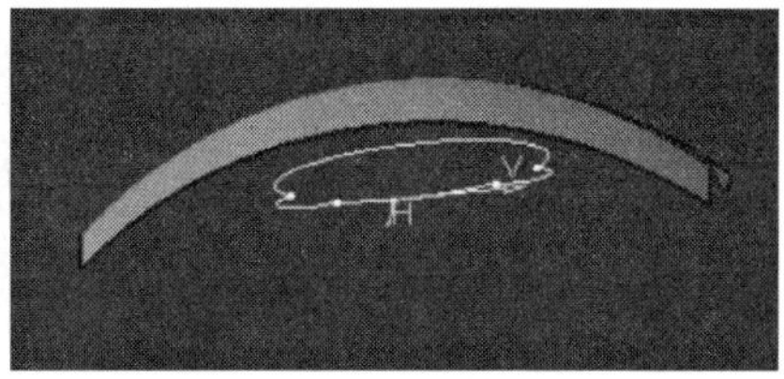

다음의 정의 창에 설정값을 입력한다.

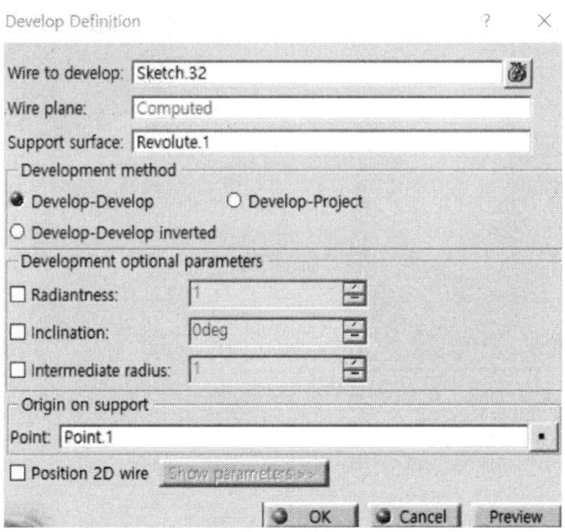

다음의 결과로 전개된 스케치를 확인할 수 있다.

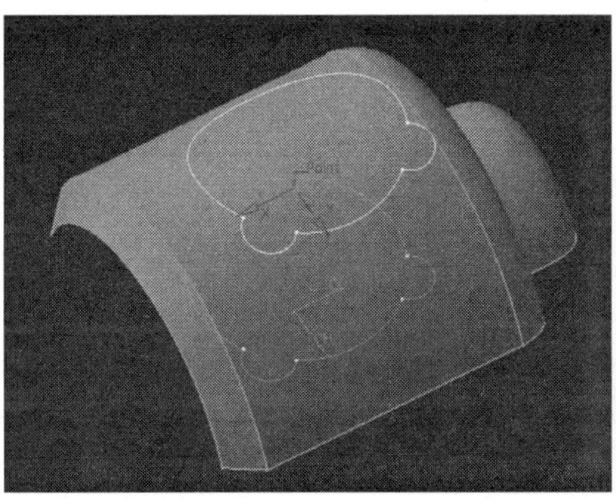

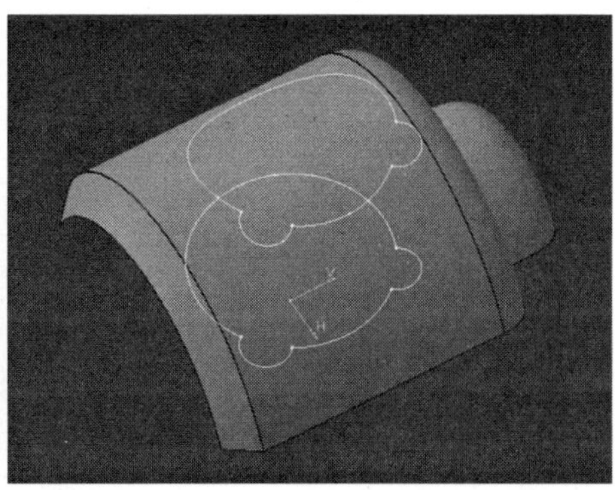

4.3 Wireframe & Surface Design 따라하기

따라하기 1 : Join을 이용한 Surface 생성

- Join, Fill

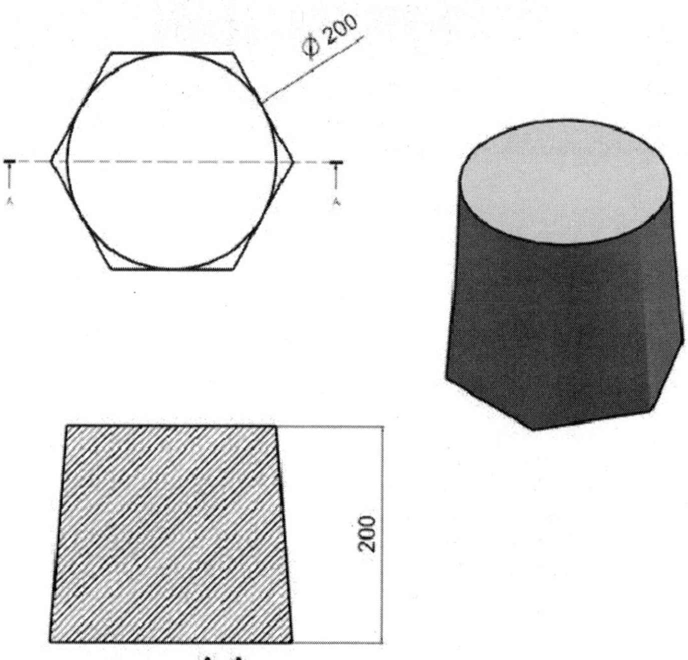

SECTION A-A

1) 모델링할 요소 분석

CATIA의 Surface Design은 Solid를 기본으로 하는 모델링 기법이므로 작업할 요소를 다수의 기본 모양으로 나누어본 후 작업하는 것이 작업 오류를 줄이고 작업 시간을 단축할 수 있다.

2) 기본 모양 모델링하기

Start → Part Design으로 입장한다.

▶ sketcher 아이콘을 click 후, 단면을 그릴 2D(xy평면)를 선택(순서를 바꿔도 됨)한다. 한 변의 길이가 115.47이며 원의 지름이 200mm인 원에 내접하는 육각형을 다음 스케치와 같이 그린다.

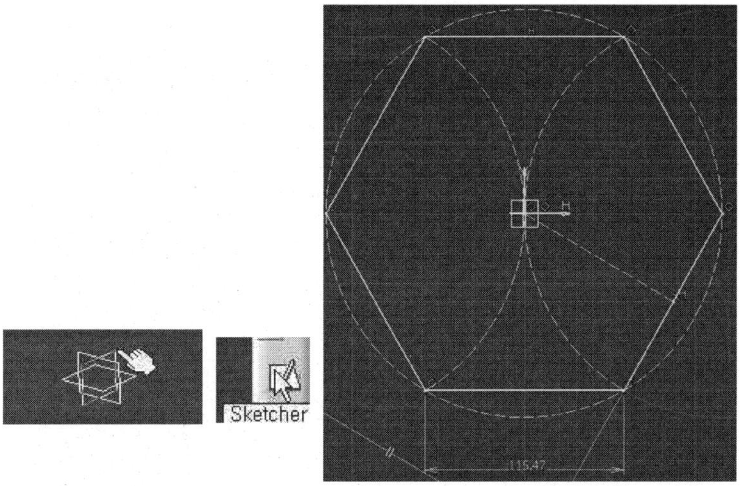

스케치 워크벤치를 빠져나온 후 다음 화면과 같이 View → Toolbar → Reference Elements (Extended)를 체크하여 툴바를 오픈한다.

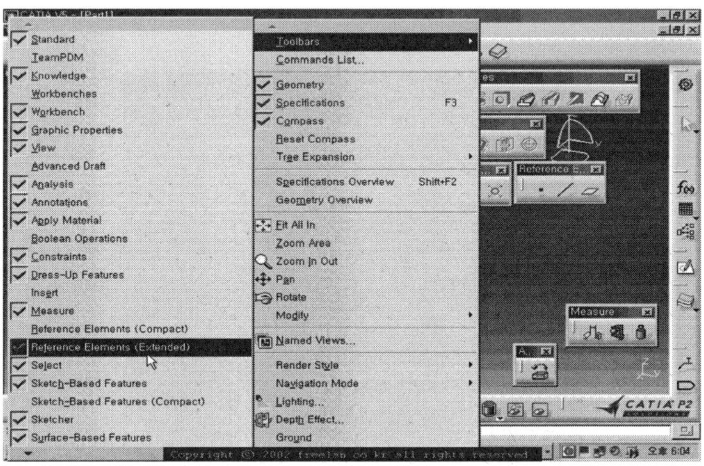

3) 신규 Plane 생성

Reference Elements(Extended) 툴바의 세 번째 아이콘인 Plane을 다음과 같이 클릭하여 Plane type을 Offset from plane로 설정한다. 그 다음에 Reference를 xy plane을 선택하고 Offset 거리를 200mm로 설정하고 OK 버튼을 클릭하면 다음 그림과 같이 새 평면이 생성된다.

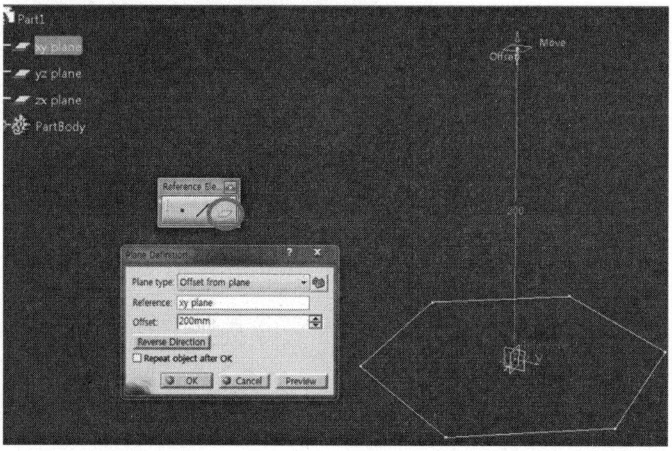

4) Circle 스케치

새로이 생성된 xy plane에서 200mm 떨어진 Plane을 클릭하여 다시 스케치 워크벤치로 입장하여 다음과 같이 반지름이 100mm인 원을 그려준다.

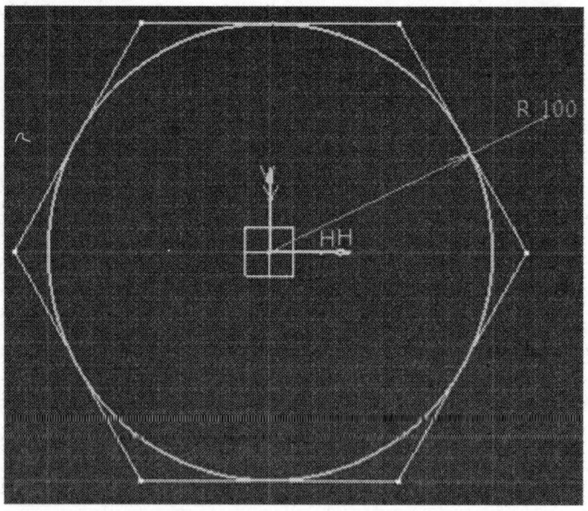

5) Point 생성

Wireframe 툴바의 첫 번째 아이콘인 Point를 클릭하면 다음의 정의 창이 나타난다.

다음의 정의 창에서 Point type은 On plane을, Plane을 새로이 생성된 Plane.1을, H는 0, V벡터는 100mm인 Point를 OK 버튼을 클릭하여 생성한다.

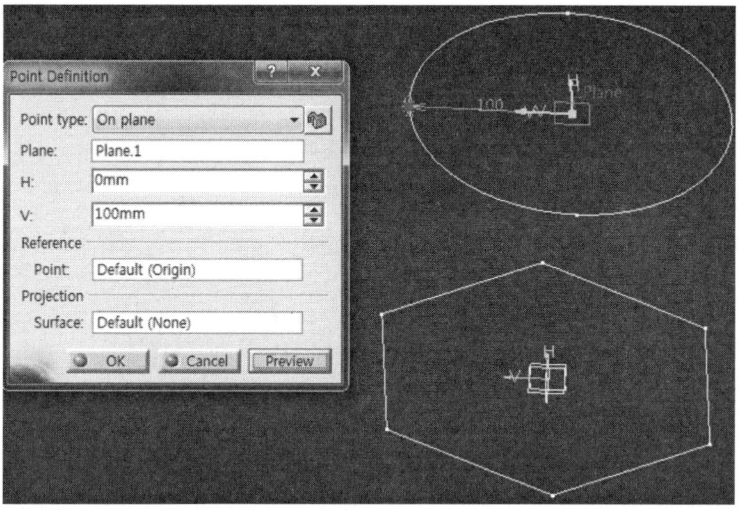

다음은 육각형 스케치 상에 Point를 생성시키는 방법인데 Point type을 Between으로 Point 1은 다음 그림과 같이 육각형 중 Point 1로 표시된 부분을 클릭하고 나머지 Point도 클릭하면 두 점의 중간에 그림과 같이 Point가 생성된다.

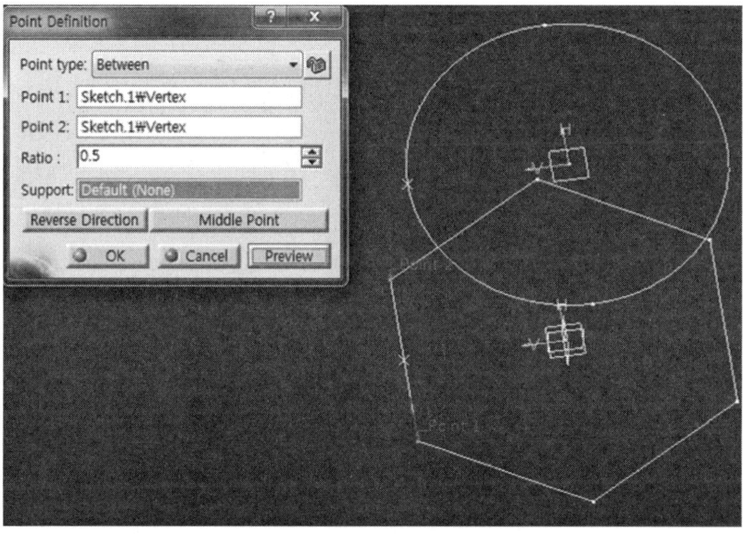

6) Multi-Sections Surface 생성

Surfaces 툴바의 8번째 아이콘인 Multi-Sections Surface Definition 아이콘을 클릭하면 다음의 정의 창이 나타나며 원과 육각형 스케치를 선택해준다. 이때 Closing Point를 선택하는 것이 중요한데 원의 경우 앞서 생성한 Point를 동시 선택하며 육각형의 경우도 앞서 생성한 두 번째 Point를 Closing Point로 동시 선택해주고 OK 버튼을 클릭한다.

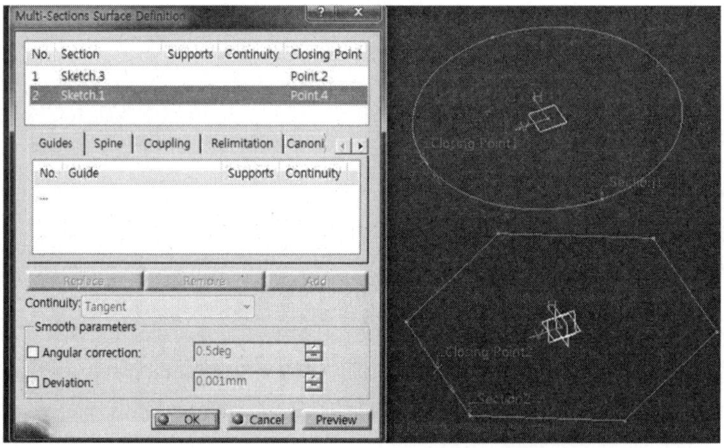

다음의 형상이 Surface로 생성된다.

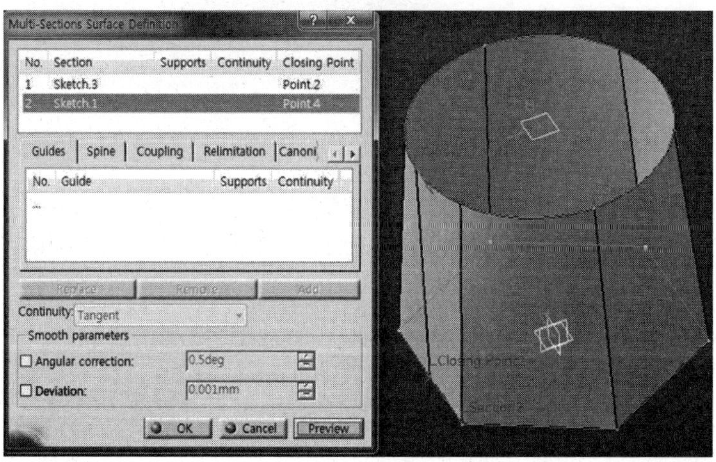

7) Fill로 속 채우기

이후 다음과 같이 Surfaces 툴바의 7번째 아이콘인 Fill을 선택하여 윗면과 바닥면의 스케치를 각각 선택하며 순서대로 채운다.

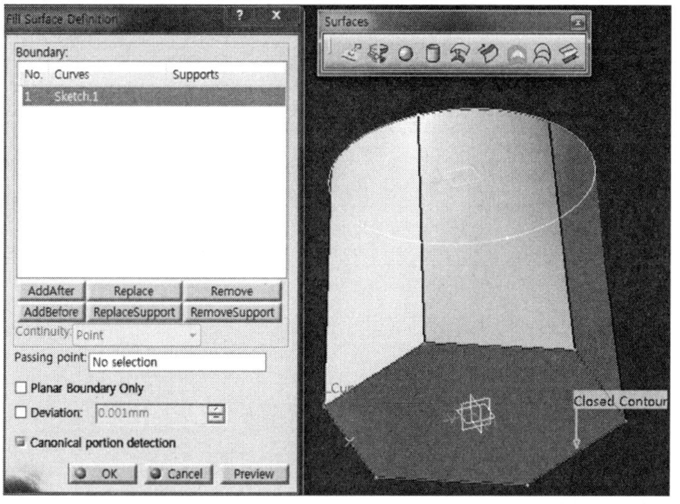

8) Join으로 Surface끼리 한 Surface로 묶어주기

Operation 툴바의 첫 번째 Join 아이콘을 클릭하여 정의 창이 나타나면 앞서 만든 윗면(Fill.1), 아랫면(Fill.2) 및 옆면(Multi-Sections Surface.1)을 선택하여 하나의 Surface로 묶어준다.

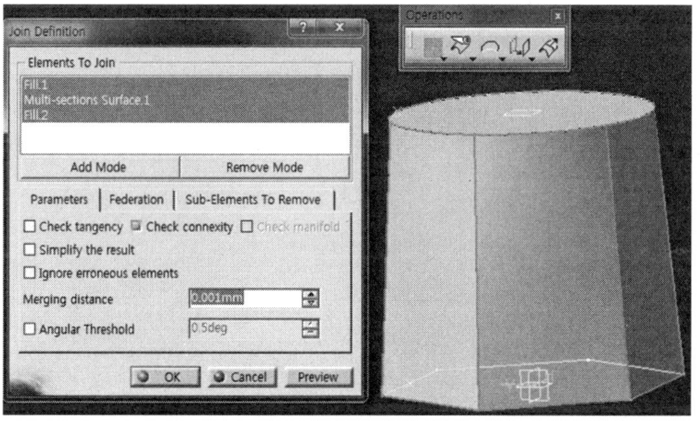

9) Close Surface

Start → Part Design으로 입장한다.

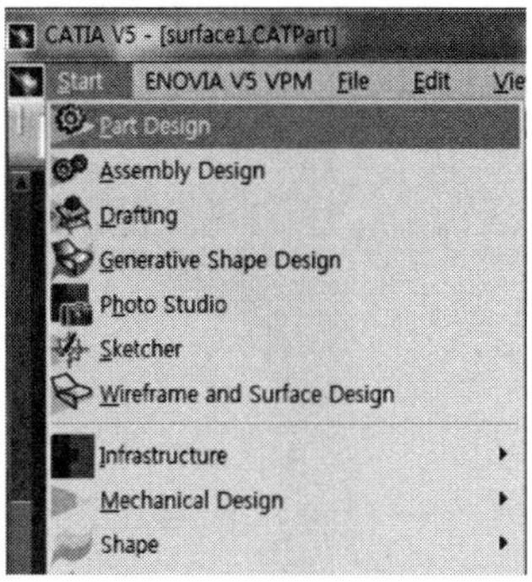

Surface 툴바의 삼각형 모양을 선택하면 Close Surface 아이콘이 나타나며 이를 선택하여 정의 창에 앞서 1개의 Surface로 합친 Join.1을 선택한 후 OK 클릭한다.

다음과 같이 Tools → Hide → All Surfaces 선택하면 덩어리 형태만 나타나며 이를 통해 도면을 완성한 것을 확인할 수 있다.

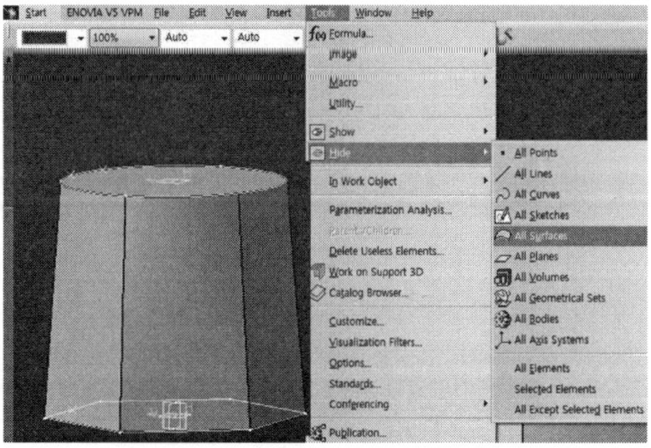

따라하기 2 : Join을 이용한 Surface 생성 II - Join, Fill

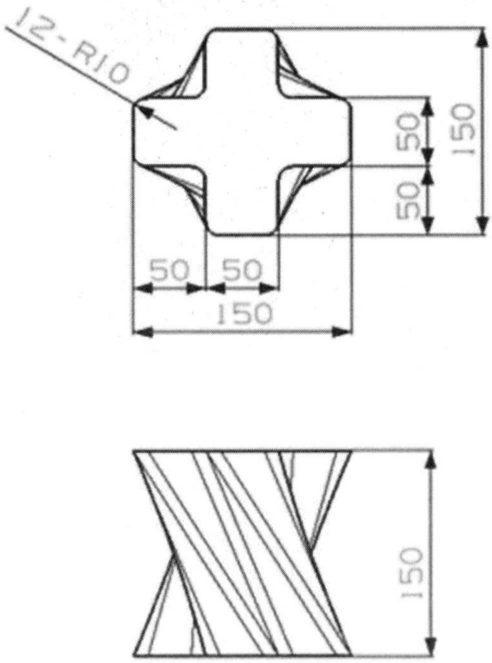

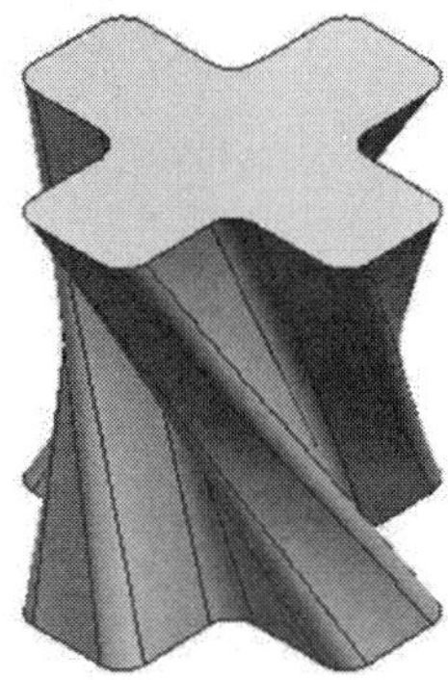

1) 기본 모양 모델링하기

Start → Part Design으로 입장한다.

▶ sketcher 아이콘을 click 후, 단면을 그릴 2D(xy평면)를 선택(순서를 바꿔도 됨)한다. 한 변의 길이가 150이며 원점을 중심으로 양변이 Symmetry한 십자가 모양을 다음 스케치와 같이 그린다.

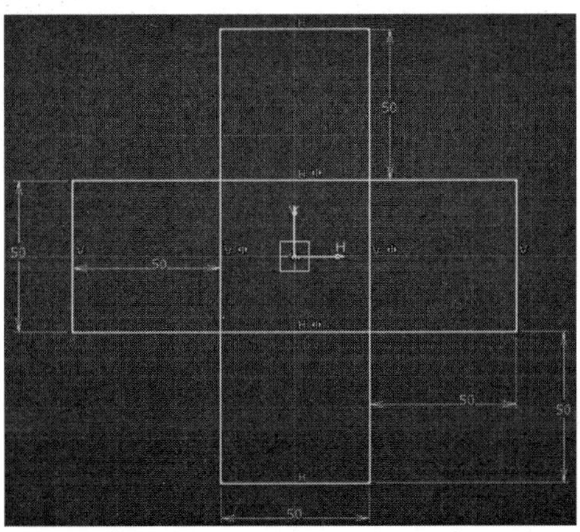

▶ 코너 부위를 R10으로 부드럽게 깎아주고 가운데 불필요한 부분을 Quick Trim으로 다음 그림과 같이 지운다.

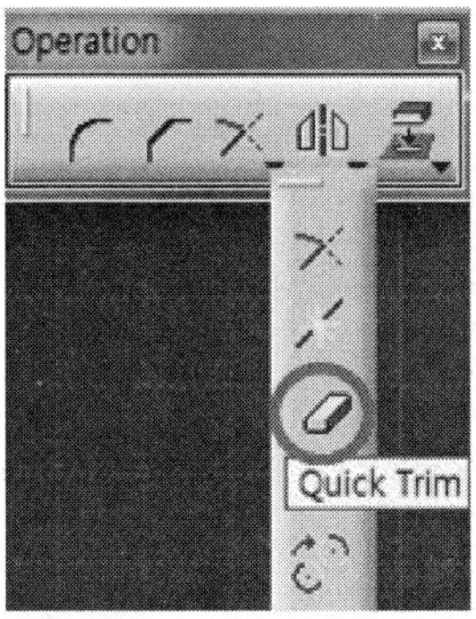

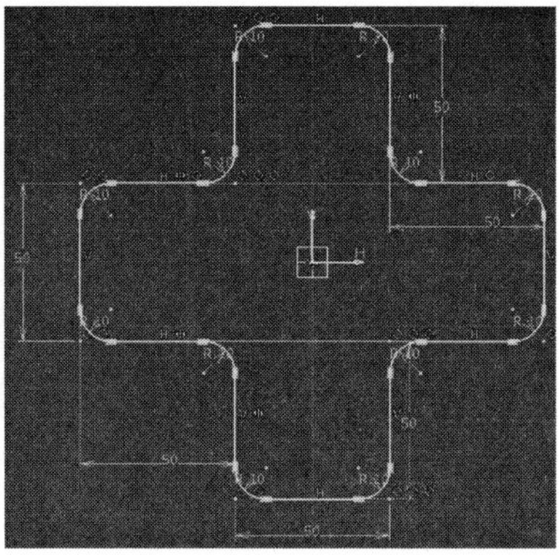

2) 신규 Plane 생성

Reference Elements(Extended) 툴바의 세 번째 아이콘인 Plane을 다음과 같이 클릭하여 Plane type을 Offset from plane로 설정 후 Reference를 xy plane을 선택하고, Offset 거리를 150mm로 설정하고 OK 버튼을 클릭하면 다음 그림과 같이 새 Plane이 생성된다.

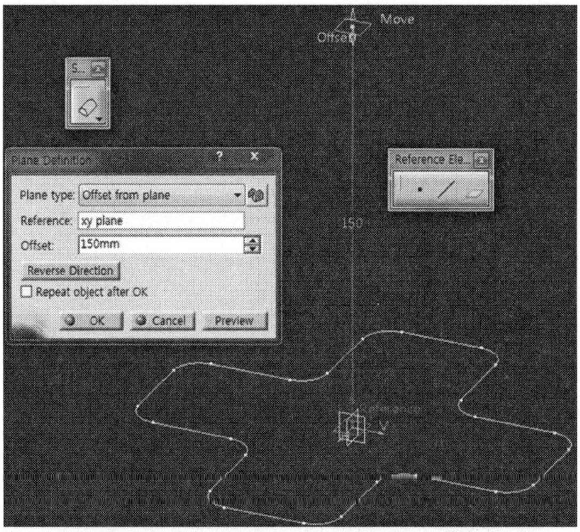

3) Project 3D Element 스케치

새로이 생성된 xy plane에서 150mm 떨어진 Plane을 클릭하여 다시 스케치 워크벤치로 입장하여 다음과 같이 Project 3D Element 선택 후 만든 Cross 형상을 선택하여 다음 그림과 같이 투영한다.

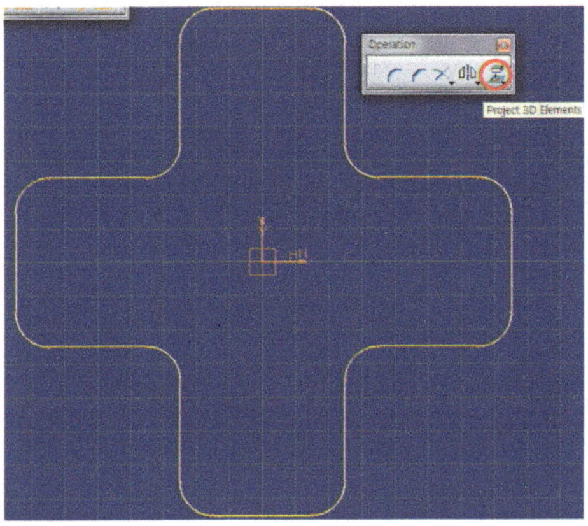

→

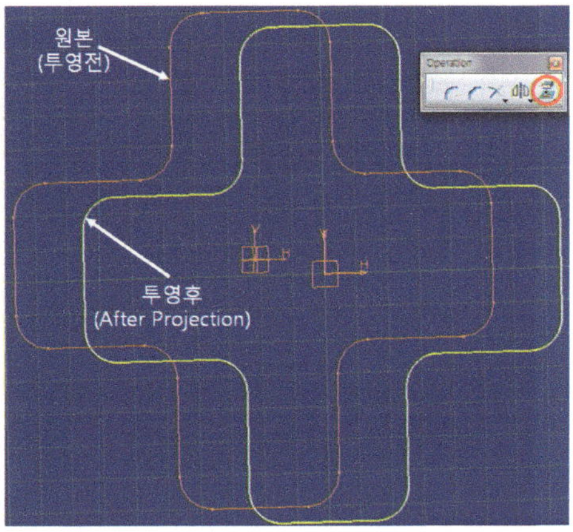

스케치 워크벤치를 빠져나온다. Start → Wireframe & Surface Design으로 입장한다.

4) Multi-Sections Surface 생성

Surfaces 툴바의 8번째 아이콘인 Multi-Sections Surface Definition 아이콘을 클릭하면 다음의 정의 창이 나타나며 스케치를 선택해준다. 이때 Closing Point를 선택해주는 것이 중요한데 서로 꽈배기 모양으로 90도로 엇갈리게 Point를 선택해주고 OK 버튼을 클릭한다.

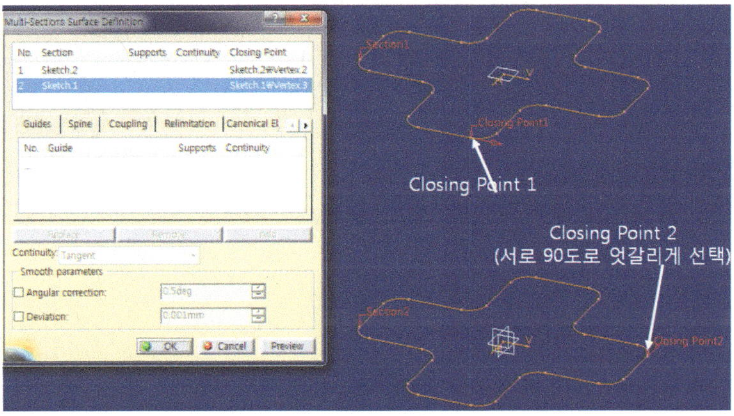

다음의 형상이 Surface로 생성된다.

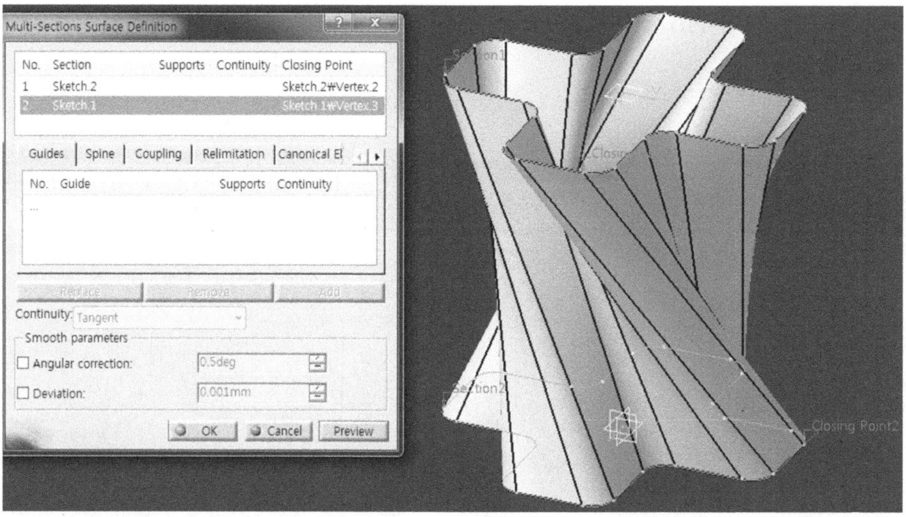

5) Fill로 속 채우기

이후 다음과 같이 Surfaces 툴바의 7번째 아이콘인 Fill을 선택하여 윗면과 바닥면의 스케치를 각각 선택하며 순서대로 채운다.

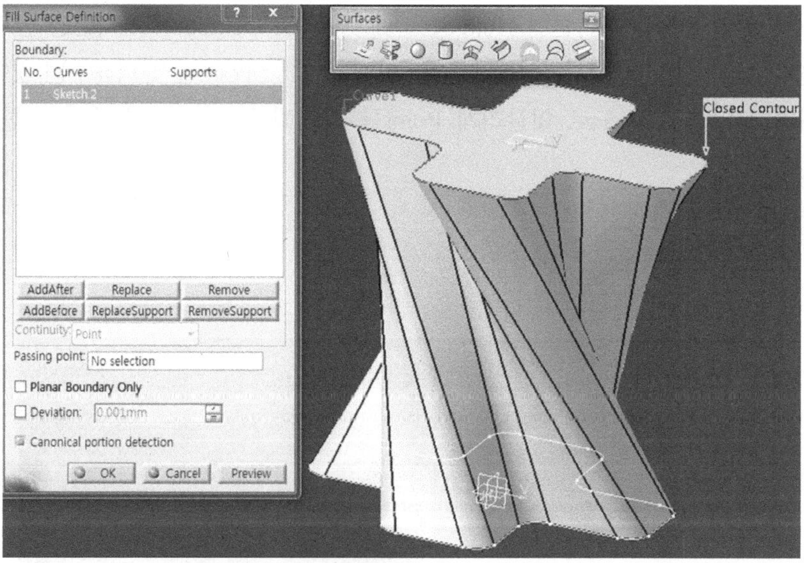

6) Join으로 Surface끼리 한 Surface로 묶어주기

Operation 툴바의 첫 번째 Join 아이콘을 클릭하여 정의 창이 나타나면 앞서 만든 윗면(Fill.1), 아랫면(Fill.2) 및 옆면(Multi-Sections Surface.1)을 선택하여 하나의 Surface로 묶어준다.

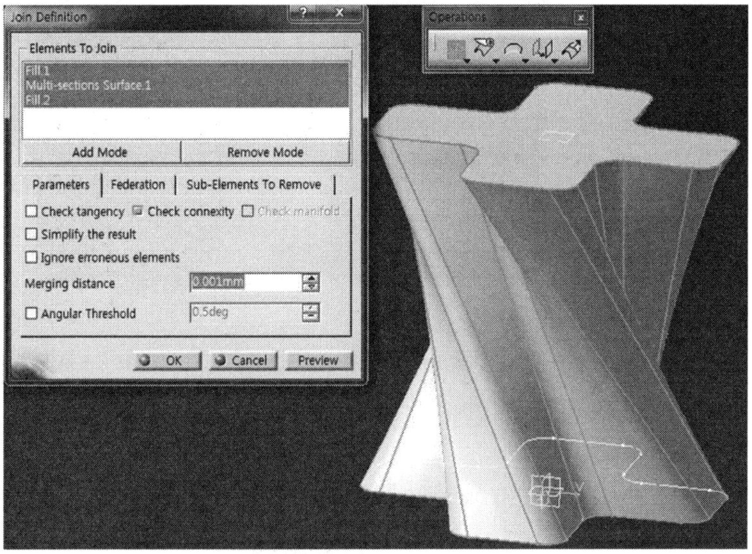

7) Close Surface

Start → Part Design으로 입장한다.

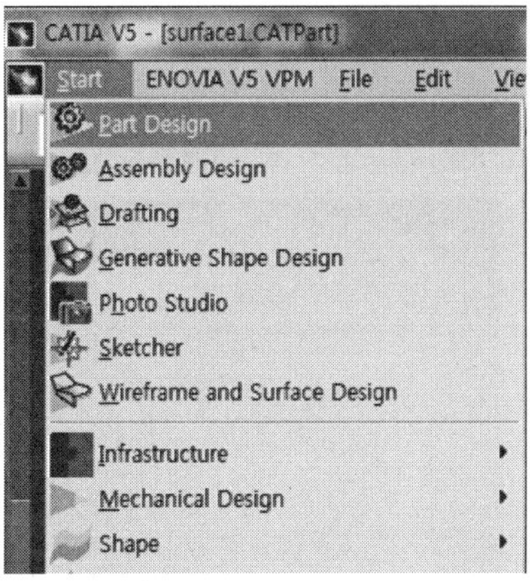

Surface 툴바의 삼각형 모양을 선택하면 Close Surface 아이콘이 나타나며 이를 선택하여 정의 창에 앞서 1개의 Surface로 합친 Join.1을 선택한 후 OK 클릭한다.

다음과 같이 Tools → Hide → All Surfaces를 선택하면 덩어리 형태만 나타나며 이를 통해 도면을 완성한 것을 확인할 수 있다.

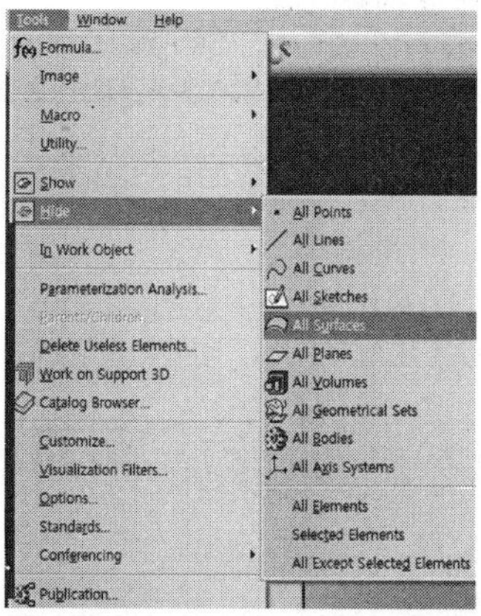

따라하기 3 : Mouse 그리기 – Multi Sections Solid, Sweep

▶ xy평면에 다음 그림과 같이 반원을 그린다.

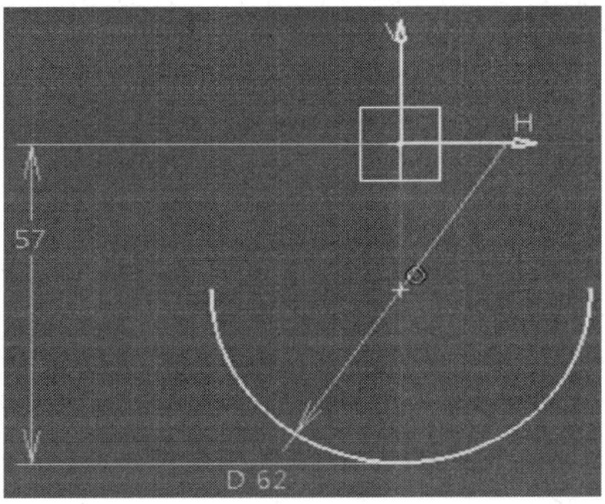

▶ yz평면에 다음 그림과 같이 그린다.

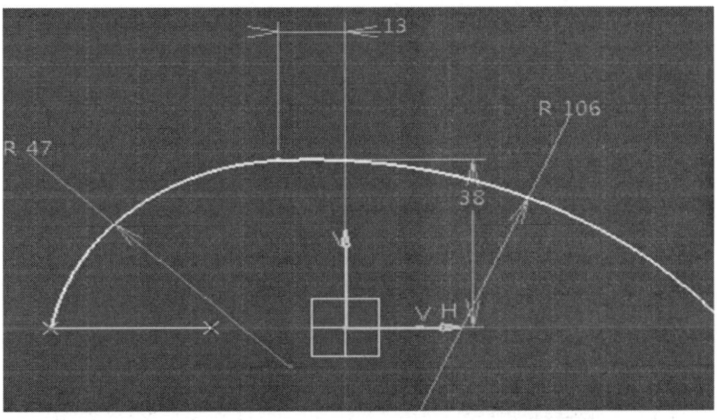

▶ zx평면에 다음 그림과 같이 그린다.

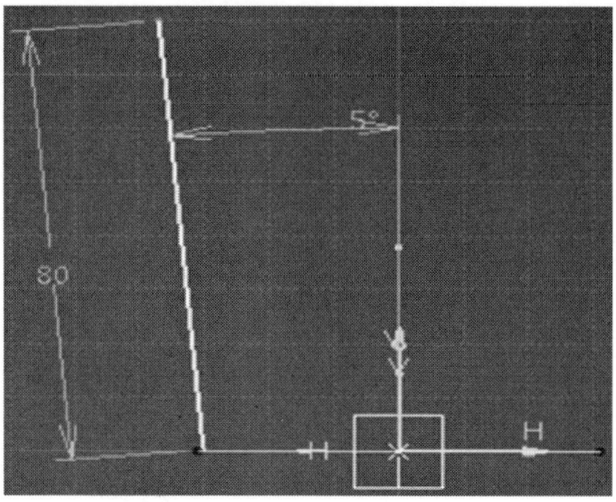

▶ 압출로 판을 만들고 만든 판에 마우스 옆면의 모양을 다음 그림과 같이 그린다.

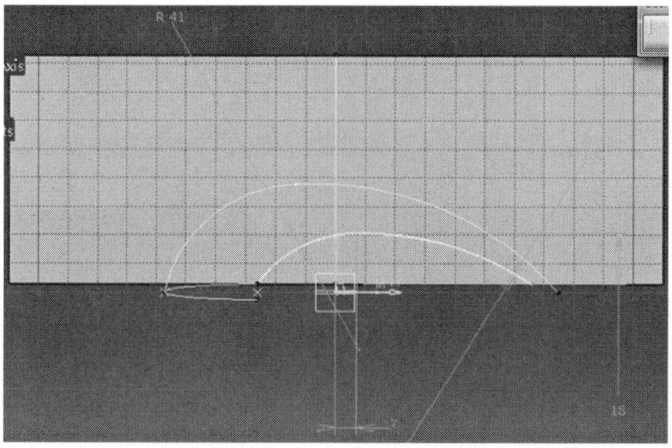

▶ 옆면 모양을 조금 잘라내기 위해 선을 그린다.

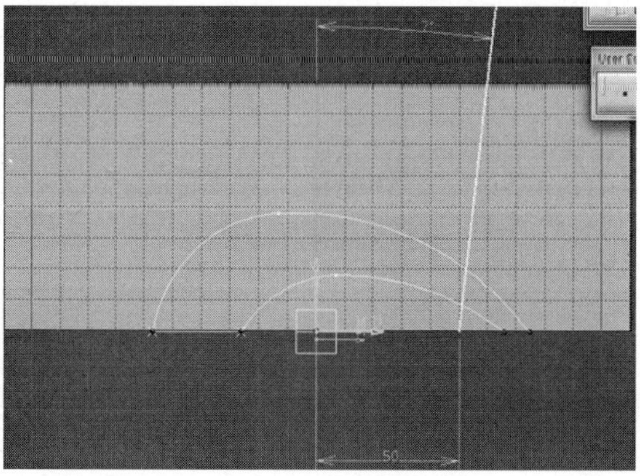

▶ 앞에 그린 선을 Extrude(압출)로 판을 만들고 원하는 모양의 옆면만 살리고 다 분할한다. 또한 방금 만든 판과 선을 숨기기로 숨긴다.

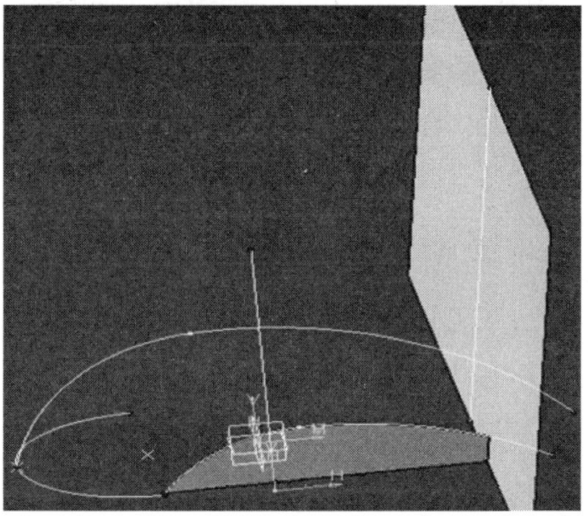

▶ 대칭을 사용하여 옆을 동일하게 만든다.

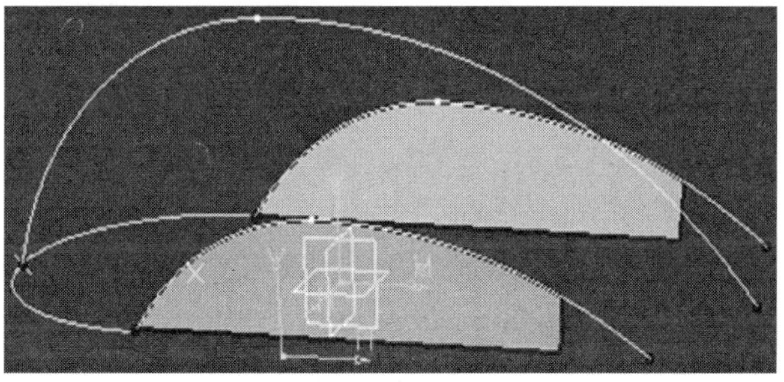

▶ 앞면을 만들기 위해 위아래 호를 하나씩 만든다.

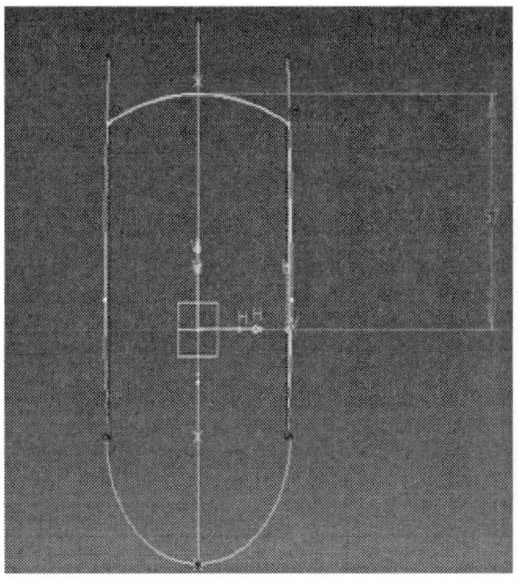

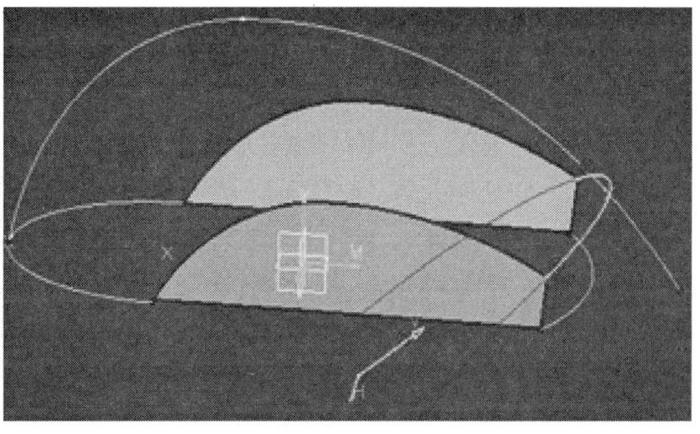

▶ Multi Sections Surface(다중 단면 서피스)로 면을 사진과 같이 다 채워 넣는다.

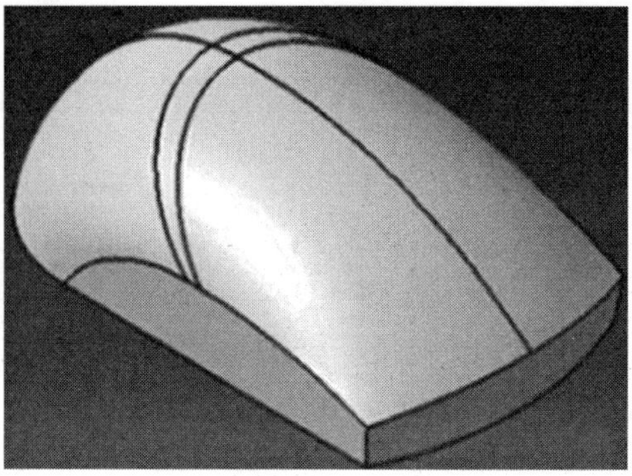

▶ Edge Fillet을 이용하여 모서리를 다듬는다.

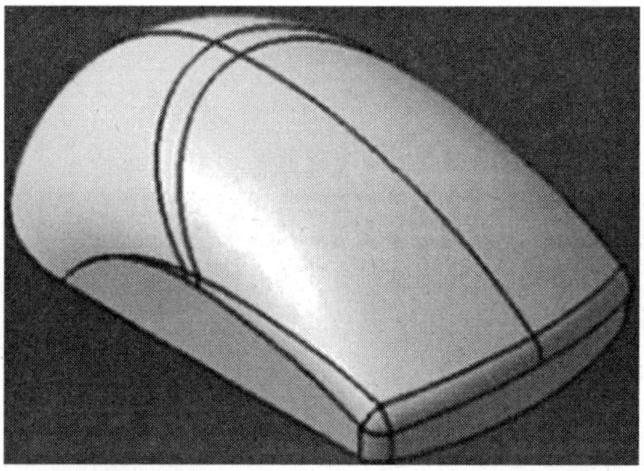

▶ 밑에 면을 만들기 위해 외삽으로 마우스의 yz축의 길이를 조금 늘인 다음, 늘린 면 사이에 선 한 개를 만들고 그 선을 압출로 밑에 큰 판을 만든 후 분할을 이용하여 첫 번째 사진과 같이 안 쓰는 면만 잘라낸다. 그러면 다음 그림처럼 밑면이 만들어진다.

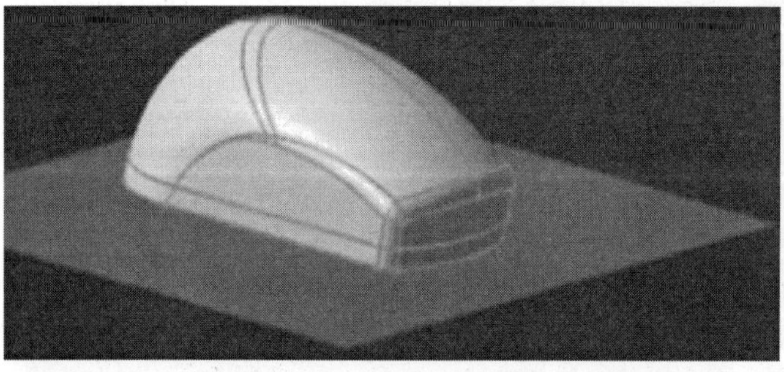

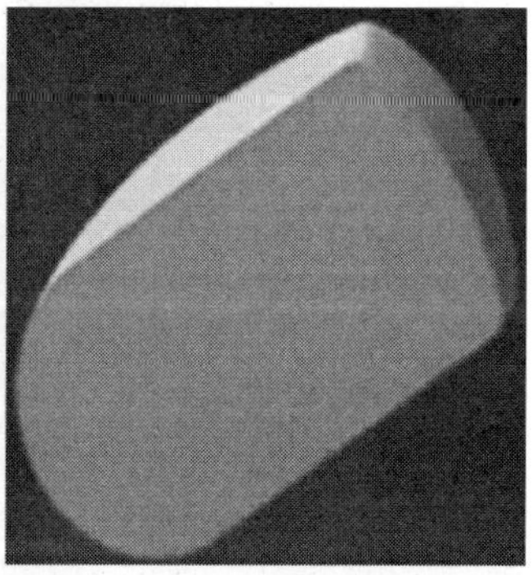

▶ XY평면에 밑의 그림과 같이 그린 후 마우스 휠 부분을 표현하기 위해 만들 부분에 다음 그림과 같이 그려 준다.

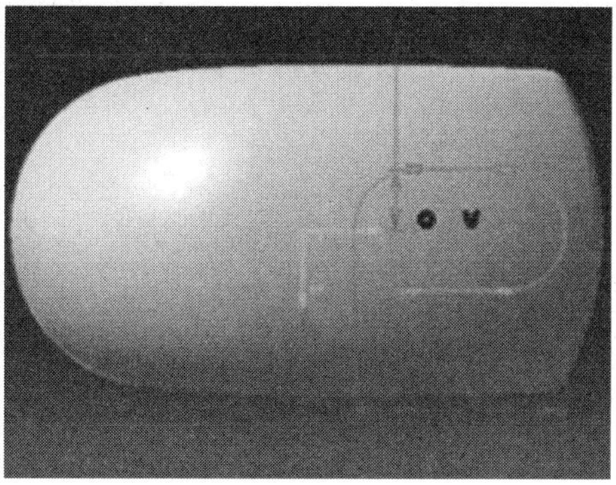

▶ 아래 그림을 압출로 늘린 후 분할로 그린 모양의 부분만 평면형으로 만든 후 압출했던 기둥과 그렸던 그림을 숨긴다.

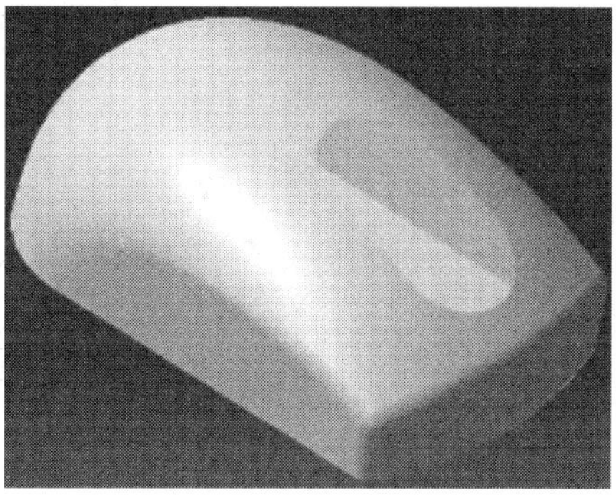

▶ Sweep을 사용하여 빈 공간에 80mm가 되는 원통형 곡선을 삽입한다.

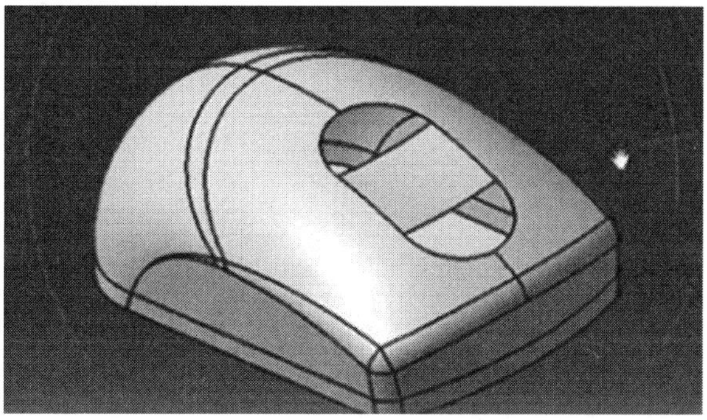

▶ 위아래 빈공간은 채우기(fill)를 사용하여 다음과 같이 채운다.

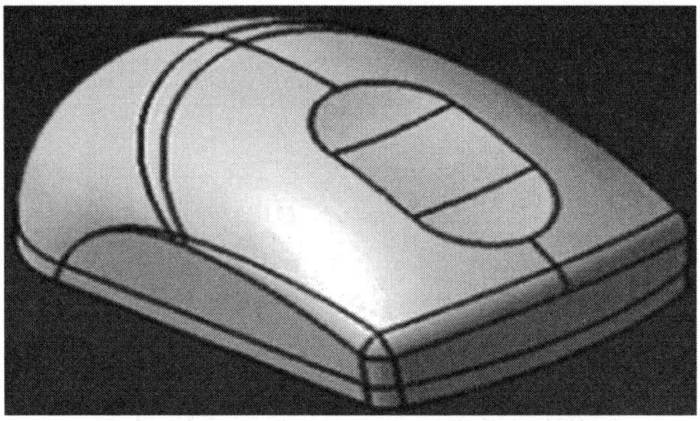

▶ Edge Fillet을 이용해 휠 부분의 모서리를 다듬어 완성한다.

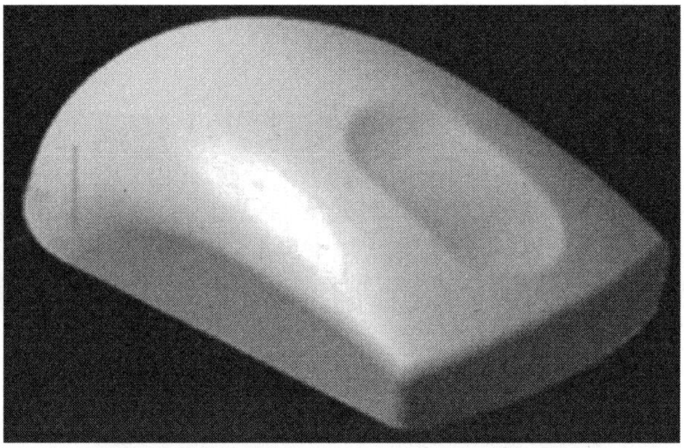

따라하기 4 : 물병 그리기 - Join, Extrude, Revolve

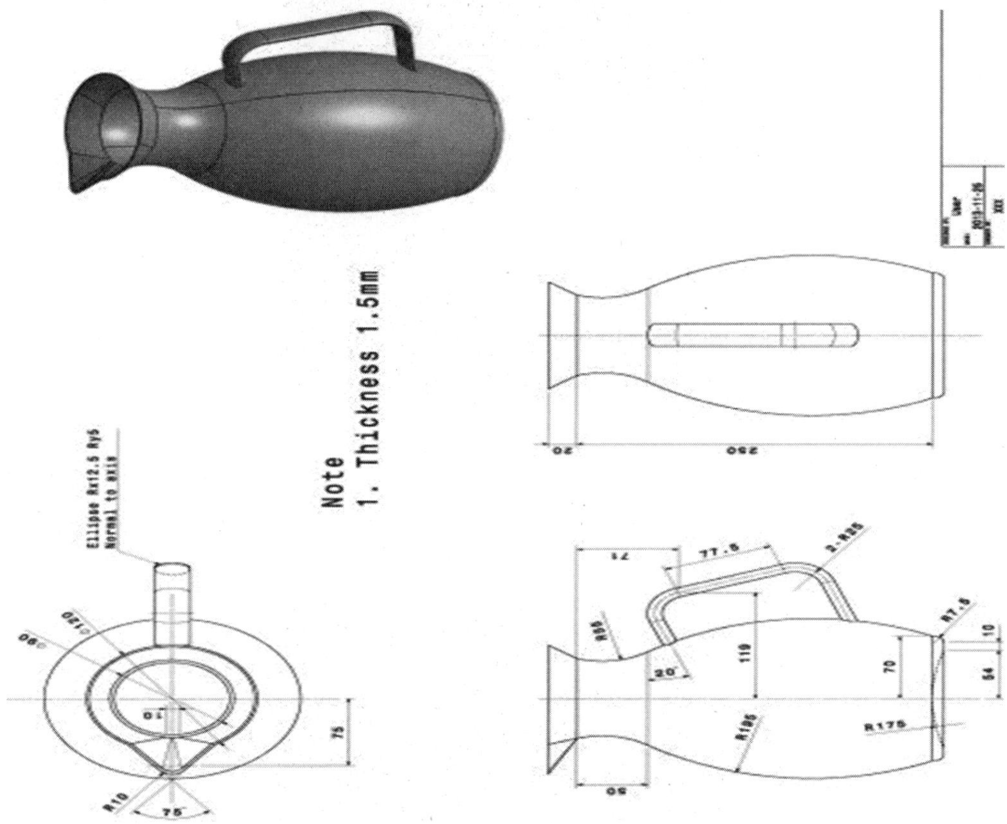

1) 기본 모양 모델링하기

Start → Part Design으로 입장한다.

2) 신규 Plane 생성

Reference Elements(Extended) 툴바의 세 번째 아이콘인 Plane을 다음과 같이 클릭하여 Plane type을 Offset from plane로 설정 후 Reference를 xy plane을 선택하고 Offset 거리를 250mm, 270mm로 2개 설정하고 OK 버튼을 클릭하면 다음 그림과 같이 새 Plane이 2개 생성된다.

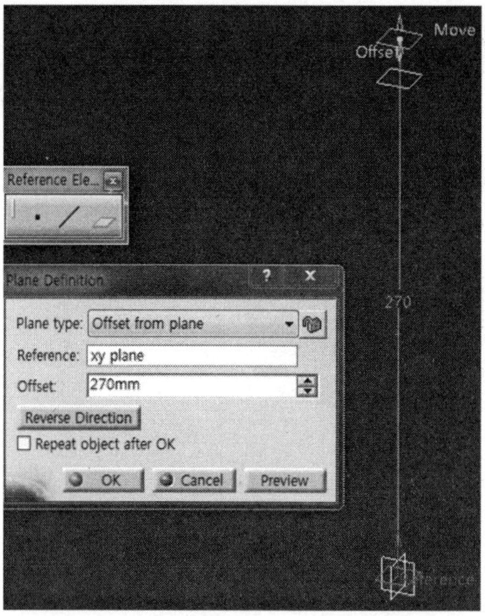

▶ 병 입구부터 그려보자. 270mm짜리 Plane을 클릭하고 sketcher 입장 후, 원점을 중심으로 다음 스케치와 같이 그린다. 불필요한 Circle은 Operation 툴바에 있는 Trim을 이용해 제거한다.

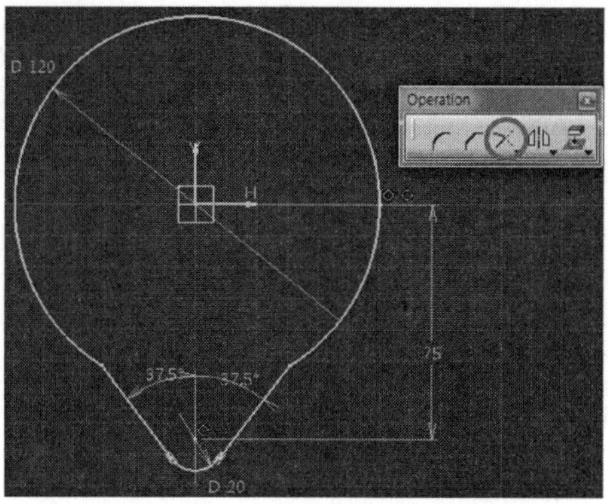

▶ 250mm짜리 Plane을 클릭하고 sketcher 입장 후, 원점을 중심으로 다음 스케치와 같이 그린다. 반지름 45mm인 Circle을 생성하고 간격이 10mm인 Point를 2개 Circle Line 상에 일치(Coincidency)하게 생성한다.

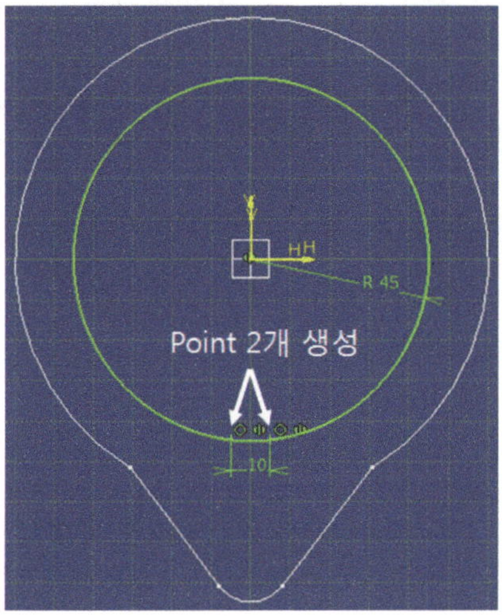

3) Multi-Sections Surface 생성

Wireframe&Surface Design 메뉴로 이동하여 Surfaces 툴바의 8번째 아이콘인 Multi-Sections Surface Definition 아이콘을 클릭하면 다음의 정의 창이 나타나며 스케치 2개를 선택해준다. 이때 Coupling 메뉴를 선택하여 Add를 클릭한 후 Couple이 되는 Point 2개씩(Guide Line 만들기)을 아래와 같이 엇갈리지 않게 선택해주고 OK 버튼을 클릭한다.

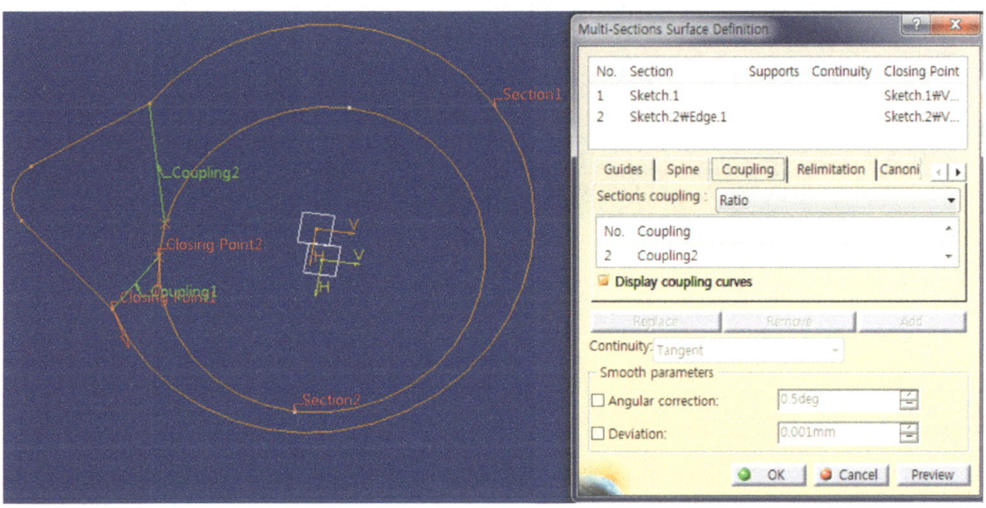

다음과 같이 물병 입구 형상이 Surface로 생성된다.

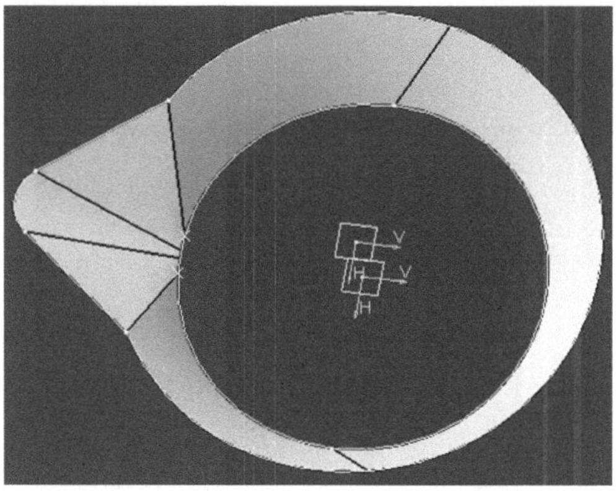

4) 물병 Body 만들기

▶ yz plane을 선택하여 스케치 워크벤치로 입장하여 다음과 같이 스케치한다.

물병의 오른쪽 Body 윗부분은 R55로, 중하단부는 R195로 Three Point Arc를 이용해 작도한다.

Body의 상부 끝부분은 먼저 그렸던 물병 입구 하단부에서 Projection 시켜 Line을 하나 만들어 Coincidency를 이용해 일치시킨다.

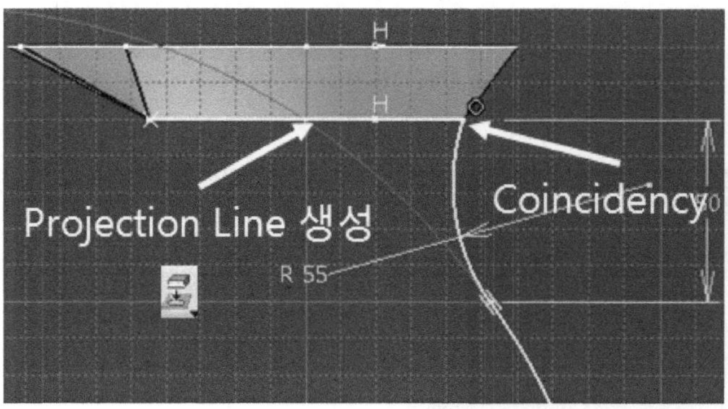

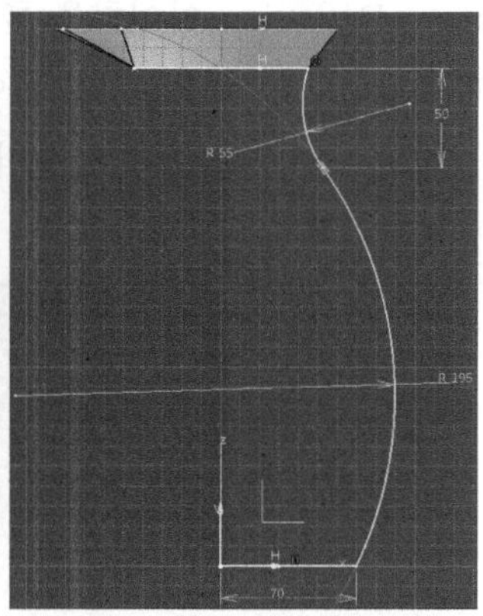

5) Revolve 이용해 Body Surface 생성하기

Surfaces 툴바의 두 번째 아이콘인 Revolve 클릭하여 정의 창이 나타나면 Revolution axis에 Z axis를 선택하고 Angular Limits 메뉴 중 Angle 1에 360도를 입력하면 다음과 같이 Body가 생성된다.

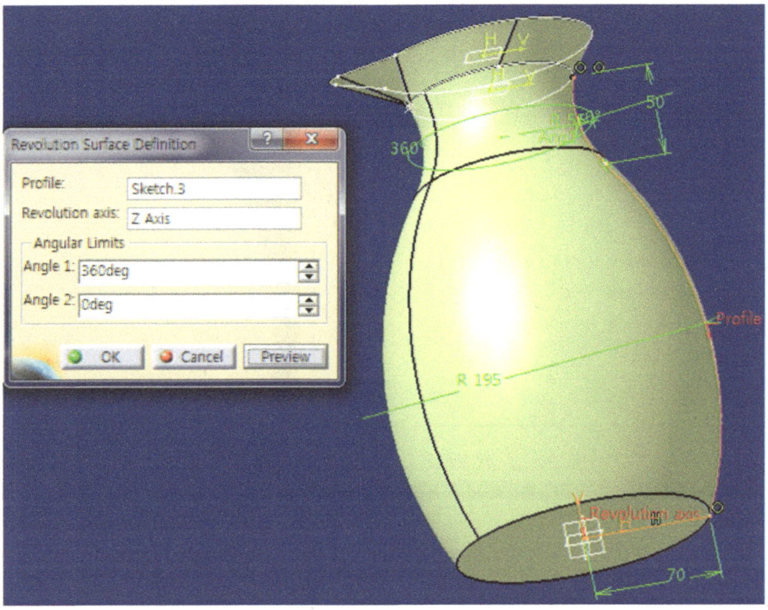

6) 물병 하단 바닥 지지부 생성하기

xz Plane 선택하여 스케치 워크벤치로 입장하여 다음 그림과 같이 스케치한다. R7.5, R175인 코너와 길이 10mm인 직선을 다음과 같이 그려준다. 앞서와 동일하게 Revolve를 이용해 바닥 면을 완성한다.

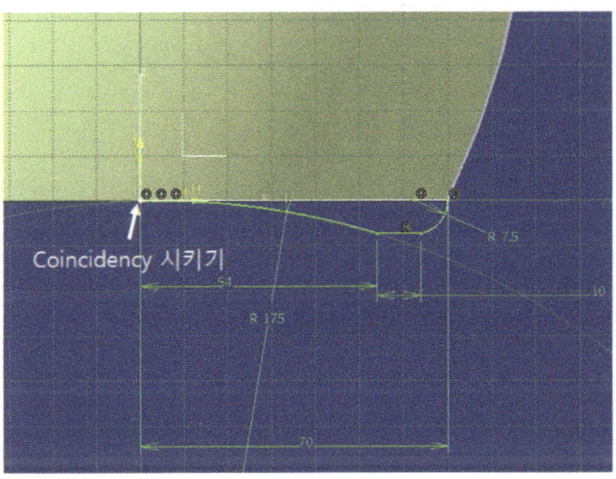

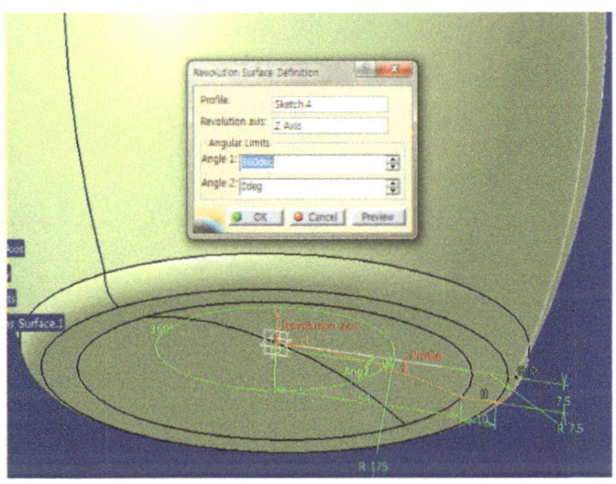

7) Join으로 Surface끼리 한 Surface로 묶어주기

Operation 툴바의 첫 번째 Join 아이콘을 클릭하여 정의 창이 나타나면 앞서 Revolve로 만든 Body(Revolute.1), 바닥면(Revolute.2) 및 물병 입구(Multi-sections Surface.1) 총 3개의 Surface를 한 개로 묶어준다.

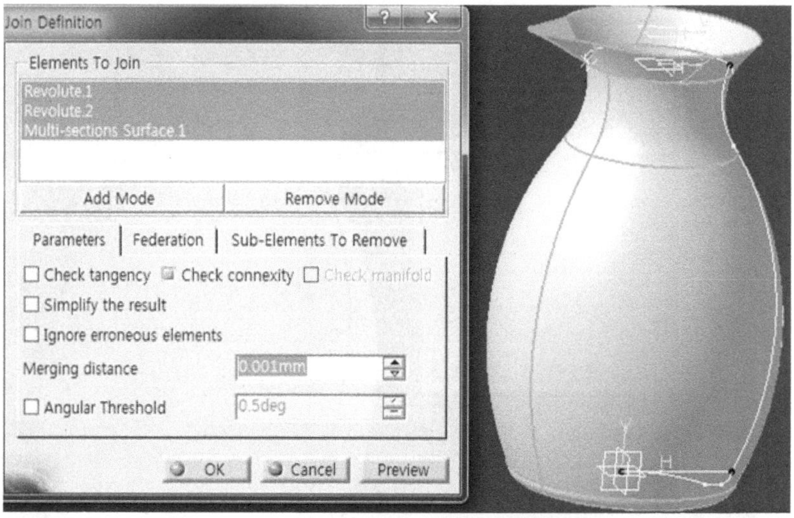

8) 물병 손잡이 만들기

yz Plane 선택하여 스케치 워크벤치로 입장하여 다음과 같이 스케치한다.

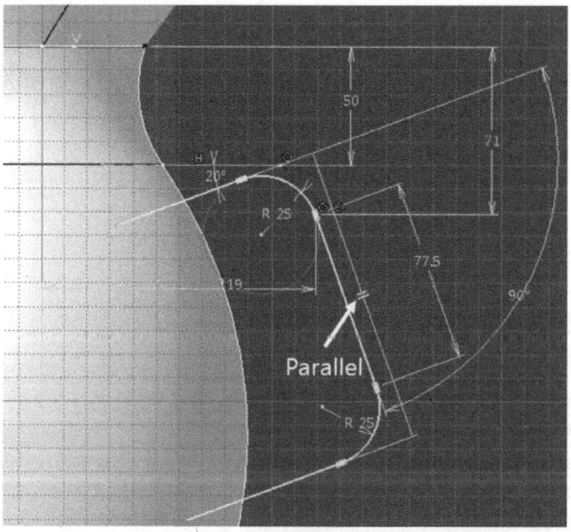

Sketcher를 빠져나와 Wireframe 툴바 3번째 아이콘인 Plane 클릭하면 다음의 정의 창이 나타난다. Plane type을 Normal to curve로 선택하고, Curve를 앞서 그린 Sketch.5를 지정 후 Point를 손잡이 윗부분 시작점을 다음과 같이 선택하고 OK를 클릭한다.

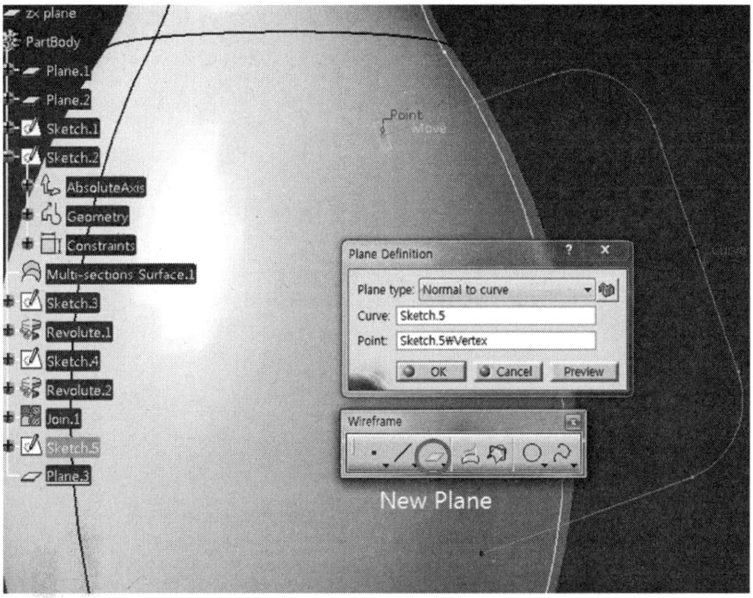

New Plane 선택하여 Sketcher로 입장 후 타원을 작도하는데, 긴 쪽에 25를 짧은 쪽에 10mm를 다음과 같이 입력하고 타원의 중심을 앞서 만든 Point와 일치시킨다. 단반경 선택 시 구속조건을 두 번 클릭하고 마우스 3번 버튼을 클릭하면 단반경(semiminor axis) 선택이 가능하다.

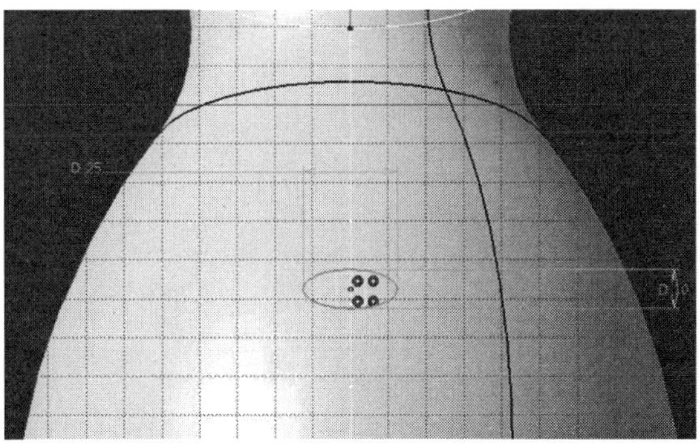

Surfaces 툴바 6번째 아이콘인 Sweep 클릭하여 다음의 정의 창이 나타나면 Profile을 앞서 8)에서 그린 타원을 선택하고 Guide curve는 앞서 7)에서 그린 손잡이를 선택하고 OK를 클릭하면 다음과 같이 손잡이가 완성된다.

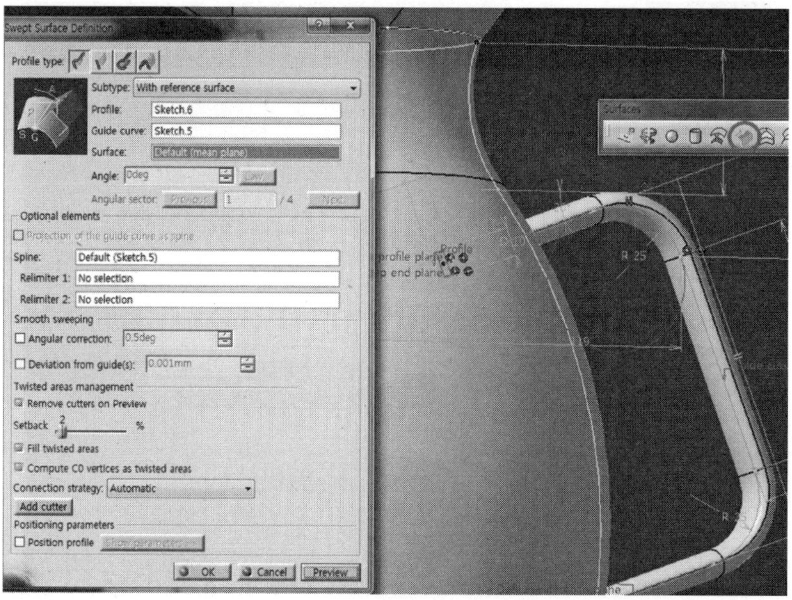

Operation 툴바에 있는 Trim을 활용하여 손잡이 끝단부를 물병 Body 표면에 맞게 잘라준다. 앞서 생성된 물통 Body(Join.1)와 타원단면을 이용해 생성한 손잡이(Sweep.1)를 선택해준다. Other side를 클릭하면 Trim할 Element를 바꿀 수 있다.

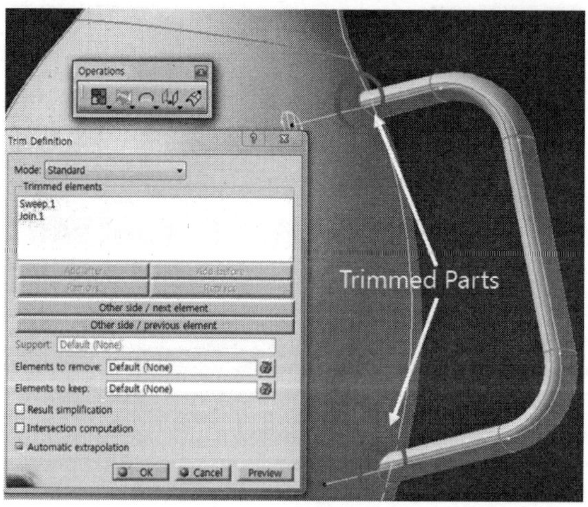

9) Close Surface

Start → Part Design으로 이동한다.

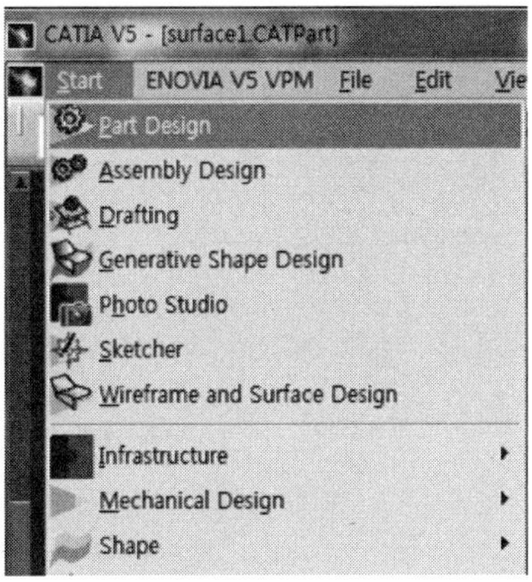

Surface 툴바의 삼각형 모양을 선택하면 Close Surface 아이콘이 나타나며 이를 선택하여 정의 창에 앞서 Body와 손잡이를 Trimming시켜 1개의 Surface로 만든 것을 선택 후 OK 클릭한다. 그러면 다음의 형상처럼 물병 입구가 Solid로 막힌다(Close Surface). 그림에서 보는 것과 같이 Tools → Hide → All Surfaces 선택하면 덩어리 형태만 나타난다.

이를 통해 도면을 완성한 것을 확인할 수 있다.

10) 벽두께 주기

Dress-Up Features 툴바의 4번째 아이콘인 Shell을 클릭하여 정의 창이 나타나면 안쪽 두께를 1.5mm, 제거할 면을 병 입구 부분 면을 선택해주고 OK 버튼을 클릭하면 속이 빈 벽두께 1.5mm짜리 물병이 완성되는 것을 알 수 있다.

따라하기 5 : 계란판 만들기 - Multi Section Solid, Circular Pattern

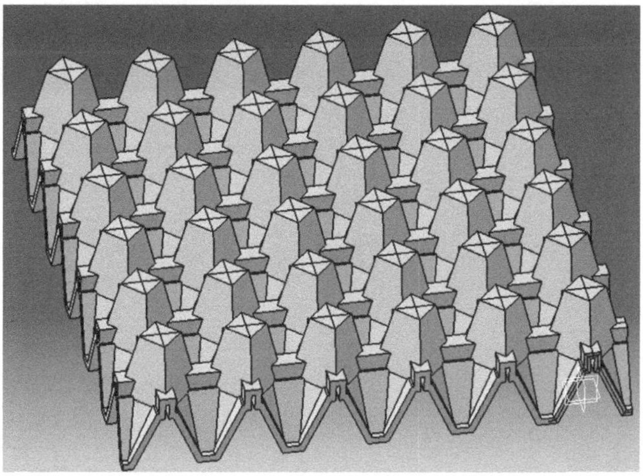

▶ 달걀판의 기둥 중 하나를 만들기 위한 윤곽선을 만든다.

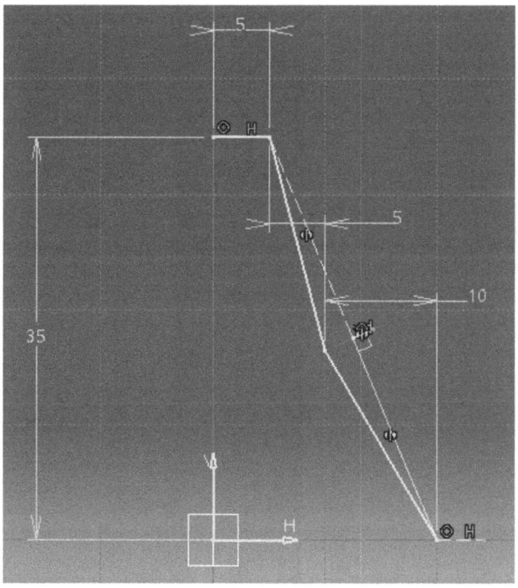

▶ 원형 패턴으로 다른 편의 윤곽선을 그린다.

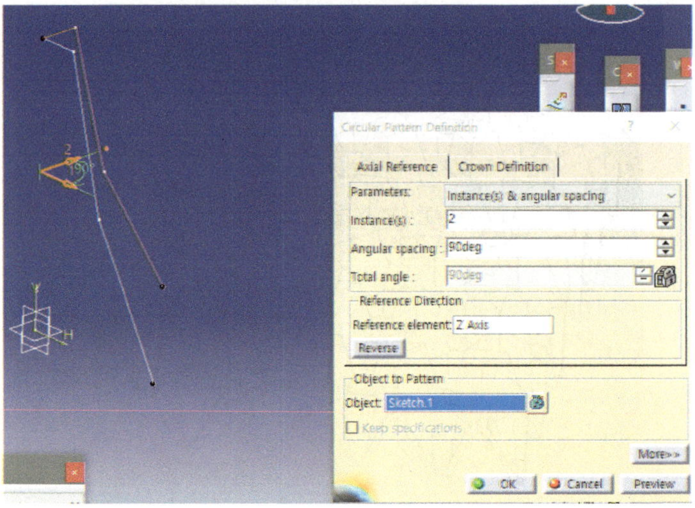

▶ 멀티섹션 솔리드로 서피스를 만들기 위한 가이드를 그린다.

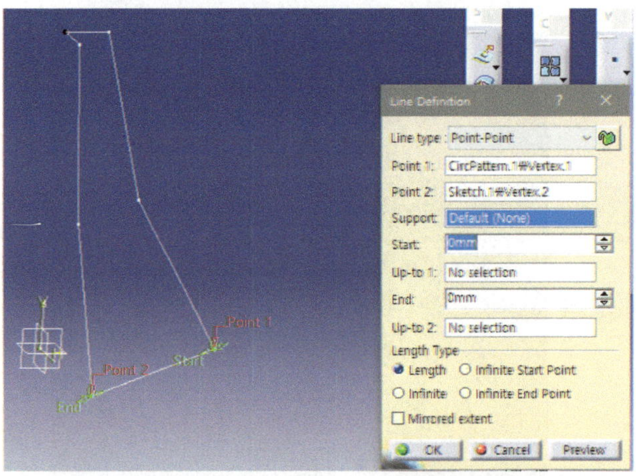

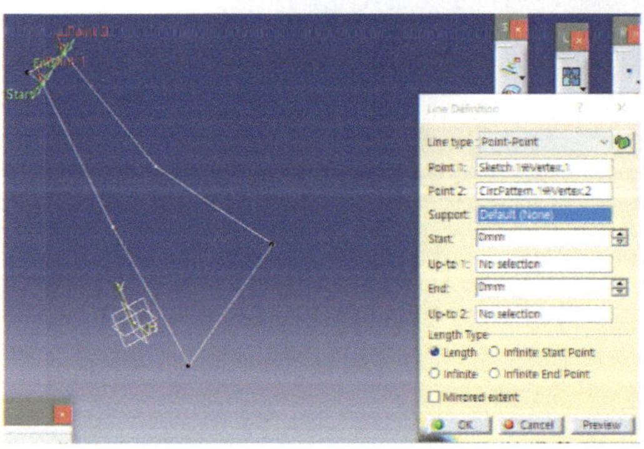

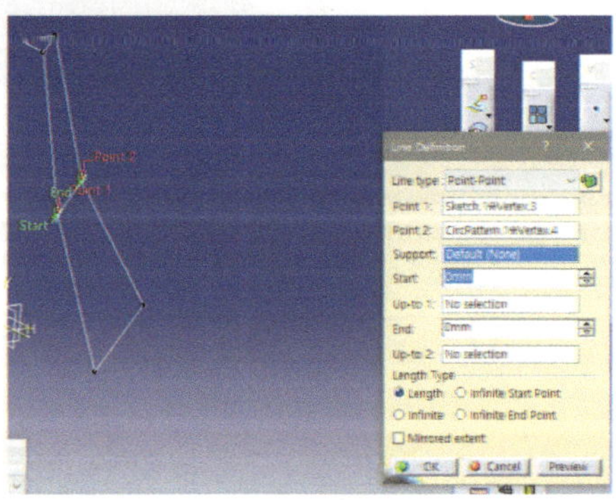

▶ 멀티섹션 솔리드로 서피스를 그린다.

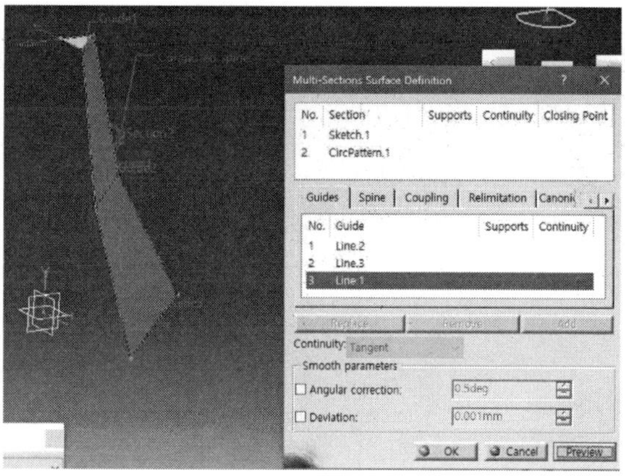

▶ 원형 패턴으로 기둥을 완성한다.

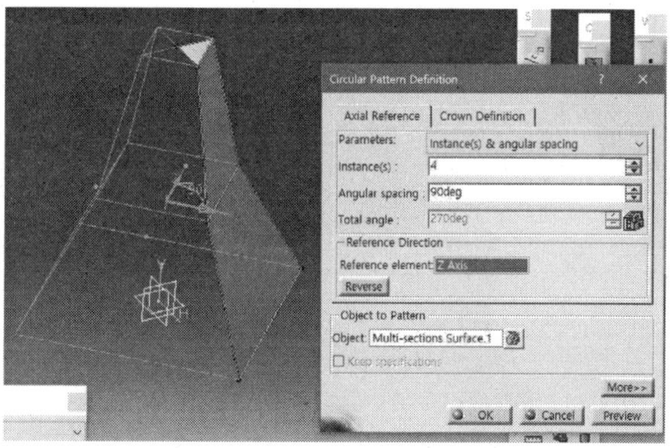

▶ 기둥 사이의 벽을 만들기 위해 스케치를 한다.

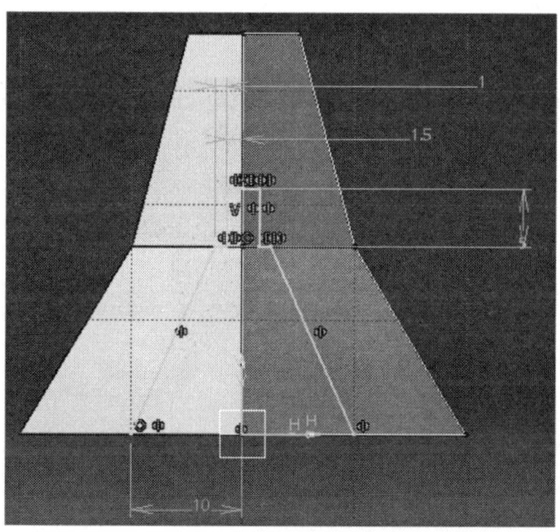

▶ 이전에 만든 서피스를 결합한다.

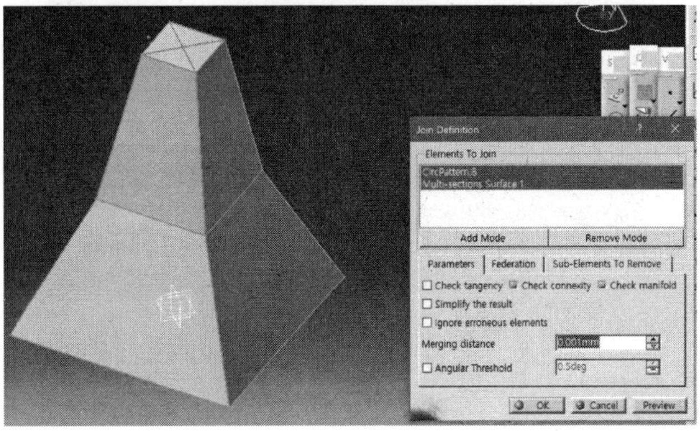

▶ 벽을 압출해낸다.

▶ 벽을 기둥으로 분할한다.

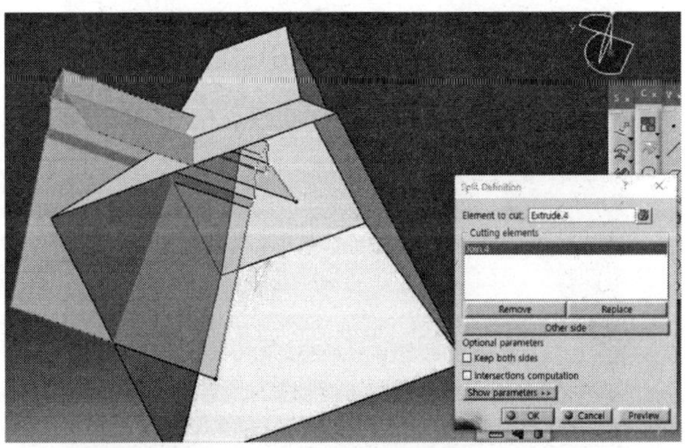

▶ 이전의 기둥은 쓰기 어려우므로 숨김 처리하고, 다시 멀티섹션 서피스로 그려낸다.

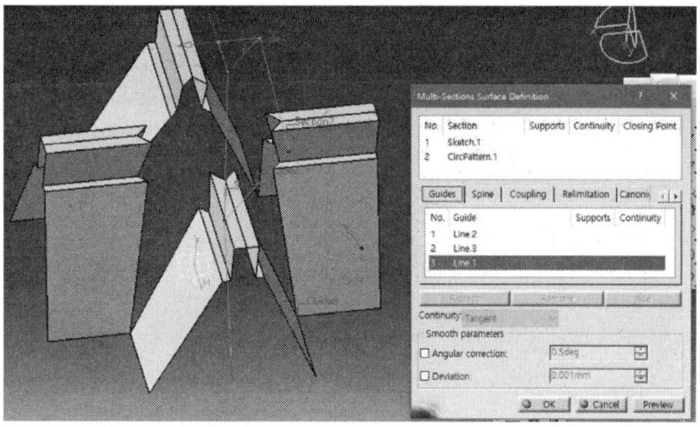

▶ 이전과 반대로 기둥을 벽으로 분할한다.

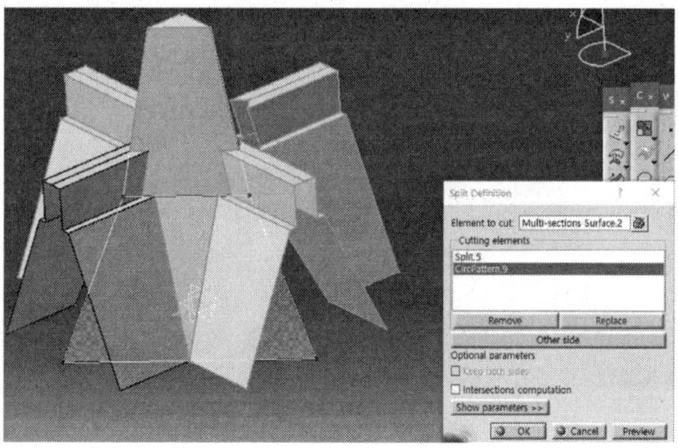

▶ 분할된 기둥 한 편을 원형 패턴시켜 기둥을 완성한다.

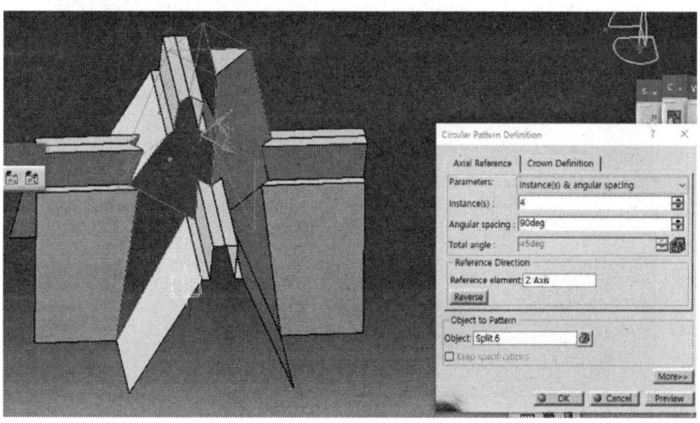

▶ 만들어진 모든 서피스(벽과 기둥)를 결합한다.

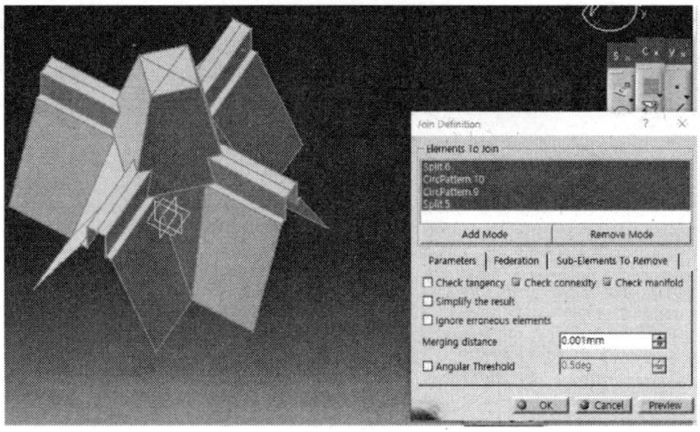

▶ 판의 바닥에 평면을 압출해낸다.

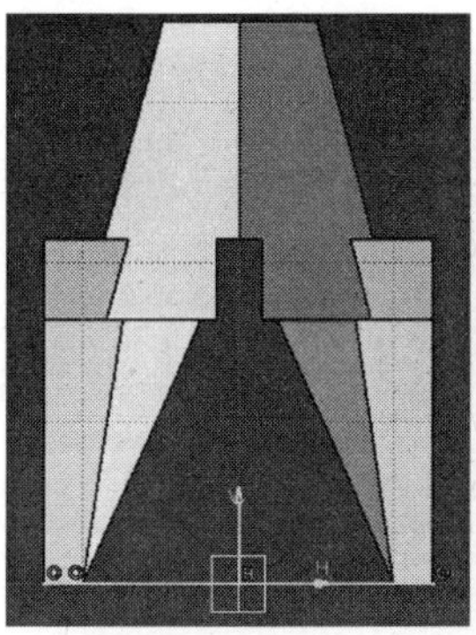

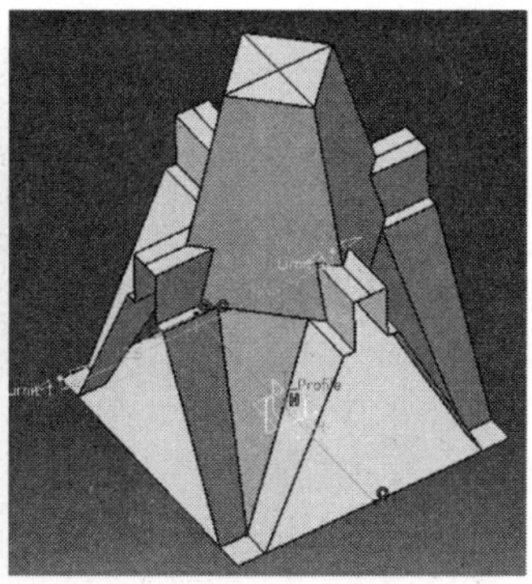

▶ 만들어진 결합으로 바닥을 분할한다.

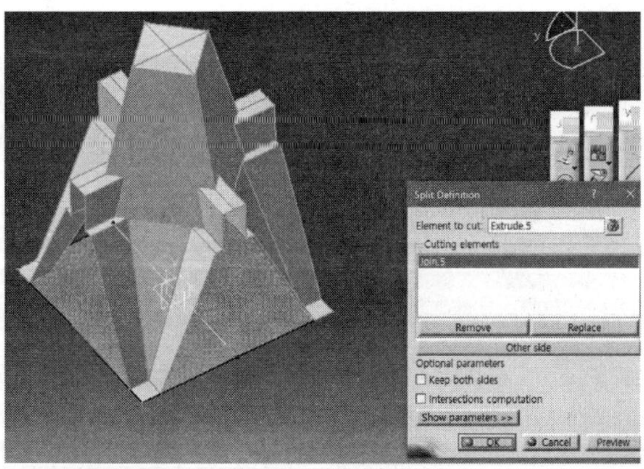

▶ 만들어진 모든 서피스(벽, 기둥 그리고 바닥)를 결합한다.

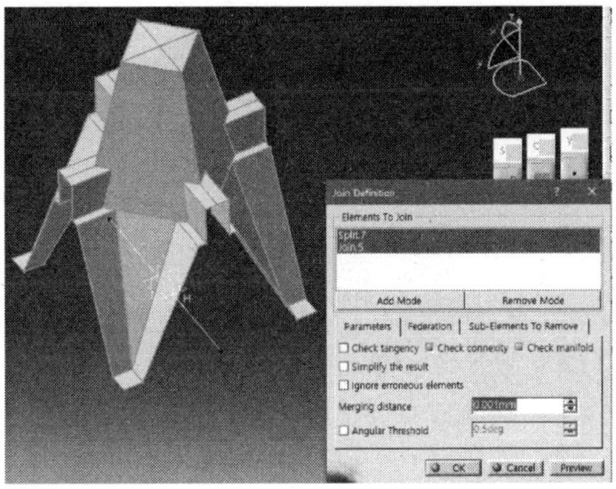

▶ 파트디자인 기준으로, '삽입 〉 서피스 기반 기능 〉 두께'를 선택하여 두께를 지정해준다.

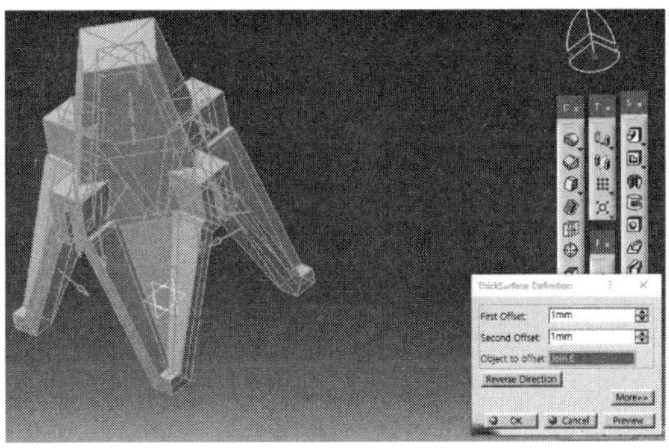

▶ 적절한 개수대로 패턴을 시켜 완성한다.

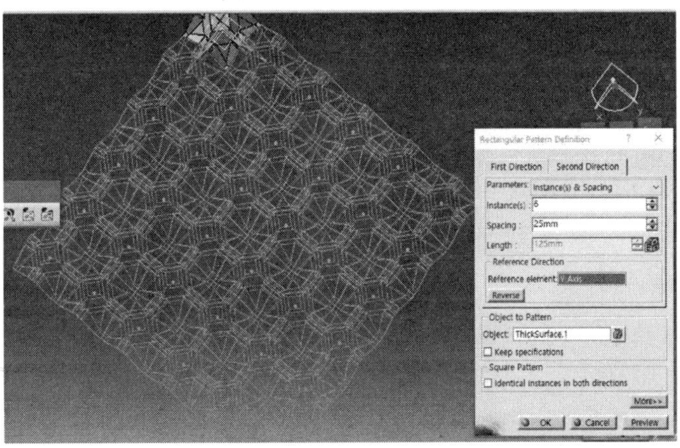

▶ 완성

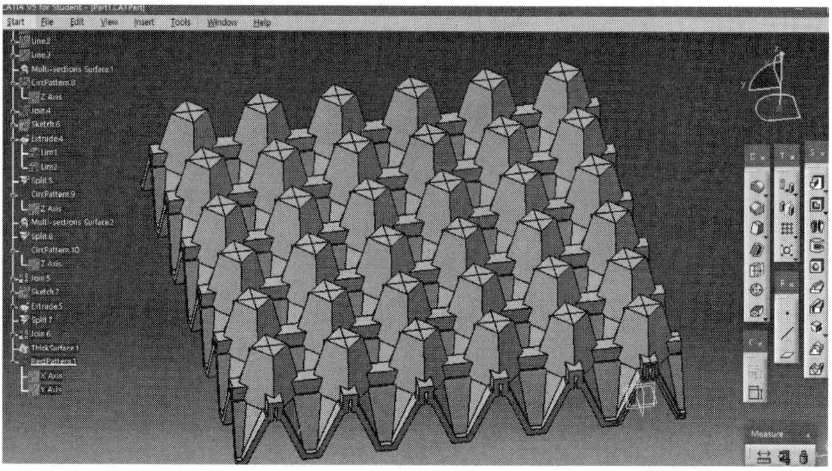

따라하기 6 : 소쿠리-체 - Multi Section Solid, Projection

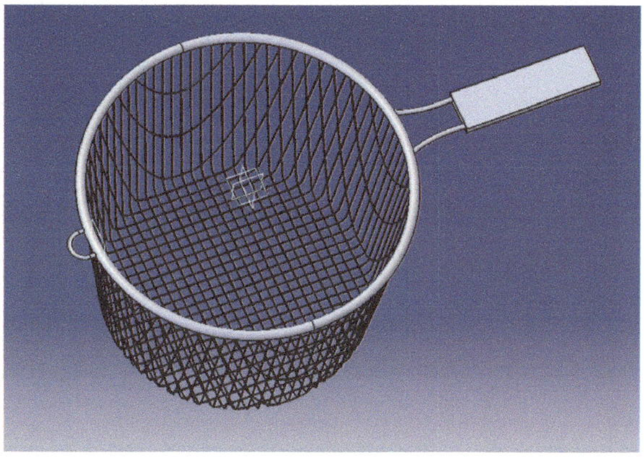

▶ 체의 기본적인 형상을 가진 서피스를 프로젝션에 적절하도록 Revolve할 스케치를 그린다.

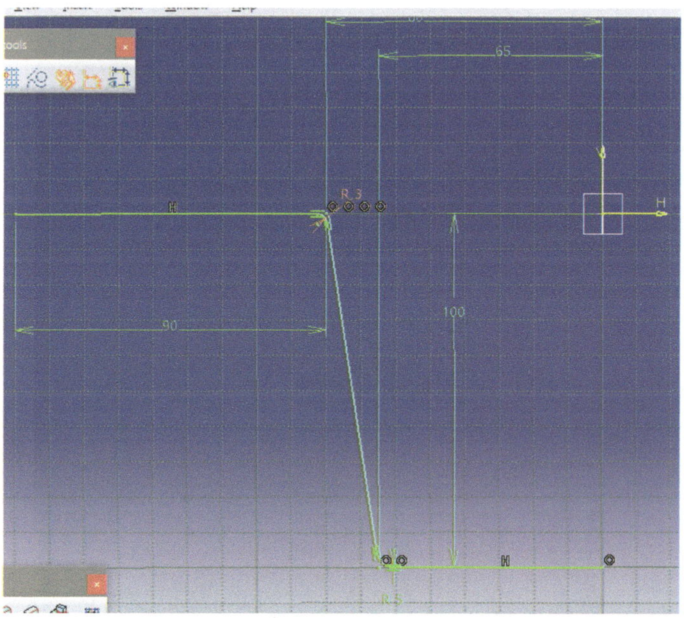

▶ 그린 스케치를 Revolve한다.

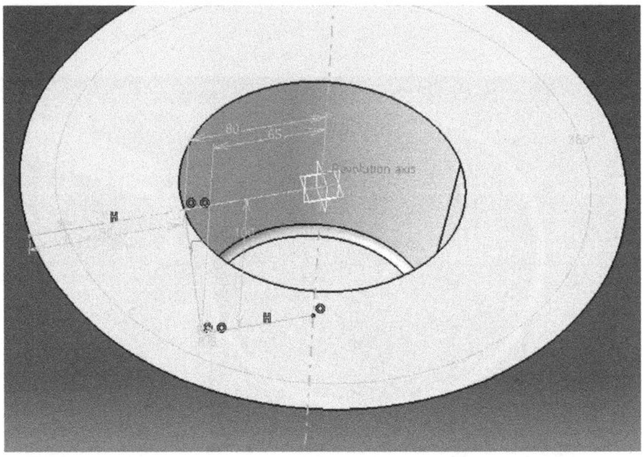

▶ 적절한 거리에서 스케치를 그릴 평면을 만든다.

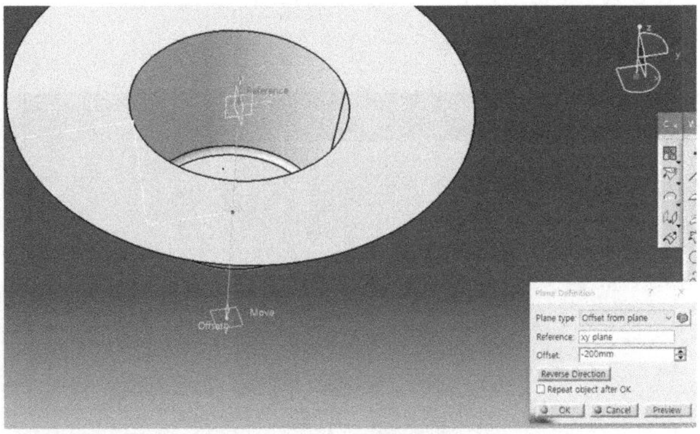

▶ 체의 형상을 프로젝션할 수 있도록 그린다.

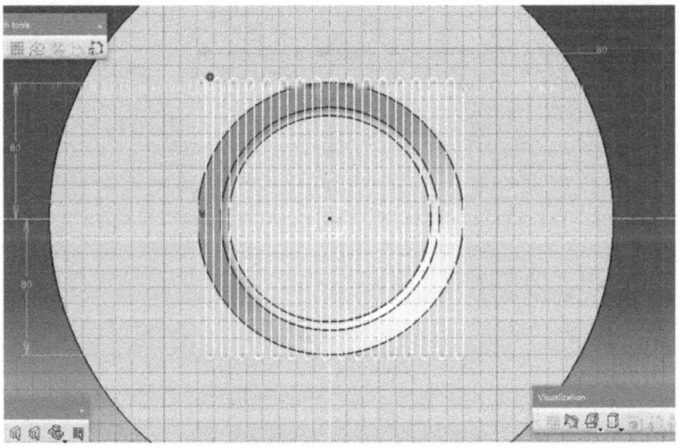

▶ 그린 스케치를 Z 방향으로 프로젝션한다.

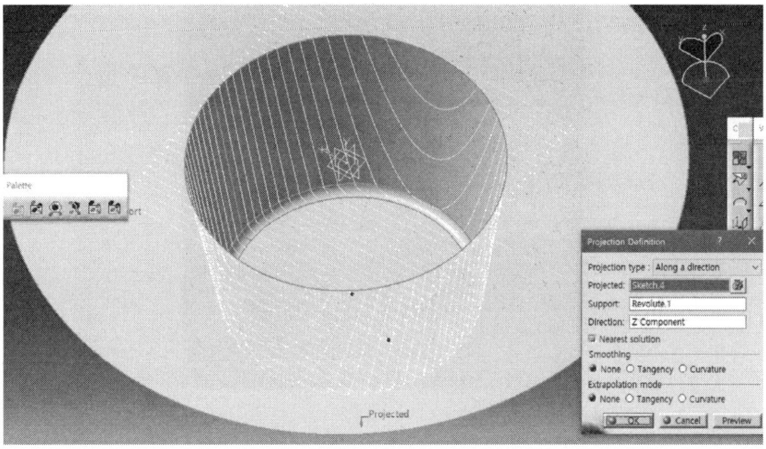

▶ 멀티섹션 솔리드를 위해 선 양 끝에 Plane(Normal to Curve)을 만든다.

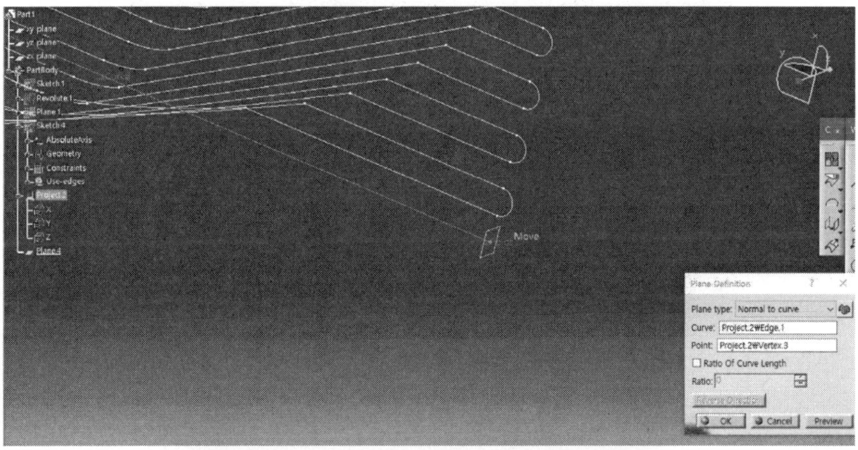

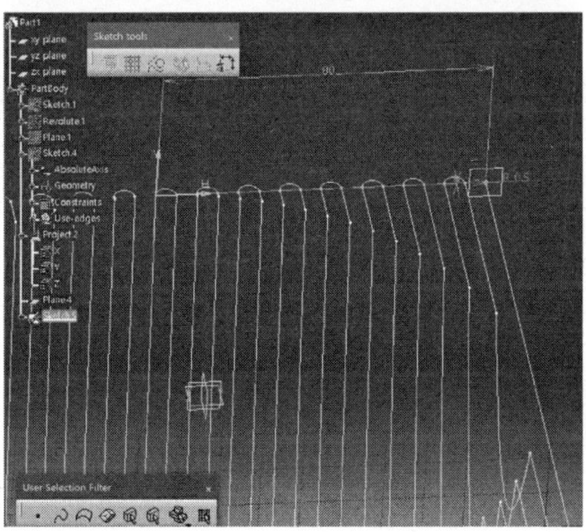

▶ 만든 평면에 체를 위한 단면을 그린다.(이 예제에서는 반지름이 0.5mm이다)

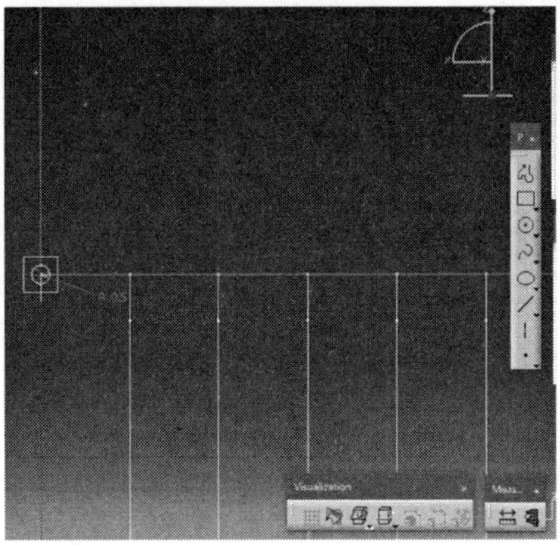

▶ 멀티 섹션 솔리드로 체를 만든다. 이후에 같은 방법으로 90° 회전된 모형을 만들어낸다. (이 부분이 힘들면 세로로 만든 선을 앞서의 방법대로 가로로 만들어 그린다)

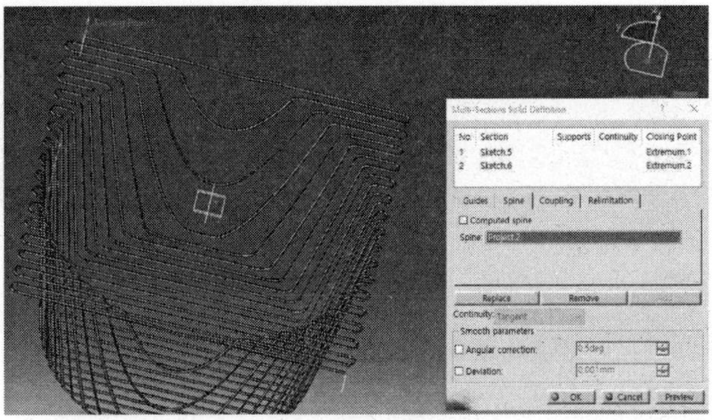

▶ 필요 없는 부분은 포켓으로 잘라낸다.

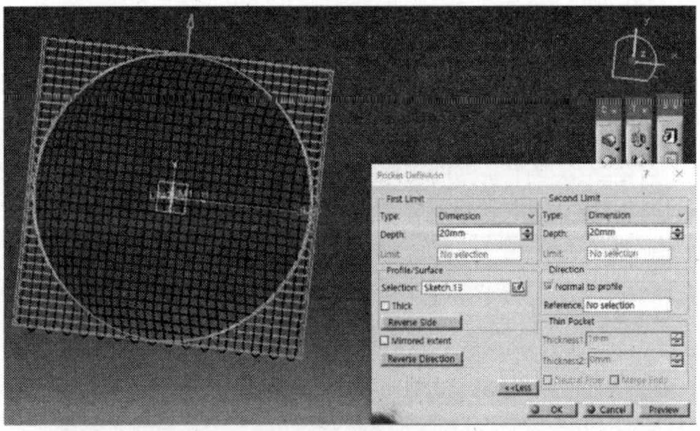

▶ 체의 테두리를 그린 다음, 샤프트한다.

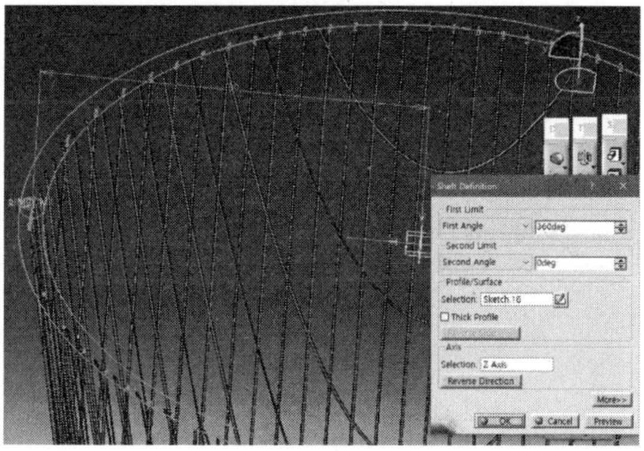

▶ 체 끝의 걸이를 만들기 위해서 그릴 스케치를 위한 면들을 만든다.

▶ 손잡이를 위한 스케치를 그린다.

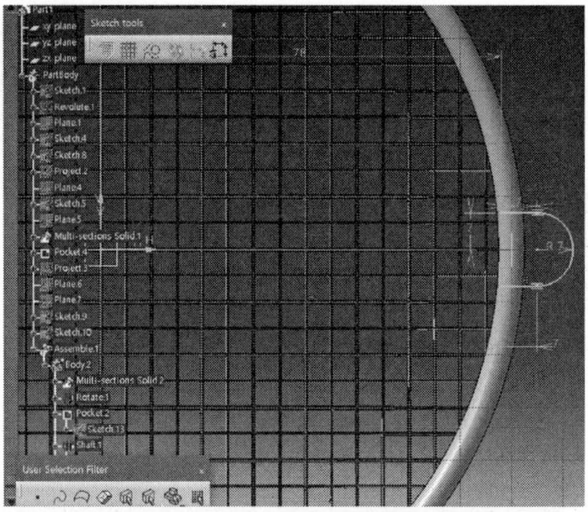

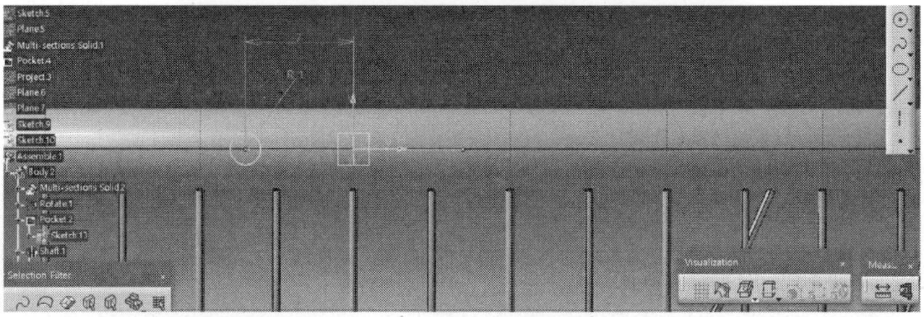

▶ 리브를 통해 걸이를 완성한다.

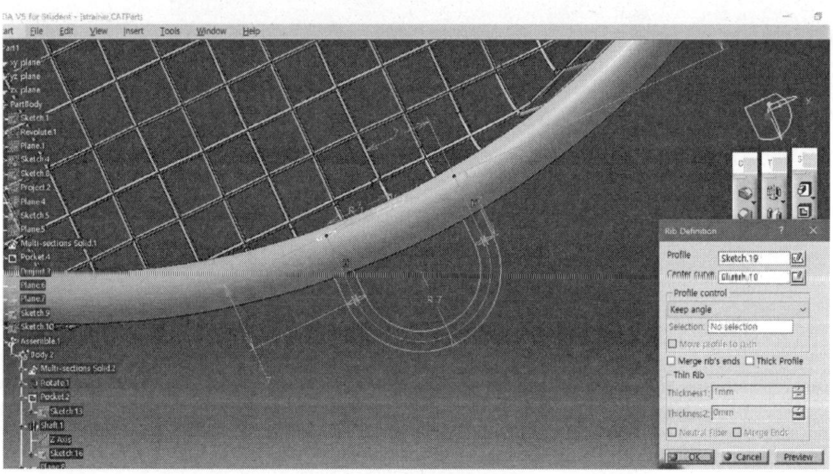

▶ 손잡이를 만들기 위해 스파인(중심선)을 다음과 같이 임의대로 그린다.

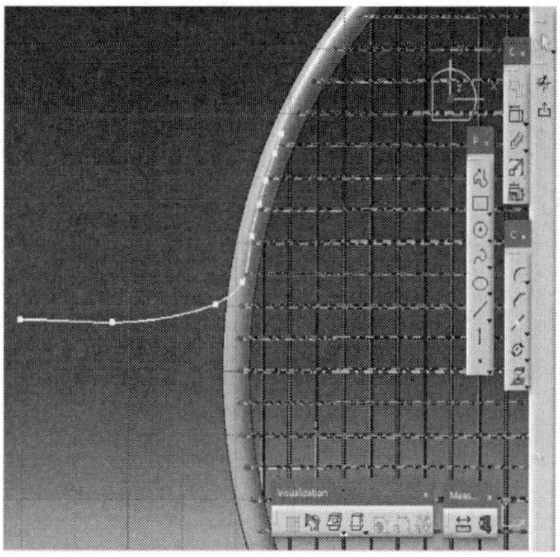

▶ 선 끝에 평면을 그려낸다.

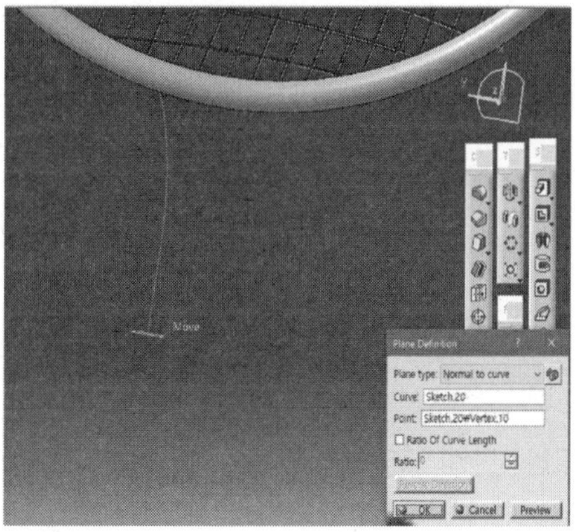

▶ 손잡이에 필요한 철선의 단면을 그린다.

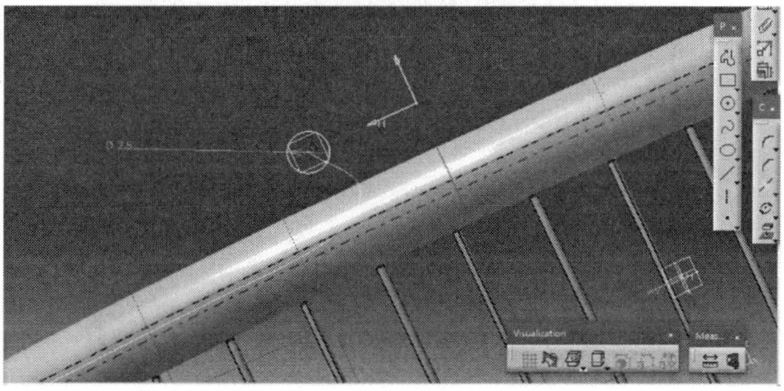

▶ 리브를 통해 중간부를 완성한다.

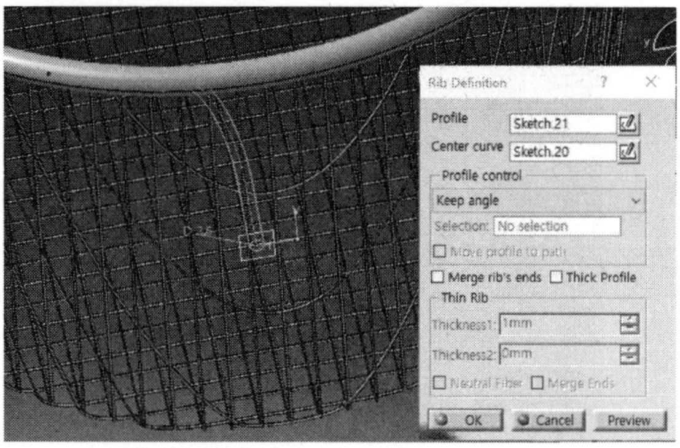

▶ 미러를 통해 중간부의 반대 부분을 완성한다.

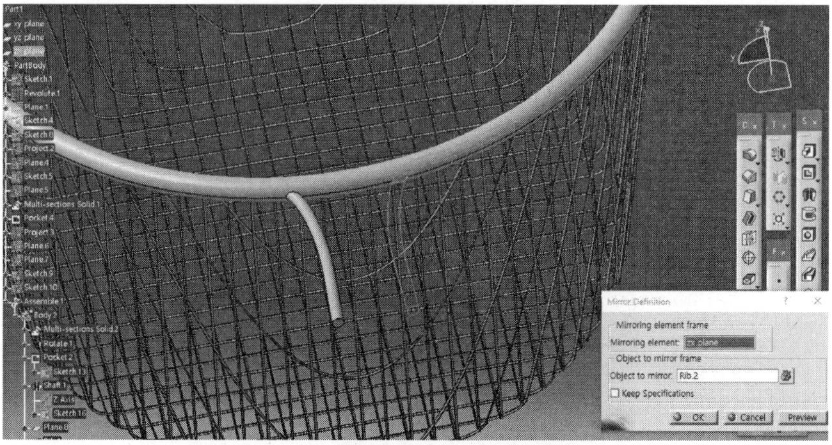

▶ 손잡이를 그리기 위한 평면을 만든다.

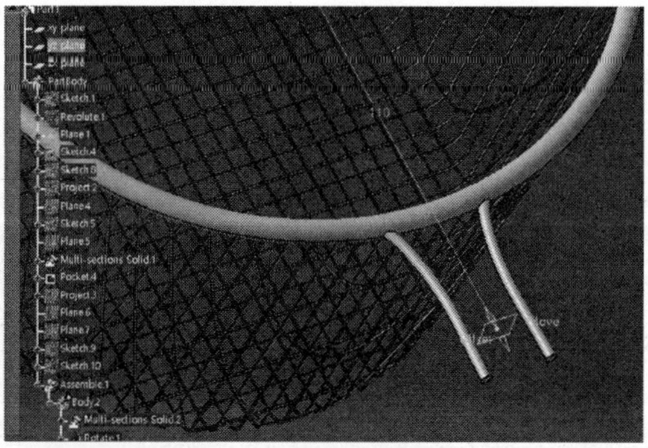

▶ 평면에서 손잡이를 만들어낸다.

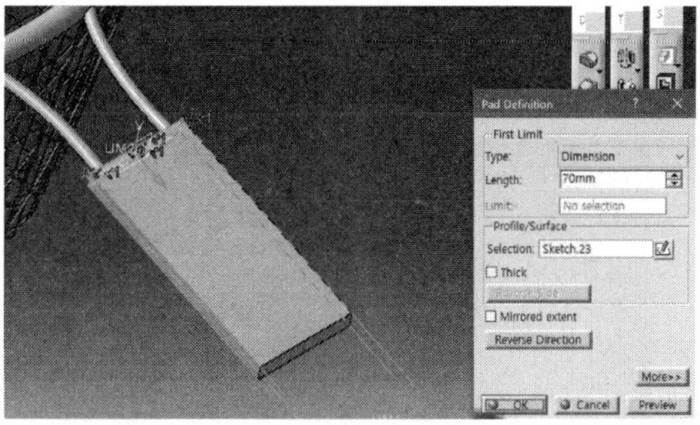

▶ 완성

따라하기 7 : 플라스틱 바구니 - Extrude, Split

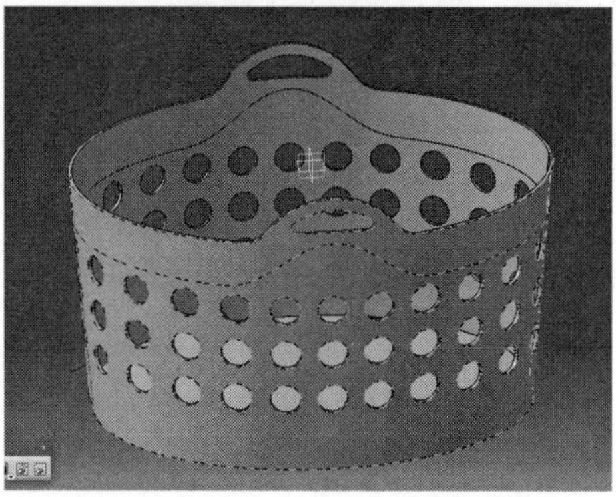

▶ 멀티섹션 솔리드로 만들 단면을 그린다. (이 예제의 경우, 선을 구성하는 점이 각각 (-200,0)과 (-180,-200)임)

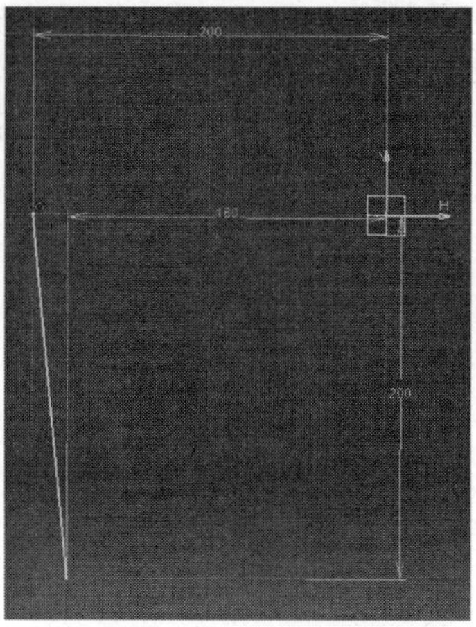

▶ 멀티섹션 솔리드를 위한 가이드를 그린다.

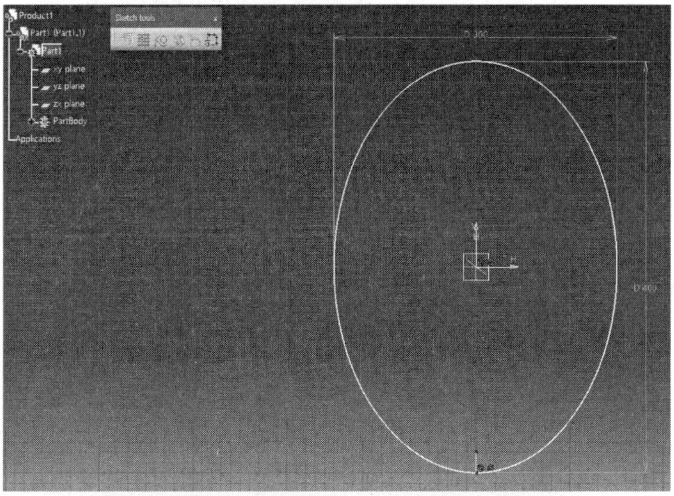

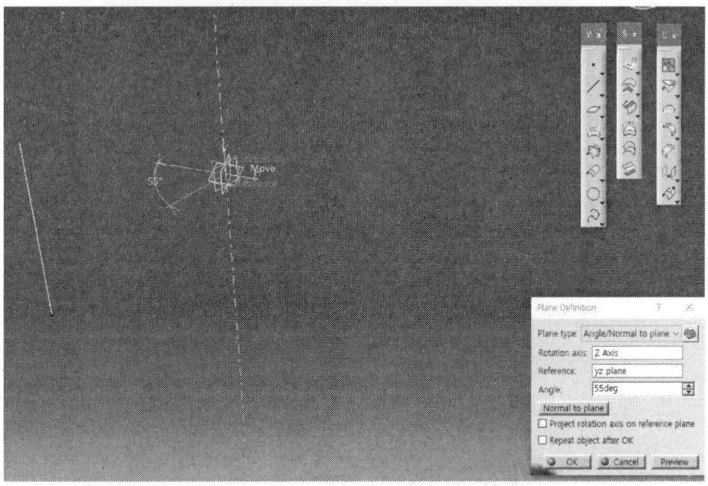

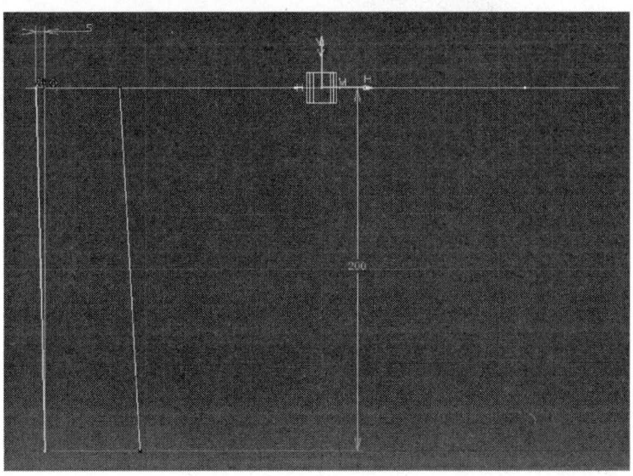

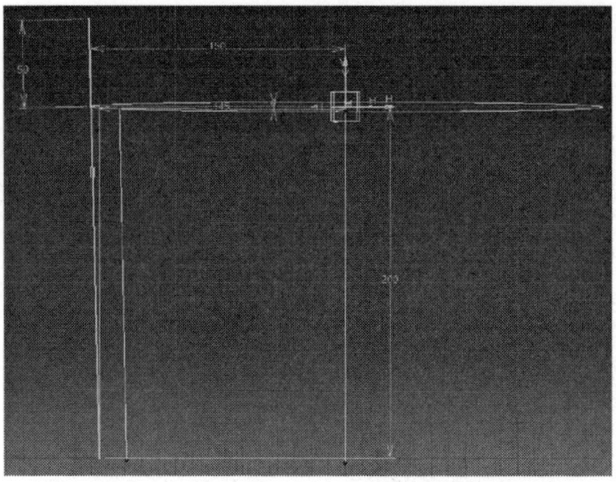

▶ 미러를 통해 나머지 단면을 만든다.

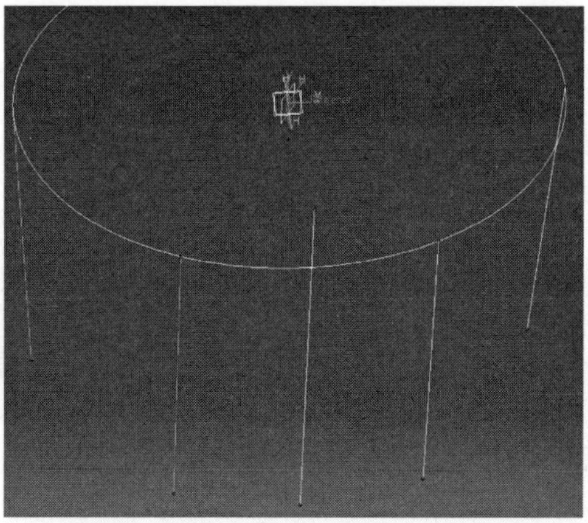

▶ 멀티섹션 솔리드를 위한 가이드를 그린다.

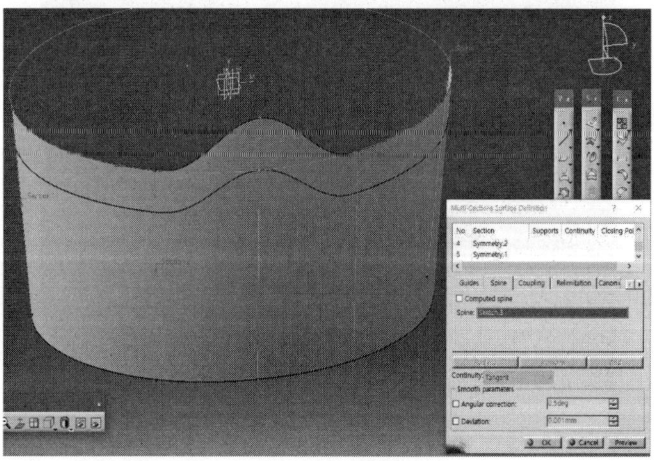

▶ 미러를 통해 나머지 서피스를 만든다.

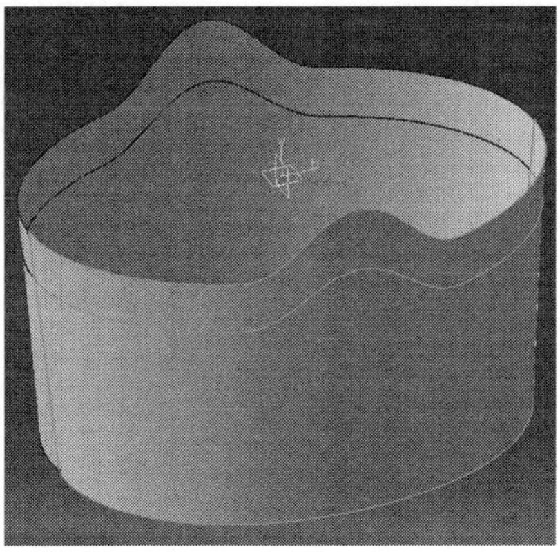

▶ 서피스에 만들 구멍을 반지름 1.25mm로 그린다.

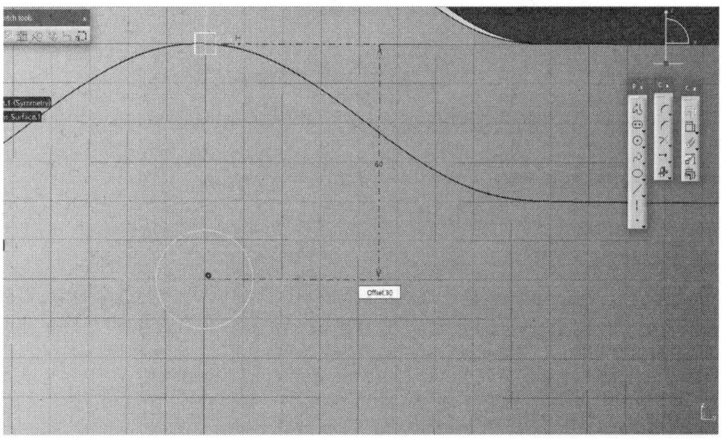

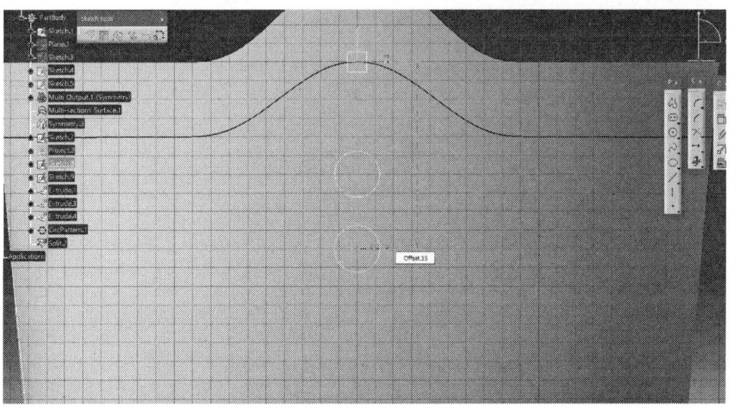

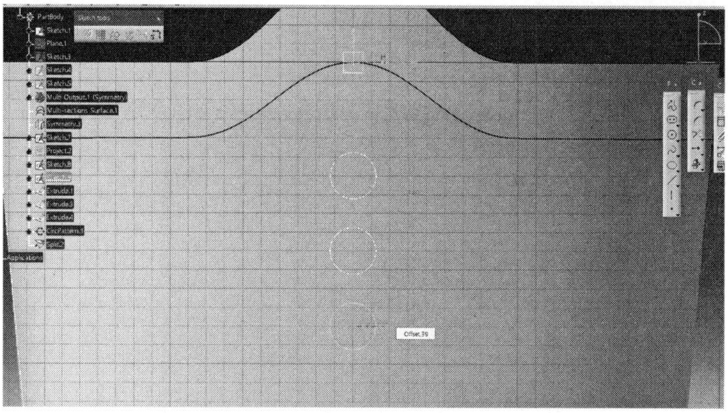

▶ 스케치를  압출한다.

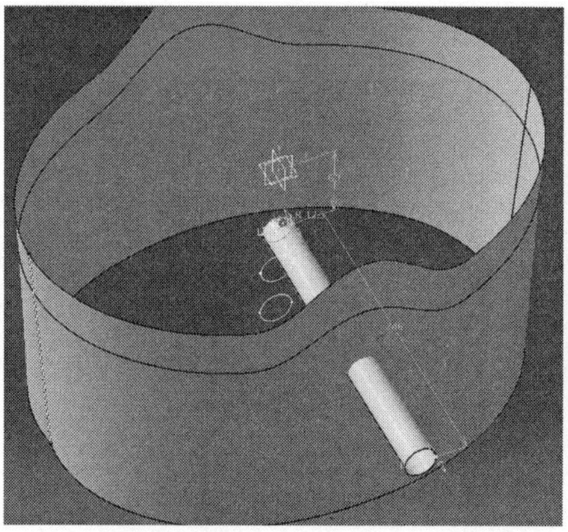

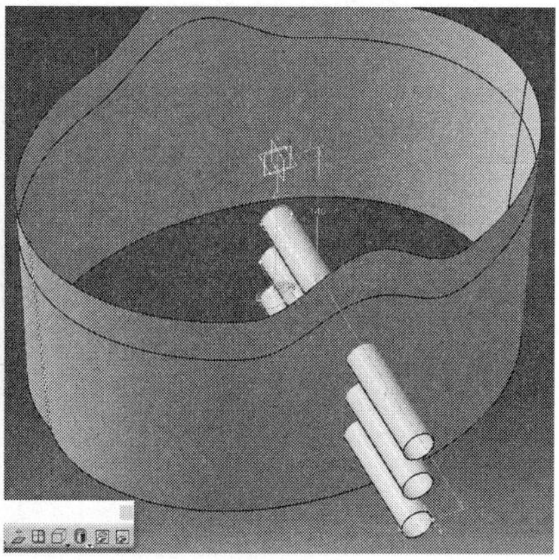

▶ 압출한 서피스로 원형 패턴을 만든다.

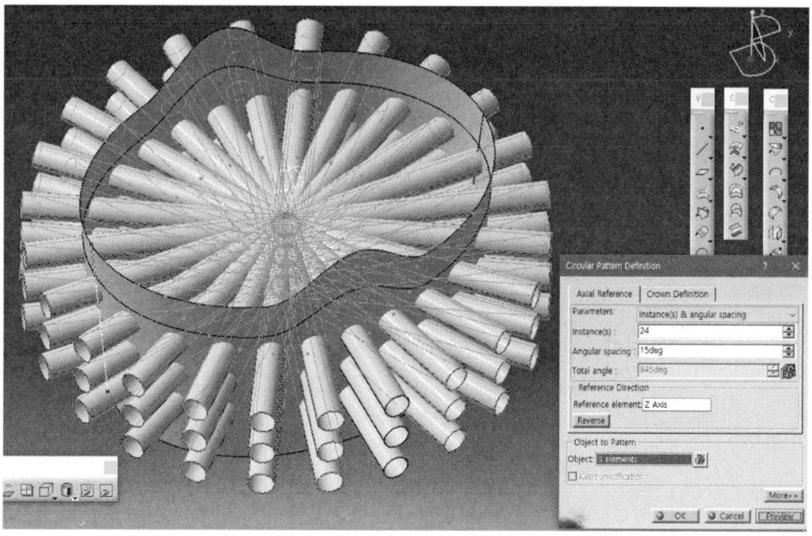

▶ 분할로 서피스 두 개에 구멍을 뚫는다.

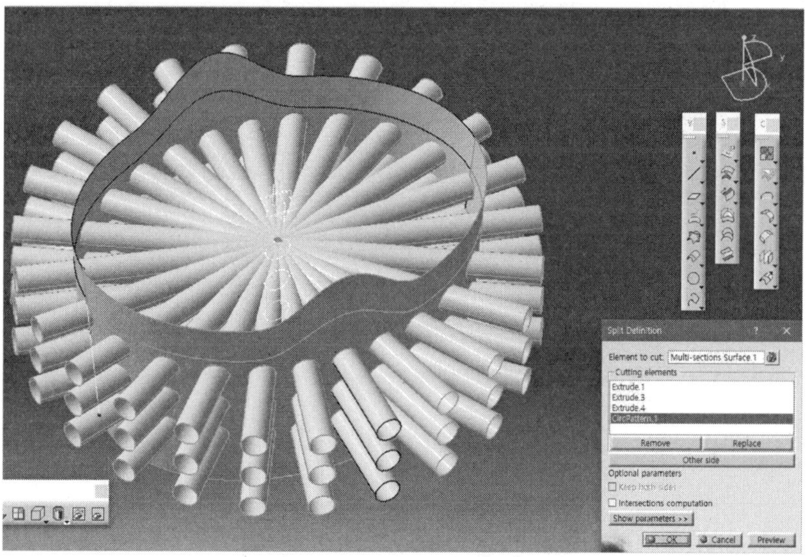

▶ 만들어진 분할 두 개를 결합한다.

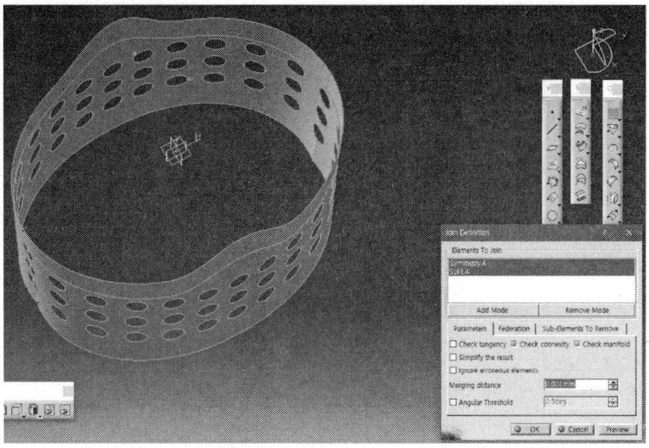

▶ 바닥을 압출하기 위해 선을 만든다. (점 생성1)

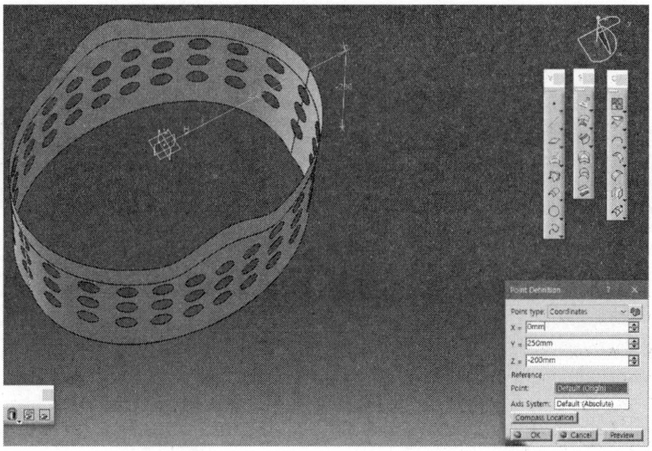

▶ 점 생성 2

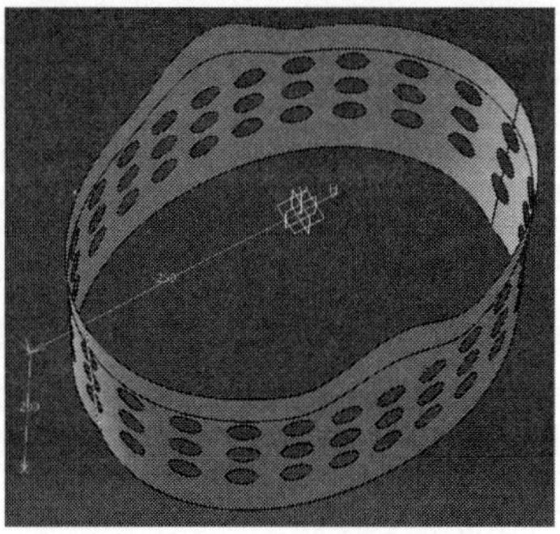

▶ 선 생성

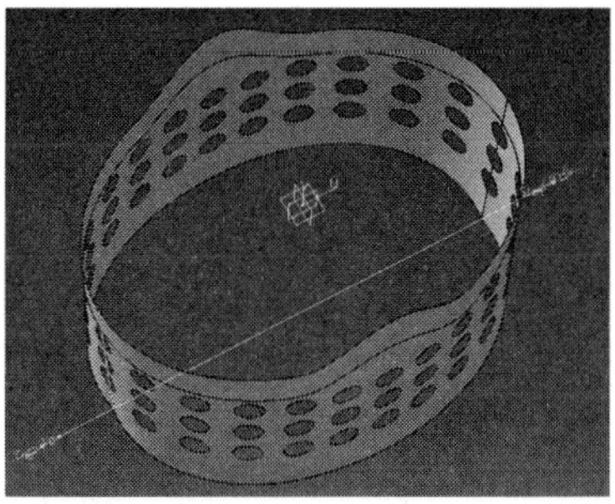

▶ 생성된 선을 이용해 바닥을 압출해낸다.

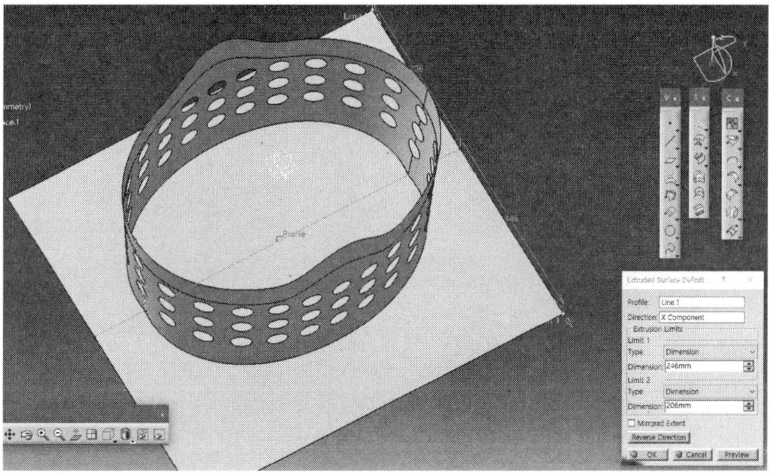

▶ 분할로 바닥을 만든다.

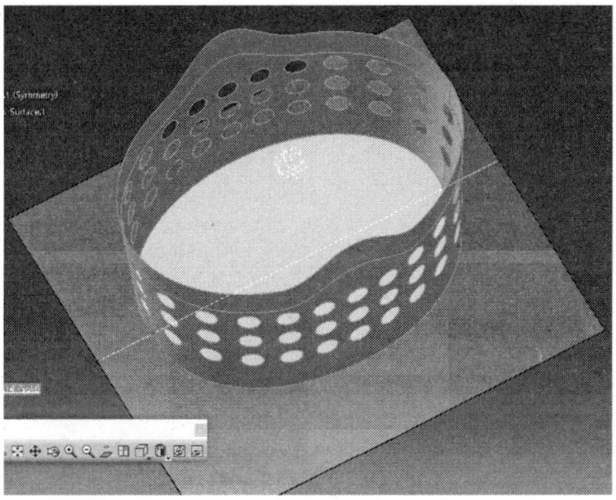

▶ 결합을 통해 만든 모든 서피스를 하나로 만든다.

▶ 서피스 기반 기능 중, Thick Surface를 통해 두께가 있는 솔리드를 만든다.

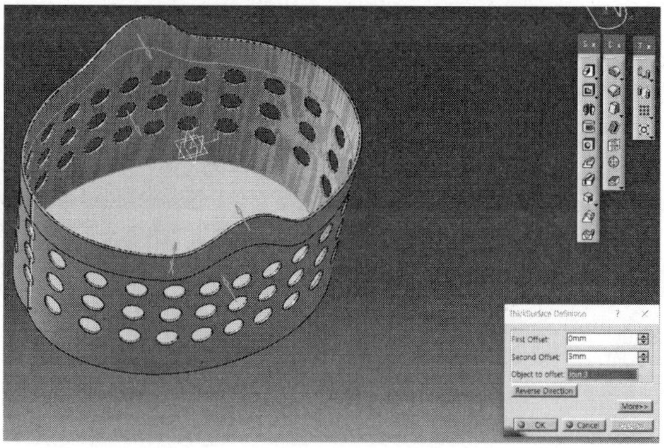

▶ 손잡이를 만들기 위한 스케치

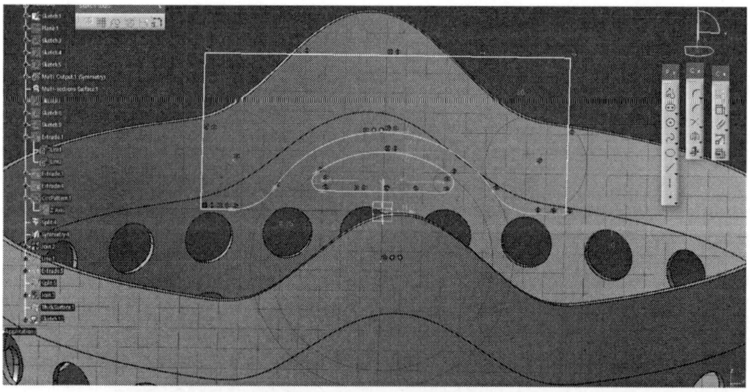

▶ 포켓을 통해 손잡이를 완성한다.

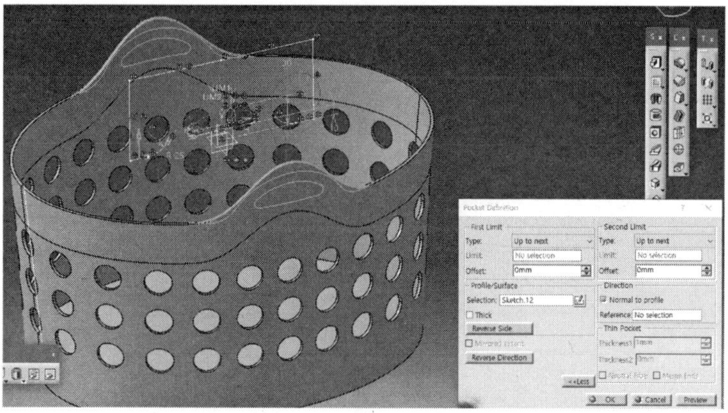

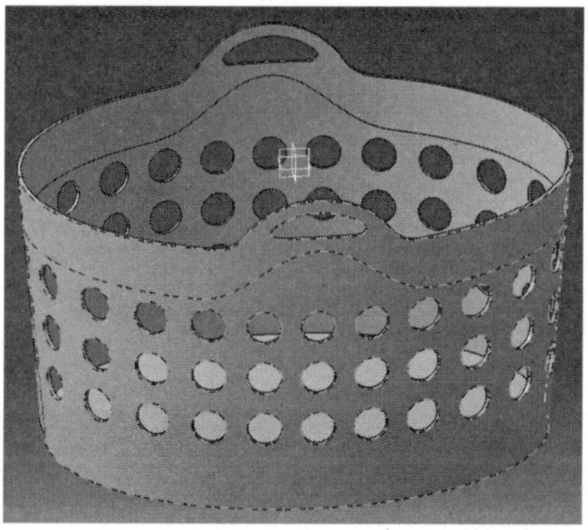

따라하기 8 : 와인 잔 - Extrude , Fill

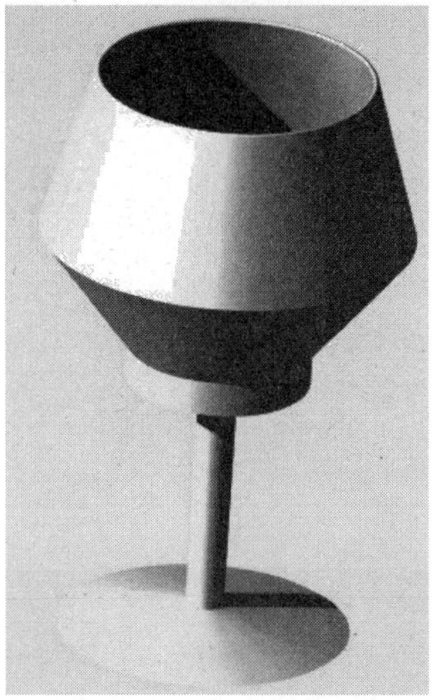

▶ Start → Shape를 누른 다음 Generative Shape Design을 누른다. Part의 이름을 생성하고 ok를 누른다. YZ평면에 을 사용하여 그려준다.

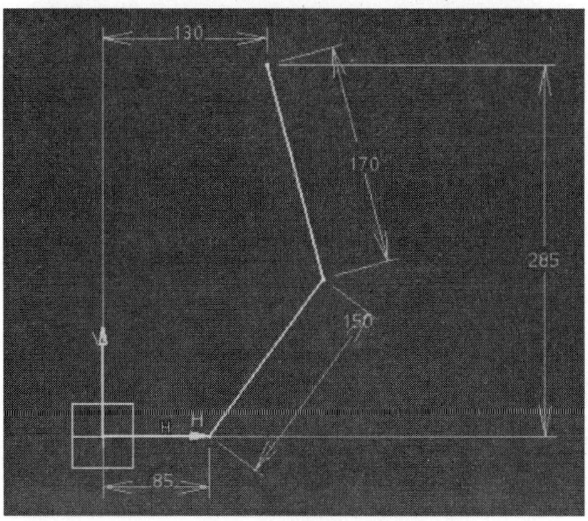

▶ Shaft를 사용하여 처음 스케치를 360도만큼 생성한다.

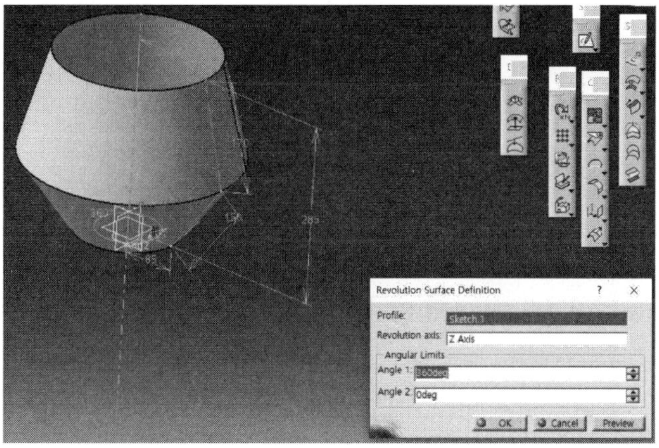

▶ Extrude를 사용하여 밑의 원 부분을 클릭하고 35mm만큼 아래로 생성한다.

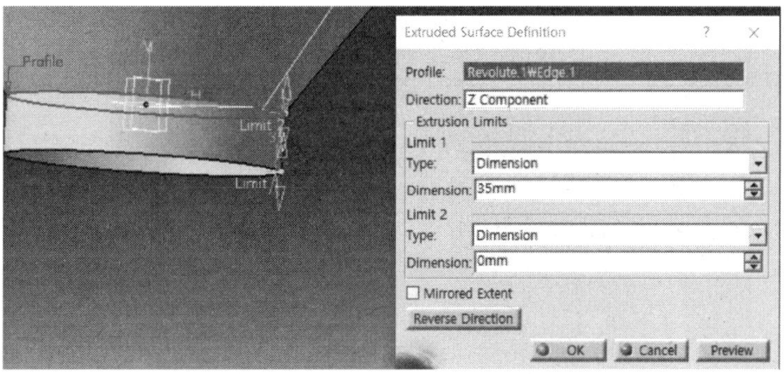

▶ Fill을 사용하여 아래 부분을 채워준다.

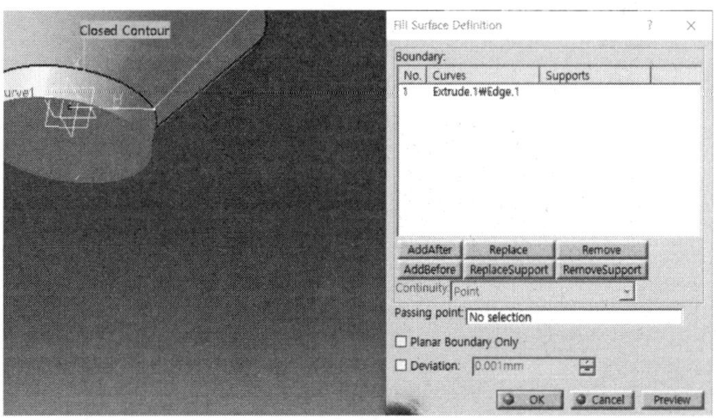

▶ 아래 원 부분에 을 사용하여 그려준다.

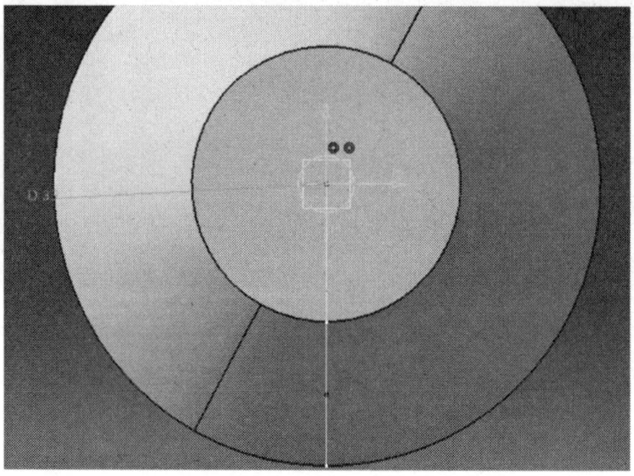

▶ 그려준 스케치를 Extrude를 사용하여 아래로 240mm만큼 기둥을 생성한다.

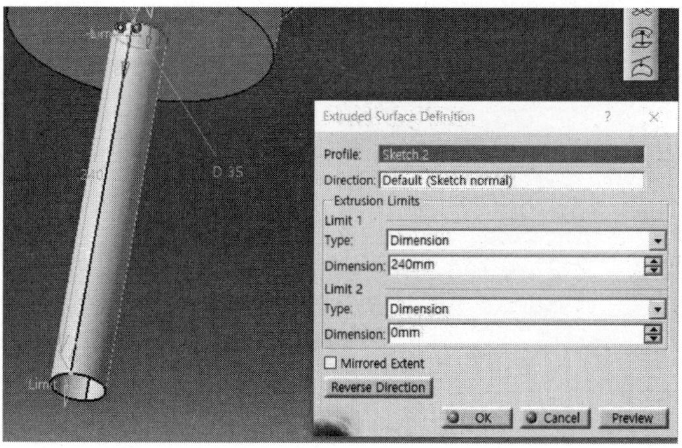

▶ XY평면으로부터 을 사용하여 아래로 300mm만큼 생성한다.

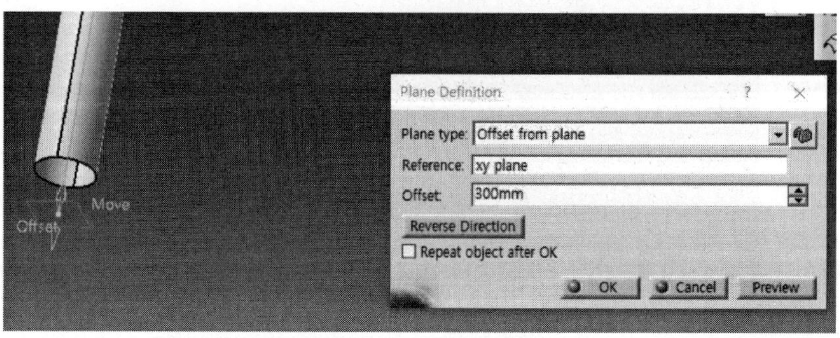

▶ 생성한 Plane에 을 사용하여 그려준다.

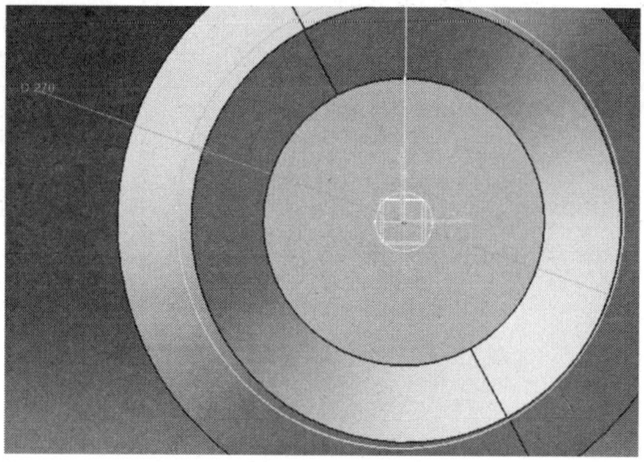

▶ 그렸던 스케치 부분과 아래 원기둥 부분을 이어주기 위해 을 사용하여 생성한다.

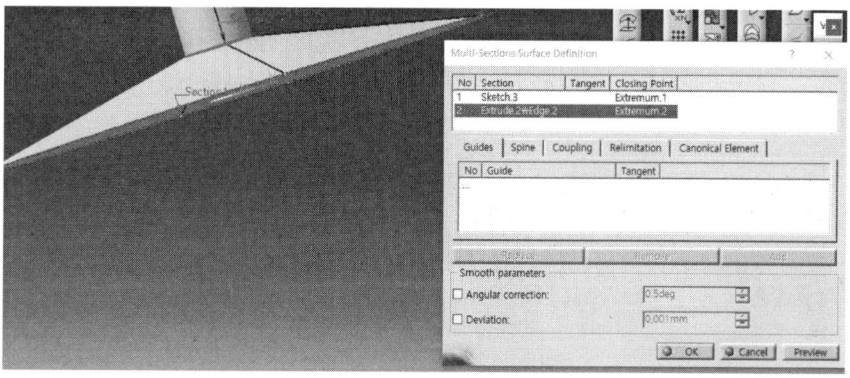

▶ 바닥 부분을 채워주기 위해 Fill을 사용하여 채워준다.

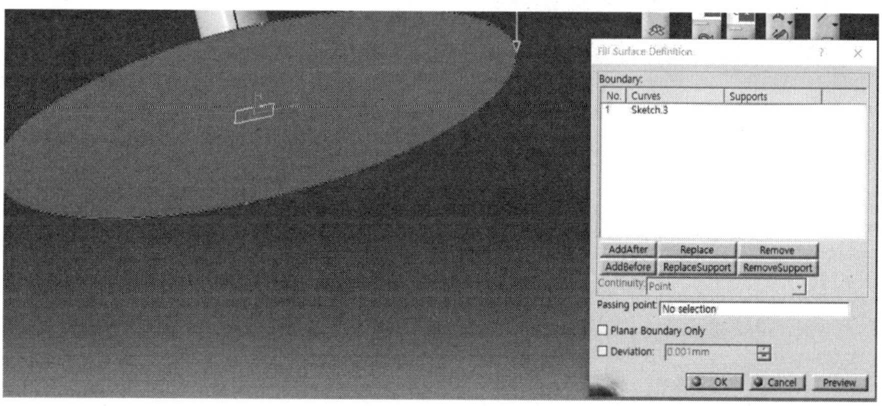

▶ 와인 잔의 바디 부분을 클릭하고 Extend를 사용하여 5mm만큼 안쪽으로 생성한다.

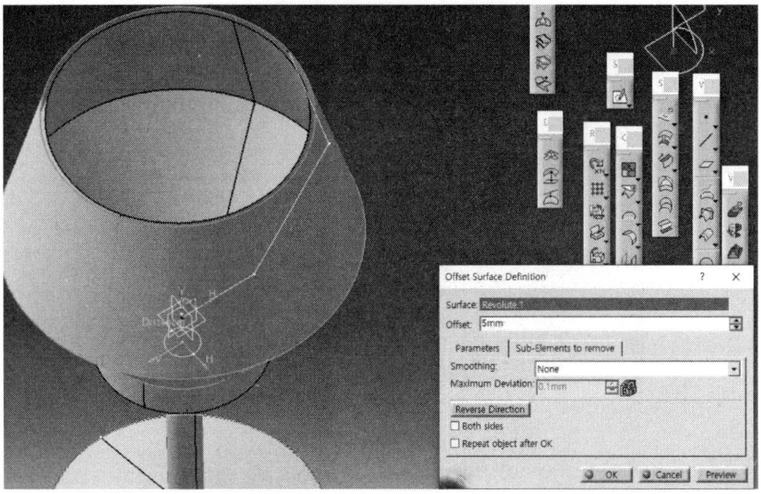

▶ 생성했던 Offset 부분과 와인 잔의 바디 부분을 클릭하고 Blend를 사용하여 그림과 같이 생성하고 나머지 스케치, Plane 부분을 숨기기를 하고 완성한다.

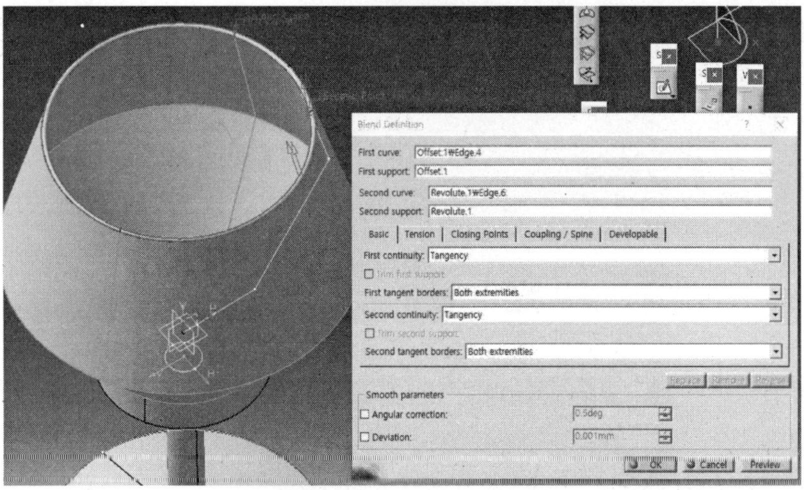

따라하기 9 : 바람개비 - Extrude , Helix , Sweep

▶ Start → Shape을 누르고 Generative Shape Design을 누른다. Part의 이름을 생성하고 ok를 누른다. XYZ에 점을 사용하여 중심을 두고 원통을 사용하여 만든다.

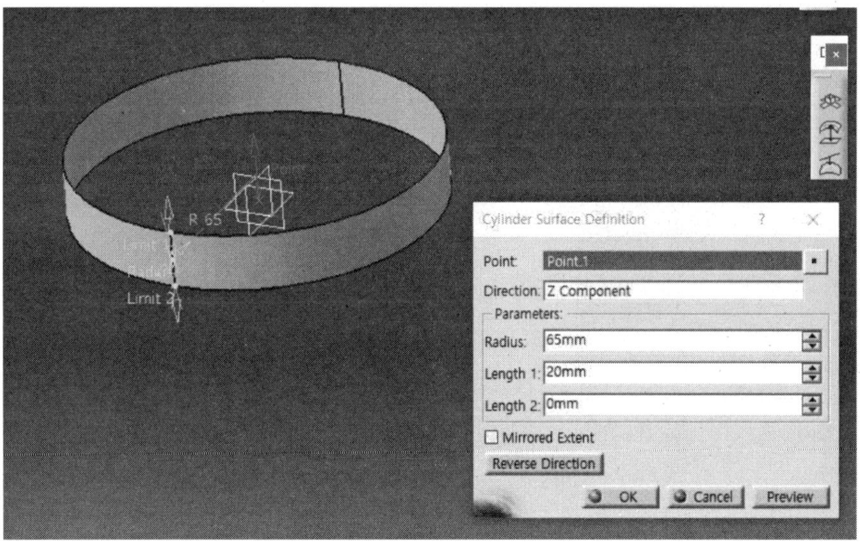

▶ XYZ 중심에서 점을 사용하여 65mm만큼 거리를 두고 점을 만든다.

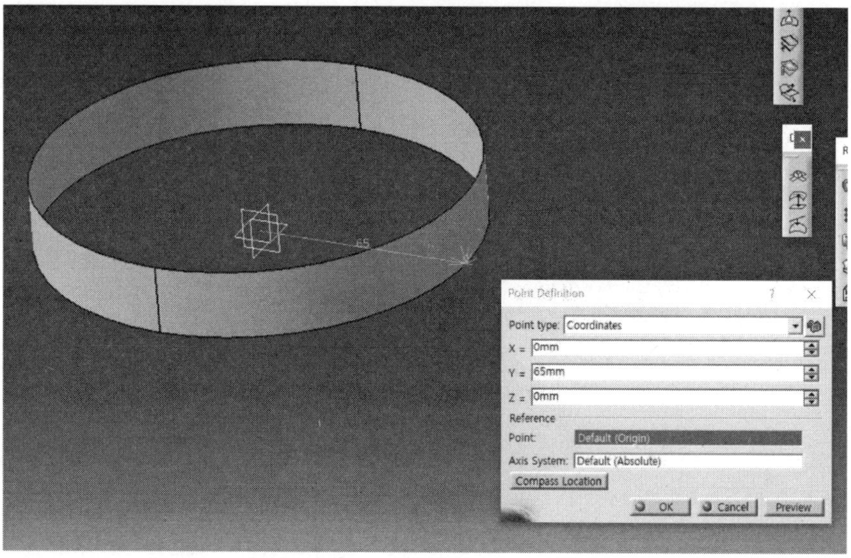

▶ Helix를 사용하여 휘어짐 선을 만든다.

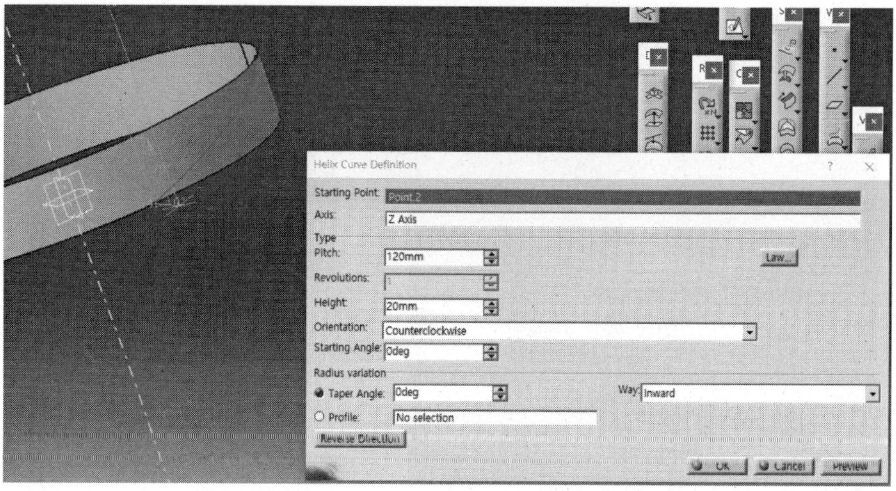

▶ Sweep Surface를 사용하여 휘어진 선을 클릭하고 날개를 만든다.

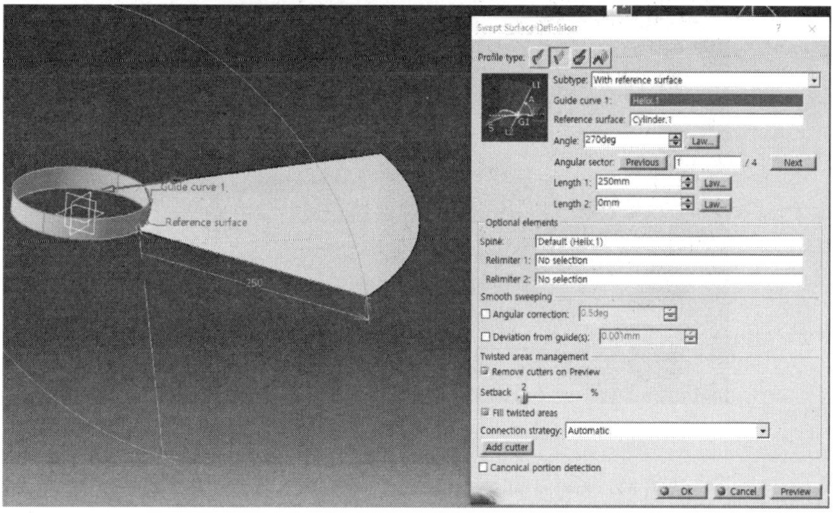

▶ XY평면에 을 사용하여 그려준다.

▶ 그려준 스케치를 Extrude를 사용하여 생성해준다.

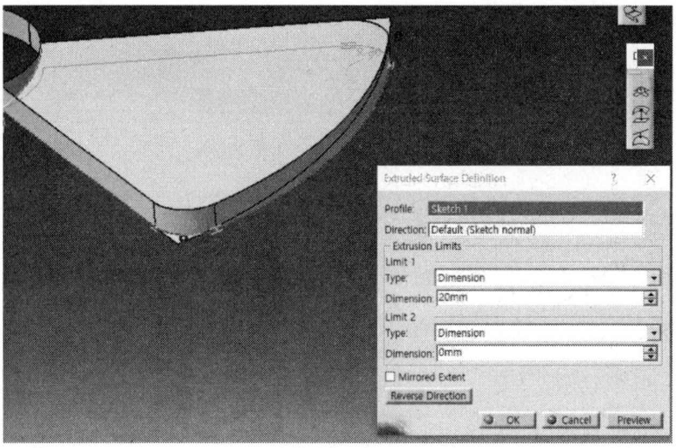

▶ 을 사용하여 중첩된 불필요한 선들을 제거해준다.

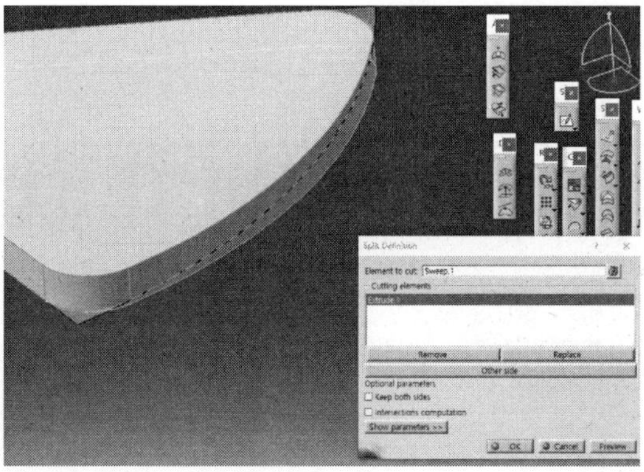

▶ 날개 부분을 클릭하고 Thick Surface를 사용하여 두께를 조절해준다.

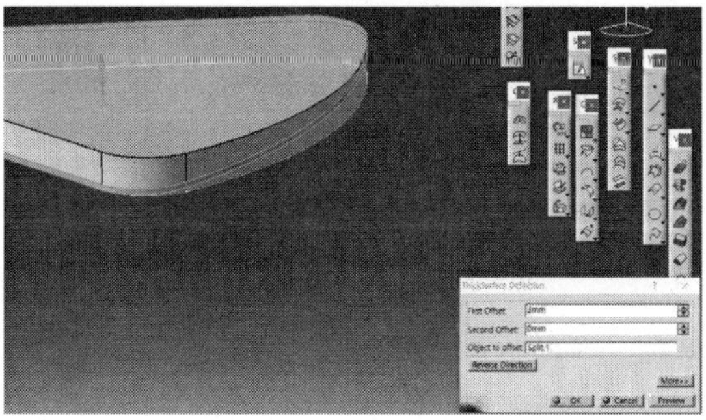

▶ Wireframe & Surface Design에서 Part Design으로 입장한다. 날개 부분에 앞에서 생성했던 것을 숨기기를 사용하여 숨겨주고 가운데 부분을 Close Surface를 사용한다.

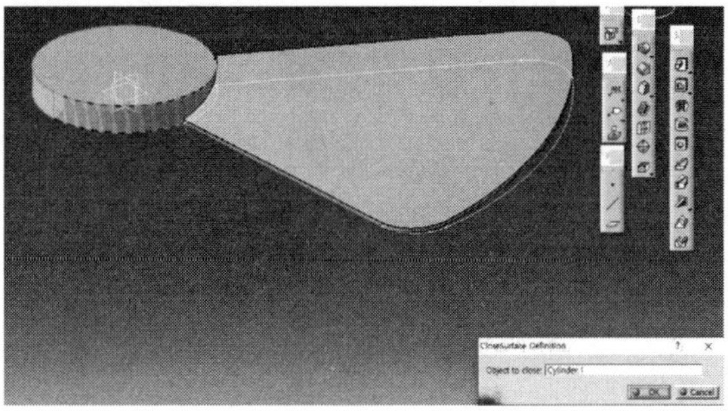

▶ Circular Pattern을 사용하여 날개를 총 4개로 복사해준다.

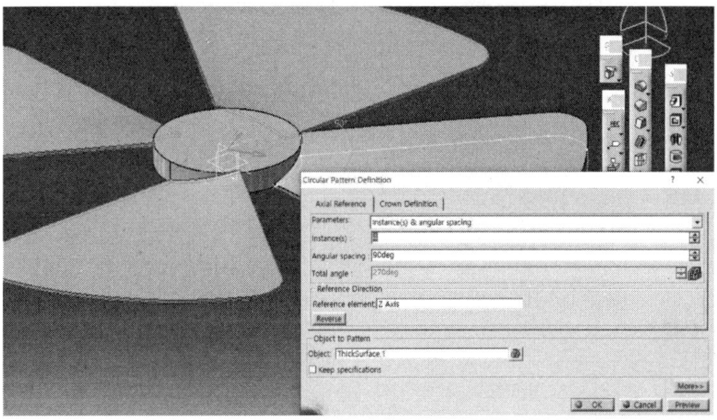

▶ 가운데 부분을 을 사용하여 10mm만큼 생성한다.

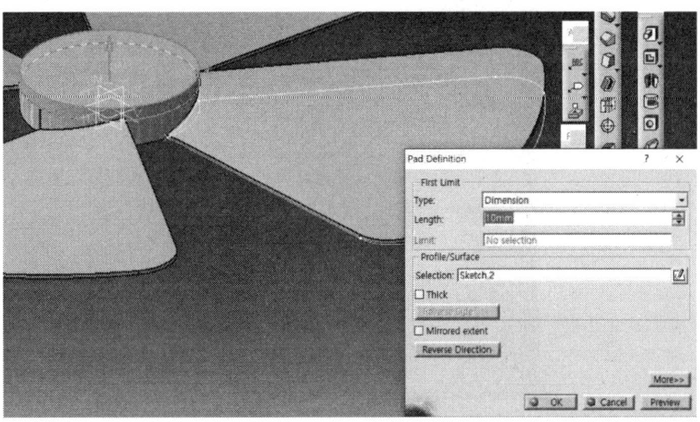

▶ 생성했던 패드 모서리를 [icon]을 사용하여 깎아준다.

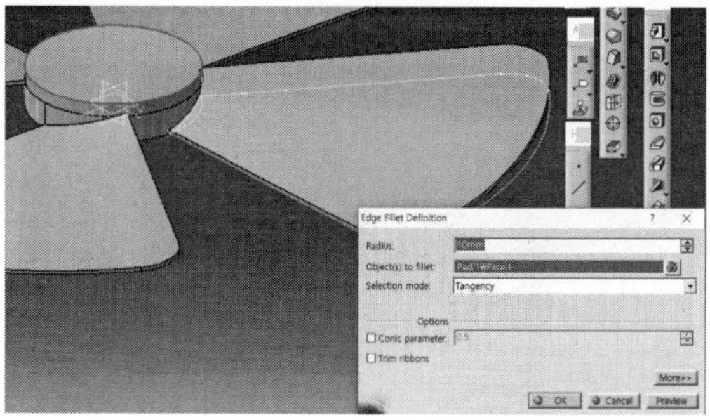

▶ [icon]을 사용하여 가운데 부분을 뚫어준다.

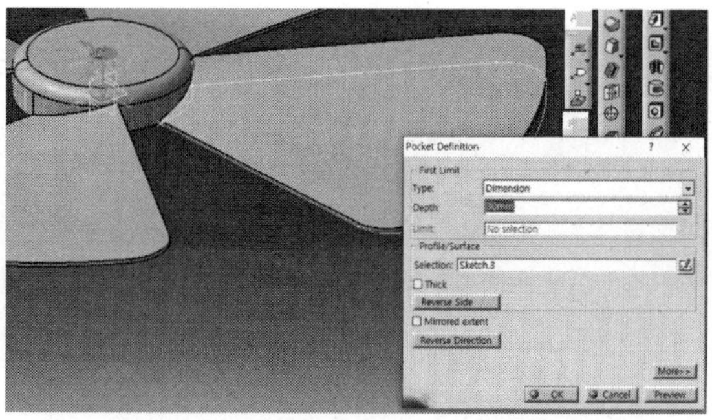

▶ 나머지 실린더, 포인트, 헬릭스, 스케치 부분을 숨기기를 하고 완성한다.

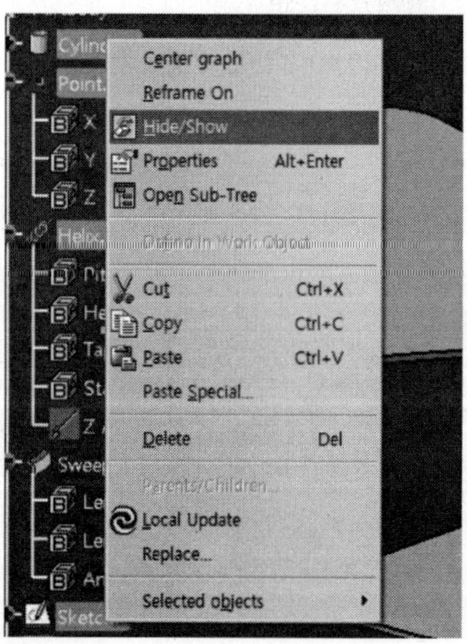

따라하기 10 : 우산 - Extrude , Fill , Sweep

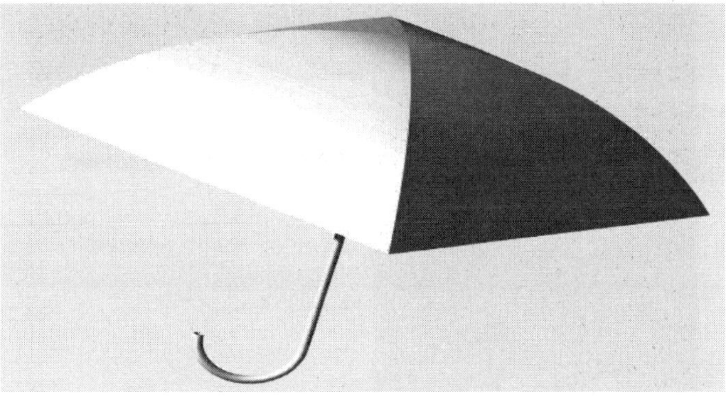

▶ Start → Shape → Generative Shape Design을 누른다. Part의 이름을 생성하고 ok 버튼을 누른다. YZ평면에 을 누르고 그려준다.

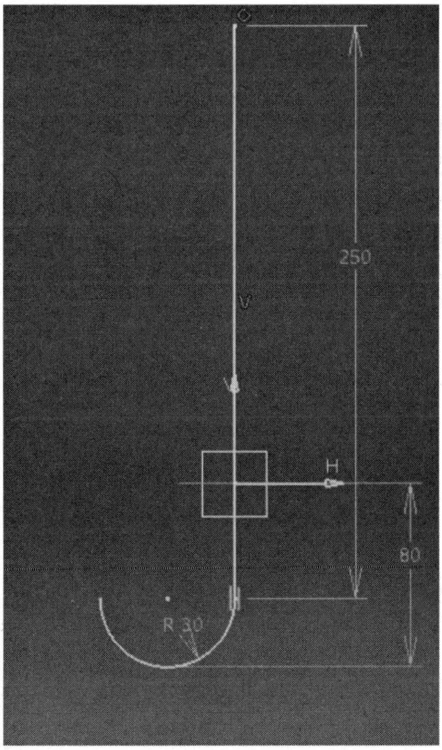

▶ 그렸던 스케치를 을 사용하여 원통을 만든다.

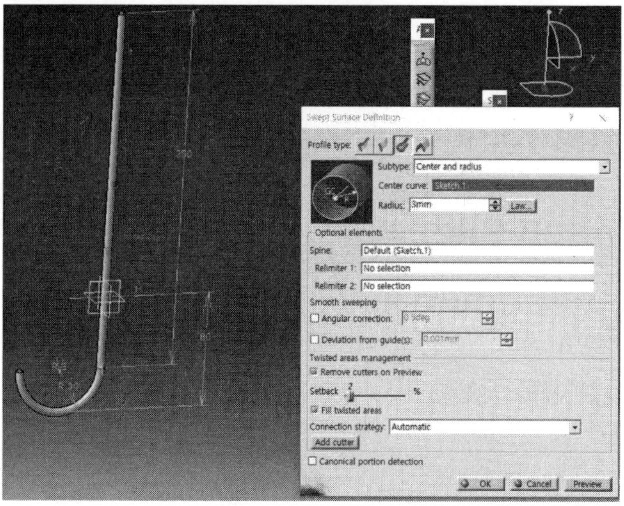

▶ YZ평면에 을 누르고 그려준다.

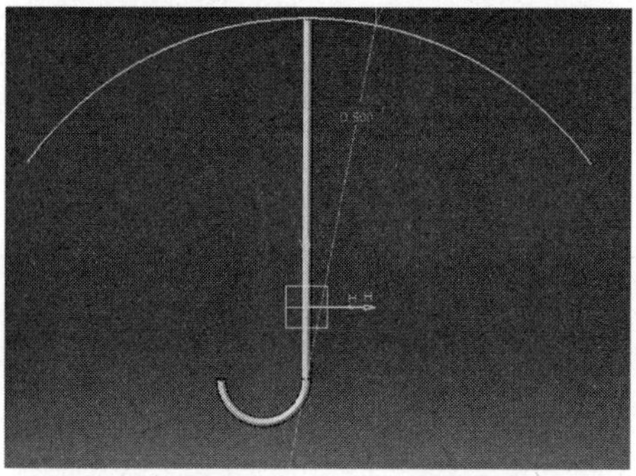

▶ ZX평면에 을 누르고 그려준다.

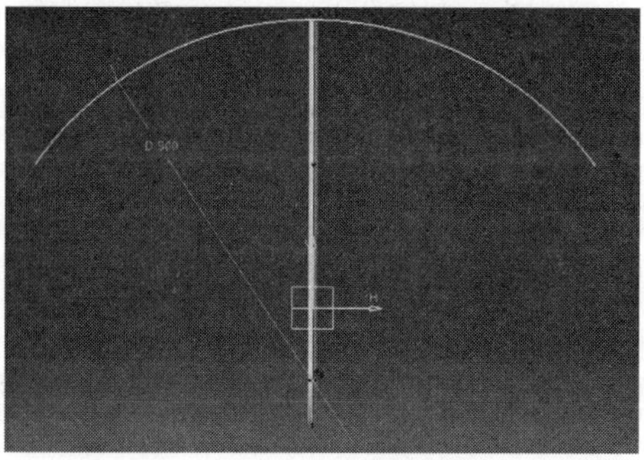

▶ 각각 YZ, ZX에 그렸던 선 끝부분에 을 사용하여 끝부분에 지정해준다. 총 4개를 만들면 된다.

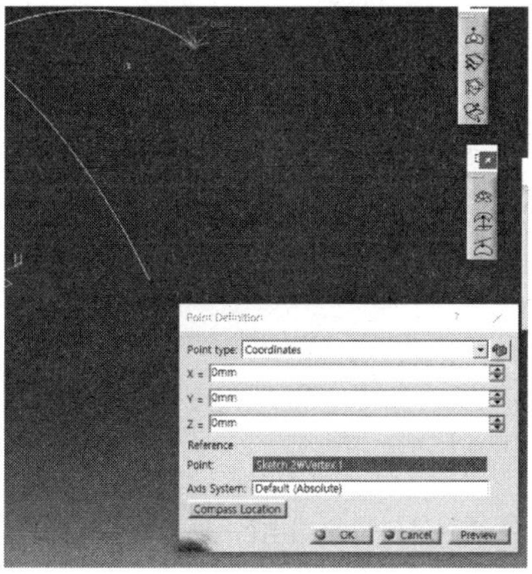

▶  Spline을 사용하여 선 끝 쪽에 이어준다.

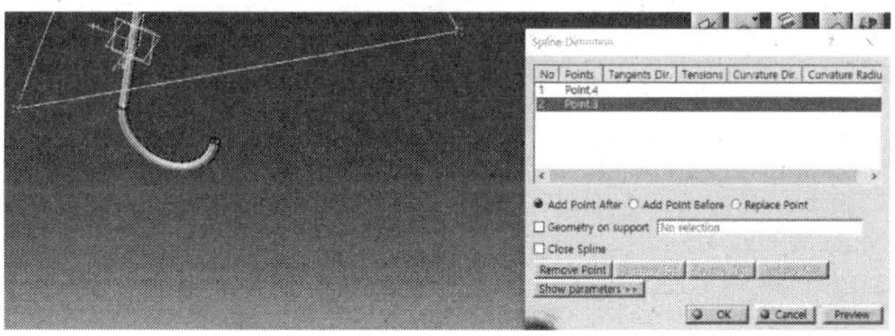

▶  Fill을 사용하여 각 모서리를 클릭하고 채워준다. 각각 총 4곳을 만들고 완성한다.

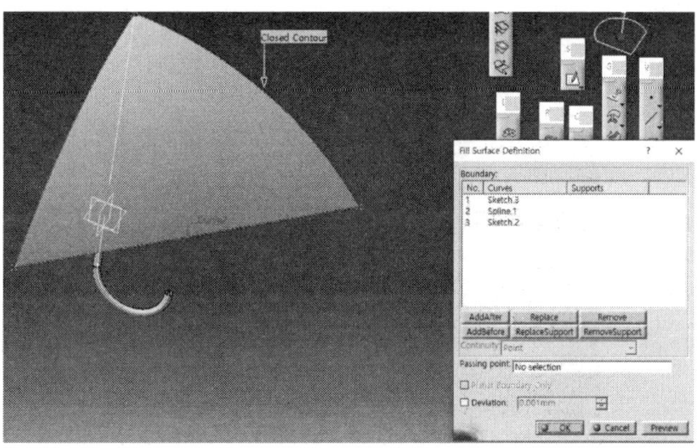

따라하기 11 : 잉크 병 - Extrude , Fill , Multi-Sections

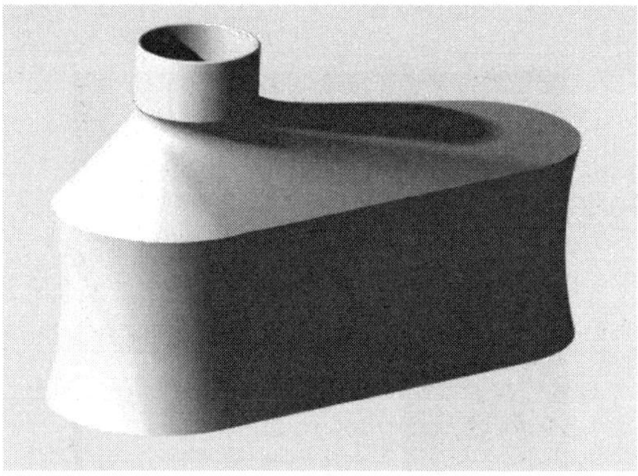

▶ Start → Shape → Generative Shape Design을 누른다. Part의 이름을 생성하고 ok 버튼을 누른다. XY평면에서 을 누르고 위로 50mm만큼 생성한다. 그리고 이것을 50mm씩 늘리면서 반복하여 총 3개의 Plane을 만들어준다.

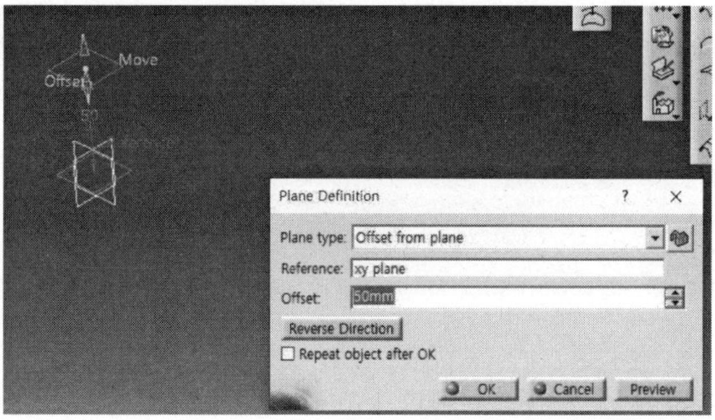

▶ XY평면에서 를 해준다.

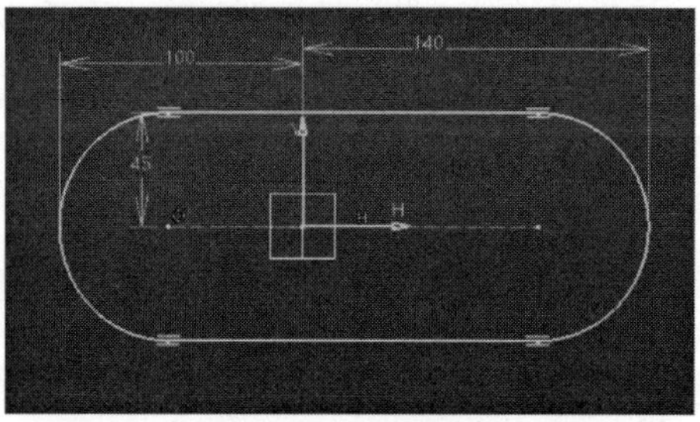

▶ 첫 번째 Plane에서 을 누르고 XY평면에 그렸던 선을 Offset을 사용하여 생성한다.

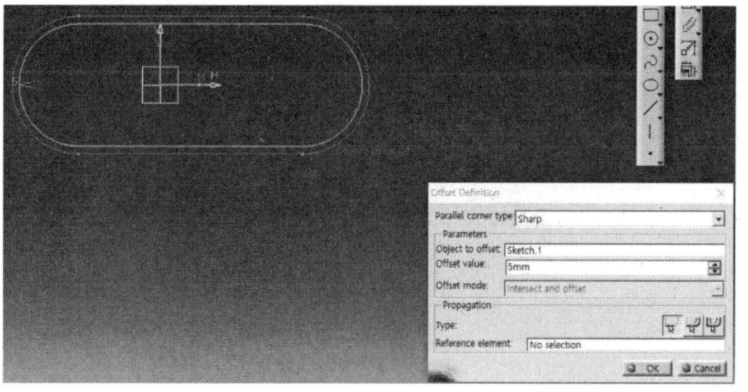

▶ 두 번째 Plane에서도 을 누르고 첫 번째에 그렸던 선을 Offset을 사용하여 생성한다.

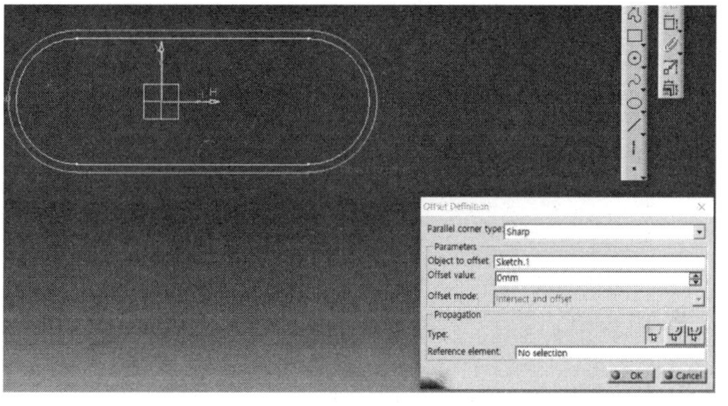

▶ 세 번째 Plane에서 을 누르고 그려준다.

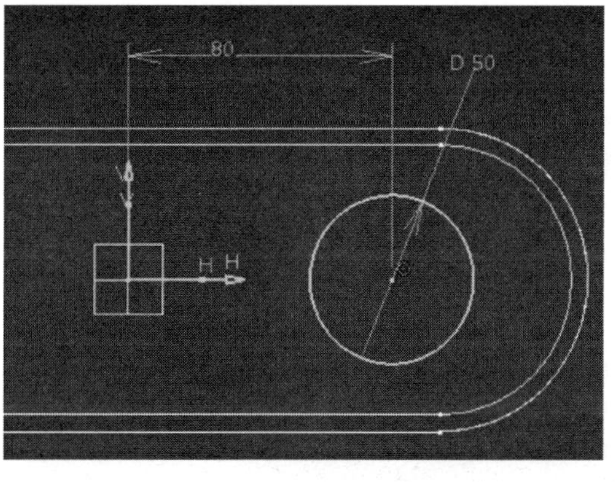

▶ XY, 첫 번째, 두 번째 스케치를 다중으로 누르고 Multi-Sections Surface를 사용하여 생성한다.

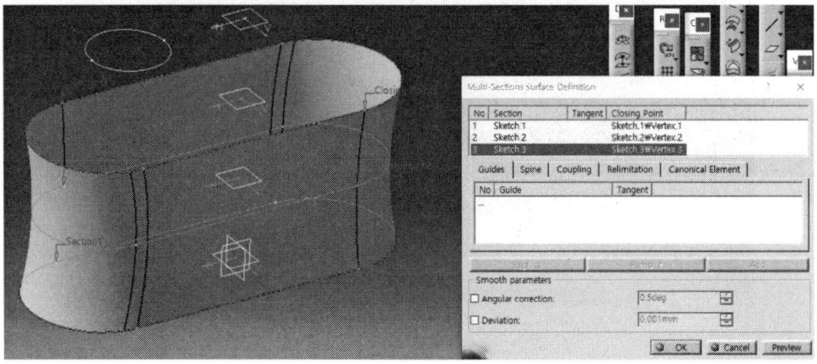

▶ 세 번째 스케치를 누르고 Extrude를 사용하여 원기둥을 생성한다.

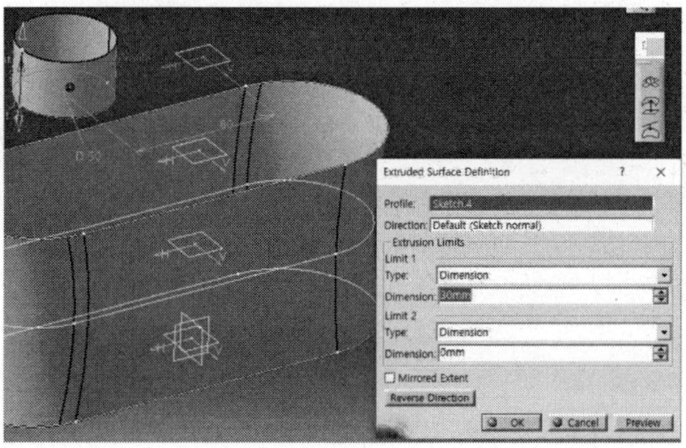

▶ 세 번째 스케치와 두 번째 스케치 부분을 이어주기 위해 을 사용하여 앞에서처럼 생성한다.

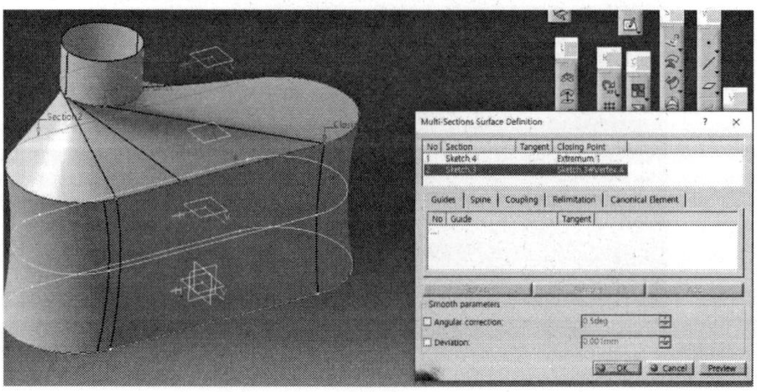

▶ XY평면 바닥 부분에 Fill을 사용하여 채워준다.

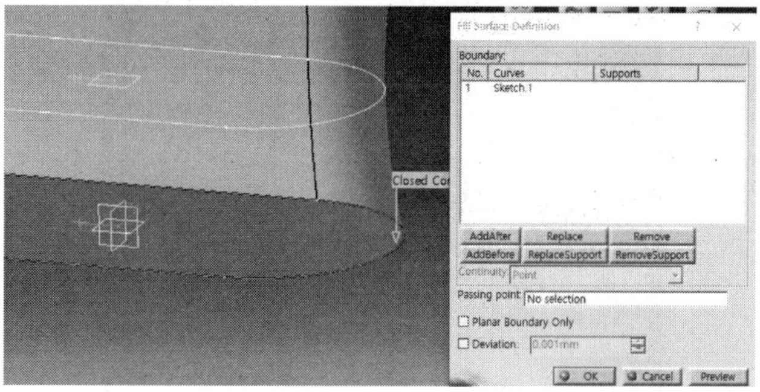

▶ 원기둥 부분을 클릭하고 Offset Surface를 사용하여 안쪽에 2mm만큼 생성한다.

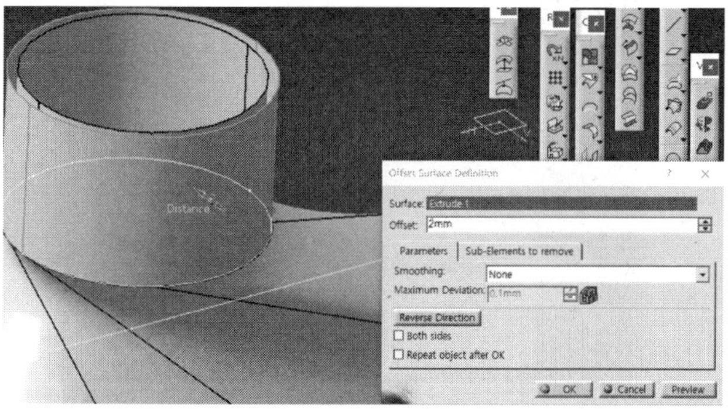

▶ 원기둥 안쪽에 생성했던 부분하고 기준 원기둥 부분의 위쪽을 이어주기 위해 을 사용하여 그림처럼 따라하기한다.

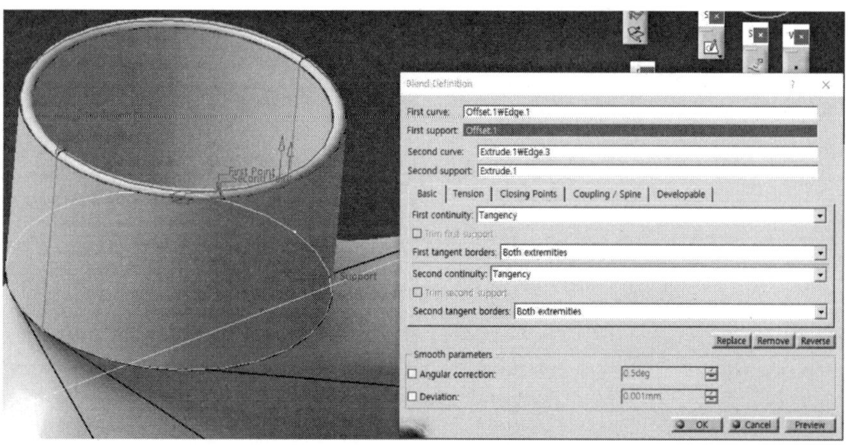

▶ 스케치, Plane을 숨겨주면 완성.

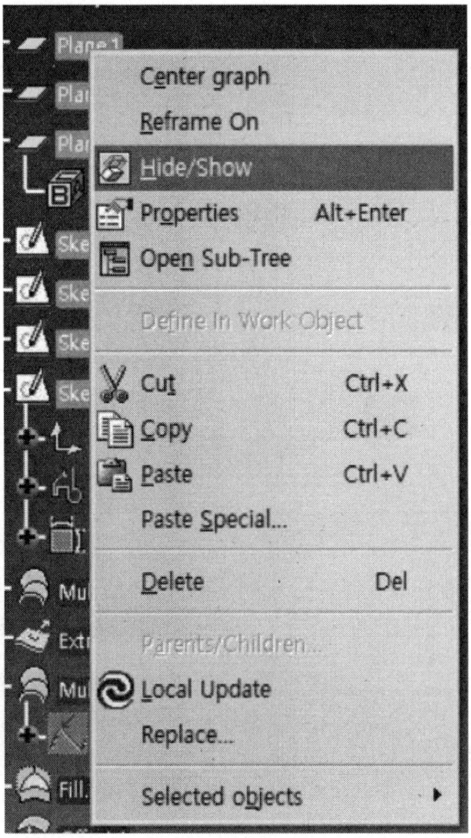

5장

Assembly Design Workbench

5.1 Assembly Design 시작하기

가. 입장하기

Start → Mechanical Design → Assembly Design으로 입장한다.

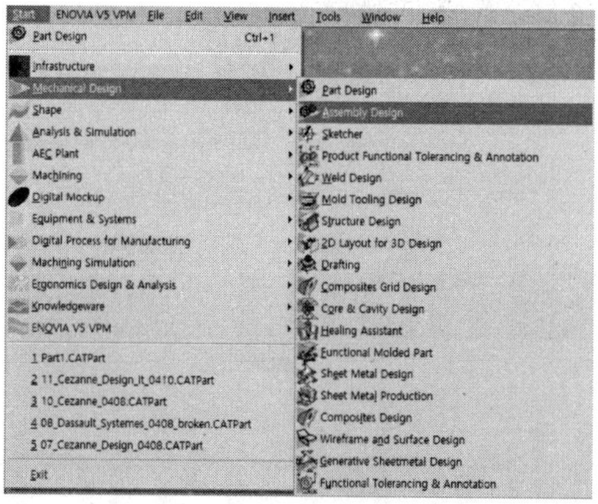

5.2 Assembly Design Toolbar

1) 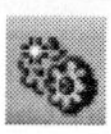 New Component

어셈블리 형상에 새로운 Component (부품)를 추가하는 기능이다. 아이콘 클릭 후 서브트리의 Product를 다음과 같이 클릭하면 Component가 새로 생성된다.

2)  New Product

어셈블리 형상에 New Product를 추가하는 명령이다. 아이콘 클릭 후 서브트리의 Product를 다음과 같이 클릭하면 Product가 새로 생성된다.

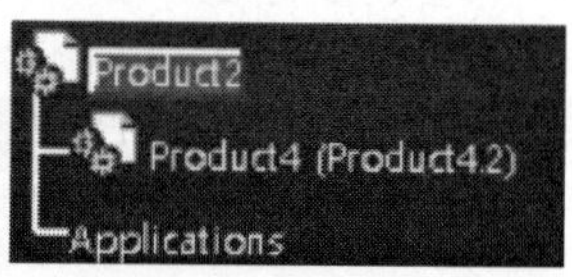

3) 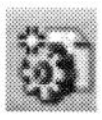 New Part

빈 파트 도큐먼트를 추가해 주는 명령이다. 클릭 후 Product를 다음과 같이 클릭하면 새 Part가 다음과 같이 생성된다.

4)  Existing Component

이미 만들어진 Part Document나 Product Document를 현재 선택한 상위 Product에 추가해 주는 명령이다. 클릭 후 원하는 파일을 선택해 주면 서브트리 및 화면에 추가된다.

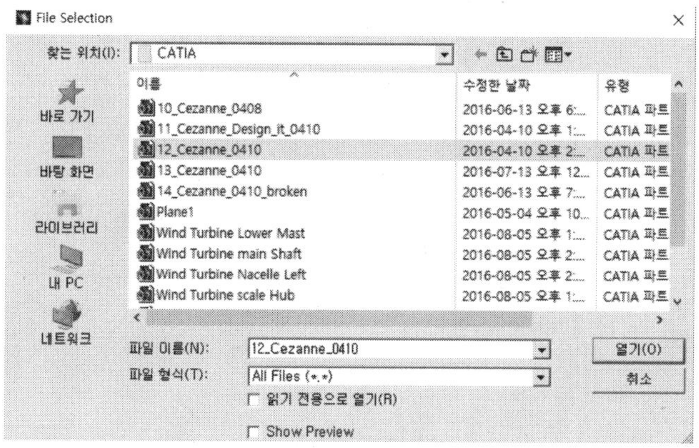

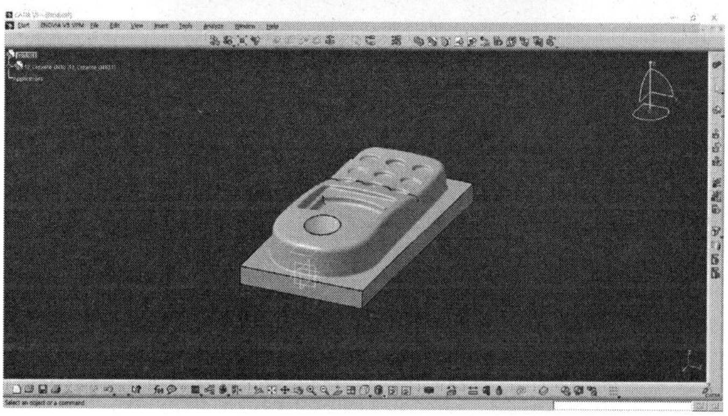

5)  Existing Component With Positioning

기존에 존재하던 Component를 현재 선택한 상위 Product에 위치를 지정해 추가해 주는 명령이다. 클릭 후 Product를 클릭하면 다음과 같이 생성된다.

클릭 후 원하는 파일을 선택해 주면 서브트리 및 화면에 추가된다.

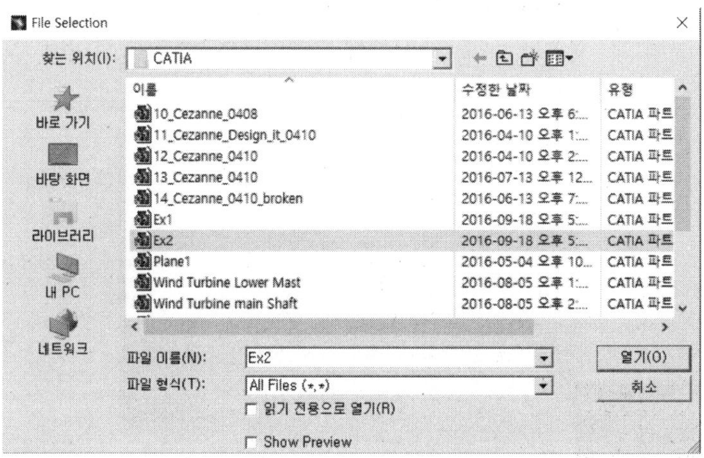

일치시킬 부분을 다음과 같이 선택한다.

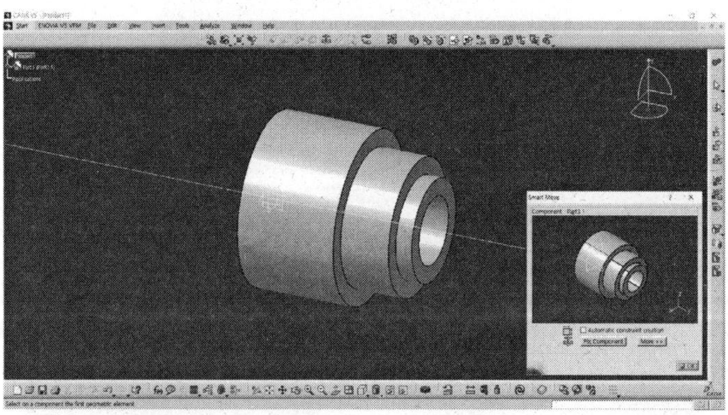

새로운 파일에서 일치시킬 부분을 선택한다.

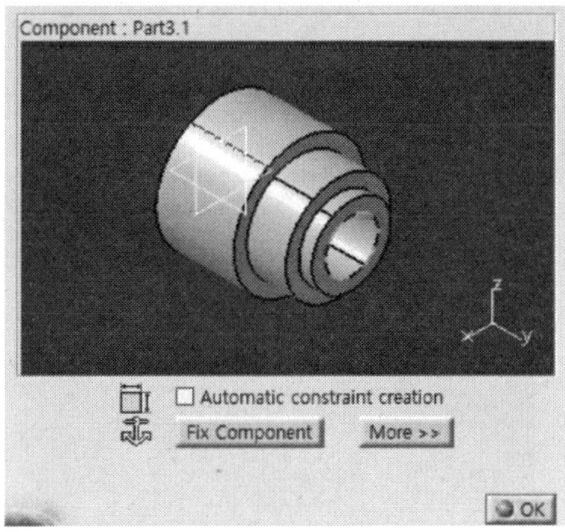

6) Graph Tree Reordering

Product에 Open된 Component들의 순서를 재정렬하는 기능이다. 버튼을 클릭한 후 정렬하고자 하는 Product를 아래와 같이 선택한다.

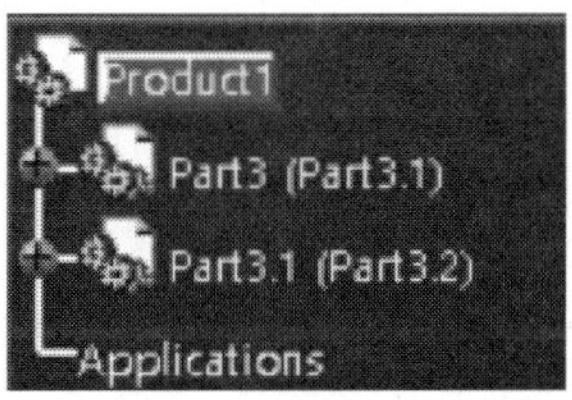

⇧ / ⇩ 버튼으로 정렬 순서를 조정할 수 있다.

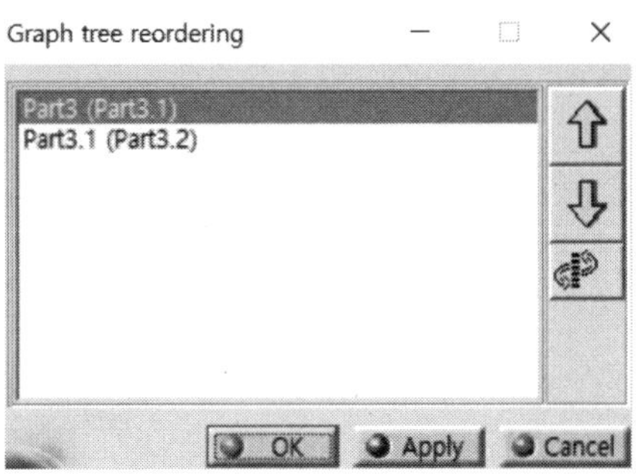

7) Fast Multi-Instantiation

하나의 컴포넌트를 복수로 불러올 경우에 사용하는 명령이다. 버튼 클릭 후 복사하고자 하는 형상을 다음과 같이 클릭한다.

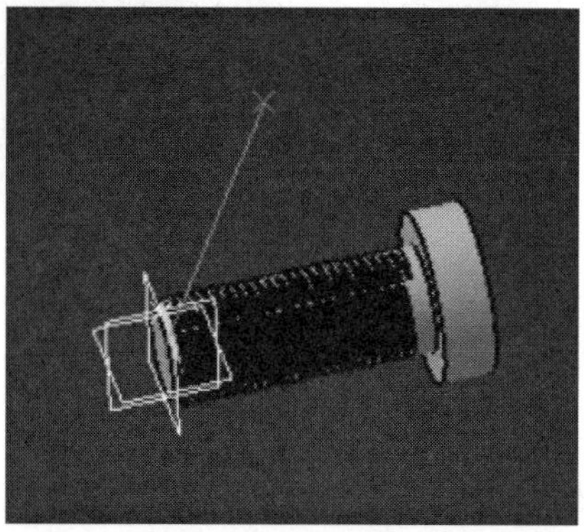

방향을 클릭하면 원하는 만큼 여러 개의 파트(Part)가 복사된다. 서브트리에서도 복사 및 Part가 추가되는 것을 확인 가능하다.

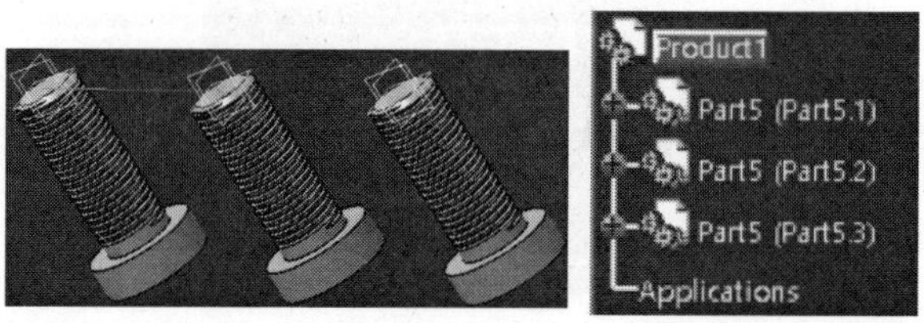

5.3 Assembly Design 따라하기

따라하기 1 : 유압 부품 조절장치 Assembly

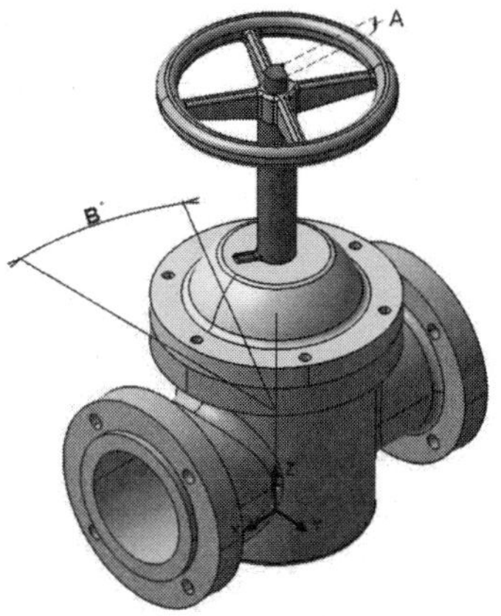

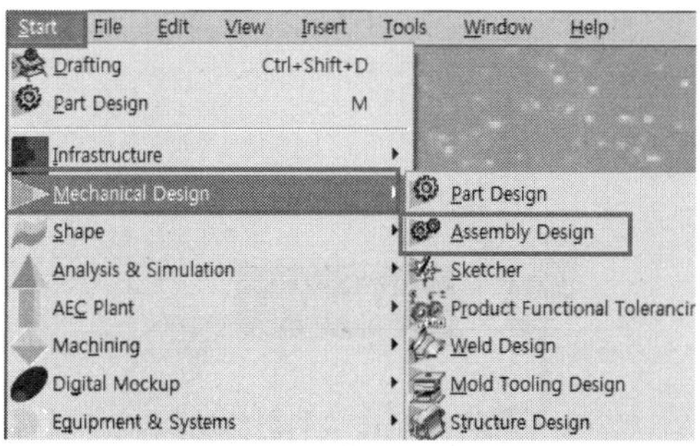

1) 문제에서 주어진 압축파일 Connecting_Rod_Assembly를 받아 압축 해제하고, CATIA는 Start ▶ Mechanical Design ▶ Assembly Design을 클릭한다.

2) 작업에 들어가기 전에 Tool ▶ Options 을 클릭한다.

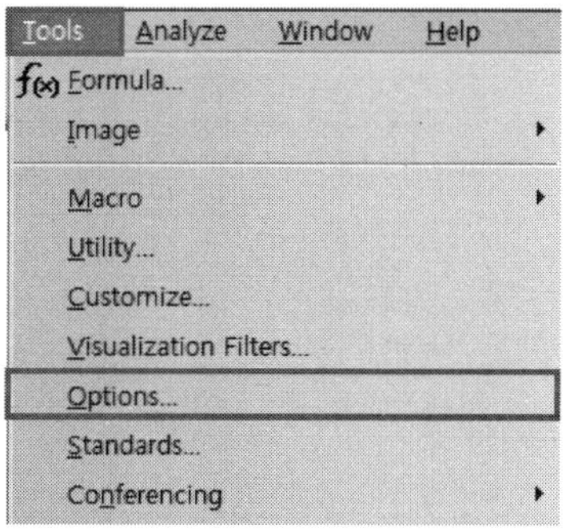

3) Option창이 뜨면 Mechanical Design ▶ Assembly Design ▶ General ▶ Update를 Automatic로 설정해 준 다음 OK를 클릭한다.

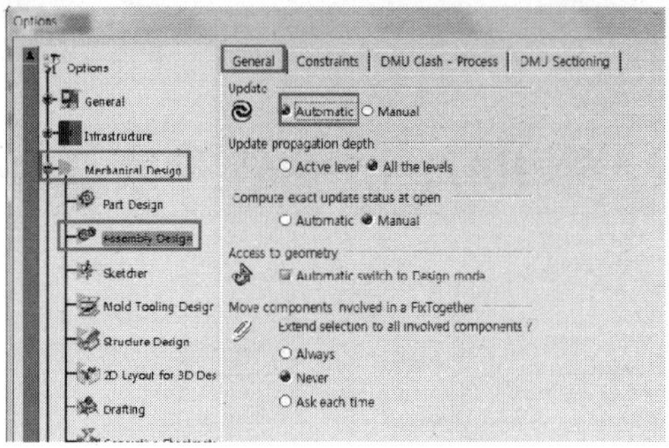

4) Insert ▶ Existing Component 를 클릭하거나 Existing Component Icon 을 선택하여 준다.

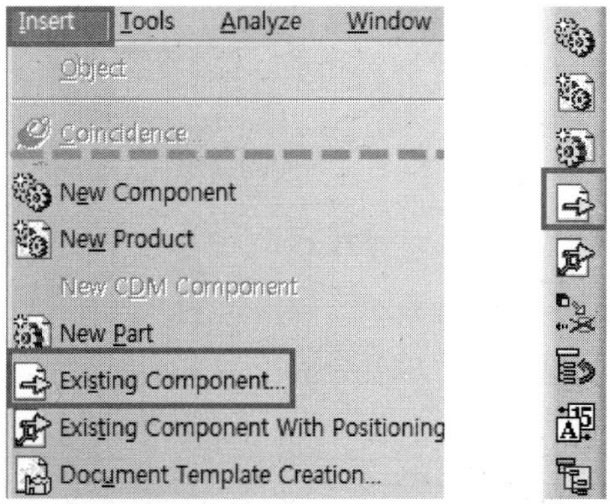

5) Specification Tree에 Product 1을 클릭한다.

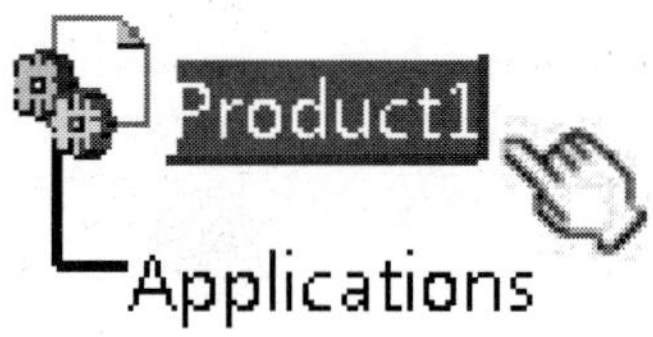

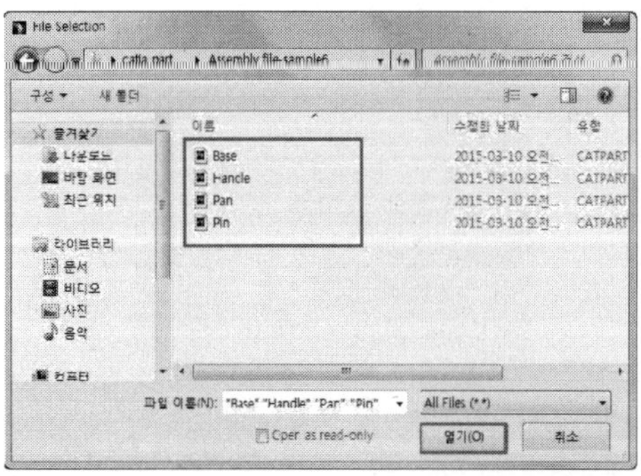

6) File Selection 창이 뜨면 압축을 풀어 놓은 폴더를 찾아서 4개의 파일을 전부 선택한 후 열기를 클릭한다.

7) Insert ▶ Fix 를 클릭하거나

Fix 을 클릭한다.

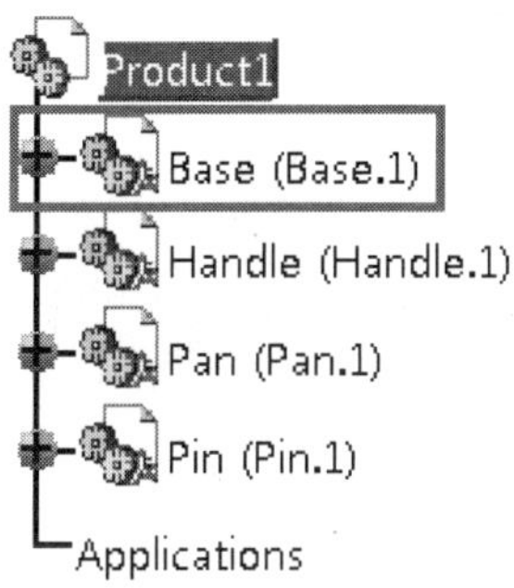

8) 중심 좌표가 될 Base를 클릭한다.

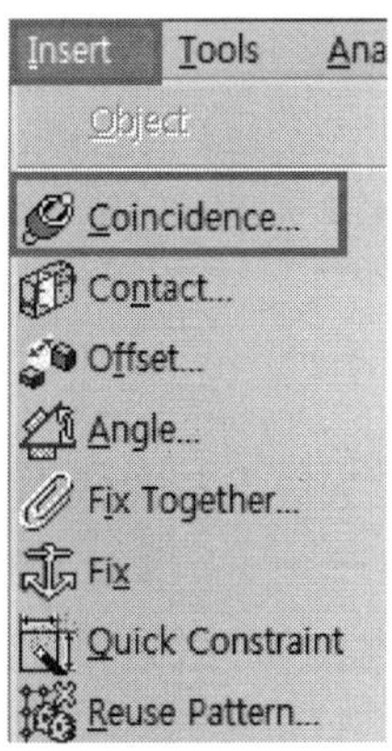

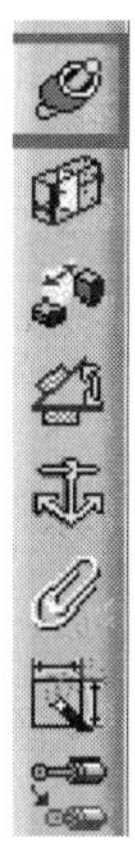

9) Insert ▶ Coincidence Constraint 를 클릭하거나 Coincidence Constraint Icon 을 클릭한다.

10) Assistant 창이 뜨면 Close를 클릭하면 된다.

(지속적으로 뜨지 않게 하려면 Do not prompt in future을 체크한 후 Close를 클릭한다.)

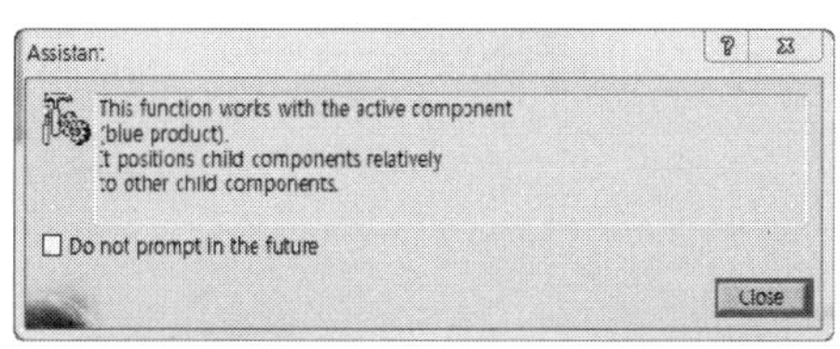

11) Base의 중심축과 Pan의 중심축을 선택한다. (축 일치)

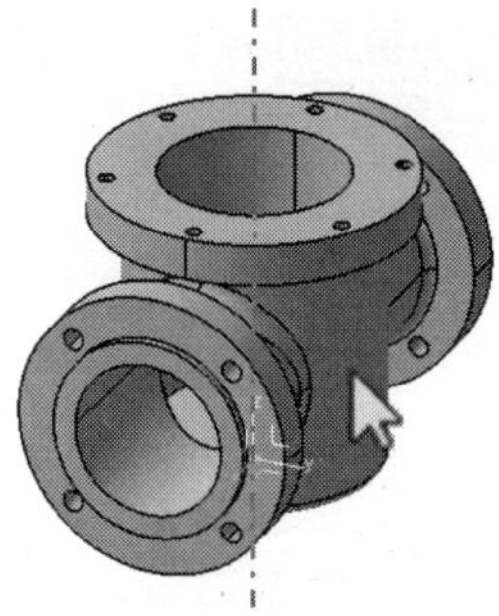

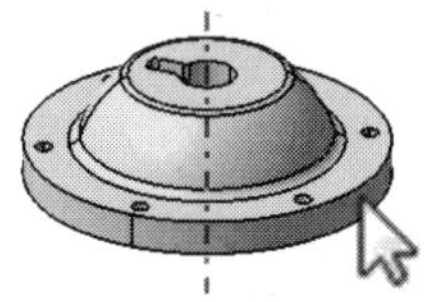

12) Base의 화살표가 가리키는 면과 Pan의 화살표가 가리키는 면을 선택한다. (면 일치)

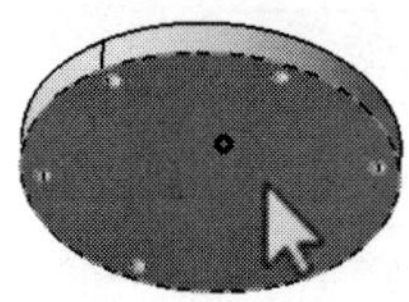

13) Coincidence Properties 창이 뜨면 Orientation = Opposite 로 설정한 후 OK를 클릭한다.

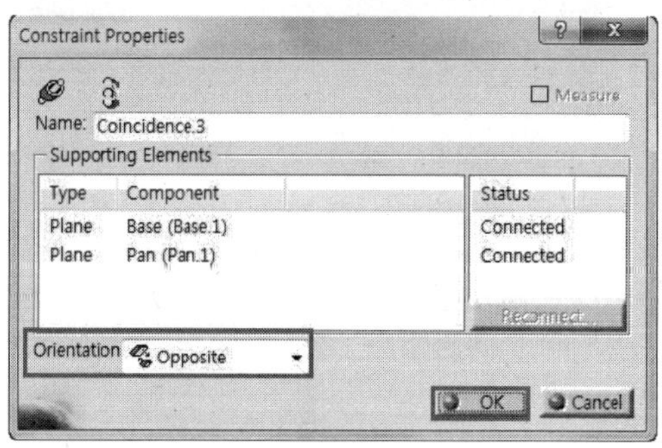

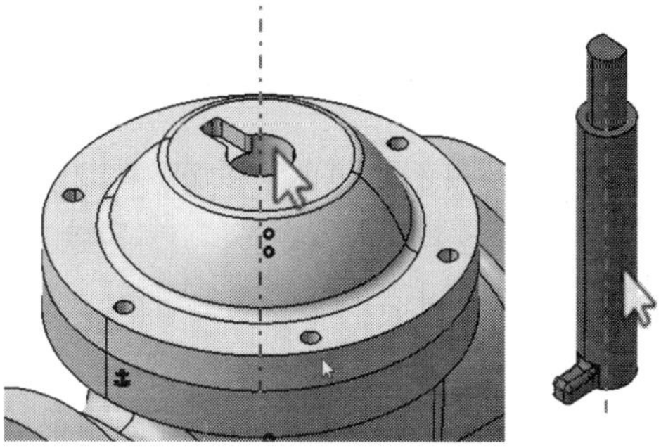

14) Pan의 중심축과 Pin의 중심축을 선택한다. (축 일치)

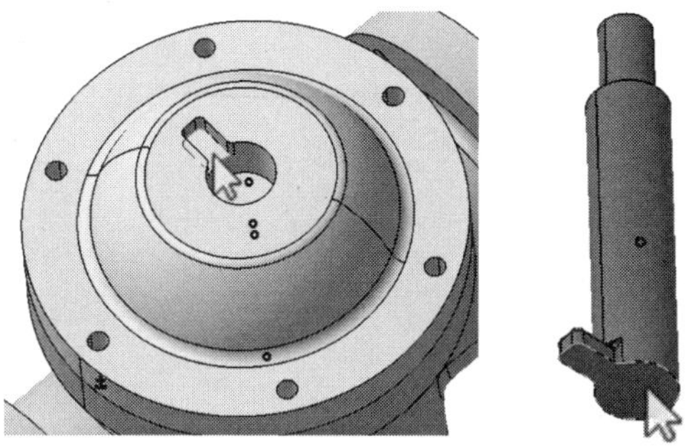

15) Pan의 화살표가 가리키는 면과 Pin의 화살표가 가리키는 면을 선택한다. (면 일치)

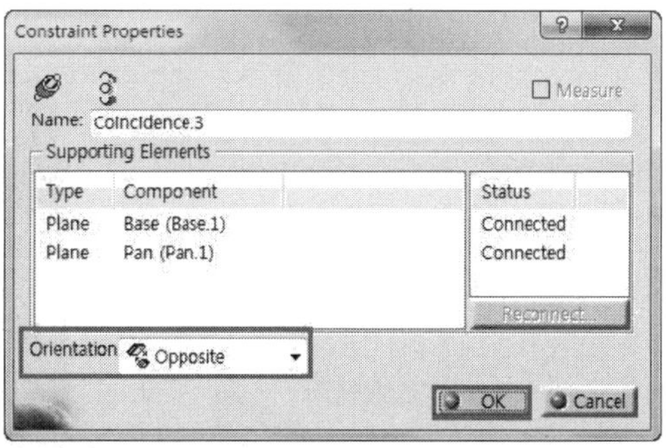

16) Coincidence Properties 창이 뜨면 Orientation = Opposite 로 설정한 후 OK를 클릭한다.

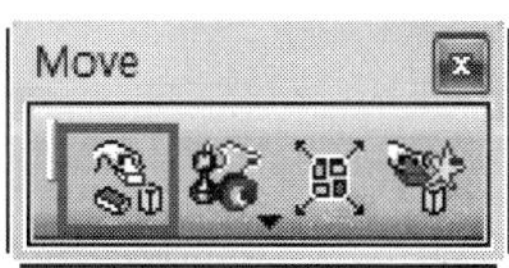

17) Move에 Manipulation 을 클릭한다.

18) Manipulation Parameter창이 뜨면 Drag along Z axis를 클릭한 다음 Pin의 면을 선택하기 쉽게 옮겨 준다.

19) Insert ▶ Contact Constraint 를 클릭하거나 Contact Constraint Icon 을 클릭한다.

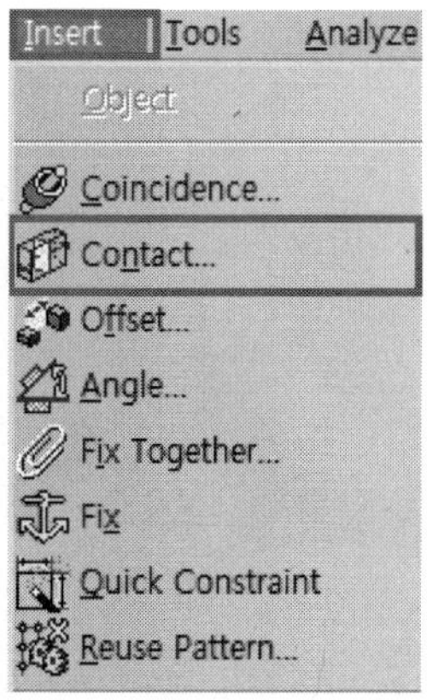

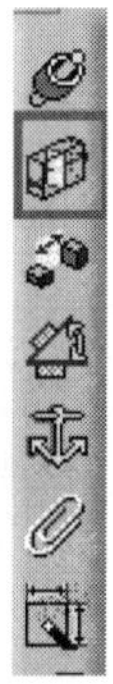

20) Pan의 화살표가 가리키는 면과 Pin의 화살표가 가리키는 면을 선택한다. (면 일치)

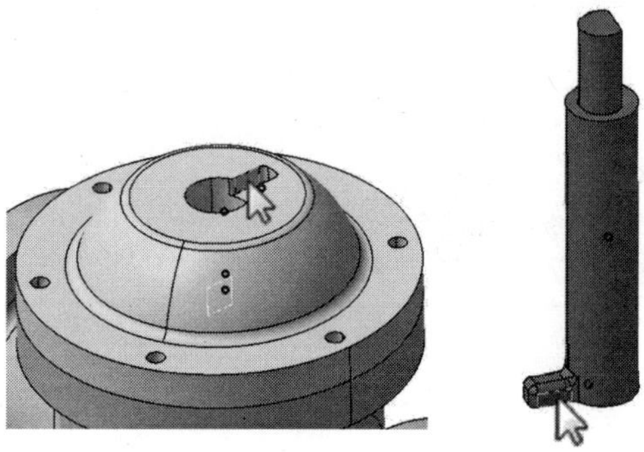

21) Coincidence Constraint Icon 을 더블 클릭한 후 Pin의 중심축과 새로 생성한 Handle의 중심축을 클릭한다. (축 일치)

22) Pin의 화살표가 가리키는 면과 Handle의 화살표가 가리키는 면을 선택한다. (면 일치)

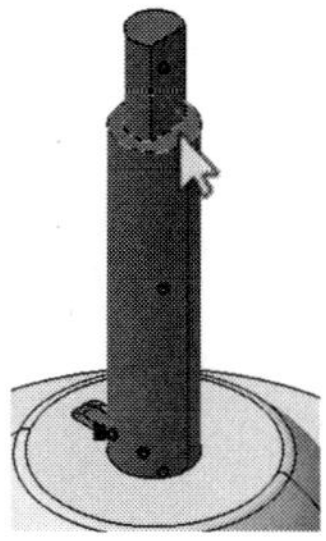

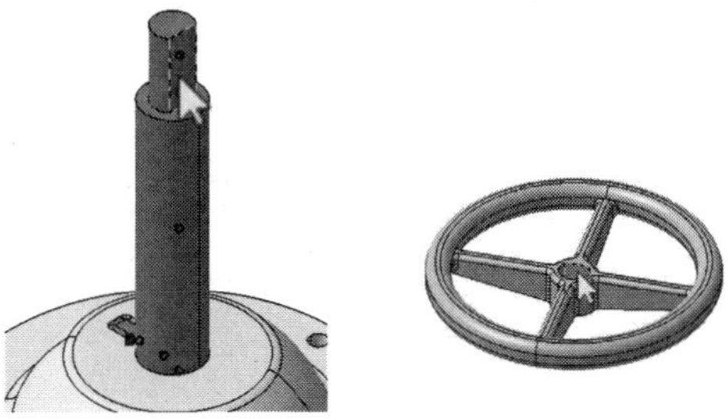

23) Contact Constraint Icon 을 더블 클릭한 후 Pin의 화살표가 가리키는 면과 Handle의 화살표가 가리키는 면을 선택한다. (면 일치)

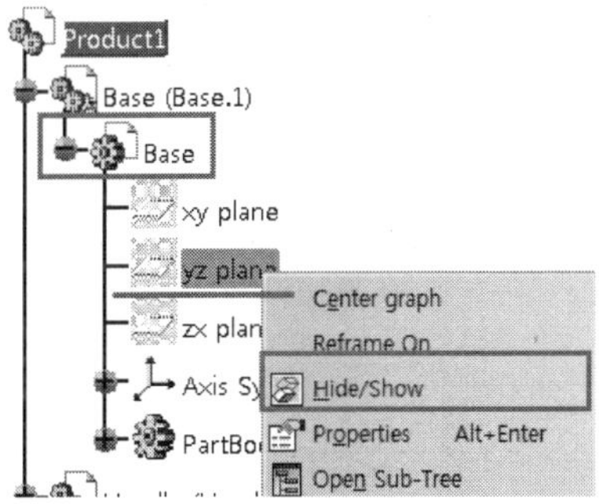

24) 각도를 주기 위해서는 면이 필요하기 때문에 specification Tree에서 Base ▶ Base ▶ YZ Plan에서 MB3을 클릭하여 Hide/Show를 클릭한다.

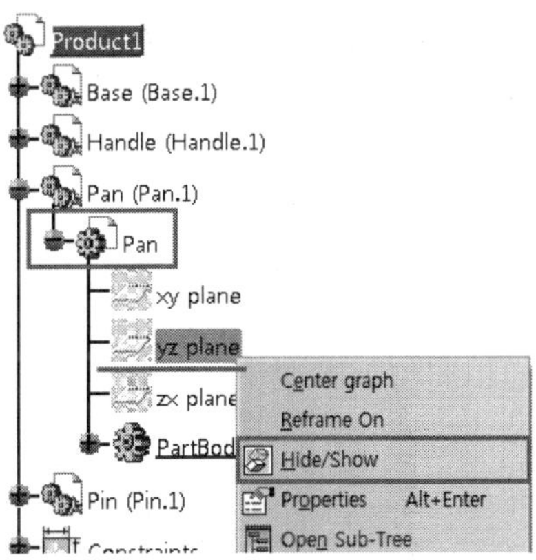

25) specification Tree에서 Pin ▶ Pin ▶ YZ Plan에서 MB3을 클릭하여 Hide/Show를 클릭한다.

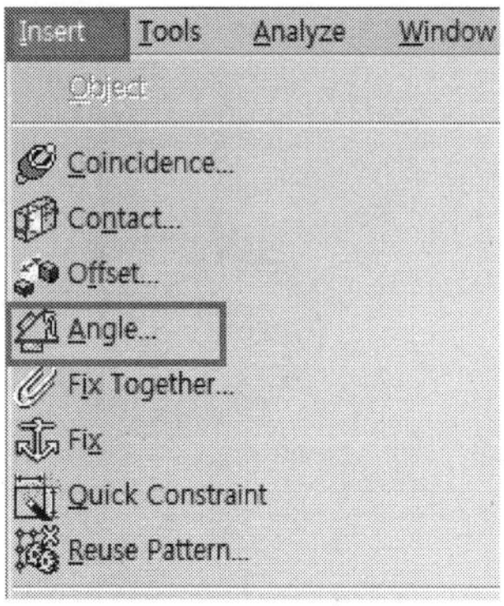

26) Insert ▶ Angle Constraint 을 클릭하거나 Angle Constraint Icon 을 클릭한다.

27) 화살표가 가리키는 면을 순차적으로 선택한다.

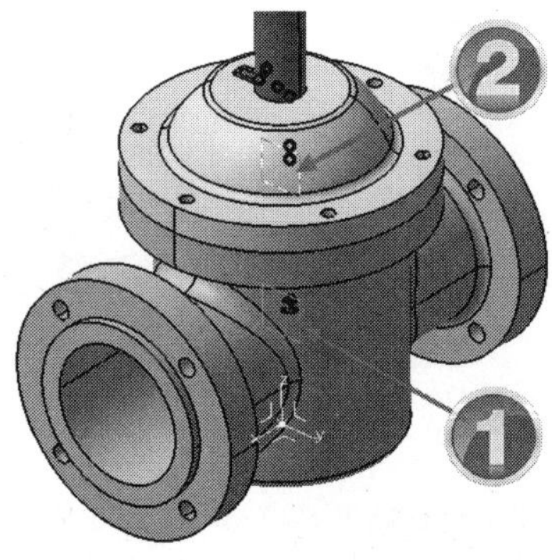

28) Constraint Properties 창이 뜨면 Sector = Sector 1, Angle = 60deg 입력한 후 OK를 클릭한다.

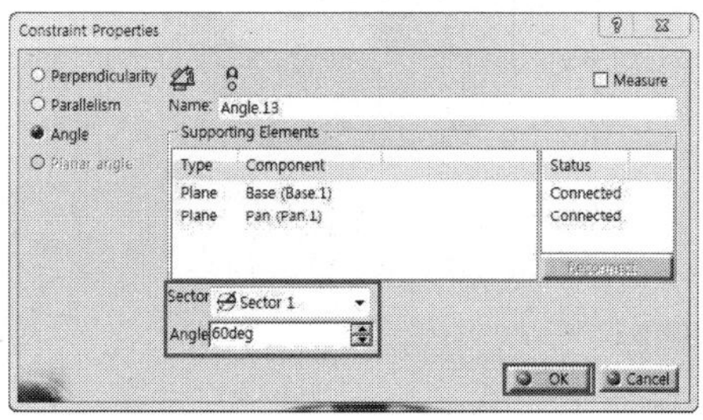

따라하기 2 : Hole Bracket Assembly

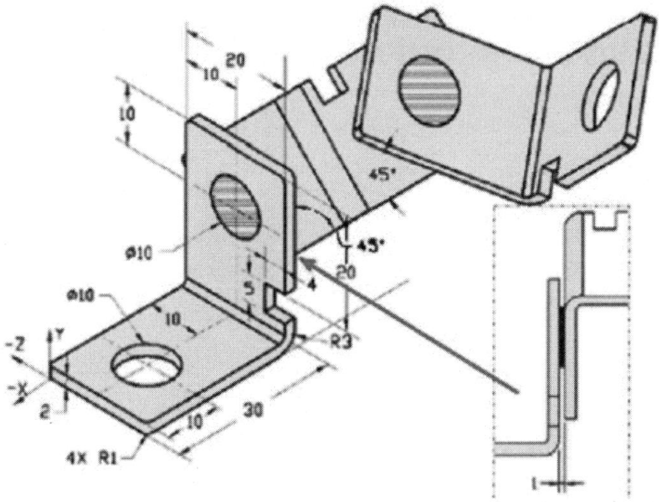

1) 문제에서 주어진 압축파일 Pipe를 받아 압축 해제 시켜주고, CATIA는 Start ▶ Mechanical Design ▶ Assembly Design을 클릭한다.

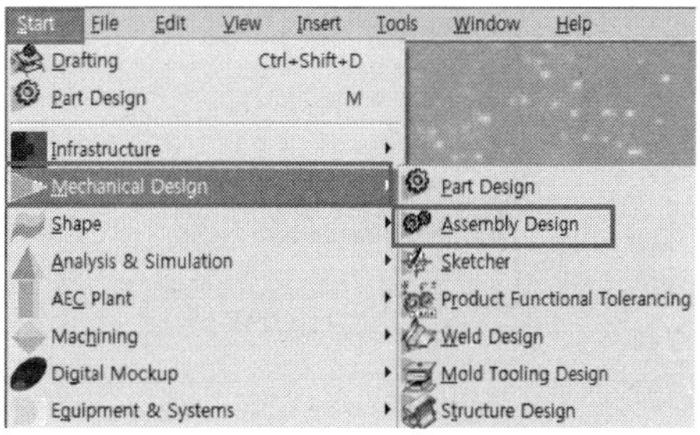

2) 작업에 들어가기 전에 Tool ▶ Options을 클릭한다.

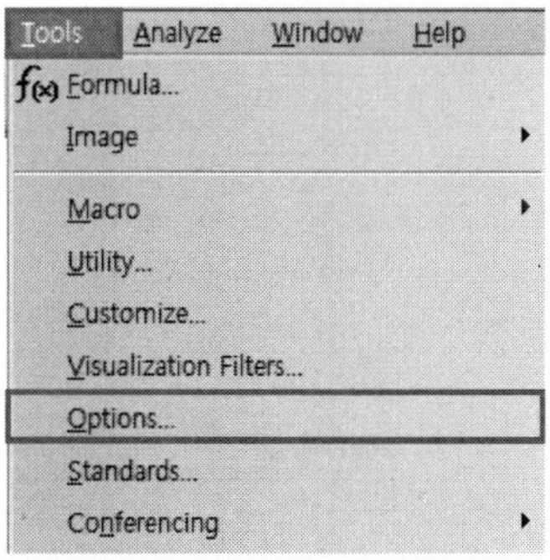

3) Option창이 뜨면 Mechanical Design ▶ Assembly Design ▶ General ▶ Update를 Automatic로 설정해 준 다음 OK를 클릭한다.

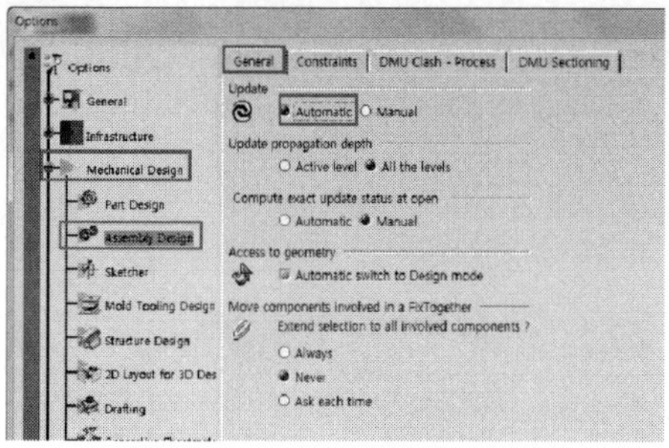

4) Insert ▶ Existing Component 를 클릭하거나 Existing Component Icon 을 선택하여 준다.

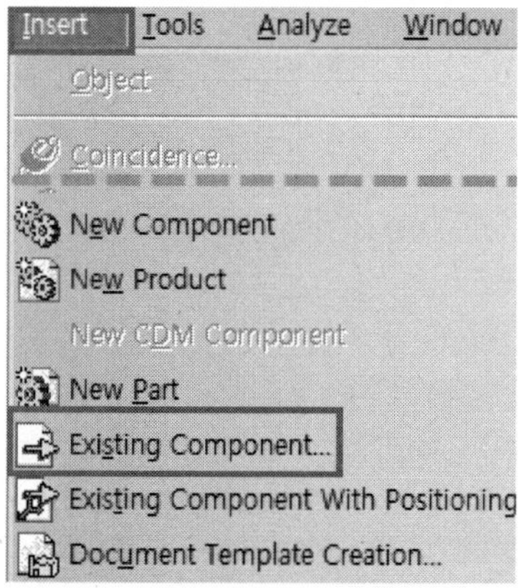

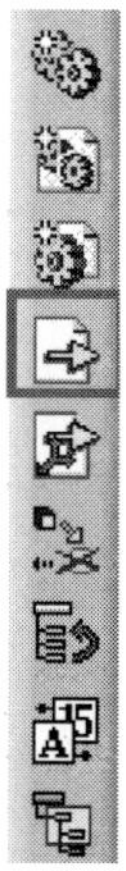

5) Specification Tree에 Product 1을 클릭한다.

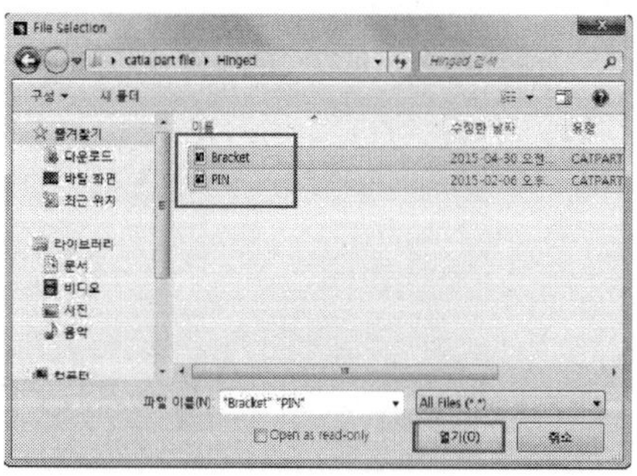

6) File Selection 창이 뜨면 압축을 풀어 놓은 폴더를 찾아서 2개의 파일을 전부 선택한 후 열기를 클릭한다.

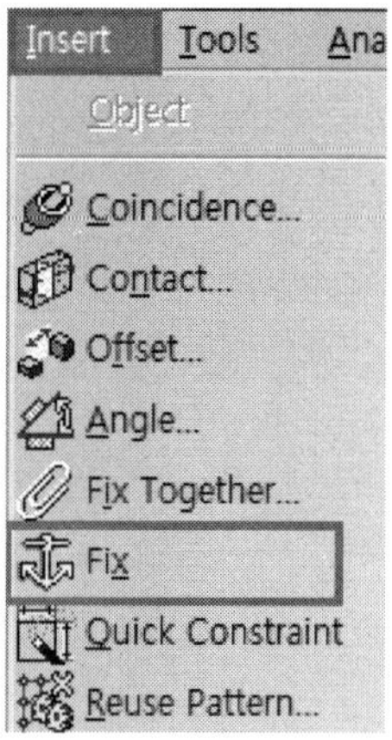

7) Insert ▶ Fix 를 클릭하거나 Fix 을 클릭한다.

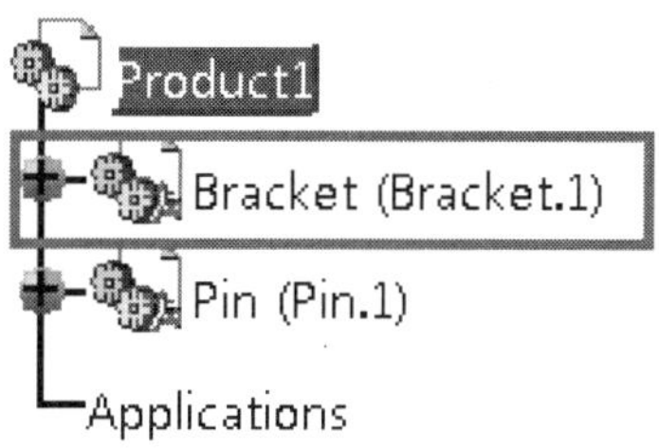

8) 중심 좌표가 될 Bracket를 클릭한다.

9) Insert ▶ Coincidence Constraint 를 클릭하거나 Coincidence Constraint Icon 을 클릭한다.

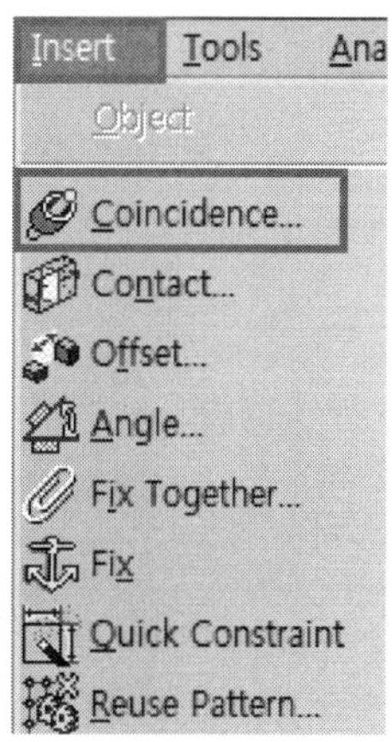

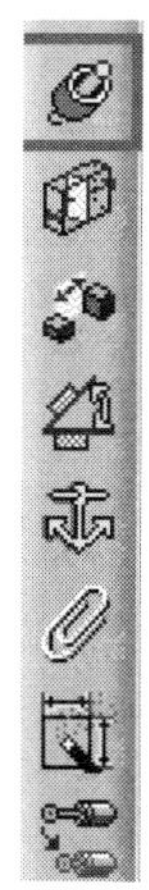

10) Assistant 창이 뜨면 Close를 클릭하면 된다.

(지속적으로 뜨지 않게 하려면 Do not prompt in future을 체크한 후 Close를 클릭한다.)

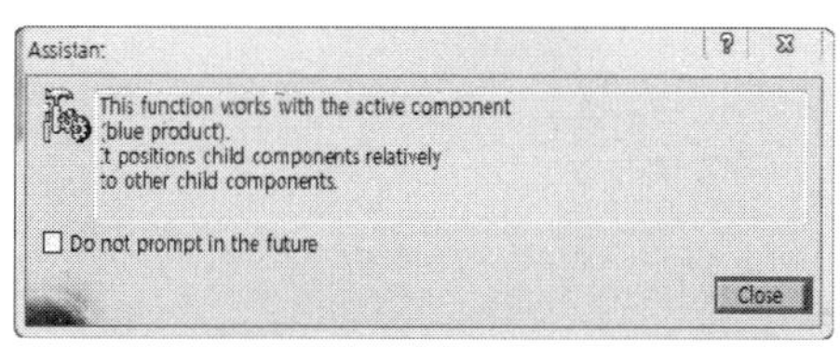

11) Bracket의 중심축과 Pin의 중심축을 선택한다. (축 일치)

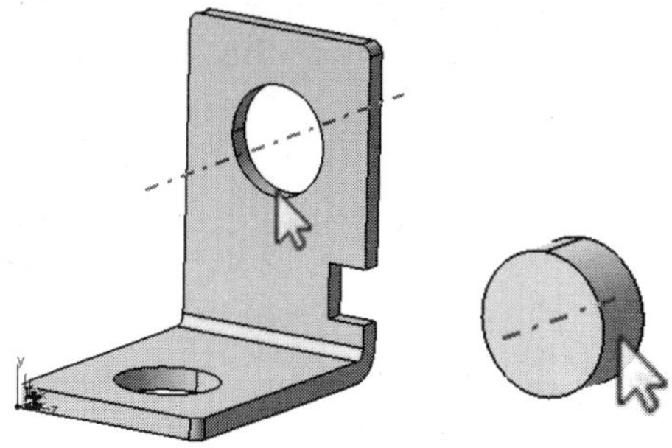

12) 화살표가 가리키는 Bracket의 면과 Pin의 면을 클릭한다. (면 일치)

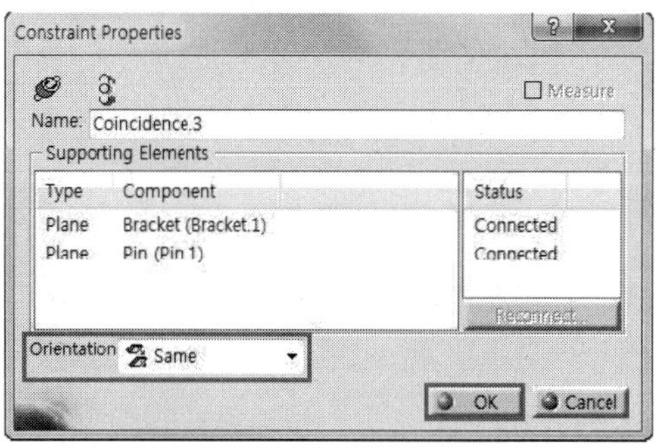

13) Coincidence Properties 창이 뜨면 Orientation = Same 로 설정한 후 OK를 클릭한다.

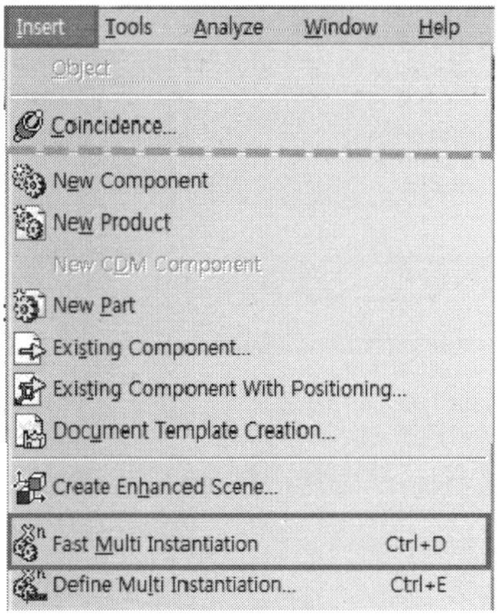

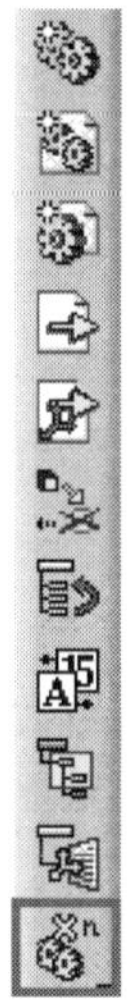

14) Insert ▶ Fast Multi Instantiation 을 클릭하거나

Fast Multi Instantiation Icon 을 클릭한다.

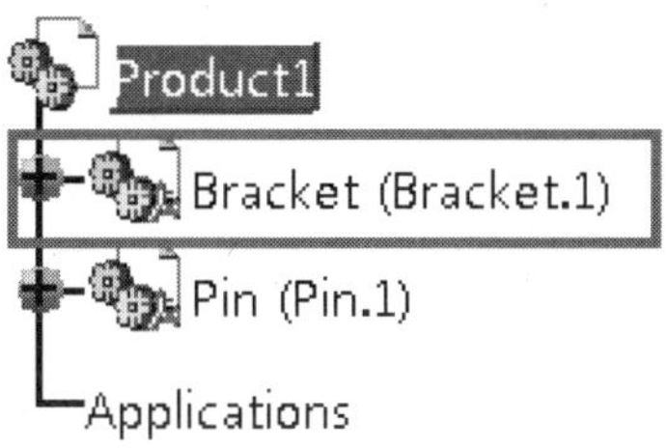

15) Bracket를 클릭하여 생성하여 준다.

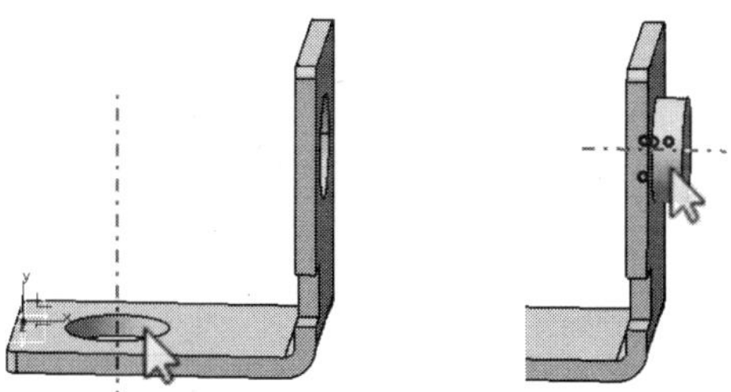

16) Coincidence Constraint Icon 을 더블 클릭한 후 Pin의 중심축과 새로 생성한 Bracket의 중심축을 클릭한다.(축 일치)

17) Pin의 화살표가 가리키는 면과 새로 생성한 Bracket의 화살표가 가리키는 면을 선택한다. (면 일치)

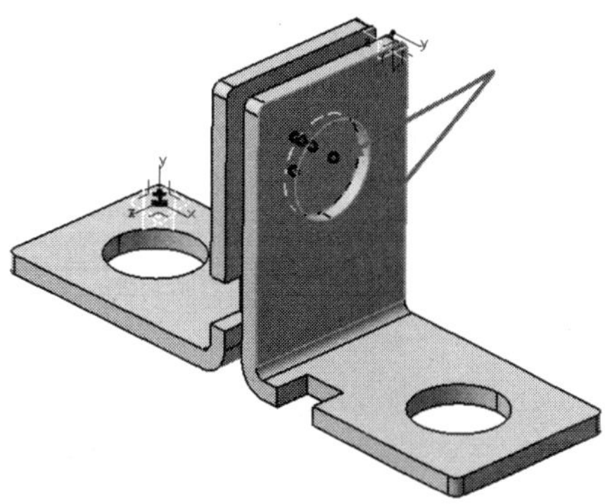

18) Coincidence Properties 창이 뜨면 Orientation = Same 로 설정한 후 OK를 클릭한다.

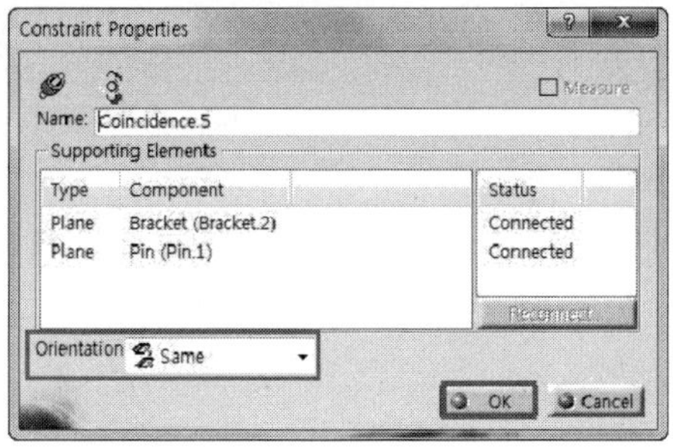

19) Insert ▶ Angle Constraint 을 클릭하거나 Angle Constraint Icon 을 클릭한다.

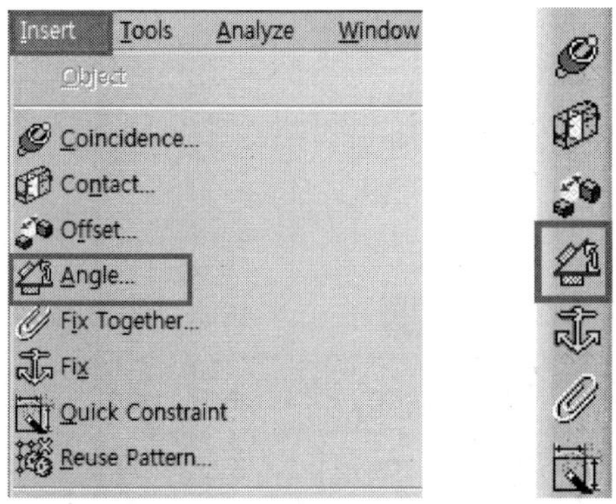

20) 화살표가 가리키는 면을 순차적으로 선택한다.

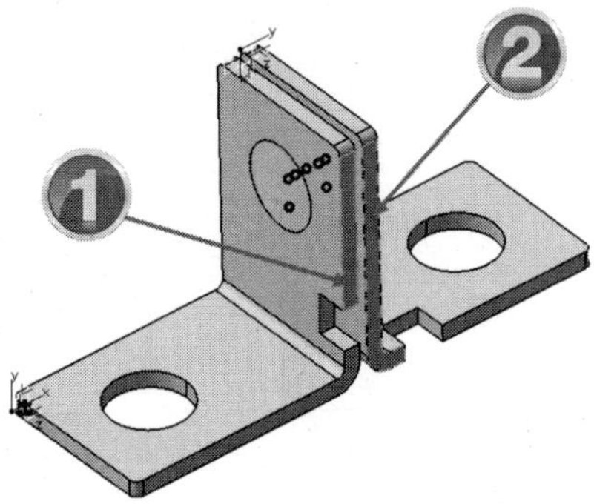

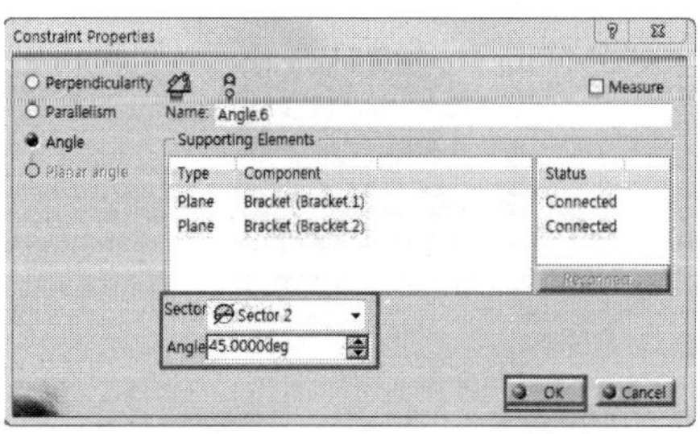

21) Constraint Properties 창이 뜨면 Sector = Sector 2, Angle = 45deg 입력한 후 OK를 클릭한다.

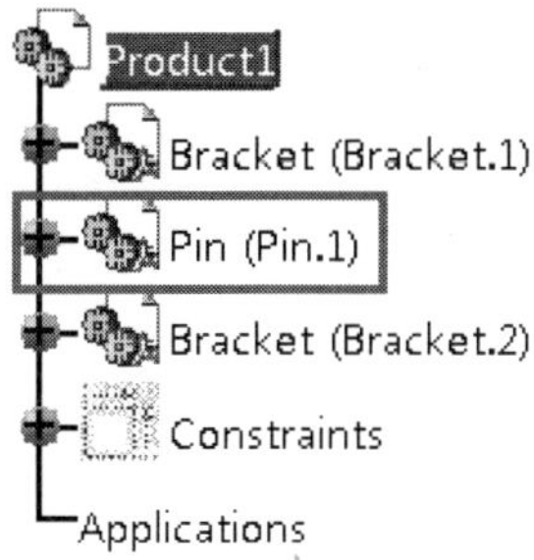

22) Fast Multi Instantiation Icon 을 클릭하고 Pin을 클릭한다.

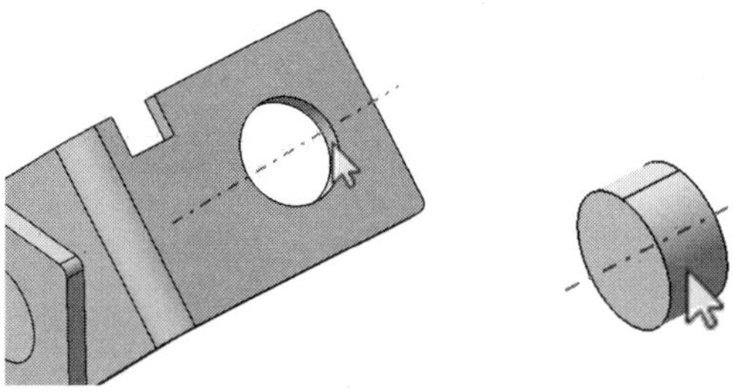

23) Coincidence Constraint Icon 을 더블 클릭한 후 Bracket의 중심축과 새로 생성한 Pin의 중심축을 클릭한다. (축 일치)

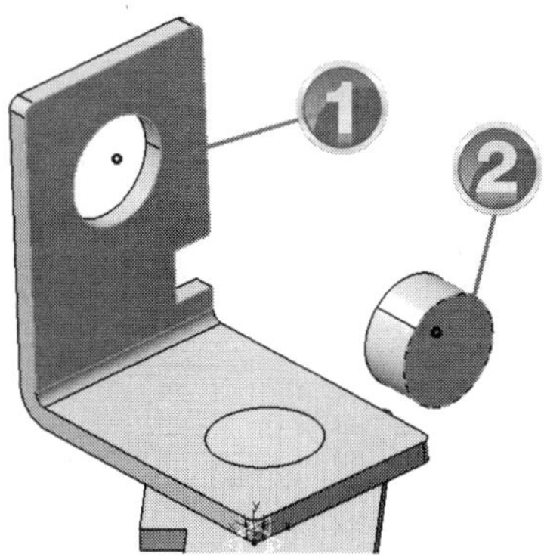

24) Pin의 화살표가 가리키는 면과 새로 생성한 Bracket의 화살표가 가리키는 면을 선택한다. (면 일치)

25) Coincidence Properties 창이 뜨면 Orientation = Same 로 설정한 후 OK를 클릭한다.

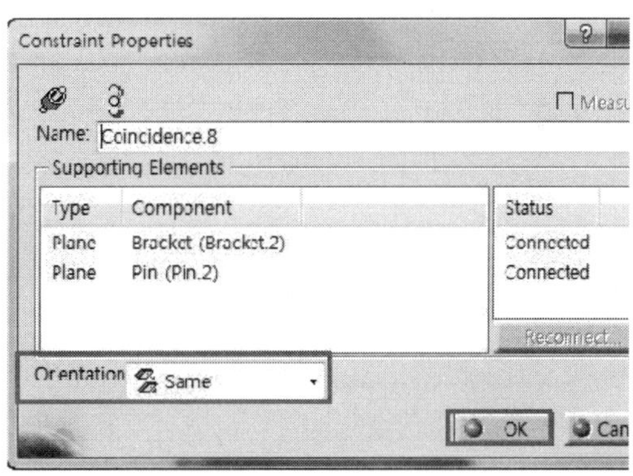

26) Fast Multi Instantiation Icon 을 클릭하고 Pin 을 클릭한다.

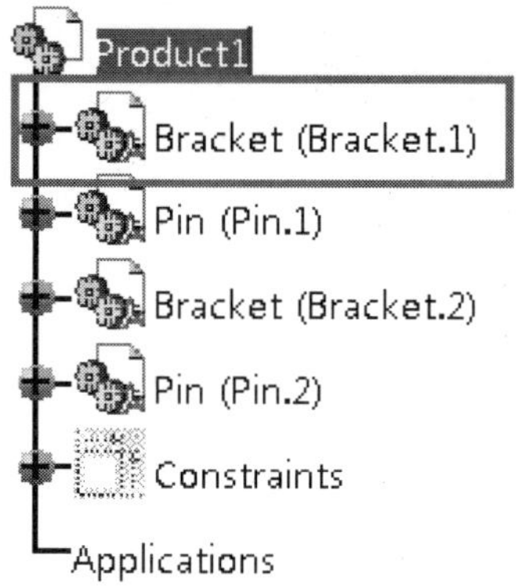

27) Coincidence Constraint Icon 을 더블 클릭한 후 Pin의 중심축과 새로 생성한 Bracket의 중심축을 클릭한다. (축 일치)

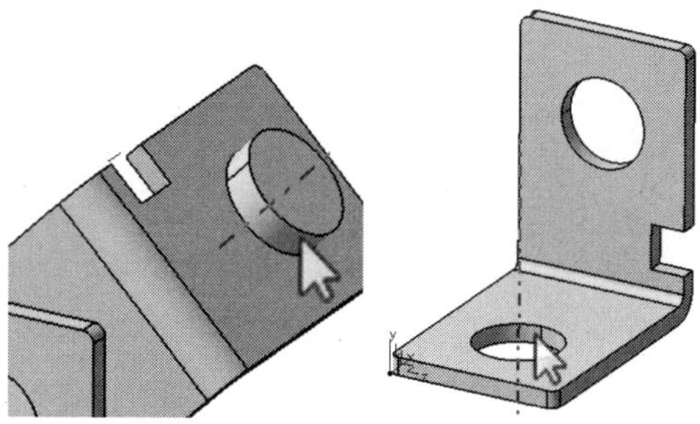

28) Coincidence Constraint Icon 을 더블 클릭한 후 Pin의 중심축과 새로 생성한 Bracket의 중심축을 클릭한다. (축 일치)

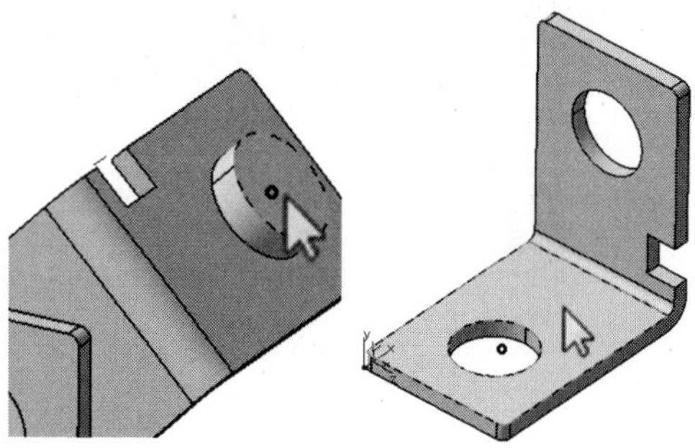

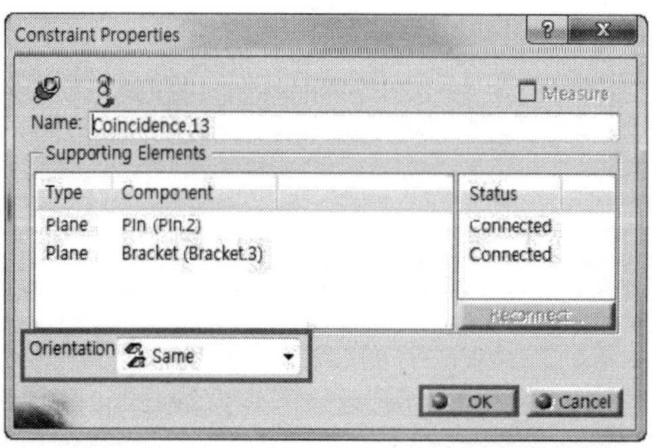

29) Coincidence Properties 창이 뜨면 Orientation = Same 로 설정한 후 OK 를 클릭한다.

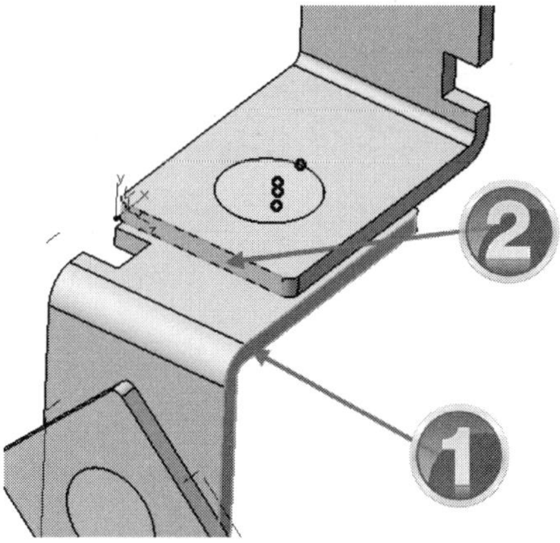

30) Angle Constraint Icon 을 클릭한 다음 화살표가 가리키는 면을 순차적으로 선택한다.

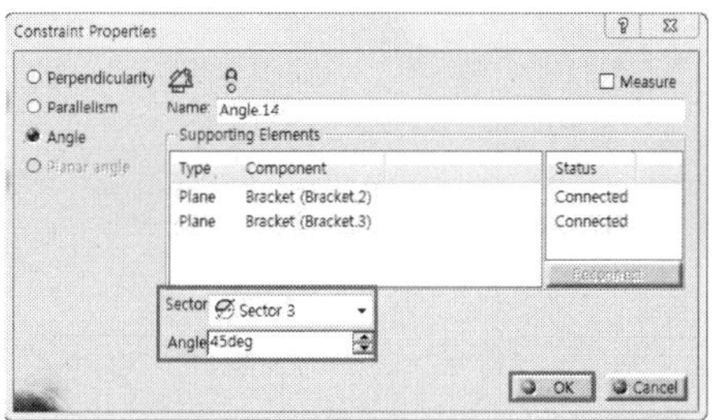

31) Constraint Properties 창이 뜨면 Sector = Sector 3, Angle = 45deg 입력한 후 OK를 클릭한다.

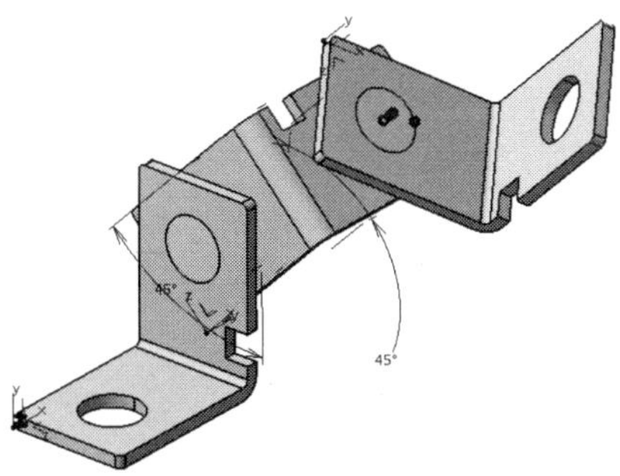

32) 다음과 같이 assembly가 완성된 것을 확인할 수 있다.

6장

Digital Mockup

6.1 DMU Kinematics 시작하기

가. 입장하기

Start → Digital Mockup → DMU Kinematics으로 입장한다.

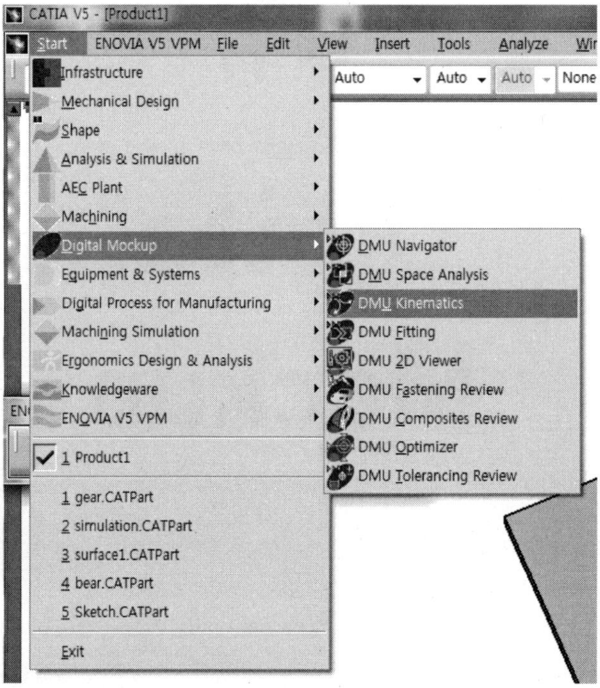

6.1 DMU Kinematics Simulation 따라하기

가. Part 디자인하기

1) Part Design에서 XY-plane을 선택하고 스케치 워크벤치에 입장하여 다음의 치수로 스케치한다. 여기서 스케치 숫자의 단위는 cm이다.

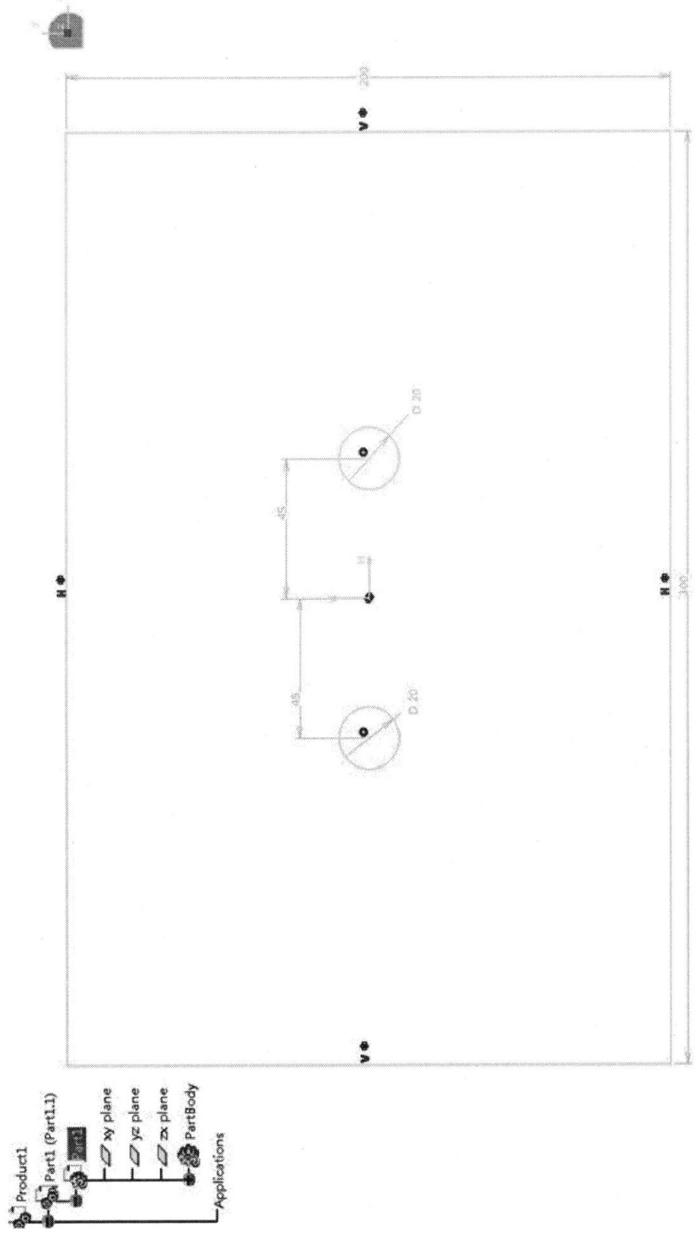

2) Multipad.1 Multi-Pad 이용해 두께 부여하기

다음의 Multi-Pad 명령어를 이용하여 두께를 부여한다. Base 판의 두께는 10cm, 양쪽 2개의 원통 모양의 축 높이는 60cm로 지정한다.

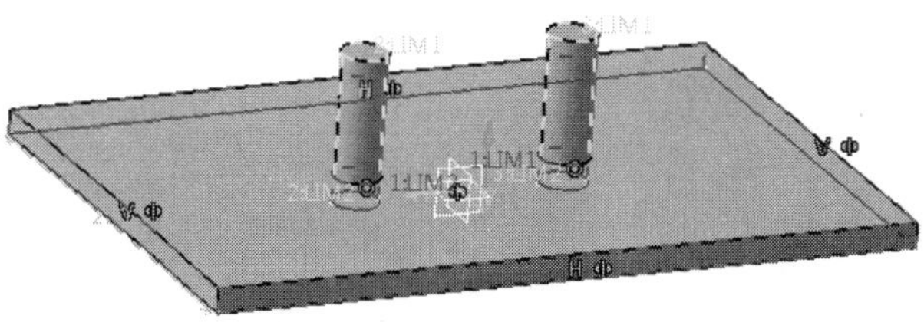

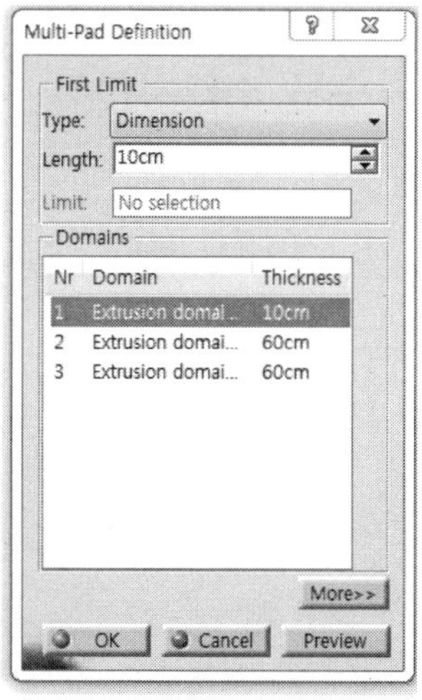

3) Gear 그리기

① 새 Part를 열어 다음의 치수로 Gear를 스케치한다.

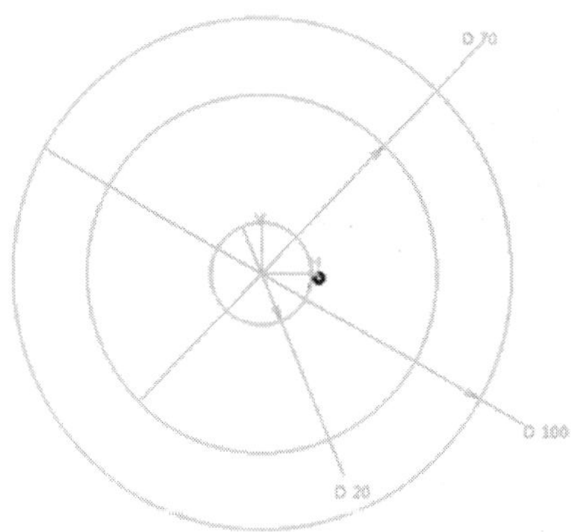

② 다음의 치수로 기어의 톱날을 그려준다.

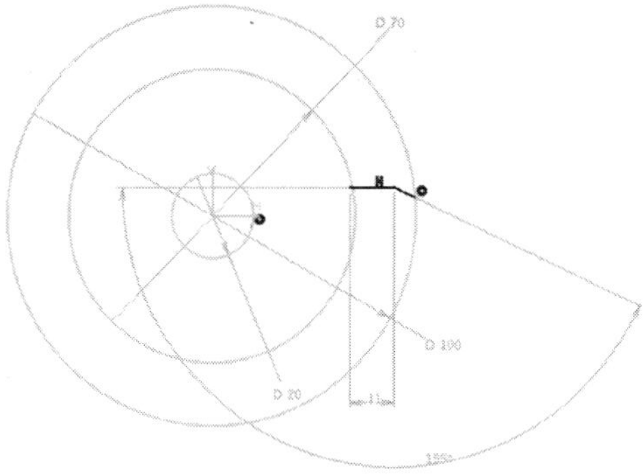

③ H-벡터를 기준으로 Mirror 를 이용하여 다음과 같이 Mirroring해준다.

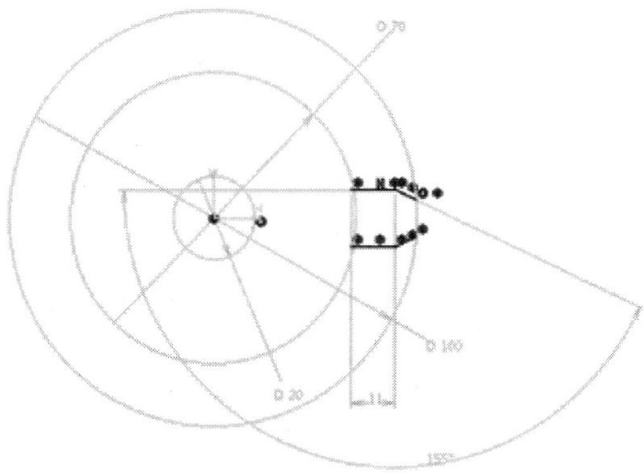

④ Mirroring된 한 쌍의 톱니를 기준으로 다음과 같이 회전시켜 총 10개의 톱니를 만들어준다. 이때 Rotate 명령을 사용한다.

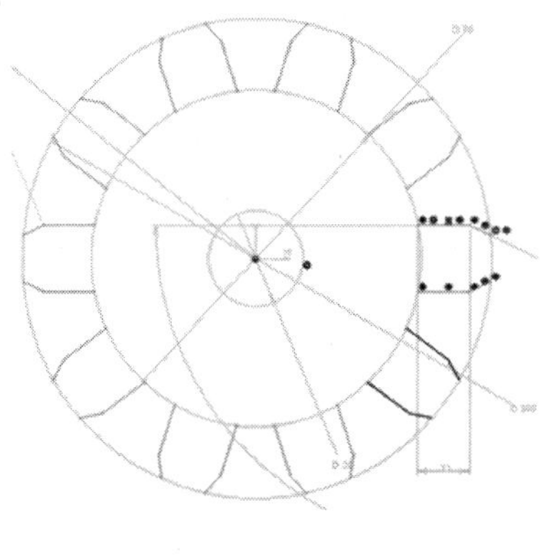

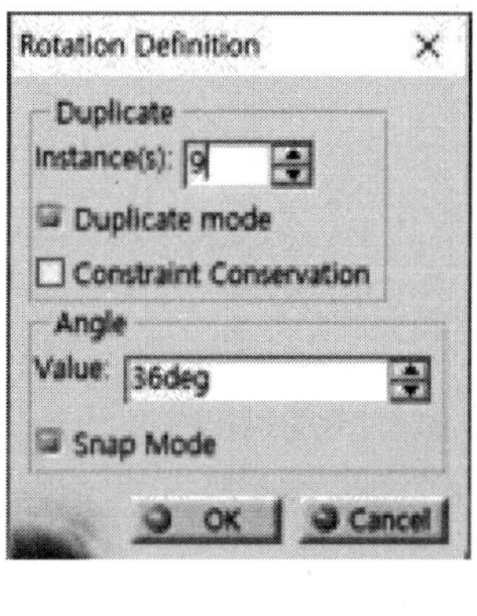

⑤ Quick Trim 을 이용하여 다음과 같이 불필요한 부분을 잘라준다.

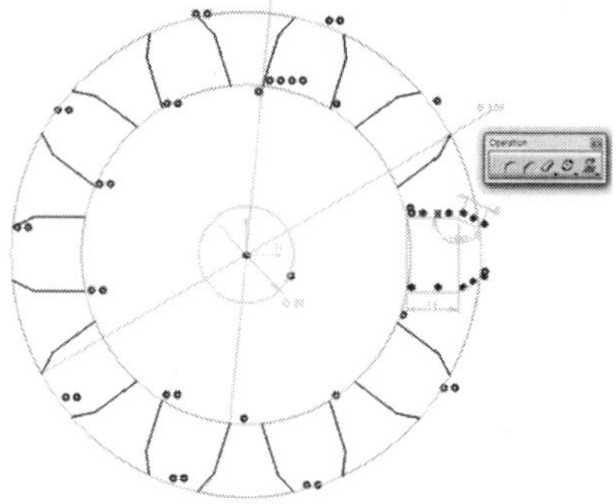

⑥ Pad를 이용하여 20cm 두께를 다음처럼 부여한다.

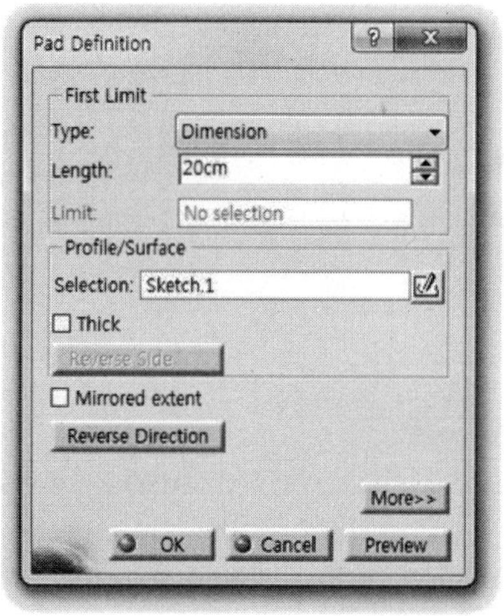

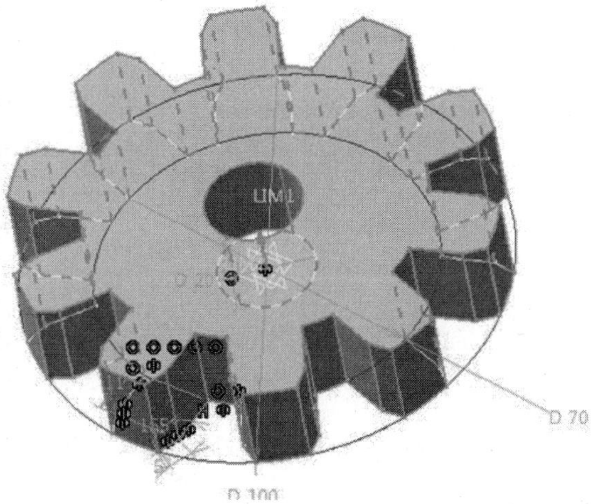

나. Assembly하기

1) 다음과 같이 Assembly Design으로 입장한다.

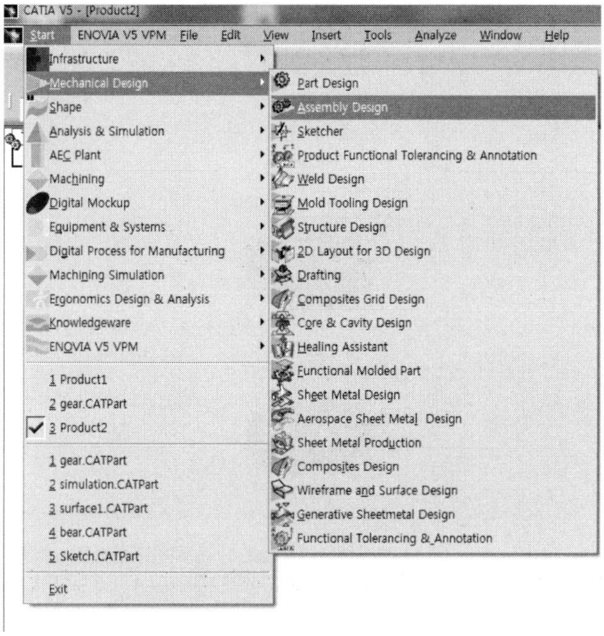

2) 다음의 아이콘 명령어 '열기'를 사용하여 먼저 만들어준 Base 판넬과 Gear를 불러온다(Gear는 2번 불러야 다음 그림과 같이 호출된다).

Explode 명령어 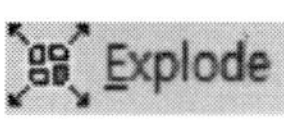

를 사용하여 떨어뜨려 준다.

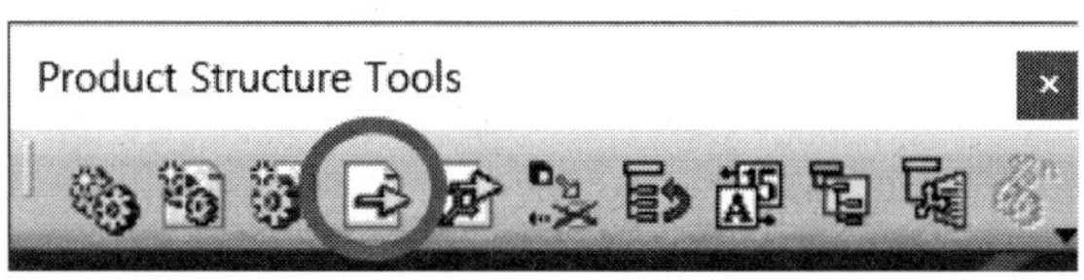

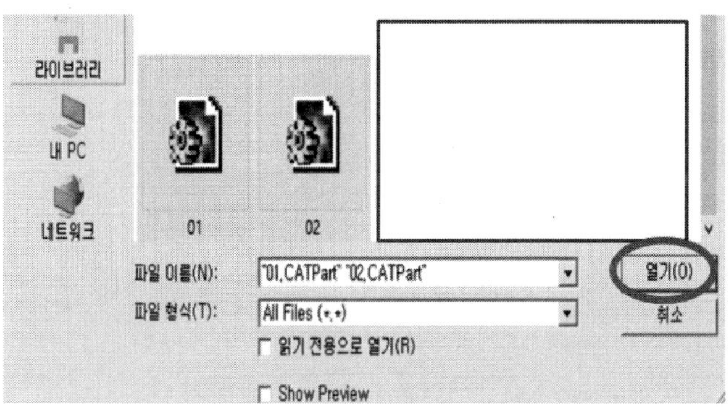

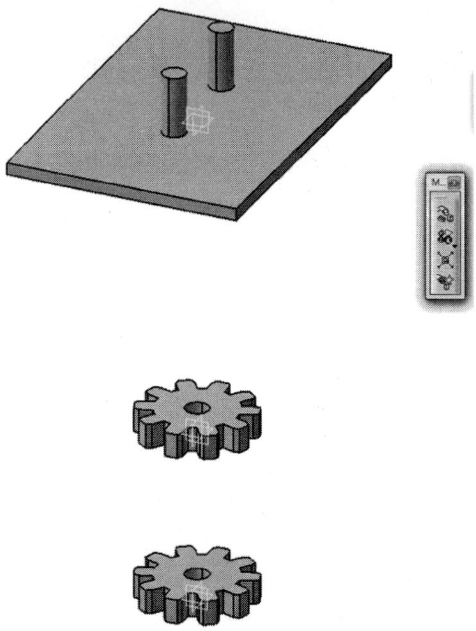

3) Assembly의 아이콘 중 Constraints 아이콘에서 다음의 Fix 명령어를 이용하여 Base 판넬을 다음과 같이 고정한다.

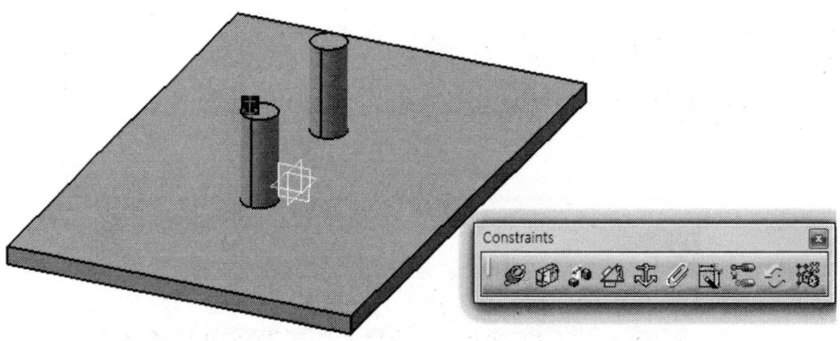

4) Constraints 아이콘에서 다음의 축일치 명령어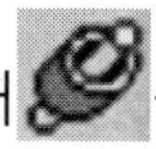를 이용하여 Base 판넬의 2개 축과 2개 Gear를 다음과 같이 축 일치한다.

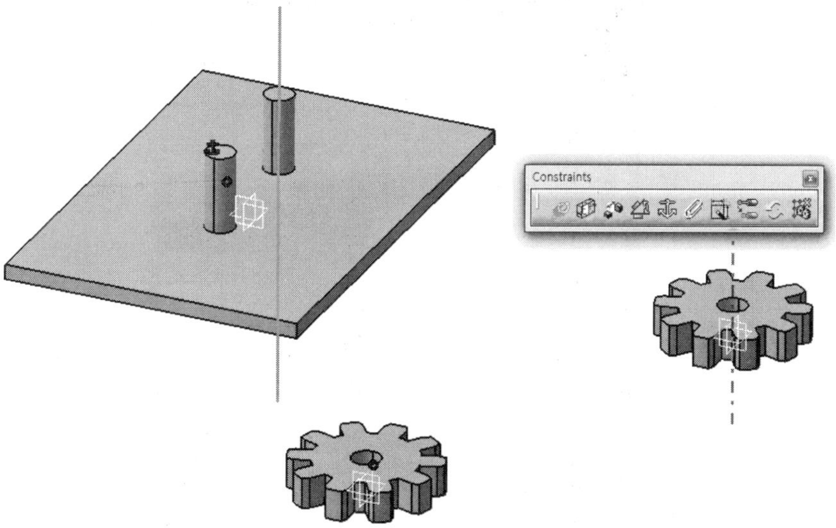

5) Offset Constraint  명령어를 사용하여 축의 윗면과 Gear의 축을 지정한 후 Offset 거리를 0으로 입력한다. 다른 쪽도 동일한 방법으로 지정하여 다음과 같이 Gear를 면 일치한다.

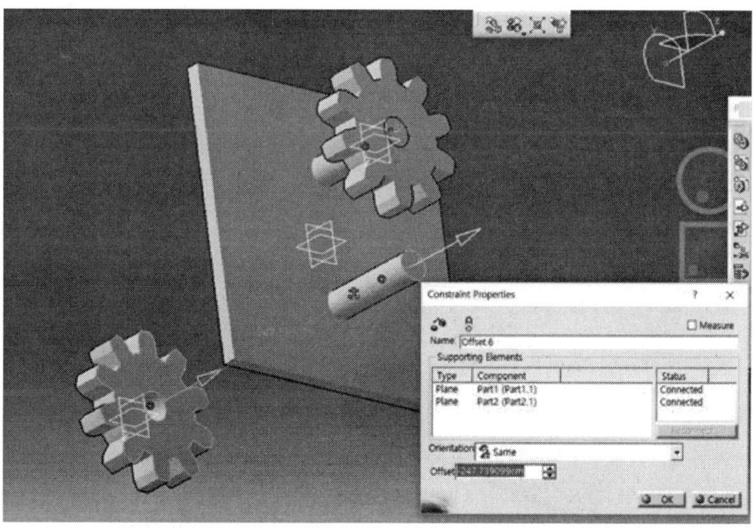

다. Digital Mockup – DMU Kinematics하기

1) 다음과 같이 Digital Mockup 메뉴 중 DMU Kinematics로 입장한다.

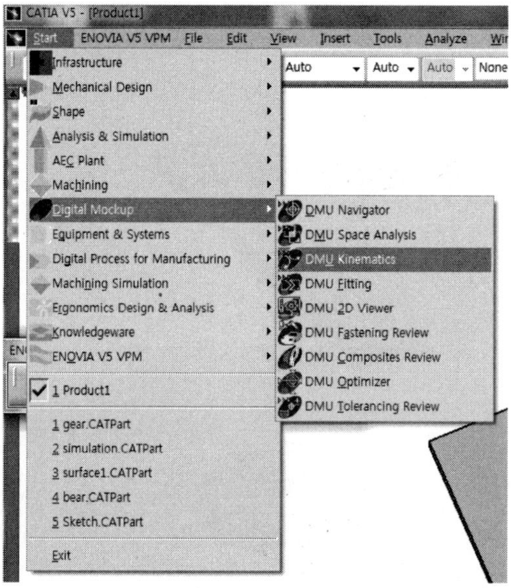

2) Assembly Constraints Conversion 실행하기

다음과 같이 DMU Kinematics 메뉴 중 닻 모양 다음에 있는 Assembly Constraint Conversion  메뉴를 실행하여 대화창이 열리면 먼저 ① New Mechanism을 클릭하여 OK를 누르고 ② Auto Create를 클릭하여 마지막 OK를 클릭한다.

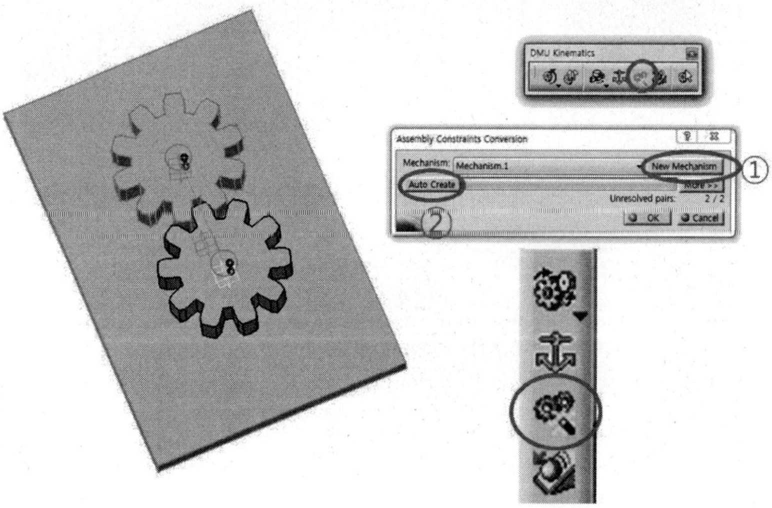

3) 닻 모양 윗부분에 위치한 아이콘의 화살표 부분을 선택하면 다음의 메뉴 중 Gear Joint 메뉴를 선택 후 다음과 같이 실행한다.

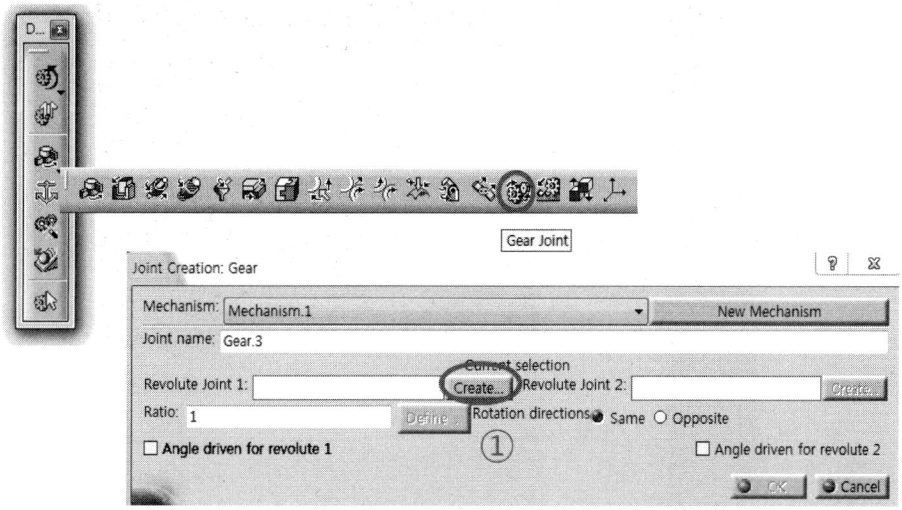

4) Base 판넬의 축과 Gear 축 지정하기

Revolute Joint 1 옆에 Create를 클릭하면 다음 그림의 대화창이 나타난다.

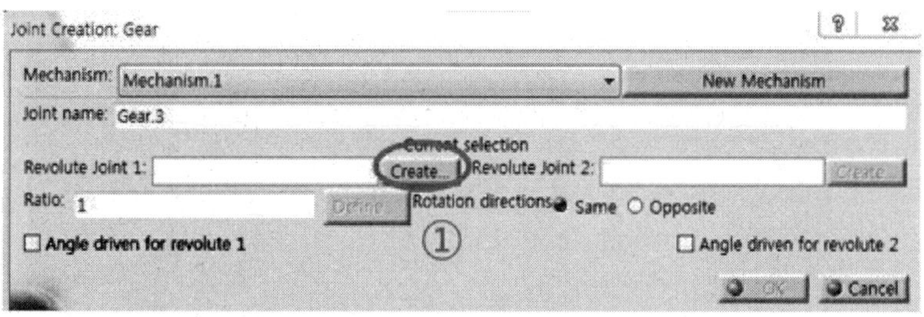

5) 다음 순서대로 축과 면들을 지정해준다.

① Base Panel 축을 Line1으로 선택한다.

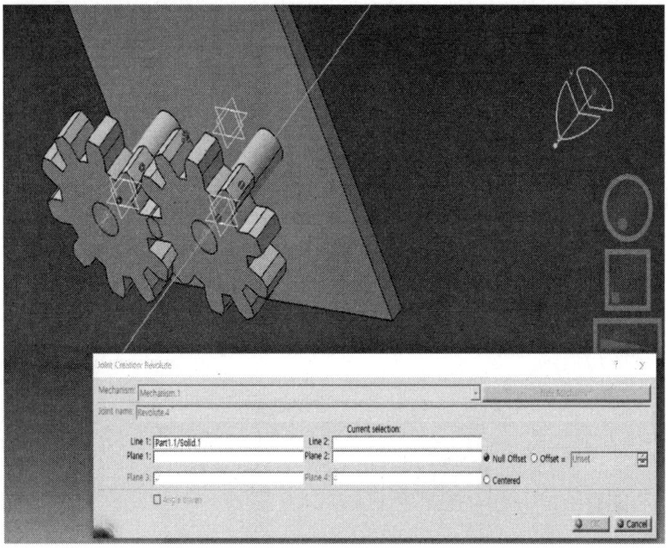

② Base Panel을 Hide하고 남은 2개의 Gear 중 1개의 축을 다음 그림과 같이 Line 2에 선택한다.

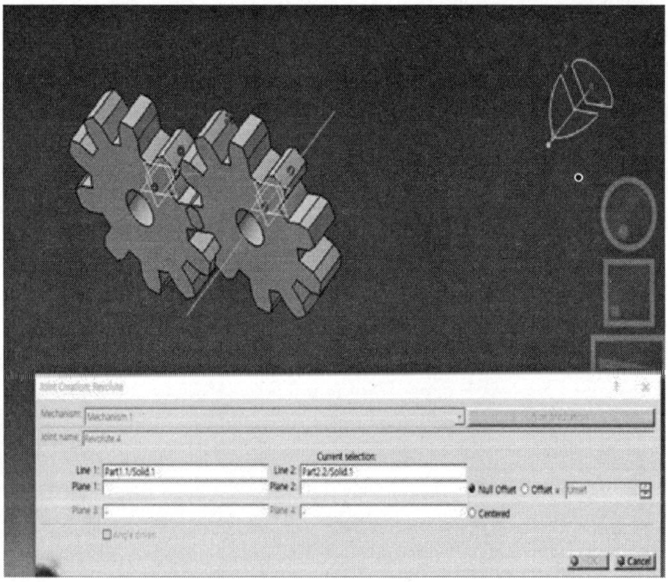

③ Base Panel을 Show한 상태에서 다음 그림과 같이 Gear의 맨 바깥쪽 표면을 Plane 1에 선택해준다.

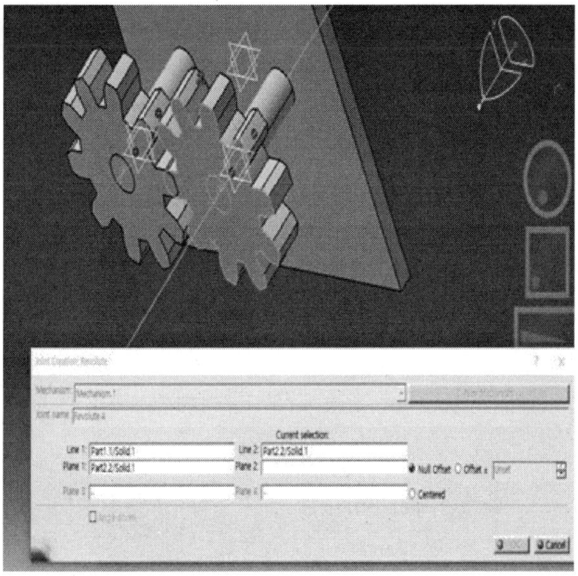

④ Gear의 맨 바깥쪽 표면 중 중심면(다음 그림의 화살표 지정면: 원형 모양)을 지정하여 Plane 2에 선택해준다. 이 과정이 끝나면 다음 그림과 같이 OK버튼이 활성화된다. OK 클릭하고 다른 Gear도 동일한 과정을 반복하여 연결해준다.

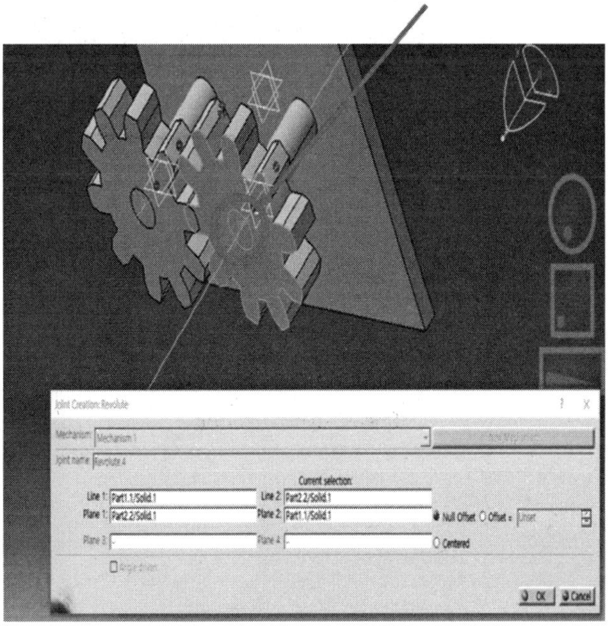

⑤ 위의 과정이 완료되면 Tree에 Revolute.1과 Revolute.2가 나타난다. Revolute. 1을 더블 클릭하면 다음의 대화창이 나타나는 것을 확인할 수 있다.

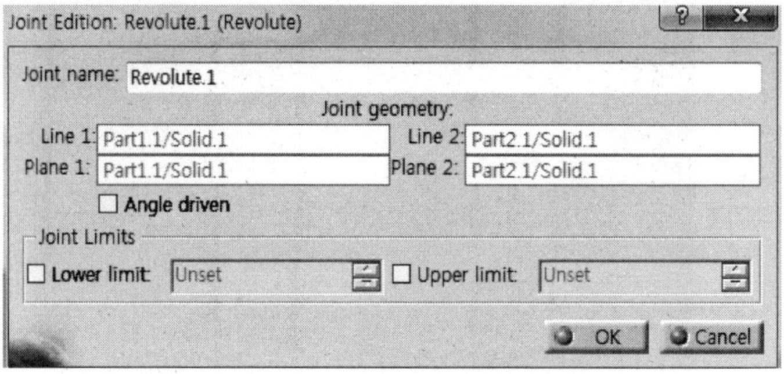

⑥ Applications을 확대하면 Gear. 3를 더블 클릭해서 다음의 대화창을 꺼낸다.

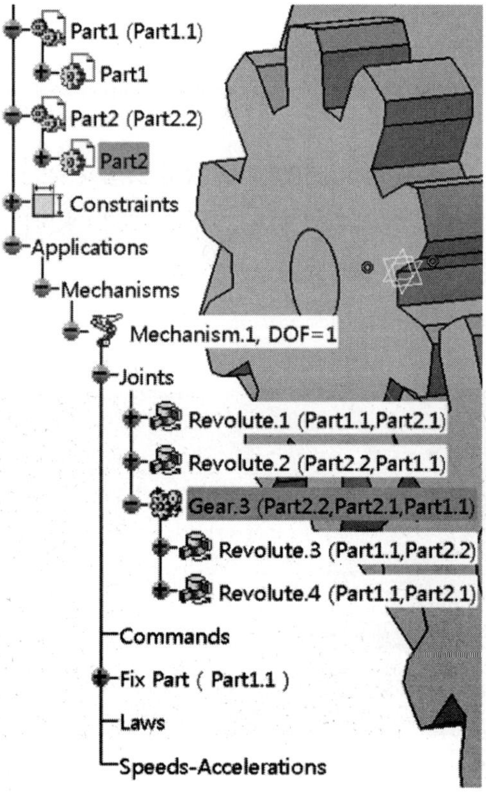

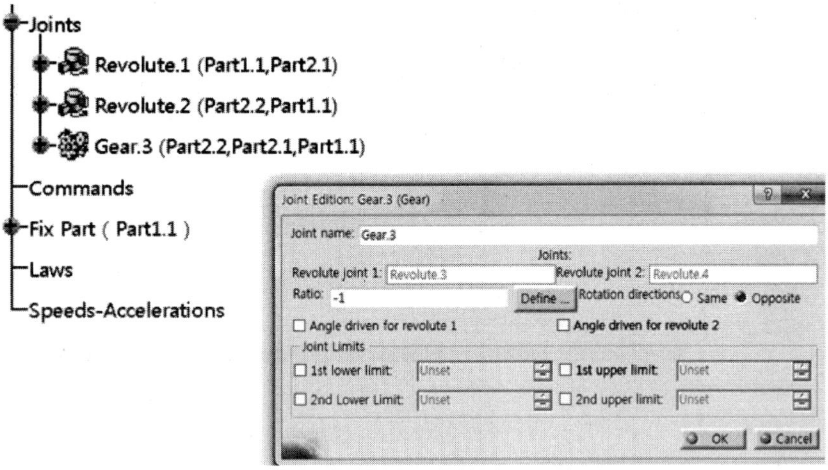

⑦ 대화창에서 Angle 1과 Angle 2를 번갈아가며 체크한 후 Joint Limit가 360 degree로 나타나는 것이 확인되면 OK를 클릭한다.

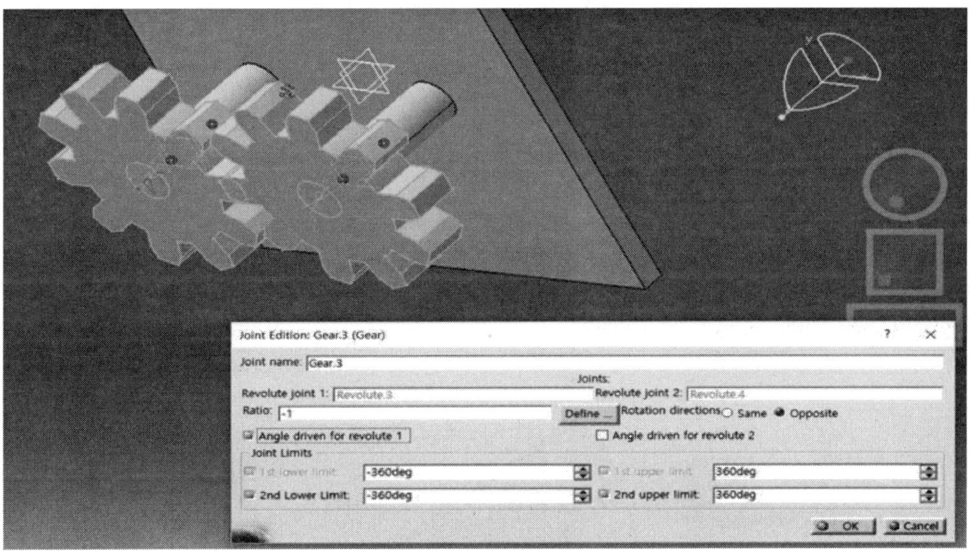

6) Kinematics 실행하기

① 다음과 같이 Simulation  버튼을 클릭하면 다음의 대화창이 나타나면 이때 Mechanism.1을 선택한다.

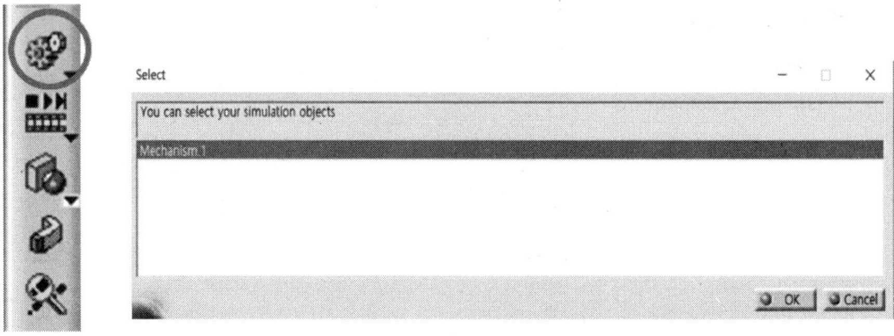

② 다음과 같이 Kinematics Simulation 대화창에서 버튼을 원형으로 마킹한 스위치를 좌우(-360도 ~ +360도) 움직이면 기어가 회전하는 것을 확인할 수 있다.

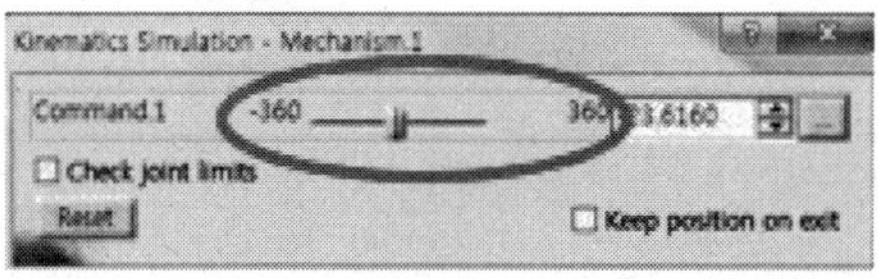

③ 다음과 같이 Edit Simulation 대화창이 나타나면 여러 개의 버튼과 동영상 Speed 등을 조정하며 재미있게 동영상을 감상할 수 있다.

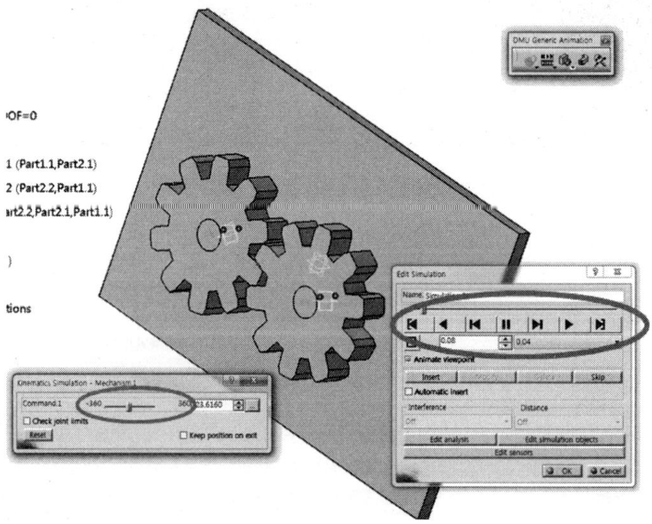

7장

CAE 응용 및 구조해석[Analysis]

7.1 유한요소해석 개요

가. 설계

자연계에서 발생하는 모든 현상(real phenomenon)은 마치 임의대로 작동하는 것처럼 보이지만 실제로는 그렇지 않다. 즉, 모든 자연현상은 특정한 법칙(rule)과 조건(condition)에 따라 작동하는 것이다. 따라서 특정한 법칙과 조건을 규명할 수 있다면 얼마든지 자연현상을 재현할 수 있다.

풍력을 이용한 자연바람 전력 재생 활용 예

나. 공학문제

일반적으로 공학문제는 물리적인 현상에 대한 수학적인 모델이다. 이 수학적인 모델은 관련된 경계 조건과 초기 조건을 가지는 미분방정식으로 주어지는데, 미분방정식은 시스템이나 검사체적(Control Volume)에 대해서 기본적인 법칙과 원리를 적용하여 유도될 수 있다. 이 지배방정식은 질량, 힘 또는 에너지의 평형을 나타내며 이런 방정식의 엄밀해는 주어진 조건에서 시스템의 상세한 거동을 나타낸다.

문제유형(해석모델)	지배방정식, 경계조건, 초기조건	해
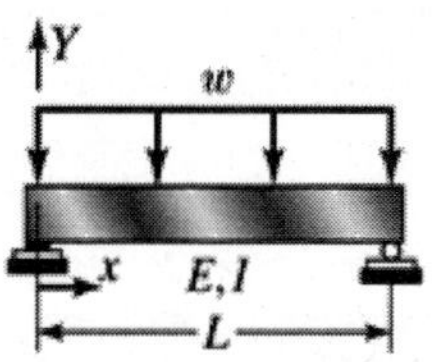	$EI\frac{d^2Y}{dX^2}=\frac{\omega X(L-X)}{2}$ 경계 조건 : X = 0 에서 Y = 0이고, X = L 에서 Y = 0이다	거리 X의 함수에 의한 보(Beam)의 처짐 Y $Y=\frac{\omega}{24EI}(-X^4+2LX^3-L^3X)$

<table>
<tr>
<td>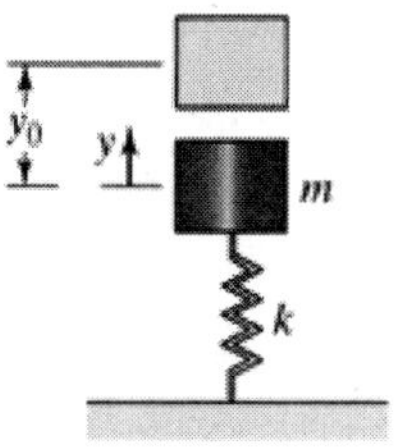
</td>
<td>$$\frac{d^2y}{dt^2}+\omega_n y=0$$
경계 조건 :
t = 0에서 y = y0이고,
t = 0에서 dy/dt = 0이다</td>
<td>시간의 함수에 의한
질량 m의 위치
$$y(t)=y_0\cos\omega_n t$$</td>
</tr>
<tr>
<td>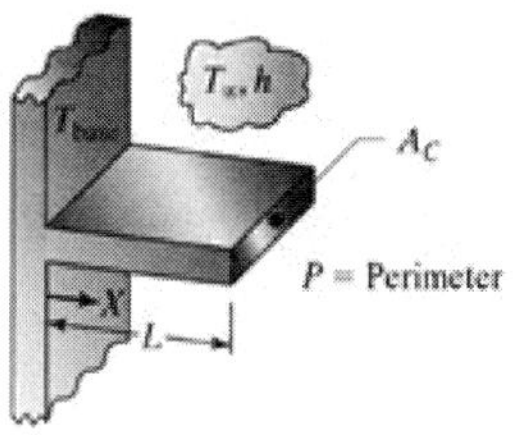
</td>
<td>$$\frac{d^2T}{dX^2}-\frac{hp}{kA_c}(T-T_\infty)=0$$
경계 조건 :
X = 0에서 T = Tbase이고,
L ∞일 때 T = T∞</td>
<td>함수 X에 의한 핀에 따른
온도 분포
$$T=T_\infty+(T_{base}-T_\infty)e^{-\sqrt{\frac{hp}{kA_c}}x}$$</td>
</tr>
</table>

다. 수치적 방법

공학 문제 중에는 엄밀해를 얻을 수 없는 실제적인 문제들이 많다. 엄밀해를 얻을 수 없는 이유는 지배 미분 방정식의 복잡성 또는 경계조건이나 초기조건을 다룰 때 생기는 어려움 때문이라고 할 수 있다. 따라서 이런 문제를 다루기 위해서는 수치적인 근사가 필요하다. 시스템 내 특정 지점에서의 엄밀한 거동을 나타내는 해석적인 해와는 대조적으로 수치적인 해는 '절점(Node)'이라고 불리는 이산화된 점에서 엄밀해를 근사한다.

수치적 절차의 첫 번째 단계는 이산화(Discretization)이다. 이 과정을 통해서 관심대상을 부영역과 절점으로 분할하며 이 수치적 방법으로 유한차분법(Finite difference methods)과 유한요소법(Finite element methods)의 두 가지 방법이 있다.

유한차분법에서는 미분 방정식이 각 절점에서 표현되고, 도함수는 차분방정식(Difference equation)으로 바꾸어진다. 이 과정을 통해서 연립 선형 방정식이 유도된다. 유한차분법은 이해하기 쉽고 간단한 문제에 적용하기 쉽지만, 복잡한 형상이나 경계조건을 갖고 있는 문제에는 적용하기 어렵다는 단점이 있다. 반대로 유한요소법은 대수 방정식을 만들기 위해서 차분방정식을 사용하는 것이 아니라 적분과정(Integral formulations)을 사용한다. 또한 근사 연속함수는 각 요소의 해를 나타내는 것으로 가정한다. 완전한 해는 각각의 해를 조합해서 얻을 수 있는데 이때 각 요소 경계에서 연속성이 보장되어야 한다.

수치해석은 공학과 수리물리학의 문제들을 풀기 위한 하나의 기법으로, 근사해를 구하는 전산기법의 하나이다. 수치해석은 미분방정식을 직접 풀지 않고 이를 선형대수방정식(Linear Algebraic Equations)으로 근사화하여 해를 구한다.

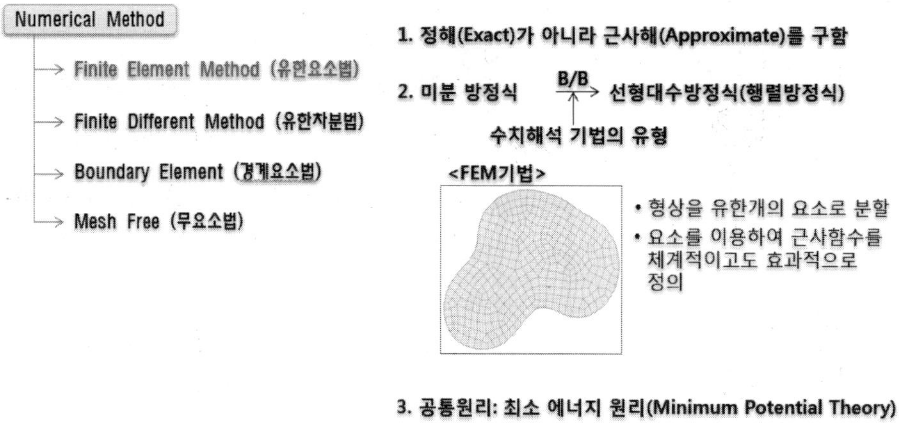

라. 유한요소법의 간단한 역사

유한요소법은 다양한 공학 문제들의 해를 얻기 위해 적용시킬 수 있는데 정상상태(Steady state; 어떤 물리적 현상이 변한 후 오랜 시간이 지난 상태, 즉 온도, 압력, 전류 등의 변화가 없는 안정적인 상태), 과도상태(Transient state; 물리적 현상이 변하는 순간의 상태), 선형(Linear) 해석[1)]또는 비선형(Non-linear) 응력해석문제[2)] 및 열전달, 유체유동, 전자기장 문제들은 유한요소법을 통해 해석할 수 있다. 현대 유한요소법의 기원은 이산화된 등가 탄성봉을 이용하여 탄성 연속제들을 모델링하고 근사화한 1900년대 초로 거슬러 올라가나, Courant(1943)이 유한요소법을 최초로 개발한 사람으로 여겨지고 있다. 1940년대 초에 발간된 논문에 의하면 Courant은 비틀린 문제를 연구하기 위해서 삼각형 부영역에 대한 다항식 보간법을 사용하였다. 향후 보잉사는 비행기 날개를 모델링하기 위하여 삼각 응력요소를 사용하였으며, 1960년대 들어서 비로소 유한요소(Finite element)라는 용어가 Clough에 의하여 대중화되었다. 1960년대에 특히 연구자들은 열전달이나 침투유동 문제 같은 공학의 다른 영역에도 유한요소법을 적용하기 시작했다. Zienkiewicz와 Cheung(1967)은 1967년에 전체적으로 유한요소법에 중점을 둔 첫 번째 책을 발표하였다.

1) ① 정적가정을 적용한 해석으로, 여기서 정적가정은 적용되는 하중이 시간에 따라 바뀌지 않고 일정 속도로 회전하거나 일정 가속도로 이동하는 물체의 구조적 응답을 계산하기 위해 사용, ② 하중과 발생하는 응답 간의 관계가 선형이며 구하는 변위량이 하중에 의한 강성 변화를 무시해도 될 만큼 적은 경우

2) 예 : ① 해석하고자 하는 대상이 시간에 따라 하중조건이 변하는 경우, ② 시간에 따라 하중의 크기가 변하는 경우, ③ 해석의 결과가 대변형을 나타내는 경우, ④ 해석 대상이 지닌 재료 특성이 후크의 법칙(Hook's Law)을 만족하지 못하는 경우, ⑤ 해석 대상이 접촉을 일으키는 경우 등

마. 유한요소법의 지배방정식

① 유한요소법의 정의와 목적

유한요소법은 지배방정식과 경계조건으로 표현되는 경계치 문제(Boundary Value Problem)를 수치적으로 다루는 방법이며, 수치적 해석방법 중의 하나이므로 구조물의 응력해석, 열전달해석, 열유체해석 등에 활용된다. 구조물 내의 무한개의 미지수 점을 절점(Node)을 이용하여 유한개의 이산화된 위치로 나타낸다. 그리고 절점 간의 유기적인 관계를 맺어주는 요소(Element)를 이용하여 시스템 내의 임의의 점에서의 원하는 값을 수치적인 근사화를 통해 얻어낸다. 다음의 그림에 구조해석의 흐름도를 나타내었다.

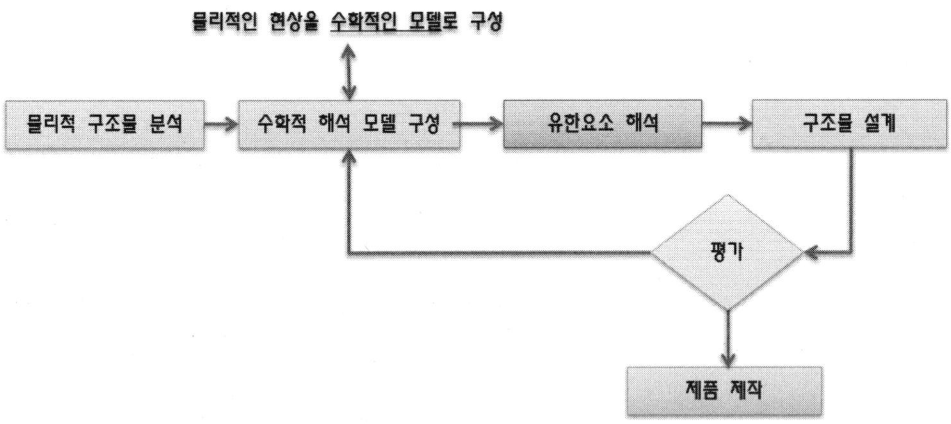

유한요소 해석의 목적은 하중에 의해 발생하는 변위, 응력 및 변형률을 FEM 기법으로 구하는 것이다. 파괴하중에 도달할 때까지의 모든 하중에 대해 구조물의 역학적 거동을 구한다.

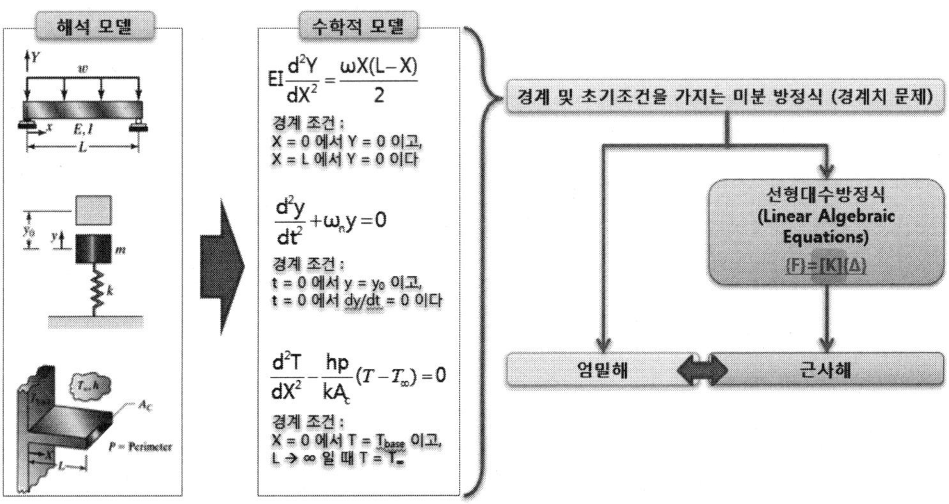

② 지배방정식

대상이 되는 공학 문제(물리 현상)의 종류에 따라 이를 풀기 위한 기초방정식이 정해진다. 이 방정식은 그 문제를 지배한다는 위미에서 지배방정식이라 불린다(예 : $F=m \cdot a$). 이 식에 특정의 경계조건이나 기초조건을 부여하여 해를 구하는 것이 바로 해석의 목적이다. 일반적으로 공학 문제에 있어서 해석 대상은 연속체(Contnuum)로 간주된다. 연속체는 무한개의 점 집합이므로 미지의 물리량(예 : 변위, 온도 등)은 영역전체에 걸쳐 완전히 연속한 량, 즉 좌표의 함수로 표현된다. 그 결과 연속체 문제의 지배방정식은 일반적으로 편미분방정식이 된다. 지배방정식을 푼다는 것은 이 미분방정식과 경계조건을 만족하는 함수를 구하는 것을 의미한다. 이 함수가 구해지면 다음으로는 좌표를 대입하여 임의 점에서의 미지량(함수값)을 정할 수 있다. 그러나 미분방정식을 그대로 엄밀하게 풀려고 해도 상당히 단순한 문제(단순한 형상, 단순한 경계조건) 이외에는 불가능하다(엄밀해가 얻어지는 전형적인 예로, 탄성인장의 변형문제가 있으며, 이 해법과 결과는 인장이론에 의해 주어진다). 보다 복잡한 문제에서는 FEM과 같은 근사해법(수치해석)을 이용할 필요가 있다.

③ 선형 대수방정식(Linear Algebraic Equation)

선형 대수방정식은 해석영역의 성질, 영역에 부여되는 작용 및 그 결과 영역에 발생하는 거동 사이의 관계를 나타내며 이산화(Discretization)를 통해 생성한다.

$$[K]\{\Delta\} = [F]$$

구 분	성질 (Property)	거동 (Behavior)	작용 (Action)
응력해석	강성	변위	힘
열전도해석	열전도율	온도	열원
유체해석	점성	유속	수두
전자기해석	전도율	전압	전류부하

④ 유한요소 해석 흐름도

먼저 연속적인 구조체(Continuous Structure)를 Mesh 과정을 통해 이산화하며 재료 및 요소 특성을 정의하고, 행렬식을 통해 각 경계조건, 하중적용 후 미지 자유도를 계산하여 해석을 수행한다.

유한요소 해석 흐름도를 다음 그림에 자세히 나타내었다.

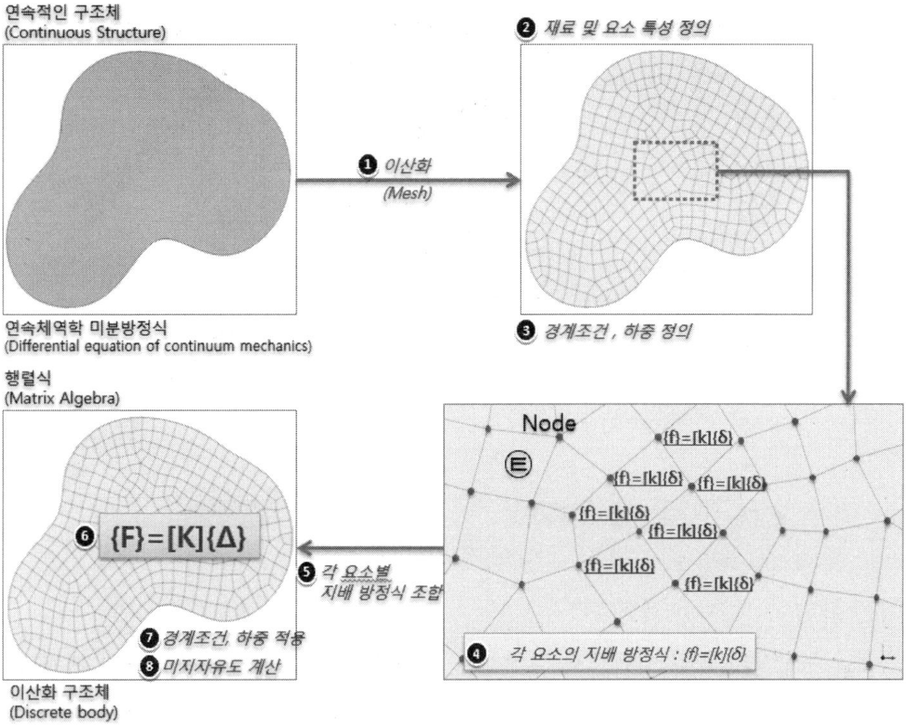

⑤ 유한요소 해석의 장점 및 단점

장점

1. 불규칙적인 임의 형상의 구조물도 쉽게 모델링 가능
   - ➢ 대규모 실험 모델의 경우와 복합한 형상을 가진 모델의 해석 가능
   - ➢ 모델 규모 및 형상에 제약이 없음
2. 여러 가지 종류의 하중 조건 적용이 가능
   - ➢ 실험의 경우 장비의 한계 및 모델에 따라 하중 구현이 어려움
   - ➢ 여러 가지 종류의 하중 조건 적용이 가능
3. 각 요소에 대해 서로 다른 방정식으로 풀기 때문에 재료에 대한 제한이 없음
4. 경계조건의 종류와 개수에 제한이 없음
5. 특정 부위에 대한 상세 검토가 가능
6. 다양한 조건에 대한 검토가 가능
   - ➢ 모델 변경이 쉽고, 간단하게 변경 가능
7. 동적 거동, 비선형 거동 등 다양한 구조물의 거동 구현이 가능

단점

1. 근사해를 구하는 방식으로 해석 결과의 오차가 발생함
2. 해석 결과에 대한 신뢰성 검증이 중요
3. 많은 수의 대수 방정식을 풀어야 하므로 계산량이 상대적으로 많음 [비실용적]
   - ➢ 컴퓨터의 발전으로 유한요소법의 문제점 해결

⑥ 해석모델의 구성(Definition)

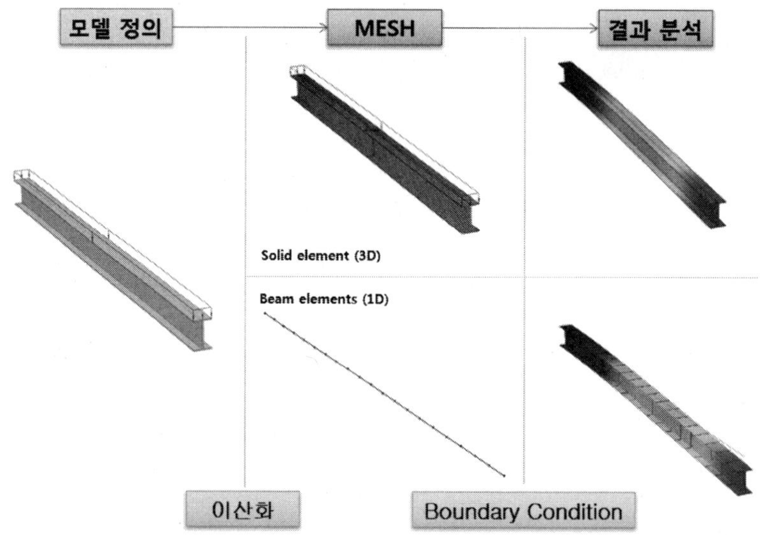

⑦ 이산화

연속체를 무한개의 점의 집합으로 취급하는 것에 무리가 있으므로 무한개의 점 대신 유한개의 대표점으로 표현한다면 쉽게 계산할 수 있다. 유한요소법은 무한개의 점을 유한개의 대표점을 가진 영역으로 분할(이산화)하여 대표점에서의 해를 구한 후 나머지 영역에서의 해는 대표점에서의 해로 보간법을 적용하여 계산한다.

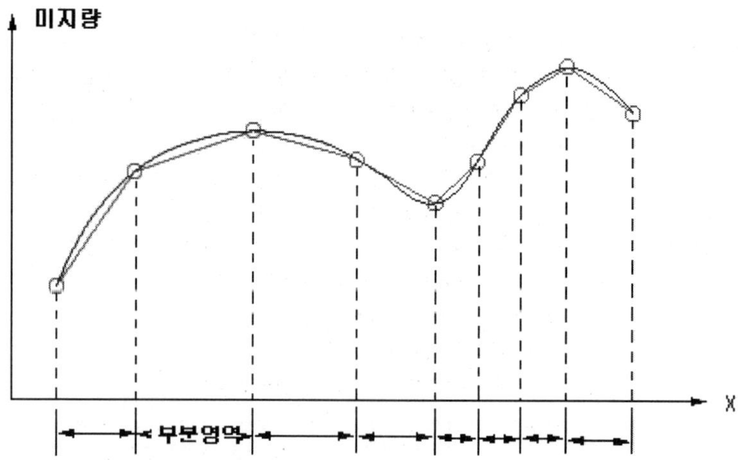

- 꺾은선 그래프의 경우 대표점의 값을 연결하여(선형 보간하여) 그릴 수 있음.
- 복잡한 함수도 대표점의 값만을 표시하고 그 사이를 보간식(예를 들어, X의 1차원 함수)으

로 나타낼 수 있다면 근사한 함수를 구할 수 있음.

결국 대표점의 값만을 미지변수로 한 함수(연립방정식)로 정의된다. 최종적으로 이 식에 경계조건을 적용하여 풀면, 대표점에서의 미지물리량을 구할 수 있다.

⑧ 요소

- 1차원 형상 : 두 개의 절점을 가지는 직선 모양이며 절점 간의 상대거리 등의 형상 정보를 이용한다.
- 2차원 형상 : 삼각형 또는 사각형 모양이며 3/4/6/8개의 절점을 가질 수 있다. 2차원 형상은 공간상에서 곡률을 가질 수 있다.
- 3차원 형상 : 사면체(tetrahedron), 오면체, 육면체(hexahedron) 모양이며 다수의 절점을 가질 수 있다. 오면체 요소는 쐐기(Wedge) 형상 또는 피라미드(Pyramid) 형상이 된다.

이론적으로 구조물은 Solid Element에 의해 유한요소 해석이 이루어져야 하는데, 얇은 박판 구조물의 경우 요소의 수가 너무 많아지므로 긴 해석 시간이 소요되며, Solid Element를 이용하여 얇은 벽 구조(Thin Wall Structures)의 모델에 적용하기에는 많은 제약이 따른다. 이와 같은 이유로 다음의 Shell 또는 Beam의 요소가 개발되어 사용되고 있다.

Element의 종류 : 1D, 2D, 3D

Solid element	Shell element	Shell element
3-Dimensional	2-Dimensional	1-Dimensional
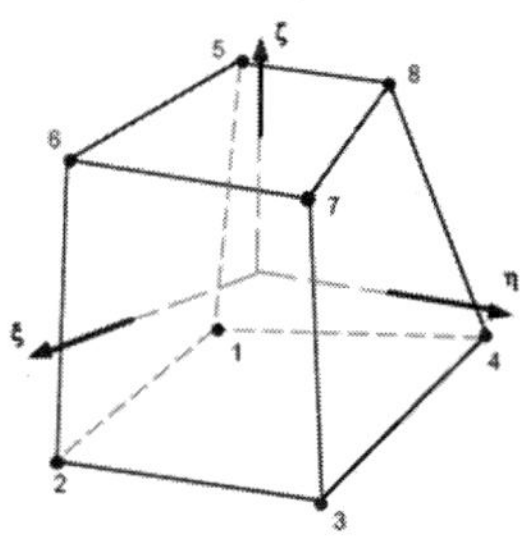	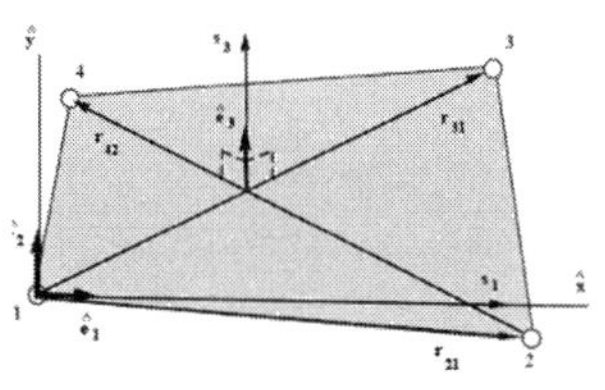	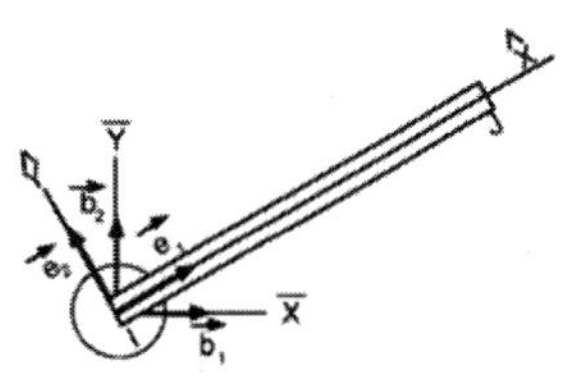

분류	실제모델	유한요소 표현 (절점으로 정의되는 기하특성)	추가 요구사항 (실제 부피 계산)
1-D	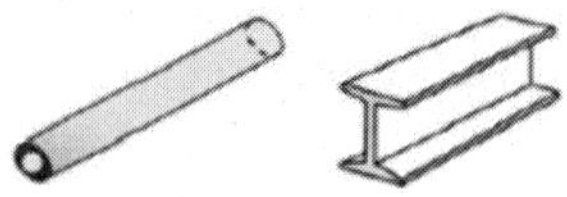 봉(트러스) 보	 길이(L)	면적 (A, 단면형상) ☞ $V = L \times A$
2-D	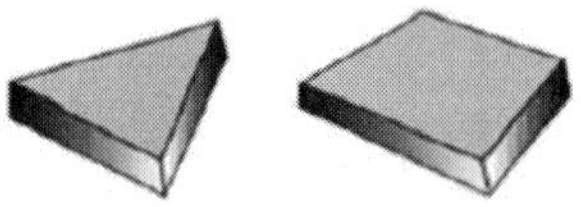 쉘, 평면응력, 평면변형률, 축대칭 등	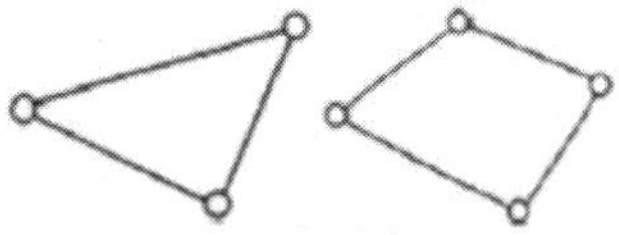 면적(A)	두께 (t) ☞ $V = A \times t$
3-D	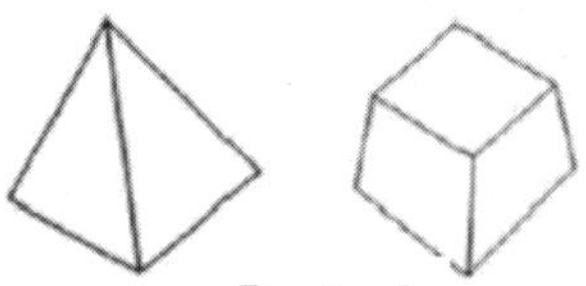 Solid	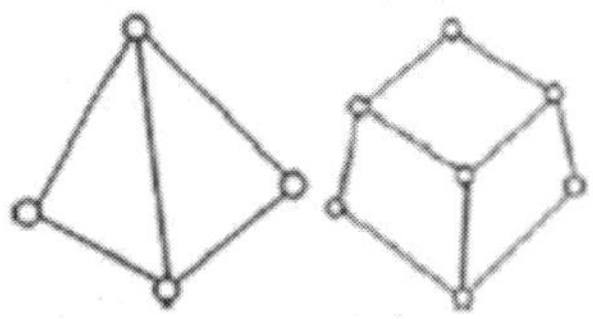 부피(V)	없음 (부피계산 가능)
기타	스프링, 질량, 강체연결 등		

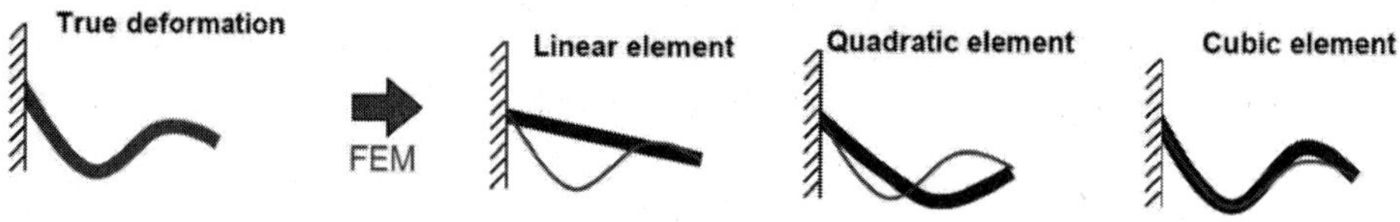

바. 유한요소해석의 기본 단계

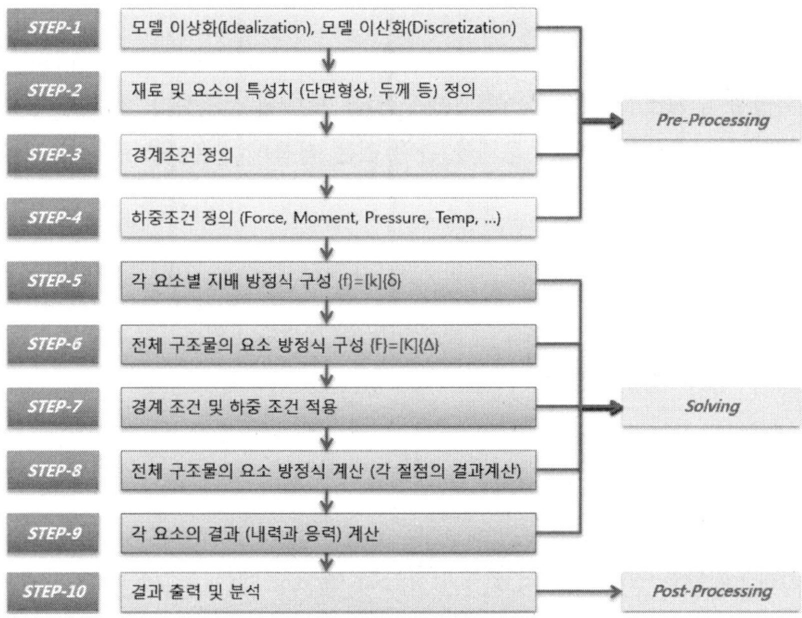

유한요소 해석의 해석절차는 크게 3가지로 나눌 수 있으며 그에 대한 설명은 다음과 같다.

1) 전처리 과정(Pre Processor)

전처리는 모델링이라고도 명명하며 크게 다음의 5가지 과정으로 나뉜다.

가) 형상모델 작성

형상모델은 CATIA에서 직접 모델링하거나 다른 시스템을 통하여 생성한 후 중립파일 형식으로 변환하여 불러오며 여기서 형상은 CAE시스템이 제공하는 각종 요소들의 집합체를 말한다.

나) 요소 생성

형상모델을 컴퓨터에서 해석할 수 있는 상태로 만들기 위하여 유한개의 요소로 분할한다. 1, 2, 3차원 기본 요소뿐만 아니라 강체요소, 음향요소, 감쇄요소, 질량 및 스프링요소, 열전달요소 등의 라이브러리(Library)를 제공한다.

다) 재료 특성 설정

형상모델을 구성하는 각 요소에 대하여 요소의 특성치나 재료특성을 설정한다. 재료 특성은 재료의 역학적 성질을 수학 모델(수식)이나 데이터로서 설정한다. 구체적으로는 Young's

Modulus이나 포아송비(Poisson's Ratio), 밀도(Density) 등이다. 응력 및 변형률의 관계(Stress-strain curve)를 데이터로 설정하는 경우도 있다.

라) 구속조건 설정

문제에 적합한 구속조건(경계조건이라고도 함)을 모델에 설정한다. 대칭인 문제를 다루는 경우 대칭조건도 여기서 설정하며 문제와 관련 없는 절점의 자유도를 구속한다(Constraints).

마) 하중조건 설정

문제에 적합한 하중조건을 모델에 적용하며 하중이 절점하중이나 분포하중, 온도하중, 원심력 등 다양한 종류의 하중을 취급하는 경우 이러한 것들을 하중그룹으로 정의하고 이름을 붙여 설정할 수 있다. 해석처리를 이행하는 Solver는 이러한 하중 그룹 단위로 처리를 행하고 또 결과를 서로 맞춰보는 기능이 있기 때문에 해석처리를 효율적으로 행할 수 있다.

2) 수치연산(Solving)

Solver가 내부연산을 통하여 계산을 수행하는데 이 부분에서는 컴퓨터가 자원을 소모하여 연산을 수행하므로 따로 조작할 필요가 없으나 컴퓨터 성능이 이 계산시간을 좌우한다. 에러(Error)로 종료된 경우 다시 프리프로세서(Preprocessor; 전처리기)로 돌아가 작성모델을 수정한다.

3) 후처리 과정(Post Processor)

결과확인 및 분석을 하는 과정으로 포스트프로세서 기능을 이용하여 변위나 응력을 표시한다. 우선, 결과가 예측한 형상을 나타내고 있는지 평가한다. 변위량이 현실적인지, 응력치나 그 분포가 타당한지, 하중치와 구해진 반력이 일치하고 있는지 등을 점검하여 원하는 해를 구한다.

마. 해석모델의 구성요소

유한요소 모델에는 5개의 주요 구성요소가 있다.

1) 형상

물리적 형상(실제형상)과 이산화된 형상(물리적 형상의 근사 형상)이 구분되어야 한다.

2) 물성치

재료물성치(Material properties)와 형상을 완성하는 물성치(Section properties) 2종류가 있다.

3) 해석이력

해석과정은 각 스텝과 연결되어 있다.

4) 결과

유한요소 모델은 많은 양의 결과들을 만들어낼 수 있으며 모델에 대한 해석을 수행하기 전에 관심이 있는 결과가 어떠한 것들인지 결정해야 한다. 이는 결과를 검사하기 쉽게 할 뿐만 아니라 컴퓨터 리소스(Resource)를 효율적으로 사용하게 한다. 여기서 많이 사용되는 Contour plot은 반응의 전체적인 결과를 나타낸다.

5) 하중과 경계조건

일반적으로 하중은 구조가 초기조건으로부터 변화를 생기게 하는 어떤 것을 말한다. 이는 플럭스(예 : 집중하중, 분포하중, 열 플럭스 등)와 경계조건(예 : 변위나 온도 등, 값은 0이 될 수도 0이 아닐 수도 있음)을 포함한다.

바. 모델링을 위한 문제의 이해

해석하는 문제를 이해하는 데 종이와 연필을 가지고 약간의 시간을 투자한다면 많은 시간과 비용을 절약할 수 있다. 그러므로 컴퓨터로 수치적인 유한요소 모델을 생성하기 전에 그 문제를 전반적이고 직관적으로 이해하는 것이 반드시 필요하다. 우수한 엔지니어라면 모델작성 과정 전에 생각하는 많은 질문들이 있다. 예를 들면 재료가 축력을 받고 있는가, 물체가 굽힘 모멘트를 받고 있는가, 비틀림 모멘트를 받고 있는가 또는 두 가지 모멘트를 동시에 받고 있는가, 좌굴에 대해서 신경을 써야 하는가, 2차원 모델을 가지고서 그 재료의 거동을 근사시킬 수 있는가, 문제에서 열전달이 중요한 부분을 차지하는가, 열전달의 어떤 모드가 지배적인가 등이 있다. 유한요소 해석에서 사전계산은 문제의 이해에 상당히 도움이 되며, 합당한 유한요소 모델을 만드는 데, 특히 요소를 선택함에 있어서 도움이 된다. 재료역학과 열전달 분야에서 엄밀해가 존재하는 문제들을 유한요소 해석을 이용하여 현장 엔지니어들이 풀고 있는 경우도 있다. 이 점을 이해하기 위하여 다음의 예제를 고려해 보자.

7.2 1-D Problem(Beam Design)

가. 빔 해석을 위한 Analysis Program 사용 준비

단면 속성에 따른 Beam 문제를 해석해보자. 본 교재의 예제에서는 독자들이 모델링 능력을 어느 정도 보유한 상태로 가정하고 해석 작업을 하는 방법을 설명하고자 하므로, 이 점을 참고하여 실습에 어려움이 없도록 사전에 충분한 모델링 배경 지식을 실습해 두기 바란다.

우선 기본적으로 해석에 필요한 설정을 해야 하는 데 한번 설정해 두면 해석 작업에서 용이하므로 설정해 두기를 권장한다. Full down menu → Tools → Options → Analysis & Simulation → General 탭을 선택하며 여기서 다음의 두 가지 값을 선택한다.

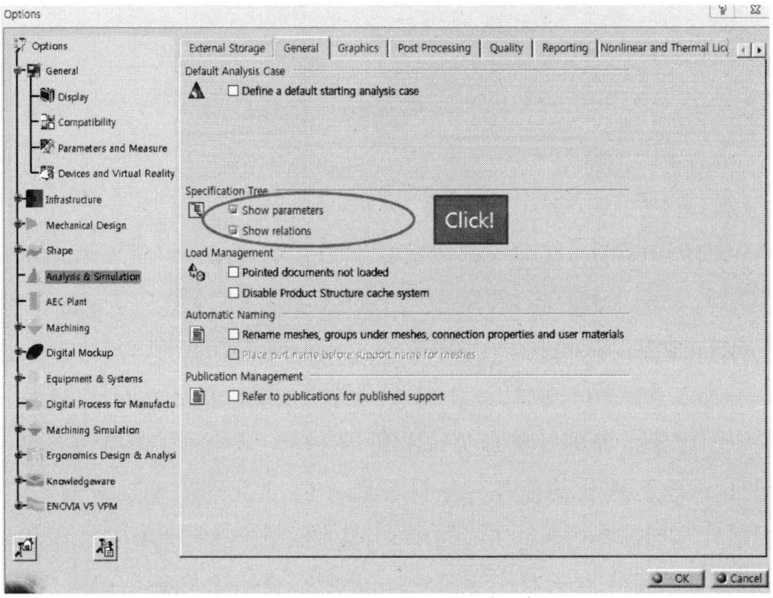

1차원 요소 중 Beam은 인장과 압축, 굽힘하중을 지지할 수 있는 요소(Element)이며 기본적으로 물성치, 단면적, 단면 2차 모멘트 등을 필요로 하다.

나. 모델링 수행

해석하기에 앞서 모델링을 수행하는데 우선 Generative Shape Design(GSD) 워크벤치로 입장하여 길이 200mm의 직선을 원점에서 Y방향으로 다음과 같이 생성해 보자.

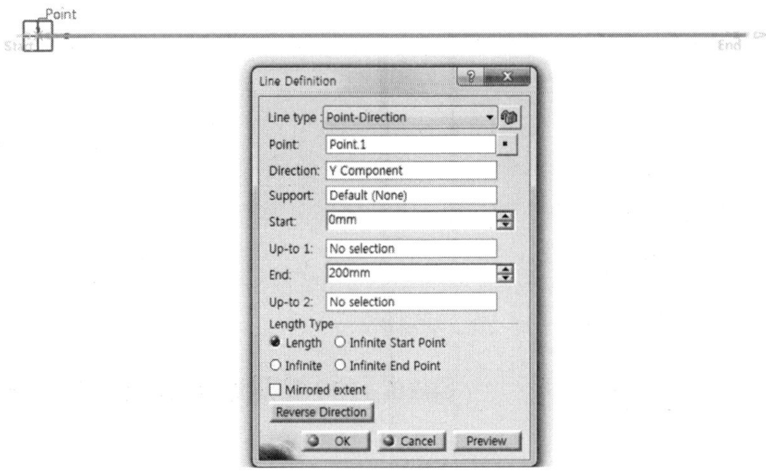

다. 재료 물성치 부여

1) 재료 물성치 부여

① Apply Material 버튼을 클릭하고 Default Material Catalog 대화창의 여러 메뉴 중 Metal Tap을 클릭 후 ② Steel을 선택한다. OK 버튼은 아직 활성화되지 않는다. Spec. Tree에서 ③ PartBody를 선택하면 Catalog 대화창에 OK 버튼이 활성화되는데 이때 OK 버튼을 클릭한다. 다음 그림과 같이 PartBody에 Material이 설정된다.

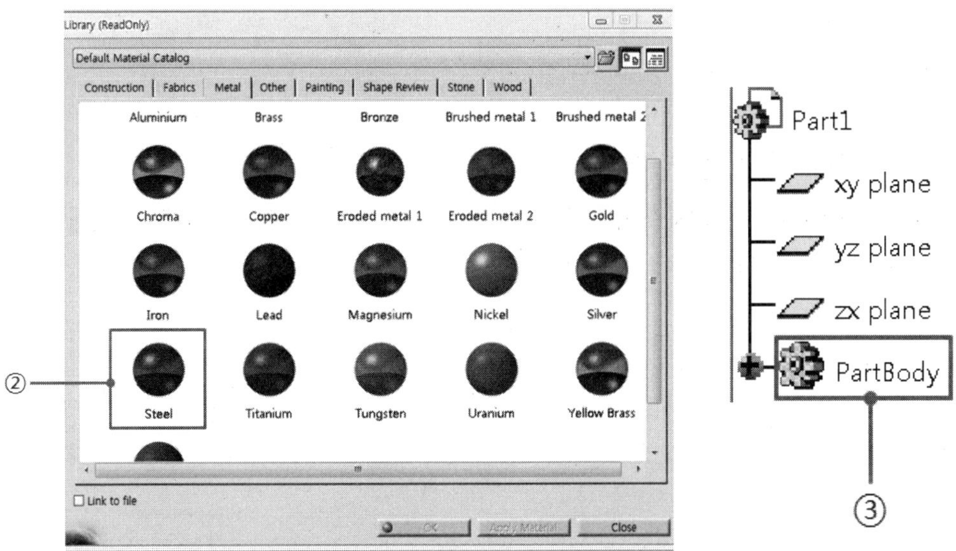

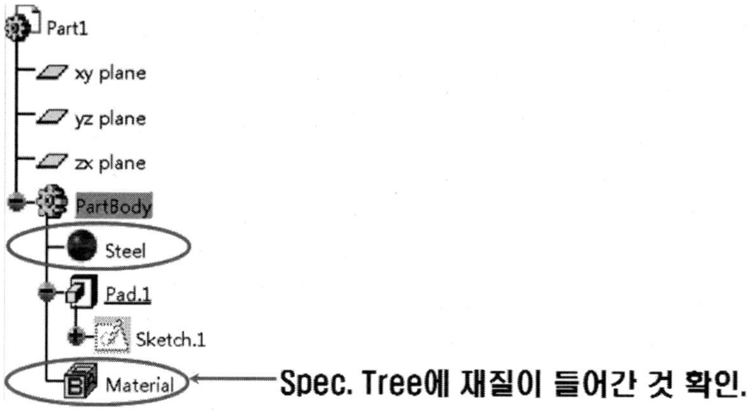

2) View Mode 선택

View Mode의 변경은 다음의 아이콘으로 가능하며 재료 물성치가 부여된 View Mode로 선택하면 PartBody의 색상이 달라진다. View Mode는 총 7개(Shading, Shading with Edge, Shading with Edge without Smoothing Edges, Shading with Edge without Hidden Edges, Shading with Material, Wireframe (NHR), Customize with Parameters)가 있으며 각 모드별 Viewing 형태의 변화는 직접 실습해 보면 쉽게 그 차이를 알 수 있다.

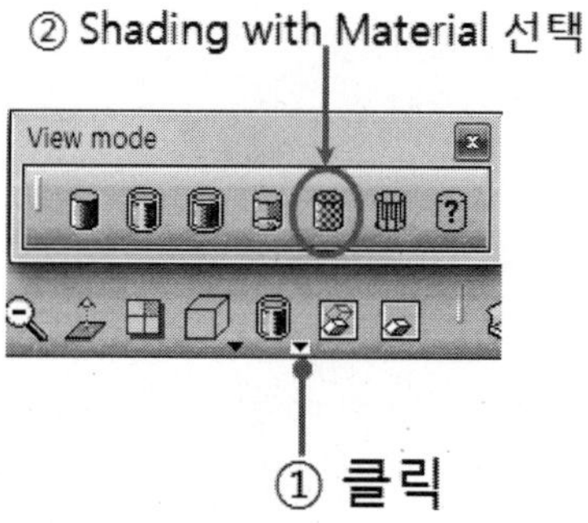

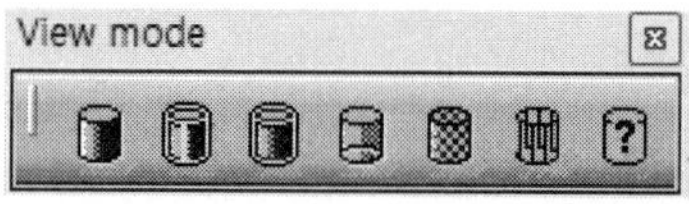

3) 재료(Steel) 물성치 확인

Spec. Tree에서 이전 화면에서 입력했던 Steel 물성치를 확인하려면 다음 그림과 같이 Steel을 더블 클릭하면 다음과 같이 Properties 대화창이 활성화된다.

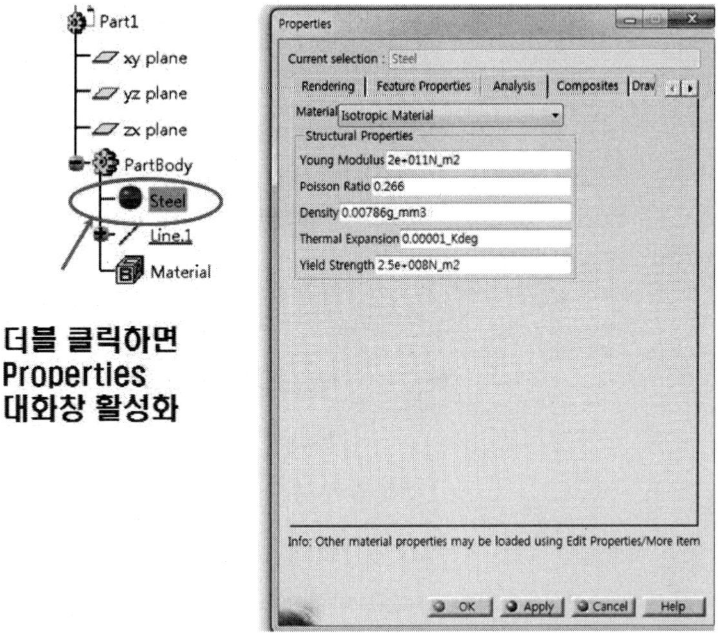

다. Pre-Processing

1) GSA 워크벤치 실행

다음 그림과 같이 Generative Structural Analysis(GSA) 워크벤치를 실행한다. GSA 워크벤치에서는 형상에 메쉬(Mesh)가 자동으로 정의되며 설정을 변경할 수 있다. Advanced Meshing Tools (AMT) 워크벤치에서는 메쉬를 일일이 지정하여 원하는 형상별로 메쉬를 생성하여 Modeling을 완성할 수 있다. 다음과 같이 Analysis & Simulation 메뉴창에서 Generative Structural Analysis를 선택하면 Spec. Tree에 Static Case가 생성되는데 이때 Static Analysis를 선택하고 OK 버튼을 클릭한다.

☞ Statics(정역학) : Linear Statics 해석에서 힘과 경계조건은 항상 정적 평형을 이루게 되며, 하중의 크기는 시간에 따라 변화하지 않고 정해진 하중에 도달할 때까지 점진적으로 가해진다. 하중의 크기가 시간에 따라 변화한다거나 충격하중과 같이 점진적으로 작용하는 하중이 아니라면 Statics 해석을 하면 안 된다. 유한요소 해석에서 정적평형 상태(Steady State)를 정의할 때 초보자들이 다음과 같은 실수를 한다.

- 하중이 가해지지 않는 방향으로도 변위구속을 해야 한다. 다음 그림을 예로 들어 보자. Z방향으로 하중 F가 가해질 때 하단부 구속(Restraints)은 Z 방향뿐만 아니라 X, Y, Z 방향으로 모두 고정시킨(변위가 0이 되도록) 것을 볼 수 있다.

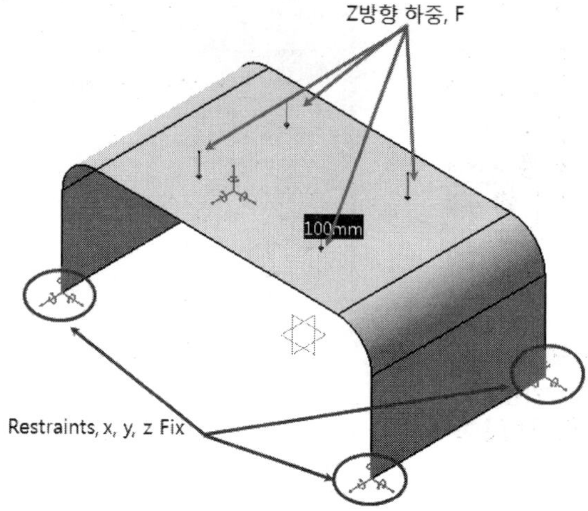

- 연결되지 않은 FE모델은 각각의 부품으로 생각해야 하고 각각이 정적 평형상태를 이루어야 한다. 여기서 어떤 모델이 연결되어 있다고 말할 수 있는지 의문이 있을 수 있는데 모델이 연결되었다는 것은 인접한 요소들끼리 노드를 공유해야 한다는 것이다. 이를 노드 Connectivity 라고 한다.

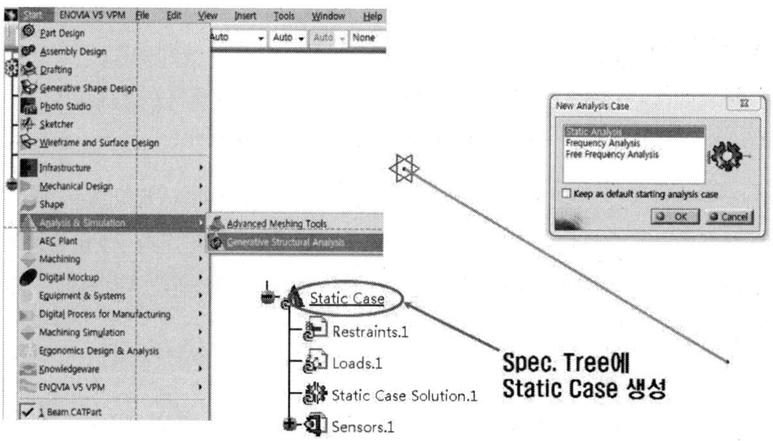

2) Beam Mesher 선택

다음과 같은 Model Manager 툴바에서 Beam Mesher를 클릭하면 다음의 대화창이 나타나며 Line을 선택하여 Element Type은 Linear를 선택하면 선형 모델로 형상함수를 지정할 수 있다. 여기서 요소 크기(Element Size)를 5mm로 지정하고 OK를 클릭한다.

☞ 복잡한 형상을 가지거나 곡률이 많이 들어간 형상의 경우 형상함수를 Quadratic으로 설정하는 것이 바람직하다. 이는 계산시간의 증가가 수반되며 대신 보다 정확한 곡률

(Curvature)이 부여된 정확한 형상으로 표현이 가능하다.

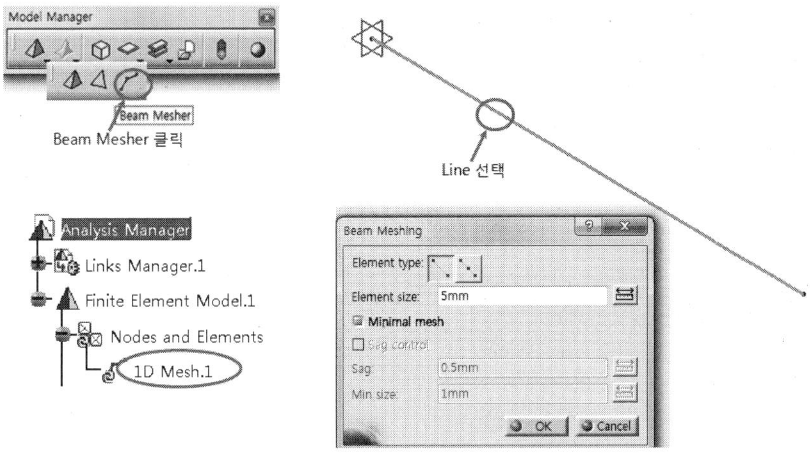

3) 단면 속성 부여

메쉬 작업을 완료하였으면 단면 속성을 부여할 차례다. 1차원 요소의 경우 단면 형상을 직접 모델링으로 만들어 주는 것이 아닌 속성정보를 통해 정의한다. I-Beam이나 원형, 혹은 사각단면 등의 일반화 형상의 경우 이 방법이 실제 모델링으로 해석하는 것보다 훨씬 정확하고 편리하다.

가) Property 부여

먼저 Model Manager 툴바에서 1D Property명령을 실행한다. 여기서 Line 요소를 선택해주고(Edge로 입력된다) 단면 종류(Type)에 다음 그림과 같이 사각단면(Rectangular Beam)을 선택해 준다. 또한 Component Edition을 클릭하여 가로 세로 단면을 각각 5mm로 입력한다.

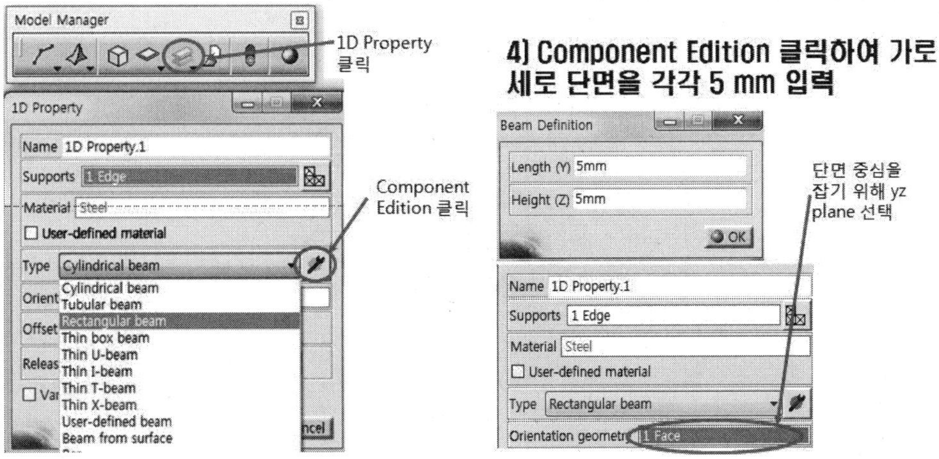

나) 단면의 표시

만든 단면을 수정하려면 Spec. Tree의 1D Property.1 항목을 더블 클릭하여 3D 형상을 다음 그림과 같이 동시에 표시하는 것이 가능하다.

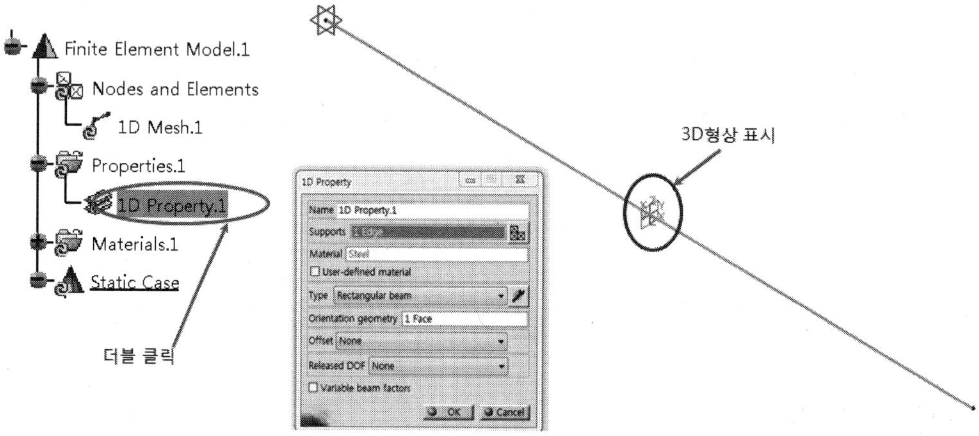

다) 보의 굽힘 응력

다음 그림과 같은 보에 굽힘 모멘트를 작용시키면 ac쪽은 인장을 받고, bd쪽은 압축되어 굽힘 응력이 발생한다. 그러나 중립면은 아무런 변화가 없으며, 이 면을 기준으로 하여 거리 y에 비례하여 응력이 커진다.

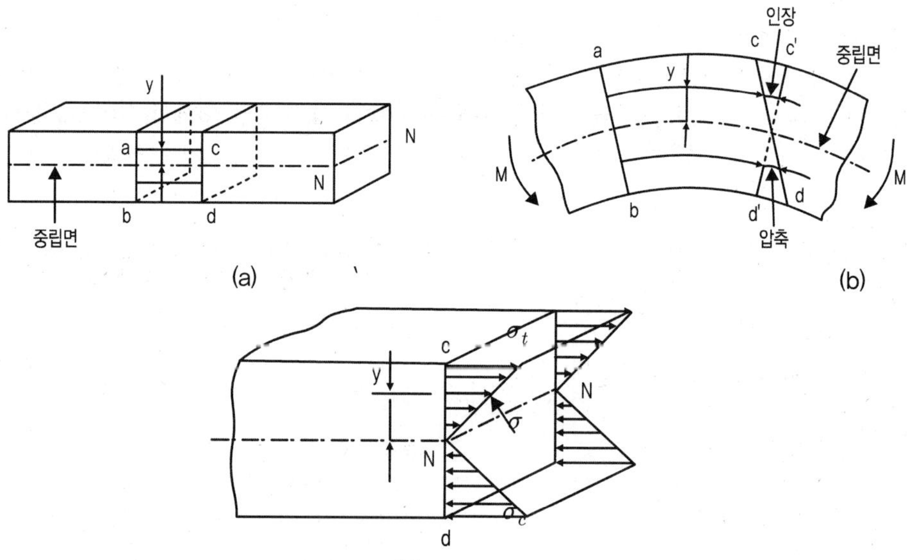

보의 굽힘 응력

인장 쪽의 최대 응력은 그 바깥의 응력 σ_t이며, 압축 쪽의 최대 응력은 그 바깥쪽 응력 σ_c이다. 단면의 모양이 중립축에 대해 대칭이면 σ_t와 σ_c의 크기가 같아지므로 이것을 σ_b로 하면

$$\sigma_c = \frac{M}{Z}$$

여기서, Z는 단면 계수라 하고, 그 값은 단면의 모양과 치수에 따라 결정되며, 길이의 3승 단위를 사용한다. 위 공식에서 바깥 응력 σ_b는 단면계수 Z에 반비례하므로 Z가 큰 보(beam)일수록 굽힘 작용에 대해 강해진다.

번호	1	2	3	4
단면	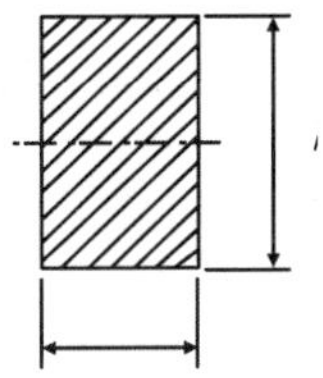	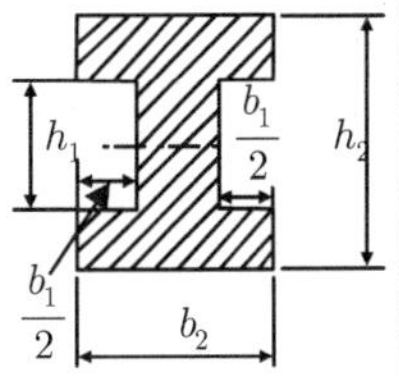	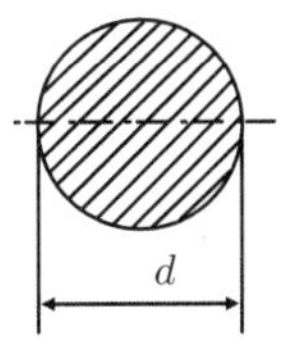	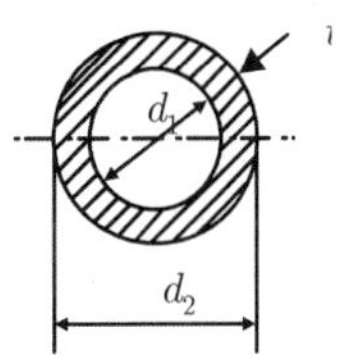
Z	$\frac{1}{6}bh^2$	$\frac{1}{6} \cdot \frac{b_2 h_2^{\ 3} - b_1 h_1^{\ 3}}{h_2}$	$\frac{\pi}{32}d^3$	$\frac{\pi}{32} \cdot \frac{d_2^{\ 4} - d_1^{\ 4}}{d_3}$

단면계수 Z

여기서 독자의 이해를 돕기 위하여 기계공학에서 많이 사용하는 1D Element에서의 단면 종류에 따른 단면계수, 보의 처짐량(Z), 면적관성모멘트(I) 등에 관한 보다 상세한 사항은 기계, 건축공학과 학부과정에서 교육하는 재료역학(혹은 고체역학)을 참고하기 바란다.

4) 경계조건(Boundary Conditions)

가) Restraints(구속조건) 부여

Beam의 처짐해석을 위해서 한쪽 끝단을 고정하는 것이 필요하다. 다음 그림에 나타낸 Restraints와 Loads 툴바를 활성화한다. Restraints 툴바에서 Clamp를 선택하면 대화창이 나타나며 아래 그림에 표시한 ①점을 선택하고 대화창에서 OK 버튼을 클릭한다. 그러면 Clamp는 6개의 자유도(X, Y, Z, Xθ, Yθ, Zθ)가 고정된다. 여기서 밑첨자(Sub-script)로 표시된 자유도는 그 방향에서의 회전(Rotation)을 나타낸다.

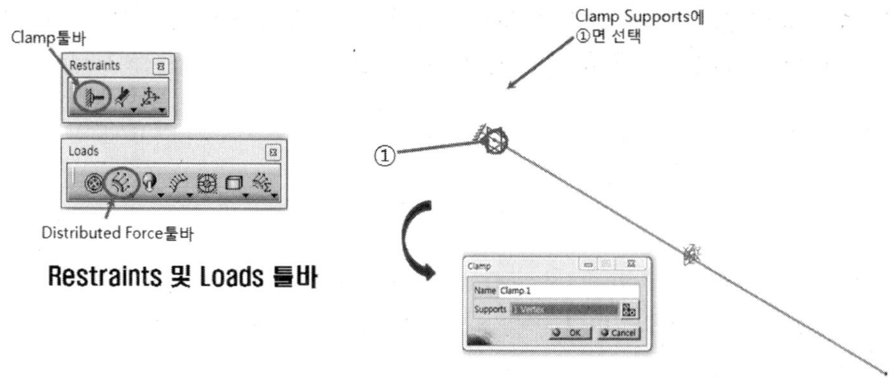

Restraints 및 Loads 툴바

나) Loads(하중조건) 부여

경계조건에서 하중은 형상의 면, 모서리, 점 등에 부여가 가능하다. 툴바에서 Distributed Force 버튼을 클릭(하중의 방향에 주의해야 함)한다. 이 예제에서는 -Z 방향으로 200N의 하중을 부여한 것이다. 아래 그림에 나타낸 ②점을 선택 후 하중값을 200 입력하고 OK 버튼을 클릭한다.

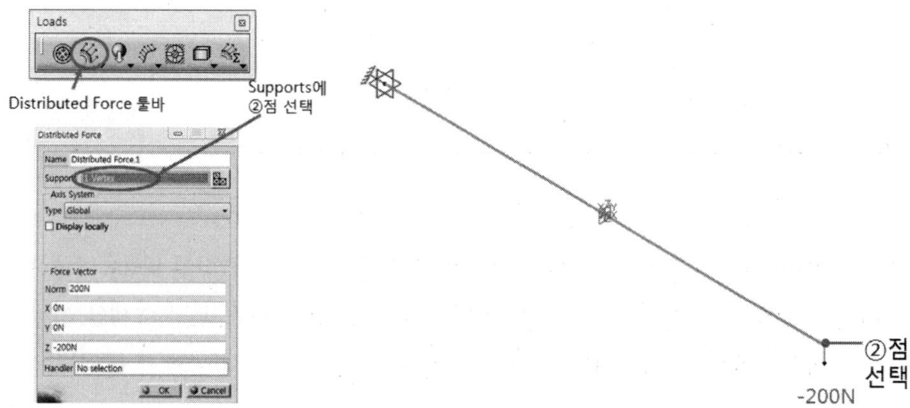

☞ CATIA 해석에서 하중조건에는 따로 집중하중 선택 메뉴가 없으므로 분포하중 값을 한 지점에 부여하면 집중하중이 부여된다.

라. FE 모델 확인

기본적인 사항이 정의되어있는지 확인하기 위하여 Model Manager 툴바를 다음과 같이 활성화한다. Model Checker(신호등 모양) 버튼을 클릭하면 대화상자의 Status 칼럼에 OK가 표시된 것을 확인할 수 있다. 확인 후 대화상자의 OK 버튼을 클릭한다.

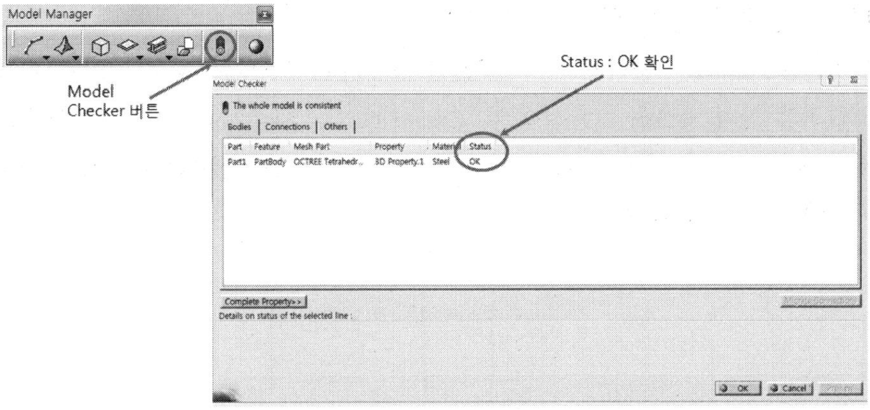

마. Solving

1) 계산하여 해 구하기 명령

앞서 정의한 FE 모델에 대한 해를 구하는 과정을 알아보자. Compute 툴바를 다음 그림과 같이 활성화하여 버튼을 클릭한다. 대화상자에서 OK 버튼을 선택한 것은 모든 사항을 계산하겠다는 뜻이다(특정 Solution Case만 계산할지도 선택이 가능함). 다음 그림에 나타낸 것과 같이 계산에 필요한 Resource가 대화상자에 표시되면 Yes 버튼을 클릭하며 이때 계산이 시작된다. 또한 Computation Status가 표시되며 계산이 완료된다.

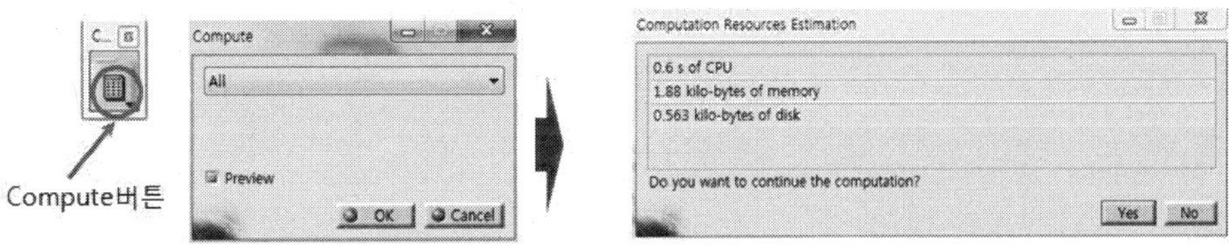

여기서 잠시 동안의 계산 수행 표시 후, 창이 사라지는 것을 확인할 수 있다. 만약 계산 중 에러가 발생하면 주어진 조건에 빠진 부분이 있거나 잘못 설정한 부분이 있는 것이므로 다시 모델링 창으로 가서 수정을 해야 한다.

Spec. Tree에서 계산결과와 Post Processing할 결과의 저장위치 확인이 다음 그림처럼 가능하다.

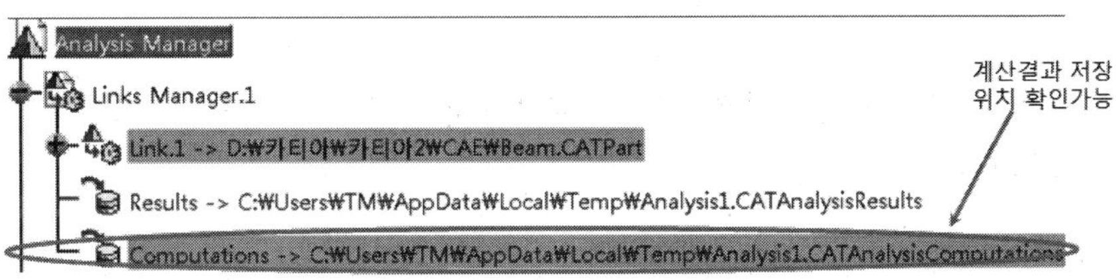

2) 원하는 결과값 선택하여 구하기

해석 계산을 시키기에 앞서 원하는 결과값만 선택하여 구하도록 옵션을 정의하려면 다음에 나타낸 그림과 같이 Sensor.1을 선택 후 Create Global Sensor를 클릭하여 원하는 값, 즉 Maximum Displacement 혹은 Maximum Von Mises Stress 등을 선택하여 특정 부위 계산값만 결과 파일에 도출할 수도 있다.

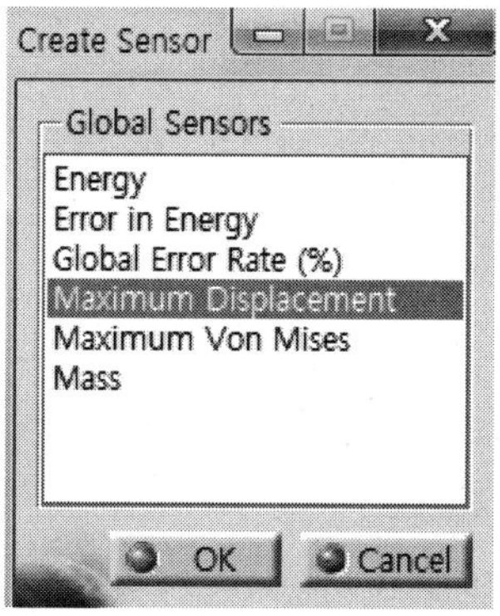

3) Beam theory

여기서 보(Beam)의 처짐량 계산식과 사각 단면의 관성 모멘트, I를 수 계산해보자. 먼저 외팔보의 처짐량을 z라고 하면,

$$z = \frac{PL^3}{3EI}$$

이다.

여기서, P는 하중이고, L은 보의 길이, E는 영률[3](Young's Modulus), I는 면적관성모멘트이다. 다른 값은 모두 알고 있으므로 사각단면의 면적관성모멘트(I)는,

$$I = \frac{A^2}{12}$$

이다.

여기서 A는 보의 단면적(앞서 가로, 세로가 각각 5mm인 사각단면을 예로 들었음)을 나타내며 5mm x 5mm = 25㎟이다.

3) 합금 성분에 따라 다르지만 보통 해석에 사용하는 물성값 중, Steel의 경우 영률은 200GPa이며 알루미늄 합금은 이의 3분의 1 값인 70GPa이다)

그러므로 외팔보의 처짐량 z = (200N) x (0.2m)3 / (3x200,000,000,000 x ((0.000025)2 /12)) = 0.0512m = 51.2 mm 이다.

앞서 CATIA CAE를 이용하여 계산한 보의 처짐량은 다음에 나타낸 것과 같이 Maximum Displacement를 더블 클릭하면 나타나며, 해석결과값은 51.224mm로 나오므로 수계산 결과와 해석 결과가 정확히 일치함을 확인할 수 있다.

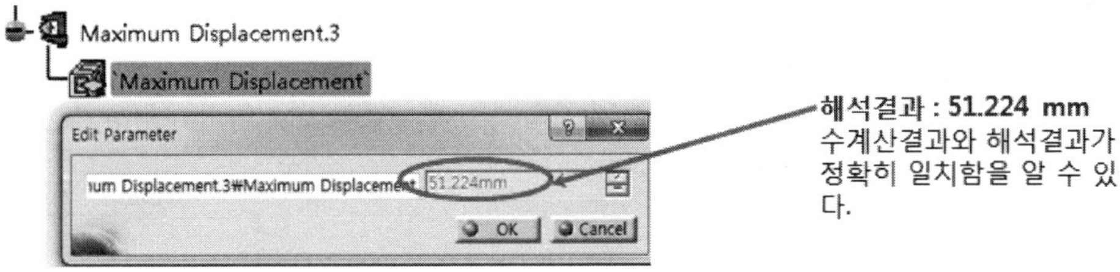

바. 후처리(Post-Processing)

1) Deformation(변형량) 나타내기

해석결과를 분석해보자. 먼저 다음의 순서로 변형량을 나타내보자.

① 변형량을 표시한다.
② Image 툴바를 꺼낸다.
③ Deformation 버튼을 클릭한다.

변형의 정도가 실제의 변형량인 약 5cm보다 심하게 보이는가? 이것은 Scaling Factor에 의해 값이 과장되어 보이는 것인데, 대부분의 해석 소프트웨어에서 일부 해석의 경우 그 변형량이 너무 작아 육안으로 관찰이 어려워서 Scaling Factor를 사용하여 과장되게 보이게 나타낸다.

그러므로 Analysis 툴바의 ④ Amplification Magnitude 명령을 다음과 같이 실행한다.

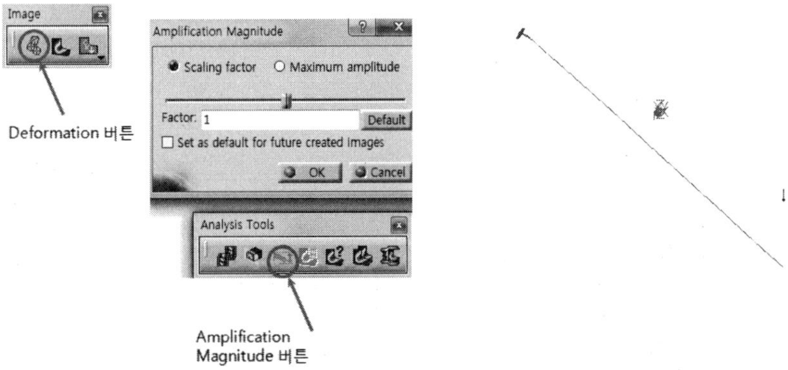

2) 동영상 Play하기

다음 그림에 나타낸 것과 같이 Analysis 툴바에서 Animate 버튼을 클릭하면 변형 및 응력 결과를 동영상으로 볼 수 있다. 이는 시간을 고려한 것이 아니라 정적하중이 가해질 때와 아무런 하중이 없을 때의 변경이나 응력결과를 점진적으로 변화하도록 표시하는 것이다.

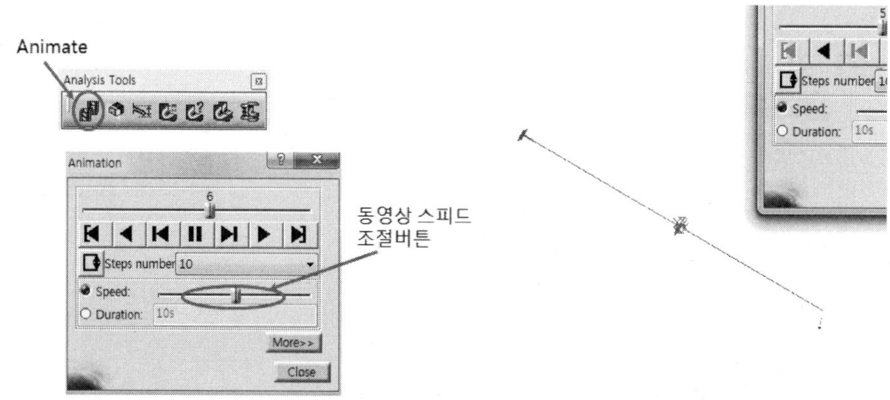

3) Displacement 표시

Displacement를 표시하면 각 Node에서의 변형을 방향, 성분별로 표시할 수 있으며, 최대 변위 값은 51.2mm인 것을 다음의 해석 결과에서 알 수 있다. 여기서 Displacement Contour가 하단 우측편에 나타나는데, 이것은 색상에 따른 변형 값으로 컴퓨터 화면상에 Contour 색상이 파랑색에 가까우면 변형량이 0이며 붉은 색에 가까울수록 최대 변형량에 가까운 것을 나타내는 것이다. 다음 그림에 나타냈듯이 Spec. Tree에서 Translational displacement magnitude.1을 더블 클릭하면 Displace 값을 정의(Definition)할 수 있으며 표기 방법을 Symbol이나 Text 등으로 바꿀 수도 있다.

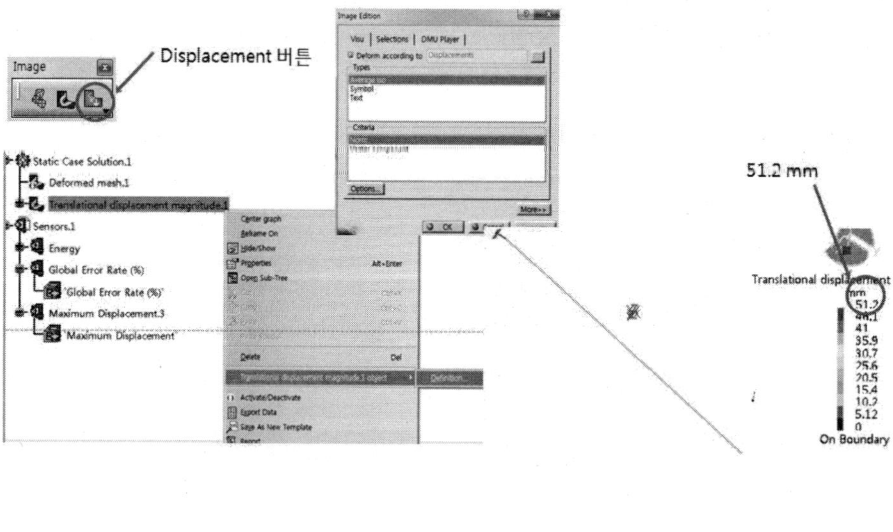

4) 해석 결과 리포트 생성하기

리포트 형식을 통해 해석 결과를 내보내고자 할 때 Analysis Results 툴바의 Generate Report 명령을 사용하여 리포트를 생성한다.

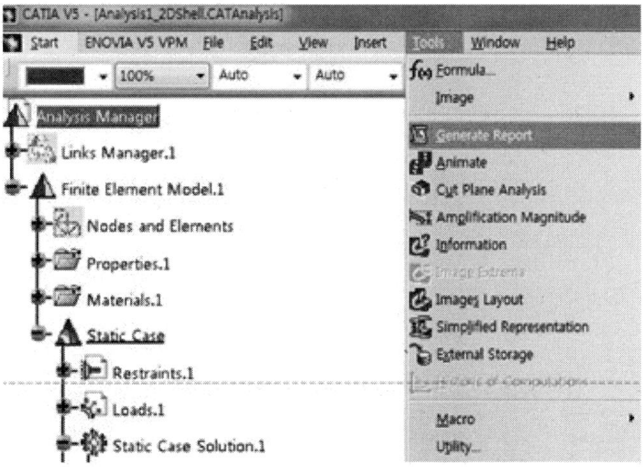

Generate Report 명령은 앞서 해석에 사용한 조건과 결과를 가지고 다음과 같은 html 형식의 보고서를 생성한다. 명령을 실행하고 Report 파일이 만들어질 위치를 지정해주면 생성 후 자동으로 Report를 열어 보여준다.

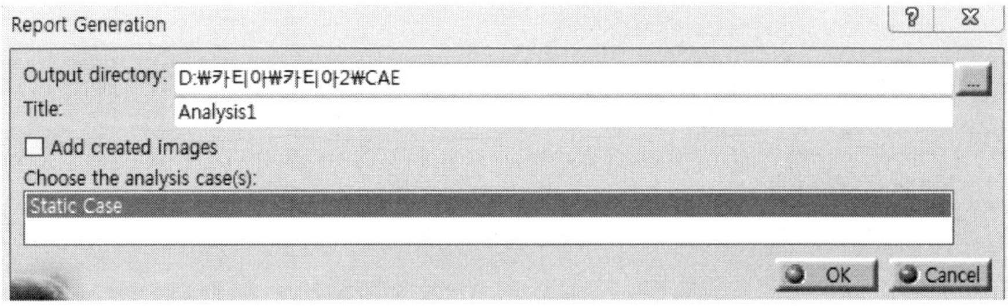

Report

Analysis1

MESH:

Entity	Size
Nodes	2
Elements	1

ELEMENT TYPE:

Connectivity	Statistics
BAR	1 (100.00%)

ELEMENT QUALITY:

Criterion	Good	Poor	Bad	Worst	Average

Materials.1

Material	Steel
Young's modulus	2e+011N_m2
Poisson's ratio	0.266
Density	0.00786g_mm3
Coefficient of thermal expansion	0.00001_Kdeg
Yield strength	2.5e+008N_m2

Static Case

Boundary Conditions

FACTORIZED Computation

Method	:	SPARSE
Number of factorized degrees	:	6
Number of supernodes	:	1
Number of overhead indices	:	0
Number of coefficients	:	15
Maximum front width	:	6
Maximum front size	:	21
Size of the factorized matrix (Mb)	:	0.000114441
Number of blocks	:	1
Number of Mflops for factorization	:	1.060e-004
Number of Mflops for solve	:	9.000e-005
Minimum relative pivot	:	2.504e-001

Minimum and maximum pivot

Value	Dof	Node	x (mm)	y (mm)	z (mm)
1.5595e+004	Tz	1	0.0000e+000	2.0000e+002	0.0000e+000
2.5000e+007	Ty	1	0.0000e+000	2.0000e+002	0.0000e+000
3.4783e+001	Ry	1	0.0000e+000	2.0000e+002	0.0000e+000
5.2083e+001	Rz	1	0.0000e+000	2.0000e+002	0.0000e+000

Minimum pivot

Value	Dof	Node	x (mm)	y (mm)	z (mm)
2.5000e+007	Ty	1	0.0000e+000	2.0000e+002	0.0000e+000

Value	Dof	Node	x (mm)	y (mm)	z (mm)
5.2083e+001	Rx	1	0.0000e+000	2.0000e+002	0.0000e+000

Translational pivot distribution

Value	Percentage
10.E4 --> 10.E5	6.6667e+001
10.E5 --> 10.E6	0.0000e+000
10.E6 --> 10.E7	0.0000e+000
10.E7 --> 10.E8	3.3333e+001

Rotational pivot distribution

Value	Percentage
10.E1 --> 10.E2	1.0000e+002

DIRECT METHOD Computation

Name: Static Case Solution.1

Restraint: Restraints.1

Load: Loads.1

Strain Energy : 5.122e+000 J

Equilibrium

Components	Applied Forces	Reactions	Residual	Relative Magnitude Error
Fx (N)	0.0000e+000	0.0000e+000	0.0000e+000	0.0000e+000
Fy (N)	0.0000e+000	0.0000e+000	0.0000e+000	0.0000e+000
Fz (N)	-2.0000e+002	2.0000e+002	1.1369e-013	5.6843e-016
Mx (Nxm)	-4.0000e+001	4.0000e+001	7.1054e-015	1.7764e-016
My (Nxm)	0.0000e+000	0.0000e+000	0.0000e+000	0.0000e+000
Mz (Nxm)	0.0000e+000	0.0000e+000	0.0000e+000	0.0000e+000

사. 연습문제

과제 1

① 앞서 해석한 Beam의 단면을 원형단면으로 단면 속성을 변경하여 해석하시오. 원형단면의 반지름은 3mm로 Component Edition을 선택해 입력한다.

② 사각단면보다 동일 조건하에서 더 많이 처짐이 발생하는 것을 확인하시오.

③ 수계산을 하여 해석결과와 비교하시오.

☞ 원형단면의 면적관성모멘트(I)와 처짐량(z) 계산식은 다음 식을 활용해 수계산한다.

$$I = \frac{\pi r^4}{4} \qquad z = \frac{PL^3}{3EI}$$

④ 비교값을 나타내는 다음의 Table을 완성하고 비교해 보시오.

구 분	보의 길이 200mm, 사각단면 가로 세로 길이 5mm x 5mm 적용 시(사각단면)	보의 길이 200mm, 원형단면 반지름 3mm(단면적 28.3㎟) 적용 시(원형단면)
수계산 결과 처짐량(mm)	51.2	
해석 결과 처짐량(mm)	51.2	

과제 2

① 앞서 해석한 Beam의 단면을 원형중공단면(Tubular beam)으로 단면 속성을 변경하여 해석하시오. 원형 단면의 외부반지름은 3mm로, 내부반지름은 1.5mm로 Component Edition을 선택해 입력한다.

② 중공단면보다 동일 조건하에서 더 많이 처짐이 발생하는 것을 확인하시오.

③ 수계산을 하여 해석 결과와 비교하시오.

☞ 중공 원형단면의 면적관성모멘트(I)와 처짐량(z) 계산식은 다음 식을 활용해 수계산한다.

$$I = \frac{\pi({r_o}^4 - {r_i}^4)}{4} \qquad z = \frac{PL^3}{3EI}$$

Here, R_0 = Outer radius, R_i = inner radius

④ 비교값을 나타내는 다음의 Table을 완성하고 비교해 보시오.

구 분	보의 길이 200mm, 사각단면 가로 세로 길이 5mm x 5mm 적용 시(사각단면)	보의 길이 200mm, 원형단면 바깥 반지름 3mm, 안쪽 반지름 1.5mm 적용 시(중공단면)
수계산 결과 처짐량(mm)	51.2	
해석 결과 처짐량(mm)	51.2	

과제 3

① 과제 1의 소재를 Steel에서 알루미늄으로 재질 변경하여 해석하시오. 알루미늄합금과 Steel 소재의 처짐량을 비교하시오.

② 어느 소재가 더 처짐이 크게 발생하는가?

③ 수계산을 하여 해석 결과와 비교하시오.

☞ 원형단면의 면적관성모멘트(I)와 처짐량(z) 계산식은 다음 식을 활용해 수계산한다.

$$I = \frac{\pi r^2}{4} \qquad z = \frac{PL^3}{3EI}$$

④ 비교값을 나타내는 다음의 Table을 완성하고 비교해 보시오.

구 분(원형단면)	보의 길이 200mm, 원형단면 반지름 3mm(단면적 28.3㎟) 적용 시(CATIA Steel 소재 적용)	보의 길이 200mm, 원형단면 반지름 3mm(단면적 28.3㎟) 적용 시(CATIA의 알루미늄 적용 시)
수계산 결과 처짐량(mm)		
해석 결과 처짐량(mm)		

과제 4

① 먼저 해석한 사각단면 소재를 Steel에서 알루미늄으로 재질 변경하여 해석하시오. 알루미늄합금과 Steel 소재의 처짐량을 비교하시오.

② 어느 소재가 더 처짐이 크게 발생하는가?

③ 수계산을 하여 해석결과와 비교하시오.

☞ 사각단면의 면적관성모멘트(I)와 처짐량(z) 계산식은 다음 식을 활용해 수계산한다.

$$I = \frac{A^2}{12} \qquad z = \frac{PL^3}{3EI}$$

④ 비교값을 나타내는 다음의 Table을 완성하고 비교해 보시오.

구 분 (사각단면)	보의 길이 200mm, 사각단면 가로 세로 길이 5mm x 5mm 단면적 25㎟) 적용 시 (CATIA Steel 소재 적용)	보의 길이 200mm, 사각단면 가로 세로 길이 5mm x 5mm (단면적 25㎟) 적용 시 (CATIA의 알루미늄 적용 시)
수계산 결과 처짐량(mm)	51.2	
해석 결과 처짐량(mm)	51.2	

과제 5

① 먼저 해석한 사각단면 Beam의 길이를 500 mm로 늘려 해석하시오. 길이 차이에 따른 처짐량을 비교하시오.

② 어느 길이의 보가 더 처짐이 크게 발생하는가?

③ 수계산을 하여 해석결과와 비교하시오.

☞ 사각단면의 면적관성모멘트(I)와 처짐량(z) 계산식은 다음 식을 활용해 수계산 한다.

$$I = \frac{A^2}{12} \qquad z = \frac{PL^3}{3EI}$$

④ 비교값을 나타내는 다음의 Table을 완성하고 비교해 보시오.

구 분 (사각단면)	보의 길이 200mm, 사각단면 가로 세로 길이 5mm x 5mm 적용 시	보의 길이 500mm, 사각단면 가로 세로 길이 5mm x 5mm 적용 시
수계산 결과 처짐량(mm)	51.2	
해석 결과 처짐량(mm)	51.2	

과제 6

① 앞서 해석한 사각단면 Beam의 길이를 200mm로, 단면의 가로 세로 길이를 10mm씩으로 변경하여 해석하시오. 단면 크기 변화에 따른 처짐량을 비교하시오.

② 어느 단면 크기를 갖는 보가 더 처짐이 크게 발생하는가?

③ 수계산을 하여 해석결과와 비교하시오.

☞ 사각단면의 면적관성모멘트(I)와 처짐량(z) 계산식은 다음 식을 활용해 수계산한다.

$$I = \frac{A^2}{12} \qquad z = \frac{PL^3}{3EI}$$

④ 비교값을 나타내는 다음의 Table을 완성하고 비교해 보시오.

구 분 (사각단면)	보의 길이 200mm, 사각단면 가로 세로 길이 5mm x 5mm 적용 시	보의 길이 200mm, 사각단면 가로 세로 길이 10mm x 10mm 적용 시
수계산 결과 처짐량(mm)	51.2	
해석 결과 처짐량(mm)	51.2	

결과 값 비교

다음의 표를 완성하여 과제1~과제6의 결과값을 비교해 보시오. 길이의 변화, 단면의 변화(단면은 사각단면을 원형단면으로, 사각단면의 크기를 25㎟에서 100㎟로 변화 시), 재질의 변화 등의 차이를 비교하고 어느 인자(Parameter)가 가장 처짐량에 영향을 주는 지 확인하여 제품 설계시 고려해야할 중요인자를 뽑아 내 고찰하시오.

구 분		해석 결과 처짐량(mm)	사각단면(기본단면대비) 처짐량 비교(처짐량 %)
기본 해석	기본단면(사각단면, Steel 소재, 길이 200mm, 단면적 25㎟)	51.2	100%
과제1	원형단면(원형단면, Steel 소재, 반지름 3mm, 단면적 28.6㎟)		
과제2	원형중공단면(원형중공단면, Steel 소재, 바깥지름 3mm, 안지름 1.5mm)		
과제3	원형단면(원형단면, Aluminum 소재, 반지름 3mm, 단면적 28.6㎟)		
과제4	기본단면(사각단면, Aluminum 소재, 길이 200mm, 단면적 25㎟)		
과제5	사각단면(사각단면, Steel 소재, 길이 500mm, 단면적 25㎟)		
과제6	사각단면(사각단면, Steel 소재, 길이 200mm, 단면적 100㎟)		

☞ 본 고찰을 통하여 설계 시 고려해야할 인자가 단면적, 단면형상, 재질, 보의 길이 중 어느 것이 중요인자(Major Parameter)인지를 파악하여 설계 변경 시 중요하게 보의 처짐을 방지하는데 기여할 부분이 무엇인지 결론 내릴 수 있다. 또한 과제1~과제6의 처짐량을 그래프로 그려 상호 비교해 보자.

7.3 2-D Element Shell 해석 - 샤워의자

가. 모델링 수행

해석하기에 앞서 모델링을 수행하는데, 우선 Part Design 워크벤치로 입장하여 xy-plane에 다음과 같은 형상으로 스케치 후 구속조건을 부여해보자.

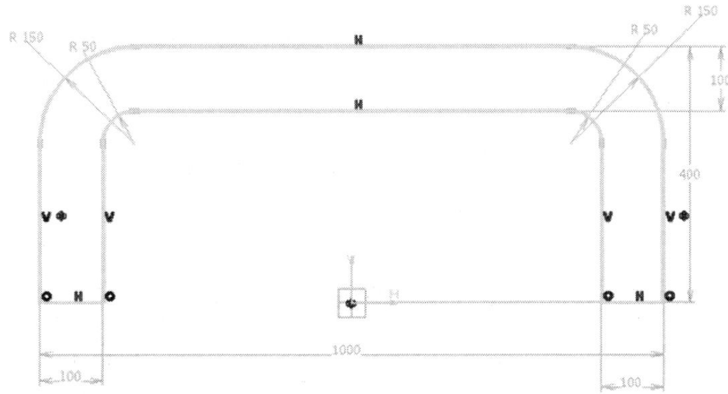

스케치가 완성되었으면 Pad 기능을 이용하여 양쪽 방향으로 250mm씩 돌출시킨다(Mirror Extent 옵션 이용). 다음의 형상으로 3차원 형상의 샤워의자 모델링이 완성된다.

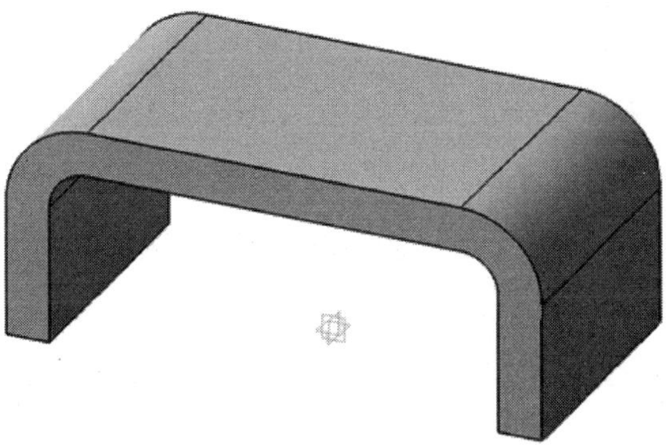

나. 2D Shell Element 생성을 위한 중간 Surface 생성

1) Start 버튼을 클릭하여, Mechanical Design Wireframe & Surface Design 선택한다.
2) Surfaces 툴바에서 Offset 버튼을 클릭한다.
3) Offset Surface Definition창의 Surface 선택창에 MB3 > Create Join 선택 후 다음 그림과 같이 바깥쪽 5개 Surface(①②③④⑤) 선택 후 OK 클릭한다.

☞ MB3 : Mouse 3번 Button

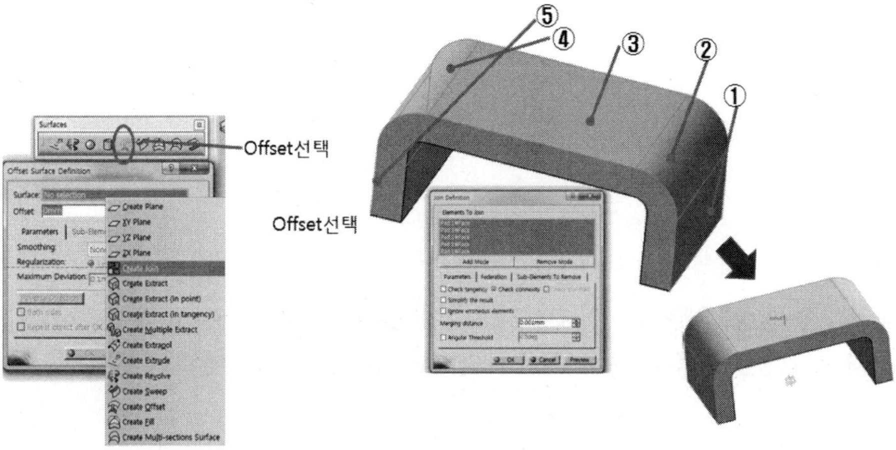

4) Offset Surface Definition 대화창의 Offset값을 50mm로 입력한다. 두께의 절반이다.
5) Offset 방향을 확인한 후 OK를 클릭한다. 이때 방향이 다르면 Reverse Direction 클릭한다.
6) Pad를 Hidden하면 다음의 그림처럼 중간 Surface가 생성되는 것을 확인할 수 있다.

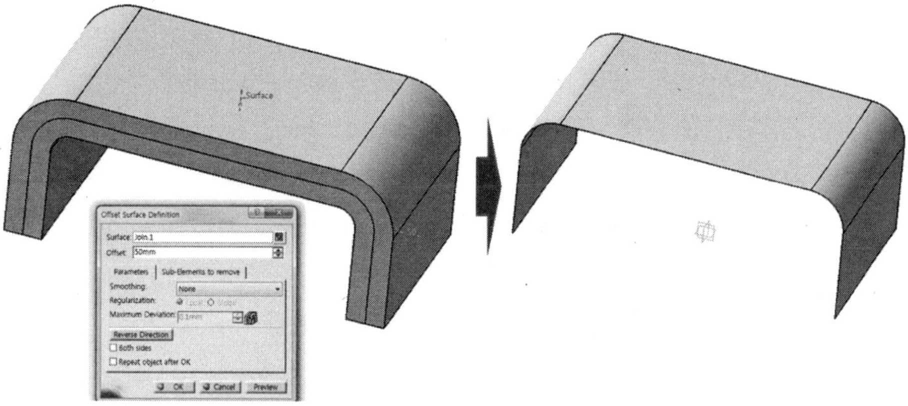

다. 재료 물성치 부여

1) 재료 물성치 부여

① Apply Material 버튼을 클릭하고 Default Material Catalog 대화창의 여러 메뉴 중 Metal Tap을 클릭 후

② Aluminum을 선택한다. OK 버튼은 아직 활성화되지 않는다.

③ Spec. Tree에서 PartBody를 선택하면 Catalog 대화창에 OK 버튼이 활성화되며 이때 OK 버튼을 클릭한다. 다음 그림과 같이 PartBody에 Material이 설정된다.

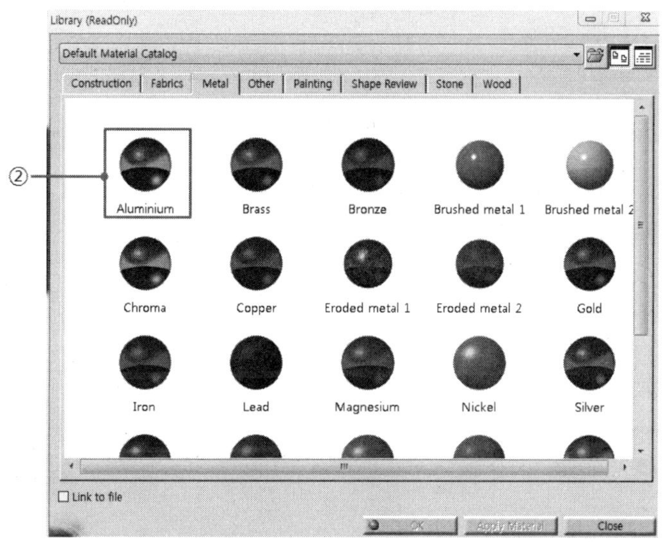

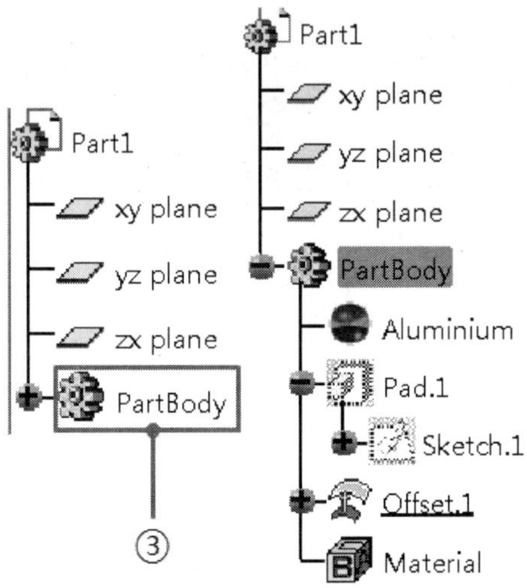

만약 부여한 Aluminum 재질의 영률(Young's Moldulus), Density, Poisson Ratio와 항복강도를 확인하고 싶으면 다음 그림처럼 PartBody Tree 밑의 Aluminum을 선택하고 MB3 버튼을 클릭하면 Properties를 선택할 수 있으며 Properties 대화창이 나타난다. 대화창에서 알 수 있듯이 영률이 70GPa, 항복강도 95MPa, Poisson Ratio(프아송비) 0.346 등의 값을 확인할 수 있다.

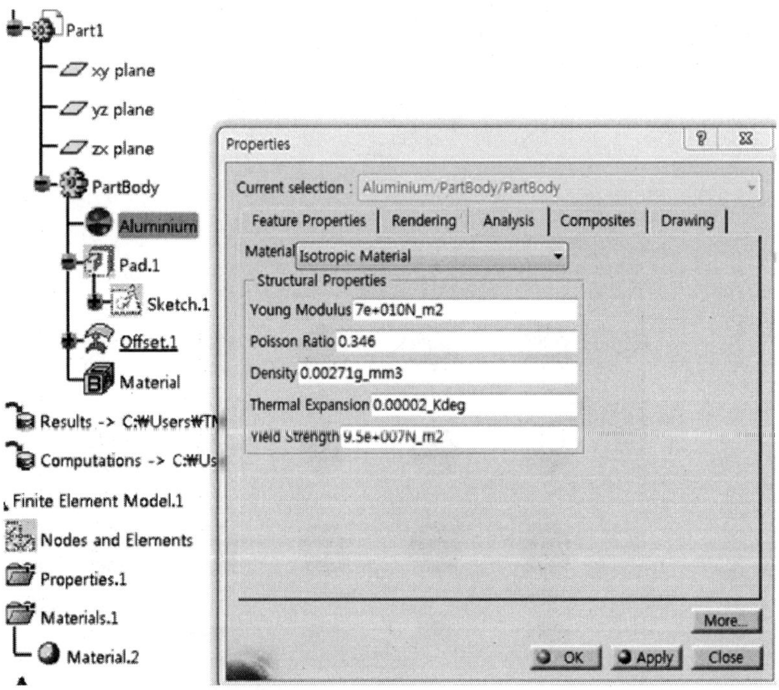

2) View Mode 선택

View Mode의 변경은 다음의 아이콘으로 가능하며 재료 물성치가 부여된 View Mode로 선택하면 PartBody의 색상이 달라진다. View Mode는 총 7개(Shading, Shading with Edge, Shading with Edge without Smoothing Edges, Shading with Edge without Hidden Edges, Shading with Material, Wireframe(NHR), Customize with Parameters)가 있으며 각 모드별 Viewing 형태의 변화는 직접 실습해 보면 쉽게 그 차이를 알 수 있다.

라. Pre-Processing

1) GSA 워크벤치 실행

다음 그림과 같이 Generative Structural Analysis(GSA) 워크벤치를 실행시킨다. GSA 워크벤치에서는 형상에 메쉬(Mesh)가 자동으로 정의되며 설정을 변경할 수 있다. 다음과 같이 Analysis & Simulation 메뉴창에서 Generative Structural Analysis를 선택하면 Spec. Tree에 Static Case가 생성되는데 이때 Static Analysis를 선택하고 OK 버튼을 클릭한다.

Spec. Tree을 펼치면 그림과 같이 OCTREE Tetrahedron Mesh(우리는 2D Shell Mesh를 생성해야 하는데 GSA 워크벤치를 실행시키면 자동으로 3D Mesh인 Tetrahedron Mesh.1이 자동 생성되므로 이를 삭제)가 정의되어 있는데 이를 Delete하고 Properties.1을 펼쳐 3D Property도 삭제한다(2D Shell Mesh를 새로 생성시킬 준비를 마친다).

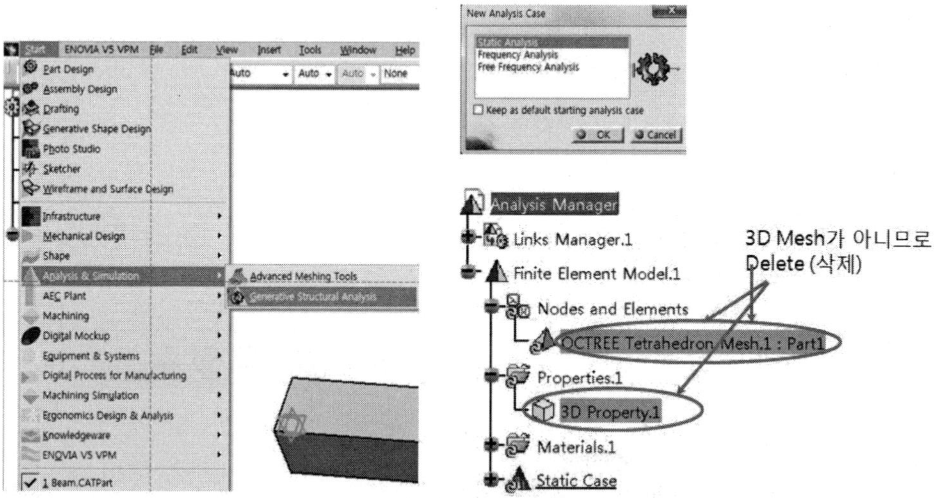

2) Shell Mesh 정의

가) 메뉴바에서 Start 클릭 후 Analysis & Simulation Advanced Meshing Tools(AMT)을 선택한다.

나) Analysis Case로 Static Analysis 선택 후 OK 클릭한다. AMT에서는 메쉬생성 관련 고급기능을 설정한다. GSA에서는 Octree Triangle Mesh를 생성할 수 있지만, AMT에서는 사각형 Shell Mesh 생성이 가능하다.

다) Mesh Method 툴바에서 Surface Mesher 버튼 클릭 서피스를 선택한다.

라) 대화창 Mesh Size를 50 입력하고, Quad Only 옵션을 선택한다. 모델에 나타나는 빨강화살표는 Shell 요소 Upper 방향을 의미한다. OK 버튼을 클릭한다.

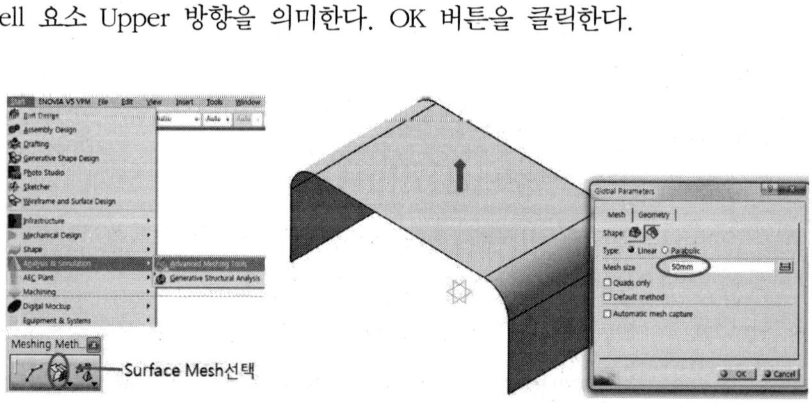

3) Mesh의 화면 표시(View Mode에 따른)

메쉬를 화면에 나타내보자. 이 과정 없이도 해석을 수행할 수는 있으나, 메쉬 화면표시법을 익히기 위하여 실행하는 것이다.

가) 먼저 GSA워크벤치에 입장한다.

나) Spec. Tree의 Nodes and Elements에 MB3 Mesh Visualization을 선택한다.

다) Warning 메시지 확인 후 OK버튼을 클릭한다.

다음과 같이 View Mode를 바꾸면 Mesh가 다양한 형태로 변경된다.

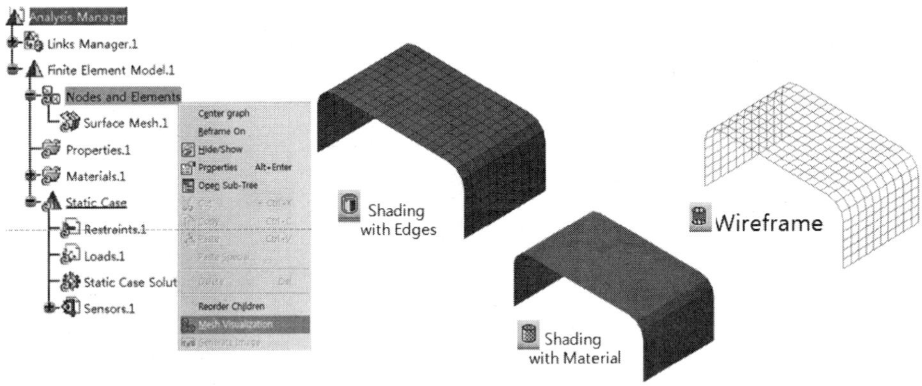

4) Shell Property(두께) 설정

가) Shell 두께를 설정하기 위하여 Model Manager 툴바에서 2D Property를 클릭한다.

나) Links Manager.1에 MB3 Hide/Show로 나타나게 한다.

다) Mid Surface 선택 후 Thickness 100mm을 입력한 후 OK를 클릭한다.

3D 모델과 메쉬를 동시에 화면에 나타내보자. Spec. Tree의 Links Manager.1 항목에 MB3〉Show/Hide를 선택하면 다음과 같이 3D 형상을 동시에 표시 가능하다.

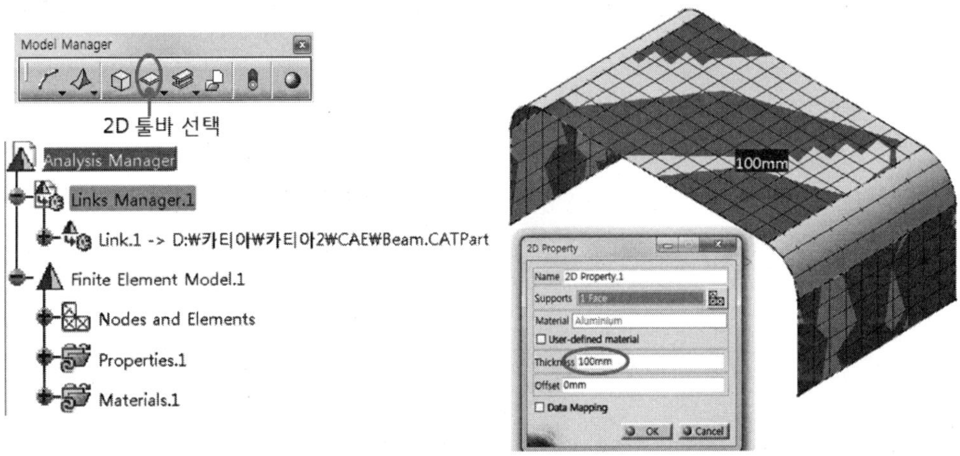

5) 경계조건(Boundary Conditions)

가) Restraints(구속조건) 부여

경계조건과 하중은 형상의 면, 모서리, 점 등에 부여가 가능하다. 경계조건을 제품 형상에 부여하기 위하여 Nodes and Elements 그룹에서 Mesh와 2D Property를 Hide한다(Mesh를 숨기고 형상만 보이게 한다).

Restraints 툴바에서 User-defined Restraint를 클릭하고 아래 그림에 표시한 모서리 ①, ②를 선택하고 대화창에서 OK 버튼을 클릭한다. 그림에 나타냈듯이 샤워의자 하단 2개 모서리에 자유도 6개를 모두 Fix하였다.

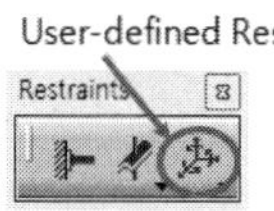

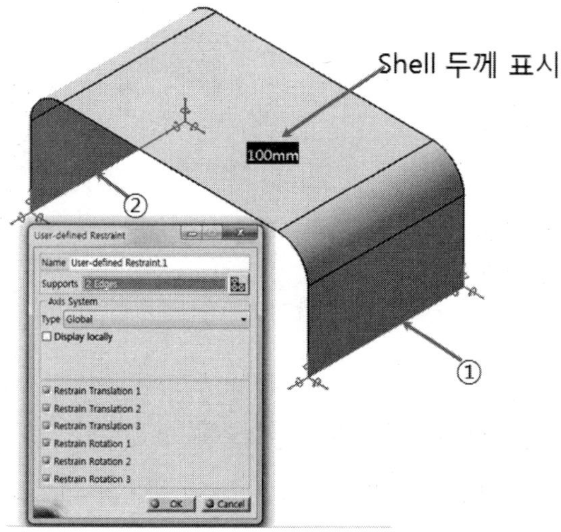

나) Loads(하중조건) 부여

경계조건에서 하중은 형상의 면, 모서리, 점 등에 부여가 가능하다. 툴바에서 Distributed Force 버튼을 클릭(하중의 방향에 주의해야 함)한다. 이 예제에서는 -Z 방향으로 1,000N의 하중을 부여한 것이다. 아래 그림에 나타낸 ②면을 선택 후 하중값을 1,000 입력하고 OK 버튼을 클릭한다.

Distributed Force 툴바

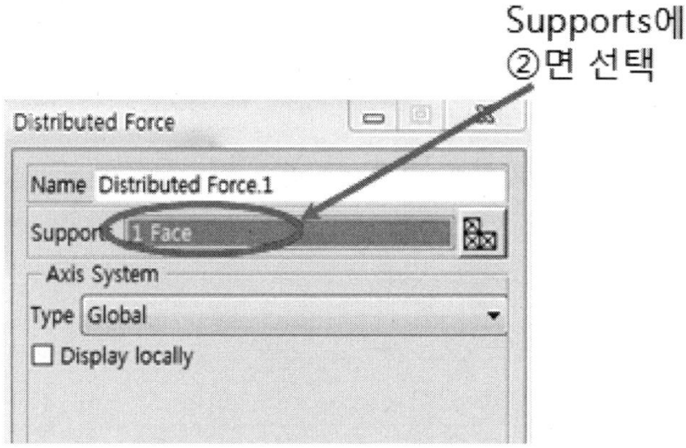

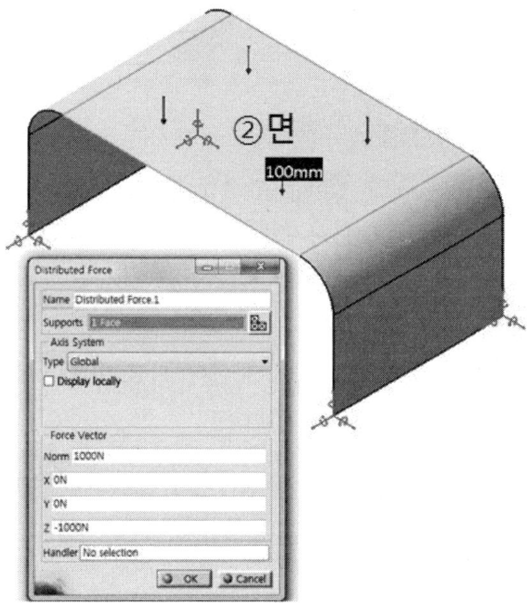

6) FE 모델 확인

기본적인 사항이 정의되어 있는지 확인하기 위하여 Model Manager 툴바를 다음과 같이 활성화한다. Model Checker(신호등 모양) 버튼을 클릭하면 대화상자의 Status 칼럼에 OK가 표시된 것을 확인할 수 있다. 확인 후 대화상자의 OK 버튼을 클릭한다.

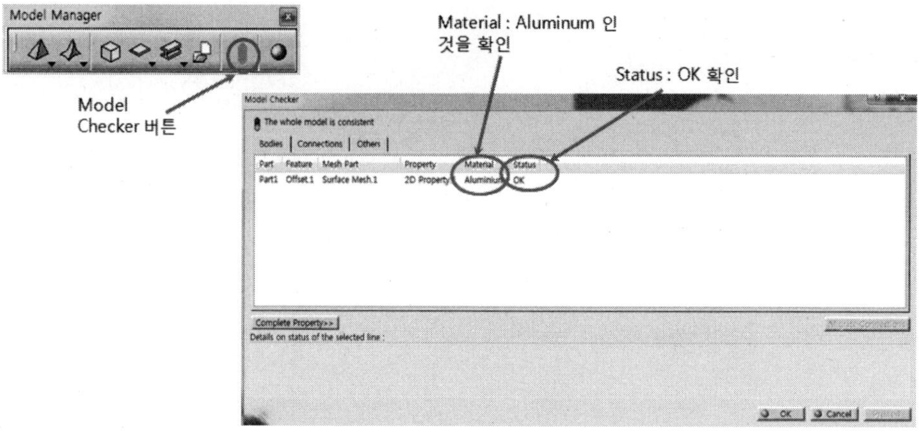

마. Solving

1) 계산하여 해 구하기 명령

앞서 정의한 FE 모델에 대한 해를 구하는 과정을 알아보자. Compute 툴바를 다음 그림과 같이 활성화시켜 버튼을 클릭한다. 대화상자에서 OK 버튼을 선택한 것은 모든 사항을 계산하겠다는 뜻이다(특정 Solution Case만 계산할 지도 선택이 가능함). 다음 그림에 나타낸 것과 같이 계산에 필요한 Resource가 대화상자에 표시되면 Yes 버튼을 클릭하며 이때 계산이 시작된다. 또한 Computation Status가 표시되며 계산이 완료된다.

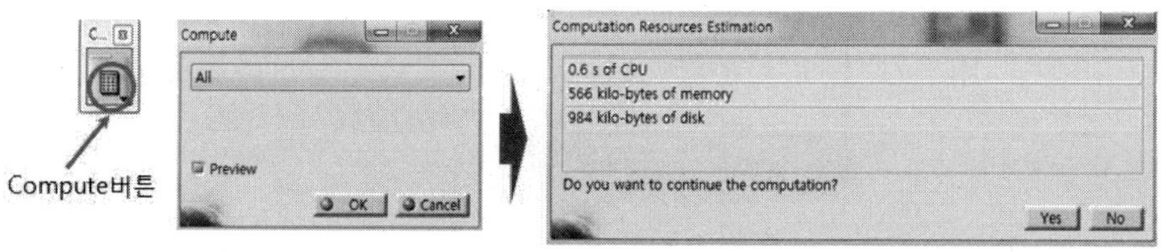

여기서 잠시 동안의 계산 수행 표시 후, 창이 사라지는 것을 확인할 수 있다. 만약 계산 중 에러가 발생하면 주어진 조건에 빠진 부분이 있거나 잘못 설정한 부분이 있는 것이므로 다시 모델링 장으로 가서 수정을 해야 한다.

Spec. Tree에서 계산결과와 Post Processing할 결과의 저장위치 확인은 다음 그림처럼 가능하다.

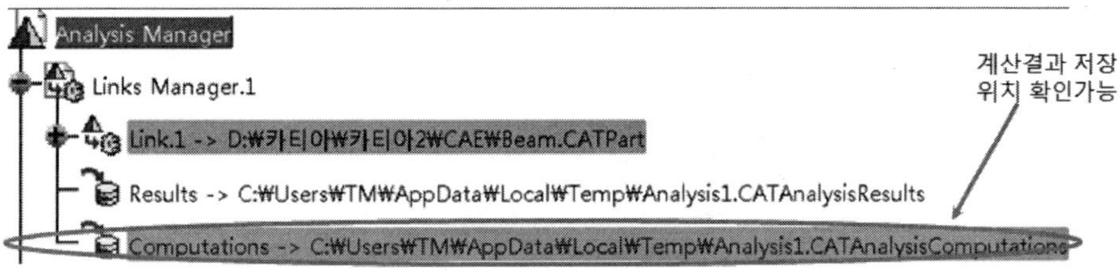

바. 후처리(Post-Processing)

1) Deformation(변형량) 나타내기

해석결과를 분석해보자. 먼저 다음의 순서로 변형량을 나타낸다.

① Image 툴바를 꺼낸다.

② Deformation 버튼을 클릭한다.

③ Mesh.1에 MB3 → Activate/Deactivate 선택한다.

- 아래 그림에 Mesh와 Deformation 결과를 함께 표시하였다.
- 변형 전후 차이를 알기 위해 다음 그림 형태로 본다.

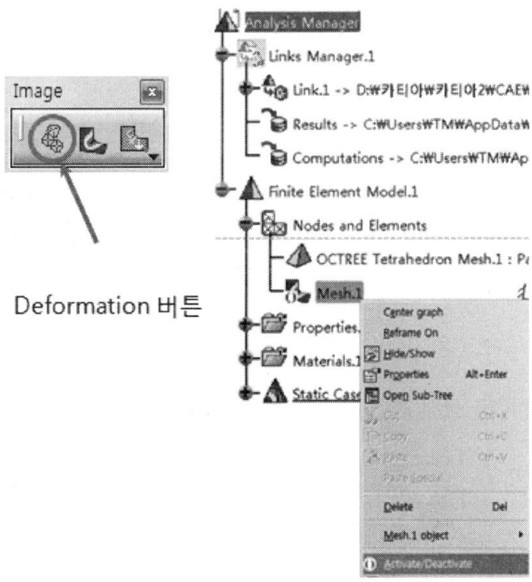

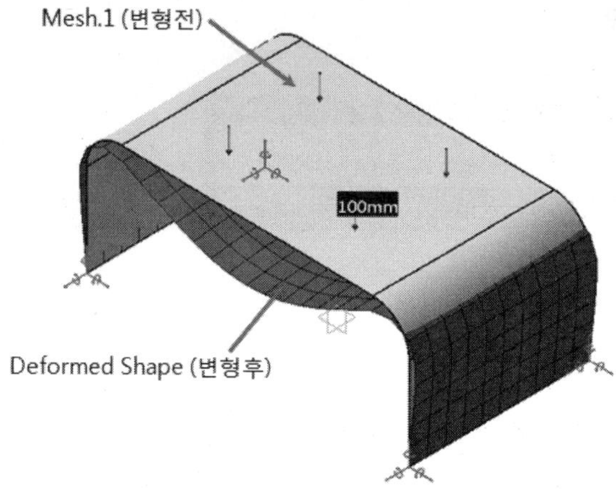

2) Von Mises Stress 표시

Image 툴바에서 von Mises Stress 버튼을 클릭하면 다음 그림과 같이 응력이 표시된다. 화면 오른쪽은 색깔별 수준을 표시해 준다. 앞서 생성한 Deformed 모델은 숨기고 Display Type을 다양하게 변경해 본다.

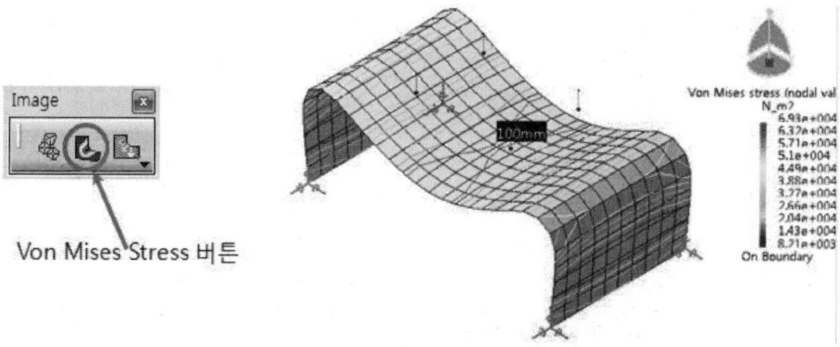

View Mode를 Shading with Material로 표시하면 다음 그림과 같다.

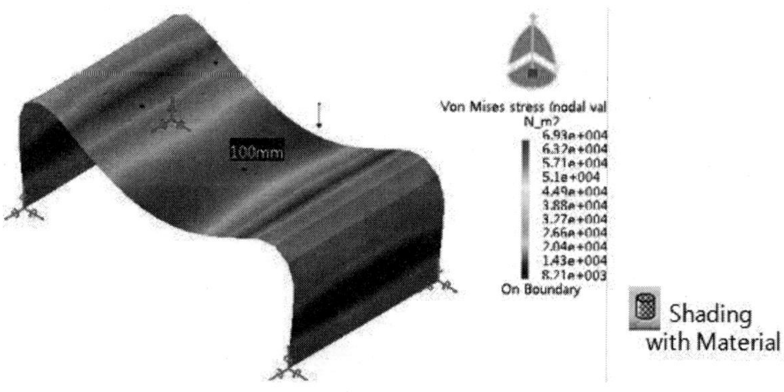

결과가 표시된 모델에 마우스 포인터를 대고 더블 클릭한다. Image Edition 대화창에 Type을 Discontinuous iso를 선택하면 요소마다 같은 색깔로 다음과 같이 표시되도록 할 수도 있다.

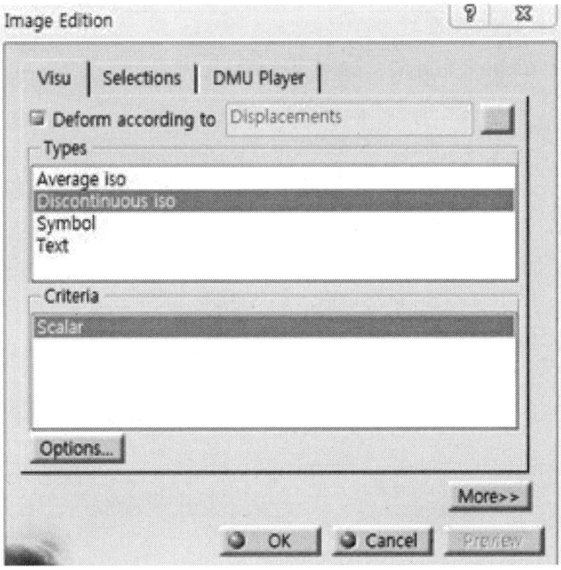

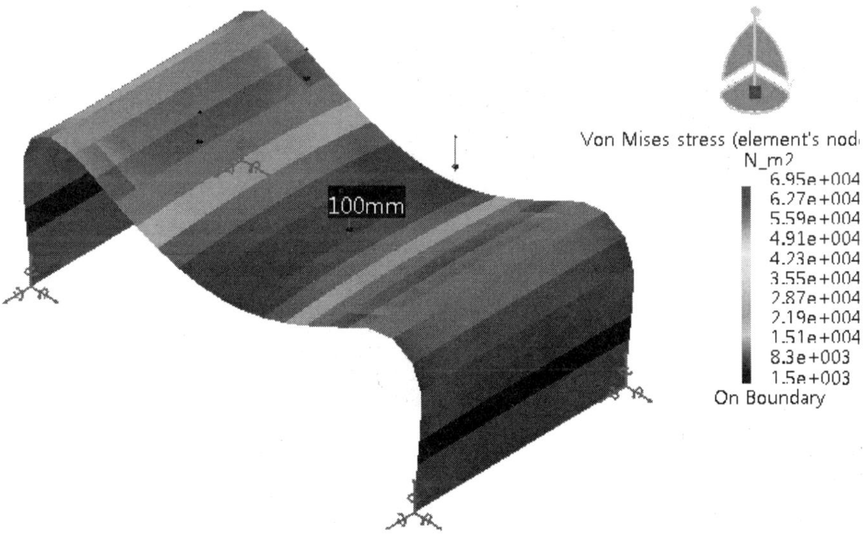

Image Edition 대화창에서 Deform according to 옵션을 하기와 같이 해제하면 다음 그림과 같이 변형되지 않은 3D모델에 응력을 표시할 수 있다.

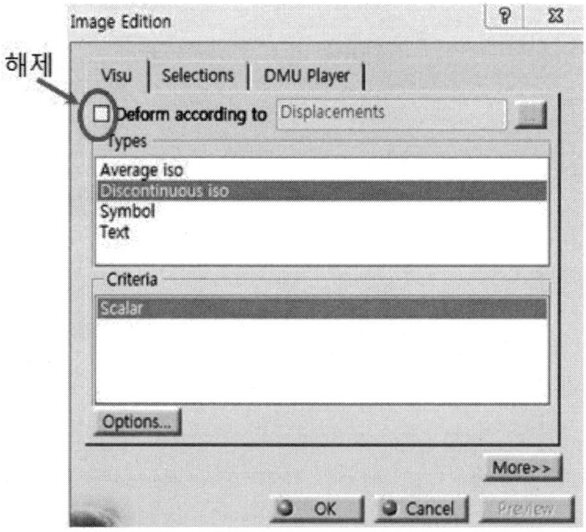

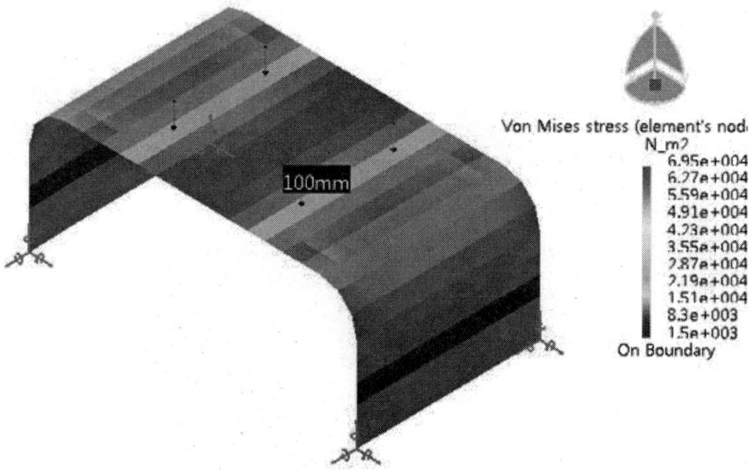

Shell 요소의 결과는 Upper, Lower 및 Mid 위치에 대해서도 Stress를 표시할 수 있다. 3차원 요소는 형상의 안쪽 어느 위치에서든 Cut plane을 이용해 표시할 수 있다. 일반적으로 구조물 파괴는 표면에서 발생하므로 형상 안쪽 응력은 결과 분석에 큰 영향을 주지 않는다.

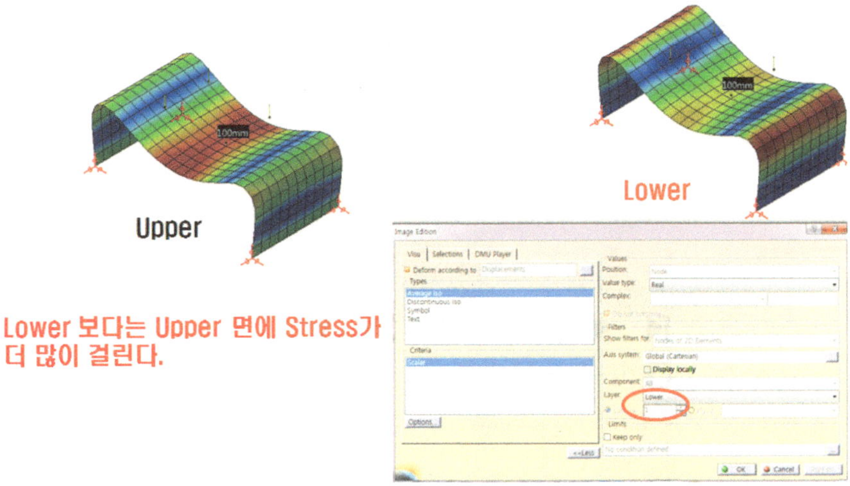

Display Type을 Average iso로 설정하고 View Mode를 다음과 같이 Customize view parameter로 설정하면 Element Edge와 해석결과를 함께 표시할 수 있다.

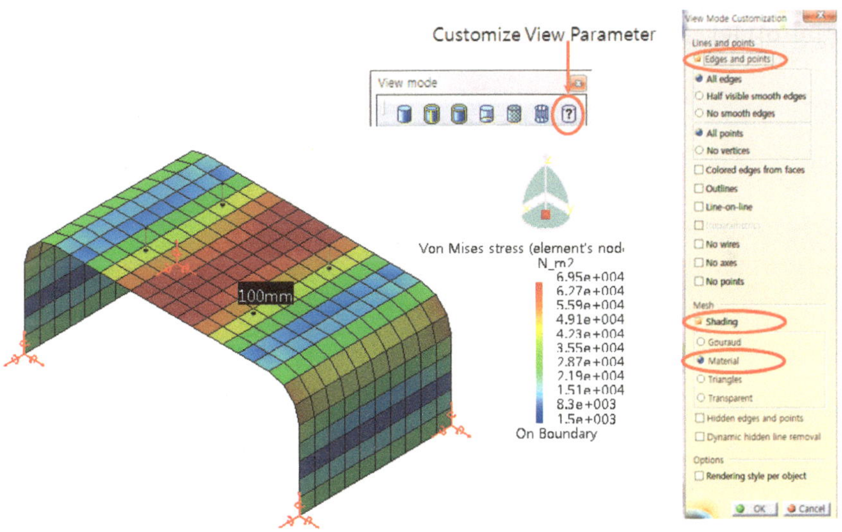

3) Analysis Toolbar

Analysis 툴바에서 Animate 버튼을 클릭하면 변형 및 응력 결과를 동영상으로 볼 수 있다. 이는 시간을 고려한 것이 아니라 정적하중이 가해질 때와 아무런 하중이 없을 때의 변경이나 응력결과를 점진적으로 변화하도록 표시하는 것이다.

Cut Plane 기능을 이용하면 결과를 표시한 모델을 잘라서 안쪽의 결과를 볼 수 있다. 일반적으로 구조물의 파손은 표면에서 시작되므로 결과분석에 큰 영향을 주지는 않는다.

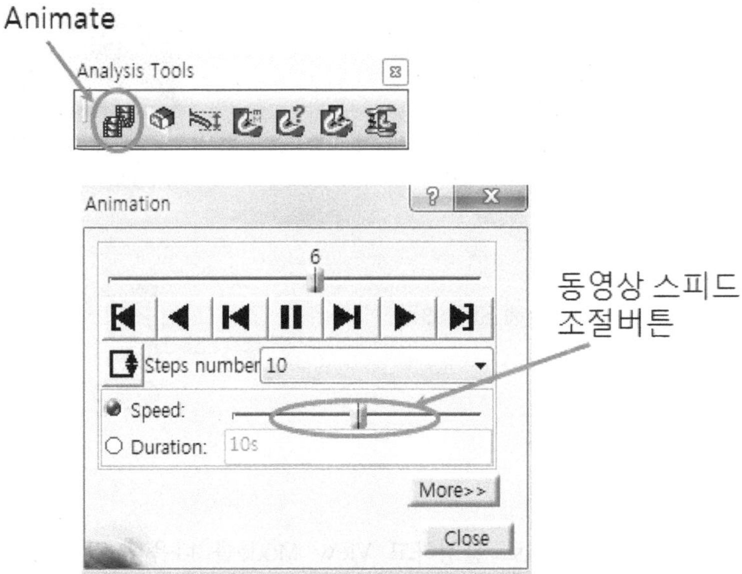

Image Extrema 버튼 선택하면 von Mises Stress의 최댓값과 최솟값을 다음과 같이 표시할 수 있을 뿐만 아니라 최댓값(빨강색)과 최솟값(파랑색)이 나타나는 위치를 색상과 함께 표시할 수 있다.

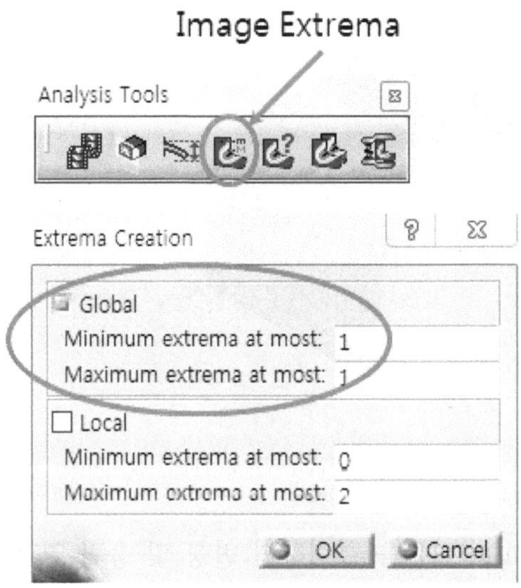

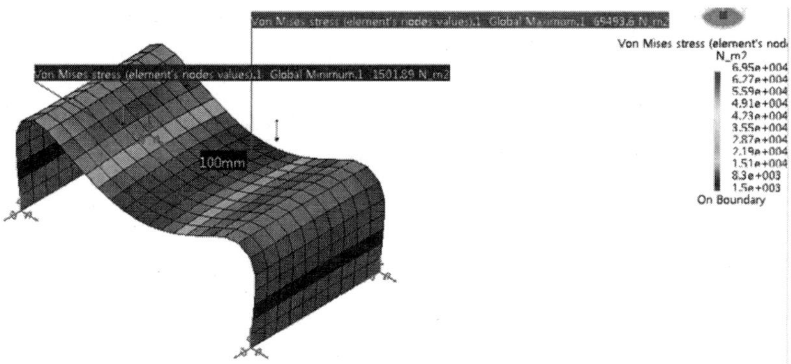

Extrema 값은 Spec. Tree에 표시된다. 화면에 표시된 최댓값 또는 최솟값 라벨을 더블 클릭하면 Extremum Edition 대화상자가 나타나고 Show Label 옵션을 사용하여 라벨을 화면에 표시하거나 숨길 수 있다.

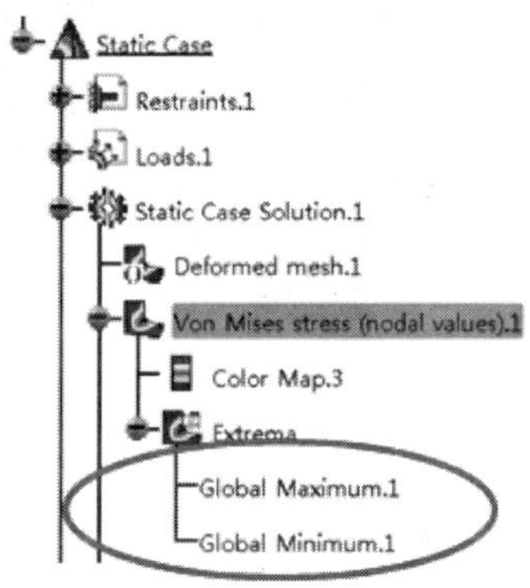

Information 버튼 클릭 시 특정 Element 또는 Node의 기본 정보와 화면 표시의 결과값을 표시해 준다.

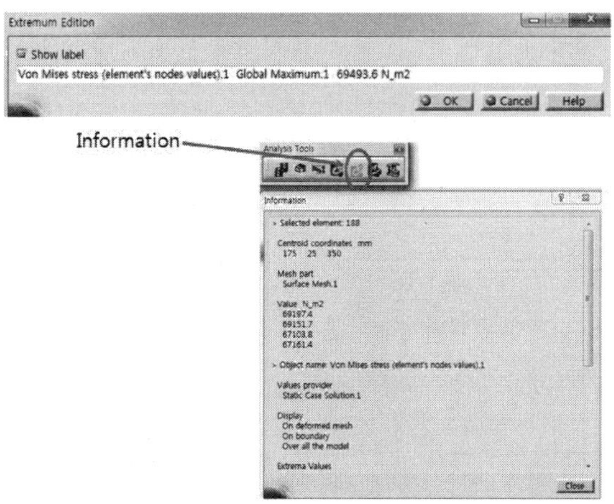

Image Layout 기능을 이용하면 두 가지 이상의 결과를 서로 떨어져서 표시할 수 있다. 변형결과와 Von Mises Stress 결과를 함께 표시해 보자.

Spec. Tree에서 두 개의 결과를 모두 Activate한 후 Image Layout 버튼을 클릭하고 다음 그림과 같이 Explode 값을 700mm로 입력한 후 OK 버튼을 클릭한다.

다음 그림과 같이 두 개의 결과가 동시에 표시되는 것을 확인할 수 있다.

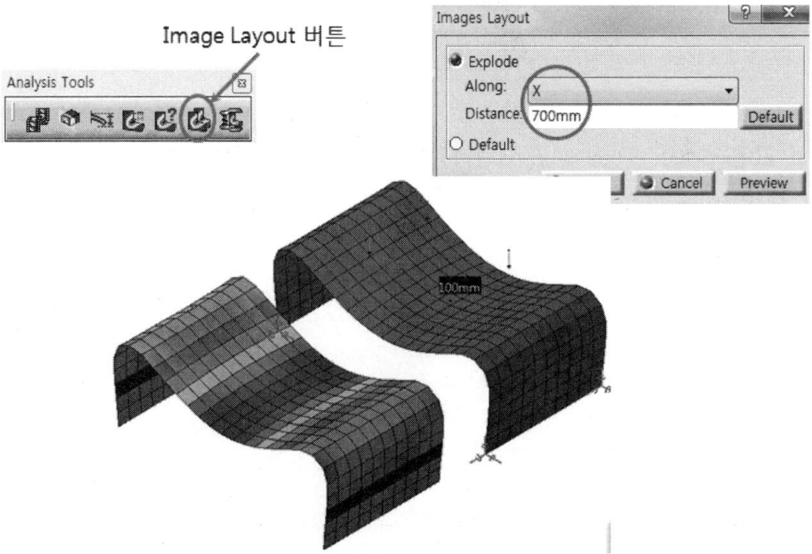

4) Displacement 표시

Displacement를 표시하면 각 Node에서의 변형을 방향 성분별로 표시할 수 있으며 다음과 같다.

① 결과가 표시된 모델에 마우스 포인터를 가져간 다음 더블 클릭하거나 또는 Spec. Tree에서 해당 항목을 더블 클릭한다.

② Image Edition 상자에서 Visu 탭을 선택한 후 More 버튼을 클릭한다.

③ Component 목록에서 원하는 방향 성분 표시, C1은 X 방향, C2는 Y 방향, C3는 Z 방향을 의미한다.

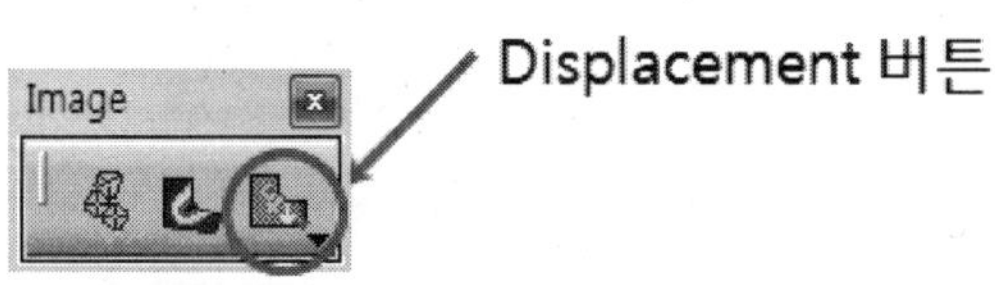

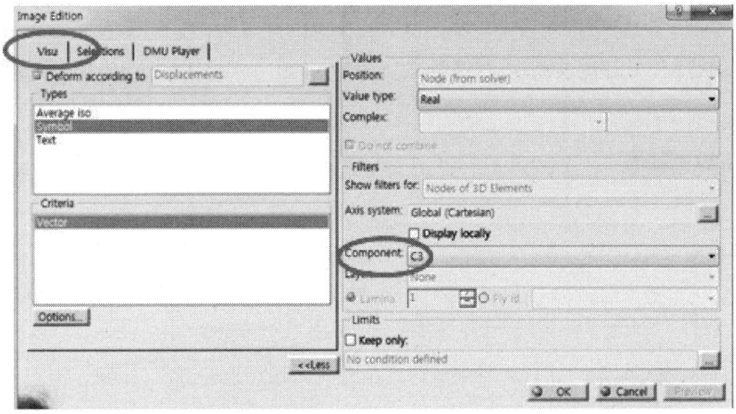

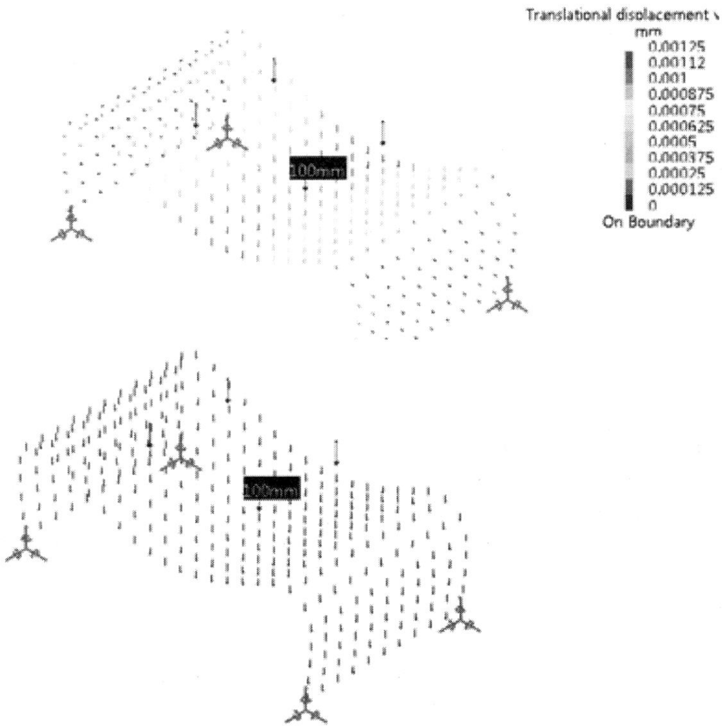

Z-방향(C3) 변위 성분만 표시한 결과

사. 결과 분석

앞서 두 타입에서 결과값이 다르게 나타나므로 어떤 결과값을 기준으로 판단할지 결정해야 한다. 변위결과는 Node에 대한 값을 표시하고 응력결과는 Element에 대한 값을 계산하게 되어 있으므로 Discontinuous iso 타입 결과를 이용한다.

Aluminum의 항복강도는 Material Properties를 이용해 다음과 같이 확인 가능하다.

- Spec. Tree에서 Link Manager를 아래와 같이 확장한다.
- Aluminum에 MB3〉Properties 선택하고 Analysis 탭 클릭하면 Yield Strength 확인 가능하다.

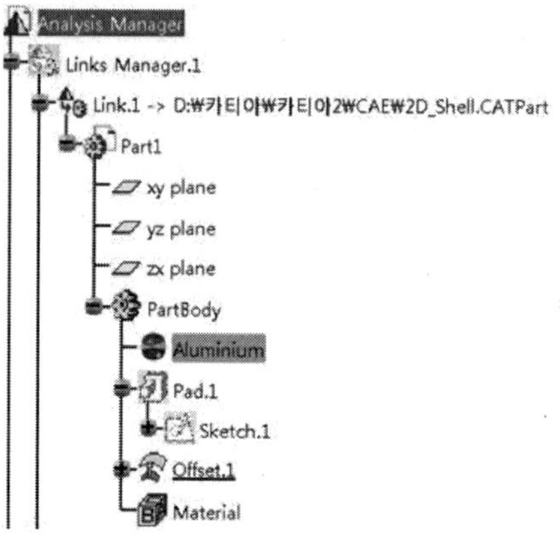

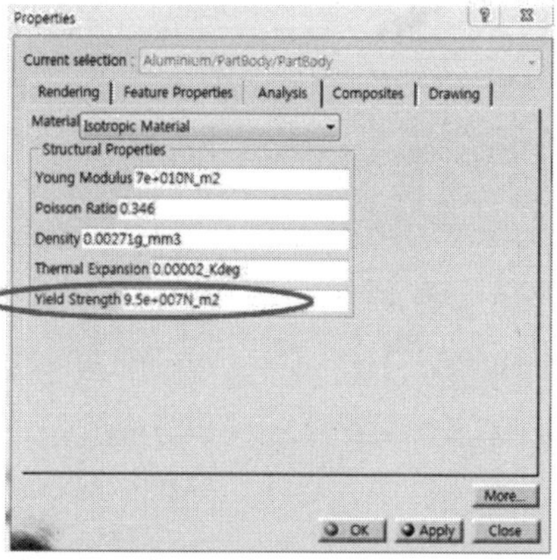

확인결과 Aluminum의 Yield Strength는 95MPa이고 앞서 최대 Von Mises Stress는 0.695 MPa였으므로 1,000N의 하중이 부여되었을 때 이 구조물은 항복이 발생하지 않는다.

아. 연습문제

과제 1

① 앞서 해석한 Shell의 단면을 단면 두께를 10mm로 단면 속성을 변경하여 해석하시오. Properties.1을 선택해 두께값을 바꾸어 준다.
② 동일 조건 하에서 더 많이 처짐이 발생하는 것을 확인하시오.
③ 비교값을 나타내는 다음의 Table을 완성하고 비교해 보시오.

구 분	Shell의 단면 두께 100mm에서의 최대 처짐량 (Aluminum 소재)	Shell의 단면 두께 10mm에서의 최대 처짐량 (Aluminum 소재)
해석 결과 처짐량(mm)	0.00125 mm	

과제 2

① 앞서 해석한 Shell의 Mesh Size를 5mm로 변경하여 해석하시오.

② Mesh가 Fine해질수록 동일 조건에서 Maximum Stress 값이 더 낮아지는 것을 확인해 보시오.

③ 비교값을 나타내는 다음의 Table을 완성하고 비교해 보시오.

구 분	Shell의 Mesh Size 50mm에서의 최대 Stress 값 (Aluminum 소재)	Shell의 Mesh Size 5mm에서의 최대 Stress 값 (Aluminum 소재)
해석 결과 최대 von Mises Stress 값	69,493.6 Pa	

과제 3

① 앞서 기본 해석의 소재를 알루미늄에서 Steel로 재질 변경하여 해석하시오. 알루미늄합금과 Steel 소재의 처짐량을 비교하시오.

② 어느 소재가 더 처짐이 크게 발생하는가?

③ 비교값을 나타내는 다음의 Table을 완성하고 비교해 보시오.

구 분	Shell의 단면 두께 100mm에서의 최대 처짐량 (Aluminum 소재)	Shell의 단면 두께 100mm에서의 최대 처짐량 (Steel 소재)
해석 결과 처짐량(mm)	0.00125 mm	

과제 4

① 앞서 기본 해석의 Element를 당초 Quad(사각형)에서 삼각형으로 요소 모양을 변경(Nodes and Elements를 더블 클릭하면 아래 Global Parameters가 나타남)하여 해석하시오. Element의 차이에 따른 처짐량을 비교하시오.

② 어느 Element가 더 처짐이 크게 발생하는가?

③ 비교값을 나타내는 다음의 Table을 완성하고 비교해 보시오.

구 분	Quad(사각) Element로 Mesh한 모델의 최대 처짐량 (Aluminum 소재)	삼각 Element로 Mesh한 모델의 최대 처짐량 (Aluminum 소재)
해석 결과 처짐량(mm)	0.00125 mm	

☞ 다음 그림은 저자가 해석한 element size의 변화에 따른 유한요소 모델이다. Case1의 Mesh가 가장 거칠며 Case4의 Mesh가 가장 Element의 수가 많도록 모델링한 것이다.

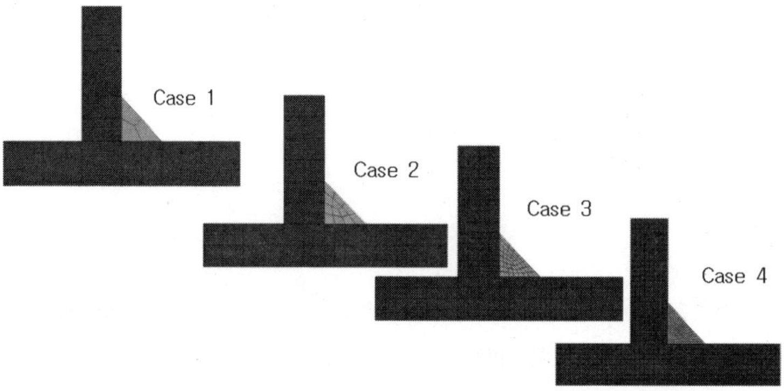

	Case 1	Case 2	Case 3	Case 4
No. Node	58	174	586	2130
No. Element	15	60	240	960

위의 모델을 해석한 결과를 다음에 나타내었는데 동일 형상에서 Element 크기가 촘촘하게 작고 많을수록 Stress 값이 커지는 것을 확인할 수 있다.

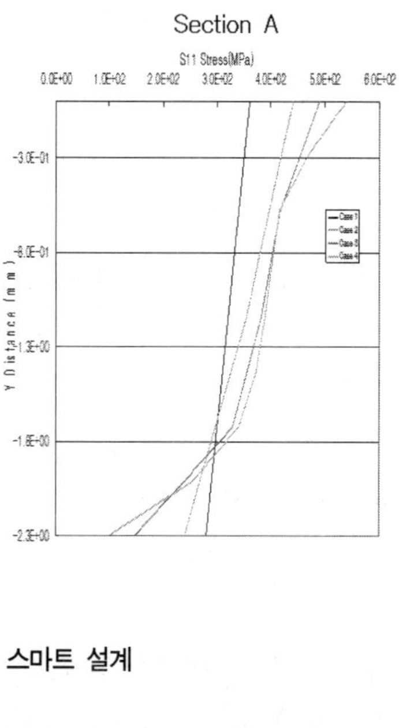

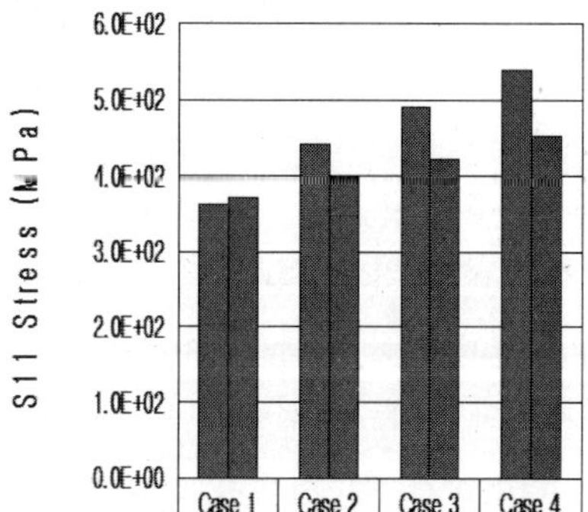

	Case 1	Case 2	Case 3	Case 4
Full INT.	361.489	441.204	489.774	539.004
Reduced INT.	371.031	397.759	422.717	452.611

7.4 3-D Element 해석(Cantilevered Beam)

가. 모델링 수행

해석하기에 앞서 모델링을 수행하는데, 우선 Part Design 워크벤치로 입장하여 xy-plane에 다음과 같은 형상으로 스케치 후 구속조건을 부여해 보자.

스케치가 완성되었으면 Pad 기능을 이용하여 양쪽 방향으로 200mm 돌출시킨다. 다음의 형상으로 3차원 형상의 Cantilever 빔 모델링이 완성된다.

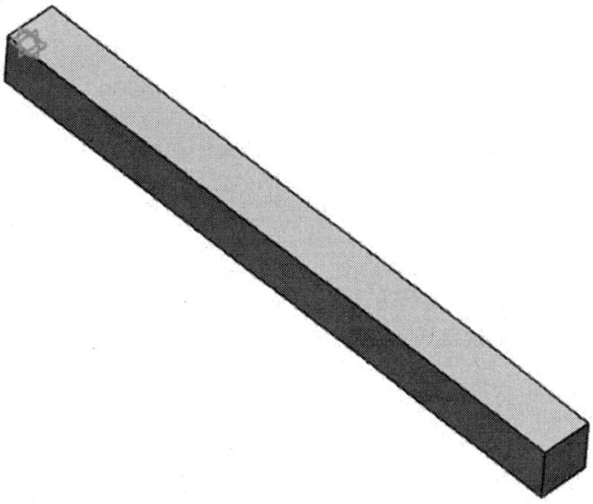

나. 재료 물성치 부여

1) 재료 물성치 부여

① Apply Material 버튼을 클릭하고 Default Material Catalog 대화창의 여러 메뉴 중 Metal Tap을 클릭 후 ② Steel을 선택한다. OK 버튼은 아직 활성화되지 않는다. Spec. Tree에서 ③ PartBody를 선택하면 Catalog 대화창에 OK 버튼이 활성화되며 이때 OK 버튼을 클릭한다. 다음 그림과 같이 PartBody에 Material이 설정된다.

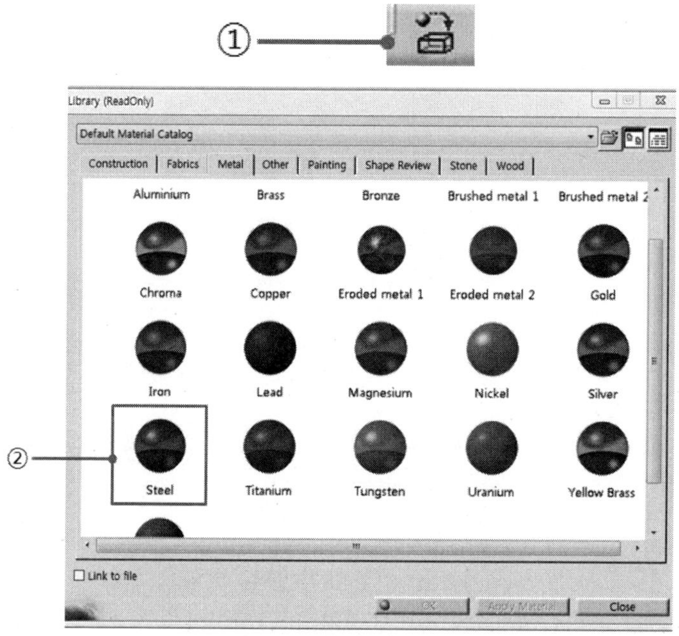

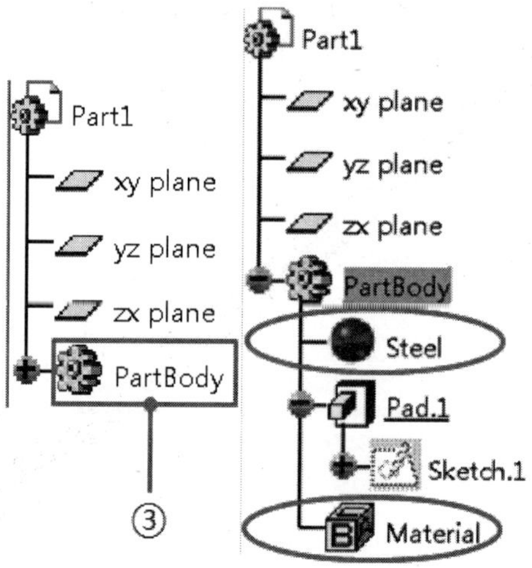

다. Pre-Processing

1) GSA 워크벤치 실행

다음 그림과 같이 Generative Structural Analysis(GSA) 워크벤치를 실행한다. GSA 워크벤치에서는 형상에 메쉬(Mesh)가 자동으로 정의되며 설정을 변경할 수 있다. 다음과 같이 Analysis & Simulation 메뉴창에서 Generative Structural Analysis를 선택하면 Spec. Tree에 Static Case가 생성되는데 이때 Static Analysis를 선택하고 OK 버튼을 클릭한다.

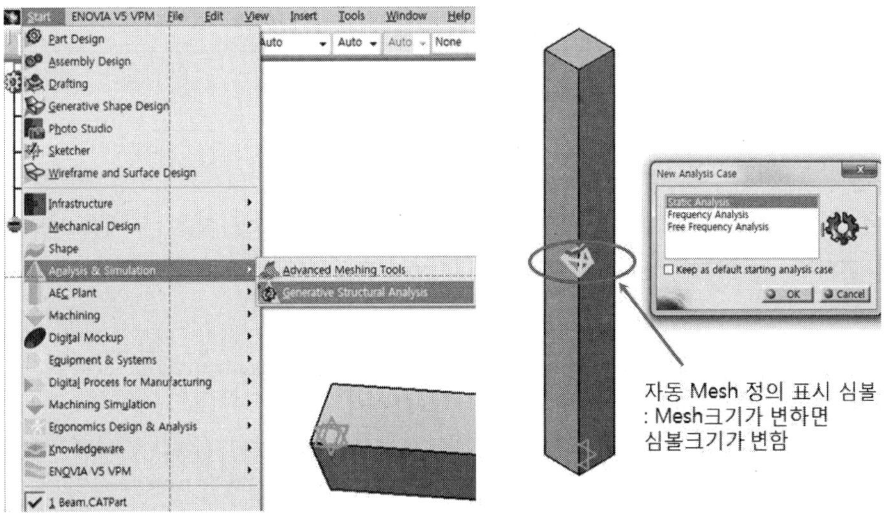

2) Tetra Mesh 정의

가) 메뉴바에서 Start 클릭 후 Generative Structural Analysis (GSA) 워크벤치를 실행시킨다. Mesh 심볼이 나타났다는 것은 형상에 대해 메쉬가 자동으로 정의되었다는 것을 의미한다. 그대로 해석을 수행할 수도 있고, 필요에 따라 메쉬의 크기를 변경할 수도 있다. 다음의 순서로 메쉬의 크기를 변경해보자.

- Spec Tree의 Nodes and Elements 항목을 확장시킨다.
- OCTree Tetrahedron Mesh를 더블 클릭한다.
- 대화상자를 아래 우측 그림처럼 설정(Size: 5mm, Absolute sag : 1mm로 설정)한 후 OK 버튼을 클릭한다.

메쉬 크기를 조정하면 모델에 나타난 심볼 크기도 조절된다.

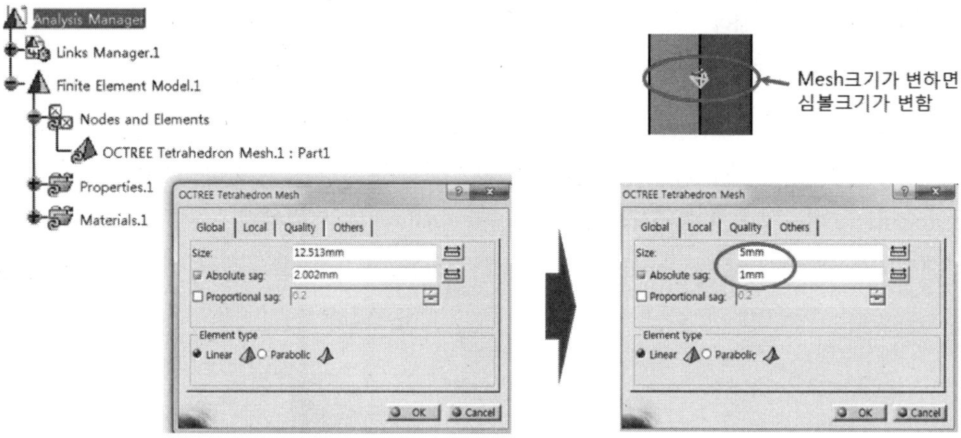

3) Mesh의 화면 표시(View Mode에 따른)

메쉬를 화면에 나타내보자. 이 과정 없이도 해석을 수행할 수는 있으나 메쉬 화면표시법을 익히기 위하여 실행한다.

가) 먼저 GSA워크벤치에 입장한다.

나) Spec. Tree의 Nodes and Elements에 MB3 Mesh Visualization을 선택한다.

다) Warning 메시지 확인 후 OK 버튼을 클릭한다.

다음과 같이 View Mode를 바꾸면 Mesh가 다양한 형태로 변경된다.

3D 모델과 메쉬를 동시에 화면에 나타내보자. Spec. Tree의 Links Manager.1 항목에 MB3〉Show/Hide를 선택하면 3D 형상을 동시에 표시 가능하다.

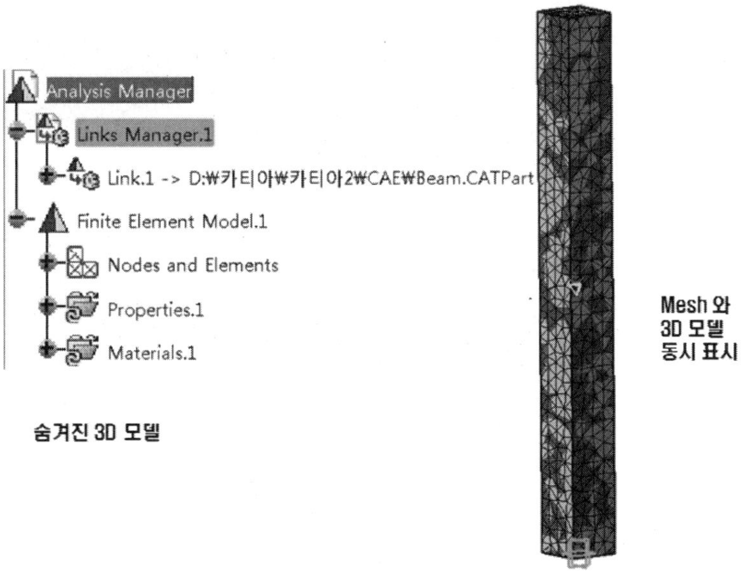

4) 경계조건(Boundary Conditions)

가) Restraints(구속조건) 부여

경계조건과 하중은 형상의 면, 모서리, 점 등에 부여가 가능하다.

Restraints와 Loads 툴바를 꺼낸다. Restraints 툴바에서 Clamp를 선택하면 대화창이 뜬다. 아래 그림에 표시한 ①면을 선택하고 대화창에서 OK 버튼을 클릭한다. 그림에 나타냈듯 Cantilever 좌측면에 자유도 6개를 모두 Fix하였다.

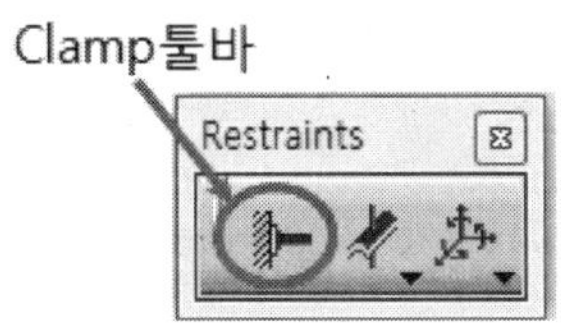

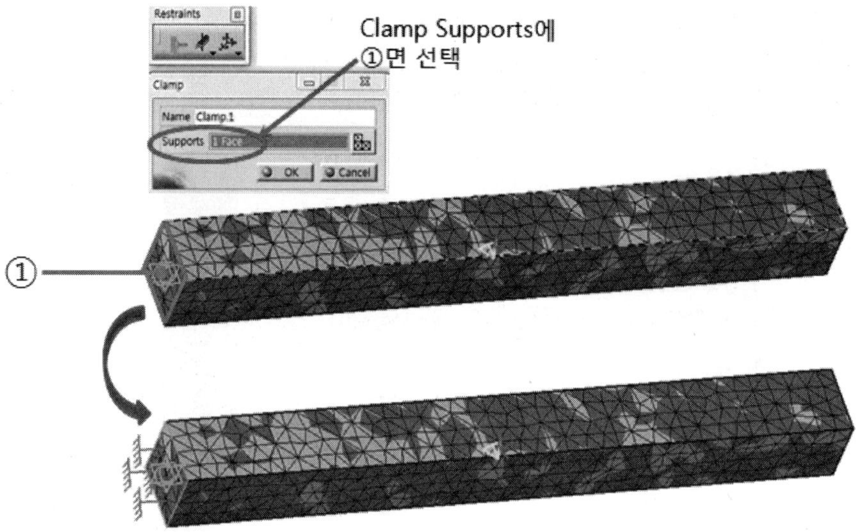

나) Loads(하중조건) 부여

경계조건에서 하중은 형상의 면, 모서리, 점 등에 부여가 가능하다. 툴바에서 Distributed Force 버튼을 클릭(하중의 방향에 주의해야 함)한다. 이 예제에서는 -Z 방향으로 500N의 하중을 부여한 것이다. 아래 그림에 나타낸 ②면을 선택 후 하중값 500을 입력하고 OK 버튼을 클릭한다.

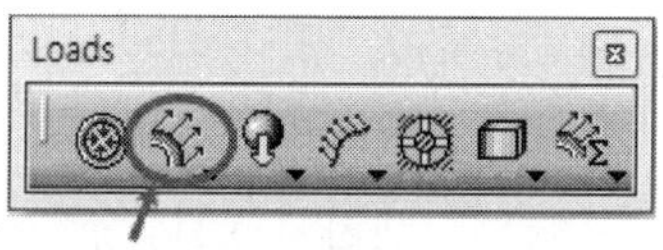

Distributed Force 툴바

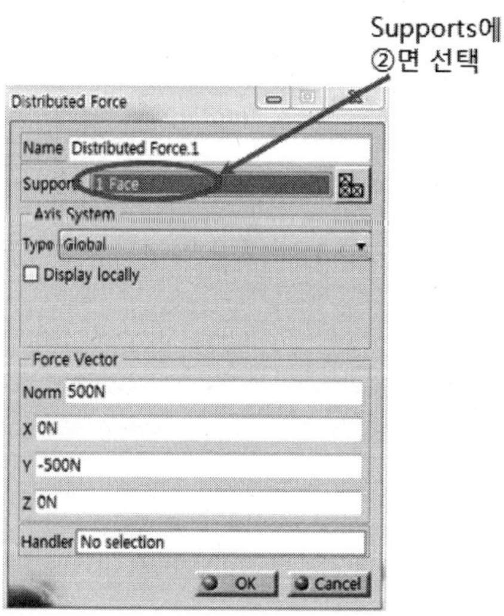

6) FE 모델 확인

기본적인 사항이 정의되어 있는지 확인하기 위해 Model Manager 툴바를 다음과 같이 활성화한다. Model Checker(신호등 모양) 버튼을 클릭하면 대화상자의 Status 칼럼에 OK가 표시된 것을 확인할 수 있다. 확인 후 대화상자의 OK 버튼을 클릭한다.

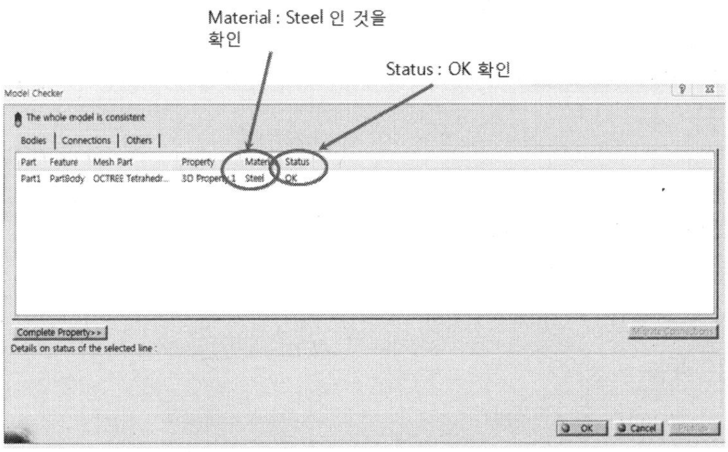

라. Solving

1) 계산하여 해 구하기 명령

앞서 정의한 FE 모델에 대한 해를 구하는 과정을 알아보자. Compute 툴바를 다음 그림과 같이 활성화하여 버튼을 클릭한다. 대화상자에서 OK 버튼을 선택한 것은 모든 사항을 계산하겠다는 뜻이다(특정 Solution Case만 계산할지도 선택이 가능함). 다음 그림에 나타낸 것과 같이 계산에 필요한 Resource가 대화상자에 표시되면 Yes 버튼을 클릭하며 이때 계산이 시작된다. 또한 Computation Status가 표시되며 계산이 완료된다.

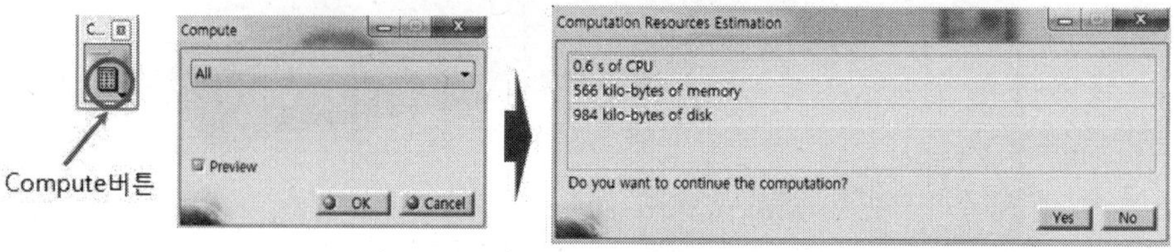

여기서 잠시 동안 계산 수행을 표시한 후, 창이 사라지는 것을 확인할 수 있다. 만약 계산 중 에러가 발생하면 주어진 조건에 빠진 부분이 있거나 잘못 설정한 부분이 있는 것이므로 다시 모델링 창으로 가서 수정을 해야 한다.

Spec. Tree에서 계산결과와 Post Processing할 결과의 저장위치 확인이 다음 그림처럼 가능하다.

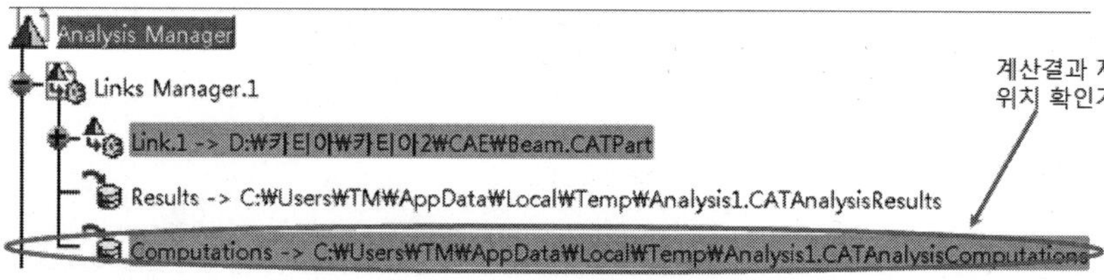

마. 후처리(Post-Processing)

1) Deformation(변형량) 나타내기

해석결과를 분석해보자. 먼저 다음의 순서로 변형량을 나타내 보자.

① Image 툴바를 꺼낸다.

② Deformation 버튼을 클릭한다.

③ Mesh.1에 MB3 → Activate/Deactivate 선택한다.

- 아래 그림에 Mesh와 Deformation 결과를 함께 표시하였다.
- 변형 전후 차이를 알기 위해 다음 그림 형태로 본다.

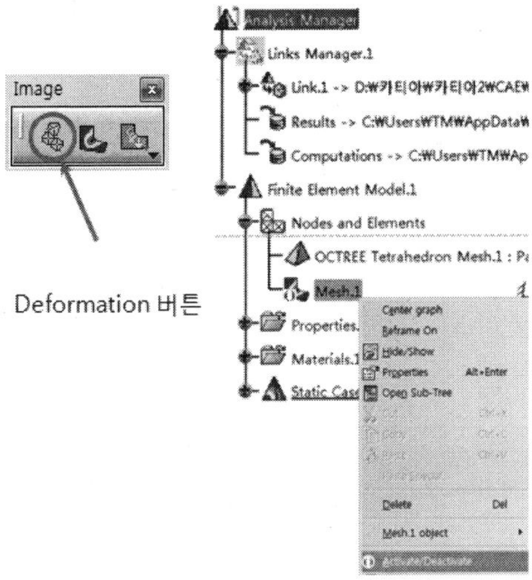

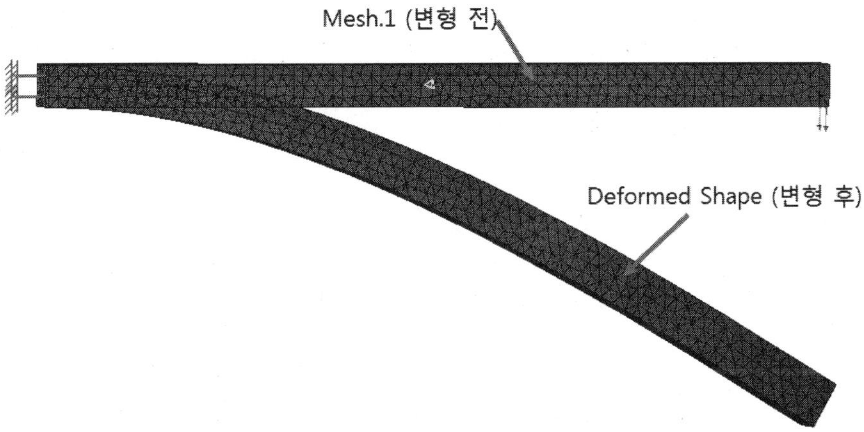

2) Von Mises Stress 표시

Image 툴바에서 von Mises Stress 버튼을 클릭하면 다음 그림과 같이 응력이 표시된다. 화면 오른쪽은 색깔별 수준을 표시해 준다. 앞서 생성한 Deformed 모델은 숨기고 Display Type을 다양하게 변경해 본다.

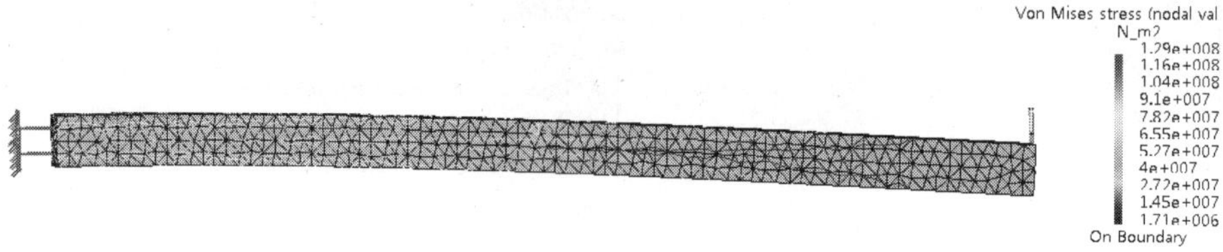

View Mode를 Shading with Material로 표시하면 다음 그림과 같다.

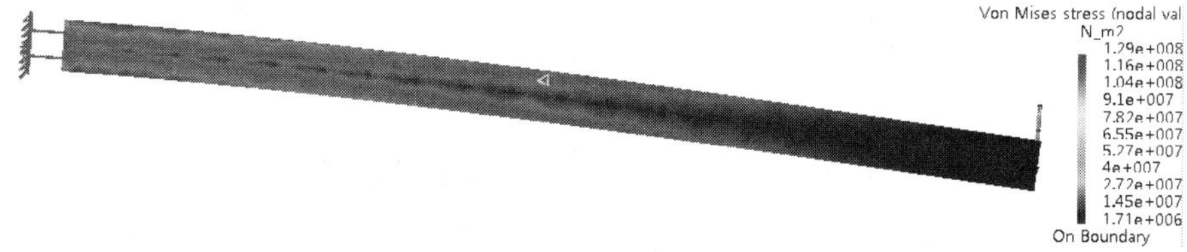

결과가 표시된 모델에 마우스 포인터를 대고 더블클릭한다. Image Edition 대화창에 Type을 Discontinuous iso를 선택하면 요소마다 같은 색깔로 다음과 같이 표시되도록 할 수도 있다.

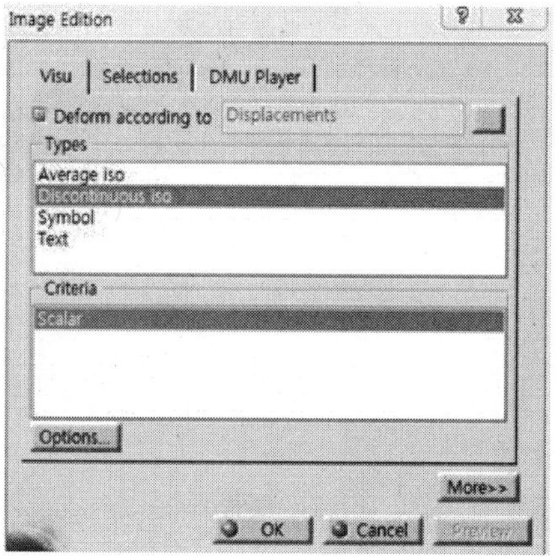

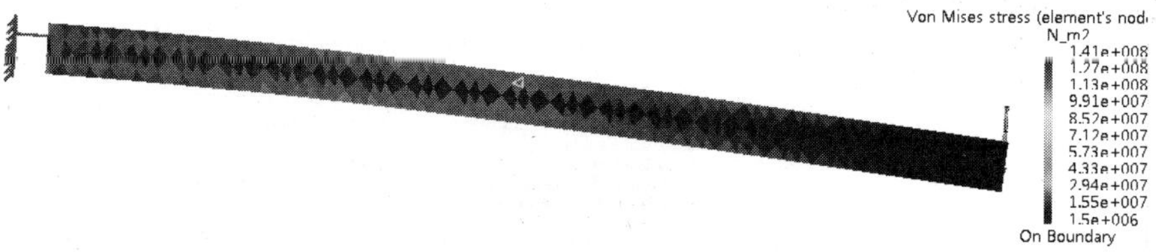

Image Edition 대화창에서 Deform according to 옵션을 아래와 같이 해제하면 다음 그림과 같이 변형되지 않은 3D모델에 응력을 표시할 수 있다.

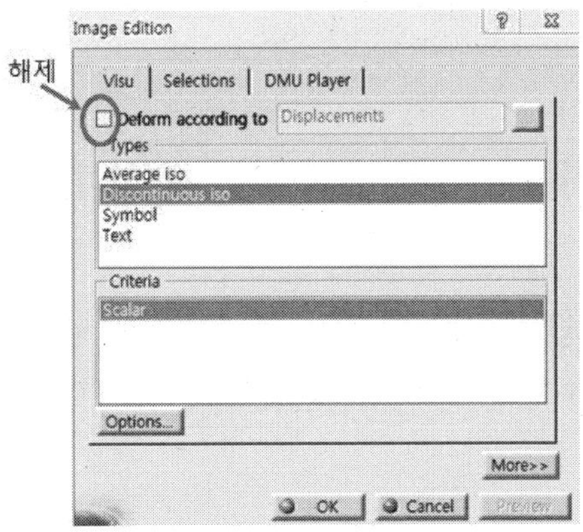

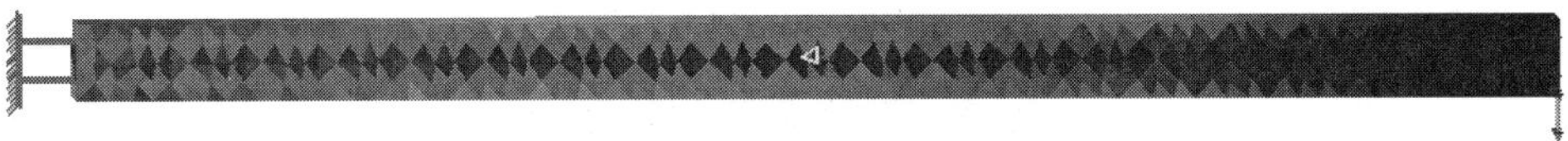

3) Analysis Toolbar

Analysis 툴바에서 Animate 버튼을 클릭하면 변형 및 응력 결과를 동영상으로 볼 수 있다. 이는 시간을 고려한 것이 아니라 정적하중이 가해질 때와 아무런 하중이 없을 때의 변경이나 응력결과를 점진적으로 변화하도록 표시하는 것이다.

Cut Plane 기능을 이용하면 결과를 표시한 모델을 잘라서 안쪽의 결과를 볼 수 있다. 일반적으로 구조물의 파손은 표면에서 시작되므로 결과분석에 큰 영향을 주지는 않는다.

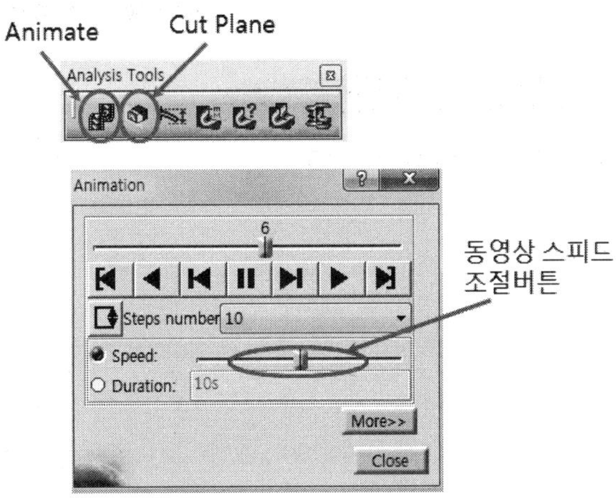

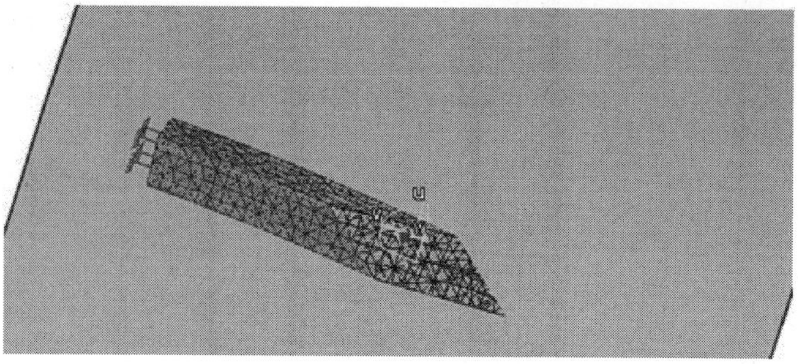

Image Extrema 버튼을 선택하면 von Mises Stress의 최댓값과 최솟값을 다음과 같이 표시할 수 있을 뿐만 아니라 최댓값(빨강색)과 최솟값(파랑색)이 나타나는 위치를 색상과 함께 표시할 수 있다.

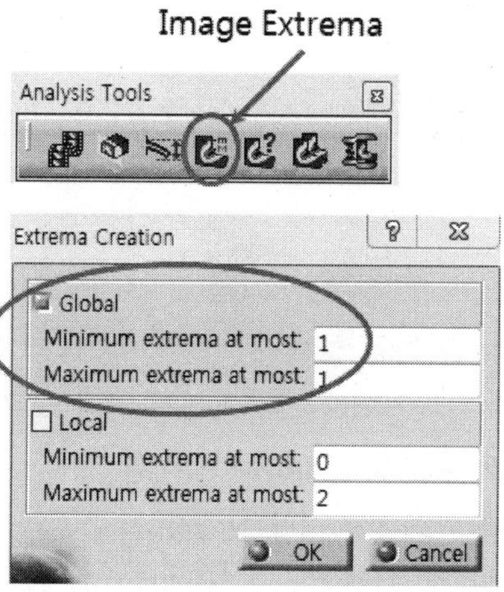

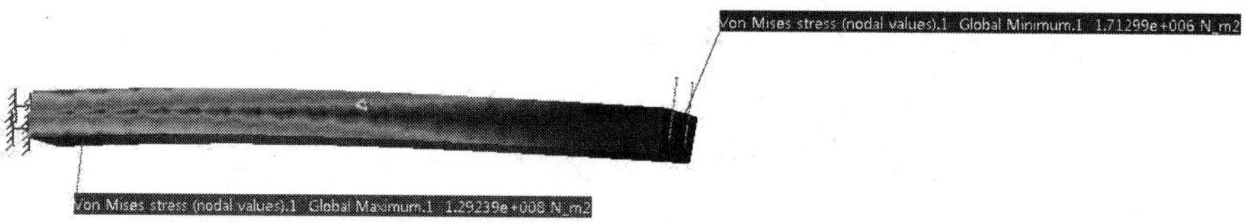

Extrema 값은 Spec. Tree에 표시된다. 화면에 표시된 최댓값 또는 최솟값 라벨을 더블클릭하면 Extremum Edition 대화상자가 나타나고 Show Label 옵션을 사용하여 라벨을 화면에 표시하거나 숨길 수 있다.

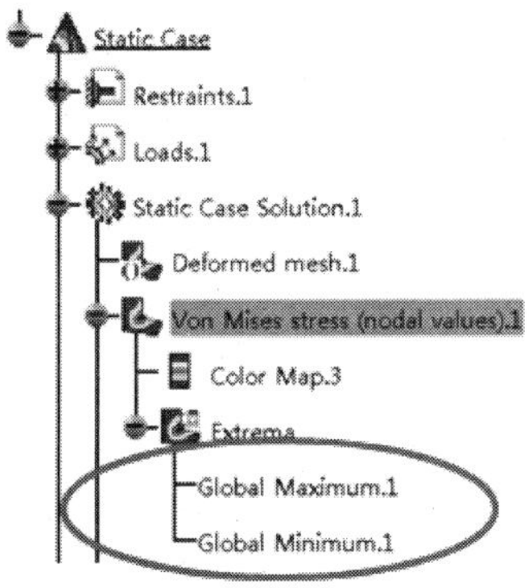

Information 버튼 클릭 시 특정 Element 또는 Node의 기본정보와 화면표시의 결과값을 표시해 준다.

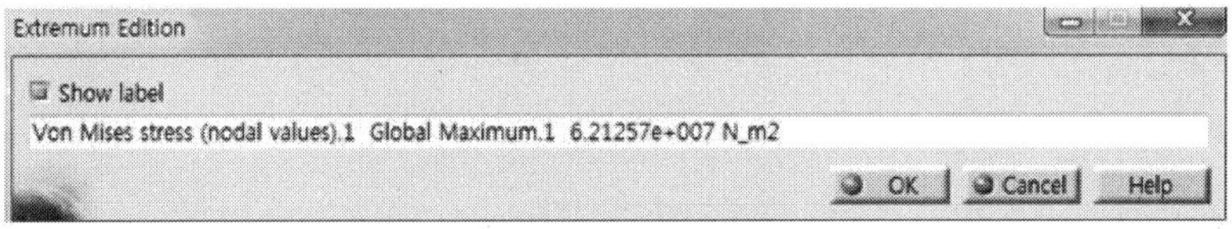

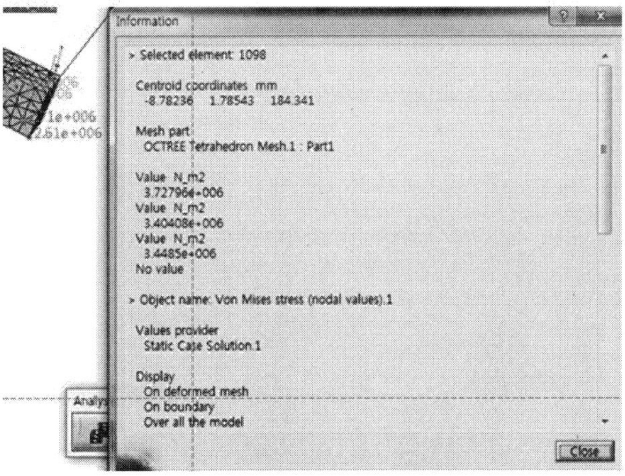

Image Layout 기능을 이용하면 두 가지 이상의 결과를 서로 떨어져서 표시할 수 있다. 변형결과와 Von Mises Stress 결과를 함께 표시해 보자.

Spec. Tree에서 두 개의 결과를 모두 Activate한 후 Image Layout 버튼을 클릭하며 다음 그림과 같이 Explode 값을 X 방향을 따라 100mm 입력한 후 OK 버튼을 클릭한다.

다음 그림과 같이 두 개의 결과가 동시에 표시되는 것을 확인할 수 있다.

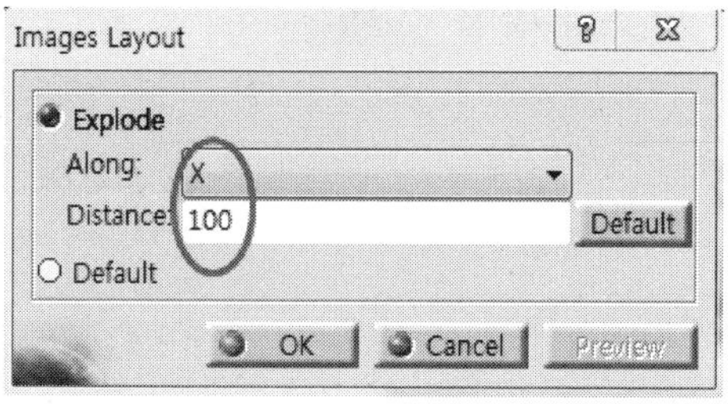

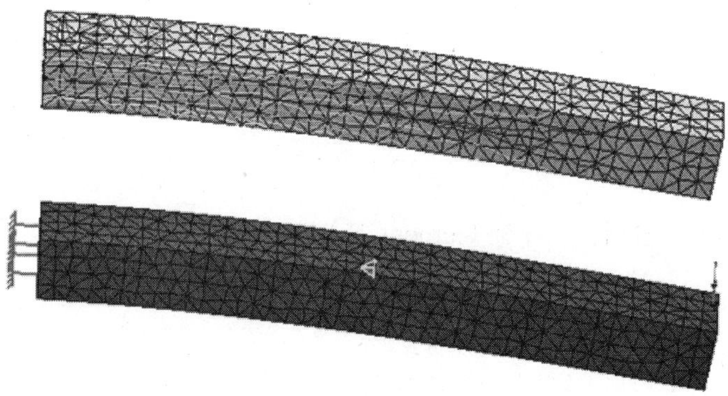

4) Displacement 표시

Displacement를 표시하면 각 Node에서의 변형을 방향 성분별로 표시할 수 있다.

변형의 특정방향 성분을 표시하려면 다음과 같다.

① 결과가 표시된 모델에 마우스 포인터를 가져간 다음 더블 클릭하거나 또는 Spec. Tree에서 해당 항목을 더블 클릭한다.

② Image Edition 상자에서 Visu 탭을 선택한 후 More 버튼을 클릭한다.

③ Component 목록에서 원하는 방향 성분 표시, C1은 X 방향, C2는 Y 방향, C3는 Z 방향을 의미한다.

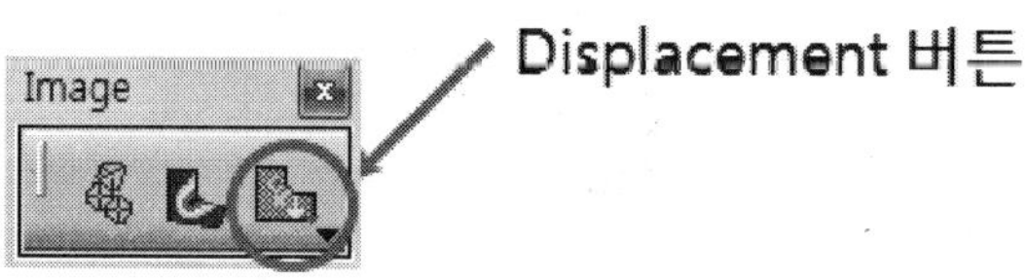

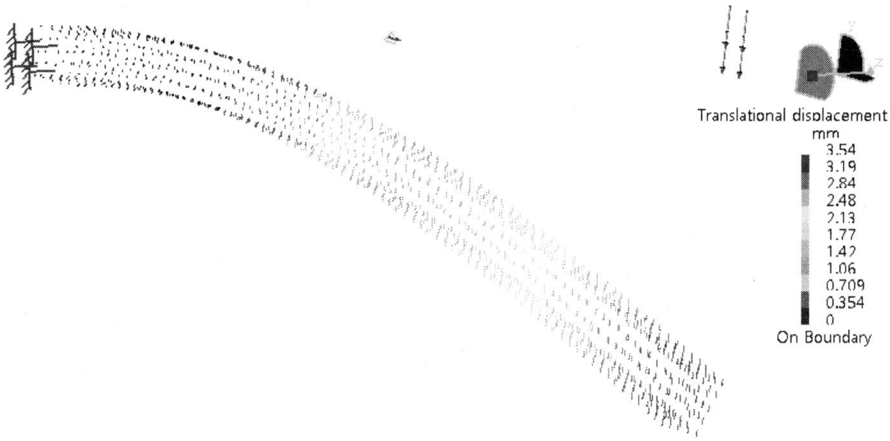

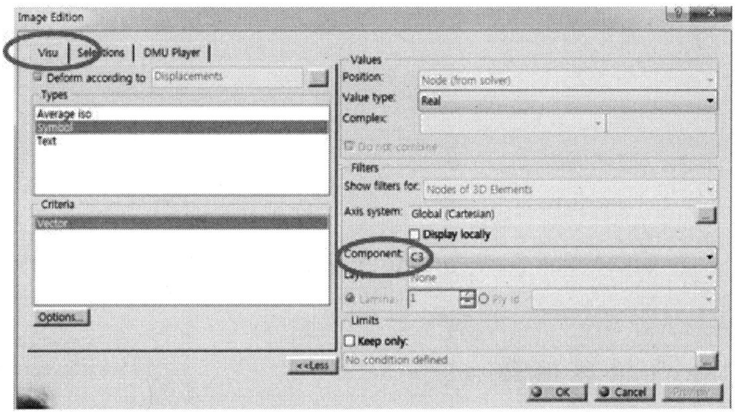

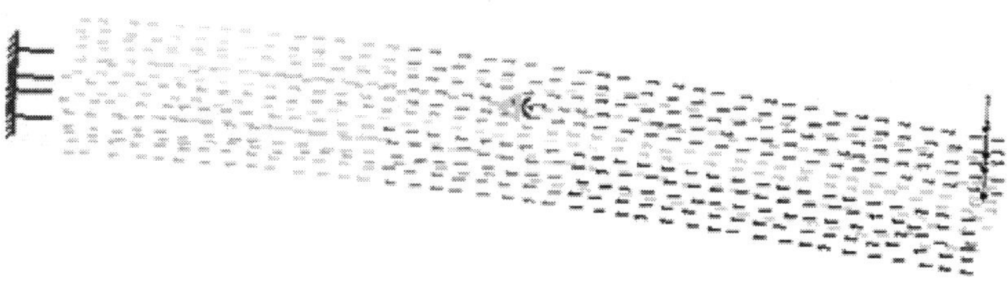

Z-방향(C3) 변위 성분만 표시한 결과

5) Von Mises Stress 표시

Display Type을 Average iso로 설정하고 View Mode를 다음과 같이 Customize view parameter로 설정하면 Element Edge와 해석 결과를 함께 표시할 수 있다.

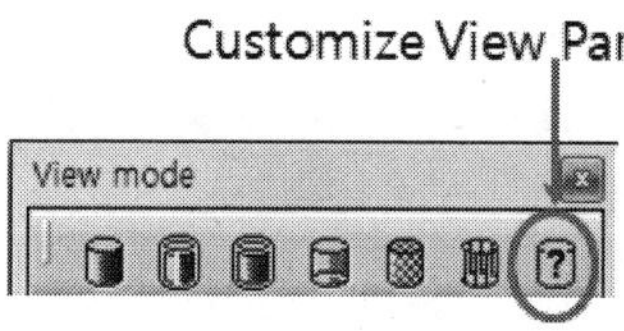

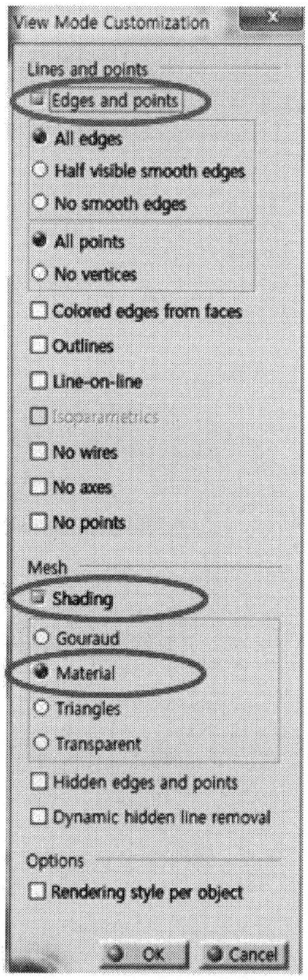

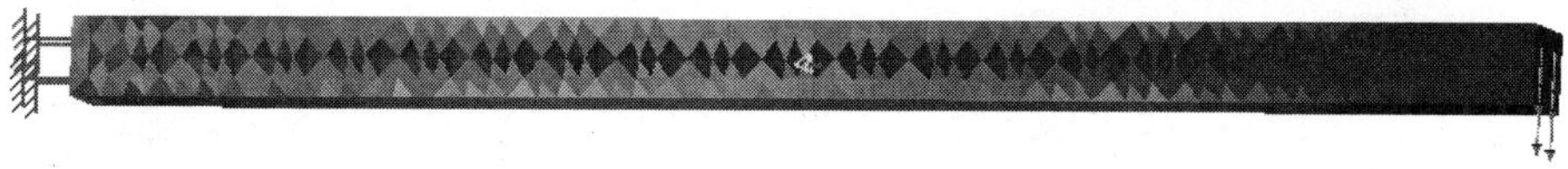

6) Principle Stress 표시

Principal Stress 버튼을 이용하면 주응력을 표시할 수 있다. 주응력도 Displacement와 마찬가지로 Tensor 성분별로 표시가 가능하다. C11은 최대주응력, C22는 평균주응력, C33는 최소주응력을 나타낸다. 다음 그림에 최대 주응력을 표시하였으며 화살표는 방향, 색깔은 값의 크기이다.

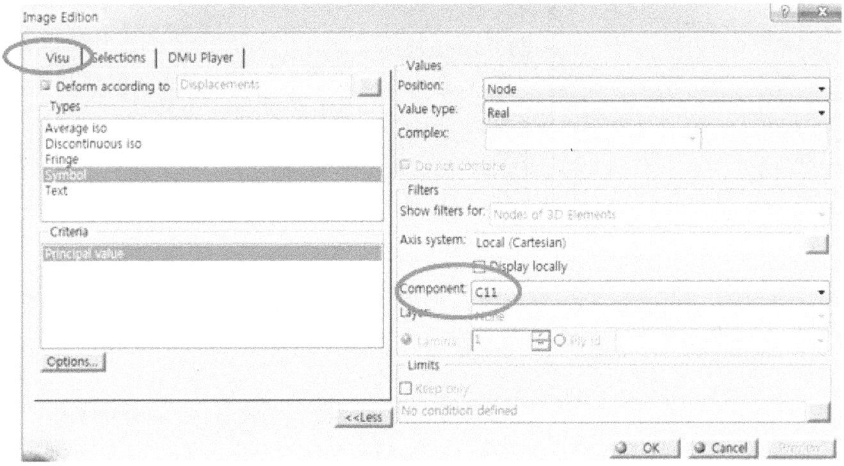

최대주응력 방향(C11) 성분만 표시한 결과

마. 결과 분석

어느 해석에서든지 결과를 분석하고 토의하여 안전하고 최적화된 설계를 하는 것이 유한요소 해석의 가장 중요한 목적이므로 이 부분을 이해하는 것은 매우 중요하다.

Steel의 항복응력과 Von Mises Stress를 비교해 보자. Von Mises Stress를 Activate하고 나머지는 Deactivate한다. 항목을 더블 클릭하여 Image Edition 대화상자를 확인한다. Visu Type으로 Average iso가 선택되어 있으며 이 타입은 Node의 결과값을 평균하여 부드럽게 변화하는 색깔로 표시해 준다. Visu Type을 Discontinuous iso로 설정 후 결과를 보면 다음 그림과 같다.

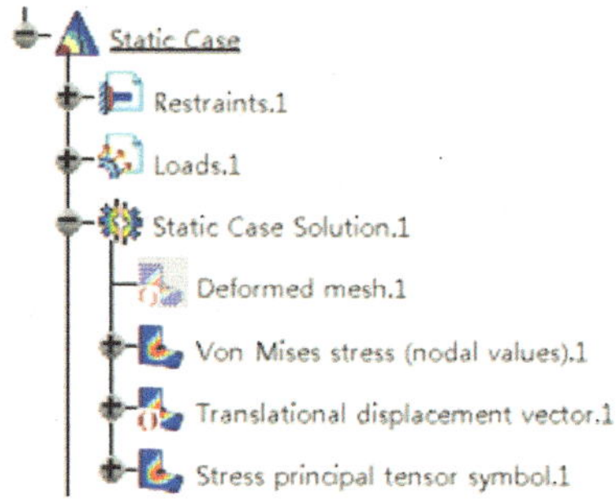

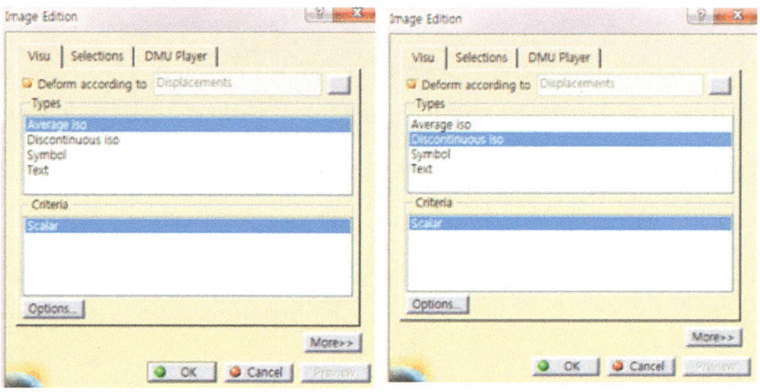

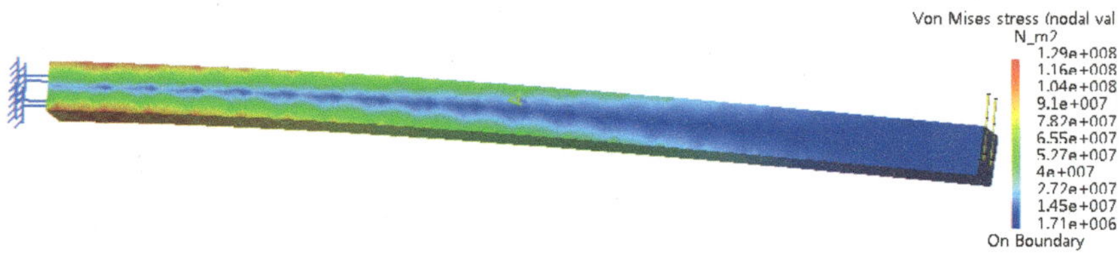

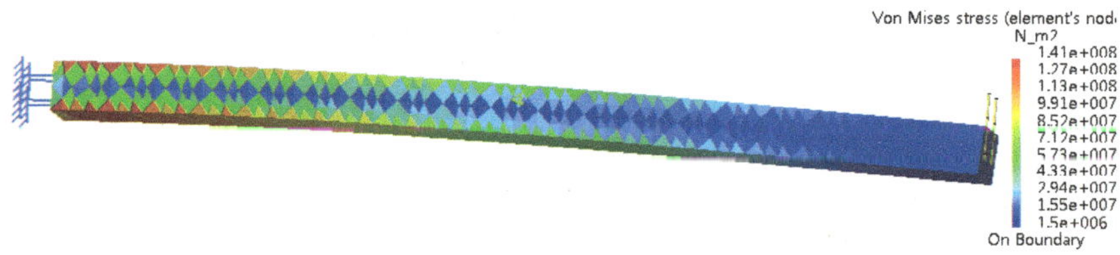

앞서 두 타입에서 결과값이 다르게 나타나는데, 어떤 결과값을 기준으로 판단할지 결정해야 한다. 변위결과는 Node에 대한 값을 표시하고 응력결과는 Element에 대한 값을 계산하게 되어 있으므로 Discontinuous iso 타입 결과를 이용하는 것이 정확한 분석이다. Steel의 항복강도는 Material Properties이용해 확인 가능하다. Spec. Tree에서 Link Manager를 아래와 같이 확장한다. Steel에 MB3 → Properties 선택하고 Analysis 탭 클릭하면 Yield Strength 확인 가능하다.

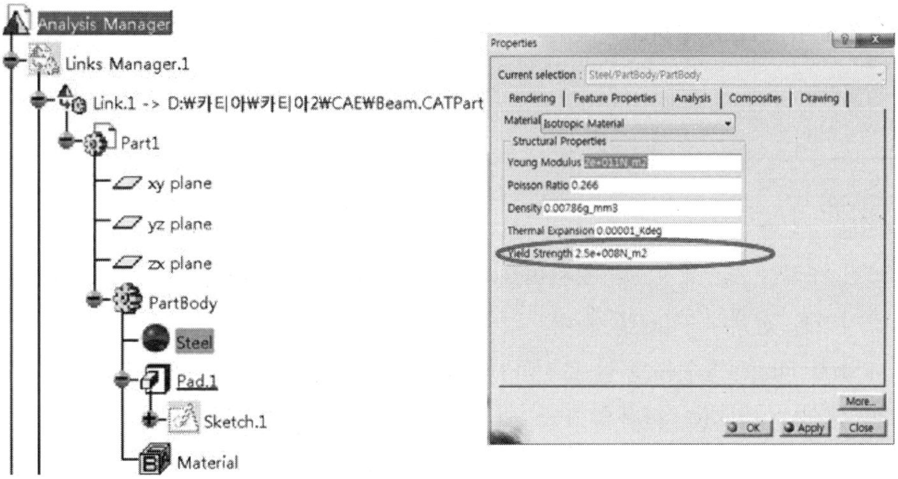

확인결과 Steel의 Yield Strength는 2.5E+2MPa이고 앞서 최대 Von Mises Stress는 61MPa였으므로 500N의 하중이 부여되었을 때 이 구조물은 항복이 발생하지 않는다.

바. 연습문제

과제 1

① 앞서 해석한 3D 각재 4개 모서리를 다음 그림처럼 5mm로 Edge Fillet 하여 해석하시오. Part로 가서 모서리를 선택해 Fillet해준다.

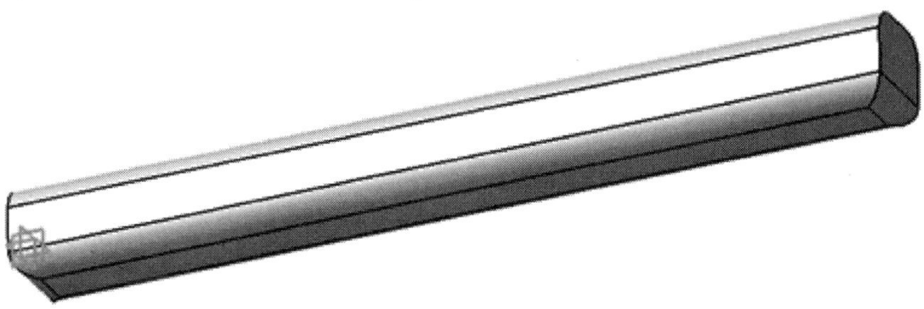

② 동일 조건하에서 더 많이 처짐이 발생하는 것을 확인하시오.

③ 비교값을 나타내는 다음의 Table을 완성하고 비교해 보시오.

구 분	기존 3D 각재 (Element Size 5mm)	수정 3D 각재 (5mm Edge fillet한 각재)
해석 결과 처짐량(mm)	3.54mm	

과제 2

① 앞서 해석한 3D 각재 4개 모서리를 Element Size 2mm로 변경하여 해석하시오. Part로 가서 모서리를 선택해 Fillet해 준다.

② Mesh가 Fine해질수록 동일 조건하에서 Maximum Stress 값이 커지는 것을 확인하시오.

③ 비교값을 나타내는 다음의 Table을 완성하고 비교해 보시오.

구 분	기존 3D 각재 (Element Size 5mm)	수정 3D 각재 (Element Size 2mm)
해석 결과 von Mises Stress (MPa)	129.4 MPa	

8장

CATIA 국제공인 자격증 (다쏘시스템) 기출문제

CATIA V5 Associate

Sample Exam

CATIA V5 인증시험(Certificate CATIA V5 Associate)

문제 #1 – 도면(Drafting)

1. 도면 뷰 'B'와 같이 작성하기 위해 뷰 'A'에 프로파일을 작성할 필요가 있다. 카티아의 뷰 기능 중 어떤 것인가?

   a) 오프셋 섹션 뷰
   b) 클리핑 뷰 프로파일
   c) 프로젝션 뷰
   d) 배열된 섹션 뷰

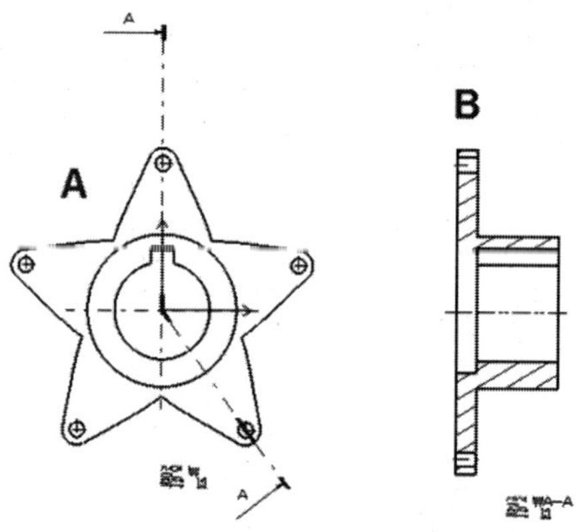

답: D

CATIA V5 인증시험(Certificate CATIA V5 Associate)

문제 #2, 3 – 파트 모델링(Part Modeling)

이 그림은 문제 #2과 3를 풀기위해 사용됩니다.

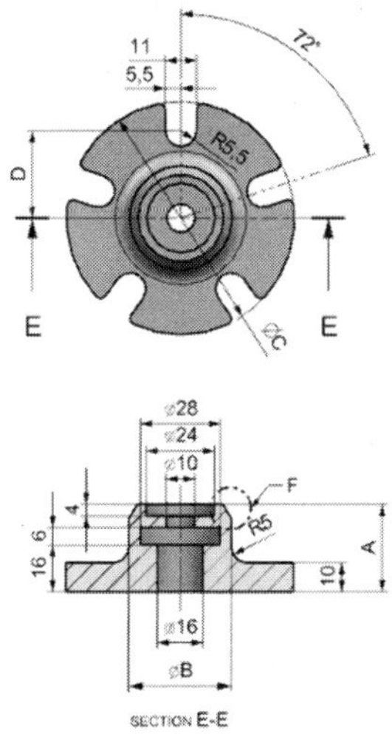

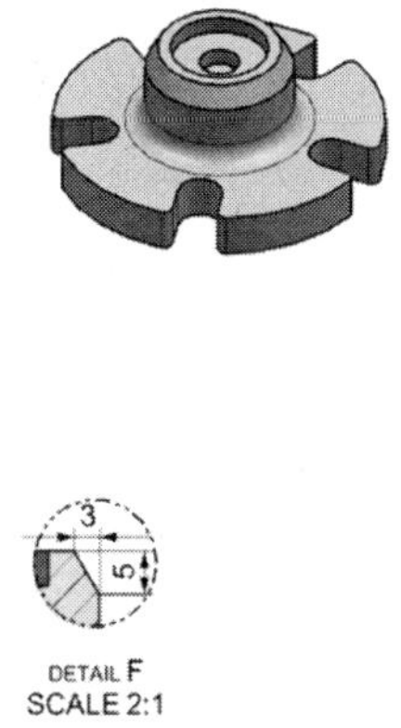

CATIA V5 인증시험(Certificate CATIA V5 Associate)

문제 #2 – 파트모델링(Tool Block)

카티아에서 이 파트를 모델링 하시오

- 단위계 : MMGS (millimeter, gram, second)
- 소수점 자리수: 3
- 파트 원점: 자유
- 다른 지시가 없는 R =2
- 재질: Aluminium
- 밀도 = 0.0012 g/mm^3

- A = 30 .00
- B = 36.00
- C = 80 .00
- D = 30.00

➤파트 전체의 질량을 구하시오? (grams)

오차율 1%내외는 정답처리

답: 64.195g

CATIA V5 **인증시험**(Certificate CATIA V5 Associate)

문제 #3 – 파트모델링(Tool Block)

카티아에서 이 파트를 수정 하시오

- 단위계 : MMGS (millimeter, gram, second)
- 소수점 자리수: 2
- 파트 원점: 자유
- 다른 지시가 없는 R =2
- 재질: Alurminium
- 밀도 = 0.0086 g/mm^3

문제 #2번에서 생성한 파트를 아래의 변수를 이용하여 수정하시오.

- A = 45.40
- B = 41.58
- C = 86.00
- D = 39.00

주의: 다른 치수는 이전 문제와 동일한 것으로 가정한다.

➢파트 전체의 질량을 구하시오? (grams)

오차율 1%내외는 정답처리

답: 783.30g

CATIA V5 **인증시험**(Certificate CATIA V5 Associate)

문제 #4 – 파트모델링(Tool Block)

카티아에서 이 파트를 모델링 하시오

- 단위계 : MMGS (millimeter, gram, second)
- 소수점 자리수: 2
- 파트 원점: 자유
- 다른 지시가 없는 한 모든 구멍은 관통 구멍임
- 재질: Steel
- 밀도 = 0.0079 g/mm^3

- A = 81 .00
- B = 57. 00
- C = 43 .00

➢파트 전체의 질량을 구하시오? (grams)

오차율 1%내외는 정답처리

답: 939.54g

CATIA V5 인증시험(Certificate CATIA V5 Associate)

문제 #5 – 파트모델링(Tool Block)

카티아에서 이 파트를 수정 하시오

- 단위계 : MMGS (millimeter, gram, second)
- 소수점 자리수: 2
- 파트 원점: 자유
- 다른 지시가 없는 한 모든 구멍은 관통 구멍임
- 재질: Steel
- 밀도 = 0.0079 g/mm^3

문제 #4번에서 생성한 파트를 아래의 변수를 이용하여 수정하시오.

- A = 84.00
- B = 59.00
- C = 45.00

주의: 다른 치수는 이전 문제와 동일한 것으로 가정한다.

➢파트 전체의 질량을 구하시오? (grams) 답: 1032.32g

오차율 1%내외는 정답처리

CATIA V5 인증시험(Certificate CATIA V5 Associate)

문제 #6,7 – 파트 모델링(Part Modeling)

이 그림은 문제 #6과 7을 풀기위해 사용됩니다.

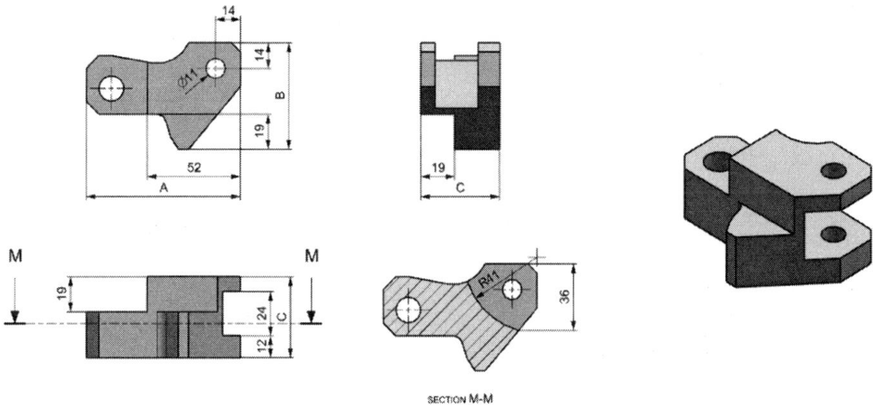

CATIA V5 인증시험(Certificate CATIA V5 Associate)

문제 #6 – 파트모델링(Tool Block)

카티아에서 이 파트를 수정 하시오

- 단위계 : MMGS (millimeter, gram, second)
- 소수점 자리수: 2
- 파트 원점: 자유
- 다른 지시가 없는 한 모든 구멍은 관통 구멍임
- 재질: Steel
- 밀도 = 0.0079 g/mm^3

- A = 86 .00
- B = 58. 00
- C = 44 .00

주의: 다른 치수는 이전 문제와 동일한 것으로 가정한다.

➢파트 전체의 질량을 구하시오? (grams)
오차율 1%내외는 정답처리

답: 628.18g

CATIA V5 인증시험(Certificate CATIA V5 Associate)

문제 #7 – 파트모델링(Tool Block)

카티아에서 이 파트를 수정 하시오

- 단위계 : MMGS (millimeter, gram, second)
- 소수점 자리수: 2
- 파트 원점: 자유
- 다른 지시가 없는 한 모든 구멍은 관통 구멍임
- 재질: Steel
- 밀도 = 0.0079 g/mm^3

문제 #6번에서 생성한 파트를 아래의 변수를 이용하여 수정하시오

- A = 77 .00
- B = 60. 00
- C = 38 .00

주의: 다른 치수는 이전 문제와 동일한 것으로 가정한다.

답: 485.15g

➢파트 전체의 질량을 구하시오? (grams)
오차율 1%내외는 정답처리

CATIA V5 **인증시험**(Certificate CATIA V5 Associate)

문제 #8 – 어셈블리 모델링(Assembly Modeling)

이 그림은 문제 #8를 풀기 위해 사용됩니다.

파일은 3개 이며 Gaskets(2), Pipe(2), L-Pipe(2)가 제공된다.

- 단위계 : MMGS (millimeter, gram, second)
- 소수점 자리수: 4
- 조립 원점: 도면에 표시된 위치
- 압축 파일(Pipe)을 다운받아 연다.
- 부품을 컴퓨터에 저장하고 카티아로 연다.
- 재질 Gaskets: Titanium
  Pipe ,L-Pipe : steel

어셈블리를 다음과 같이 완성 후 질량을 구하시오.

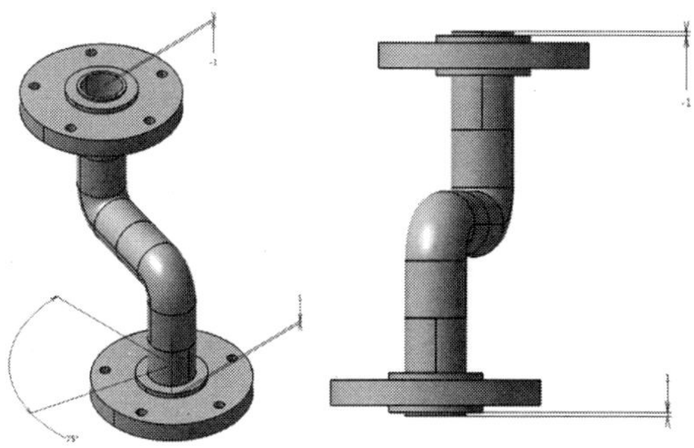

답: 245.3312g

CATIA V5 **인증시험**(Certificate CATIA V5 Associate)

문제 #9 – 어셈블리 모델링(Assembly Modeling)

이 그림은 문제 #9를 풀기 위해 사용됩니다.

문제 #8번에서 생성한 카티아 어셈블리를 아래의 조건으로 수정하시오.

- 단위계 : MMGS (millimeter, gram, second)
- 소수점 자리수: 2
- 조립 원점: 도면에 표시된 위치
- 부품을 컴퓨터에 저장하고 카티아로 연다.
- 재질 및 밀도 Gaskets : Titanium (0.00444g/mm^3)
  Pipe ,L-Pipe : steel (0.006g/mm^3)

어셈블리를 다음과 같이 완성 후 질량을 구하시오.

답: 226.3g

CATIA V5 **인증시험**(Certificate CATIA V5 Associate)

문제 #10 – 어셈블리 모델링(Assembly Modeling)

이 그림은 문제 #10를 풀기 위해 사용됩니다.

파일은 3개 이며 Gaskets(2) , Pipe(4), L-Pipe(1)가 제공된다.

- 단위계 : MMGS (millimeter, gram, second)
- 소수점 자리수: 4
- 조립 원점: 도면에 표시된 위치

- 압축 파일(Pipe)을 다운받아 연다.
- 부품을 컴퓨터에 저장하고 카티아로 연다.
- 재질 및 밀도 - Gaskets: Titanium(0.0055g/mm^3)
  - Pipe ,L-Pipe : steel(0.009g/mm^3)

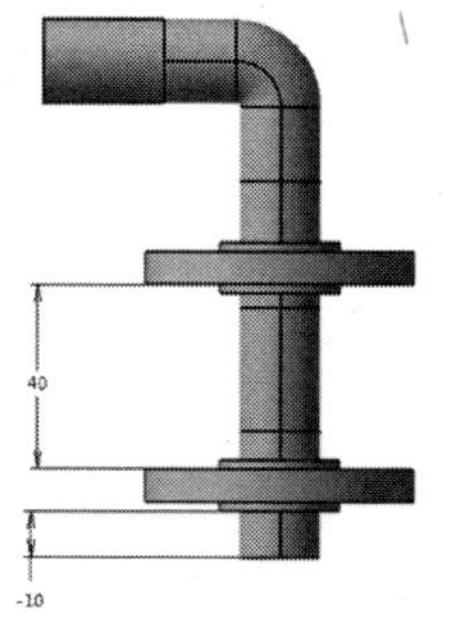

어셈블리를 다음과 같이 완성 후 질량을 구하시오.

답: 299.4542g

[감사의 글]

본 교재는 과학기술정보통신부 및 정보통신기획평가원에서 주관하여 진행한 결과물입니다.

[참고문헌]

[1] 김기주, 박재열, 임석연, 누구나 따라하며 쉽게 익히는 CATIA V5, 북스힐, 2016.12.31.

[2] 김동주, 최고봉, 박진웅, CATIA CAE Application 예제집, 도서출판 과학기술, 2010.9.15.

[3] 고재철, 안기원, 권영두, 이대섭, CATIA V5 CAE 따라하기, 온솔루션인티그레이션 출판, 2012.2.24.

[4] 김기주, 임석연, Surface Design - CAE 예제, CATIA V5응용, 복두출판

저자소개

김 기 주
2002 서울대학교 재료공학부(공학박사)
1993~2009 쌍용자동차 CAE팀 책임연구원
2009~2016 서정대학교 자동차과 교수
2016~現 동명대학교 메카트로닉스공학과 교수

김 태 국
2014 고려대학교 모바일솔루션학과(공학박사)
2006~2010 LG전자 이동통신기술연구소 주임연구원
2014~2016 삼성전자 무선사업부 책임연구원
2016~現 동명대학교 정보통신공학과 교수

저자와의
협의에 의해
인지 생략

3D 스마트설계

1판 1쇄 2019년 10월 31일

저 자 김기주 / 김태국
발행인 송광헌
발행처 복두출판사
주 소 서울특별시 영등포구 경인로82길 3-4
센터플러스 807호
(우) 07371
전 화 02-2164-2580
FAX 02-2164-2584
등 록 1993. 11. 22. 제 10-902 호

정가 : 30,000원
ISBN : 979-11-5906-602-3 93550

한국과학기술출판협회 회원사